거시경제학

이 우 헌

傳 英 社

사랑하는 가족에게

책머리에

수년전 거시경제학을 처음 출판한 이후 많은 학생들이 성원을 보내주어서 감사하게 생각한다. 이번에 타출판사에서 출판했던 거시경제학을 보강하여 박영사의 도움으로 개정판을 내놓게 되었다. 그 동안 저자의 강의를 수강하면서 훌륭한 질문을 하여준 경희대학생은 물론 서울시내 여러 대학의 학생들에게 감사한다. 그들의 질문을 통해서 생각을 정리하고 기존의 내용 중 이해하기 어려운 부분을 다듬을 수 있었다.

이 책은 두 학기에 걸쳐서 거시경제학을 강의할 수 있도록 편제하였다. 저자의 경험으로는 첫 학기에 제 1 편부터 제 2 편까지 강의하고, 두 번째 학기에 제 3 편부터 제 5 편까지 강의하는 것이 적당한 것 같다. 내용이 부담스러운 부분은 * 로 표시하였다. 이 부분은 학생들의 수준에 따라서 생략하고 넘어가도 좋을 것이다. 특히 거시경제학을 한 학기만 강의하는 곳에서는 학생들의 수준에 맞추어서 과감히 강의내용을 취사선택하여야 할 것이다.

이 책이 나오기까지 많은 분들이 도움을 주셨다. 먼저 박영사의 이원일 차장님, 열과 성을 다해 편집작업을 훌륭히 해주신 우석진 차장님에게 감사한다. 경희대학교 석사과정의 김승주 양, 학부의 이동오 군의 도움에도 감사드린다. 특히 김승주 양은 본 교과서에 사용된 많은 그림을 불평없이 그려주었고, 이동오 군은 강의용 파워포인트 파일들을 만들어 주었다.

타출판사를 통해 거시경제학을 처음 내놓았을 때와 마찬가지로 세상에 내놓기 부끄러운 책이다. 여전히 일부분은 독자적이고 일관된 체계하에 기술하기보다는 미국의 대표적 교과서들의 기술을 참고로 하고 있다(예를 들면, 새케인즈학파 경기변동론은 Mankiw를, 새로운 *IS–LM*곡선, 기술진보와 실업은 Blanchard를 참고로 하였다). 누군가가 훌륭한 한국경제론을 펴내기를 기대하면서 한국경제에 관련된 부분은 아예 삭제하였다.

독자들의 넓은 이해를 구하지만 설명이 부족하거나 잘못된 부분은 언제든지 지적해 주시기 바란다. 건설적이고, 애정어린 논평, 제언, 질책, 교재의 내용과 관련된 기사, 만화, 사진, 유머 등의 추천이 있으시면 다음 주소로 보내주시기를 기대한다.

홈 페이지: web.kyunghee.ac.kr/~wrhee

email: wrhee@khu.ac.kr이다.

2007년 2월 고황산 기슭에서

이 우 헌

차　　례

제 1 편 서　　론

03 금융이론

제 2 편 단기분석

04 상품 및 화폐시장

05 총수요곡선

06 개방거시경제이론

07 단기총공급이론

11 실물경기변동이론

12 경기안정화정책

13 이자율 재정 조건과 투기적 공격

제 3 편 미시경제학적 기초

14 화 폐

15 소 비

16 투 자

17 재정정책 I

18 재정정책 II

19 *IS-LM*곡선 II

제 4 편　장기분석

20 균형국민소득 결정모형

21 개방거시경제

22 솔로우 모형

23 내생적 성장이론

제5편 응 용

24 실 업

25 인플레이션

26 대공황과 일본의 장기불황

27 기술진보와 실업

그림 차례

표 차 례

part 1
서　　론

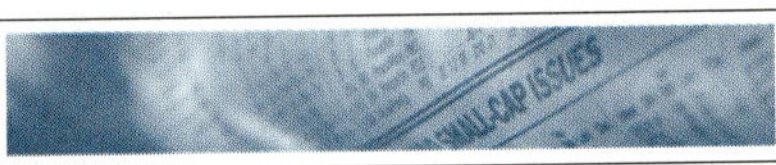

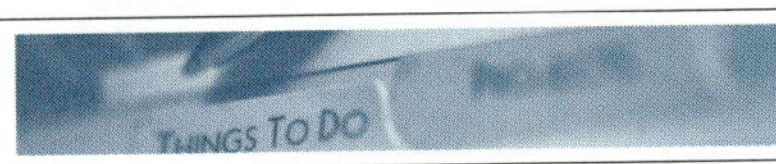

1 · 편의 내용

제 1 장은 본 교과서의 서론부분으로서 거시경제학이란 무엇인가를 논한 후 거시경제학의 방법론, 거시경제학의 흐름 등을 소개한다. 특히 독자들은 거시경제학의 양대 학파인 고전학파와 케인즈학파의 근본적인 차이점을 주목할 필요가 있다. 고전학파 경제학자들은 자본주의 시장경제에서 개별 경제주체들이 각자의 이익을 추구하면 보이지 않는 손이 자원을 효율적으로 배분하고 경제전체의 후생을 극대화시킨다고 믿는다. 따라서 이들은 정부가 경제를 안정화시키기 위해서 적극적인 정책을 사용하는 것을 반대한다. 이에 반해서 케인즈학파 경제학자들은 임금이나 가격이 경직적이면 시장은 장기간 불균형 상태에 있을 수 있다고 주장한다. 따라서 이들은 시장이 불균형 상태에 있을 때 정부가 보이지 않는 손에 의존하기보다는 적극적으로 경기안정화정책을 사용해야 한다고 생각한다.

제 2 장에서는 거시경제의 주요변수들을 소개한다. 경제활동을 나타내는 대표적 지표인 국내총생산과 실업률을 소개하고, 생계비를 측정하는 지표인 물가지수 개념을 소개한다. 국내총생산이란 한 나라 경제 내의 모든 경제주체들의 일정기간 동안의 총소득, 혹은 한 나라 경제 내에서 일정기간 동안 최종적으로 생산된 모든 상품과 서비스에 대한 총지출을 의미한다. 경제활동을 나타내는 또 다른 지표인 실업률은 경제활동인구 중 실업자의 비율로 측정한다. 소비자의 생계비를 측정하는 물가지수는 측정방법에 따라 소비자물가지수와 GDP 디플레이터 등으로 나눌 수 있다.

제 3 장에서는 채권, 주식, 부동산 등 금융시장의 주요개념을 소개한다. 특히 이자율과 주식가격의 개념을 소개한다. 이자율은 거시경제학의 주요변수 중 하나이다. 이자율이 무엇인지, 실질 및 명목이자율의 차이가 무엇인지 이해

하는 것은 거시경제학을 이해하는 데 필수적이라고 할 수 있다. 제 3 장에서 우리는 채권가격과 이자율 사이에는 역관계가 성립하는 것을 보게 될 것이다. 주식시장 및 부동산시장도 거시경제와 밀접한 관련을 가진다. 채권, 주식, 부동산시장에서 이들 자산의 가격은 각각의 자산을 보유함으로써 발생하는 현재 및 미래의 현금흐름의 현재가치로 결정된다. 채권, 주식, 부동산시장이 효율적이면 각각의 시장에서 손쉽게 돈을 벌 수 있는 차익거래의 기회는 소멸된다.

1 거시경제학이란 무엇인가?

질문: 코끼리를 어떻게 냉장고에 넣을 수 있을까요?
경제학 교수: 분석의 편의를 위해 코끼리를 냉장고에 넣었다고 가정합시다.

물리학자, 화학자, 경제학자가 무인도에 표류하였다. 그들은 해변에서 맛있는 통조림을 발견했는데 그들의 반응은 서로 달랐다.

물리학자: 이 통조림 깡통을 돌로 깨서 땁시다.
화 학 자: 불을 지펴서 깡통을 가열시킵시다.
경제학자: 깡통따개를 갖고 있다고 가정합시다.

– 폴 사뮤엘슨

E·C·O·N·O·M·I·C

주요개념

부분균형 분석

일반균형 분석

모형

내생변수

외생변수

고전학파

케인즈학파

새신고전학파 종합

C·H·A·P·T·E·R

01 거시경제학이란 무엇인가

경제학은 경제와 경제주체들의 행동을 연구하는 학문으로서 크게 미시경제학과 거시경제학으로 분류된다. 미시경제학은 가계, 기업 등 개별 경제주체들의 행동, 개별상품 및 개별시장에서의 상품의 가격결정 등에 관심을 가지고 세분화된 수준에서 연구한다. 반면에 거시경제학은 경제전체를 총합적 수준에서 다루는 학문이다.

미시경제학과 거시경제학은 서로 관계가 없는 것처럼 보이지만 거시경제는 기본적으로 미시경제의 총합이다. 따라서 거시경제학은 미시경제학과 무관할 수 없으며, 최근에는 거시경제학의 미시경제학적 기초를 강조하는 학문적 경향으로 인해 이 두 분야는 상호 밀접한 관계를 가지고 발전하고 있다. 다만 상대적으로 미시경제학은 개별시장의 분석에 중점을 두는 부분균형 분석에 치중하는 반면, 거시경제학은 개별시장의 총합 혹은 개별시장간의 상호관계에 관심을 가지므로 일반균형 분석에 치중한다고 할 수 있다. 예를 들면 거시경제학에서는 화폐시장에서 통화공급이 늘어나면 노동시장에서 실업이 감소할 것인가, 혹은 노동시장에서 임금이 상승하면 상품시장에서 수요가 증가할 것인가 등을 분석한다. 그런데 이러한 상호작용은 거의 동시에 발생하므로 거시경제학은 상대적으로 일반균형 분석에 치중한다고 할 수 있다.

거시경제학은 자연과학과는 달리 잘 통제된 실험을 하기가 곤란하다. 거시경제학은 주로 한 나라 경제의 진행과정 혹은 여러 경제의 비교 등 자연적인 실험을 통해 지식을 축적한다. 자연적인 실험을 통해 관찰한 지식은 간단한 모형을 통해 이론적 체계를 갖추게 되며, 모형은 현실을 모두 반영하기보다는 중요한 사실들에 초점을 맞추어서 설정된다. 마치 우리가 친구에게 자신의 집을 찾아오는 방법을 가르쳐 줄 때 모든 것을 다 포함하고 있는 항공사진을 주기보다는 큰 도로와 건물, 교통편 등의 중요한 정보만 제공하는 약도를 주는 것과 비슷한 이치이다.

모형은 두 가지 종류의 변수로 구성되어 있다. 하나는 내생변수이고 다른 하나는 외생변수이다. 내생변수란 모형 내에서 결정되는 변수를 말하고 외생변수란 모형 밖에서 결정되는 변수를 말한다. 따라서 외생변수는 모형을 설정할 때 주어진 것으로 간주된다.

모형을 세우기 위해서는 가정이 필요하다. 가정은 우리가 무엇을 설명하고자 하는가에 따라서 변하며, 각각의 모형의 유효성은 각각의 가정의 유효성에 의존한다고 할 수 있다. 따라서 어떤 모형에서 유효한 가정은 다른 모형에서는 부적합한 경우가 있을 수 있다. 독자는 항상 어떤 모형이 설명하는 것을 무조건 받아들이기보다는 과연 그 모형의 설정에 사용된 가정이 유효한 것인가를 먼저 생각해보아야 할 것이다.

거시경제학은 분명 연륜도 짧고 불완전한 학문이다. 거시경제학이 얼마나 불완전한 학문인가를 확인하는 좋은 방법은 연초마다 쏟아져 나오는 각종 거시경제 변수들에 관한 그 해의 전망을 보는 것이다. 미래의 거시경제 변수에 관한 예측은 맞는 것이 오히려 이상하다고 할 정도로 부정확하다. 대부분의 경우 미래의 거시경제 변수에 관한 예측은 현실과 차이가 나는 것으로 드러나며, 미래의 거시경제 변수들을 예측했던 기관이나 개인들은 1년에도 여러 차례 자신들의 예측을 수정하는 것을 볼 수 있다.

그럼에도 불구하고 거시경제학이 전혀 쓸모가 없는 것은 아니다. 비록 거시경제학이 미래를 예측하는 데에는 만족스럽지 못하다 하더라도 그 동안 시행착오를 거듭하면서 많은 지식을 축적한 것도 사실이다. 우리는 적어도 아담스미스가 알고 있던 것보다는 훨씬 많은 지식을, 심지어는 케인즈가 알고 있던 것보다도 많은 지식을 축적하였다. 그 결과 각종 거시경제 변수간의 관계에 대해서 많은 것을 알게 되었고, 비록 정확한 수치를 예측하지는 못하지만 거시경제 변수들이 어떤 방향으로 움직일지에 관해서는 상당한 정도의 지식을 축적하였다.

거시경제학은 크게 단기적 경기변동과 장기적 경제성장에 관심을 가진다. 보다 구체적으로는 실업, 인플레이션, 소비, 투자, 재정정책, 통화정책, 개방거시경제, 성장 등을 분석함으로써 다음의 두 가지 역할을 하려고 한다. 첫 번째는 우리가 살고 있는 경제의 변동 및 성장을 이해하려고 하고, 두 번째는 경제를 향상시키기 위해서 우리가 무엇을 할 수 있는가를 알아내려고 한다. 즉, 거시경제학은 거시경제의 분석과 더불어 정책처방을 모색한다.

거시경제학은 거시경제의 분석과 더불어 정책처방을 모색하지만 거시경제학자들 사이에 정책처방이 동일하지는 않다. 오히려 거시경제학자들 사이에는 거시경제를 보는 시각과 정책처방에 있어서 상당한 차이가 있다. 일부 경제학자들은 경제가 스스로 자원을 효율적으로 배분하는 역할을 훌륭하게 수행한다고 믿는 반면, 일부 경제학자들은 경제가 자원을 효율적으로 배분하지 못하는 경우도 있으며 바로 이러한 경우에 정부의 개입이 자원배분을 향상시킬 수 있다고 믿는다. 전자의 학자들은 고전학파로 분류되고 후자의 학자들은 케인즈학파로 분류된다.

고전학파 경제학자들은 아담 스미스의 전통을 이어서, 시장경제에서 개별 경제주체들이 각자의 이익을 추구하면 보이지 않는 손이 자원을 효율적으로 배분하고 경제전체의 후생을 극대화시킨다고 믿는다. 보이지 않는 손이 제대로 작동하려면 임금이나 물가 등 가격변수들이 신속하게 조정되어 상품과 서비스의 수요와 공급을 일치시켜 주는 역할을 충실히 수행해야 한다. 가격변수가 시장에서 상품과 서비스의 수요와 공급을 일치시켜 줄 때 개별시장은 청산된다고 한다. 고전학파 경제학자들은 가격변수가 충분히 신축적이므로 모든 시장은 청산되고 균형을 이루게 된다고 믿는다.

고전학파는 이와 같은 견해를 바탕으로 정부가 경제문제에 관하여 지극히 제한적인 역할만을 수행해야 한다고 주장한다. 그들에 의하면 정부정책은 제시된 목표를 달성하는 데 효과가 없거나 경우에 따라서는 역효과를 초래한다. 따라서 대부분의 고전학파 경제학자들은 정부가 경제를 안정화시키기 위해서 적극적인 정책을 사용하는 것에 반대한다.

사실 일부 시장에서는 고전학파의 주장이 충분히 설득력을 가지고 있다. 그러나 또 한편으로는 일부 시장의 경우 가격이 시장을 청산시킬 수 있을 정도로 신축적이라고 보기는 어렵다. 예를 들면 노동시장에서 실업이 존재하더라도 임금이 신축적으로 조정되지 않고 실업이 계속 유지되는 경우가 많다. 이것은 일부 시장에서는 가격이 완전히 신축적이지 못하고 경직적임을 의미한다.

케인즈 경제학은 선진 산업국가들이 대공황에 빠져 있던 시기에 출현했다. 케인즈의 일반이론이 출간된 1930년대의 관점에서 보면 고전학파의 이론은 현실과 크게 괴리를 보이고 있었다. 케인즈는 임금이나 가격이 고전학파가 생각하듯이 신축적으로 조정되는 것이 아니라 서서히 조정된다고 보았다. 임금이나 가격이 경직적이면 시장은 장기간 불균형 상태에 있을 수 있고, 노동시장에서는 고실업이 장기간 지속될 수 있다.

케인즈학파 경제학자들은 케인즈의 이론을 따르는 경제학자들로서 임금이나 가격이 신축적이라는 고전학파의 가정에 회의적이다. 케인즈학파 경제학자들도 장기적으로는 물가수준이 신축적이고 시장이 자원을 효율적으로 배분한다는 점을 받아들인다. 장기적으로도 가격변수가 경직적이라고 단정하기는 곤란하기 때문이다. 문제는 단기적으로 임금이나 가격이 과연 신축적인가 하는 점이다. 현실경제에서 가격은 교란요인이 있을 때마다 즉각적으로 조정되지는 않는다. 밀가루 값이 올라간다고 해서 햄버거 값이 즉각적으로 조정되지는 않으며, 신문용지 값이 올라간다고 해서 신문구독료가 즉각적으로 조정되지는 않는다. 근로자들의 임금도 매순간 변화하기보다는 대체로 1년 단위로 노사협상에 의해 결정된다. 임금이나 가격이 경직적이면 시장은 청산되지 않을 수 있다. 케인즈학파는 임금과 물가가 경직적이므로, 시장이 불균형 상태에 있을 때 보이지 않는 손에 의존하기보다는 정부가 재정정책이나 통화정책을 사용하여 경제를 안정화시킬 수 있다고 생각한다. 예를 들어서, 총수요가 부족하여 불황이 발생하면 정부는 구입을 증가시켜서 수요를 창출해야 한다고 생각한다. 수요가 창출되면 기업은 생산을 증가시키기 위해 고용을 늘릴 것이므로 실업이 감소할 수 있다.

고전학파 경제학이 대공황에 제대로 대처하지 못하고 신뢰를 상실한 이후, 케인즈학파 경제학은 제 2 차 세계대전 이후 1970년경까지 거시경제학의 주류로 부상한다. 케인즈 경제학이 전성기를 구가하던 시절에, 케인즈학파는 제대로 기안된 경제정책이 장기적으로 경제성장을 유도하면서 단기적으로 고실업이나 고인플레이션을 초래하지 않고 경제를 안정화시킬 수 있다고 믿게 된다.

그러나 1970년대에 경기침체와 인플레이션이 공존하는 스태그플레이션이 발생하자 많은 경제학자와 정책결정자들이 케인즈학파 경제학에 회의를 가지기 시작한다. 더욱이 합리적 기대론자로 대표되는 고전학파가 케인즈학파 경제학은 미시경제학적 기초가 없다고 공격하면서 케인즈학파 경제학은 수세에 몰리게 된다.

고전학파는 1970년대 이후 거시경제학자들의 주목을 다시 받으면서 경기변동 등을 분석할 수 있는 이론들을 제시하였고, 케인즈학파도 고전학파의 비판을 받아들여 그들의 이론체계를 미시경제학적 기초 위에 세우기 위해 노력하게 된다. 두 학파는 여전히 논전을 거듭하면서 각각의 이론을 정립하고 있지만, 그 과정에서 두 학파가 견해를 같이 하는 부분도 많아졌다. 최근에는 대부분의 케인즈학파가 합리적 기대와 미시경제학적 기초 위에 이론을 전개하고, 일부 고전학파도 임금과 가격이 경직적이라는 가정을 수용하는 등 두 학파의 이론이 많이 접근하고 있다. 많은 경제학자들은 이러한 새로운 이론적 경향을 새신고전학파 종합 혹은 새케인즈학파 거시경제학이라고 부른다.

본 교과서는 주로 케인즈학파의 시각에서 모형을 설정하고 논의를 진행하려 한다. 그러나 독자들에게 편향된 시각을 제공하는 것을 피하기 위해 실물경기변동이론 등 고전학파의 모형도 최대한 소개하고자 한다.

2 주요 거시경제변수

GNP는 20세기 최고의 발명 중 하나이다.

– 미국 상무장관 윌리암 데일리

주요개념

국내총생산(GDP)

국민총생산(GNP)

국민총소득(GNI)

저량변수와 유량변수

부가가치

국민소득

소비

투자

정부구입

순수출

명목GDP, 실질GDP

GDP 디플레이터

실업률

경제활동참가율

오쿤의 법칙

소비자물가지수

C·H·A·P·T·E·R

02 주요 거시경제변수

Simon Kuznets(1901–1985)

미국, 1971년 노벨경제학상 수상

"실증분석에 바탕을 둔 경제성장에 관한 설명이 경제발전과 사회 및 경제구조에 관한 새롭고 깊은 통찰을 가능하게 한 공로"

Sir Richard Stone(1913–1991)

영국, 1984년 노벨경제학상 수상

"국민계정체계에 대한 근본적 기여를 통해 실증분석의 기초를 개선시킨 공로"

본 장에서는 거시경제학에서 사용되는 주요 변수들을 소개한다. 거시경제학에서 사용되는 주요 개념은 한 두 가지가 아니지만, 본 장에서는 특정 경제의 경제활동을 나타내는 가장 대표적 지표로서 국내총생산, 국민소득, 실업 등의 개념을 소개하고, 생활비를 측정하는 지표로서 소비자물가지수 등을 소개한다.

제 1 절 국내총생산(GDP: Gross Domestic Product)

GDP는 한 나라 경제의 경제활동을 원화 가치로 나타내는 숫자이며, 한 나라 경제의 상황을 나타내는 가장 좋은 지표라고 할 수 있다. GDP를 비롯한 국민소득 통계가 경제학에서 차지하는 중요성은 쿠즈네츠와 스톤이 국민소득 통계의 측정에 기여한 공로로 각각 1971년과 1984년에 노벨 경제학상을 수상하였다는 사실로도 알 수 있다. GDP는 일정기간 동안 한 나라 경제 내에서 발생한 모든 경제주체의 총소득, 혹은 한 나라 경제 내에서 최종적으로 생산된 모든 상품과 서비스에 대한 총지출과 같다. 예를 들어서 가계와 기업이 한 가지 상품을 생산하는 가상 경제를 생각해 보자. 이 경제에서 기업은 가계의 노동을 구입하여 상품을 생산하고 그것을 판매한다. 가계는 기업에 노동을 제공함으로써 생산에 기여하고 그 대가로 소득(임금+이윤)을 벌어들여서 상품구입을 위해 지출을 한다.[1] 따라서 이 경제에서 소득은 지출과 같다. [그림 2-1]은 이러한 가상경제의 소득과 지출의 흐름을 나타내고 있다.

1. GNP와 GDP

국민총생산(GNP: Gross National Product)은 한 나라 국민이 벌어들인 총소득을 나타낸다. 국민총생산은 외국에 있는 한국인 및 한국소유의 자산이 벌어들인 소득을 포함하고 국내에 있는 외국인 및 외국소유의 자산이 벌어들인 소득은 포함하지 않는다. 이에 반해서 국내총생산(GDP)은 한국 내에서 발생한 모든 소득을 포함한다. 국내총생산은 국내에서 외국인 및 외국소유 자산이 벌어들인 소득을 포함하고, 외국에서 한국인 및 한국소유 자산이 벌어들인 소득은 포함하지 않는다. 예를 들어서 박찬호 선수가 미국 메이저 리그에서 벌어들이는 수입은 한국의 국민총생산에 포함되며, 동시에 미국의 국내총생산에 포함된다. 마찬가지로 K대학의 영어강사로 재직중인 영국인 Mr. English가 한국에

1) 가계가 기업을 소유하고 있다고 가정하면 기업의 이윤은 결국 배당금으로 지급되어 가계의 소득이 된다.

그림 2-1 소득과 지출의 흐름 I

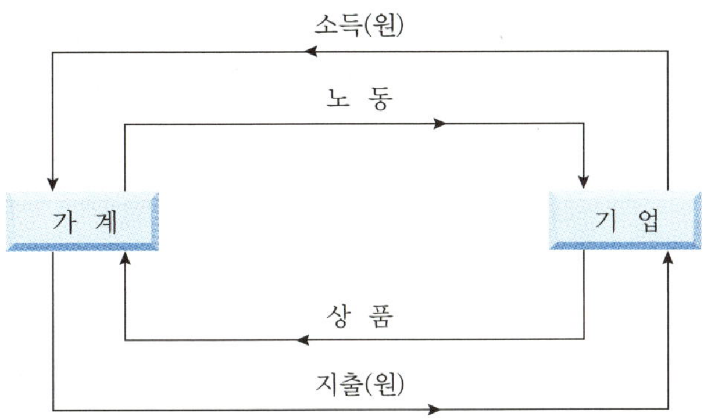

가계가 기업을 소유하고 기업은 한 가지 상품을 생산하는 가상 경제에서 기업은 가계의 노동을 구입하여 상품을 생산하고 그것을 판매한다. 가계는 기업에 노동을 제공함으로써 생산에 기여하고 그 대가로 소득(임금+이윤(또는 배당금))을 벌어들여서 벌어들인 소득으로 상품구입을 위해 지출을 한다. 따라서 이 경제에서 소득은 지출과 같다.

저량변수(stocks)와 유량변수(flows)

생산은 즉각적으로 이루어지지 않는다. 생산을 하기 위해서는 시간이 필요하다. 따라서 국내총생산을 측정하려면 기간을 염두에 두어야 한다. 예를 들면, 우리는 '2006년 1분기 국내총생산은 200조원이다'라고 말하지 '2006년 1월 31일 현재 국내총생산은 200조원이다'라고 말하지 않는다. 이와 같이 일정기간 동안 측정하는 것이 의미 있는 변수를 유량변수라고 부른다. 이에 반하여 저량변수란 특정 시점에 측정하는 것이 의미 있는 변수를 말한다. 예를 들면, '2005년 12월말 현재 총외채는 $1,200억이다'라고 하며, '2006년 1분기 총외채는 $500억이다'라고 하지 않는다. 이것은 총외채가 저량변수임을 의미한다. 거시경제학에서 사용하는 변수 중 소비, 투자, 정부구입, 순수출, 경상수지, 재정적자 등은 유량변수에 속하고, 자본스톡, 통화, 외채, 정부부채, 자산(asset), 부(富, wealth) 등은 저량변수에 속한다. 유량변수와 저량변수가 서로 무관한 것은 아니다. 유량의 변화로 인해 저량이 변화하고, 저량의 변화는 유량을 반영한다. 예를 들면, 2005년 말의 자본스톡과 2006년 말의 자본스톡의 차이는 2006년도 중에 이루어진 투자 때문이며, 투자로 인해 자본스톡이 증가하게 된다.

서 벌어들이는 수입은 영국의 국민총생산에 포함되며, 동시에 한국의 국내총생산에 포함된다.

앞의 논의에서 분명해졌듯이 국내총생산 중에는 한국인에게 지불되지 않고 외국의 생산요소서비스 제공자에게 지불되는 소득(국외지급 요소소득)이 포함되어 있다. 동시에 한국인이 수취한 소득 중에는 국내에서 발생한 소득이외에 외국에서 외국의 생산자에게 생산요소서비스를 제공하고 수취한 소득(국외수취 요소소득)이 포함되어 있다. 따라서 국민총생산은 국내총생산+국외순수취 요소소득(국외수취 요소소득−국외지급 요소소득)으로 나타낼 수 있음을 알 수 있다. 2005년 한국의 실질국내총생산은 721.5조원, 국외순수취 요소소득은 −0.63조원이며, 실질국민총생산은 720.9조원이다.

Fila Korea의 광고(1998. 1. 조선일보)

다음의 광고는 기본적으로 국내총생산과 국민총생산의 차이를 묻는 질문이라고 볼 수 있다.

무엇이 진정한 국산입니까?

해외에서 생산해서 국내상표만 붙인 게 국산입니까? 해외상표라도 국내에서 생산한 제품이 국산입니까?

WTO체제하에서 국산제품의 올바른 정의는 무엇입니까?

더 이상 외국에서 생산된 제품이 국산이라 왜곡되어서는 안됩니다.

이런 기업은 어떻게 평가받아야 합니까?

외국합자회사로써 240여개 국내업체와 더불어 국내산어발전에 이바지하였으며,
국내판매용 제품의 97%를 국내에서 생산하고 있습니다. 또한, 지난 6년간 1조 6천억원에 달하는 신발도
수출하였습니다. 이로 말미암아 상공부 장관의 감사장과 산업포장을 수상하였습니다.
이런 기업은 어떻게 평가받아야 합니까?
지금 우리가 해야 할 일은 분수에 맞게 소비활동을 해 나아가는 것입니다.

FILA Korea LTD..

2. 국내총생산의 측정

어떤 경제에서 일정기간 동안 발생한 경제활동은 세 가지 방법으로 측정할 수 있다. 첫 번째 방법은 생산측면에서 일정기간 동안 생산된 최종재의 가치를 측정하는 것이고, 두 번째 방법은 지출측면에서 개별 경제주체들이 일정기간 동안 최종재에 대해 행한 지출을 측정하는 것이며, 세 번째 방법은 생산요소 제공자들이 일정기간 동안 벌어들인 소득을 측정하는 것이다.

생산측면

국내총생산은 한 경제 내에서 일정기간 동안 생산된 최종재의 가치 혹은 부가가치의 총합이다. 주의해야 할 것은 국내총생산은 총산출(gross output)에서 중간투입액을 공제한 부가가치의 총합이라는 것이다. 만약 중간투입액을 공제하지 않으면 원재료비 등이 중복되어 계산된다.

다음과 같이 사과와 사과주스를 생산하는 가상경제를 생각해 보자.

사과 과수원		사과주스 생산기업	
임 금	1억 5천만원	임 금	2억원
사과 판매수입	3억 5천만원	사과 구입비용	2억 5천만원
• 개별 소비자	(1억원)	사과주스 판매수입	5억 5천만원
• 사과주스 생산기업	(2억 5천만원)		

사과 과수원은 근로자를 고용하여 사과를 재배하고 수확하는 데 1억 5천만원의 임금을 지불하고, 수확한 사과를 개별 소비자에게 1억원, 사과주스 생산기업에 2억 5천만원 어치 판매한다. 따라서 사과 과수원의 이윤은 판매수입 3억 5천만원에서 임금비용 1억 5천만원을 공제한 2억원이 된다.

사과주스 생산기업은 사과주스를 생산하기 위해 사과 과수원에서 2억 5천만원 어치의 사과를 구입한 후 근로자를 고용하여 사과주스를 생산한다. 사과주스 생산기업은 근로자의 임금으로 2억원을 지불하고 사과주스를 5억 5천만원 어치 판매한다. 따라서 사과주스 생산기업의 이윤은 판매수입 5억 5천만원에서 사과 구입비용 2억 5천만원과 임금 2억원을 공제한 1억원이 된다.

이상의 예에서 사과 과수원은 중간재의 투입 없이 사과를 3억 5천만원 어치 생산하였으므로 사과 과수원의 부가가치 생산은 3억 5천만원이 된다. 사과주스 생산기업은 2억 5천만원 어치의 사과를 중간재로 사용하여 5억 5천만원 어치의 사과주스를 생산하였으므로 사과주스 생산기업의 부가가치 생산은 3억원이 된다. 따라서 이 경제가 생산한 부가가치의 총합은 6억 5천만원이 된다.

지출측면

위의 예에서 최종적인 구매자의 지출은 개별 소비자의 사과 구입 1억원과 사과주스 구입 5억 5천만원이므로 총지출은 6억 5천만원이 된다. 이것은 생산측면에서 측정한 국내총생산과 동일하다.

보다 일반적으로, 국내총생산을 지출측면에서 측정하면 국내총생산은 소비지출(C), 투자지출(I), 정부구입(G), 순수출(NX)의 합이 된다. 소비지출은 가계가, 투자지출은 주로 기업이, 정부구입은 정부가, 순수출은 외국이 일정기간 동안 국내에서 최종적으로 생산된 상품과 서비스에 대해 지출한 것을 나타낸다. 국내총생산을 지출측면에서 측정하는 것은 생산이 어떻게 사용되는가를 조사하는 것이다. 지출측면에서의 국내총생산(Y)을 수식으로 나타내면 다음과 같다.

$$Y=C+I+G+NX$$

[그림 2-2]는 정부를 포함한 현실경제를 매우 간단하게 묘사한 것이다. 가계는 기업에 생산요소를 제공하고 그 대가로 소득을 벌어들인다. 가계는 소득 중 일부는 정부에 조세로 납부하고, 일부는 상품소비에 사용하며, 나머지는 금융기관에 저축을 한다. 기업은 생산요소를 고용하여 생산을 하고, 그것을 판매하여 수입을 벌어들이며, 그 수입으로 생산요소비용을 지급한다. 정부는 조세수입을 사용하여 필요한 정부구입을 하며, 부족한 재원 즉, 재정적자를 금융시장에서 조달한다.

지출 항목들을 보다 구체적으로 살펴보자. 소비는 가계의 지출을 측정한다. 가계는 그들의 노동과 소유자본을 기업에게 제공하여 생산에 참여하고 임금소득, 배당소득, 이자소득 등을 받는다. 이 소득 중 일부는 정부에 세금으로 납부하고, 세후 소득 중 일부는 소비하고 나머지는 금융기관에 저축을 한다. 소비는 국내총생산을 구성하는 가장 큰 지출 항목이다. 소비지출이 국내총생산에서 차지하는 비중은 지속적으로 증가하여 왔으며 2005년에는 국내총생산의 약 49%를 차지하였다. 소비는 자동차, 가구, TV 등 내구재의 소비, 음식료,

그림 2-2 소득과 지출의 흐름 Ⅱ

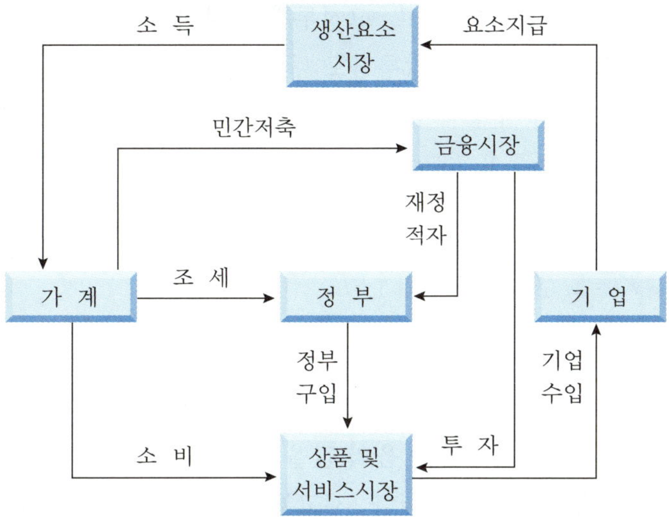

이 그림은 정부를 포함한 현실경제를 간단하게 묘사한 것이다. 가계는 기업에게 생산요소를 제공하고 그 대가로 소득을 벌어들인다. 가계는 소득 중 일부는 정부에 조세로 납부하고 일부는 상품소비에 사용하며 나머지는 금융기관에 저축을 한다. 기업은 생산요소를 고용하여 생산을 하고 그것을 판매하여 수입을 벌어들이며 그 수입으로 생산요소비용을 지급한다. 정부는 조세수입을 사용하여 필요한 정부구입을 하며 부족한 재원 즉, 재정적자를 금융시장에서 조달한다.

의류 등 비내구재의 소비와 이발, 진료, 교수의 강의, 변호사의 상담 등 서비스에 대한 지출의 합이다(내구재와 비내구재의 구분은 어느 정도 임의적이다).

가계의 지출 중에는 투자에 포함되는 것도 있다. 가계가 신규 주택을 구입하면 이것은 소비에 포함되지 않고 고정투자에 포함된다. 신규 주택의 구입은 경제에 새로운 주택을 추가한 것이므로 투자로 간주되기 때문이다. 그러나 기존 주택의 구입은 이미 존재하고 있는 주택의 소유권만 이전된 것이므로 투자로 간주되지 않고 국내총생산에도 반영되지 않는다.

주식, 채권, 부동산 투자 등 일상적 의미에서의 투자는 금융자산 투자라고 부르며, 거시경제학에서의 투자와는 구분된다. 투자는 주로 기업의 자본재 구입에 사용된 지출을 나타내며 가계와 정부의 신규 부동산 구입, 정부의 사회간접자본 투자 중 민간기업 하청 부분 등이 포함된다. 기업은 신규 자본재를 구입하거나 기존 자본재가 소모됨에 따라 그것을 대체하기 위해 자본재를 구입한다. 투자가 국내총생산에서 차지하는 비중은 2005년에 약 30%였으며, 이것은 국제기준으로 볼 때 상당히 높은 수준이라고 할 수 있다. 투자는 고정투자와 재고투자로 구성되어 있고, 고정투자는 다시 설비, 기계 등 기업 고정투자(비거주 고정투자)와 거주 고정투자로 나뉜다.

순투자는 총투자에서 감가상각을 공제한 값이다. t기말의 자본스톡을 K_t, $t-1$기말의 자본스톡을 K_{t-1}, t기의 총투자를 I_t, 감가상각을 D_t, 순투자를 I_t^n이라고 하면 다음과 같은 관계식을 도출할 수 있다.

$$K_t = K_{t-1} + I_t - D_t = K_{t-1} + I_t^n$$

재고투자는 생산에서 판매를 공제한 값으로, 생산이 판매보다 많으면 재고가 증가하여 재고투자는 양의 값을 가진다. 역으로 생산이 판매보다 적으면 재고가 감소하여 재고투자는 음의 값을 가진다. t기의 재고투자는 t기말과 $t-1$기말의 재고의 차이를 나타낸다. 재고투자는 국내총생산에서 차지하는 비중은 매우 작지만(2005년에 약 -0.2%), 변동이 심하여 경기변동에 기여하는 역할이 매우 큰 지출 항목이다. 국내총생산에서 재고투자를 공제한 값은 총판매라고 부른다. 국내총생산에서 변동이 매우 심한 재고투자를 공제한 값이 총판매이므로 총판매는 국내총생산보다 변동이 덜하다.

정부구입은 중앙 및 지방정부가 구입한 상품 및 서비스를 측정한다. 정부는 무기를 구입하고, 사회간접자본을 직접 건설하기도 하며, 공무원을 고용하여 각종 행정 서비스를 제공하는 등 많은 경제활동을 한다. 이와 같은 모든 거래에서 정부가 구입하는 것을 정부구입이라고 하며, 2005년에는 국내총생산의 약 12%를 차지하였다. 정부는 실업보험, 연금, 국공채에 대한 이자지급, 의료보험 등 민간에 이전금을 지불하는데, 이것은 한 나라 경제에서 일정기간 동안 생산된 최종재에 대한 지출이 아니므로 정부구입에 포함되지 않고 정부지출에 포함된다. 그러나 정부의 이전지출은 세금과 반대의 역할을 하므로 민간의 가처분소득에 영향을 주고, 가처분소득의 변화를 통해 소비에 영향을 준다. 만약 조세부과를 증가시켜서 그것으로 이전금을 증가시키면 가계의 가처분소득은 변화하지 않는다. 그러므로 T를 조세에서 이전금을 공제한 순조세로 정의하고 $Y-T$를 가처분소득으로 정의한다. 정부구입(G)이 순조세(T)보다 크면 재정은 적자가 되고, 정부구입이 순조세보다 작으면 재정은 흑자가 되며, 정부구입이 순조세와 같으면 재정은 균형이 된다.

표 2-1 국내총생산, 국민총소득과 지출항목

(기준연도: 2000년, 단위: 10억원)

	1999	2000	2001	2002	2003	2004	2005
국내총생산	533,399	578,665	600,866	642,748	662,655	693,996	721,491
소비	281,845	305,984	321,111	346,510	342,015	340,812	351,770
고정투자	160,336	179,908	179,576	191,465	199,048	203,188	207,828
재고투자	1,744	−495	−243	−1,567	−4,469	671	−1,196
정부구입	68,991	70,098	73,507	77,924	80,877	83,895	87,529
순수출	16,692	18,230	20,865	19,556	35,895	57,991	67,887
통계상불일치	−2,389	−1,377	−525	1,810	2,104	183	171
국외순수취 요소소득	−6,491	−2,505	−1,052	716	643	1,514	−634
실질무역손익	19,062	0	−7,405	−9,622	−17,510	−24,472	−46,308
국민총소득	545,970	576,160	592,409	633,842	645,788	671,038	674,550

자료: 한국은행 조사월보 2006년 4월호.

순수출은 수출에서 수입을 공제한 값이다. 수출은 한국산 상품과 서비스를 외국에 판매하는 것이고, 수입은 외국산 상품과 서비스를 외국으로부터 구입하는 것이다. 순수출에 국외순수취 요소소득을 더한 것을 경상수지라고 하며, 경상수지가 양의 값을 가지면 흑자, 음의 값을 가지면 적자라고 한다. 순수출이 흑자가 되면 GDP에서 차지하는 비중이 양의 값을 가지지만, 적자가 되면 음의 값을 가진다. [표 2-1]은 각각의 지출항목이 국내총생산에서 차지하는 크기를 보고하고 있다.

소득측면

앞의 예에서 사과 과수원이 임금으로 지불한 액수는 1억 5천만원이고, 사과주스 생산기업이 임금으로 지불한 액수는 2억원이므로, 이 경제에서 발생한 임금소득은 3억 5천만원이 된다. 또한 사과 과수원의 이윤은 2억원이고 사과주스 생산기업의 이윤은 1억원이므로 총이윤은 3억원이 된다. 따라서 이 경제에서 발생한 총소득은 6억 5천만원이 되며, 이것은 생산측면과 지출측면에서 측정한 액수와 동일하다.

보다 일반적으로 국내총생산을 소득측면 혹은 분배측면에서 측정하려면 국민소득을 측정해야 한다. 국민소득(NI: National Income)은 생산에 참여한 근로자에게 지급되는 임금, 자영업자의 소득, 자금을 빌려준 사람에게 제공되는 이자, 토지나 건물을 빌려준 사람에게 제공되는 지대, 기업가에게 돌아가는 이윤의 합이다. 국민소득계정에서 국민소득은 피용자 보수와 영업잉여의 합으로 나타난다. 여기에 순간접세(간접세－보조금)를 더하면 국민순생산(NNP)이 되고, 고정자본소모(혹은 감가상각)까지 더하면 국민총생산이 되며, 국민총생산에서 국외순수취 요소소득을 차감하면 국내총생산이 된다.[2] 따라서 국민소득은 국내총생산과는 크기가 다르다.[3] 그러나 두 개의 지표가 서로 같이 움직이는 공행성(comovement)이 있으므로, 이하의 논의에서는 생산과 소득이라는 용어를 서로 같은 의미로 사용할 것이다.

앞에서도 언급하였듯이 국민소득은 국민순생산에서 간접세를 공제하고 보조금을 더한 것이다. 국민소득은 기본적으로 기업이 제품을 판매하고 받는 수입을 기준으로 측정한 것이고, 국민총생산 혹은 국민순생산은 소비자가 제품구입에 지불한 가격을 기준으로 측정한 것이다. 소비자가 제품구입시 지불하는 가격과 기업이 받는 수입 간에 차이가 생기는 이유는 부가가치세, 판매세 등 간접세와 정부가 기업에게 제공하는 보조금 때문이다. 따라서 국민순생산에서 부가가치세 등 간접세를 공제하고 보조금을 더해 주어야 국민소득이 되며, 간접세에서 보조금을 공제한 순간접세는 2005년 국내총생산의 약 12% 정도를 차지하였다. 국민소득은 국민계정에서 요소비용 국민소득으로 나타나며, 국민순생산은 시장가격 국민소득으로 나타난다.

이상 세 가지 방법으로 측정한 국내총생산은 크기가 같다. 우선 생산측면과 지출측면에서 측정한 값은 일치해야 한다. 그것은 재고가 기업의 투자지출에 포함되기 때문이다. 재고는 기업이 생산을 했지만 팔리지 않은 상품이라고 할 수 있다. 따라서 재고가 지출항목에 포함되지 않으면 생산이 지출을 초과하게 될 것이다. 그러나 국민계정에서는 재고를 기업의 투자지출로 계산하므로

---

2) 국민총생산이 총투자를 포함한 것이라면 국민순생산은 순투자를 포함한 것이다. 감가상각은 국민계정에 고정자본소모로 나타나며, 2005년에 국내총생산의 약 14% 정도를 차지하였다(2005년도 명목국내총생산은 약 807조원이고, 고정자본소모는 약 111조원이다).

3) 국민계정에서는 국민소득에 순간접세를 더한 것을 국민처분가능소득(NDI: National Disposable Income)이라고 부르고, 국민처분가능소득에 고정자본소모를 더한 것을 국민총처분가능소득(GNDI: Gross National Disposable Income)이라고 부른다.

생산측면에서 측정한 국내총생산과 지출측면에서 측정한 국내총생산은 일치하게 된다. 다음으로 생산측면과 소득측면에서 측정한 값은 일치해야 한다. 생산자의 생산 혹은 판매수입은 총소득과 일치해야 한다. 이것은 생산자의 판매수입은 임금 등 요소비용과 이윤의 합이 되기 때문이다. 따라서 총지출은 총생산과 같고 총생산은 총소득과 같으므로 세 가지 방법으로 측정한 국내총생산은 크기가 같다.

3. 실질국내총생산과 명목국내총생산

명목국내총생산은 일정 기간에 생산된 상품과 서비스의 경상가치를 나타내고, 실질국내총생산은 일정 기간에 생산된 상품과 서비스를 기준연도의 가격으로 평가한 것이다. 예를 들어서 어떤 가상 경제가 2006년에 사과 1개와 배 1개를 생산했고 사과 1개의 가격은 2,000원, 배 1개의 가격은 3,000원이었다고 하자. 이 경제는 기준연도인 2000년에도 마찬가지로 사과 1개와 배 1개를 생산했고 그 해에 사과 1개의 가격은 1,000원, 배 1개의 가격은 1,500원이었다고 하자. 이 경우에 2006년도 명목국내총생산은 2,000×1+3,000×1=5,000원이 된다. 마찬가지로 2000년의 명목국내총생산은 1,000×1+1,500×1=2,500원이 된다. 따라서 2006년의 명목국내총생산은 2000년 명목국내총생산의 두 배가 된다. 그러나 가상경제의 2006년도 경제활동 혹은 후생이 2000년도 경제활동 혹은 후생보다 두 배가 되었다고 할 수는 없다. 이것은 명목국내총생산이 물가수준의 변화를 감안하지 않기 때문이다. 이런 문제를 해결하기 위해서는 물가변동에는 영향을 받지 않고 생산물 수량의 변동만 반영할 수 있도록 기준연도의 가격으로 경제활동 혹은 후생을 평가하는 것이 바람직하다. 그것이 실질국내총생산이며 앞의 예에서 2006년의 실질국내총생산은 1,000×1+1,500×1=2,500이 되어 2000년의 국내총생산과 같아진다.

[그림 2-3]은 명목 및 실질GDP를 보여주고 있다. 명목 및 실질국내총생산의 정의로부터 기준연도의 명목국내총생산과 실질국내총생산은 같다는 것을 알 수 있다. 그림에서 보듯이 기준연도인 2000년에는 명목 및 실질GDP가 일치한다. 그러나 2000년 이전에는 명목GDP보다 실질GDP가 크고 2000년 이후에는 명목GDP가 실질GDP보다 크다. 이것은 표본기간 동안 일반적으로 물가수준이 상승해 왔기 때문이다.

그림 2-3 명목 및 실질GDP

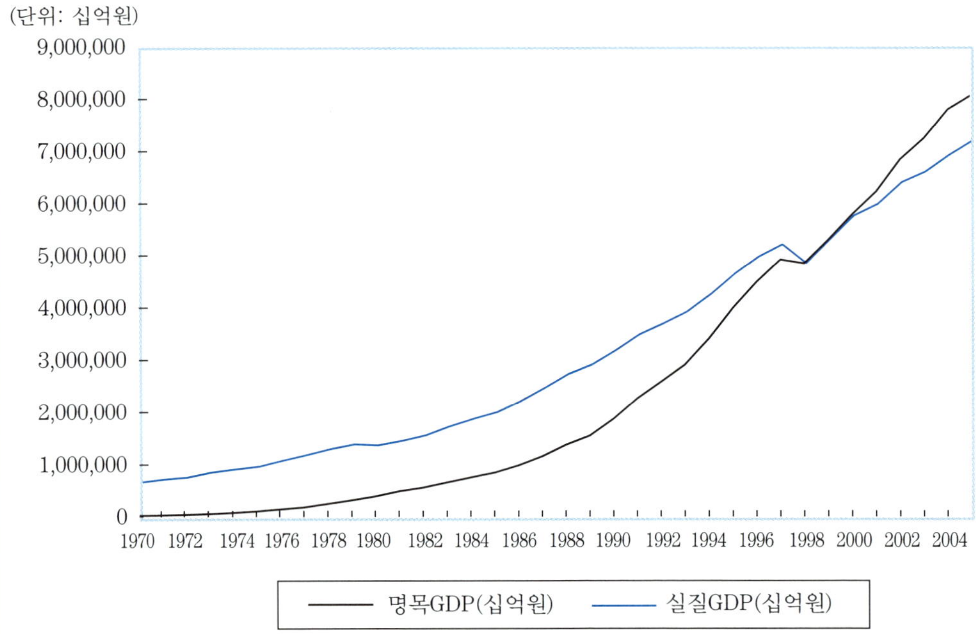

이 그림은 명목 및 실질GDP를 보여주고 있다. 그림에서 보듯이 기준연도인 2000년에는 명목 및 실질GDP가 일치한다. 그러나 2000년 이전에는 명목GDP보다 실질GDP가 크고 2000년 이후에는 명목GDP가 실질GDP보다 크다. 이것은 표본기간 동안 일반적으로 물가수준이 상승해왔기 때문이다.

명목 및 실질국내총생산으로부터 자연스럽게 도출되는 것이 GDP 디플레이터이다. GDP 디플레이터는 명목국내총생산을 실질국내총생산으로 나눈 값이다. 앞에서 예를 든 사과와 배를 생산하는 가상경제에서 2006년의 GDP 디플레이터는 다음과 같이 계산된다.

$$\text{GDP 디플레이터} = \frac{2{,}000 \times 1 + 3{,}000 \times 1}{1{,}000 \times 1 + 1{,}500 \times 1} \times 100 = 200$$

이상의 분석을 많은 종류의 상품과 서비스를 생산하는 보다 현실적인 경우에 적용하면 다음과 같다.

$$\text{GDP 디플레이터} = \frac{\text{해당연도의 물가수준} \times \text{해당연도의 생산}}{\text{기준연도의 물가수준} \times \text{해당연도의 생산}} \times 100$$

만약 2000년이 기준연도이고, 2005년의 GDP 디플레이터는 111.8, 명목국내총생산은 806.6조원이라고 하면 2005년의 실질국내총생산은 806.6(100/111.8) 즉, 약 721.5조원이 된다.

쇠사슬 가중(chain weighted) 경제성장률

최근 미국을 비롯한 선진국에서는 기존의 기준년에 근거한 실질GDP 측정법이 경제성장을 과대평가하고, 기준년이 변함에 따라 과거의 실질GDP를 전부 다시 계산해야 하는 문제점을 내포하여 이를 해결하기 위해 쇠사슬 가중법에 기초한 경제성장률을 많이 사용하고 있다. 쇠사슬 가중법에 따르면, 예를 들어, 2000년의 경제성장률은 1999년 가격을 기준으로 측정한 1999-2000년간의 경제성장률과 2000년 가격을 기준으로 측정한 1999-2000년간의 경제성장률의 평균을 경제성장률로 계산한다.

기존의 기준년에 근거한 방법의 문제점을 확인하기 위해 감자깡과 컴퓨터를 생산하는 가상경제를 상정해 보자.

표 1. 감자깡과 컴퓨터의 생산 및 가격

연 도	감자깡(봉)		컴퓨터(대)	
	생 산 량	가격(원)	생 산 량	가 격
1985	10,000	200	1	1,000,000
1990	11,000	250	2	500,000
1995	12,000	300	4	250,000
2000	13,000	350	8	125,000

표 1로부터 기준년을 변화시킴에 따라 실질GDP를 아래와 같이 계산할 수 있다.

표 2. 기준년 방법에 따른 실질GDP (천원)

연 도	1985 기준	1990 기준	1995 기준	2000 기준
1985	3,000	3,000	3,250	3,625
1990	4,200	3,750	3,800	4,100
1995	6,400	5,000	4,600	4,700
2000	10,600	7,250	5,900	5,550

표 2에서 우리는 기준년이 변함에 따라 실질GDP가 변한다는 사실을 확인할 수 있다. 이 표

표 3. 실질GDP 증가율(%)

기 간	기준년 방법				쇠사슬 가중 방법
	1985 기준	1990 기준	1995 기준	2000 기준	
1985-90	40.0	25.0	16.9	13.1	32.5
1990-95	52.4	33.3	21.1	14.6	27.2
1995-00	65.6	45.0	28.3	18.1	23.3
1985-00	253.3	141.7	81.5	53.1	107.8

로부터 우리는 기준년이 컴퓨터 가격이 상대적으로 매우 비쌌던 과거로 올라갈수록 최근의 실질 GDP가 크게 평가되어 경제성장률이 매우 높게 평가된다는 사실을 확인할 수 있다(표 3 참조). 또 하나 확인할 수 있는 것은 기준년이 변함에 따라 통계당국이 과거의 실질GDP 자료를 모두 다시 계산해야 한다는 사실이다.

이상의 예에서 알 수 있는 것은 실질GDP의 계산이 해당연도의 부문별 생산구조뿐만 아니라 기준년의 부문별 가격구조에 의존한다는 사실이다. 따라서 컴퓨터 산업처럼 기술이 빠른 속도로 진보하여 생산은 증가하고 가격은 하락하는 산업이 있을 때 기준년에 근거하여 실질GDP를 측정하면 경제성장률이 매우 높게 계산된다. 이런 문제점을 완화시키기 위해 쇠사슬 가중 방법에 근거하여 경제성장률을 계산한 것이 표 3의 마지막 칸에 보고되어 있다. 예를 들어서, 1985-1990기간의 경제성장률은 1985년을 기준년으로 측정한 40%와 1990년을 기준년으로 측정한 25%의 평균인 32.5%가 된다. 마찬가지로 1990-1995기간의 경제성장률은 1990년을 기준년으로 측정한 33.3%와 1995년을 기준년으로 측정한 21.1%의 평균인 27.2%가 된다. 1985년의 실질GDP를 1로 할 때 2000년의 실질GDP는 $1 \times 1.325 \times 1.272 \times 1.233 = 2.078$이 되어 1985-2000 전기간 동안의 경제성장률은 107.8%가 된다. 이러한 수치는 기준년을 변화시켰을 때의 전기간 경제성장률의 중간 정도에 해당한다고 볼 수 있다.

4. GNP와 GNI

국민소득통계의 총량지표는 한 나라 경제의 경제활동을 측정하는 생산지표와 소득수준의 변화를 측정하는 소득지표로 대별된다. 생산요소의 이동이 많지 않았던 1990년대 이전에는 생산지표와 소득지표를 구분하지 않고 GNP를 주지표로 사용하는 것이 국제적인 관행이었다. 그러나 1990년대 이후에 (한국은 1995년부터) 국가간의 자본이동과 기술이전이 활발해지면서 요소소득의 수

급규모가 커지고 GNP와 GDP의 괴리가 확대됨에 따라 많은 나라들이 주지표를 GNP에서 GDP로 바꿨다.

실질GNP는 생산물량의 변화를 반영하는 생산지표(실질GDP)와 소득변화를 나타내는 소득지표(국외순수취 요소소득)가 혼합되어 있어 그 성격이 불명확한 면이 있다. 이러한 문제점을 해결하기 위해 1993년 UN, IMF, OECD 등 국제기구가 중심이 되어 국민계정체계를 개정하면서 실질국민소득지표를 생산지표인 실질국내총생산(GDP)과 소득지표인 실질국민총소득(GNI)으로 구분하게 되었다. 한국은행도 1999년부터 소득지표로 GNP 대신 GNI를 편제 · 발표하고 있다.

실질국민총소득(GNI)은 생산활동을 통해 획득한 소득의 실질구매력을 나타내는 지표인데 실질국내총생산+교역조건 변화에 따른 실질무역손익+국외순수취 요소소득으로 계산된다. 즉, 실질국민총소득(GNI)은 실질국민총생산(GNP)에 교역조건 변화에 따른 실질무역손익을 더해준 것이다. 실질무역손익이란 총실질무역손익에서 기준년의 교역조건이 변화하지 않았다고 가정했을 때의 실질무역손익을 차감하여 산출하며, 이것은 수출입가격(교역조건)의 변화에 따른 실질국민소득의 해외유출 또는 해외로부터의 유입을 나타낸다.

예를 들어서, 2000년(기준년)에는 자동차 10대($10,000/대)를 수출하여 기계 1대($100,000/대)를 수입하였고, 2006년(비교년)에는 자동차 20대($5,000/대)를 수출하여 기계 1대($100,000/대)를 수입하였다고 하자. 수입가격은 변화가 없는데 수출가격이 대당 $10,000에서 대당 $5,000으로 하락하였으므로 교역조건이 50% 악화되었다. 이 예에서 자동차 생산이 증가하였으므로 실질국내총생산(GDP)은 수출부문에서 $200,000(=20대×$10,000/대)이 되지만, 이것의 실제 구매력은 교역조건의 악화로 인해 여전히 $100,000이 된다. 즉, 2006년에는 교역조건 악화에 따른 실질무역손실 $100,000이 발생한다. 결국 2006년 실질국민총소득은 수출부문 실질국내총생산 $200,000에서 교역조건 악화로 인해 발생한 실질무역손실 $100,000을 차감한 $100,000이 되어 2000년(기준년)과 동일하게 된다.

실질국민총소득(GNI)은 교역조건의 변화와 동일한 방향으로 변동하기 때문에, 교역조건이 악화되면 실질무역손익이 악화되어 실질GNI 증가율이 실질 GNP 증가율을 하회하게 되고, 교역조건이 호전되면 실질무역손익이 호전되어 실질GNI 증가율이 실질GNP 증가율을 상회하게 된다. 따라서 제1차 및 제 2 차 원유가 상승기, 1996년 이후 반도체 가격폭락 등 교역조건이 악화되었던 시기에는 실질GNI 증가율이 실질GNP 증가율을 하회하였고, 3저 호황기 등 교역조건이 호전되었던 시기에는 실질GNI 증가율이 실질GNP 증가율을 상회하였다.

명목GNP는 그때그때의 무역손익을 경상가격으로 반영하므로 명목GNI와 동일하다.

이상의 논의를 정리하면 다음과 같다.

실질국내총생산(GDP)
+ 교역조건 변화에 따른 실질무역손익
= 실질국내총소득(GDI)
+ 실질 국외순수취 요소소득
= 실질국민총소득(GNI≒GNP)

5. 국내총생산의 문제점

1960년대 말에서 1970년대 초에 많은 사람들이 GDP가 국민의 후생이나 복지를 제대로 나타내는가에 관해서 의문을 제기하기 시작하였다. GDP의 증가는 개발에 따른 자원의 고갈이나 환경오염 등 외부불경제의 문제를 야기하는데 GDP는 이것을 제대로 반영하지 못한다. 이러한 문제를 해결하기 위한 시도로 노드하우스와 토빈은 자원의 고갈, 환경오염, 여가의 가치, 비시장 경제활동의 가치를 반영하는 새로운 경제후생지표(MEW)를 측정하려고 노력하였다.

국내총생산을 계산하는 몇 가지 규칙

재 고: 만약 기업이 근로자를 한 사람 더 고용하여 빵을 추가로 한 개 더 생산하였지만 이를 판매하지 못했다면, 이것은 국내총생산에 포함이 되는가? 그 대답은 경우에 따라서 달라진다. 만약 판매하지 못한 빵을 내버린다면 그것은 국내총생산에 포함되지 않는다. 빵이 판매되지 않았으므로 지출이 증가하지 않았기 때문이다. 동시에 기업이 임금을 지불하고 생산하였으나 판매하지 못하고 버렸으므로 기업의 이윤이 임금만큼 감소하게 된다. 그 결과 여전히 총지출은 총소득

과 일치하게 된다. 그러나 기업이 판매하지 못한 빵을 재고로 보관하면 그것은 국내총생산에 포함이 된다. 그 이유는 지출면에서 재고지출이 투자지출에 포함되고, 소득면에서 빵의 판매대금이 기업의 수입이 되기 때문이다.

시장에서 거래되지 않는 상품과 서비스: 경제 내에는 시장에서 거래되지 않는 상품과 서비스가 있다. 예를 들어, 자가주택 소유자의 주택서비스 소비는 시장에서 거래되지 않는다. 전세 혹은 월세 입주자가 납부하는 임대료는 세입자의 지출로 측정되는 동시에 소유자의 임대소득으로 국내총생산에 포함이 되는데 반해, 자가주택의 경우에는 소유자가 주택서비스를 제공받음에도 불구하고 임대료를 내지 않는다. 따라서 자가주택의 경우에는 소유자가 스스로에게 임대료를 납부하는 것으로 간주하여 귀속 임대료(imputed rent)를 계산하고, 그것을 국내총생산의 소비에 포함시킨다.

공무원의 서비스: 공무원의 행정서비스는 시장에서 거래되는 것이 아니므로 시장가격으로 측정할 수 없다. 국민계정에서 공무원의 행정서비스는 공무원들의 임금으로 대체된다.

지하경제: 마약, 범죄, 탈세 등 지하경제에서 거래되는 상품과 서비스의 가치는 거래의 성격상 GDP에 거의 반영되지 않는다. 지하경제의 규모를 측정하는 것은 매우 어려운 일인데, 여러 가지 연구결과에 의하면 한국의 지하경제는 GDP의 약 20% 정도 규모에 해당하는 것으로 보인다.

제 2 절 실 업 률

경제활동을 나타내는 또 다른 중요 개념은 실업률이다. 실업률은 실업자/경제활동인구로 측정된다. 경제활동인구(labor force)란 15세 이상의 나이로 취업하고 있거나 실업인 사람들의 합이다. 취업자는 매월 15일을 포함한 주에 주당 1시간 이상 돈을 받고 일하고 있는 근로자를 말한다. 단, 휴가중인 경우도 포함한다. 실업자는 주어진 임금수준에서 일자리를 찾고 있으나 직업이 없는 사람을 일컫는다.

경제상황에 따라 실업률이 변할 뿐만 아니라 경제활동참가율도 변한다. 경제활동참가율은 경제활동인구/노동가능인구로 측정된다. 노동가능인구는 경제활동인구와 비경제활동인구로 구성되어 있다. 비경제활동인구(outside the

그림 2-4 실업률과 경제활동참가율

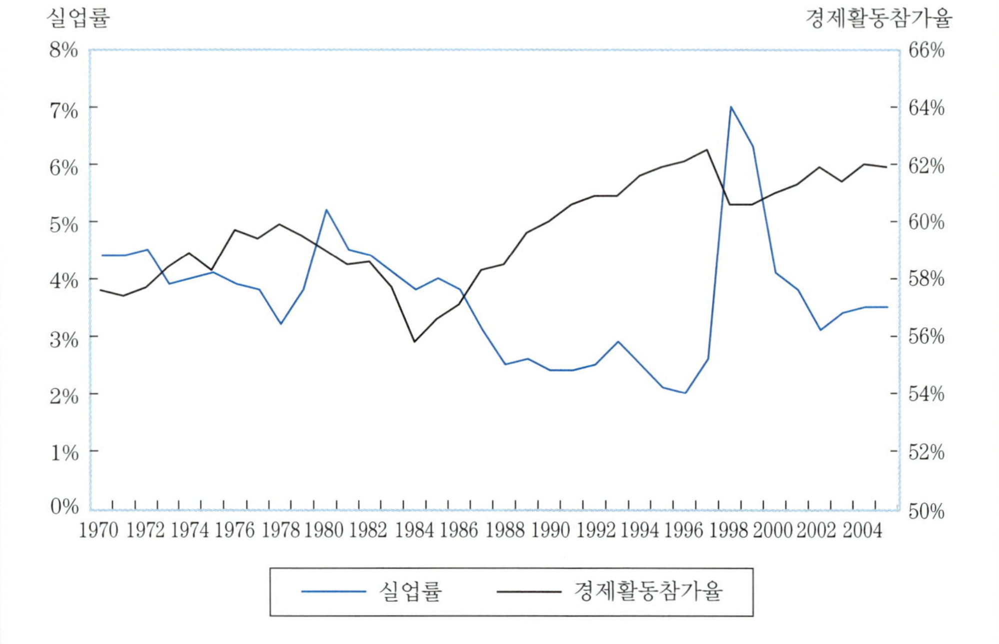

이 그림은 실업률과 경제활동참가율을 보여주고 있다. 실업률이 증가하면 생산에 참여하는 사람들의 비율이 감소하므로 다른 조건이 일정하다면 경제활동이 감소할 것이다. 역으로 실업률이 감소하면 생산에 참여하는 사람들의 비율이 증가하므로 경제활동이 증가할 것이다.

labor force)는 15세 이상 노동가능인구 가운데 직업이 없으면서 일자리를 찾고 있지 않은 사람을 나타낸다. 은퇴한 사람, 학업을 받고 있는 사람, 가사에 종사하는 사람, 환자, 직업을 구하고 있지 않은 사람 등은 비경제활동인구에 포함된다. [그림 2-4]는 실업률과 경제활동참가율을 보여주고 있다.

Okun의 법칙

실업률이 증가하면 생산에 참여하는 사람들의 비율이 감소하므로 다른 조건이 일정하다면 경제활동이 감소할 것이다. 역으로 실업률이 감소하면 생산에 참여하는 사람들의 비율이 증가하므로 경제활동이 증가할 것이다. 따라서 우리는 실업률과 실질GDP 사이에 역관계가 성립할 것임을 쉽게 짐작할 수 있다. 오쿤은 1960년대초 실업률의 변화와 실질GDP 증가율 사이에 역관계가 성립함을 발견하였고, 우리는 그의 이름을 따서 이러한 사실을 오쿤의 법칙이라고 부른다. 그러나 실업률이 1% 증가할 때 실질GDP가 감소하는 정도는 시기별로, 경제별로 다르므로, 오쿤의 법칙도 실업률이 1% 증가하면 실질GDP가 몇 % 감소한다고 딱 부러지게 말할 수 있는 성질의 것은 아니다.

제 3 절 생계비용의 측정

1. 소비자물가지수

소비자의 생계비용을 측정하는 대표적 지표는 소비자물가지수이다. 소비자물가지수는 일반 도시가구가 소비생활을 영위하기 위해서 구입하는 상품의 가격과 서비스 요금의 변동을 종합적으로 측정하기 위하여 작성되는 물가지수이다. 소비자물가지수의 조사대상품목은 2000년 기준지수의 경우 서울을 비롯한 36개 주요 도시가계의 2000년도 총소비지출액 중에서 품목별 소비지출액이 1/10,000 이상의 비중을 가지는 516개 품목으로 구성되어 있다. 통계청은 기준연도 상품바구니에 포함된 각각의 상품이 대표적 가계의 소비지출에서 차지하는 비중을 가중치로 사용하여 매월 기준연도 상품바구니의 현재가격을 구하고, 그것을 기준연도 상품바구니의 기준연도 가격으로 나누어줌으로써 소비자물가지수를 구한다.

$$\text{소비자물가지수} = \frac{\text{기준연도 상품바구니의 현재가격}}{\text{기준연도 상품바구니의 기준연도가격}} \times 100$$

소비자물가지수를 비롯한 각종 물가지수는 인플레이션을 과장하는 측면이 있다. 우선 신규 상품의 소개로 인한 후생의 증가를 반영하지 못한다. 예를 들면 카메라폰 등 신규 상품이 소개되면 소비자의 후생은 증가한다. 하지만 신규 상품의 도입이 각종 물가지수의 하락으로 반영되지는 않는다. 또한 소비자물가지수는 기존상품의 질적 향상을 제대로 반영하지 못한다. 예를 들면 펜티

엄 IV 개인용 컴퓨터의 가격은 과거의 386 PC의 가격과 거의 동일하다. 그러나 펜티엄 IV의 기능은 386컴퓨터의 기능보다 훨씬 향상된 것이다. 물가지수 조사당국은 기존 상품의 질적 향상을 물가지수에 반영하려고 노력하지만 그것이 충분하다고 볼 수는 없다. 또 한편으로 우리 나라의 소비자물가지수는 인플레이션을 과소평가하는 면이 있는데 그것은 물가당국이 직접 간접으로 소비자물가지수를 측정하는 상품바구니에 포함된 상품 및 서비스의 가격을 관리하기 때문이다.

2. 소비자물가지수와 GDP 디플레이터의 차이점

GDP 디플레이터는 한국 내에서 일정기간 동안 생산된 모든 상품 및 서비스의 가격을 나타내는 지표이다. 따라서 GDP 디플레이터는 소비자물가지수에는 반영되지 않는 투자재나, 무기처럼 정부가 구입하는 상품의 가격을 포함한다. 그러나 GDP 디플레이터는 수입품의 가격을 포함하지 않는다. 이것은 GDP의 정의상 수입을 포함하지 않기 때문이다. 이에 반해서 소비자물가지수는

그림 2-5 물가지수

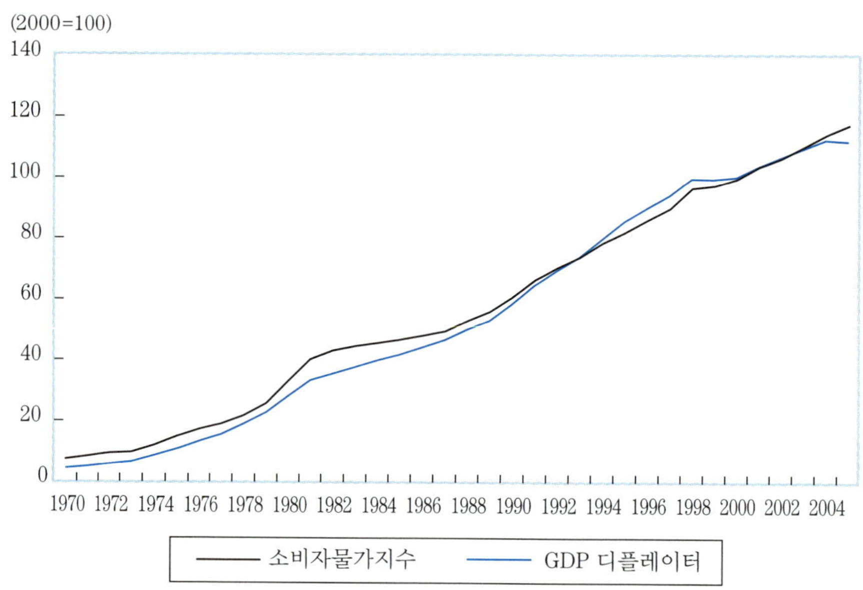

그림 2-6 인플레이션율

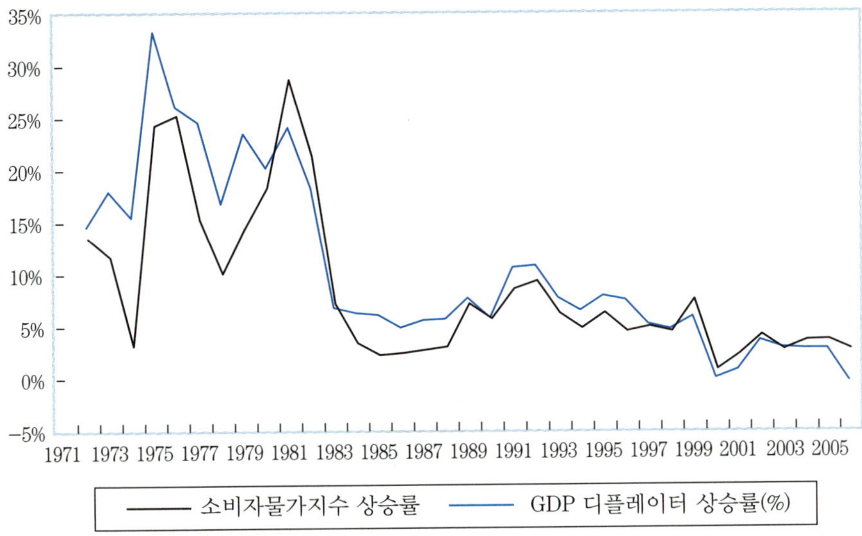

GDP 디플레이터가 포함하는 것보다는 적은 종류의 상품의 가격을 반영하지만 수입품의 가격을 반영하므로 소비자에게 영향을 미치는 물가수준을 보다 적절히 측정한다고 할 수 있다.

또 다른 차이점은 보다 기술적인 문제이다. 소비자물가지수는 기준연도 상품바구니의 가격변화를 측정한다. 반면에 GDP 디플레이터는 당해연도 상품바구니의 기준연도 대비 가격변화를 측정한다. 우리는 전자를 라스파이레스(Laspeyres) 지수라고 하고, 후자를 파셰(Paasche) 지수라고 한다. 따라서 소비자물가지수는 소비자들이 인플레이션이 진행됨에 따라 상대적으로 가격이 비싼 상품의 소비를 줄이고 상대가격이 저렴한 상품의 소비를 늘리는 사실을 무시하므로 인플레이션의 비용을 과장하는 면이 있다. 이와 반대로 GDP 디플레이터는 소비자들이 상대적으로 비싼 상품의 소비를 줄임으로써 발생하는 소비자 후생의 감소를 무시하므로 인플레이션의 비용을 과소평가하는 면이 있다. 그러나 이러한 차이점에도 불구하고, 두 가지 물가지수와 그로부터 계산한 인플레이션율은 [그림 2-5]와 [그림 2-6]에서 보듯이 대체로 같이 움직이는 공행성(comovement)을 보인다.

소비자물가지수의 문제점

미국 상원 금융위원회는 1995년 스탠포드 대학의 보스킨을 비롯한 다섯 명의 유력 경제학자에게 미국의 소비자물가지수를 보다 적절히 측정하는 방법을 연구하도록 용역을 주었다.[4] 1996년에 발표된 연구결과에 의하면 소비자물가지수는 실제 생계비 상승을 약 1.1% 포인트 과장하는 것으로 드러났다. 소비자물가지수가 생계비 상승을 과장하는 이유는 본문에서 소개한 것처럼 물가가 상승함에 따라 소비자가 상대가격이 저렴한 상품으로 대체소비를 하고, 소비자물가지수가 신규상품의 도입과 상품의 질적 향상을 제대로 반영하지 못한다는 데 기인한다. 보스킨 보고서에 의하면 공식적 물가지수가 소비자의 대체소비를 제대로 반영하지 못하기 때문에 생계비 상승을 약 0.4% 포인트 과장하는 것으로 보인다. 예를 들어, hardback의 가격이 상승하면 소비자는 paperback을 구입한다. 또 바나나의 가격이 상승하면 사과의 소비를 늘린다. 이런 대체소비는 소비자들의 후생을 특별히 감소시키지 않지만 소비자물가지수는 기준연도 상품바구니의 가격을 측정하므로 물가상승을 과장하게 된다. 물가상승에 따른 대체소비보다 물가상승을 더 과장하는 것은 소비자물가지수가 상품의 질적 향상이나 신규상품의 도입을 제대로 반영하지 못한다는 점이다. 보스킨 보고서에 의하면 이로 인해 소비자물가지수가 생계비 상승을 0.6% 포인트 과장하는 것으로 나타난다. 마지막으로 약 0.1% 포인트는 소비자들이 과거에 비해 할인점에서 상품을 구매하는 빈도가 증가하고 있는데 반해 소비자물가지수는 이러한 현실을 적절히 반영하지 못하고 있는 데 기인한다.

제 4 절 맺음말

본 장에서는 경제활동을 나타내는 대표적 지표로서 국내총생산과 생계비를 나타내는 가장 대표적 지표로서 소비자물가지수를 소개하였다. 이들 지표는 가장 대표적으로 사용되는 지표이긴 하지만 완벽한 것은 아니다. 보다 구체적으로, 실질GDP는 경제구조가 급격히 변화할 때, 예를 들어, 컴퓨터 산업처럼 생산이 크게 증가하면서 가격은 급속히 하락하는 경우에 과거에 컴퓨터

4) 다섯 명의 경제학자는 보스킨, 그릴리시, 조르겐슨, 고든, 덜버거이다.

가격이 비쌌던 시기를 기준년으로 측정함에 따라 경제성장을 과장하는 문제점이 있다. 이런 문제점을 해결하기 위해 최근에는 쇠사슬 가중 경제성장률을 계산하는 나라가 늘어나고 있다. 한편, 소비자물가지수는 인플레이션을 과장하는 측면이 있다. 소비자물가지수는 인플레이션이 진행됨에 따라 소비자들이 상대적으로 저렴한 상품으로 소비를 대체하고, 신규상품이 도입되거나 상품의 질이 향상되며, 소비자들이 일반 소매점보다 할인점을 많이 이용하는 등 소비유형이 변화하는 것을 물가지수 하락으로 적절히 반영하지 못하기 때문이다.

연습문제 제 2 장

Questions and Practice

1. 김총각은 자기 집에서 파출부로 일하던 서처녀와 결혼하였다. 결혼 후 서처녀는 전업주부로 생활한다. 두 사람의 결혼이 GDP에 미치는 영향은?

2. 광부가 철광석을 채취하여 제철업자에게 100만원에 판매한다. 제철업자는 철광석으로 철판을 생산하여 선박 생산업자에게 500만원에 판매한다. 선박 생산업자는 철판으로 선박을 건조하여 어부에게 1,000만원에 판매한다. 각 단계에서의 부가가치와 국내총생산을 구하라.

3. 다음의 표는 1995년 기준 1997년의 국민소득 통계이다(단위: 1조원). 빈칸에 들어갈 숫자는?

GDP	소비	투자	정부구입	순수출	국외순수취요소소득	GNP	실질무역손익	GNI
	229	141	40	13	−2			403

4. 어떤 가상경제가 1990년과 2000년에 사과와 쌀을 다음과 같이 생산 소비했다.

	1990	2000
사과 가격	1,000원	1,500원
쌀 1가마의 가격	150,000원	200,000원
사과 생산량	10,000개	12,000개
쌀 생산량	100가마	90가마

1990년을 기준연도로 하여, 1990년과 2000년의 명목GDP, 실질GDP, GDP 디플레이터, CPI를 계산하라.

5. 다음 표에 나타난 가상적인 경제에 관하여 질문에 답하라.

항 목	수 량	가격(원)
2002		
야구 볼	100	100
야구 방망이	20	500
2003		
야구 볼	160	50
야구 방망이	22	2,250

(가) 2002년의 명목GDP는?

(나) 2002년 기준가격으로 평가한 2003년의 실질GDP는?

(다) 2002년이 기준년이라고 하면 2002－2003 기간의 경제성장률은?

(라) 2003년 기준가격으로 평가한 2002년의 실질GDP는?

(마) 2003년 명목GDP는?

(바) 2003년이 기준년이라고 하면 2002－2003 기간의 경제성장률은?

(사) 쇠사슬 가중법에 의하면 2002－2003 기간의 경제성장률은?

(아) 2002년이 기준년이라고 하면 쇠사슬 가중법에 따른 2003년의 실질 GDP는?

(자) 2002년을 기준년이라고 할 때 쇠사슬 가중법에 따른 2003년의 GDP 디플레이터는?

6. 2000년(기준년)에는 자동차 10대($10,000/대)를 수출하여 기계 1대($100,000/대)를 수입하였고, 2005년(비교년)에는 자동차 10대($20,000/대)를 수출하여 기계 2대($100,000/대)를 수입하였다고 하자. 실질무역손익은?

7. 노동가능인구가 3,500만명, 경제활동인구가 2,000만명, 실업자가 150만명이면 경제활동참가율과 실업률은?

3 금융이론

A: 두 명의 경제학자가 길을 걸어가고 있는데 그 중에 누가 시카고대학 경제학자일까요?
B: 임의보행을 하는 사람입니다.

질문: 전구를 갈아 끼우는 데 몇 명의 투자자가 필요할까요?
대답: 아무도 필요없습니다. 왜냐하면 시장이 이미 그것을 반영했을 테니까.

E·C·O·N·O·M·I·C

주요개념

채권
이표채
할인채
현재가치
영구채
이자율
수익률
명목이자율, 실질이자율
피셔 효과
이자율의 기간구조
기대가설

위험보상
채권등급
경기선행지수
주식
효율시장이론
차익거래
임의보행가설
거품
주택가격

C·H·A·P·T·E·R

03 금융이론

Harry M. Markowitz(1927-)

미국, 뉴욕시립대학 교수

Merton H. Miller(1923-)

미국, 시카고대학 교수

William F. Sharpe(1934-)

미국, 스탠포드대학 교수

1990년 노벨 경제학상 3인 공동수상
"재무경제학 이론에 대한 선구적 업적에 대한 공로"

본 장에서는 거시경제이론을 소개하기에 앞서 금융시장에 관하여 논하고자 한다. 금융시장이론을 거시경제이론에 앞서서 배우는 이유는 이자율이나 주식가격 등의 개념을 이해하는 것이 앞으로 우리가 거시경제이론을 분석하는 데 매우 중요하기 때문이다.

금융시장이론에서는 채권시장, 주식시장, 부동산시장을 간략하게 다룬다. 채권시장이론에서는 이자율의 개념을 소개하고 그것이 채권가격과 역관계를 가지는 이유를 설명한다. 또한 시장이 효율적일 때 서로 다른 만기를 가지는 채권의 이자율간에는 어떤 관계가 성립해야 하는가를 도출한다. 주식시장이론에서는 주식가격이 어떻게 결정되는가를 설명한 후, 시장이 효율적일 때 어떤 시사점을 도출할 수 있는가를 논한다. 부동산시장이론에서도 다른 시장과 마찬가지로 우선 부동산가격이 어떻게 결정되는가를 설명한 후, 시장이 효율적이면 어떤 시사점을 도출할 수 있는가를 설명한다.

금융시장이론은 전반적인 거시경제이론과는 일견 다른 이론 체계를 가지고 있는 것으로 보이지만 사실은 그렇지 않다. 앞으로 배우게 되겠지만 현대 거시경제이론에서는 경제주체들의 미래에 대한 예상이 매우 중요한 역할을 한다. 예를 들면, 소비자들은 미래의 소득흐름을 예상하여 소비를 결정하고, 기업은 미래의 이윤흐름을 예상하여 투자를 결정한다. 금융시장에서도 투자자들은 채권, 주식, 부동산 등 개별 자산을 보유할 때 그로부터 발생하는 미래의 소득흐름을 고려하여 가격을 결정한다. 이런 점에서 금융시장이론과 현대 거시경제이론은 기본적으로 유사한 이론체계를 가지고 있다고 볼 수 있다.

[회사채 견본]

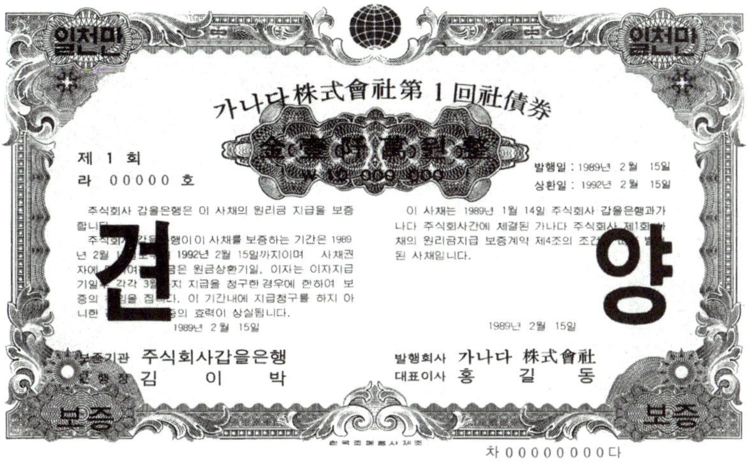
일천만
가나다株式會社第1回社債券
金壹阡萬圓整
₩ 10,000,000
제 1 회
라 00000 호
발행일 : 1989년 2월 15일
상환일 : 1992년 2월 15일
견
양
1989년 2월 15일
보증기관 주식회사갑을은행
은행장 김 이 박
발행회사 가나다 株式會社
대표이사 홍 길 동
보증
차000000000다

가나다株式會社
제1회사채권
라 00000호
이자지급교부표 ⑫
지급일 1992년 2월 15일
이자지급교부표 ⑪
지급일 1991년 11월 15일
이자지급교부표 ⑩
지급일 1991년 8월 15일
이자지급교부표 ⑨
지급일 1991년 5월 15일
이자지급교부표 ⑧
지급일 1991년 2월 15일
이자지급교부표 ⑦
지급일 1990년 11월 15일
이자지급교부표 ⑥
지급일 1990년 8월 15일
이자지급교부표 ⑤
지급일 1990년 5월 15일
이자지급교부표 ④
지급일 1990년 2월 15일
이자지급교부표 ③
지급일 1989년 11월 15일
이자지급교부표 ②
지급일 1989년 8월 15일
이자지급교부표 ①
지급일 1989년 5월 15일

[국채 견본]

오만
대한민국정부
제1종국민주택채권
발행년도 壹九八八
발행일 : 1988. 12. 31
상환일 : 1993. 12. 31.
매출일 :
견
양
오 만 원
이 채권은 주택건설 촉진법에
의하여 발행한다.
재무부장관
라000000000가
50,000

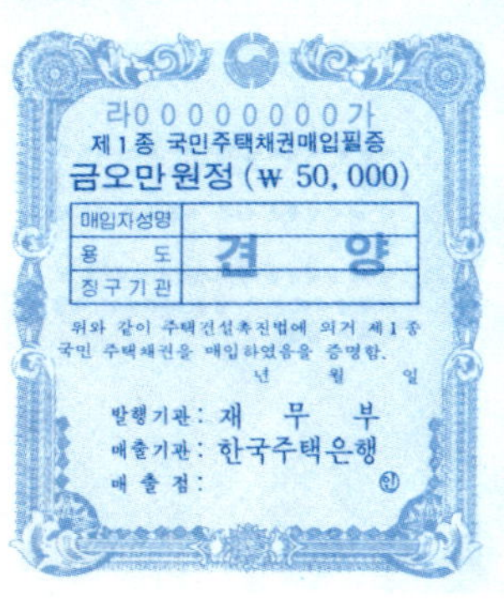
라000000000가
제1종 국민주택채권매입필증
금오만원정 (₩ 50,000)
매입자성명
용 도
징구기관
견 양
위와 같이 주택건설촉진법에 의거 제1종 국민주택채권을 매입하였음을 증명함.
년 월 일
발행기관 : 재 무 부
매출기관 : 한국주택은행
매 출 점 :

제 1 절 채권시장

1. 채권의 종류

채권은 크게 이표채와 할인채로 구분할 수 있다.

이표(coupon)채

이표채란 채권 보유자에게 매기 고정된 이자를 지불하고 만기에는 미리 정해진 액면가(face value 또는 par value)와 이자를 지불하는 채권을 말한다. 이표채는 정부, 혹은 기업 등 채권발행자, 채권의 만기, 연간 이자(쿠폰)를 채권의 액면가로 나눈 비율인 표면금리(쿠폰율) 등에 의해 구별될 수 있다. 외국환평형기금채권, 만기 1년 이상 회사채 등이 이표채에 해당된다. 예를 들어서, 회사채는 이자지급교부표라고 불리는 쿠폰이 붙어 있는데, 이것을 3개월마다 한 번씩 증권사에 가져가면 표면금리에 해당하는 이자(쿠폰)를 지불받는다.

할 인 채

할인채는 액면가보다 할인된 가격에 채권을 발행하여 만기까지 아무런 이자도 지불하지 않다가 만기에 액면가를 지불하는 채권을 말한다. 만기 546일 이내의 통화안정증권, CD(양도성 예금증서) 등이 할인채에 속한다.

2. 현재가치

현재의 1원과 1년 후의 1원의 가치는 동일한가? 물론 그렇지 않다. 현재(t기)의 1원은 1년 후($t+1$기)에는 1년간 이자율을 R_t라고 할 때 $(1+R_t)$원이 된다. 따라서 1년 후의 1원은 현재의 가치로 환산해보면 $1/(1+R_t)$이 된다. 즉 앞으로 1년간 적용되는 이자율을 1년 후 1원의 현재가치를 계산할 때 할인율로 사용할 수 있다. 마찬가지로 현재의 1원은 2년 후에는 $(1+R_t)(1+R_{t+1})$원이 되고, 2년 후의 1원은 현재의 가치로 환산하면 $1/(1+R_t)(1+R_{t+1})$이 된다. 만약, t

기부터 만기$(t+N)$까지 매기마다 C_{t+i}, $i=1, \cdots, N$의 이자를 지불하고 만기에 액면가 F를 지불하는 채권이 있다면, 이것의 현재가치(PV_t)는 다음과 같이 나타낼 수 있다.

$$PV_t = \frac{C_{t+1}}{1+R_t} + \frac{C_{t+2}}{(1+R_t)(1+R_{t+1})} + \cdots + \frac{C_{t+N}}{(1+R_t)\cdots(1+R_{t+N-1})} + \frac{F}{(1+R_t)\cdots(1+R_{t+N-1})} \qquad \cdots\cdots (3-1)$$

할인율과 이자지급이 일정하다면 위의 식은 다음과 같이 다시 쓸 수 있다.

$$PV_t = \frac{C}{1+R} + \frac{C}{(1+R)^2} + \cdots + \frac{C}{(1+R)^N} + \frac{F}{(1+R)^N} \qquad \cdots\cdots (3-2)$$

3. 이자율(yield to maturity)

이표채

이표채의 경우 채권보유로부터 발생하는 액면가 및 이자 등 모든 수입의 현재가치를 현재의 채권가격과 동일하게 만들어 주는 할인율을 이자율이라고 한다. 예를 들면 10년 후에 액면가 10,000원을 지불하고 만기까지 매년 이자 1,000원을 지불하는 채권의 현재가격을 P_B라고 하면 이자율은 다음과 같이 정해진다.

$$P_B = \frac{1{,}000}{1+R} + \cdots + \frac{1{,}000}{(1+R)^{10}} + \frac{10{,}000}{(1+R)^{10}} \qquad \cdots\cdots (3-3)$$

보다 일반적으로 매기(연간)의 이자를 C라고 하고, 액면가를 F, 채권의 만기를 N이라고 하면 이자율은 다음의 식으로부터 구할 수 있다.

$$P_B = \frac{C}{1+R} + \cdots + \frac{C}{(1+R)^N} + \frac{F}{(1+R)^N} \qquad \cdots\cdots (3-4)$$

[표 3-1]은 표면금리 10%, 만기 10년, 액면가 10,000원인 채권의 현재가격과 이자율을 보고하고 있다. [표 3-1]로부터 다음과 같은 사실들을 추론할 수 있다.

표 3-1 표면금리 10%, 만기 10년, 액면가 10,000원인 채권의 현재가격과 이자율

채권가격	이자율(%)
12,000	7.13
11,000	8.48
10,000	10.00
9,000	11.75
8,000	13.81

첫째, 이표채의 가격이 액면가와 같을 때 이자율은 표면금리와 동일하다.

둘째, 이표채의 가격과 이자율은 역관계를 가진다. 즉, 이자율이 상승하는 것은 채권가격이 하락하는 것을 의미하고, 이자율이 하락하는 것은 채권가격이 상승하는 것을 의미한다.

셋째, 채권가격이 액면가보다 작을 때 이자율은 표면금리보다 크다.

영구채(consol)는 매기 C의 이자를 영원히 지불하되 만기가 없고 액면가도 없는 이표채의 일종으로 나폴레옹 전쟁시 영국 재무성에 의해 처음으로 발행되었다. 영구채의 이자율은 영구채의 가격을 P_c라고 할 때 다음의 현재가치식을 만족시켜야 한다.

$$P_c = \frac{C}{1+R} + \frac{C}{(1+R)^2} + \cdots = \frac{C}{R} \qquad \cdots\cdots (3-5)$$

따라서 영구채의 이자율은 다음과 같다.

$$R = \frac{C}{P_c} \qquad \cdots\cdots (3-6)$$

할 인 채

일반적으로 1년 만기 할인채의 액면가를 F, 현재가격을 P_D라고 하면 이자율은 다음 식을 만족시켜야 한다.

$$P_D = \frac{F}{1+R} \qquad \cdots\cdots (3-7)$$

이 식으로부터 할인채의 이자율을 다음과 같이 구할 수 있다.

$$R = \frac{F - P_D}{P_D} \qquad \cdots\cdots (3-8)$$

예를 들어서, 1년 만기 할인채의 액면가는 10,000원, 현재가격은 9,000원이라고 하자. 이자율을 구하는 공식에 대입하면 이자율은 11.1%가 된다. 위의 식으로부터 이표채와 마찬가지로 할인채의 경우에도 이자율과 채권가격 사이에는 역관계가 성립함을 알 수 있다.

4. 수익률(rate of return)과 이자율

수익률이란 어떤 자산의 보유기간 동안 발생하는 모든 수입과 자산가격의 변화를 자산의 구입가격으로 나눈 비율을 말한다. 예를 들어, 액면가가 10,000원이고 표면금리가 10%(즉, 연간 이자지불이 1,000원)인 10년 만기 이표채를 10,000원에 구입했다가 1년 후에 12,000원에 판다면 이 채권을 1년 동안 보유함으로써 발생하는 수익률은 다음과 같이 구할 수 있다.

$$(1,000 + 2,000)/10,000 = 0.3 = 30\%$$

이 채권을 액면가에 구입하므로 이자율은 표면금리와 동일한 10%임을 알 수 있다. 그런데 수익률은 30%이므로 수익률과 이자율이 다르다는 것을 알 수 있다.

[표 3-2]는 표면금리는 10%이지만 만기가 다른 여러 종류의 채권을 모두 액면가 10,000원에 구입했을 때, 이자율이 10%에서 20%로 오르는 경우에 발생하는 1년간 수익률을 보고하고 있다. [표 3-2]로부터 다음과 같은 사실들을 발견할 수 있다.

첫째, 채권의 만기와 보유기간이 동일하면 수익률은 이자율과 같다. 만기와 보유기간이 동일한 경우 즉, 만기까지 보유하는 경우 이자율은 수익률과 같은데 그 이유는 보유기간이 끝나는 순간의 채권가격이 만기의 수입(액면가+이자)과 같기 때문이다.[1)]

둘째, 이자율이 상승하면 채권가격은 하락하여 만기가 보유기간보다 긴 채권의 경우에는 자본손실이 발생한다.

---

1) 우리가 정의한 이자율은 영어로는 yield to maturity이며, 이것은 만기수익률로 이해될 수 있다.

표 3-2 이자율 상승이 만기가 서로 다른 채권(표면금리 10%)의 연수익률에 미치는 효과

만 기	초기 이자율	초기 가격	1년 후 이자율	1년 후 가격	자본수익률	수 익 률
10	10%	10,000원	20%	5,970원	−40.3%	−30.3%
5	10%	10,000원	20%	7,411원	−25.9%	−15.9%
2	10%	10,000원	20%	9,167원	−8.3%	+1.7%
1	10%	10,000원	20%	10,000원	0	+10.0%

셋째, 채권의 만기가 길수록 이자율 상승에 따른 채권가격 하락이 크다.

넷째, 채권의 만기가 길수록 이자율 상승에 따른 수익률 하락이 크다.

다섯째, 애초에 이자율이 높았더라도 이자율이 상승하면 보유기간이 만기보다 짧은 경우 수익률은 음이 될 수도 있다.

이상의 논의로부터 우리는 장기채의 가격이나 수익률이 단기채의 가격이나 수익률보다 변화가 크다는 사실을 유추할 수 있다.

5. 명목이자율과 실질이자율

명목이자율이란 명목가치 즉 원화로 표시한 이자율을 의미한다. 우리가 신문의 금융란에서 보는 이자율, 은행에 예금할 때 지불받는 이자율, 은행에서 대출받을 때 지불하는 이자율, 기업이 회사채를 발행할 때 결정되는 이자율, 정부가 국채를 발행할 때 결정되는 이자율 등 거의 모든 계약에서 결정되는 이자율은 명목이자율이다. 명목이자율은 물가상승으로 인한 화폐가치의 하락을 반영하지 않는다. 실질이자율은 실질가치 즉 상품을 기준으로 표시한 이자율을 의미한다. 실질이자율은 빌려주는 경우 현재의 상품 한 단위를 포기할 때 미래에 몇 단위의 상품을 돌려받을 수 있는가, 또는 빌리는 경우 현재의 상품 한 단위를 얻기 위해 미래에 몇 단위의 상품을 돌려주어야 하는가를 나타낸다.

명목이자율과 실질이자율의 관계를 살펴보자. 1년 동안의 실질이자율을 r_t라고 하면, 상품 한 단위를 올해 빌리면 내년에 상품 $(1+r_t)$ 단위를 돌려주어야 한다. 올해에 상품 한 단위를 빌리는 것은, 상품 한 단위의 가격을 P_t라고 할 때 은행에서 P_t를 빌리는 것과 마찬가지이다. 올해 P_t를 빌리면 명목이자율이 R_t이므로 내년에 $(1+R_t)P_t$를 은행에 돌려주어야 한다. 이것으로 동일 상품을 구입한다면, 동일 상품의 내년도 기대가격을 P^e_{t+1}라고 할 때 $(1+R_t)P_t/P^e_{t+1}$

단위의 상품을 내년에 구입할 수 있다. 즉, 이 가상 시나리오에서 올해에 상품 한 단위를 빌리는 것은 올해에 은행에서 P_t를 빌리는 것과 마찬가지이고, 내년에 $(1+r_t)$ 단위의 상품을 돌려주는 것은 $(1+R_t)P_t/P^e_{t+1}$ 단위의 상품을 내년에 은행에 돌려주는 것과 마찬가지이다. 따라서 실질이자율은 다음과 같이 표시할 수 있다.

$$1+r_t \equiv \frac{(1+R_t)P_t}{P^e_{t+1}} \qquad \cdots\cdots (3-9)$$

올해부터 내년까지 1년 동안의 기대인플레이션율 π^e_t를 다음과 같이 정의하자.

$$\pi^e_t \equiv \frac{P^e_{t+1}-P_t}{P_t} \qquad \cdots\cdots (3-10)$$

식 (3-10)을 다시 쓰면 다음과 같다.

$$1+r_t = \frac{1+R_t}{1+\pi^e_t} \qquad \cdots\cdots (3-11)$$

이것이 명목이자율과 실질이자율 간의 정확한 관계라고 할 수 있다.

로그함수의 성격을 이용하면 위의 식을 더 간략하게 쓸 수 있다. 만약 명목 및 실질이자율, 인플레이션율의 값이 크지 않다면 식 (3-11)에 로그함수를 취한 후 근사값을 이용하여 다음과 같이 쓸 수 있다.

$$r_t \approx R_t - \pi^e_t \qquad \cdots\cdots (3-12)$$

위의 식을 피셔방정식이라고 부르며, 실질이자율은 명목이자율에서 기대인플레이션율을 차감한 값으로 표시할 수 있음을 알 수 있다.

6. 이자율의 기간구조(term structure of interest rates) 및 기대가설

위험성, 유동성, 조세부과조건 등 모든 성격이 동일하더라도 만기가 다른 채권의 이자율은 서로 다르다. 예를 들면, 국채처럼 만기를 제외하고는 다른 성격은 동일한 채권도 이자율은 만기별로 서로 다르다. 만기를 제외하고는 다른 성격은 동일한 채권의 만기별 이자율간의 관계를 이자율의 기간구조라고 하고, 그것을 그린 곡선을 이자율곡선, 혹은 수익률곡선(yield curve)이라고 부른다. 이자율곡선의 기울기는 올라갈 수도 있고, 내려갈 수도 있고, 평평할 수도 있다. 이자율곡선의 기울기가 올라간다는 것은 장기이자율이 단기이자율보다 높은 것을 의미하고, 이자율곡선의 기울기가 내려간다는 것은 장기이자율이 단기이자율보다 낮은 것을 의미하며, 이자율곡선의 기울기가 평평하다는 것은 장기이자율과 단기이자율이 같다는 것을 의미한다.

이자율의 기간구조에 관한 (단순)기대가설(expectation hypothesis)이란 장기이자율이 장기채권의 일생 동안 예상되는 단기이자율의 평균이라는 가설이다. 기대가설에 의하면 장기이자율이 단기이자율과 다른 이유는 단기이자율이 장기채의 일생 동안 변화할 것으로 기대되기 때문이다.

투자자들이 특정 만기를 특별히 선호하지 않고 서로 다른 만기에 대해 무차별하다면, 투자자들은 일정기간 동안 기대수익률이 높은 채권을 기대수익률이 낮은 채권보다 선호할 것이다. 이러한 경우 서로 다른 만기를 가지는 채권은 완전 대체재가 될 것이다. 서로 다른 만기를 가지는 채권이 완전 대체재라면, 그들의 기대수익률은 동일해야 한다. 만약 그렇지 않으면 기대수익률이 높은(작은) 채권의 수요가 증가(감소)하여 기대수익률이 높은(작은) 채권의 가격이 상승(감소)하고 이자율이 하락(상승)하여 두 종류의 채권으로부터의 기대수익률은 같아질 것이다.

이제 다른 조건은 모두 동일하지만 만기가 1년인 채권과 만기가 2년인 채권에 1원을 투자한다고 하자. 만기가 2년인 채권의 2년 동안의 기대수익률은 $(1+R_{2t})^2-1$이 될 것이다. 같은 기간 동안 1년 만기 채권을 계속해서 구입한다면, 2년 동안의 기대수익률은 $(1+R_{1t})(1+R^e_{1t+1})-1$이 될 것이다. 만기가 다른 두 채권으로부터의 기대수익률은 크기가 같아야 하므로 다음 식이 성립한다.

$$2R_{2t}+R_{2t}^2=R_{1t}+R^e_{1t+1}+R_{1t}\cdot R^e_{1t+1}$$

위의 식에서 R_{2t}^2과 $R_{1t}\cdot R^e_{1t+1}$은 상대적으로 크기가 작아서 무시할 수 있으므로 다음과 같이 쓸 수 있다.

$$2R_{2t}\approx R_{1t}+R^e_{1t+1}$$

따라서 다음 식이 성립함을 알 수 있다.

$$R_{2t} = \frac{1}{2}(R_{1t} + R^e_{1t+1})$$

위의 식은 2년 만기 이자율은 2년 동안 적용되는 1년 만기 이자율의 단순평균임을 의미한다.

일반적으로 할인채의 경우 N년 만기 이자율(R_{Nt})은 N년 동안 적용되는 1년 만기 이자율(R_{1t+i}, $i=0 \cdots N-1$)의 단순평균으로 나타낼 수 있다. 즉,

$$R_{Nt} = \frac{1}{N}(R_{1t} + \cdots + R^e_{1t+N-1}) \qquad \cdots\cdots (3-13)$$

이표채의 경우에는 기대가설을 도출하는 것이 할인채의 경우보다 복잡하다. 결과만 말하면, N년 만기 이표채의 이자율은 이표채의 일생(N) 동안 적용되는 1년 만기 이자율의 가중평균이며, 가중치는 먼 미래의 이자율일수록 작아짐을 보일 수 있다.

7. 위험보상(risk premium)

일반적으로 회사채가 지불하는 이자율은 국공채가 지불하는 이자율보다 높다. 그 이유는 국가나 공공단체가 부도가 날 가능성보다는 개별 회사가 부도가 날 가능성이 높기 때문이다. 채권 발행자가 부도가 나면 투자자들은 이자와 원금을 환급받지 못할 가능성이 크므로, 다른 조건이 동일하다면 투자자들은 개별 회사채보다는 보다 안전한 국공채를 선호할 것이다. 따라서 일반 회사채를 투자자들이 보유하게 하려면 유인을 제공해야 하는데, 그것은 부도위험에 대해 보상을 제공하는 것이다. 국공채처럼 상대적으로 부도위험이 없는 채권과, 부도위험이 있는 회사채의 이자율 차이를 위험보상이라고 한다. 부도위험이 높은 회사채일수록 높은 위험보상, 즉 높은 이자율을 제공해야 한다.

Moody's와 Standard and Poor's(S&P)의 채권등급

미국의 신용평가회사인 Moody's Investors Service와 Standard and Poor's Corporation은 투자자들의 편의를 위해 채권 발행기관의 부도가능성을 평가하여 채권등급을 발표하고 있다. 각 기관이 발표하는 신용평가 등급은 아래와 같다. Baa(BBB) 혹은 그 이상의 등급은 상대적으로 부도가능성이 적은 것을 의미하고, 이것을 투자등급(investment grade)이라고 한다. Baa(BBB)보다 등급이 낮은 경우에는 부도가능성이 상당히 높은 것을 의미하고, 이것을 정크본드(junk bond)라고 한다. 무디스의 경우는 Aa급 이하는 다시 각 등급을 1, 2, 3 등급으로 나누고, S&P도 AA급 이하는 다시 AA+, AA, AA-처럼 3등급으로 나눈다. 영국계 신용평가회사인 피치 IBCA의 신용등급은 S&P의 등급과 동일하다.

	Moody's	S&P's(피치 IBCA)	
투자등급	Aaa	AAA	최우수
	Aa	AA	우수
	A	A	중상
	Baa	BBB	중
투자부적격 등급	Ba	BB	중하
	B	B	위험
	Caa	CCC-CC	하
	Ca	C	매우위험
	C	D	최하등급

금융지표와 경기선행지수

스톡-왓슨의 연구에 의하면, 다음의 두 가지 금융지표는 경기선행지수로서 매우 훌륭한 역할을 하는 것으로 보인다.

(1) **Baa 이자율－국채이자율**

이 지표는 기업의 부도위험을 반영한다. 불황이 오면 부도율이 올라가고 호황이 오면 부도율이 내려가므로, 이 값이 커지면 불황이 올 가능성이 커지고 이 값이 작아지면 호황이 올 가능성이 커진다고 할 수 있다.

(2) 장기(10년)국채이자율 – 단기(1년)국채이자율

이것은 수익률곡선의 기울기를 나타낸다. 수익률곡선의 기울기는 미래의 이자율에 대한 시장의 기대를 반영한다. 만약 이 값이 커지면 이자율이 상승할 것으로 예상되고 이 값이 작아지면 이자율이 하락할 것으로 예상된다. 대체적으로 호황기에는 자금수요가 증가하여 이자율이 상승하고 불황기에는 자금수요가 감소하여 이자율이 하락하므로 이 값이 커지면 호황이 올 가능성이 커지고 이 값이 작아지면 불황이 올 가능성이 커진다고 할 수 있다.

Stock, J. H. and M. W. Watson, "New Indexes of Leading and Coincident Economic Indicators," *NBER Macroeconomics Annual*, 1989, pp. 351–394.

제 2 절 주식시장

주식은 우선주와 보통주가 있다. 기업은 보통주를 발행한 후에 우선주를 발행한다. 보통주는 흔히 주식이라고 불리는 것으로 주식의 보유비율만큼 기업의 소유권을 보유하는 것이다. 따라서 보통주 보유자들은 기업과 함께 흥망성쇠를 같이 한다고 할 수 있다. 기업이 번영하면 보통주 소유자는 배당수입의 증가와 주가의 상승으로 혜택을 보게 되지만 기업이 부도가 나면 주식은 휴지조각이 될 수도 있다. 우선주는 보통주와 채권의 성격을 함께 가지고 있는 주식이다. 우선주는 보통주보다 먼저 배당금을 지불한다. 하지만 우선주에 대한 배당금은 회사의 경영상태에 관계없이 채권 이자처럼 고정되어 있다. 기업이 부도가 나서 자산을 매각하여 청산할 경우 우선주 보유자는 채권 보유자보다는 나중에, 보통주 보유자보다는 우선적으로 투자자금을 회수할 수 있다.

주식시장에 관한 용어 및 사실들

세계에서 가장 오래된 증권거래소는 1773년에 런던에서 개설되었다. 그 후에 1802년에 파리,1817년에 뉴욕, 1818년에 동경, 1872년에 시드니 등에 주식시장이 개설되었다. 한국의 경우는 1956년에 대한 증권거래소가 개설되었다. 현재 우리 나라의 대부분의 중대형주는 서울 증권거래소에서 거래가 되고 있고, 벤처기업을 위주로 한 중소형주는 코스닥에서 거래되고 있다.

블루칩: 이윤이 가장 크고 지속적으로 높은 기업의 주식을 의미하는 용어로서 1904년에 처음으로 소개되었다. 포커게임에서 블루칩이 가장 가치가 큰 칩을 나타낸다는 사실에서 유래한 명칭이다.

다우존스 제조업 주가평균: 다우존스 제조업 주가평균은 미국의 대표적인 제조업 30개사의 주식가격 평균이다. 각 회사의 부침에 따라 30개사에 포함되는 회사들은 바뀐다. 다우 지수의 다우는 다우존스 회사의 공동 창업주이고, 미국의 Wall Street Journal 및 Barron's의 발행자인 Charles Henry Dow의 이름으로부터 따온 것이다.

불 마켓, 베어 마켓: 주가가 상승하는 시기를 불 마켓이라고 하고 주가가 하락하는 시기를 베어 마켓이라고 한다. 어원에 관해서는 여러 가지 설이 있는데, 흔히 인용되는 속설은 수소가 공격을 할 때 뿔로 치받는 모습과 곰이 공격을 할 때 앞발로 후려치는 모습에서 따온 것이라는 것이다. 그러나 이 속설은 흥미있기는 하지만 사실은 아니다. 베어 마켓의 곰은 곰가죽장사(jobber)에서 나왔다. 곰가죽장사는 곰이 잡히기 전에 곰가죽을 파는 사람이다. 그런데 이것이 점점 보유하고 있지 않은 주식을 팔기로 미리 약정하는 투자자들을 의미하는 말로 전용되기 시작하였다. 이 사람들은 주식가격이 하락할 것으로 예상하고 특정가격으로 미래에 주식을 매도할 것을 약속한 후 주식가격이 하락할 때 주식을 매수하였다가 약속된 시기에 약속된 (높은) 가격으로 매도하는 것이다. 즉 이 사람들은 주식가격이 하락할 것으로 예상하고 투기하는 사람들이다. 이에 반하여 과거에 미국 등 서부유럽에서는 수소와 곰의 싸움이 인기 있는 스포츠였기 때문에 수소시장을 곰시장의 반대 개념으로 사용하기 시작했다. 이런 이유로 수소는 주식가격이 상승할 것으로 예상하고 미리 매수하는 사람들을 가리키는 말로 사용되기 시작하였다.

[주식 견본]

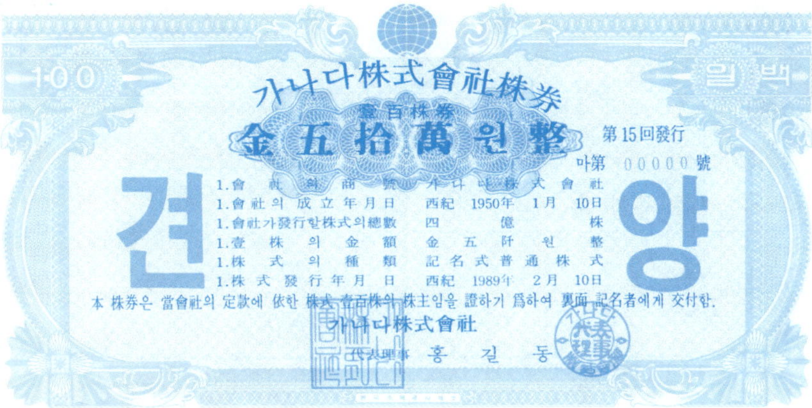

1. 주식가격

주식은 채권과 비교하여 만기가 없고 이자 대신 배당금을 지불한다. 이자가 고정되어 있는 반면 배당금은 유동적이라는 차이가 있다. 채권가격이 채권을 보유함으로써 받게 되는 현재 및 미래의 모든 이자수입 및 액면가의 현재가치인 것처럼 주식가격($P_{S,\ t}$)은 주식을 보유함으로써 받게 되는 현재 및 미래의 모든 배당금($D_{t+i},\ i=0,\ 1,\ 2,\ \cdots$)의 현재가치로 정의할 수 있다.

$$P_{S,\ t}=\frac{D_t}{1+R_t}+\frac{D_{t+1}}{(1+R_t)(1+R_{t+1})}+\cdots \qquad \cdots\cdots\ (3-14)$$

위의 수식은 주식을 영원히 보유하는 경우를 가정하고 있다. 그러나 주식을 1기간만 보유한다고 가정하여도 결과는 마찬가지이다. 1기간만 보유하는 경우 현재의 주식가격은 이번 기에 지급받는 배당금과 1기 후 기대매도가격($P^e_{S,\ t+1}$)의 현재가치가 되며, 다음과 같이 쓸 수 있다.

$$P_{S,\ t}=\frac{D_t}{1+R_t}+\frac{P^e_{S,\ t+1}}{(1+R_t)}$$

다음 기의 기대매도가격은 매수자의 기대매수가격이 될 것이다. 매수자의 기대매수가격은 앞에서와 마찬가지로 다음 기부터 지급받는 미래의 모든 배당금의 현재가치로 정의되며 다음과 같이 나타낼 수 있다.

$$P^e_{S,\,t+1} = \frac{D_{t+1}}{1+R_{t+1}} + \frac{D_{t+2}}{(1+R_{t+1})(1+R_{t+2})} + \cdots$$

이와 같은 논리를 반복하면 주식가격은 결국 식 (3-14)로 나타낼 수 있음을 알 수 있다.

명목주식가격의 모든 변수를 실질변수(소문자)로 나타내면 다음과 같이 실질주식가격을 구할 수 있다

$$p_{S,\,t} \equiv \frac{P_{S,\,t}}{P_t} = \frac{d_t}{1+r_t} + \frac{d_{t+1}}{(1+r_t)(1+r_{t+1})} + \cdots \qquad \cdots\cdots \ (3-14')$$

2. 효율시장이론

많은 경제학자들은 주식시장이 효율적이라고 생각한다. 시장이 효율적이라는 것은 주가가 다양한 형태의 정보를 충분히 반영해서 결정되는 것을 의미한다. 효율시장이론은 주가에 반영된 정보의 종류에 따라 다음의 세 가지로 분류할 수 있다.

- **약형**(weak form)**의 효율시장이론**
  시장이 약한 형태로 효율적이라면, 주식가격은 과거의 주식가격에 포함된 정보를 모두 반영해야 한다.
- **준강형**(semi strong form)**의 효율시장이론**
  시장이 준강형으로 효율적이라면, 주식가격은 모든 공공정보를 반영해야 한다.
- **강형**(strong form)**의 효율시장이론**
  시장이 강한 형태로 효율적이라면, 주식가격은 모든 사적 및 공공정보를 반영해야 한다.

주식시장이 효율적이라면 주식시장은 다음의 시사점을 가진다.

차익거래(arbitrage)기회의 소멸

만약 시장이 효율적이라면 손쉽게 돈을 벌 수 있는 차익거래의 기회는 제

거된다. 예를 들어서, S전자의 균형주식수익률이 연 20%라고 하자. 그러나 현재의 주가가 내년도의 예상주가보다 매우 낮아서, S전자의 주식수익률이 연 50%가 될 것으로 기대된다고 하자. 투자자들은 S전자의 주식수익률이 비정상적으로 높아질 것으로 예상하므로 특별한 이윤 획득기회가 존재한다고 생각하게 된다. 따라서 투자자들은 S전자의 주식을 구입하려고 할 것이고, S전자의 주식을 투자자들이 많이 구입하면 할수록 S전자의 주식가격은 크게 상승할 것이다. S전자의 주식가격이 상승하면 상승할수록 S전자 주식의 기대수익률은 하락하게 된다. 이와 같은 과정은 S전자 주식의 기대수익률이 평균적으로 S전자 주식의 균형수익률과 같아질 때까지 계속될 것이다. 이것은 주식시장이 합리적인 경우 손쉬운 이윤 획득기회는 제거된다는 것을 의미한다.

위의 예에서 중요한 사실은 모든 투자자들이 어떤 주식에 대해서 충분한 정보를 가지고 있을 필요는 없다는 것이다. 또한 주식가격에 대한 모든 투자자들의 기대가 효율시장이론이 성립할 정도로 합리적일 필요도 없다는 것이다. 주식시장에서 일부 투자자가 손쉽게 돈을 벌 수 있는 기회를 호시탐탐 노리고 있으면 그들은 언제든지 기회가 올 때 이윤을 획득하고 그러한 기회를 소진시킬 것이다.

임의보행가설(random walk hypothesis)

주식시장이 효율적이라면 오늘의 주식가격은 현재 이용가능한 모든 정보를 반영한다. 내일의 주식가격은 오늘 폐장이후 내일 개장될 때까지 발생하는 새로운 정보에 의해서만 영향을 받을 것이다. 이 새로운 정보를 오늘 예상할 수는 없다. 내일의 주식가격은 올라갈 수도 있고 내려갈 수도 있다. 새로운 정보가 내일의 주식가격을 올라가게 하거나 내려가게 할 확률은 평균적으로 같을 것이다. 따라서 주식시장이 효율적이라면 내일의 주식가격의 가장 합리적인 예상은 바로 오늘의 주식가격이라고 할 수 있다. 이것을 우리는 임의보행가설이라고 부른다.

주식시장의 효율성을 실증적으로 분석하는 것은 재무경제학의 주요 관심사항이며 많은 연구결과가 나와 있다. 주식시장이 효율적이라는 증거들 가운데 손쉽게 확인할 수 있는 것은 Wall Street Journal의 "투자화살(Investment Dartboard)"난이다. 이 난은 매주 혹은 매월 저명한 투자자들이 선택한 종목과 화살을 던져서 무작위로 선택된 종목의 수익률을 비교하고 있는데, 평균적으로 유명한 투자자들의 실적이 무작위로 선택된 종목의 실적을 능가하지 못한다. 이것은 손쉽게 돈을 벌 수 있는 기회는 존재하지 않는다는 사실을 확인시켜 주는 증거라고 할 수 있다.

거품(bubbles)

일부 학자들은 주식시장이 완전히 효율적이지는 않으며 소위 거품이라는 것이 존재한다고 믿는다. 거품은 합리적 거품과 비합리적 거품으로 나눌 수 있다. 합리적 거품이란 다른 사람이 보다 높은 가격에 주식을 살 것으로 예상하면, 현재의 주식가격이 비정상적으로 높다고 생각하더라도 주식을 구입하여 가격을 계속 상승시키는 것을 말한다. 이에 반해서, 비합리적 거품이란 문자 그대로 투자자들의 비합리적 행동에 의해 거품이 발생하는 것을 말한다. 실증적으로 거품과 내재가치(fundamentals)를 구분하거나 합리적 거품과 비합리적 거품을 구분하는 것은 쉽지 않으며, 아직도 많은 학자들이 주식시장의 효율성에 관하여 논쟁을 계속하고 있다.

세계적으로 유명한 거품의 예를 들어보면 다음과 같다.

튤립 거품: 튤립은 터키가 원산으로 16세기 중엽에 서유럽으로 전파되었다. 서유럽에서 튤립의 인기가 급증하면서 1634년부터 1637년 사이에 튤립가격은 급상승하기 시작한다. 예를 들면, Admiral van der Eyck라는 종자는 1634년 1뿌리당 1,500 길더에서 1637년에는 7,500 길더로 상승하였는데, 이것은 그 당시 집 한 채의 값에 해당한다. Admiral Liefkens 종자는 1636년에 6,500 길더였던 것이 1637년에는 17,000 길더를 넘게 된다.

1929년 미국 주식시장의 폭락: 1929년 10월 이틀 동안에 미국 주가는 23% 하락하였으며, 이것은 대공황의 발생과 밀접한 관련이 있다고 할 수 있다.

1987년 검은 월요일(Black Monday): 1987년 10월 19일 월요일 하루에 미국 다우지수가 22.6% 폭락하였다.

일본 일경(Nikkei) 평균주가의 하락: 일본의 Nikkei 평균주가가 1989년 35,000엔에서 2003년에 8,000엔 아래로 하락하였다.

제 3 절 주택시장

주택가격도 주식가격과 마찬가지로 이해할 수 있다. 주식을 보유하면 배당금을 받듯이 주택을 보유하면 임대서비스를 제공받을 수 있다. 전세입자가 매달 임대료 혹은 월세를 내는 경우를 생각해보면 쉽게 이해할 수 있다. 임대료는 임대 서비스에 대한 대가이다. 세입자의 경우에는 주인에게 임대료를 지불하고, 자가인 경우에는 스스로에게 임대료를 귀속시킨다고 생각할 수 있다. 따라서 주식가격을 현재 및 미래의 모든 배당금의 현재가치로 정의하는 것처럼 주택가격($P_{H,t}$)을 주택을 보유함으로써 발생하는 현재 및 미래의 모든 임대료의 현재가치로 정의할 수 있다. 이것을 수식으로 나타내면 다음과 같다.

$$P_{H,t} = \frac{R_t^H}{1+R_t} + \frac{R_{t+1}^H}{(1+R_t)(1+R_{t+1})} + \cdots \qquad \cdots\cdots (3-15)$$

위의 식에서 R_t^H는 t기의 임대료를 나타낸다.

주택시장이 효율적이고, 위험보상 및 다른 요인이 일정하며 거래비용을 무시할 수 있다면 기대매매가격 상승률과 전세－매매가격 비율 간에는 역관계가 성립해야 한다. 만약 주택매매가격이 상승할 것으로 예상되면 주택투자자들이나 전세입자들은 주택을 매입하려고 할 것이다. 이 과정에서 주택매매가격은 상대적으로 상승하고 전세가격은 상대적으로 하락하여 기대매매가격 상승률과 전세－매매가격 비율은 반대 방향으로 움직일 것이다. 역으로 주택매매가격이 하락할 것으로 예상되면 주택투자자들이나 전세수요자들은 주택을 매도하고 전세입을 하려고 할 것이다. 이 과정에서 주택매매가격은 상대적으로 하락하고 전세가격은 상대적으로 상승하여 기대매매가격 상승률과 전세－매매가격 비율은 반대방향으로 움직일 것이다.

제 4 절 맺 음 말

본 장에서 우리는 채권, 주식, 부동산과 관련한 기본개념을 소개하였다. 채권가격은 채권을 보유함으로써 발생하는 현재 및 미래의 모든 현금흐름의 현재가치로 정의된다. 이 정의로부터 우리는 채권가격과 이자율이 반대 방향으로 움직이는 것을 알 수 있다. 채권가격과 마찬가지로 주식가격은 현재 및 미래의 모든 배당금의 현재가치로, 주택가격은 현재 및 미래의 모든 임대료의 현재가치로 정의할 수 있다.

금융시장이 효율적이면 차익거래의 기회가 없어야 한다. 차익거래라 함은 위험을 수반하지 않고 초과이윤을 획득할 수 있는 거래를 말한다. 초과이윤을 획득할 기회가 있으면 합리적 투자자들이 이 기회를 이용하려고 할 것이고, 그 결과 초과이윤을 획득할 기회는 급속히 소진된다.

금융시장이 효율적이면 금융시장은 현재 이용가능한 모든 정보를 반영한다. 주식시장이 현재 이용가능한 모든 정보를 반영하면 내일의 주가에 대한 가장 좋은 예측치는 현재의 주가가 되어 주식가격은 임의보행을 따르게 된다.

연습문제 제 3 장

Questions and Practice

1. 현재가치식은 명목값으로 나타내든 실질값으로 나타내든 동일한 형태를 가짐을 증명하라.

2. 이표채를 액면가에 구입하면 이자율은 표면금리와 동일함을 증명하라.

3. 투자로부터 매년 말 발생하는 현금흐름(year end cash flows)이 다음과 같다.

현금흐름(원)			
1	2	3	4
−100	200	300	100

할인율이 10%라면 위의 표에서 현금흐름의 현재가치는 몇 원인가?

4. 액면가 1,200원인 1년 만기 할인채가 1,000원에 거래되고 있다. 연 이자율은 얼마인가?

5. 표면금리(coupon rate) 10%인 10년 만기 채권이 만기수익률(yield to maturity)이 7%가 되도록 판매되었다. 1년 후에 만기수익률은 여전히 7%라고 하자. 1년 동안 이 채권의 가격은 어떻게 되었는가?

6. 1년 만기 명목이자율이 10%, 1년간 기대인플레이션율이 3%이면 1년 만기 실질이자율은 얼마인가?

7. 1년 만기 이자율이 앞으로 3년간 10%, 11%, 12%가 될 것으로 예상된다. (단순) 기대가설에 의하면 3년 만기 이자율은 얼마인가?

8. A회사 주식의 현재가격은 1,000원이다. 이 회사는 다음 1년 동안 50원의 배당금을 지불하고 1년 후의 주식가격은 1,100원이 될 것으로 기대된다. 이 회사 주식의 적정할인율이 10%이면 A회사 주식의 적정가격은 얼마인가? 그렇다면 이 회사 주식은 고평가되어 있는가 혹은 저평가되어 있는가?

9. 어떤 아파트가 매년 2,000만원 어치의 임대서비스를 무한히 제공할 수 있다고 하자. 적정할인율이 10%인 경우 이 아파트의 적정가격은 얼마인가?

part 2
단 기 분 석

2 · 편의 내용

제 2 편에서는 거시경제학의 단기분석 모형을 소개한다. 여기에서 단기라 함은 물가수준 등 가격변수가 경직적이어서 경제가 완전고용(혹은 자연율) 수준의 장기균형에 있지 못한 상태를 말한다. 첫 번째 파트에서는 물가수준이 경직적이라는 가정하에 상품시장과 화폐시장을 고려하여 총수요곡선을 도출한다. 두 번째 파트에서는 노동시장 및 상품시장의 불완전성을 고려하여 총공급곡선을 도출한다. 세 번째 파트에서는 총수요곡선과 총공급곡선을 결합하여 단기적으로 경기변동이 어떻게 발생하는가를 분석한 후, 고전학파와 케인즈학파의 경기안정화정책에 관한 논쟁을 소개한다.

총수요곡선은 상품시장 및 화폐시장의 균형을 나타내는 물가수준과 실질소득의 결합이다. 총수요곡선을 도출하기 위해서는 상품시장 및 화폐시장의 균형을 분석해야 한다.

제 4 장에서는 폐쇄경제에서 단기적으로 물가수준이 경직적이라는 가정하에, 상품시장의 균형을 나타내는 실질이자율과 실질소득의 결합인 *IS*곡선을 도출하고, 화폐시장의 균형을 나타내는 실질이자율과 실질소득의 결합인 *LM*곡선을 도출한다. 상품시장에서 실질이자율이 상승하면 투자가 감소한다. 투자가 감소하면 총지출이 감소한다. 총지출이 균형소득을 결정한다면, 다시 말해서 공급은 수요를 충족시킨다고 가정하면, 총지출의 감소는 실질소득을 감소시킨다. 이것은 *IS*곡선이 실질이자율(r)−실질소득(Y) 평면에서 우하향함을 의미한다. 화폐시장에서 명목이자율(물가수준이 일정하므로 실질이자율과 동일)이 상승하면 실질화폐수요가 감소한다. 실질화폐공급이 통화당국에 의해 일정하게 주어진 상태에서 화폐시장이 균형을 회복하려면 실질소득이 증가하여 실질화폐수요를 회복시켜야 한다. 이것은 *LM*곡선이 실질이자율(r)−실질소득(Y)

평면에서 우상향함을 의미한다.

제 5 장에서는 이들 두 곡선을 결합하여 $P-Y$ 평면에서 우하향하는 총수요곡선을 도출한다. 일정하게 주어진 것으로 가정한 물가수준이 상승하면 화폐시장에서 실질화폐공급이 감소한다. 실질화폐공급이 감소하면 화폐시장의 균형을 회복하기 위해 이자율이 상승한다. 이자율이 상승하면 상품시장에서 투자가 감소하고, 투자가 감소하면 균형실질소득이 감소한다. 이것은 총수요곡선이 $P-Y$ 평면에서 우하향함을 의미한다.

제 6 장에서는 앞의 분석을 소규모 개방경제로 확대한다. 자본이동이 자유로운 소규모 개방경제에서 국내이자율은 국제이자율과 동일해진다. 소규모 개방경제에서 물가수준이 하락하면 실질통화공급이 증가한다. 실질통화공급이 증가하면 주어진 국제이자율 수준에서 화폐시장의 균형을 회복하기 위해 실질소득이 증가한다. 즉, 소규모 개방경제에서도 총수요곡선은 $P-Y$ 평면에서 우하향한다.

제 7 장에서는 상품 및 노동시장의 불완전성으로부터 $P-Y$ 평면에서 우상향하는 총공급곡선을 도출한다. 총공급곡선이 우상향하면 그것이 수직이 아닌 한 총수요의 변화는 생산을 변화시킬 수 있다. 총공급곡선이 우상향하는 이유에 관해서 고전학파는 물가수준 및 임금수준에 관한 정보의 불완전성을 강조하는 데 반해, 케인즈학파는 물가수준 및 임금의 경직성을 강조한다.

제 8 장에서는 총공급곡선과 사실상 동일한 필립스곡선을 소개한다. 필립스곡선은 인플레이션율과 실업률 간의 역관계를 나타내는 곡선이다. 총공급곡선과 오쿤의 법칙(실업률과 생산 간의 역관계)을 결합하면 쉽게 필립스곡선을 도출할 수 있다.

제 9 장에서는 우하향하는 총수요곡선과 우상향하는 총공급곡선을 사용하여 단기적 경기변동을 분석한다. 특히 경기변동의 원인에 관해 합리적 기대론자로 대표되는 고전학파와 케인즈학파의 견해를 비교한다. 합리적 기대론자들은 경기변동의 주요인으로 예상하지 못한 통화공급 충격을 강조한다. 이에 반해서 케인즈학파는 예상하지 못한 통화공급 충격뿐만 아니라 예상된 통화공급도 경기변동을 초래할 수 있다고 주장한다.

제11장에서는 또 다른 고전학파인 실물경기변동이론가들이 제시한 실물경기변동이론을 소개한다. 이 이론에서는 경기변동은 문자 그대로 기술충격이나 재정정책 충격 등 실물요인에 의해 발생한다. 특히 이들은 경기변동이 충격

에 대응한 경제주체들의 합리적 대응에 의해 발생하므로 경기변동을 완화시키기 위한 정부의 개입은 불필요하다고 주장한다.

제10장에서는 실물경기변동이론의 미시경제학적 기초이론인 기간간 대체이론을 소개한다. 기간간 대체란 두 기간의 상대가격이 변화함에 따라 경제주체들이 소비나 노동투입을 변화시키는 것을 의미한다. 예를 들어서, 실질이자율이 상승하면 현재소비와 현재여가의 기회비용이 상승하므로, 합리적 경제주체들은 현재소비를 줄이고 현재의 노동투입을 증가시킨다. 기간간 대체이론을 고려하면 실질이자율(r)−실질소득(Y) 평면에서 우하향하는 상품의 총수요곡선과 우상향하는 총공급곡선을 도출할 수 있다.

제12장에서는 경기변동에 대응한 경기안정화정책에 관한 고전학파와 케인즈학파의 논쟁을 소개한다. 고전학파는 적극적인 경기안정화정책의 사용에 반대하는 데 반해, 케인즈학파는 대체로 적극적 경기안정화정책의 사용을 지지하는 편이다.

마지막으로 제13장에서는 외환시장에서 단기적으로 환율이 어떻게 결정되는가를 효율시장이론의 시각에서 분석한다. 외환시장을 포함한 국제금융시장이 효율적이라면 이자율 재정 조건이 성립해야 한다. 이자율 재정 조건이란 국내외 이자율 차이는 자국화폐의 기대절하율과 동일해야 한다는 조건이다. 만약 그렇지 않으면 손쉽게 돈을 벌 수 있는 차익거래의 기회가 존재하고, 차익거래에 의해 결국 이자율 재정 조건이 성립하게 된다. 제13장에서는 이자율 재정 조건을 사용하여 1992년 가을 유럽 금융시장에서 발생한 소요 등 투기적 공격을 분석한다.

4 상품 및 화폐시장

질문: 전구를 갈아끼우려면 몇 명의 경제학자가 필요할 까요?

대답: 여덟 명입니다. 한 명은 전구를 갈아끼우는 데 필요하고, 나머지 일곱 명은 다른 것을 일정하게 유지해야 하니까요.

주요개념

케인지안 크로스

승수효과

*IS*곡선

대부자금시장

유동성선호설

*LM*곡선

수량방정식

화폐의 소득유통속도

구축효과

통화정책의 전파경로

신용경로

CHAPTER

04 상품 및 화폐시장

Sir John R. Hicks(1904–1989)

영국, 1972년 노벨경제학상 수상

"일반균형이론과 후생이론에 대한 선구적 기여에 대한 공로"

1920년대 말부터 미국을 비롯한 선진 자본주의 경제를 휩쓴 대공황은 많은 경제학자들로 하여금 기존의 고전학파 경제학에 회의를 품게 만들었다. 고전학파 경제학에 따르면 물가와 임금은 신축적이므로 노동시장은 완전고용 상태에 있게 되고, 생산도 완전고용 상태에서 요소공급량과 기술수준에 의해 결정되기 때문이다. 그러나 1933년 미국의 실업률은 약 25%에 달하였고, 실질 GNP는 1929년과 비교하여 30% 정도 감소하였다. 이와 같은 생산의 감소를 설명할 수 있을 정도로 생산요소가 감소하거나 기술수준이 쇠퇴하지 않았기 때문에 고전학파 경제학은 대공황을 설명하는 데 어려움을 겪고 있었다.

케인즈는 고전학파와는 달리 대공황의 근본적 원인은 총수요가 부족하기 때문이라고 보았고, 그는 총공급이 소득을 결정한다는 고전학파의 견해를 비판하였다. 그는 부족한 수요를 보충하기 위해 정부구입을 늘리는 등 총수요 확장정책을 사용해야 대공황을 극복할 수 있다고 주장하였다. 오늘날 많은 경제학자들－주로, 케인즈학파 경제학자들－은 고전학파와 케인즈의 견해를 결합하여 장기적으로는 물가가 신축적이고 총공급이 소득을 결정한다는 사실을 받아들이지만, 단기적으로는 물가가 경직적이고 따라서 총수요의 변화가 소득을 결정한다고 믿고 있다.

지금부터는 총수요가 생산을 결정한다고 가정한다. 이러한 가정은 장기적 성장경로로부터 이탈한 단기적 경기변동을 설명할 때 크게 무리가 있는 가정은 아니라고 할 수 있다. 기업은 총수요가 변화할 때 생산을 변화시킬 뿐만 아니라 가격도 변화시킨다. 그러나 가격의 변화는 점진적으로 이루어지고 단기적으로는 생산에 비해 경직적으로 보인다. 가격의 변화에 비해 생산이나 고용의 변화는 거의 즉각적으로 일어난다. 물론 수요가 변화할 때 일부는 생산을 즉각 증가시키기보다는 재고를 변화시킴으로써 대응할 수 있고, 이 경우에 생산에는 영향이 없다. 그러나 경제전체적으로 볼 때 판매의 증가는 생산의 증가로 연결된다. 따라서 수요의 증가는 대체로 생산의 증가로 연결된다고 가정할 수 있다.

이 장에서는 공급이 수요를 충족시킨다는 가정하에 물가수준이 주어져 있는 단기에 상품 및 화폐시장의 균형이 어떻게 결정되는가를 *IS-LM*곡선을 도출하여 분석한다. *IS-LM*분석은 케인즈의 이론을 알기 쉽게 이해할 수 있도록 1930-40년대에 힉스와 한센에 의해서 주도적으로 개발되었으며, 힉스는 1972년에 노벨 경제학상을 수상하였다. *IS-LM*모형은 1960년대까지는 단기적인 거시경제분석의 대표적인 분석틀로서 사용되었으나, 1970년대 이후 거시경제학의 미시경제학적 기초가 강조되고 경제분석에 있어서 경제주체들의 미래에 대한 예상 혹은 기대(expectation)가 강조되면서 그 중요성이나 인기가 많이 쇠락한 모형이다. 이 모형은 기본적으로 정태적인 모형으로서 미래를 고려하는 경제주체들의 행동 혹은 예상을 모형화하지 못하는 문제점을 가지고 있다. 그럼에도 불구하고 물가수준이 고정되어 있는 단기에는 여전히 유용한 분석틀이라고 할 수 있다.

제 1 절 상품시장과 *IS*곡선

1. 케인지안 크로스

케인지안 크로스는 케인즈의 소득결정이론을 해석하는 가장 간단한 도구라고 할 수 있다. 케인지안 크로스 분석의 기본 가정은 물가수준이 고정되어 있다는 것이다. 즉, 기업은 주어진 가격 P에서 얼마든지 상품을 공급할 용의가 있다고 가정한다. 이러한 가정은 기업이 생산을 증가시킴에 따라 비용이 상승하고 결국 가격이 상승하는 것을 무시하는 것을 의미하지만 단기에는 적절한 가정이라고 할 수도 있다. 또한 이러한 가정은 생산의 결정에 있어서 총수요의 역할에 집중할 수 있도록 해준다.

총수요는 소비, 투자, 정부구입, 순수출의 합으로 구성되어 있다. 분석의 편의상 폐쇄경제를 가정하고 계획된 투자는 외생적으로 주어진다고 가정하자. 또한 정부구입이나 조세도 외생적으로 주어진다고 가정하자. 이러한 가정을 하는 첫째 이유는 정부가 구입이나 조세를 결정하는 방식이 가계가 소비를 결정하는 것과는 다른 방식으로 결정되며, 그러한 결정에 관한 우리의 지식이 충분하지 못하기 때문이다. 또 다른 이유는 거시경제학자들의 역할 가운데 하나는 재정정책이 경제에 미치는 영향을 감안하여 정부가 구입이나 조세에 관한 결정을 할 때 조언하는 것이라고 할 수 있는데, 이 경우에 정부구입이나 조세가 어떤 특정 방식으로 결정된다고 미리 가정하는 것은 적절하지 않기 때문이다.

소비를 결정하는 요인에 대한 자세한 분석은 제15장으로 미루고 여기에서는 소비를 가처분소득의 함수라고 가정하고, 다음과 같이 소비를 가처분소득의 선형함수로 나타내자.

$$C=a+b(Y-\overline{T}),\quad a>0,\quad 0<b<1 \qquad \cdots\cdots (4-1)$$

위의 소비함수에서 a는 가처분소득이 0일 때의 소비수준을 나타내고, b는 가처분소득이 한 단위 증가할 때 소비가 얼마만큼 증가하는가를 나타내며, 이것

그림 4-1 케인지안 크로스

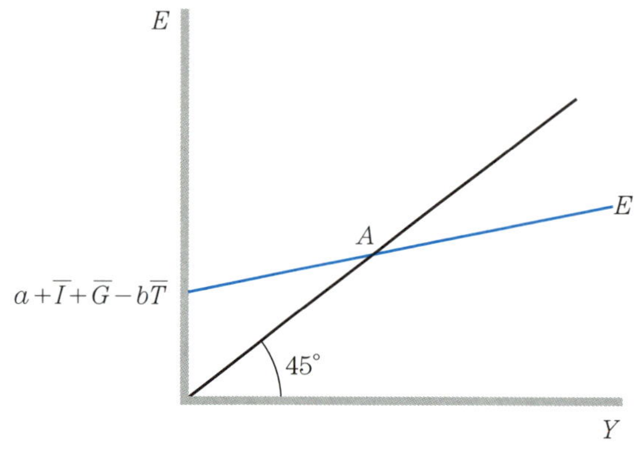

이 그림은 상품시장 균형조건을 보여주고 있으며, 이 그림을 케인지안 크로스 혹은 한센의 크로스라고 부른다. 지출함수가 종축과 만나는 절편은 소득이 0일 때의 총수요를 나타내며 자동지출(autonomous spending)이라고 불린다. 지출함수의 기울기(b)는 한계소비성향을 나타낸다. 생산은 소득과 동일하므로 균형은 지출함수 혹은 수요가 45°도 선과 만나는 점 A에서 결정된다.

을 한계소비성향이라고 부른다. 한계소비성향은 0과 1 사이라고 가정한다. 소비함수가 주어지면 총수요 혹은 총지출(E)을 다음과 같이 나타낼 수 있다.

$$\begin{aligned} E &= C+I+G \\ &= a+b(Y-\overline{T})+\overline{I}+\overline{G} \\ &= a+\overline{I}+\overline{G}-b\overline{T}+bY \end{aligned} \qquad \cdots\cdots (4-2)$$

균형에서 공급(Y)은 수요(E)와 일치한다. 따라서 균형조건은 다음과 같다.

$$Y=E \qquad \cdots\cdots (4-3)$$

[그림 4-1]은 균형조건을 보여주고 있으며, 이 그림을 케인지안 크로스 혹은 한센의 크로스라고 부른다. 케인지안 크로스에서 지출함수가 세로축과 만나는 절편은 소득이 0일 때의 총수요를 나타내며 자동지출(autonomous spending)이라고 불린다. 자동지출은 식 (4-2)에서 알 수 있듯이 예산흑자의 규모가 상당히 크지 않은 한 0보다 크게 된다. 지출함수의 기울기(b)는 한계소비성향을 나타낸다. 생산은 소득과 동일하므로 균형은 지출함수 혹은 수요가 45° 선과 만나는 점 A에서 결정된다.

기업은 단기적으로 재고나 생산을 조정함으로써 수요를 항상 만족시킨다고 가정했으므로 수요(또는 지출)는 곧 판매와 일치하게 된다. A점의 왼쪽에서는 판매가 생산보다 크므로 재고가 감소하게 되고, 그에 따라서 기업은 생산을 증가시키게 된다. A점의 오른쪽에서는 판매가 생산보다 작으므로 재고가 증가하게 되고 기업은 생산을 줄이게 된다. 따라서 경제가 어디에 있든 결국은 A점으로 움직여 간다.

케인지안 크로스 분석은 계획된 투자와 재정정책이 외생적으로 주어진 상태에서 균형소득이 어떻게 결정되는가를 보여준다. 주목해야 할 것은 앞에서 언급한 재고의 변화는 기업이 원하지 않았던 혹은 계획하지 않았던 재고의 변화라는 것이다. 기업은 기업의 수요예측, 이자율 등 여러 가지 요소를 고려하여 적정수준의 재고를 보유하려고 한다. 이것은 이미 기업의 재고투자로 반영이 되었고 분석의 편의상 외생적으로 주어진다고 가정하였다. 그러나 계획된 지출 혹은 바람직한 수준의 지출(E)이 생산(Y)보다 작으면 기업이 원하지 않는 재고가 쌓이게 되고 기업은 생산을 감축하게 된다. 역으로 계획된 지출이 생산보다 클 때는 재고가 적정수준 밑으로 감소하게 되고 기업은 생산을 증가시키게 된다. GDP 통계에서 생산은 실제의 지출과 같다. 결국 케인지안 크로스 모형에서 균형은 계획된 지출(E)이 실제의 지출(Y)과 같을 때 성립함을 알 수 있다.

2. 승수효과

케인지안 크로스 모형에서 우리는 두 개의 내생변수(C와 Y)와 두 개의 식(소비함수, 총수요함수)을 가지고 있으므로 다음과 같이 균형해를 구할 수 있다.

$$Y = a + \overline{I} + \overline{G} - b\overline{T} + bY$$

또는

$$Y = \frac{a + \overline{I} + \overline{G} - b\overline{T}}{1-b} \quad \cdots\cdots \ (4-4)$$

위의 식에서 $1/(1-b)$은 정부구입이 한 단위 증가할 때 소득이 얼마만큼 증가하는가를 나타내며 정부구입승수라고 불린다. 마찬가지로 $-b/(1-b)$은 조세가 한 단위 증가할 때 소득이 얼마만큼 감소하는가를 나타내며 조세승수라고 불린다. 한계소비성향 b의 값이 0.8이라고 하면 정부구입승수는 5가 되고 조세승수는 -4가 된다.

승수효과의 크기에 관해서는 학파간에 견해가 다르다. 일반적으로 실물경기변동이론가들을 포함한 고전학파는 승수효과의 크기가 케인즈 혹은 케인즈학파가 생각하는 것보다 작다고 생각한다. 또한 승수효과가 발생하는 원인도 다르게 해석한다. 제17－18장에서 자세히 소개하듯이 실물경기변동이론가들은 정부구입이 증가하면 승수효과를 통해서 생산이 증가하는 것이 아니라, 정부구입이 증가하면 실질이자율이 상승하고, 실질이자율이 상승하면 근로자의 노동투입이 증가하기 때문에 생산이 증가한다고 주장한다.

3. *IS*곡선의 도출

케인지안 크로스는 계획된 투자와 재정정책(G, T)이 외생적으로 주어진 상태에서 균형소득이 어떻게 결정되는가를 보여 준다. 이제 투자가 외생적으로 주어지는 것이 아니라 내생변수라고 하자. 제16장에서 자세히 살펴보겠지만 투자를 결정하는 가장 중요한 변수는 이자율이라고 할 수 있다. 이자율이 상승하면 자본조달비용이 증가하므로 투자는 감소하게 된다. 투자를 이자율의 함수로 표시하면 다음과 같다.

$$I = c - dr, \quad c, d > 0 \qquad \cdots\cdots (4-5)$$

투자에 영향을 미치는 이자율은 실질이자율(＝명목이자율－인플레이션율)임에 주목해야 한다. 기업이 투자자금을 은행에서 차입할 때 결정되는 이자율은 명목이자율이다. 기업은 차입금을 가지고 투자를 하여 생산을 한 후 그것을 시장에 판다. 평균적으로 전체 기업을 통틀어서 볼 때, 기업이 생산 판매하는 상품의 가격 혹은 판매수입은 일반적인 물가수준과 함께 상승한다. 그런데 기업이 상환해야 하는 이자율은 이미 명목이자율로 고정되어 있으므로 기업이 투자를 위해 은행에서 차입할 때 고려하는 이자율은 명목이자율에서 물가상승률을 공제한 실질이자율이 된다.

*IS*곡선이란 상품시장의 균형을 나타내는 실질이자율과 실질소득의 결합이다. *IS*곡선을 도출하기 위해, 케인지안 크로스에서 이자율이 하락할 때 어떤 일이 벌어지는가 분석해 보자. 다른 조건이 일정한 상태에서 이자율이 하락하면 투자가 증가한다([그림 4-2a] 참조). 투자가 증가하면 지출곡선이 위로 이동하고, 승수효과에 의해 균형국민소득은 증가하게 된다([그림 4-2b] 참조). 즉,

그림 4-2 *IS*곡선의 도출

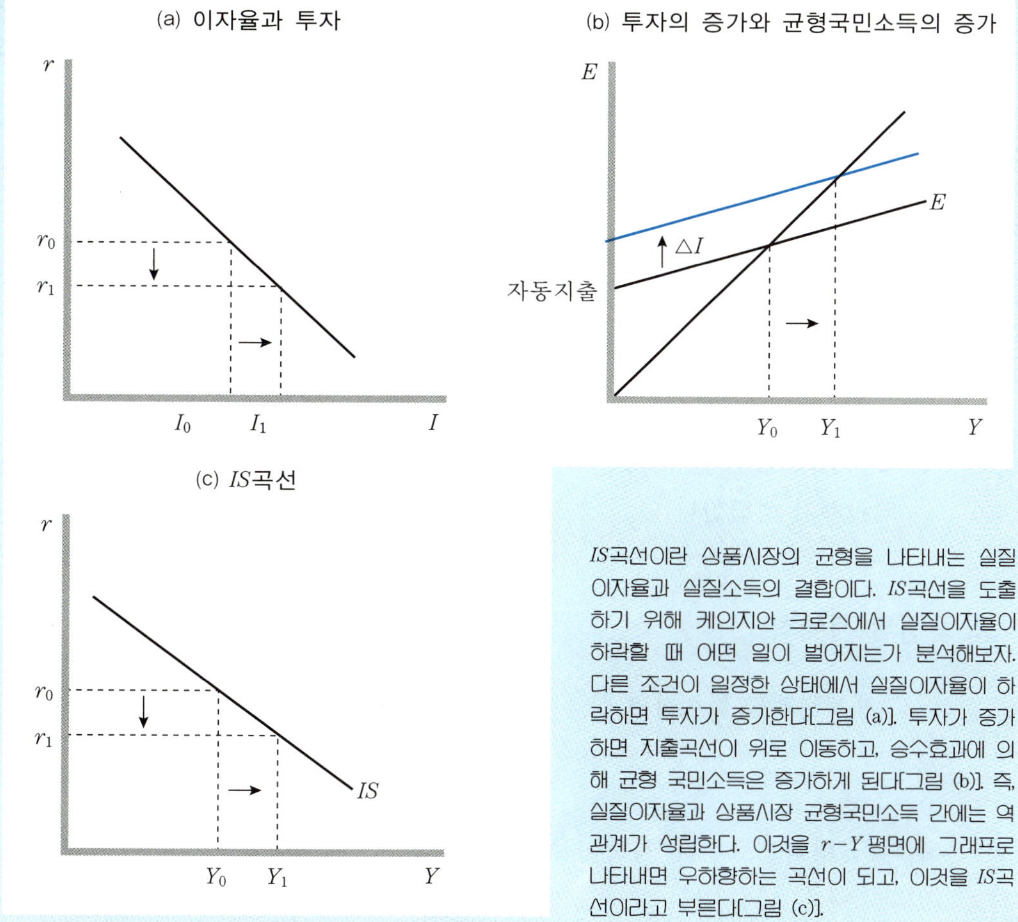

*IS*곡선이란 상품시장의 균형을 나타내는 실질이자율과 실질소득의 결합이다. *IS*곡선을 도출하기 위해 케인지안 크로스에서 실질이자율이 하락할 때 어떤 일이 벌어지는가 분석해보자. 다른 조건이 일정한 상태에서 실질이자율이 하락하면 투자가 증가한다[그림 (a)]. 투자가 증가하면 지출곡선이 위로 이동하고, 승수효과에 의해 균형 국민소득은 증가하게 된다[그림 (b)]. 즉, 실질이자율과 상품시장 균형국민소득 간에는 역관계가 성립한다. 이것을 $r-Y$ 평면에 그래프로 나타내면 우하향하는 곡선이 되고, 이것을 *IS*곡선이라고 부른다[그림 (c)].

이자율과 상품시장 균형국민소득 간에는 역관계가 성립한다. 이것을 $r-Y$평면에 그래프로 나타내면 [그림 4-2c]와 같이 우하향하는 곡선이 되고, 이것을 *IS* 곡선이라고 부른다.

*IS*곡선은 다음과 같이 수식으로 도출할 수 있다. 균형에서 생산은 수요와 같아야 한다.

$$Y=C+I+G \qquad \cdots\cdots (4-6)$$

이제 소비를 가처분소득의 함수로, 투자를 이자율의 함수로 나타내면 다음과 같다.

$$C=a+b(Y-T), \quad \cdots\cdots (4-1)$$

$$I=c-dr \quad \cdots\cdots (4-5)$$

소비함수와 투자함수를 균형조건에 대입하면 다음과 같다.

$$Y=a+b(Y-T)+c-dr+G$$

위의 식을 Y에 관해서 풀면 IS곡선을 나타내는 다음 식을 구할 수 있다.

$$Y=\frac{a+c}{1-b}+\frac{1}{1-b}G-\frac{b}{1-b}T-\frac{d}{1-b}r \quad \cdots\cdots (4-7)$$

위의 식에서 확인할 수 있듯이 상품시장의 균형조건을 나타내는 r과 Y 사이에는 역관계가 성립한다.

4. IS 곡선의 재해석

폐쇄경제를 가정하면 상품시장 균형조건은 식 (4-6)과 같다.

$$Y=C+I+G \quad \cdots\cdots (4-6)$$

위의 균형식으로부터 저축이 투자와 같다는 조건을 다음과 같이 도출할 수 있다.

$$Y-T-C+T-G=I$$

$$S_P+S_G=I$$

$$S=I \quad \cdots\cdots (4-8)$$

위의 식에서 S_P와 S_G는 각각 민간저축과 정부저축을 나타낸다. 이것이 우리가 상품시장의 균형조건을 IS곡선이라고 부르는 이유이다. 즉, IS곡선의 I는 투자를, S는 저축을 나타낸다.

국민저축은 대부자금의 공급을 나타내고 투자는 대부자금의 수요를 나타낸다고 할 수 있다. 대부자금의 공급은 소득, 재정정책 등에 의존하고, 대부자금의 수요는 이자율에 의존한다. 대부자금의 공급(S)은 이자율과 무관하므로

그림 4-3 대부자금시장과 *IS*곡선의 도출

(a) 소득의 증가와 이자율의 변화　　(b) *IS*곡선

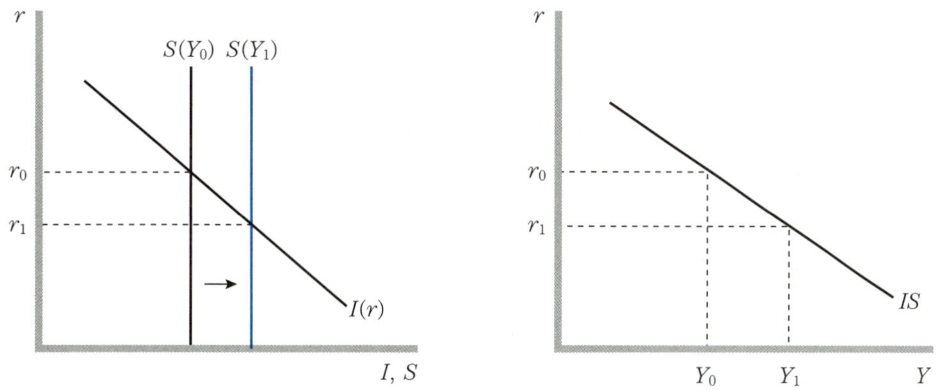

*IS*곡선은 각각의 소득수준에서 대부자금의 수요와 공급을 일치시켜주는 균형이자율을 나타내는 곡선으로 해석할 수 있다. 예를 들어서 소득수준이 Y_0에서 Y_1으로 증가하면 국민저축이 증가하게 되고, 이것은 대부자금의 공급이 증가한 것을 의미한다. 대부자금의 수요가 주어진 상태에서 공급이 증가하면 대부자금 시장의 균형을 회복하기 위해 실질이자율은 r_0에서 r_1으로 하락하게 된다[그림 (a)]. *IS*곡선은 이처럼 상품시장의 균형을 유지하기 위해 성립하는 r과 Y 사이의 역관계를 나타낸다[그림 (b)].

$r-I$, S 평면에서 수직으로 나타나고, 대부자금의 수요(I)는 이자율의 감소함수이므로 $r-I$, S 평면에서 우하향한다. *IS*곡선은 각각의 소득수준에서 대부자금의 수요와 공급을 일치시켜 주는 균형이자율을 나타내는 곡선으로 해석할 수 있다. 예를 들어서 소득수준이 Y_0에서 Y_1으로 증가하면 국민저축이 증가하게 되고, 이것은 대부자금의 공급이 증가한 것을 의미한다. 대부자금의 수요가 주어진 상태에서 공급이 증가하면 대부자금 시장의 균형을 회복하기 위해 실질이자율은 r_0에서 r_1으로 하락하게 된다([그림 4-3a] 참조).

*IS*곡선은 바로 이처럼 상품시장의 균형을 유지하기 위해 성립하는 r과 Y 사이의 역관계를 나타낸다([그림 4-3b] 참조).

순수출과 *IS*곡선

순수출도 이자율의 함수라고 할 수 있다. 국내이자율이 올라가면 다른 조건이 일정한 경우 외국으로부터 자본이 유입될 것이다. 외국으로부터 자본이 유입되면 원화는 절상될 것이고, 원화가 절상되면 국내상품의 외국상품에 대한 상대가격이 올라가게 된다. 국내상품의 외국상품에 대한 상대가격이 올라가게 되면 수입은 늘어나고 수출은 줄어들게 된다. 순수출은 국내소득의 함수이기도 하다. 국내소득이 증가하면 외국제품에 대한 지출 즉 수입이 증가한다. 마찬가지로 외국의 소득이 증가하면 국내제품에 대한 수요가 증가하여 수출이 증가하게 된다.

순수출을 소득과 이자율의 선형함수로 나타내면 다음과 같다.

$$NX = l - mY - nr$$

순수출을 포함하여 상품시장 균형조건을 다시 쓰면 다음과 같다.

$$Y = a + b(Y - T) + c - dr + G + l - mY - nr$$

위의 식을 정리하면 균형소득을 다음과 같이 나타낼 수 있다.

$$Y = \frac{a + c + l + G - bT - (d+n)r}{1 - b + m}$$

따라서 순수출을 고려하면 정부구입승수나 조세승수의 절대값이 작아진다. 승수의 절대값이 작아지는 이유는 정부가 구입을 증가시키거나 조세를 감면할 때 소득이 증가함에 따라서 수입이 증가하여 소득을 감소시키는 방향으로 작용하기 때문이다.

5. 재정정책과 *IS*곡선의 이동

위에서 도출한 *IS*곡선은 재정정책이 주어져 있다는 가정하에 그린 것이다. 만약 정부가 구입을 증가($\triangle G$)시키거나 조세를 삭감(∇T)한다면 케인지안 크로스에서 지출곡선이 위로 이동할 것이고([그림 4-4a]), 지출곡선이 위로 이동함에 따라 소득은 승수배만큼 증가할 것이다. 이것은 주어진 실질이자율 수준에서 *IS*곡선이 오른쪽으로 정부구입승수$\times \triangle G$ 또는 조세승수$\times \nabla T$ 만큼 이동하는 것을 의미한다([그림 4-4b] 참조).

그림 4-4 확장적 재정정책과 *IS*곡선의 이동

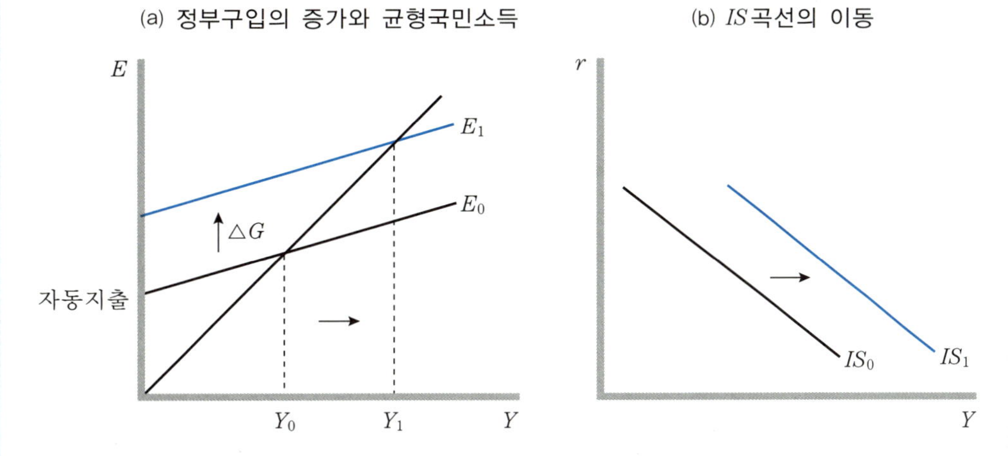

*IS*곡선은 재정정책이 주어져 있다는 가정하에 도출한 것이다. 만약 정부가 구입을 증가시키거나 조세를 삭감하면 케인지안 크로스에서 지출곡선이 위로 이동할 것이고[그림 (a)], 지출곡선이 위로 이동함에 따라 소득은 승수배만큼 증가할 것이다. 이것은 주어진 실질이자율 수준에서 *IS*곡선이 오른쪽으로 정부구입승수 $\times \Delta G$ 만큼 이동하는 것을 의미한다[그림 (b)].

제 2 절 화폐시장과 *LM*곡선

1. 유동성선호설

유동성선호설은 케인즈의 이자율 결정이론을 해석하는 간단한 이론이다. 분석의 편의상 개인의 富(W: wealth)는 화폐(M)나 채권(B)으로 보유한다고 가정하자.

$$\frac{M^d}{P} + \frac{B^d}{P} = \frac{W}{P} \qquad \cdots\cdots (4-9)$$

제14장에서 보듯이 화폐수요는 소득과 명목이자율(R)의 함수이다. 소득이 증가하면 지출이 증가하고, 지출이 증가하면 화폐거래액이 증가하여 화폐수요가

증가한다. 이자율이 상승하면 화폐보유의 기회비용이 증가하므로 화폐수요는 감소한다.

$$\frac{M^d}{P} = L(\underset{+}{Y}, \underset{-}{R}) \quad \cdots\cdots \text{(4-10)}$$

화폐수요와 채권수요의 합은 富와 같으므로 채권수요는 다음과 같이 나타낼 수 있다.

$$\frac{B^d}{P} = \frac{W}{P} - L(Y, R) \quad \cdots\cdots \text{(4-11)}$$

이 식으로부터

첫째, 富가 증가하면 채권수요도 1대 1로 증가함을 알 수 있다. 이것은 화폐수요는 富에 의존하지 않고 소득에 의존한다고 가정했기 때문이다. 설사 화폐수요가 富에 의존한다 하더라도 화폐수요의 富탄력성이 1보다 작으면 富가 증가할 때 채권수요는 증가한다.

둘째, 소득이 증가하면 富가 주어진 상태에서 화폐수요가 증가하므로 채권수요는 감소한다.

셋째, 이자율이 상승하면 화폐수요는 감소하고 채권수요는 증가한다.

화폐시장이 균형이 되려면 화폐수요와 화폐공급이 일치해야 한다.

$$\frac{M}{P} = L(Y, R) \quad \cdots\cdots \text{(4-12)}$$

단기에 물가는 고정되어 있고, 화폐공급은 통화당국에 의해 결정되어 주어진다고 하면, 명목 및 실질통화공급은 외생적으로 주어진다. 이것은 실질화폐공급곡선이 $R-M/P$ 평면에서 수직으로 주어짐을 의미한다. 화폐수요는 이자율의 감소함수이므로 화폐수요곡선은 $R-M/P$ 평면에서 우하향한다. 화폐시장의 균형조건은 [그림 4-5]에 나타나 있다.

유동성선호설에서 이자율은 화폐시장의 균형조건에 의해 결정된다. 만약 이자율이 너무 높으면 주어진 이자율 수준에서 화폐의 초과공급이 존재한다. 이자율이 균형수준보다 높으므로 개별 경제주체들은 이자를 지급하지 않는 화폐의 보유를 줄이고 채권의 보유를 늘리려고 한다. 채권수요가 증가함에 따라

그림 4-5 화폐시장의 균형조건

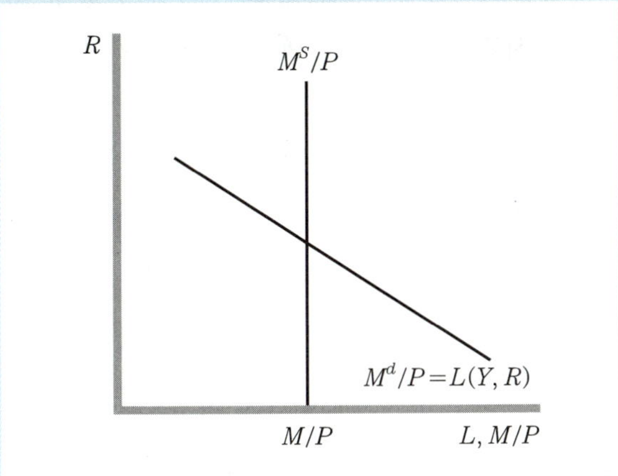

단기에 물가는 고정되어 있고 화폐공급은 통화당국에 의해 외생적으로 결정되어 주어진다고 하면 실질통화공급은 외생적으로 주어진다. 이것은 실질화폐공급곡선이 $R-M/P$ 평면에서 수직으로 주어짐을 의미한다. 화폐수요는 이자율의 감소함수이므로 실질화폐수요곡선은 $R-M/P$ 평면에서 우하향한다. 실질화폐의 수요와 공급이 일치할 때 화폐시장은 균형이 된다.

서 채권가격은 상승하고 이자율은 하락하게 된다. 이자율이 하락하면 화폐보유의 기회비용이 감소하므로 화폐수요가 증가하여 화폐의 초과공급을 해소할 수 있다. 역으로 이자율이 너무 낮으면 화폐시장에 화폐의 초과수요가 존재한다. 화폐수요가 공급을 초과하면 개별 경제주체들은 채권을 매각하거나 은행에서 예금을 인출하려고 한다. 이 과정에서 채권가격은 하락하고 이자율은 상승하여 화폐시장이 균형을 회복하게 된다.

만약 통화당국이 공개시장조작을 통해 채권을 매입하면 통화공급이 증가

그림 4-6 통화공급의 증가와 이자율의 하락

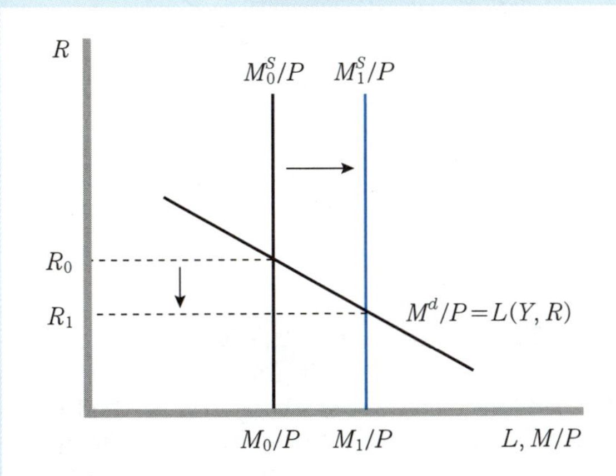

만약 통화당국이 공개시장매입을 통해 채권을 매입하면 통화공급이 증가하고 채권가격이 상승한다. 채권가격의 상승은 이자율이 하락하는 것을 의미한다. 이것을 다음과 같이 다시 해석할 수 있다. 애초에 화폐시장이 균형에 있었는데 통화당국이 통화공급을 증가시키면 화폐시장에 초과공급이 발생하게 된다. 이 경우 늘어난 화폐를 개별 경제주체들이 보유하도록 하려면 이자율이 하락해야 한다.

하고 채권가격이 상승한다. 채권가격의 상승은 이자율이 하락하는 것을 의미한다. 이것을 다음과 같이 다시 해석할 수 있다. 애초에 화폐시장이 균형에 있었는데 통화당국이 통화공급을 증가시키면 화폐시장에 초과공급이 발생하게 된다. 이 경우 늘어난 화폐를 개별 경제주체들이 보유하도록 하려면 이자율이 하락해야 한다. 이상의 분석은 [그림 4-6]에 나타나 있다. 역으로 통화당국이 채권매각을 통해 통화공급을 감소시키면 채권가격이 하락하고 이자율은 상승한다.

2. *LM*곡선의 도출

*LM*곡선은 화폐시장의 균형을 나타내는 (실질)이자율과 실질소득의 결합이다. *LM*곡선을 도출하기 위해 소득이 증가한다고 하자. 소득이 증가하면 화폐수요가 증가하므로 화폐수요곡선이 오른쪽으로 이동하고, 화폐수요곡선이 오른쪽으로 이동하면 이자율이 상승한다([그림 4-7a]). 주어진 화폐공급 수준에

그림 4-7 *LM* 곡선의 도출

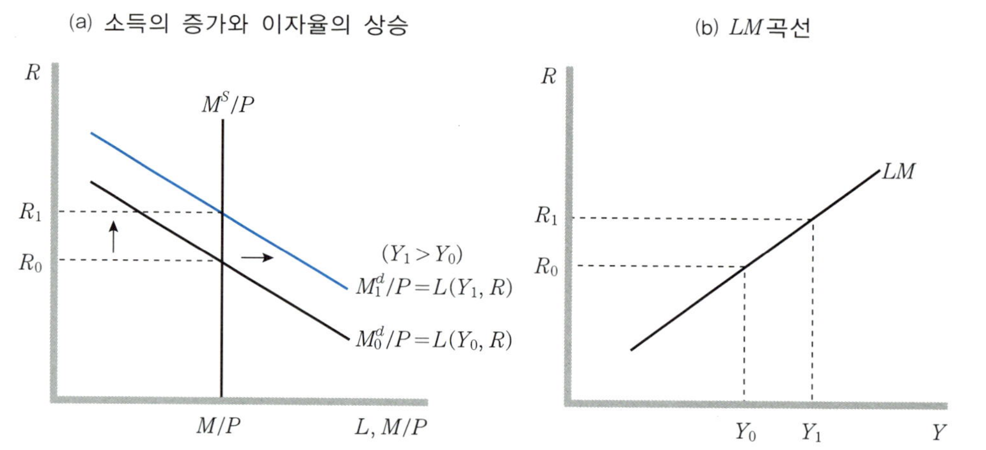

*LM*곡선은 화폐시장의 균형을 나타내는 실질이자율과 실질소득의 결합이다. *LM*곡선을 도출하기 위해 소득이 증가한다고 하자. 소득이 증가하면 화폐수요가 증가하므로 화폐수요곡선이 오른쪽으로 이동하고, 화폐수요곡선이 오른쪽으로 이동하면 이자율이 상승한다[그림 (a)]. 주어진 화폐공급 수준에서 화폐시장이 균형을 회복하려면 소득증가로 인해 증가한 화폐수요를 원래의 수준으로 억제해야 한다. 그것은 이자율이 상승함으로써 가능해진다. 따라서 이자율과 소득 간에는 정의 관계가 성립하고, 이것을 *LM*곡선이라고 부른다[그림 (b)].

서 화폐시장이 균형을 회복하려면 소득증가로 인해 증가한 화폐수요를 원래의 수준으로 억제해야 한다. 그것은 이자율이 상승함으로써 가능해진다. 따라서 이자율과 소득 간에는 정의 관계가 성립하고, 이것을 *LM*곡선이라고 부른다. [그림 4-7b]는 *LM*곡선을 $R-Y$ 평면에 나타내고 있다.

*LM*곡선을 수식으로 도출해 보자. 화폐시장의 균형조건은 다음과 같다.

$$\frac{M}{P}=L(Y, R) \qquad \cdots\cdots (4-12)$$

화폐수요함수를 다음과 같이 간단한 선형함수로 나타내자.

$$L(Y, R)=eY-fR, \quad e, f>0 \qquad \cdots\cdots (4-13)$$

위의 식을 화폐시장 균형조건에 대입하여 정리하면 다음의 *LM* 방정식을 도출할 수 있다.

$$R=\frac{eY}{f}-\frac{M}{fP} \qquad \cdots\cdots (4-14)$$

위의 식에서 보듯이 화폐시장의 균형을 나타내는 이자율과 소득 간에는 정의 관계가 성립한다.

3. *LM*곡선의 재해석

*LM*곡선은 수량방정식을 사용하여 재해석할 수 있다. 수량방정식에 의하면 $MV=PY$가 성립한다. 수량방정식은 일정기간 동안 경제 내에서 생산된 총생산의 시장가치(PY)를 주어진 통화잔고(M)로 거래하려면 주어진 통화잔고가 얼마나 회전해야 하는가를 나타내는 항등식이다. 수량방정식을 다시 쓰면 $M/P=Y/V$가 성립한다. 이 식은 화폐시장의 균형조건을 나타낸다고 할 수 있다. 즉, 이 식의 좌변은 화폐공급을, 우변은 화폐수요를 나타낸다고 해석할 수 있다. 만약 화폐의 유통속도가 일정하다면 화폐수요는 이자율에는 의존하지 않고 소득에만 의존함을 의미하며, 이 경우 화폐시장의 균형조건은 *LM*곡선이 수직임을 시사한다. 그러나 일반적으로 화폐의 유통속도는 일정하기보다는 이자율의 함수라고 할 수 있다. 이자율이 증가하면 화폐수요가 감소한다. 주어진

소득수준에서 화폐수요가 감소하면 주어진 지출을 가능하게 하기 위해서 화폐는 보다 빠른 속도로 유통되어야 한다. 이것은 화폐의 유통속도가 이자율의 증가함수임을 의미한다. 이자율이 상승하여 유통속도가 증가하면 화폐공급과 물가수준이 주어진 상태에서 소득이 증가해야 화폐시장의 균형을 회복할 수 있다. 이것은 *LM*곡선이 $R-Y$ 평면에서 우상향하는 곡선임을 시사한다.

4. 통화정책과 *LM* 곡선의 이동

만약 통화공급이 늘어난다면 주어진 소득수준에서 화폐수요가 증가해야 화폐시장이 균형을 회복할 수 있다. 화폐수요가 증가하려면 이자율이 하락해야 한다([그림 4-8a] 참조). 이것은 $R-Y$ 평면에서 통화공급이 늘어날 때 *LM*곡선이 오른쪽으로 이동함을 의미한다([그림 4-8b]). 역으로 통화공급이 줄어들면 *LM*곡선이 왼쪽으로 이동한다.

수량방정식을 사용하여 *LM*곡선의 이동을 설명할 수도 있다. 만약 통화공급이 증가하면 주어진 이자율과 물가수준에서 화폐시장이 균형을 회복하기 위

그림 4-8 확장적 통화정책과 *LM*곡선의 이동

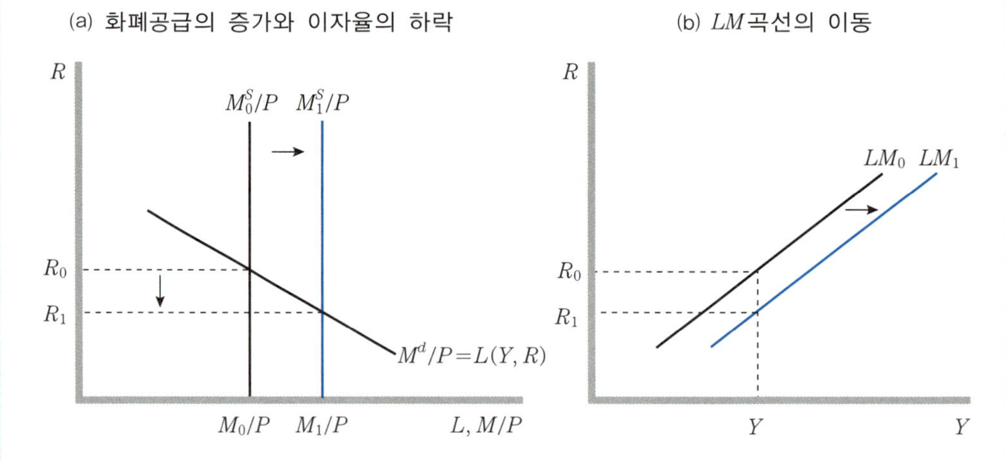

만약 통화공급이 늘어난다면 주어진 소득수준에서 화폐수요가 증가해야 화폐시장이 균형을 회복할 수 있다. 화폐수요가 증가하려면 이자율이 하락해야 한다[그림 (a)]. 이것은 $R-Y$ 평면에서 통화공급이 늘어날 때 *LM* 곡선이 오른쪽으로 이동함을 의미한다[그림 (b)].

해서는 소득이 증가해야 한다. 이것은 통화공급이 증가할 때 *LM*곡선이 오른쪽으로 이동해야 함을 의미한다.

제3절 *IS*–*LM*곡선과 정책효과

지금까지 우리는 상품시장의 균형조건을 나타내는 *IS*곡선과 화폐시장의 균형조건을 나타내는 *LM*곡선을 도출하였다. 그러나 *IS*곡선이나 *LM*곡선 하나만 가지고는 상품시장 및 화폐시장의 균형을 나타내는 이자율수준 및 소득수준을 알 수가 없다. 균형이자율 및 소득은 *IS*곡선과 *LM*곡선이 만나는 점에서 결정된다.

[그림 4-9]는 *IS*곡선과 *LM*곡선이 만나는 점에서 균형이자율과 소득이 결정되는 것을 보여주고 있다. 단, 주목해야 할 것은 상품시장에서 투자에 영향을 미치는 이자율은 실질이자율이고, 화폐시장에서 화폐수요에 영향을 미치는 이자율은 명목이자율이라는 점이다. 그럼에도 불구하고 우리는 [그림 4-9]에서 명목이자율(R) 대신 실질이자율(r)을 사용하여 두 개의 곡선을 결합시켰다. 이것이 가능한 이유는 우리가 단기분석에서 물가수준이 고정되어 있다고 가정

그림 4-9 균형이자율과 균형소득의 결정

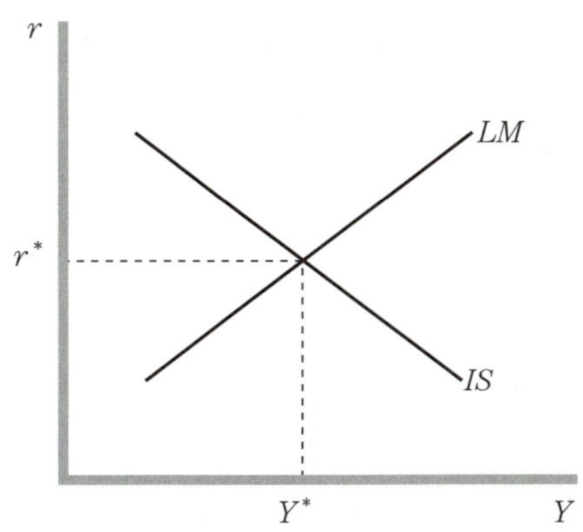

*IS*곡선과 *LM*곡선이 만나는 점에서 균형이자율과 소득이 결정된다. 단, 주목해야 할 것은 상품시장에서 투자에 영향을 미치는 이자율은 실질이자율이고 화폐시장에서 화폐수요에 영향을 미치는 이자율은 명목이자율이라는 점이다. 그럼에도 불구하고 우리는 명목이자율(R)대신 실질이자율(r)을 사용하여 두 개의 곡선을 결합시켰다. 이것이 가능한 이유는 우리가 단기분석에서 물가수준이 고정되어 있다고 가정했기 때문이다. 물가수준이 고정되어 있으면 인플레이션율은 0이 되고 명목이자율은 실질이자율과 동일해진다

볼커(Volcker)실험

1970년대 말에 미국의 연간 소비자물가 상승률은 10%에 육박하고 있었다. 당시 미국 연방준비기금 의장인 볼커(Paul Volcker)는 1979년 10월 인플레이션과의 전쟁을 선언하고 통화공급을 감소시켰다. 그 결과 1983년경 소비자물가 상승률은 약 3% 수준으로 하락하였다. 통화공급이 감소하자 단기적으로 명목이자율은 10.1%에서 11.9%로 상승하였다. 그러나 시간이 경과함에 따라 인플레이션이 감소하자 명목이자율도 하락하기 시작하였다. 따라서 우리는 통화공급이 감소할 때 단기적으로는 유동성효과에 따라서 이자율이 상승하지만, 장기적으로는 인플레이션율이 하락함에 따라 피셔 효과에 의해 이자율이 하락함을 알 수 있다.

했기 때문이다. 물가수준이 고정되어 있으면 인플레이션율은 0이 되고, 명목이자율은 실질이자율과 동일해진다. 이 장에서 도출한 *IS*곡선과 *LM*곡선은 물가수준이 주어져 있는 단기에 국민소득의 결정을 분석할 수 있는 가장 기본적인 분석틀이라고 할 수 있다.

1. 재정정책의 효과

만약 정부구입이 증가하면 승수효과에 의해 소득이 증가한다. 승수효과로 인한 소득증가는 *IS*곡선의 오른쪽 이동거리로 나타난다. 소득이 증가하면 화폐수요가 증가하므로 통화공급이 주어진 상태에서 화폐시장의 균형을 회복하기 위해 이자율이 상승해야 한다. 이자율이 상승하면 투자가 감소하여 애초의 정부구입 증가로 인한 소득증가 효과를 일부 상쇄시키며, 이것을 구축효과라고 부른다. 이와 같은 과정은 [그림 4-10]에 나타나 있다.

2. 통화정책의 효과

통화당국이 화폐공급을 증가시키면 주어진 소득수준에서 늘어난 통화를 개별 경제주체들이 보유하도록 하기 위해 이자율이 하락해야 한다. 이것은 *LM*곡선이 오른쪽으로 이동하는 것을 의미한다. 이자율이 하락함에 따라서 투자가 증가하게 되면, 승수효과를 통해 소득이 증가한다. 이와 같은 과정은 [그림

그림 4-10 확장적 재정정책의 효과

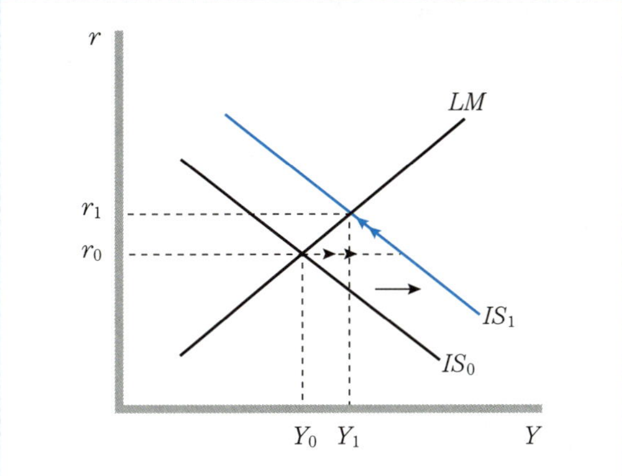

만약 정부구입이 증가하면 승수효과에 의해 소득이 증가한다. 승수효과로 인한 소득증가는 *IS* 곡선의 오른쪽 이동거리로 나타난다. 소득이 증가하면 화폐수요가 증가하므로 통화공급이 주어진 상태에서 화폐시장의 균형을 회복하기 위해 이자율이 상승해야 한다. 이자율이 상승하면 투자가 감소하여 애초의 정부구입 증가로 인한 소득증가 효과를 일부 상쇄시키며, 이것을 구축효과라고 부른다.

그림 4-11 확장적 통화정책의 효과

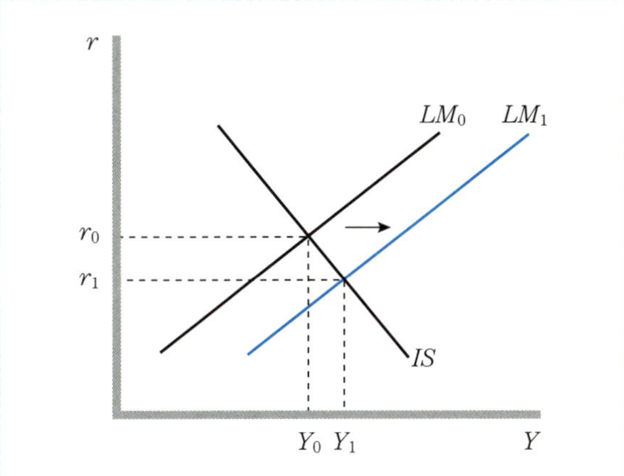

통화당국이 화폐공급을 증가시키면 주어진 소득수준에서 늘어난 통화를 개별 경제주체들이 보유하도록 하기 위해 이자율이 하락해야 한다. 이것은 *LM*곡선이 오른쪽으로 이동하는 것을 의미한다. 이자율이 하락함에 따라 투자가 증가하게 되면, 승수효과를 통해 소득이 증가한다.

4-11]에 잘 나타나 있다. 이와 같이 통화공급의 증가가 소득을 증가시키는 과정을 통화정책의 전파경로(monetary transmission mechanism)라고 한다.

통화정책의 전파경로(monetary transmission mechanism)

통화공급이 생산에 영향을 미치는 경로를 통화정책의 전파경로 혹은 파급경로라고 한다.

1. 전통적인 견해(이자율 경로)

본문에서 우리는 통화공급이 증가하면 유동성효과로 인해 (실질)이자율이 하락하고, 실질이자율이 하락하면 투자가 증가하며, 투자가 증가하면 생산이 증가한다고 설명하였다. 그러나 이자율이 하락하면 투자뿐만 아니라 소비도 증가한다. 통화공급이 증가하여 이자율이 하락하면 주택, 자동차 등 할부로 구입할 수 있는 내구재의 소비가 증가하여 생산이 증가한다(물론 신규 주택의 구입은 투자의 증가를 의미한다). 이것은 전통적인 케인즈학파의 견해라고 할 수 있다.

주목해야 할 사실은 투자에 영향을 미치는 이자율은 장기실질이자율이라는 것이다. 그런데 중앙은행이 조절하는 것은 단기명목이자율(예를 들면, 콜 금리, 연방준비기금 이자율 등)이라고 할 수 있다. 그러면 단기명목이자율의 변화가 어떻게 장기실질이자율의 변화로 연결되는가? 그것은 물가가 경직적인 경우 가능하다. 물가가 경직적이면 명목이자율의 변화는 실질이자율의 변화로 연결된다. 단기실질이자율이 변화하면 제 3 장에서 배운 기대가설로부터 유추할 수 있듯이 장기실질이자율도 변화한다.

실물경제에 영향을 미치는 이자율이 명목이자율이 아니라 실질이자율이라는 사실은 디플레이션이 발생할 때 더욱 분명해진다. 디플레이션이 발생할 때는 명목이자율이 0에 가깝더라도 실질이자율은 높을 수 있다. 명목이자율이 0에 가깝더라도 실질이자율이 높으면 경기는 회복되지 않을 것이다. 이럴 때 통화공급이 늘어나서 물가상승이 예상되면 기대인플레이션이 상승하고 실질이자율이 하락하여 경기가 회복될 수 있다.

통화론자들과 케인즈학파는 본문에서 제시한 전파경로 이외에 여러 가지 추가적인 가설들을 새롭게 제시하였다. 통화공급의 증가가 투자증가 혹은 소비증가로 연결되는 경로로 다음과 같은 가능성들이 제시되고 있다.

환율경로

통화공급이 증가하여 이자율이 하락하면 다른 조건이 일정한 경우 환율이 절하된다. 환율이 절하되면 순수출이 증가하고 생산이 증가한다.

자산가격경로

토빈(Tobin)의 q이론: 토빈의 q는 기업의 시장가치/기업보유자본의 대체비용으로 정의된다. 만약 통화공급이 증가하여 이자율이 하락하면 투자자들은 상대적으로 투자매력이 떨어지는 채권보다 주식투자를 증가시킬 것이다. 주식투자가 증가하면 주식가격이 상승할 것이다(통화정책이 주식을 비롯한 다른 자산의 가격에 영향을 미치는 이유로 통화론자들이 제시하는 설명은 다음과 같다. 통화공급이 증가하면, 개별 경제주체들은 그들이 원하는 이상으로 통화를 보유하게 되므로 이것을 사용하려고 한다. 이 경우에 개별 경제주체들은 주식이나 부동산 등 다른 자산을 구입하려고 하고, 그 결과 이들 자산의 가격이 상승한다). 주식가격이 상승하면 기업의 시장가치가 증가하여 토빈의 q가 커진다. 토빈의 q가 커지면 기업의 시장가치가 자본의 대체비용보다 상대적으로 커지고, 이것은 신규 시설재가 기업의 시장가치에 비해 저렴해지는 것을 의미한다. 따라서 기업은 주식을 조금만 발행하더라도 신규 자본재를 많이 구입할 수 있으므로 투자를 증가시킨다. 역으로 기업이 자본확충을 원하지만 토빈의 q가 작으면 기업의 시장가치가 자본의 비용에 비해 상대적으로 작으므로 신규 자본재를 구입하기보다는 다른 기업을 저렴하게 구입하여 기존 자본재를 확보할 수 있다. 이 경우에 투자는 작아진다.

富의 효과: 통화공급이 증가하여 주식가격이 상승하면 소비자의 富가 증가하게 되고, 이것은 제15장의 소비이론에서 살펴보듯이 소비를 증가시킨다.

부동산가격경로: 통화공급이 증가하여 부동산 등 자산 가격이 상승하면 부동산의 시장가격이 대체비용(부동산의 건축비용)에 비해 상대적으로 커지므로 부동산의 토빈 q가 상승하고 부동산의 신규 건축이 증가한다. 또한 부동산가격이 상승하면 개별가계의 富가 증가하므로 소비도 증가한다.

2. 신용경로

통화정책의 전파경로에 관한 이상의 기존의 견해에 대응하여 최근에는 금융시장에 내재하는 정보의 불완전 문제에 기초하여 통화정책의 효과를 설명하는 신용경로 가설이라는 새로운 견해가 대두되고 있다. 신용경로는 정보의 불완전 문제가 은행의 대출에 미치는 영향을 강조하는 견해와 기업과 가계의 대차대조표에 미치는 영향을 강조하는 견해로 나눌 수 있다. 전자를 협의의 신용경로, 후자를 광의의 신용경로라고도 한다.

신용경로에 관한 대부분의 논문들은 기업투자에 집중하고 있지만 신용경로는 가계지출에도 영향을 미친다. 특히 내구재 소비와 주택구입은 은행대출에 크게 영향을 받는다. 통화공급이 감소하여 은행대출이 감소하면 달리 자금을 조달할 수 없는 가계의 내구재 및 부동산 구입이 감소할 것이다. 기업투자의 경우와 마찬가지로 이자율이 상승하면 가계의 현금흐름이 악화되어 가계의 재무제표(혹은 대차대조표)가 악화된다.

2.1 협의의 신용경로: 은행대출경로

중앙은행이 통화공급을 증가시키면 은행예금이 증가하게 되고, 은행예금이 증가하면 은행은 대출을 증가시킬 수 있다. 대출이 증가하면 투자(와 소비)가 증가하여 생산이 증가할 것이다. 은행대출경로는 주식이나 채권시장 등 직접금융시장에서 자금을 조달할 수 있는 대기업보다는 은행의 대출에 크게 의존하는 중소기업에 더 큰 영향을 미친다. 은행대출경로는 두 가지 가정에 의존한다. 첫째, 은행은 특별하다는 가정이다. 이것은 일부 차입자에게 은행으로부터의 차입과 다른 금융기관으로부터의 차입은 완전 대체재가 아님을 의미한다. 둘째, 은행의 재원이 제한받는다는 가정이다. 이것은 은행의 입장에서 예금은 다른 재원과 완전 대체재가 아님을 의미한다.

은행대출경로는 아주 새로운 견해는 아니며, 이미 오래 전에 제기된 가용자금설(availability hypothesis)과 유사하다. 최근에는 은행예금이나 이자율과 관련된 규제가 완화되고, 전세계적으로 은행업무 중 대출관련 영업의 비중이 감소하는 추세로 인해 그 중요성이 약화되고 있다. 예를 들어서, 본원통화가 감소하더라도 은행은 지급준비금이 필요없는 양도성예금증서 등 새로운 상품을 경쟁력 있는 이자율에 발행함으로써 대출 재원을 조달할 수 있다.

2.2 광의의 신용경로

재무제표경로

일반적으로 은행은 대출을 받고자 하는 기업에 관해 완전한 정보를 가지고 있지 않다. 즉, 은행은 대출을 받고자 하는 기업 자신만큼 기업을 알지 못한다. 이러한 상황을 정보가 비대칭적이라고 한다. 정보가 비대칭적이면 역선택, 도덕적 해이, 대리인 비용(차입자의 행동을 감시(monitoring) 혹은 감사(audit)하는 데 드는 비용) 등의 문제가 발생한다. 주인(principal)-대리인(agent) 문제는 주인(은행을 비롯한 금융기관)이 대출금의 사용을 대리인(차입자)에게 위임하지만 대리인의 행동을 감시하거나 대리인이 가지고 있는 정보를 공유하지 못할 때 발생한다. 이런 경우 통화공급이 증가하여 주식가격이 상승하면 기업의 자본금(net worth)이 증가하게 된다. 자본금이 증가하면 부도의 가능성이 감소하고, 설사 부도가 나더라도 은행은 기업의 자산을 처분하여 대출금을 일부 회수할 수 있게 된다. 따라서 자본금이 많을수록 은행이 대출결정을 할 때 부도가능성이 높은 기업에 대출하는 역선택(adverse selection) 문제가 감소하므로 은행은 대출을 증가시키게 될 것이다. 또한 기업의 자본금이 증가하면 기업의 입장에서도 무모하고 위험한 투자로 인해 기업을 부도 위기로 몰아갈 유인이 작아진다. 즉, 도덕적 해이(moral hazard) 문제가 감소한다. 따라서 정보가 비대칭적인 상황에서 주식가격이 상승하면 은행은 대출을 증가시킬 것이고, 그 결과 기업의 투자는 증가할 것이다.

현금흐름경로

통화공급이 증가하여 명목이자율이 하락하면 기업이나 가계의 현금흐름이 개선되어 재무제표가 개선되는 효과가 발생한다. 재무제표가 개선되면 앞에서와 마찬가지로 역선택과 도덕적 해이 문제가 감소하므로 은행은 대출을 증가시키고, 그 결과 투자와 내구재 소비가 증가할 것이다. 이 경우에는 통상적인 전파경로에서 중요한 역할을 하는 장기실질이자율이 아니라 단기명목이자율이 기업과 가계의 현금흐름을 개선하여 결과적으로 투자와 내구재 소비를 증가시킨다.

역선택 및 도덕적 해이는 신용할당과도 관련되어 있다. 일반적으로 위험한 투자를 하여 일확천금을 노리는 기업은 높은 이자율에도 불구하고 은행대출을 신청할 것이다. 또한 통상적인 이자율 수준에서 은행대출을 거부당하는 기업이나 가계는 할 수 없이 고이자율에도 불구하고 대출을 신청할 것이다. 따라서 고이자율에 대출을 신청하는 기업이나 가계에 대출을 하면 그것은 부실대출이 될 가능성이 높다. 은행의 입장에서 볼 때 고이자율에 대출을 신청한 기업이나 가계에 대출하는 것은 역선택의 문제를 증가시키는 것이다. 이러한 상황에서 통화공급이 증가하여 이자율이 하락하면 대출을 신청한 기업이나 가계 중 위험한 투자를 하려는 기업들의 비중이 감소할 것이다. 이자율이 하락하면 은행의 입장에서 역선택의 문제가 감소하므로 대출을 증가시킬 것이고, 그 결과 투자와 내구재 소비가 증가할 것이다.

부채디플레이션경로

일반적으로 부채는 명목값으로 계약이 이루어진다. 만약 통화공급이 증가하여 물가수준이 예상치 않게 상승한다면 기업부채의 실질가치가 하락하게 된다. 이에 반하여 기업자산의 실질가치는 물가변화에 크게 영향받지 않는다. 따라서 물가수준이 예상치 않게 상승하면 기업의 실질자본금이 증가하여 앞에서 언급한 것처럼 역선택과 도덕적 해이 문제가 감소하고 대출이 증가하여 투자가 증가하게 된다.

가계유동성경로

일반적으로 재무제표효과는 은행의 대출의지에 영향을 주어서 투자나 소비에 영향을 미치지만, 유동성효과는 소비자의 지출의지에 영향을 주어서 소비에 영향을 미친다. 예금, 주식, 채권 등 금융자산은 유동성이 높아서 자금사정이 좋지 않을 때 쉽게 제값에 현금화할 수 있지만, 자동차 등 내구재나 부동산은 유동성이 떨어지고 빛 좋은 개살구(lemon)문제가 있어서 자금사정이 좋지 않을 때 쉽게 현금화할 수 없고, 설사 현금화하더라도 헐값을 받는 경우가 많다. 통화공급이 증가하여 주식가격이 상승하면 富가 증가하므로 (기업이나) 개인이 파산할 가능성이 적어진다. 또한 주식과 같은 금융자산은 유동성이 크므로 소비자들의 자금사정이 악화되더라도 쉽게 현금화할 수 있다. 이것은 소비자들의 재무상태가 보다 안정되는 것을 의미하고, 이 경우에 소비자는 큰 위험부담 없이 내구재나 주택 등을 구입할 수 있게 된다.

신용경로 가설이 현실설명력이 높을 수 있는 근거는 여러 가지가 있다. 우선, 신용경로 가설이 제기하는 여러 가지 신용 시장의 불완전성이 실제로 개별기업의 고용이나 지출 결정에 영향을 미친다는 실증적인 증거가 많다. 둘째, 통화공급이 감소할 때 유동성 제약에 직면할 가능성이 상대적으로 낮은 대기업보다 유동성 제약에 직면할 가능성이 상대적으로 높은 소기업들이 더 영향을 받는다. 셋째, 신용경로에서 중시하는 정보의 비대칭성 문제는 금융기관이 왜 존재하고, 금융제도가 왜 현재와 같은 형태를 가지게 되었으며, 금융위기가 왜 경제에 치명적인가 등을 설명할 수 있는 이론적 근거라는 점이다.

독자는 위에서 제시한 일부 가설들 예를 들면, 토빈의 q이론이나 정보의 비대칭성 가설은 통화공급이 증가하면 주식가격이 상승할 것을 전제로 하고 있음을 주목해야 한다. 현실경제에서는 통화공급이 증가한다고 주식가격이 반드시 상승하지는 않는다. 통화공급의 증가로 인한 인플레이션의 가능성을 투자자들이 우려하면 주식가격은 오히려 하락할 수도 있다.

금융위기

많은 연구에 의하면 대부분의 불황과 금융위기는 통화공급의 감소와 관련이 있다. 통화공급이 감소하여 (1) 이자율이 상승하고 (2) 주식가격이 하락하며 (3) 물가수준이 예상치 않게 하락하여 (4) 불확실성이 증가하고 (5) 은행의 부도가 발생하면 금융위기가 발생한다.

금융위기는 금융시장이 심각하게 교란되어 정보의 비대칭성 문제가 심화되고 금융시장이 더 이상 자금공급 기능을 효율적으로 할 수 없는 상황을 말한다. 앞에서도 언급하였듯이 통화공급이 감소하여 물가수준이 예상치 않게 하락하면, 기업부채는 명목값으로 계약이 되어 있으므로 기업부채의 실질값이 증가하게 된다(debt-deflation). 기업부채의 실질값이 증가하면 역선택과 도덕적 해이 문제가 심각해져 대출이 감소하고 투자가 감소한다.

통화공급이 감소하여 불황이 발생하면 기업대출에 대한 회수가능성 여부가 더욱 불확실해진다. 대출에 대한 회수가능성 여부가 불확실해지면 은행이 신용이 좋은 기업과 신용이 나쁜 기업을 구분하기 어려워진다. 따라서 불확실성이 증가하면 금융시장에서 정보가 더욱 더 비대칭적으로 되고 역선택과 도덕적 해이 문제가 악화된다. 결국 정보의 비대칭성이 심화되면 대출이 감소하고 경제활동이 위축된다.

이처럼 통화공급의 감소로 인해 기업의 재무상태가 악화되면 은행의 회수가능 대출금이 감소한다. 은행의 회수가능 대출금이 감소하면 예금자들은 건전한 대출과 부실대출을 구분할 능력이 떨어지므로 은행으로 달려가 예금을 인출할 것이다. 예금자들이 예금을 인출하면 은행은 인출에 대비하여 지급준비금을 더 많이 확보하려고 할 것이다. 이러한 과정은 점점 많은 은행을 파산시키게 되고 결국 금융공황을 초래한다.

3. 재정정책과 통화정책의 상대적 유효성

재정정책은 다음의 경우에 상대적으로 그 효과가 크다.

첫째, 화폐수요가 이자율에 민감하게 반응할수록 재정정책의 효과는 상대적으로 커진다. 그 이유는 확장적 재정정책으로 소득이 증가하여 화폐수요가 늘어날 때 화폐시장의 균형을 회복하기 위한 이자율의 상승폭이 작아지기 때문이다.

둘째, 투자가 이자율의 변화에 둔감하게 반응할수록 확장적 재정정책으로 인해 이자율이 상승할 때 발생하는 구축효과가 작아져서 재정정책의 효과를 강화시킨다.

이것은 *LM*곡선의 기울기가 평평하고 *IS*곡선의 기울기가 급할수록 재정정책의 효과가 상대적으로 강화됨을 의미한다. 식 (4-7)과 (4-14)에서 보듯이 화폐수요가 이자율에 민감하게 반응할수록 f값이 커져서 LM곡선의 기울기가 평평해지고, 투자가 이자율의 변화에 둔감하게 반응할수록 d값이 작아져서 IS곡선의 기울기가 급해진다.

$$Y = \frac{a+c}{1-b} + \frac{1}{1-b}G - \frac{b}{1-b}T - \frac{d}{1-b}r \qquad \cdots\cdots \ (4-7)$$

$$R = \frac{eY}{f} - \frac{M}{fP} \qquad \cdots\cdots \ (4-14)$$

역으로 LM곡선의 기울기가 급하고 IS곡선의 기울기가 평평하면 재정정책의 효과가 상대적으로 작아진다. IS 및 LM곡선의 기울기가 주어진 상태에서는 정부구입승수가 클수록 재정정책의 효과가 클 것이다.

통화정책은 재정정책의 경우와는 반대의 경우에 상대적으로 그 효과가 커진다.

첫째, 화폐수요가 이자율에 둔감하게 반응할수록 통화정책의 효과가 상대적으로 커진다. 그 이유는 확장적 통화정책으로 화폐공급이 증가할 때 화폐시장의 균형을 회복하기 위한 이자율의 하락폭이 커지기 때문이다.

둘째, 투자가 이자율의 변화에 민감하게 반응할수록 확장적 통화정책으로 인해 이자율이 하락할 때 투자가 크게 증가하여 통화정책의 효과를 강화시킨다.

이것은 LM곡선의 기울기가 급하고 IS곡선의 기울기가 평평할수록 통화정책의 효과가 상대적으로 강화됨을 의미한다. 역으로 LM곡선의 기울기가 평평하고 IS곡선의 기울기가 급하면 통화정책의 효과가 상대적으로 작아진다.

4. 재정정책과 통화정책의 상호작용

재정정책과 통화정책은 상호 독립적일 수도 있지만 상호 밀접하게 관련되어 있을 수도 있다. 예를 들어서, 정부가 재정균형을 달성하기 위해 조세를 늘리고 구입을 축소시키는 경우, 이것이 경제에 어떤 영향을 미치는가는 통화당국이 어떠한 정책목표를 가지고 있느냐에 의존한다.

첫째, 통화당국이 통화공급을 일정하게 유지하는 목표를 가지고 있다고

그림 4-12 이자율목표와 재정정책의 효과

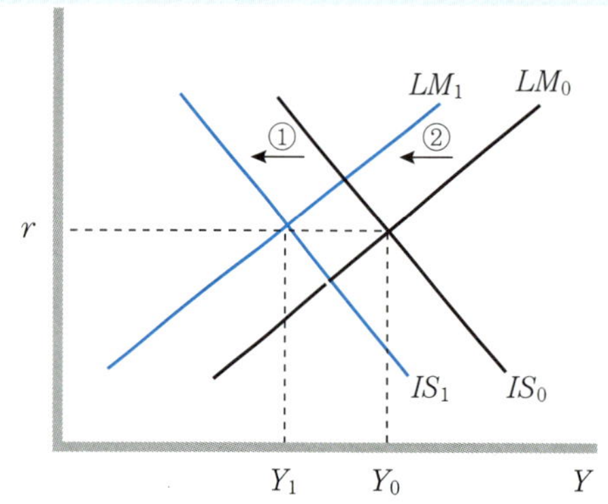

통화당국이 이자율을 일정하게 유지하는 목표를 가지고 있다고 하자. 이자율을 일정하게 유지하려면 긴축 재정정책으로 인해 *IS*곡선이 왼쪽으로 이동할 때 통화당국은 통화공급을 줄여서 *LM*곡선을 왼쪽으로 이동시켜야 한다. 이 경우에는 이자율은 일정하게 유지할 수 있지만 소득이 크게 감소한다.

그림 4-13 소득목표와 재정정책의 효과

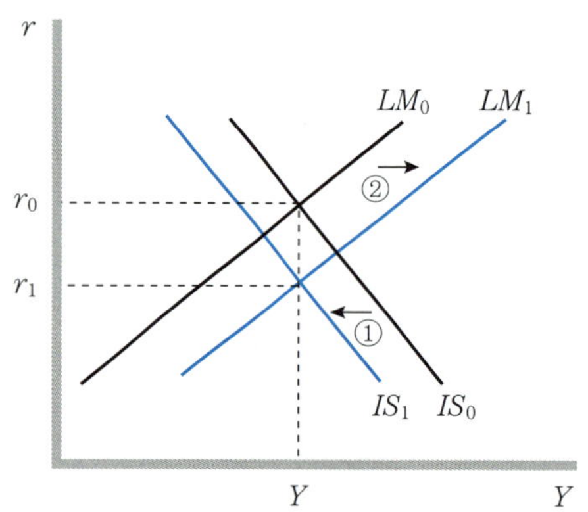

통화당국이 소득을 일정하게 유지하는 목표를 가지고 있다고 하자. 소득을 일정하게 유지하려면 긴축 재정정책으로 인해 *IS*곡선이 왼쪽으로 이동할 때 통화당국은 통화공급을 증가시켜서 *LM*곡선을 오른쪽으로 이동시켜야 한다. 이 경우에는 소득은 일정하게 유지할 수 있지만 이자율이 큰 폭으로 하락한다.

하자. 긴축 재정정책의 결과로 *IS*곡선이 왼쪽으로 이동할 때, 통화당국은 통화공급을 변화시키지 않으므로 *LM*곡선은 이동하지 않을 것이다. 따라서 이 경우에는 이자율이 하락하고 소득이 감소한다.

둘째, 통화당국이 이자율을 일정하게 유지하는 목표를 가지고 있다고 하자. 이자율을 일정하게 유지하려면, 긴축 재정정책으로 인해 *IS*곡선이 왼쪽으로 이동할 때 통화당국은 통화공급을 줄여서 *LM*곡선을 왼쪽으로 이동시켜야 한다. 이 경우에는 이자율은 일정하게 유지할 수 있지만 [그림 4-12]에서 보듯이 소득이 첫 번째 경우보다 크게 감소한다.

셋째, 통화당국이 소득을 일정하게 유지하는 목표를 가지고 있다고 하자. 소득을 일정하게 유지하려면, 긴축 재정정책으로 인해 *IS*곡선이 왼쪽으로 이동할 때 통화당국은 통화공급을 증가시켜서 *LM*곡선을 오른쪽으로 이동시켜야 한다. 이 경우에는 소득은 일정하게 유지할 수 있지만 [그림 4-13]에서 보듯이 이자율이 큰 폭으로 하락한다.

제 4 절 맺 음 말

본 장에서는 단기적으로 물가수준이 일정하다는 가정 하에 상품시장의 균형조건인 *IS*곡선과 화폐시장의 균형조건인 *LM*곡선을 도출하였다. 물가수준이 고정이면 명목이자율은 실질이자율과 같다. *IS*곡선은 실질이자율－실질소득 평면에서 우하향하고, *LM*곡선은 실질이자율－실질소득 평면에서 우상향한다. *IS*곡선은 지출－소득 평면에서 정의된 케인지안 크로스 모형으로부터 도출될 수 있다. 케인지안 크로스 모형에서 실질이자율이 상승하면 투자가 감소하여 지출함수가 하향 이동한다. 지출함수가 하향 이동하면 승수효과에 의해 균형소득이 감소한다. *IS*곡선은 이와 같은 실질이자율과 실질소득 간의 역관계를 나타낸다. *LM*곡선은 케인즈의 유동성 선호설로부터 도출될 수 있다. 화폐시장에서 소득이 증가하면 실질화폐수요가 증가한다. 실질화폐수요가 증가하면 실질화폐공급이 주어진 상태에서 화폐시장의 균형을 회복하기 위해 이자율이 상승한다. *LM*곡선은 이와 같은 실질이자율과 실질소득 간의 정의 관계를 나타낸다.

확장적인 재정정책을 사용하면 주어진 실질이자율 수준에서 실질소득이 증가하므로 *IS*곡선이 오른쪽으로 이동한다. 역으로 긴축적인 재정정책을 사용하면 주어진 실질이자율 수준에서 실질소득이 감소하므로 *IS*곡선이 왼쪽으로 이동한다. 확장적인 통화정책을 사용하면 주어진 실질소득 수준에서 화폐시장의 균형을 회복하기 위해 실질이자율이 하락하므로 *LM*곡선이 오른쪽으로 이동한다. 역으로 긴축적인 통화정책을 사용하면 주어진 실질소득 수준에서 화폐시장의 균형을 회복하기 위해 실질이자율이 상승하므로 *LM*곡선이 왼쪽으로 이동한다.

재정정책은 *LM*곡선의 기울기가 평평하고 *IS*곡선의 기울기가 급할수록 상대적으로 그 효과가 크다. 그 이유는 첫째, 화폐수요가 이자율에 민감하게 반응할수록 (즉, *LM*곡선의 기울기가 평평할수록) 확장적 재정정책으로 소득이 증가하여 화폐수요가 늘어날 때 화폐시장의 균형을 회복하기 위한 이자율의 상승폭이 작아지고 둘째, 투자가 이자율의 변화에 둔감하게 반응할수록 (즉, *IS*곡선의 기울기가 급할수록) 확장적 재정정책으로 인해 이자율이 상승할 때 발생하는 구축효과가 작아지기 때문이다. 역으로 통화정책은 *LM*곡선의 기울기가 급하고 *IS*곡선의 기울기가 평평할수록 상대적으로 그 효과가 커진다. 그 이유는 첫째, 화폐수요가 이자율에 둔감하게 반응할수록 (즉, *LM*곡선의 기울기가 급할수록) 확장적 통화정책으로 화폐공급이 증가할 때 화폐시장의 균형을 회복하기 위한 이자율의 하락폭이 커지고 둘째, 투자가 이자율의 변화에 민감하게 반응할수록 (즉, *IS*곡선의 기울기가 평평할수록) 확장적 통화정책으로 인해 이자율이 하락할 때 투자가 크게 증가하여 통화정책의 효과를 강화시키기 때문이다

부록 신용할당(credit rationing)

어떤 이유로든 대출이자율이 너무 낮아서 신용수요가 신용공급보다 크면 시장은 청산될 수 없고 신용할당이 일어난다. 신용할당은 불균형 상태에서 이루어지는 경우와 균형 상태에서 이루어지는 두 가지 경우가 있다.

1. 불균형 신용할당

불균형 신용할당은 일시적인 신용할당과 항구적인 신용할당 두 가지로 나눌 수 있다. 일시적인 신용할당이란 어떤 이유에서든 이자율이 신속히 조절되지 않는 경우에 발생한다. 그러나 시간이 흐름에 따라 이자율이 조정되면서 새로운 균형으로 움직여 간다. 예를 들어서, 경제가 호황이어서 우호적인 신용수요 충격이 발생하면 일시적으로 주어진 이자율 수준에서 신용의 초과수요가 발생하여 신용할당이 이루어진다. 그러나 시간이 지남에 따라 신용할당은 해소되고 새로운 균형으로 조정된다.

항구적인 신용할당은 예를 들어 금리규제 등 금융규제가 있는 경우에 발

그림 A 불균형 신용할당: 일시적 신용할당

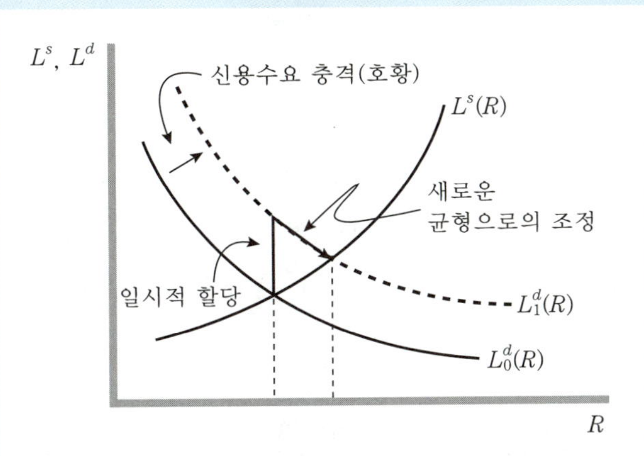

경제가 호황이어서 우호적인 신용수요 충격이 발생하면 일시적으로 주어진 이자율 수준에서 신용의 초과수요가 발생하여 신용할당이 이루어진다. 그러나 시간이 지남에 따라 신용할당은 해소되고 새로운 균형으로 조정된다.

그림 B 불균형 신용할당: 항구적 신용할당

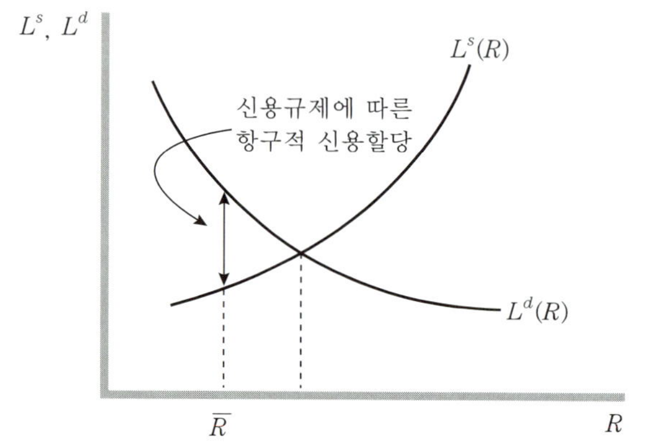

금리규제가 있는 경우에 신용의 초과수요가 발생하면 신용할당이 초래되고 제도를 바꾸지 않는 한 신용할당이 지속된다.

생한다. 우리나라의 경우에는 1992년까지 금리규제가 있었으며 미국에서도 Regulation Q[1)]로 대표되는 금리규제가 있었다. 금리규제가 있는 경우에 신용의 초과수요가 발생하면 신용할당이 초래되고 제도를 바꾸지 않는 한 신용할당이 지속된다.

2. 균형 신용할당

우리는 정보의 비대칭성 하에서 살고 있다. 정보가 비대칭적일 때 대표적으로 두 가지 형태의 문제가 발생한다. 하나는 역선택(adverse selection)이고, 다른 하나는 도덕적 해이(moral hazard)다. 전자는 유형을 모르는 경우(hidden type or hidden information)에 해당되고, 후자는 어떤 행동을 할 지 모르는 경우(hidden action)에 해당된다. 보다 구체적으로 신용시장에서 은행은 차입자가 좋은 유형인지(부도 가능성이 낮은 경우) 혹은 나쁜 유형인지(부도가능성이 높은 경우) 모르거나(hidden type), 차입자가 좋은 프로젝트(위험이 낮은 프로젝트)에 투자할지 혹은 나쁜 프로젝트(위험이 높은 프로젝트)에 투자할지 모른다(hidden action).

1) regulation Q: 미국이 1933년과 1935에 제정된 은행법에서 요구불 예금에 대한 이자지급을 제한했던 규제법으로 당시 은행간 과당경쟁으로 인해 이자율이 지나치게 상승하고 은행수지가 악화되어 부도가 발생하는 것을 막기 위해 실시했던 규제법이다.

그림 C 균형 신용할당

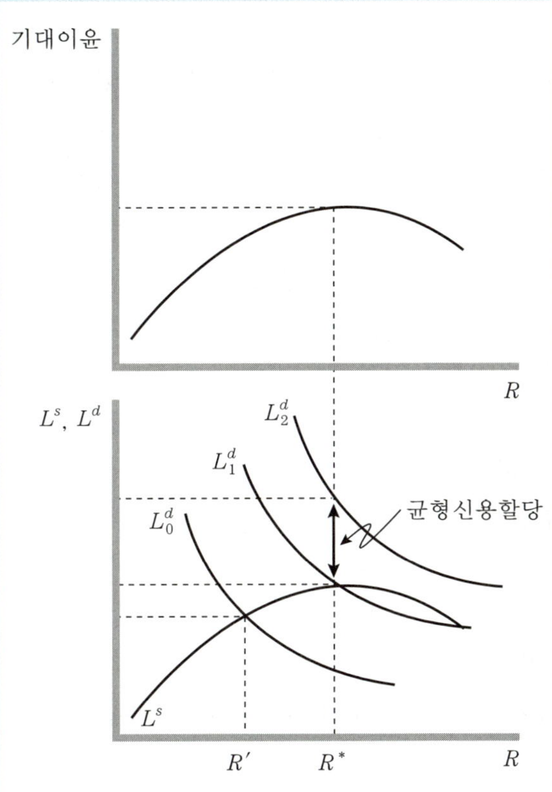

비대칭적 정보 하에서 역선택과 도덕적 해이 문제를 배제할 수 없기 때문에 대출이자율이 어느 수준 이상을 넘어서면 대출수익이 오히려 감소하게 된다.

비대칭적 정보 하에서 R^*좌측에서는 정상적인 수요공급균형이 시장청산을 유도하지만, L_1^d의 수준을 넘어서는 신용수요가 발생할 경우에는 신용할당이 균형(은행의 이윤극대화)하에서도 발생하게 된다.

정보가 비대칭적일 때는 대출이자율을 인상시키면 어느 수준까지는 금융기관의 대출수익이 증가하다가 어느 수준을 넘어서면 금융기관의 대출수익이 오히려 감소할 수 있다. 대출이자율이 올라가면 역선택 문제로 인해 좋은 차입자들(good type)이 시장을 떠난다. 그리고 차입자들이 위험한 프로젝트에 투자하도록 유인하는 효과가 발생한다. 따라서 이자율이 올라갈수록 차입자의 평균적인 질이 하락하고, 차입자가 선택하는 프로젝트의 위험성이 높아진다. 이에 따라 이자율이 어느 선(R^*)을 넘어서면 은행의 이윤이 감소하게 되고, 은행은 더 이상 대출이자율을 올리려고 하지 않게 된다. 이 때 만약 신용수요가 신용공급을 초과하면 신용할당이 발생한다.

신용할당은 두 가지 종류가 있다. 제 1 종은 차입자가 설사 높은 차입이자율을 제시하더라도 대출자가 차입자에게 전혀 대출을 하지 않는 경우이다.

제 2 종은 대출자가 대출은 하되 차입자가 원하는 액수만큼 대출을 해주는 것이 아니라 그보다 작게 대출해주는 경우이다. 제 1 종의 신용할당은 주로 역선택 문제를 다루기 위해 일어난다. 대출이자율을 높여서 대출을 해주면 위험한 투자를 할 사람들에게 대출을 할 가능성이 커진다. 왜냐하면 대출이자율이 올라가면 수익률은 떨어지지만 성공가능성이 높은 투자를 할 차입자들은 이자율 부담 때문에 차입을 하려고 하지 않게 되기 때문이다. 그에 반해 위험한 투자를 하려고 하는 차입자들은 일단 그들의 프로젝트가 성공하면 높은 수익을 얻을 수 있기 때문에 높은 대출이자율에도 불구하고 차입을 하려고 할 것이다. 그러나 이런 투자자에게 대출을 해주면 그들의 프로젝트가 실패하고 부도를 낼 가능성이 커지므로 대출자의 입장에서 역선택 문제가 심화된다. 따라서 대출자는 높은 이자율에 대출을 해주기보다는 차라리 대출을 거절하는 것이다. 제 2 종 신용할당은 주로 도덕적 해이 문제를 다루기 위해 일어난다. 예를 들어, 차입자에게 소액을 대출해주면 차입자는 평판을 형성하기 위해 그 돈을 가능하면 갚으려고 노력한다. 그러나 차입자에게 거액을 대출해주면 차입자는 그 돈을 갚느니 차라리 그 돈을 가지고 도망갈 유인이 생긴다. 즉 거액을 대출해 줄수록 차입자가 그 돈을 갚기 위해 노력할 유인이 작아진다. 이런 이유로 대출자는 대출은 해주되 차입자가 원하는 것보다 소액으로 대출을 해주려고 한다.

주어진 대출이자율에서 신용수요가 신용공급을 초과하여 신용할당이 이루어지는 경우 차입자들은 대출이자율을 올라가게 할 수 없다. 이것은 R^*보다 대출이자율이 올라가면 은행의 이윤이 오히려 감소하기 때문이다. 즉, 은행은 초과신용수요에도 불구하고 대출이자율을 올릴 이유가 없다.

균형 신용할당 하에서는 수요와 공급의 법칙이 작용하지 않고, 이자율이 너무 높아서 이윤이 있는 프로젝트가 채택되지 않는 저투자가 초래될 수 있다. 즉, 시장이 비효율적이라고 할 수 있다. 이런 경우 통화당국이 확장적인 정책을 사용하여 신용공급을 증가시키면 이윤이 있는 프로젝트들이 채택되어 경제주체들의 후생이 증가하고 파레토 개선이 이루어질 수 있다. 궁극적으로 신용공급이 더욱 더 늘어나면 앞의 그림에서 신용공급곡선이 위로 이동하여 신용할당이 해소되는 것은 물론 더 낮은 이자율에서 신용수요와 공급이 일치할 수도 있다.

연습문제 제 4 장

Questions and Practice

1. IS 곡선을 정의하라.

2. LM 곡선을 정의하라.

3. IS 곡선과 LM 곡선을 동일한 $r-Y$ 평면에 그릴 수 있는 이유는?

4. 어떤 가상경제가 다음과 같이 주어진다.

$C=1{,}500+0.3(Y-T)$

$I=1{,}300$

$G=1{,}000$

$T=1{,}000$

케인지안 크로스 모형을 사용하여 다음 질문에 답하라.

(가) 균형소득은?

(나) $Y=4{,}500$이면 계획된 지출은? 재고는 얼마나 변화하는가? 생산은 증가하는가 혹은 감소하는가?

(다) 정부구입이 1,000, 조세가 1,000 증가하면 균형소득은 얼마나 증가하는가?

(라) 균형소득이 6,000이 되려면 정부구입의 값은 얼마가 되어야 하는가?

5. 가상의 두 경제 A, B의 지출곡선이 다음과 같다.

(가) 두 경제의 지출곡선을 비교하여 논하라.

(나) 각 경제에서, 정부구입을 동일한 크기로 증가시킬 때 균형소득에 미치는 효과를 비교하라.

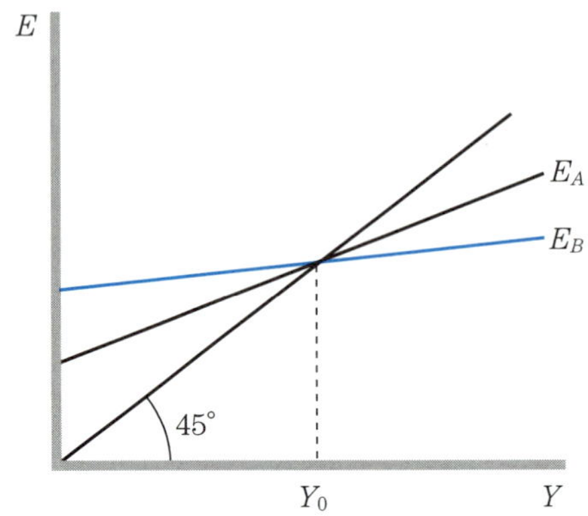

6. 어떤 가상경제가 다음과 같이 주어진다.

$E=C+I+G$

$C=300+0.9(Y-T)$

$G=2,000,\ T=1,000,\ I=200$

(가) 균형소득을 구하라.

(나) 균형소득 수준에서의 소비를 구하라.

(다) 저축함수를 도출하고 균형소득 수준에서의 저축을 구하라.

(라) 소득과 무관한 독립지출을 100만큼 줄여 저축을 증가시키려고 한다. 이것이 균형소득, 소비, 저축에 미치는 효과를 논하라.

7. 어떤 가상경제가 다음과 같이 주어진다.

$C=1,500+0.3(Y-T)$

$I=1,500-50r$

$G=1,000$

$T=1,000$

위의 식에서 r은 %로 표시한 값이다. 다음 질문에 답하라.

(가) IS곡선을 도출하라.

(나) $r=4\%$이면 균형소득과 저축은 얼마인가?

(다) $r=4\%$일 때 G가 1,700으로 증가하면 균형소득의 값은 얼마인가?

8. 어떤 가상경제의 화폐수요함수 및 화폐공급, 물가수준이 다음과 같다.

$\left(\frac{M}{P}\right)^d = 0.5Y - 100r$
$M^s = 4{,}200$
$P = 2$

위의 식에서 r은 %로 표시한 값이다. 다음 질문에 답하라.

(가) LM곡선을 도출하라.

(나) $r = 4\%$이면 LM곡선상에서 Y값은?

(다) $r = 4\%$일 때 통화공급이 400 증가하면 화폐시장의 균형을 유지하는 Y 값은?

9. 7번에서 도출한 IS곡선과 8번에서 도출한 LM곡선을 결합하여 다음 질문에 답하라.

(가) 균형소득 Y와 균형실질이자율 r을 구하라.

(나) G가 1,200으로 증가하면 균형소득 Y와 균형실질이자율 r의 값은?

(다) 통화공급이 4,200에서 4,600으로 증가하면 균형소득 Y와 균형실질이자율 r의 값은?

10. $\left(\frac{M}{P}\right)^d = 2{,}200 - 200r$, $P = 2$로 주어질 때 중앙은행이 이자율을 7%로 유지하려고 한다면 통화공급은 얼마가 되어야 하는가?

11. 소비함수 $C = a + b(Y - T)$에서 a가 작아져 모든 소득수준에서 저축이 증가한다고 하자. 이 경우에 저축은 어떻게 변화하는가?

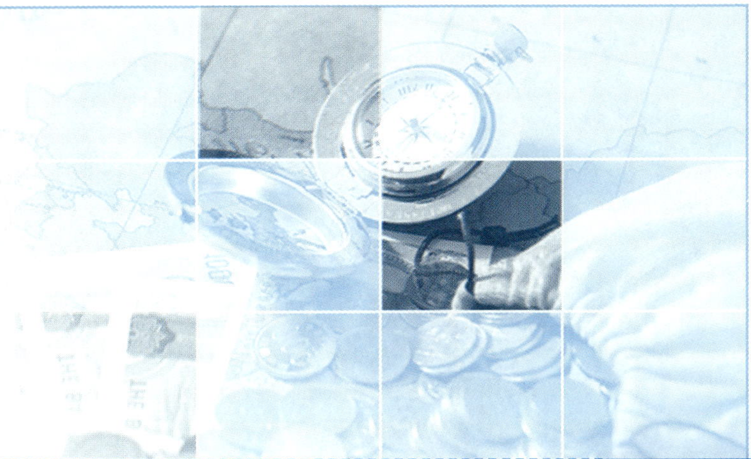

5 총수요곡선

두 명의 경제학자를 한 방에 집어 넣으면 두 가지의 다른 견해를 들을 수 있다. 그러나 그 둘 중 하나가 케인즈이면 세 가지 견해를 들을 것이다.

– 윈스톤 처칠

주요개념

총수요곡선

케인즈 효과

피구 효과

단기총공급곡선

장기총공급곡선

C·H·A·P·T·E·R

05 총수요곡선

총수요곡선(AD곡선)은 상품 및 화폐시장의 균형을 나타내는 물가수준(P)과 실질소득(Y)의 결합이다. 거시경제학에서 다루는 총수요곡선은 미시경제학에서 다루는 수요곡선과는 다르다. 미시경제학의 수요곡선이 개별상품 혹은 개별시장의 수요곡선을 다루는 반면, 거시경제학의 총수요곡선은 경제전체의 수요곡선을 다루기 때문이다. 따라서 거시경제학의 총수요곡선 도출방법은 미시경제학의 수요곡선 도출방법과 다르다. 그러나 최근에는 거시경제학에서 미시경제학적 기초를 강조하다보니 미시경제학에서 사용하는 수요곡선을 거시경제학에서 그대로 사용하는 경우도 있다.

제 1 절 총수요곡선의 도출

1. 수량방정식

총수요곡선을 가장 간단하게 도출하는 방법은 수량방정식을 이용하는 것

그림 5-1 수량방정식과 총수요곡선

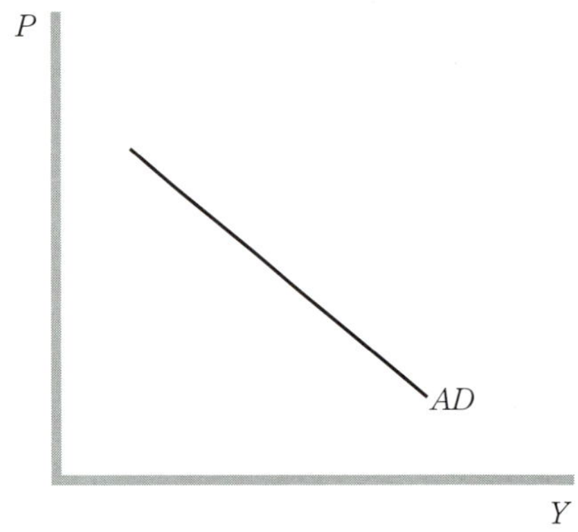

총수요곡선을 수량방정식을 사용하여 도출할 수 있다. 수량방정식($MV=PY$)이 성립하면 통화공급과 유통속도가 일정한 상태에서 물가수준이 상승할 때 소득은 감소해야 한다. 이것은 물가수준이 높을수록 실질화폐잔고가 감소하여 총수요가 감소하기 때문이다. 따라서 물가수준과 소득 간에는 역관계가 성립하고 총수요곡선은 $P-Y$ 평면에서 우하향하게 된다.

이다. 수량방정식($MV=PY$)이 성립하면 통화공급과 유통속도가 일정한 상태에서 물가수준이 상승할 때 소득은 감소해야 한다. 이것은 물가수준이 높을수록 실질화폐잔고가 감소하여 총수요가 감소하기 때문이다. 따라서 물가수준과 소득 사이에는 역관계가 성립하고, [그림 5-1]에서처럼 총수요곡선은 $P-Y$ 평면에서 우하향하게 된다.

총수요곡선은 통화공급이 주어진 상태에서 그려진 것이다. 물가수준이 일정한 상태에서 통화공급이 증가하면 실질통화잔고가 증가하므로 총수요가 증

그림 5-2 통화공급의 증가와 총수요곡선의 이동

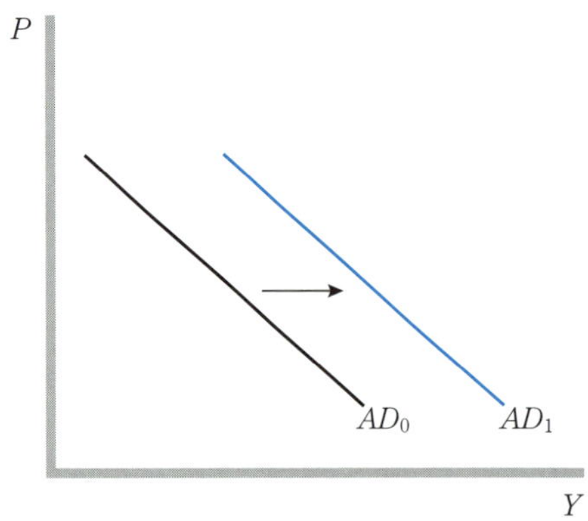

총수요곡선은 통화공급이 주어진 상태에서 그려진 것이다. 물가수준이 일정한 상태에서 통화공급이 증가하면 실질통화잔고가 증가하므로 총수요가 증가하고 소득이 증가해야 한다. 이것은 통화공급이 증가하면 총수요곡선이 오른쪽으로 이동하는 것을 의미한다.

가하고 소득이 증가해야 한다. 이것은 통화공급이 증가하면 총수요곡선이 오른쪽으로 이동해야 함을 의미한다([그림 5-2] 참조). 역으로 통화공급이 감소하면 총수요곡선은 왼쪽으로 이동한다.

총수요곡선을 앞에서 배웠던 *IS*−*LM* 곡선을 사용하여 도출할 수 있다. 우리는 *IS*−*LM*곡선을 도출하는 과정에서 물가수준은 주어져 있다고 가정하였다. 그러나 총수요곡선은 상품시장 및 화폐시장의 균형을 나타내는 물가수준과 소득의 결합이므로 총수요곡선을 도출하기 위해서는 물가수준을 변화시키고 그 결과 상품 및 화폐시장의 균형을 나타내는 소득수준이 어떻게 변화하는가를 살펴보아야 한다.

2. 케인즈 효과

다른 조건이 일정한 상태에서 물가수준이 상승하면 화폐시장에서 실질화폐잔고가 감소한다. 이것은 *LM*곡선이 왼쪽으로 이동함을 의미한다([그림 5-3a]). 실질화폐공급이 감소하므로 화폐시장의 균형을 회복하기 위해서 이자율

그림 5-3 케인즈 효과와 총수요곡선

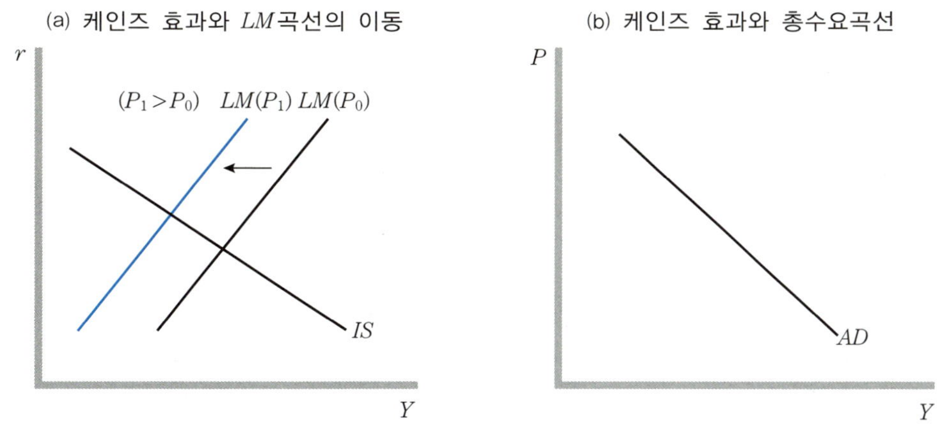

다른 조건이 일정한 상태에서 물가수준이 상승하면 화폐시장에서 실질화폐잔고가 감소한다. 실질화폐잔고가 감소하면 *LM*곡선은 왼쪽으로 이동한다[그림 (a)]. 실질화폐공급이 감소하면 화폐시장의 균형을 회복하기 위해서 이자율이 상승해야 한다. 이자율이 상승하면 투자와 순수출이 감소하고, 소득도 감소한다. 이것을 케인즈 효과라고 하며, 이로 인해 총수요곡선은 $P-Y$ 평면에서 우하향하게 된다[그림 (b)].

그림 5-4 피구 효과와 총수요곡선

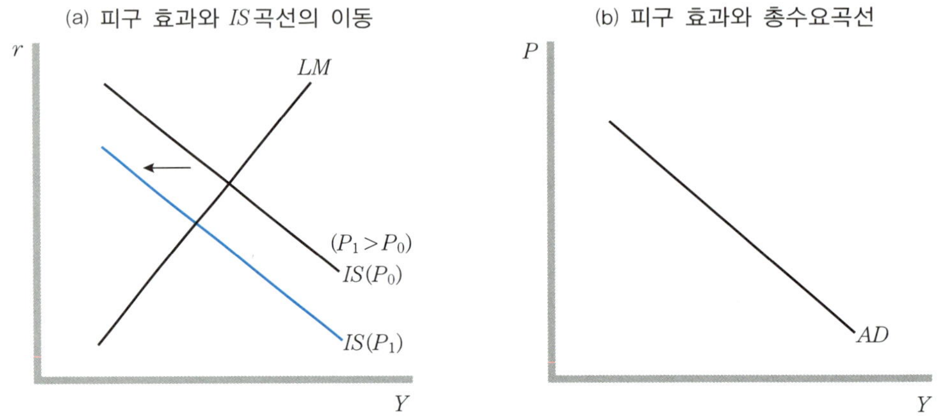

다른 조건이 일정한 상태에서 물가수준이 상승하면 개별 경제주체들이 보유하고 있는 화폐의 실질가치가 하락한다. 실질잔고가 감소하면 개별 경제주체들이 보유하고 있는 부의 실질가치가 하락하여 소비이론에서 살펴보듯이 소비가 감소한다. 소비가 감소하면 *IS*곡선이 왼쪽으로 이동하고 소득이 감소한다[그림 (a)]. 이처럼 실질잔고효과 혹은 富의 효과를 강조하는 것을 피구효과라고 하며, 이로 인해 총수요곡선은 P-Y 평면에서 우하향하게 된다[그림 (b)].

이 상승해야 한다. 이자율이 상승하면 투자가 감소하고, 소득도 감소한다. 이러한 이유로 총수요곡선은 $P-Y$ 평면에서 우하향하게 된다([그림 5-3b]). 이것을 케인즈 효과라고 한다.

3. 피구 효과

다른 조건이 일정한 상태에서 물가수준이 상승하면 개별 경제주체들이 보유하고 있는 실질화폐잔고를 포함한 부의 실질가치가 하락한다. 부의 실질가치가 하락하면 소비이론에서 살펴보듯이 소비가 감소하게 된다. 소비가 감소하면 *IS* 곡선이 왼쪽으로 이동하고 소득이 감소한다([그림 5-4a]). 이처럼 실질잔고효과, 혹은 富의 효과를 강조하는 것을 피구 효과라고 한다. [그림 5-4b]는 피구 효과에 의해 도출한 총수요곡선을 보여준다.

제 2 절 재정 및 통화정책과 총수요곡선의 이동

1. 재정정책

만약 정부가 확장적인 재정정책($\triangle G$, $\triangledown T$)을 사용하면 주어진 이자율 수준에서 소득이 증가하여 *IS*곡선이 오른쪽으로 이동한다([그림 5-5a]). *IS* 곡선이 오른쪽으로 이동하면 화폐시장의 균형을 회복하기 위해 이자율이 상승한다. 이자율이 상승하면 구축효과로 인해 투자가 감소하고 소득도 감소한다. 만약 구축효과로 인한 소득감소 효과가 애초의 소득증가 효과를 완전히 상쇄하지 않는다면 주어진 물가수준에서 소득이 증가하므로 총수요곡선은 오른쪽으로 이동한다([그림 5-5b]).

그림 5-5 재정정책과 총수요곡선의 이동

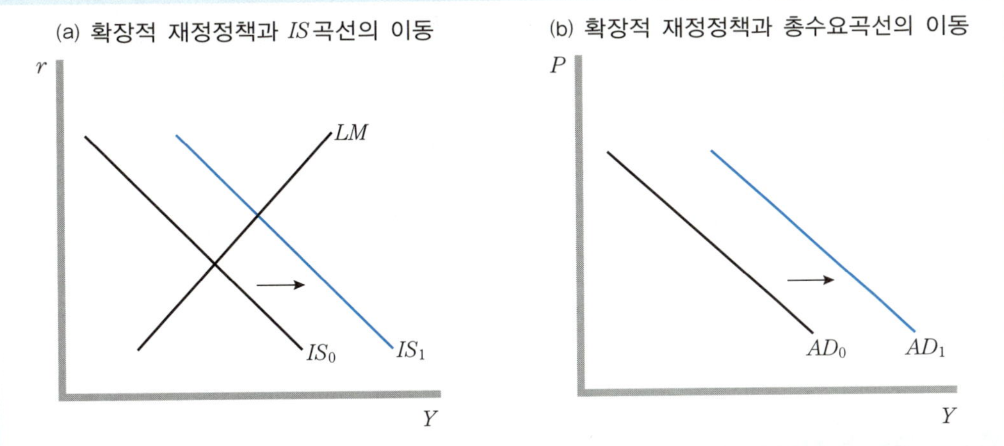

만약 정부가 확장적인 재정정책(ΔG, $\triangledown T$)을 사용하면 주어진 이자율 수준에서 소득이 증가하여 *IS*곡선이 오른쪽으로 이동한다[그림 (a)]. *IS*곡선이 오른쪽으로 이동하면 화폐시장의 균형을 회복하기 위해 이자율이 상승한다. 이자율이 상승하면 구축효과로 인해 투자 및 순수출이 감소하고 소득도 감소한다. 만약 구축효과로 인한 소득감소 효과가 애초의 소득증가 효과를 완전히 상쇄하지 않는다면 주어진 물가수준에서 소득이 증가하므로 총수요곡선은 오른쪽으로 이동한다[그림 (b)].

2. 통화정책

통화당국이 통화공급을 늘리면 화폐시장의 균형을 회복하기 위해 이자율이 하락하며, 이것은 *LM*곡선이 오른쪽으로 이동함을 의미한다([그림 5-6a]). 이자율이 하락하면 투자가 증가하여 소득이 증가하게 되고, 이것은 주어진 물가수준에서 총수요곡선이 오른쪽으로 이동함을 의미한다([그림 5-6b]).

그림 5-6 통화정책과 총수요곡선의 이동

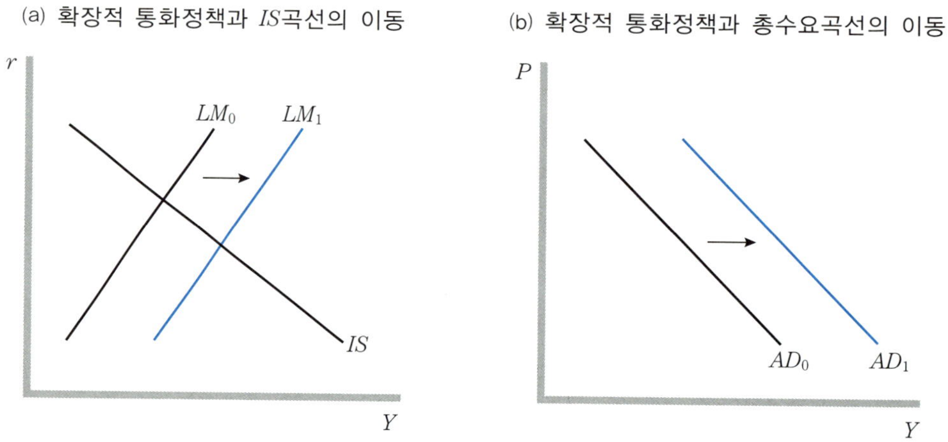

통화당국이 통화공급을 늘리면 화폐시장의 균형을 회복하기 위해 이자율이 하락하며, 이것은 *LM*곡선이 오른쪽으로 이동함을 의미한다[그림 (a)]. 이자율이 하락하면 투자와 순수출이 증가하여 소득이 증가하게 되고, 이것은 주어진 물가수준에서 총수요곡선이 오른쪽으로 이동함을 의미한다[그림 (b)].

제3절 총수요곡선의 수학적 도출

앞에서 우리는 *IS*곡선과 *LM*곡선을 다음과 같이 나타낼 수 있음을 살펴보았다.

$$IS: \quad Y=\frac{a+c}{1-b}+\frac{1}{1-b}G-\frac{b}{1-b}T-\frac{d}{1-b}r$$

$$LM: \quad r=\frac{eY}{f}-\frac{M}{fP}$$

*IS*방정식에 *LM*방정식을 대입한 후 정리하면 다음의 총수요곡선을 도출할 수 있다.

$$AD: \quad Y=\frac{z(a+c)}{1-b}+\frac{z}{1-b}G-\frac{zb}{1-b}T+\frac{d}{(1-b)[f+de/(1-b)]}\frac{M}{P}$$

위의 식에서 $z=f/[f+de/(1-b)]$로 정의되는 상수이다. 총수요방정식으로부터 상품 및 화폐시장의 균형을 나타내는 P와 Y 사이에는 역관계가 성립함을 알 수 있다. 총수요방정식으로부터 우리는 또한 다른 조건이 일정한 상태에서 정부구입이 증가하면 소득이 증가하고, 조세가 증가하면 소득이 감소하며, 통화공급이 증가하면 소득이 증가함을 알 수 있다. 이것은 확장적인 재정정책이나 통화정책을 사용하는 경우 총수요곡선이 오른쪽으로 이동하고, 긴축적인 재정정책이나 통화정책을 사용하는 경우 총수요곡선이 왼쪽으로 이동하는 것을 의미한다.

이상의 분석을 다시 해석해 보자. 이 모형에서 내생변수는 세 개(r, Y, P)인데 방정식은 두 개(*IS*, *LM*)이므로 이 모형을 풀기 위해서 하나의 식이 더 필요하다. 이 경우에 (극단적) 케인즈학파는 물가수준은 외생적으로 주어지고 r과 Y가 *IS*−*LM*을 충족시키기 위해 조정한다고 가정한다. 그에 반해서 고전학파는 소득수준이 자연율(혹은 완전고용) 수준에 있도록 r과 P가 조정한다고 가정한다. 따라서 케인즈의 접근방법은 물가수준이 고정되어 있는 단기분석에 보다 적절하고, 고전학파의 접근방법은 물가가 신축적으로 조정되는 장기분석에 보다 적절하다고 할 수 있다.

제 4 절 단기와 장기총공급곡선

총수요곡선 혼자서는 물가수준이나 생산을 결정할 수 없다. 물가수준과 생산을 결정하려면 $P-Y$ 평면에서 또 다른 관계식이 필요하다. 그것이 바로 총공급곡선이다. 총수요곡선과 총공급곡선이 결합되어야만 물가수준과 생산을 결정할 수 있다.

앞에서 논의한 것처럼 (극단적) 케인즈학파는 단기에 물가수준은 경직적으로 주어져 있다고 가정한다. 이것은 우리가 제 4 장에서 채택한 가정이기도 하다. 제 4 장에서 우리는 공급은 수요를 충족시켜 주고, 생산은 수요가 결정한다고 가정하였다. 이러한 가정은 [그림 5−7]에 나타나 있는 것처럼 단기총공급곡선(*SRAS*)이 주어진 물가수준에서 수평인 것을 의미한다.

단기총공급곡선이 주어진 물가수준에서 수평이면 총수요의 변화는 생산의 변화로 반영된다. [그림 5−8]은 총수요가 변화함에 따라서 소득이 변화하는 것을 나타내고 있다.

이에 반해서 고전학파는 물가나 임금이 신축적이라고 믿는다. 물가나 임금이 신축적이면 요소시장에서 생산요소는 완전고용되고, 생산요소가 완전고

그림 5−7 단기총공급곡선

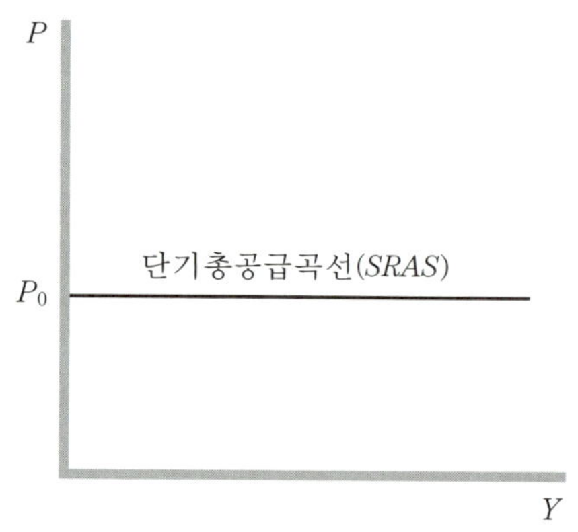

(극단적) 케인즈학파는 단기에 물가수준은 경직적으로 주어져 있다고 가정한다. 이러한 가정은 단기 총공급곡선(*SRAS*)이 주어진 물가수준에서 수평인 것을 의미한다.

그림 5-8 총수요의 변화와 생산의 증가

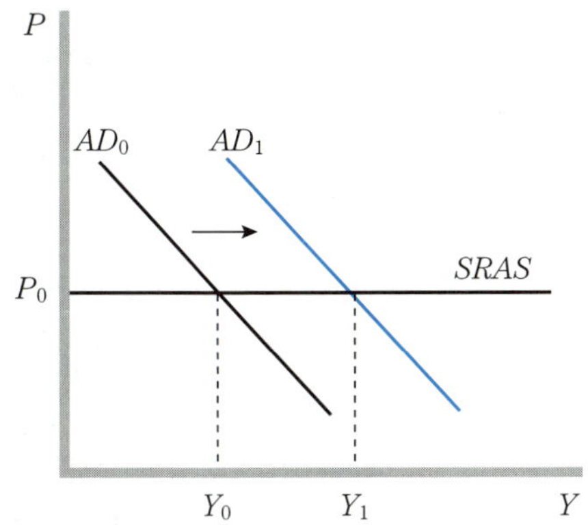

단기 총공급곡선이 주어진 물가수준에서 수평이면 총수요의 변화는 생산의 변화로 반영된다.

그림 5-9 장기총공급곡선

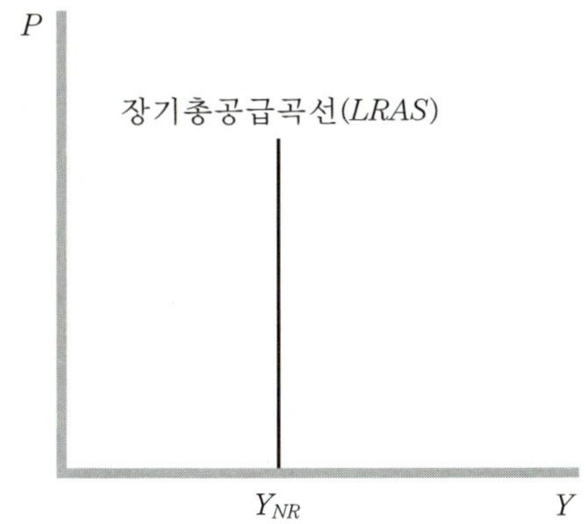

고전학파는 물가나 임금이 신축적이라고 믿는다. 물가나 임금이 신축적이면 요소시장에서 생산요소는 완전고용되고 생산요소가 완전고용되면 생산은 주어진 기술수준하에서 물가수준과 무관하게 자연율 수준에서 결정된다. 이것은 총공급곡선이 $P-Y$ 평면에서 수직인 것을 의미한다. 우리는 이것을 장기 총공급곡선(*LRAS*)이라고 부를 것이다.

용되면 생산은 주어진 기술수준하에서 물가수준과 무관하게 자연율(혹은 완전고용) 수준(Y_{NR})에서 결정된다. 이것은 총공급곡선이 [그림 5-9]에 나타나 있는 것처럼 $P-Y$ 평면에서 수직인 것을 의미한다. 이것을 우리는 장기총공급곡선(*LRAS*)이라고 부를 것이다. 물론 이것은 케인즈학파의 입장에서 말하는 것이다. 케인즈학파도 비록 단기적으로는 앞으로 총공급곡선이론에서 설명하듯이 여러 가지 이유로 물가수준이 경직적일 수 있지만 장기적으로는 물가가 신축적이라고 생각하므로, 고전학파의 공급곡선을 장기총공급곡선이라고 부르기

그림 5-10 총공급곡선의 형태와 총수요변화의 효과

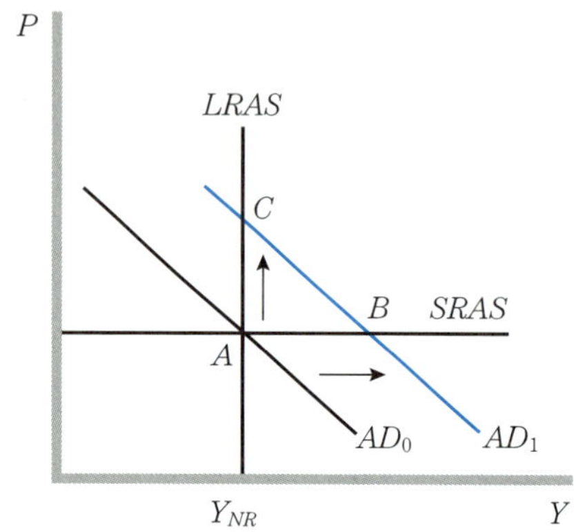

이 그림은 총공급곡선이 수평인 경우와 수직인 경우 총수요의 변화가 물가수준과 생산에 어떠한 영향을 미치는가를 보여주고 있다. 총공급곡선이 주어진 물가수준에서 수평이면 총수요의 변화($AD_0 \rightarrow AD_1$)는 생산을 변화시킬 수 있다($A \rightarrow B$). 이에 반해서 총공급곡선이 자연율 수준에서 수직이면 총수요의 변화는 생산에는 영향을 미치지 못하고 전적으로 물가수준에만 영향을 미친다($A \rightarrow C$).

로 한다.

[그림 5-10]은 총공급곡선이 수평인 경우와 수직인 경우 총수요의 변화가 물가수준과 생산에 어떠한 영향을 미치는가를 보여주고 있다. 총공급곡선이 주어진 물가수준에서 수평이면 총수요의 변화($AD_0 \rightarrow AD_1$)는 생산을 변화시킬 수 있다($A \rightarrow B$). 이에 반해서 총공급곡선이 자연율 수준에서 수직이면 총수요의 변화는 생산에는 영향을 미치지 못하고 전적으로 물가수준에만 영향을 미친다($A \rightarrow C$).

제 5 절 단기에서 장기로

지금까지 우리는 단기에 물가수준이 주어져 있는 상태에서 상품시장과 화폐시장의 균형을 $r-Y$ 평면에서 나타내는 IS 및 LM곡선을 도출하고, 그로부터 $P-Y$ 평면에서 상품시장 및 화폐시장의 균형을 나타내는 총수요곡선을 도출하였다. 이제 우리가 배운 $IS-LM$분석을 물가수준이 신축적으로 변화하는 장기분석에 어떻게 연결할 수 있는가를 생각해 보자.

[그림 5-11]에 나타나 있는 것처럼 단기균형소득이 장기균형 (혹은, 자연

그림 5-11 물가수준의 하락과 LM 곡선의 이동

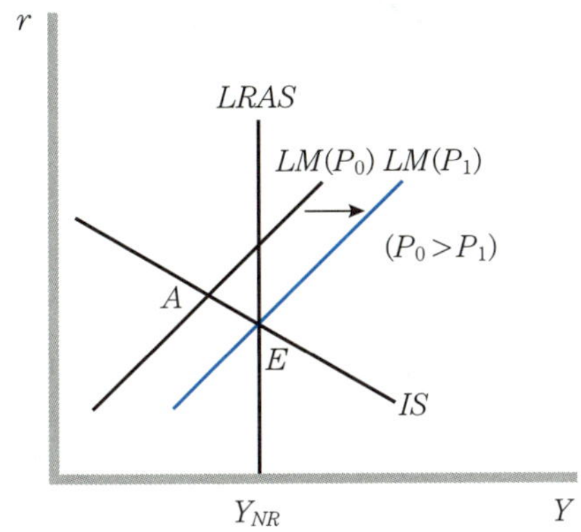

단기균형소득이 장기균형 (혹은 자연율 수준의) 소득수준 Y_{NR}보다 작다고 하자. LM곡선은 주어진 물가수준에서 그려져 있다. 단기에 물가수준이 P_0로 주어지고 균형은 A점에서 이루어진다고 하자. 단기균형소득이 장기균형 혹은 자연율 수준보다 작으므로 임금 및 물가수준이 시간이 경과함에 따라서 하락하게 된다. 물가수준이 하락함에 따라서 실질통화잔고가 증가하여 LM곡선이 오른쪽으로 이동한다. LM곡선이 오른쪽으로 이동함에 따라서 소득이 증가한다. 이러한 과정은 궁극적으로 물가수준이 P_1까지 하락하여 장기균형점 E에 도달할 때까지 계속된다.

그림 5-12 물가수준의 하락과 단기총공급곡선의 이동

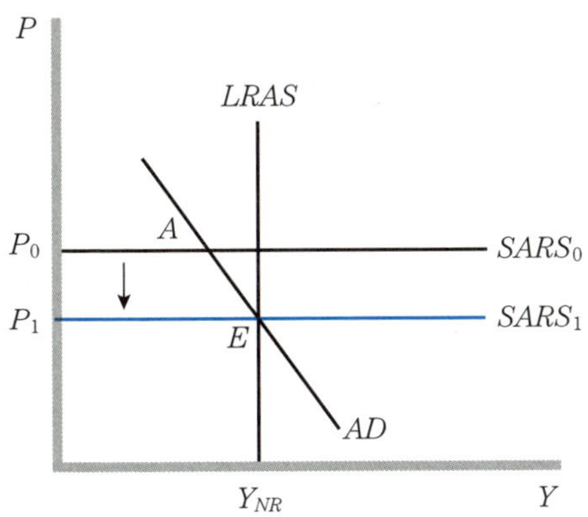

단기균형소득이 장기균형 (혹은 자연율 수준의) 소득수준 Y_{NR}보다 작다고 하자. 단기총공급곡선은 주어진 물가수준에서 그려져 있다. 단기에 물가수준이 P_0로 주어지고 균형은 A 점에서 이루어진다고 하자. 단기균형소득이 장기균형 혹은 자연율 수준보다 작으므로 임금 및 물가수준이 시간이 경과함에 따라서 하락하게 된다. 물가수준이 하락함에 따라서 단기총공급곡선이 아래로 이동하고, 총수요곡선을 따라서 소득이 증가한다. 이러한 과정은 경제가 E점에 도달할 때까지 계속된다.

율 수준의) 소득수준 Y_{NR} 보다 작다고 하자. LM곡선은 주어진 물가수준에서 그려져 있다. 단기에 물가수준이 P_0로 주어지고 균형은 A점에서 이루어진다고 하자. 단기균형소득이 장기균형 혹은 자연율 수준보다 작으므로 시간이 경과함에 따라서 임금 및 물가수준이 하락하게 된다. 물가수준이 하락함에 따라서 실질통화잔고가 증가하여 LM곡선이 오른쪽으로 이동한다. LM곡선이 오른쪽으로 이동함에 따라서 소득이 증가한다. 이러한 과정은 궁극적으로 물가수준이 P_1까지 하락하여 장기균형점 E에 도달할 때까지 계속된다.

$P-Y$ 평면에서는 [그림 5-12]에서 보듯이 주어진 물가수준에서 그려진 단기총공급곡선이 물가수준이 하락함에 따라서 아래로 이동하고, 총수요곡선을 따라서 소득이 증가한다. $IS-LM$ 분석과 마찬가지로 이러한 과정은 경제가 E 점에 도달할 때까지 계속된다.

제6절 맺음말

본 장에서는 상품 및 화폐시장의 균형조건을 나타내는 물가수준과 실질소득의 결합인 총수요곡선을 도출하였다. 총수요곡선은 $P-Y$ 평면에서 우하향한다. 총수요곡선은 몇 가지 방법으로 도출할 수 있다. 수량방정식에 따르면, 통화공급과 유통속도가 일정한 상태에서 물가수준이 상승하면 소득이 감소해야 한다. 케인즈 효과에 따르면, 물가수준이 상승하면 실질통화공급이 감소하고 이자율이 상승하여 투자가 감소하고 소득이 감소한다. 피구 효과에 따르면, 물가수준이 상승하면 실질화폐잔고를 포함한 부의 실질가치가 하락하여 소비가 감소하고 소득이 감소한다.

재정 및 통화정책은 총수요곡선을 이동시킨다. 확장적인 재정정책을 사용하면 IS곡선이 오른쪽으로 이동하여 주어진 물가수준에서 소득이 증가하므로 총수요곡선이 오른쪽으로 이동한다. 확장적인 통화정책을 사용하면 LM곡선이 오른쪽으로 이동하여 주어진 물가수준에서 소득이 증가하므로 총수요곡선이 오른쪽으로 이동한다. 단, 전자의 경우에는 실질이자율이 상승하여 투자가 감소하고, 후자의 경우에는 실질이자율이 하락하여 투자가 증가한다.

연습문제 제 5 장

Questions and Practice

1. 어떤 가상경제가 다음과 같이 주어진다.

$C=1{,}500+0.3(Y-T)$

$I=1{,}500-50r$

$G=1{,}000$

$T=1{,}000$

$\left(\dfrac{M}{P}\right)^d=0.5Y-100r$

$M^s=4{,}200$

$P=4$

위의 식에서 r은 %로 표시한 값이다. 다음 질문에 답하라.

(가) 균형소득과 균형실질이자율은?

(나) P가 2로 변하면 새로운 균형소득과 균형실질이자율은?

(다) (가)와 (나)의 답을 사용하여 총수요곡선을 그려라.

(라) Y를 G, T, M/P의 함수로 표시한 총수요곡선을 도출하라.

(마) 위에서 도출한 총수요곡선을 사용하여 정부구입증가, 조세증가, 통화공급증가의 효과를 논하라.

2. 어떤 가상경제가 다음과 같이 주어진다.

$C=100+0.9(Y-T)$

$I=200-5r$

$NX=100-0.12Y-5r$

$T=0.2Y$

$\dfrac{M}{P}=0.8Y-20r$

$G=200$

$M=800$

$P=1$

위의 식에서 r은 %로 표시한 값이다. 다음 질문에 답하라.

(가) IS곡선을 도출하라.

(나) LM곡선을 도출하라.

(다) 균형소득과 실질이자율을 구하라.

(라) 총수요곡선을 도출하라.

(마) 정부구입과 실질통화공급이 한 단위 증가할 때 소득은 얼마나 증가하는가?

6 개방거시경제이론

(먼델-플레밍 모형)

주요개념

먼델－플레밍 모형

경상수지

명목환율

실질환율

변동환율제도

고정환율제도

위험보상

C·H·A·P·T·E·R

06 개방거시경제이론(먼델-플레밍 모형)

Robert A. Mundell (1932–)

미국, 컬럼비아대학 교수

1999년 노벨경제학상 수상
"서로 다른 환율체제하에서
통화정책과 재정정책에 관한 분석과
최적통화지역에 대한 분석을 제시한 공로"

제 4 장과 제 5 장에서는 폐쇄경제에서 단기에 물가수준이 고정되어 있다고 가정하고, 상품시장의 균형을 나타내는 $r-Y$의 결합인 *IS*곡선, 화폐시장의 균형을 나타내는 $r-Y$의 결합인 *LM*곡선을 도출한 후, 이들을 결합하여 상품 및 화폐시장의 균형을 나타내는 $P-Y$의 결합인 총수요곡선(*AD*곡선)을 도출했다. 본 장에서는 폐쇄경제의 가정을 완화하여 소규모 개방경제를 가정한다. 소규모 개방경제에서 단기에 물가수준이 경직적일 때 상품 및 화폐시장의 균형을 나타내는 *IS*곡선과 *LM*곡선을 도출한 후, 다시 상품 및 화폐시장의 균형을 나타내는 총수요곡선(*AD*곡선)을 도출한다. 본 장에서 소개하는 모형은 먼델과 플레밍이 개발한 모형으로서 먼델은 이 업적으로 1999년에 노벨 경제학상을 수상하였다.[1]

---

1) Mundell, Robert A. *International Economics*. New York: Macmillan, 1968.
Fleming, J. Marcus., "Domestic Financial Policies Under Fixed and Under Floating Exchange Rates," *IMF Staff Papers* 9, November 1962, pp. 369–379.

제1절 주요개념

1. 개방경제하의 국민계정

개방경제에서 국민계정은 다음과 같다.

$$\text{GNP}=\text{GDP}+\text{순수취요소소득}$$
$$\text{GNP}=C+I+G+\text{순해외자산 증가}+\text{외환보유고 증가} \qquad \cdots\cdots (6-1)$$

위의 식에서 순해외자산증가와 외환보유고 증가의 합은 경상수지 또는 순해외투자(NFI: Net Foreign Investment)를 나타낸다. 순해외자산 증가가 양의 값을 가지면 자본수지가 적자라고 하고, 이것은 자본이 해외로 순유출된 것을 의미한다. 반대로 순해외자산 증가가 음의 값을 가지면 자본수지가 흑자라고 하고, 이것은 자본이 해외로부터 순유입된 것을 의미한다. 순해외자산의 증가는 우리가 외국의 자산을 순구입한 것을 의미한다는 측면에서 적자라고 부른다고 이해하면 된다. 위의 식으로부터 경상수지는 다음과 같이 쓸 수 있음을 알 수 있다.

$$\begin{aligned}\text{경상수지}&=\text{GDP}-(C+I+G)+\text{순수취요소소득}\\&=\text{무역수지}+\text{순수취요소소득}\\&=\text{GNP}-(C+G+I)\\&=Y-T-C+T-G-I\\&=\text{국민저축}-\text{국내총투자}\\&=S-I \qquad \cdots\cdots (6-2)\end{aligned}$$

따라서 순해외투자 혹은 경상수지 흑자는 국민저축−국내총투자로 나타낼 수 있다.

2. 명목환율과 실질환율

명목환율(e)은 두 나라의 통화간의 상대가격이다. 예를 들어서, 원화의 대미 달러환율이 1달러당 1,000원이면 명목환율은 $e=1{,}000$이 되고, 이것은 1,000원으로 1달러를 구입할 수 있음을 의미한다. 우리의 정의에 따르면 환율의 인상은 원화의 절하를, 인하는 절상을 의미한다. 실질환율(ε)은 두 나라의 상품의 상대가격을 나타낸다. 예를 들어서, 국산차의 가격이 600만원이고 미국차의 가격이 10,000달러이며 명목환율이 1달러당 1,000원이면 실질환율은 (₩1,000/$)($10,000)/₩6,000,000=5/3가 된다. 즉, 국산차 5대로 미국차 3대와 교환할 수 있다. 이와 같은 환율계산 방법을 교역재 전반으로 확대하여 적용하면 $\varepsilon=eP^F/P$가 되고, P는 교역재의 국내물가수준을, P^F는 교역재의 외국물가수준을 나타낸다. 이와 같이 정의된 실질환율은 외국제품의 국내가격과 자국제품의 국내가격의 비율이라고 볼 수 있다. 물론 실질환율을 자국제품의 외국가격과 외국제품의 외국가격으로 정의할 수도 있다.

제 2 절 먼델-플레밍 모형

단기에 물가수준이 고정되어 있다는 가정하에 $IS-LM$모형을 소규모 개방경제에 적용한 이론을 먼델-플레밍 모형이라고 한다. 국가간의 교역을 고려하면 총소득은 소비, 투자, 정부구입 및 순수출의 총합이다. 순수출은 실질환율의 증가함수이지만 단기에 물가가 고정되어 있다고 가정하면 순수출은 명목환율(e)의 함수로 표시할 수 있다. 명목환율이 하락하면 외국제품이 국내제품에 비해 상대적으로 저렴해지므로 순수출이 감소한다. 역으로 명목환율이 상승하면 외국제품이 국내제품에 비해 상대적으로 비싸지므로 순수출이 증가한다.

소규모 개방경제의 단기 $IS-LM$모형에 환율을 도입하여 다음과 같이 나타낼 수 있다.

$$IS: \quad Y = C(Y-T) + I(r) + G + NX(e)$$

그림 6-1 해외자금유입과 *IS*곡선의 이동

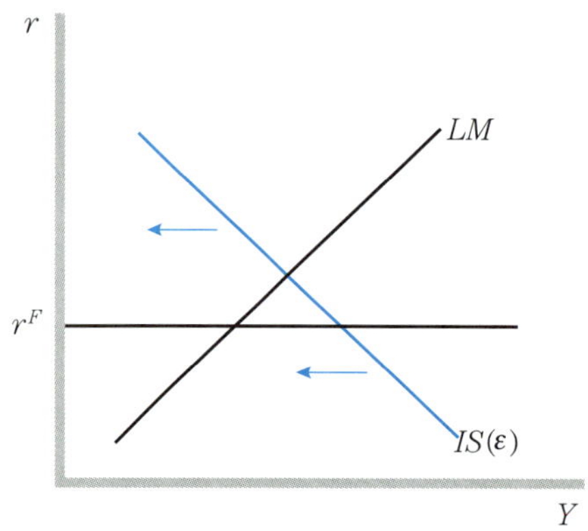

소규모 개방경제의 경우 국제금융시장에서 결정된 이자율에 영향을 미치지 않고 얼마든지 차입 또는 융자할 수 있으므로 자본이동이 자유롭다면 국내이자율은 국제금융시장에서 결정된 이자율과 동일하다. 만일 국내이자율이 국제이자율보다 높으면 자금이 국내로 유입되고 외환시장에서 원화에 대한 수요가 증가하여 원화가 절상된다. 원화가 절상되면 순수출이 감소하여 *IS*곡선이 왼쪽으로 이동하게 되고 국내이자율이 하락하게 된다. 이 과정은 국내이자율이 국제이자율과 같아질 때까지 계속될 것이다.

$$LM: \quad M/P = L(Y, r)$$
$$r = r^F$$

위의 식에서 r^F는 국제이자율을 나타낸다. 소규모 개방경제의 경우 국제금융시장에서 결정된 이자율에 영향을 미치지 않고 얼마든지 차입 또는 융자할 수 있으므로 자본이동이 자유롭다면 국내이자율은 국제금융시장에서 결정된 이자율과 동일하다. 만일 국내이자율이 국제이자율보다 높으면 자금이 국내로 유

그림 6-2 자금유출과 *IS*곡선의 이동

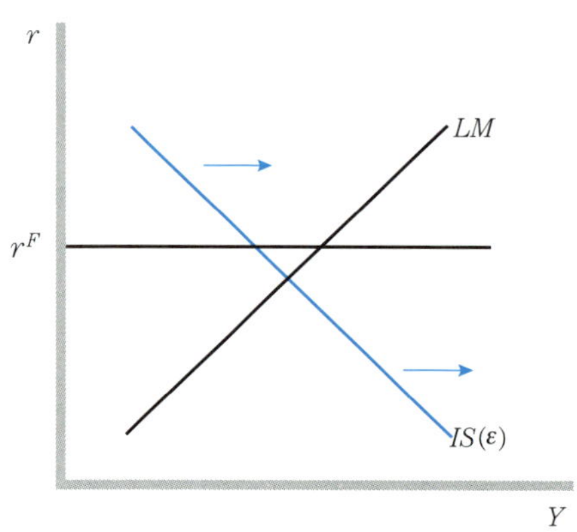

국내이자율이 국제이자율보다 낮으면 자금이 유출되고 외환시장에서 외화의 수요가 증가하여 원화가 절하된다. 원화가 절하되면 순수출이 증가하므로, *IS*곡선이 오른쪽으로 이동하고, 국내이자율은 국제이자율 수준으로 상승하게 된다.

그림 6-3 *LM*곡선과 균형소득의 결정

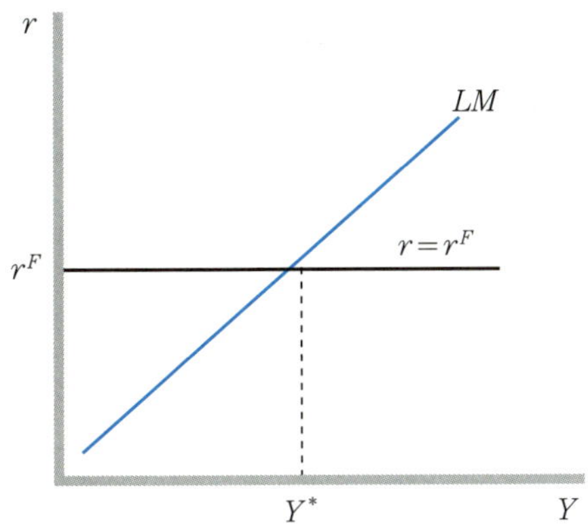

국제이자율이 주어진 상태에서 *LM*곡선은 환율과 관계없이 화폐시장이 균형을 이루는 수준에서 균형소득(Y^*)을 결정한다.

입되고 외환시장에서 원화에 대한 수요가 증가하여 원화가 절상된다. 원화가 절상되면 순수출이 감소하여 *IS*곡선이 왼쪽으로 이동하게 되고, 국내이자율은 하락하게 된다. 이 과정은 국내이자율이 국제이자율과 같아질 때까지 계속된다([그림 6-1] 참조). 역으로 국내이자율이 국제이자율보다 낮으면 자금이 유출되고 외환시장에서 외화의 수요가 증가하여 원화가 절하된다. 원화가 절하되면 순수출이 증가하므로, *IS*곡선이 오른쪽으로 이동하고, 국내이자율은 국제이자율 수준으로 상승하게 된다([그림 6-2] 참조).

그림 6-4 IS^*곡선과 LM^*곡선

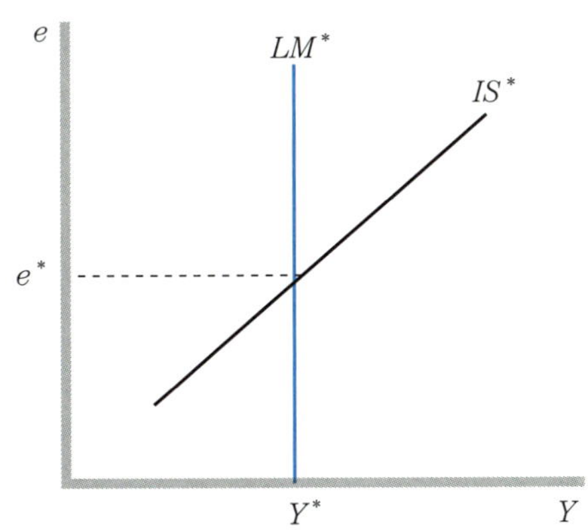

IS-*LM*이 r-Y 평면에서 정의되는 상품 및 화폐시장의 균형조건인 반면 IS^*-LM^*는 e-Y 평면에서 정의된 상품 및 화폐시장의 균형조건이다. e-Y 평면에서 IS^*곡선은 우상향하고 LM^*곡선은 균형소득(Y^*) 수준에서 수직이다.

그림 6-5 *IS**곡선의 도출

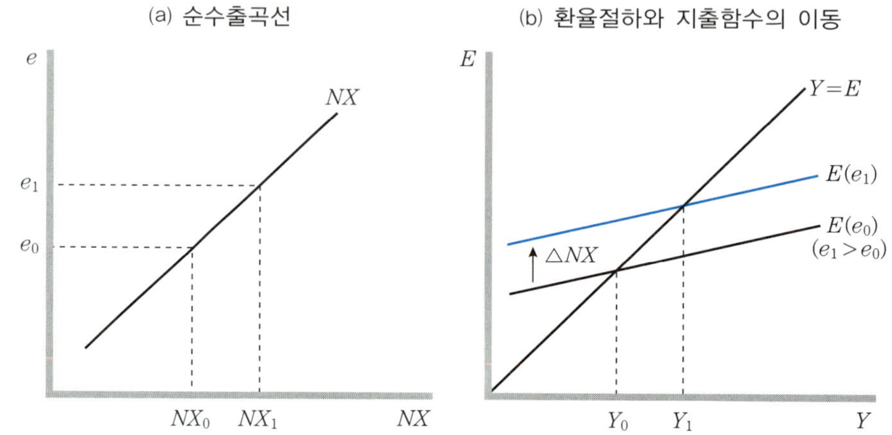

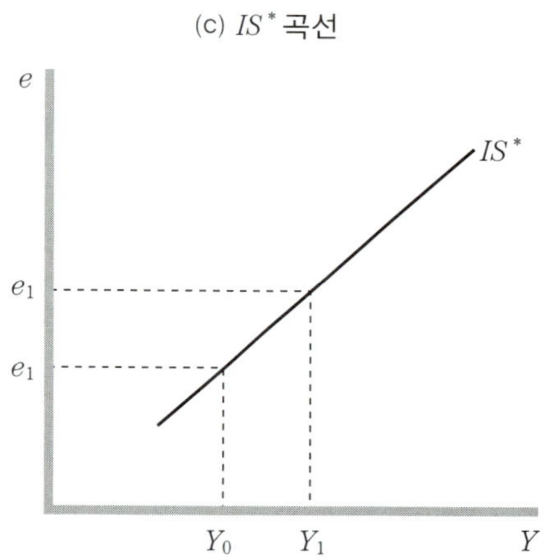

*IS**곡선이 우상향하는 이유는 다음과 같다. 환율이 상승(절하)하면 국내제품이 외국제품에 비해 상대적으로 저렴해지므로 순수출이 증가한다[그림 (a)]. 순수출이 증가하면 케인지안 크로스에서 분석하였듯이 지출함수가 상향이동하여 소득이 증가한다[그림 (b)]. 따라서 상품시장이 균형을 유지하기 위해서는 환율과 소득간에 정의 관계가 성립해야 하고, 이것은 *IS**곡선이 우상향함을 의미한다[그림 (c)].

국제이자율이 주어진 상태에서 *LM*곡선은 환율과 관계없이 화폐시장이 균형을 이루는 수준에서 균형소득(Y^*)을 결정한다([그림 6-3] 참조).

국내이자율이 국제이자율과 동일하고 국제시장에서 결정되어 주어져 있다는 가정하에 *IS*-*LM*을 다시 쓰면 다음과 같다.

$$IS^*:\quad Y = C(Y-T) + I(r^F) + G + NX(e)$$

$$LM^*:\quad M/P = L(Y,\ r^F)$$

위의 식에서 *IS*와 *LM*의 위첨자 *를 주목하라. *IS*-*LM*이 r-Y 평면에서 정의되는 상품 및 화폐시장의 균형조건인 반면에, IS^*-LM^*는 $e-Y$ 평면에서 정의된 상품 및 화폐시장의 균형조건을 나타낸다. IS^*-LM^*를 세로축은 e, 가로축은 Y로 표시하는 그래프로 나타내면 [그림 6-4]와 같다. 그림에서 IS^*곡선이 우상향하는 이유는 다음과 같다. 환율이 상승(절하)하면 국내제품이 외국제품에 비해 상대적으로 저렴해지므로 순수출이 증가한다([그림 6-5a] 참조). 순수출이 증가하면 케인지안 크로스([그림 6-5b])에서 분석하였듯이 지출함수가 상향이동하여 소득이 증가한다. 따라서 상품시장이 균형을 유지하기 위해서는 환율과 소득 간에 정의 관계가 성립해야 하고, 이것은 IS^*곡선이 우상향함을 의미한다([그림 6-5c] 참조). 환율은 화폐시장의 균형조건에 영향을 미치지 않으므로 $e-Y$ 평면에 그린 LM^*는 화폐시장이 균형을 이루는 Y^*수준에서 수직이다.

태화 및 불태화정책

본문의 분석은 중앙은행이 외환시장에 개입하지 않고 외환의 수급상황에 따라 환율이 조정되도록 내버려두는 경우에 해당한다. 그러나 중앙은행은 많은 경우에 환율을 그들이 원하는 적정수준에서 유지하기 위해 외환시장에 개입한다. 만약 국내이자율이 국제이자율보다 높아서 자금이 유입되는 경우 중앙은행이 외환시장에 개입하여 국내통화로 외환을 매입하면 외환보유고가 증가하는 동시에 국내통화공급도 증가한다. 이것은 결국 국내이자율이 국제이자율과 같은 수준이 되도록 LM곡선이 오른쪽으로 이동하는 것을 의미한다. 역으로 국내이자율이 국제이자율보다 낮아서 자금이 유출되는 경우 중앙은행이 외환시장에 개입하여 외환보유고로 국내통화를 매입하면 외환보유고가 감소하는 동시에 국내통화공급도 감소한다. 이것은 결국 국내이자율이 국제이자율과 같은 수준이 되도록 LM곡선이 왼쪽으로 이동하는 것을 의미한다. 이와 같이 중앙은행이 환율을 유지하기 위해 외환시장에 개입함으로써 국내통화공급에 영향을 미치는 것을 태화정책(unsterilizied foreign exchange intervention)이라고 한다.

중앙은행이 외환시장에 개입하더라도 국내통화공급이 변하는 것을 원하지 않는 경우에는 외환시장개입과 동시에 공개시장조작을 실시함으로써 국내통화공급에 영향을 미치지 않을 수 있다. 예를 들면 자금이 유입되는 경우 원화로 외화를 매입하면서 동시에 공개시장매각을 하면 외환시장 개입으로 인한 국내통화공급 증가를 공개시장매각으로 인한 국내통화공급 감소로 정확히 상쇄할 수 있다. 역으로 자금이 유출되는 경우 외화로 원화를 매입하면서 동시에 공개시장매입을 하면 외환시장 개입으로 인한 국내통화공급 감소를 공개시장매입으로 인한 국내통화공급 증가로 정확히 상쇄할 수 있다. 이것을 불태화정책(sterilized foreign exchange intervention)이라고 한다.

제 3 절 변동환율제도와 소규모 개방경제

1. 재정정책의 효과

정부구입을 증가시키거나 조세를 감면하는 확대 재정정책을 사용하면 환율은 하락하고 소득은 변화가 없다. 그 이유는 다음과 같다. 제 4 장에서 분석한 것처럼 확대 재정정책은 국내이자율 상승압력으로 작용한다. 국내이자율이 상승압력을 받으면 자본이 고수익을 찾아서 해외로부터 유입되고, 이로 인해 이자율 상승압력이 사라질 때까지 환율이 하락한다. 이것은 주어진 소득수준에서 원화가 절상되는 것을 의미하므로, 확대 재정정책은 IS^*곡선을 오른쪽으로 이동시킨다. 그러나 LM^*는 Y^*수준에서 수직이므로 소득은 변화하지 않는다([그림 6-6] 참조). 폐쇄경제에서와 달리 소득이 증가하지 않는 이유는 확대 재정정책으로 인해 환율이 하락하고, 환율하락은 순수출을 감소시켜서 확대 재정정책으로 인한 소득증가 효과를 완전히 상쇄하기 때문이다.

소득이 변화하지 않는 이유를 화폐시장에서 분석해 보면 다음과 같다. 화폐공급에 변화가 없으므로 화폐시장의 균형을 유지하기 위해 화폐수요도 일정

그림 6-6 변동환율제도: 확장적 재정정책의 효과

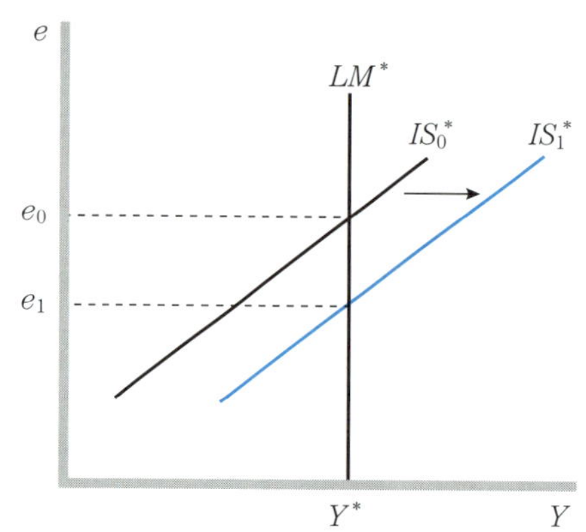

정부가 구입을 증가시키거나 조세를 감면하는 확장적 재정정책을 사용하면 국내이자율이 상승압력을 받는다. 국내이자율이 상승압력을 받으면 자본이 고수익을 찾아서 해외로부터 유입되고 이로 인해 이자율 상승압력이 사라질 때까지 환율이 절상된다. 이것은 주어진 소득수준에서 환율이 절상되는 것을 의미하므로 확장적 재정정책은 IS^*곡선을 오른쪽으로 이동시킨다. 그러나 LM^*는 Y^*수준에서 수직이므로 소득은 변화하지 않는다.

해야 한다. 이자율이 국제이자율 수준에서 주어져 있으므로, 화폐수요를 화폐공급과 일치시켜 주는 소득수준은 Y^*뿐이고 소득은 변화하지 않는다.

폐쇄경제에서 확대 재정정책은 이자율을 상승시킴으로써 민간투자를 구축하는 데 반해, 소규모 개방경제에서는 확대 재정정책이 자국화폐를 절상시킴으로써 순수출을 구축함을 알 수 있다.

2. 통화정책의 효과

중앙은행이 통화공급을 증가시키면 주어진 물가수준에서 실질통화공급이 증가한다. 그러나 이자율은 국제이자율 수준에서 주어지므로 화폐시장의 균형을 회복하려면 소득이 증가하여 실질화폐수요가 증가해야 한다. 이것은 LM^* 곡선이 오른쪽으로 이동함을 시사한다. 실질통화공급이 증가하면 국내이자율은 하락압력을 받게 된다. 국내이자율이 하락압력을 받으면 자본이 고수익을 찾아 해외로 유출되고, 이로 인해 이자율 하락압력이 사라질 때까지 환율이 상승한다. 환율이 상승하면 순수출이 증가하게 되고, 이것은 소득을 증가시킨다([그림 6-7] 참조). 따라서 소규모 개방경제에서 통화정책의 전파경로는 폐쇄경제에서와는 다르다는 것을 알 수 있다. 폐쇄경제에서 통화팽창은 이자율을 하락시키고, 이자율 하락은 투자를 증가시킴으로써 소득을 증가시킨다. 그러나 소규모 개방경제에서는 통화팽창이 자국화폐를 절하시키고 순수출을 증가시킴

그림 6-7 변동환율제도: 확장적 통화정책의 효과

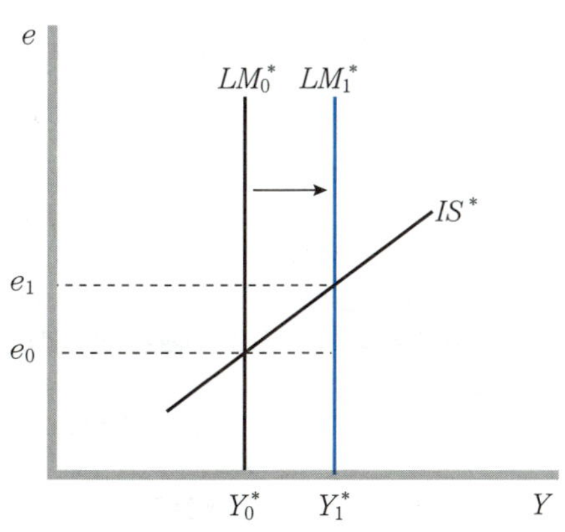

중앙은행이 통화공급을 증가시키면 주어진 물가수준에서 실질통화공급이 증가한다. 그러나 이자율은 국제이자율 수준에서 주어지므로 화폐시장의 균형을 회복하려면 소득이 증가하여 실질화폐수요가 증가해야 한다. 이것은 LM^*곡선이 오른쪽으로 이동함을 시사한다. LM^*곡선이 오른쪽으로 이동하면 국내이자율은 하락압력을 받게 된다. 국내이자율이 하락압력을 받으면 자본이 고수익을 찾아서 해외로 유출되고 이로 인해 이자율 하락압력이 사라질 때까지 환율이 절하된다. 환율이 절하되면 순수출이 증가하게 되고, 이것은 소득을 증가시킨다.

으로써 소득을 증가시킨다.

제4절 고정환율제도와 소규모 개방경제

1971년에 미국이 고정환율제도를 포기할 때까지 전세계 경제는 브레튼우즈 체제하에서 고정환율제도를 택하고 있었다. 유럽연합도 최근까지 역내 국가간 의사고정환율제도(ERM)를 도입하고 있었으며, 1999년 1월 1일부터는 11개국이 참여한 유럽통화통합(EMU: European Monetary Union)을 출범시키면서 참여국의 통화와 단일통화인 유로화 사이에 고정환율을 채택하고 있다. 그 밖에도 전세계적으로 고정환율제도로 복귀하자는 주장도 심심치 않게 제기되고 있다.

고정환율제도하에서 각국의 중앙은행은 주어진 환율을 유지할 의무가 있다. 예를 들어서 원화의 대미 달러 환율이 1달러당 1,000원이면 한국은행은 1달러를 1,000원에 교환해 주어야 한다. 만약 현재의 통화공급하에서 시장균형환율이 1달러당 1,500원이면 시장균형환율이 고정환율보다 높게 되고, 이것은 원화의 고정환율이 고평가되어 있음을 의미한다. 이러한 경우에는 차익거래기

그림 6-8 고평가된 고정환율과 차익거래

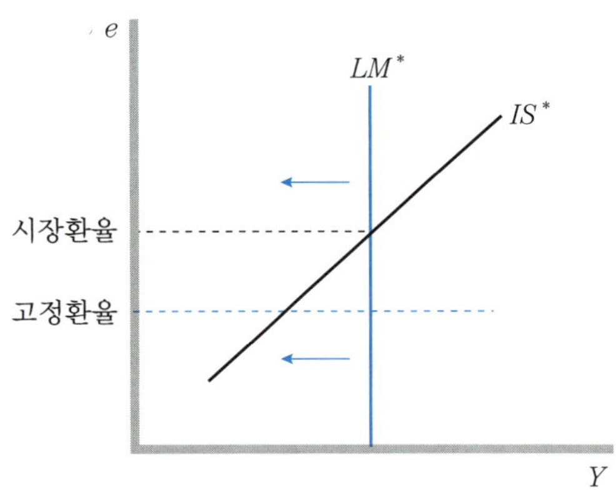

고정환율제도하에서 원화의 대미 달러 환율이 1달러당 1,000원이고 시장균형환율이 1달러당 1,500원이면 원화의 고정환율은 고평가되어 있다. 이러한 경우에 김선달이 한국은행에서 1,000만원을 1만달러와 교환하고 1만달러를 외환시장에서 1,500만원에 교환하면 김선달은 손쉽게 500만원을 벌 수 있다. 김선달이 한국은행에서 1,000만원을 1만달러와 교환할 때 국내 통화공급은 감소하게 된다. 그 결과 LM^*곡선은 왼쪽으로 이동하게 되고 시장균형환율은 절상된다. 이러한 과정은 차익거래기회가 사라질 때까지 반복되며 통화공급도 시장균형환율이 고정환율 수준으로 절상될 때까지 감소하게 된다.

그림 6-9 저평가된 고정환율과 차익거래

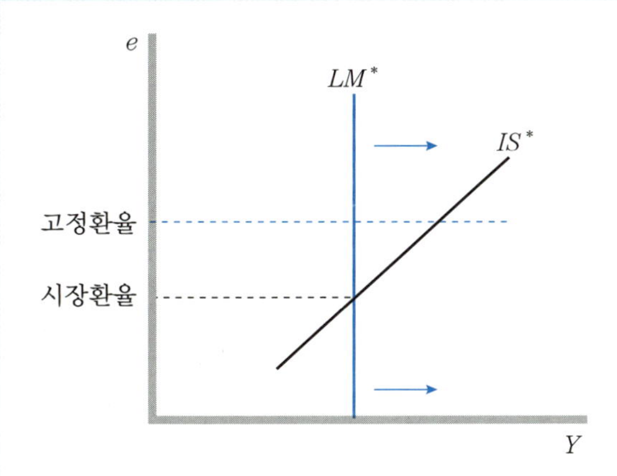

고정환율이 1달러당 1000원이고 시장균형환율이 1달러당 800원이면 원화의 고정환율은 저평가되어 있다. 이러한 경우에 김선달이 외환시장에서 800만원을 1만달러와 교환하고 1만달러를 한국은행에서 1,000만원에 교환하면 그는 손쉽게 200만원을 벌 수 있고, 이러한 차익거래 과정을 통해 통화공급은 시장균형환율이 고정환율 수준으로 절하될 때까지 증가하게 된다.

회(arbitrage opportunity)가 존재한다. 예를 들어서, 김선달이 한국은행에서 1,000만원을 1만달러와 교환하고, 1만달러를 외환시장에서 1,500만원에 교환하면 김선달은 손쉽게 500만원을 벌 수 있다. 김선달이 한국은행에서 1,000만원을 1만달러와 교환할 때 국내통화공급은 감소하게 된다. 그 결과 LM^*곡선은 왼쪽으로 이동하게 되고 시장균형환율은 하락하게 된다. 이러한 과정은 차익거래기회가 사라질 때까지 반복되며 통화공급도 시장균형환율이 고정환율 수준으로 하락할 때까지 감소하게 된다([그림 6-8] 참조).

역으로 시장균형환율이 1달러당 800원이면, 원화의 고정환율이 저평가되어 있음을 의미한다. 김선달은 외환시장에서 800만원을 1만달러와 교환하고, 1만달러를 한국은행에서 1,000만원에 교환하면 200만원을 벌 수 있고, 이러한 차익거래 과정을 통해 통화공급은 시장균형환율이 고정환율 수준으로 상승할 때까지 증가하게 된다([그림 6-9] 참조).

이상의 분석으로부터 고정환율제도하에서 통화정책은 환율을 유지하는 데 사용됨을 알 수 있다.

1. 재정정책의 효과

정부가 확대 재정정책을 사용하면 IS^*곡선은 오른쪽으로 이동하고, 이것은 시장균형환율을 하락(절상)시키는 압력으로 작용한다. 중앙은행은 고정환율

그림 6-10 고정환율제도: 확장적 재정정책의 효과

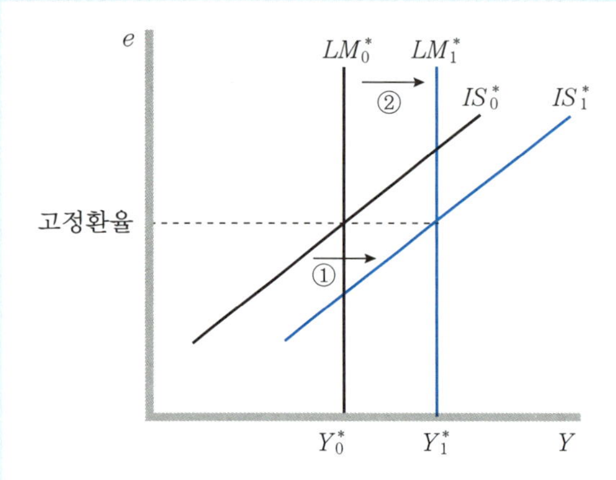

정부가 확장적 재정정책을 사용하면 IS^*곡선이 오른쪽으로 이동하여 시장균형환율을 하락(절상)시키는 압력으로 작용하게 된다. 중앙은행은 고정환율을 유지하기 위해 통화공급을 증가시키고, 그 결과 LM^*곡선은 오른쪽으로 이동한다. 통화공급이 증가함에 따라 환율은 고정환율 수준으로 복귀하고 소득은 증가하게 된다.

을 유지하기 위해 통화공급을 증가시키고, 그 결과 LM^*곡선은 오른쪽으로 이동한다. 통화공급이 증가함에 따라 환율은 고정환율 수준으로 복귀하고 소득은 증가하게 된다([그림 6-10] 참조).

2. 통화정책의 효과

중앙은행이 통화공급을 증가시키면, LM^*곡선이 오른쪽으로 이동하게 되고, 이것은 환율상승 압력으로 작용하게 된다. 시장균형환율과 고정환율에 괴리가 발생하므로 차익거래기회가 존재한다. 이 경우, 중앙은행은 고정환율을 유지하기 위해 통화공급을 감소시키게 되고, LM^*곡선은 다시 원래의 위치로 돌아오게 된다([그림 6-11] 참조). 통화공급이 감소함에 따라 환율은 고정환율 수준으로 복귀하고, 소득은 변화하지 않는다. 따라서 고정환율제도하의 먼델-플레밍 모형에서 통화정책은 무력하다고 볼 수 있다. 변동환율제도와 비교하여 고정환율제도하에서의 통화정책은 오직 고정환율을 유지하는 목적으로만 사용될 뿐이다.

그러나 정부가 기왕의 고정환율을 포기하고 평가절하를 선언하면 순수출 및 소득이 증가하고, 이것은 LM^*를 오른쪽으로 이동시키는 것과 마찬가지 효과를 가진다. 역으로 정부가 평가절상을 선언하면 순수출 및 소득이 감소하고 LM^*를 왼쪽으로 이동시키는 것과 마찬가지 효과를 가진다.

그림 6-11 고정환율제도: 확장적 통화정책의 효과

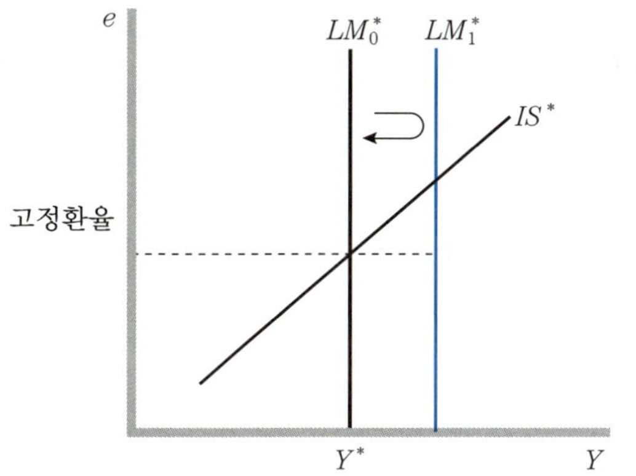

중앙은행이 확장적 통화정책을 사용하면 LM^* 곡선이 오른쪽으로 이동하여 시장균형환율을 상승(절하)시키는 압력으로 작용하게 된다. 중앙은행은 고정환율을 유지하기 위해 통화공급을 감소시키게 되고, LM^*곡선은 다시 왼쪽으로 이동하게 된다. 통화공급이 감소함에 따라 환율은 고정환율 수준으로 복귀하고 소득은 변화하지 않는다.

과거 개발경제 시절 한국은 심심치 않게 평가절하를 실시하였고 평가절하는 한국상품의 가격경쟁력을 높여 경제성장에 기여했다고 볼 수 있다. 대공황기에도 프랑스, 독일, 이탈리아, 네덜란드 등은 고정환율을 유지했음에 비해 덴마크, 핀란드, 노르웨이, 스웨덴, 영국 등은 평가절하를 실시하였고 이들 국가들은 통화공급 증가, 수출 증가, 생산 증가로 고정환율을 유지한 국가들에 비해 대공황을 상대적으로 빨리 극복한 사례가 있다.

금본위제

19세기 말 20세기 초에 선진자본주의 국가들이 채택하고 있던 금본위제는 고정환율제도의 일종이다. 예를 들어서, A국의 통화와 금의 교환비율은 1이고, B국의 통화와 금의 교환비율은 2라고 하자. 즉, A국에서는 금 1 온스와 A국의 통화 한 단위를 교환할 수 있고, B국에서는 금 1 온스와 B국의 통화 두 단위를 교환할 수 있다고 하자. 이 경우에 금을 기준으로 A국의 통화 한 단위는 B국의 통화 두 단위와 동일한 가치를 가지므로 A국 통화와 B국 통화의 교환비율은 1:2가 될 것이다. 이제 외환시장에서 A국 통화와 B국 통화의 교환비율이 1:3이라고 하자. 이 경우 김선달은 외환시장에서 A국 통화 한 단위로 B국 통화 3 단위를 구입한 후 B국의 중앙은행에 가서 금 1.5 온스와 교환할 수 있다. 김선달은 이 금을 다시 A국 중앙은행에 가서 A국 통화 1.5 단위와 교환하여 50%의 수익률을 올릴 수 있다. 이러한 차익거래를 통해 A국의 통화공급은 증가하고, B국의 통화공급은 감소하여 A국 통화와 B국 통화의 교환비율은 1:2로 수렴할 것이다.

제5절 이자율의 국가간 차이

지금까지의 분석에서 우리는 자본이동이 자유로운 경우 소규모 개방경제의 이자율은 국제이자율과 같다고 가정하였다. 그러나 현실경제에서는 자본이동이 자유롭더라도 소규모 개방경제의 이자율이 국제이자율과 다른 경우가 많다.

그렇다면 그 이유는 무엇인가? 소규모 개방경제의 이자율이 국제이자율과 다른 첫 번째 이유는 소규모 개방경제의 국가위험 때문이다. 국가위험이란 어떤 나라의 정치적 경제적 불안정성 때문에 그 나라에 빌려준 돈을 받을 수 없는 가능성을 말한다. 국제 투자자들은 국가위험이 높은 나라에 대출하는 것을 꺼린다. 따라서 국가위험이 높은 나라는 외국으로부터 자금을 빌리기 위해서 위험보상 즉, 높은 이자율을 제공해야 한다.

[그림 6-12]는 IMF 외환위기 이후 1998년 4월 8일 한국이 발행한 외국환평형기금채권(외평채)의 위험보상 가산금리 추이를 보여주고 있다. 위험보상 가산금리는 10년 만기 외평채의 수익률과 동일 만기의 미국 재무성 노트(Treasury Note)의 수익률 간의 차이로 계산하였다. 발행일의 가산금리는 355 베이시스 포인트로서 3.55%에 해당한다. 이후 가산금리는 상승하기 시작하여 1998년 8월 31일에 1010 베이시스 포인트(10.1%)로 최고에 달하였다. 이후 다시 하락하기 시작하여 2006년 10월 현재는 5 베이시스 포인트까지 하락하였으며, 북핵 위기가 고조된 최근에도 가산금리는 영향을 받지 않고 있다.

소규모 개방경제의 이자율이 국제이자율과 다른 또 다른 이유는 환율의 변화가능성 때문이다. 예를 들어서 원화가 달러화에 대해 절하될 것으로 기대된다고 하자. 이런 경우 미국 투자자들이 한국에 돈을 빌려주면 나중에 돌려받을 때 달러화로 환산한 액수의 가치가 떨어질 것이다. 따라서 미국 투자자들은 원화가치 하락으로 인한 손실을 보상해줄 것을 요구할 것이고 한국은 미국보다 높은 이자율을 제공해야 이들의 자금을 유치할 수 있다. 이와 같은 이유로 국내외 이자율이 다른 경우는 제13장에서 보다 자세히 분석한다.

소규모 개방경제의 이자율이 국제이자율+위험보상(ϕ) 수준에서 결정된다

그림 6-12 외평채 가산금리

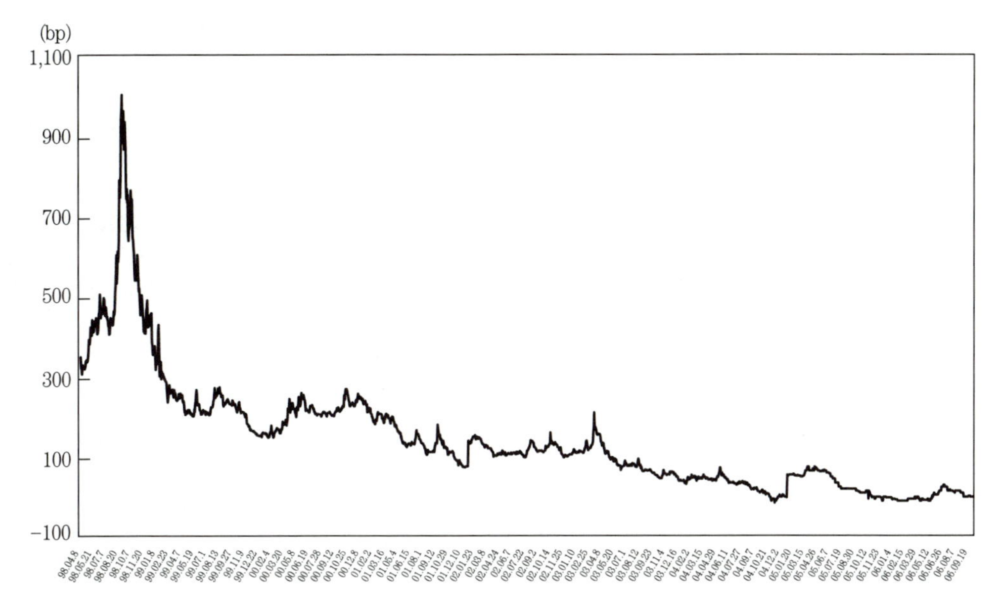

이 그림은 IMF 외환위기 이후 1998년 4월 8일 한국이 발행한 외국환평형기금채권(외평채)의 위험보상 가산금리 추이를 보여주고 있다. 위험보상 가산금리는 10년 만기 외평채의 수익률과 동일 만기의 미국 재무성 노트(Treasury Note)의 수익률 간의 차이로 계산하였다. 발행일의 가산금리는 355 베이시스 포인트로서 3.55%에 해당한다. 이후 가산금리는 상승하기 시작하여 1998년 8월 31일에 1010 베이시스 포인트(10.1%)로 최고에 달하였다. 이후 다시 하락하기 시작하여 2006년 10월 현재는 5 베이시스 포인트까지 하락하였으며, 북핵 위기가 고조된 2006년말에도 가산금리는 영향을 받지 않고 있다.

고 하자.

$$r = r^F + \phi$$

위의 이자율을 IS^*, LM^*에 대입하면 다음과 같다.

$$IS^*: \quad Y = C(Y-T) + I(r^F + \phi) + G + NX(e)$$
$$LM^*: \quad M/P = L(Y,\ r^F + \phi)$$

이제 정치적 혹은 경제적 이유로 소규모 개방경제의 국가위험이 증가해서 위험보상이 증가한다고 하자. 소규모 개방경제의 위험보상이 상승하면 [그림 6-13]에서 보듯이 이자율 상승에 따라 투자가 감소하고 IS^*곡선이 왼쪽으로 이동한다. 동시에 이자율 상승에 따라 화폐수요가 감소하고 LM^*곡선이 오른

그림 6-13 위험보상 증가의 효과

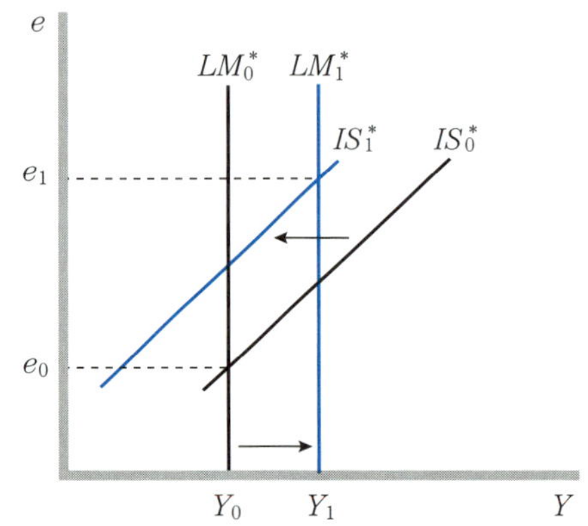

정치적 혹은 경제적 이유로 소규모 개방경제의 위험보상이 증가하면 이자율 상승에 따라 투자가 감소하고 IS^*곡선이 왼쪽으로 이동한다. 동시에 이자율 상승에 따라 화폐수요가 감소하고 LM^* 곡선이 오른쪽으로 이동한다. 그 결과 환율이 절하하고 생산은 증가하게 된다. 애초에 이자율 상승에 따라서 투자가 감소하고 생산이 감소하지만 환율절하로 인한 순수출의 증가가 생산을 크게 증가시켜서 결국 생산은 증가하게 된다.

쪽으로 이동한다. 그 결과 환율이 상승하고 생산은 증가하게 된다. 애초에 이자율 상승에 따라서 투자가 감소하고 생산이 감소하지만 자국화폐의 절하로 인한 순수출의 증가가 생산을 크게 증가시켜서 결국 생산은 증가하게 된다.

이상의 분석에서 국가위험이 증가했음에도 불구하고 소득이 증가하는 이유는 LM^*곡선이 오른쪽으로 이동하기 때문이다. 그러나 현실적으로는 실질통화공급이 감소하여 LM^*곡선이 왼쪽으로 이동할 수도 있다. 예를 들면, 국가위험이 증가하여 환율이 상승하는 경우 경제주체들이 환율이 더 상승할 것으로

그림 6-14 위험보상 증가와 LM^* 곡선의 좌측 이동

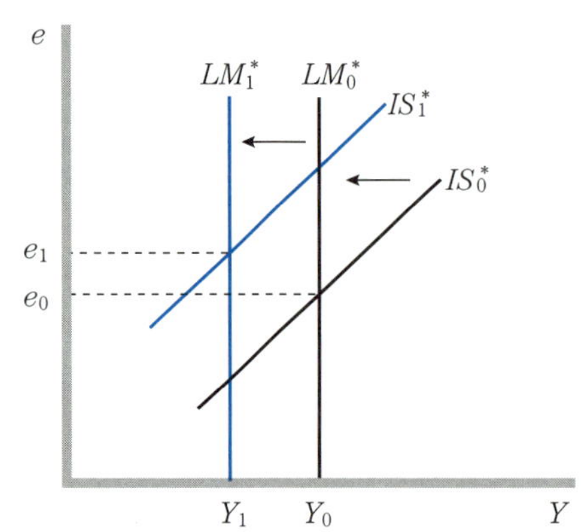

국가위험이 증가하면 현실적으로는 실질통화공급이 감소하여 LM^*곡선이 왼쪽으로 이동할 수도 있다. 예를 들면, 국가위험이 증가하여 환율이 상승하는 경우 경제주체들이 환율이 더 상승할 것으로 예상하면 자본유출이 발생할 것이다. 이 경우에 통화당국이 더 이상의 절하를 막기 위해 외환시장에 개입하여 외환보유고를 사용하여 자국통화를 매입하면 국내통화공급이 감소할 수 있다. 또 다른 가능성은 환율이 상승하면 수입물가가 상승하여 국내물가수준이 상승하고, 국내물가수준이 상승하면 실질통화공급이 감소한다. 결과적으로 LM^*곡선이 왼쪽으로 이동하면 소득은 감소한다.

예상하면 자본유출이 발생할 것이다. 이 경우에 통화당국이 더 이상의 절하를 막기 위해 외환시장에 개입하여 외환보유고를 사용하여 자국통화를 매입하면 국내통화공급이 감소할 수 있다. 또 다른 가능성은 연습문제에서도 보듯이 환율이 상승하면 수입물가가 상승하여 국내물가수준이 상승한다. 국내물가수준이 상승하면 실질통화공급은 감소한다. 결과적으로 LM^*곡선이 왼쪽으로 이동하면 소득은 감소한다. [그림 6-14]는 이러한 상황을 나타내고 있다.

제 6 절 물가수준의 변화와 먼델-플레밍 모형

물가수준의 변화를 고려하면 명목환율(e)과 실질환율($=eP^F/P$)을 구분해야 하고, 순수출은 앞에서 설명한 것처럼 실질환율의 증가함수이다. 물가수준의 변화를 고려하여 IS^*와 LM^*를 다시 쓰면 다음과 같다.

$$IS^*:\quad Y=C(Y-T)+I(r^F)+G+NX(\varepsilon)$$
$$LM^*:\quad M/P=L(Y,\ r^F)$$

만약 물가수준이 하락하면 실질통화공급이 증가한다. 실질통화공급이 증

그림 6-15 물가수준의 하락과 실질통화공급의 변화

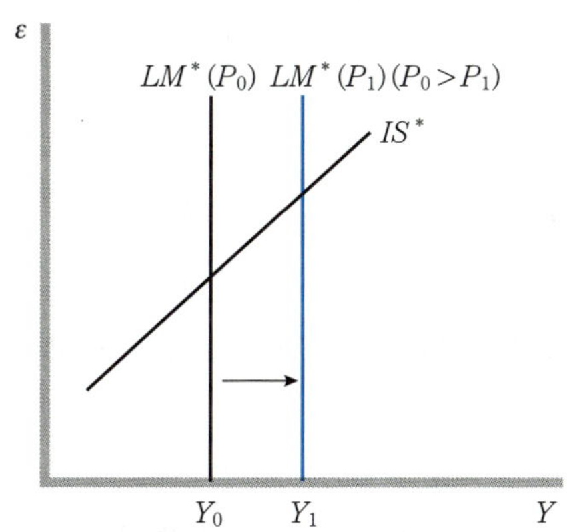

만약 물가수준이 하락하면 실질통화공급이 증가한다. 실질통화공급이 증가하면 LM^*곡선이 오른쪽으로 이동하며, 그 결과 실질환율이 상승하고 소득이 증가한다.

그림 6-16 개방경제의 총수요곡선

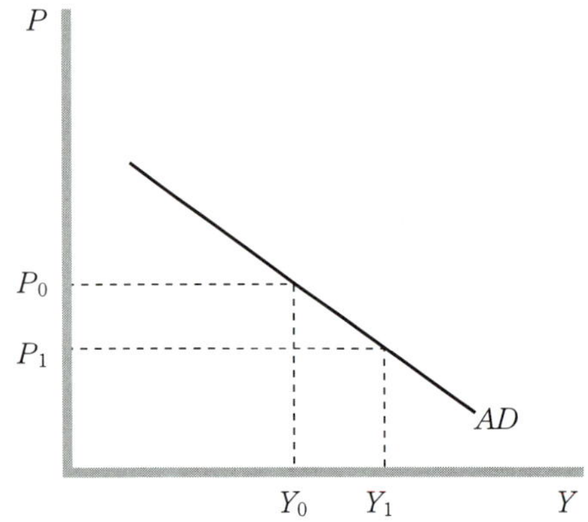

먼델-플레밍 모형에서 물가수준이 하락함에 따라 소득이 증가하므로 먼델-플레밍 모형으로부터도 우하향하는 총수요곡선을 도출할 수 있다.

그림 6-17 물가수준의 하락과 LM^*곡선의 이동

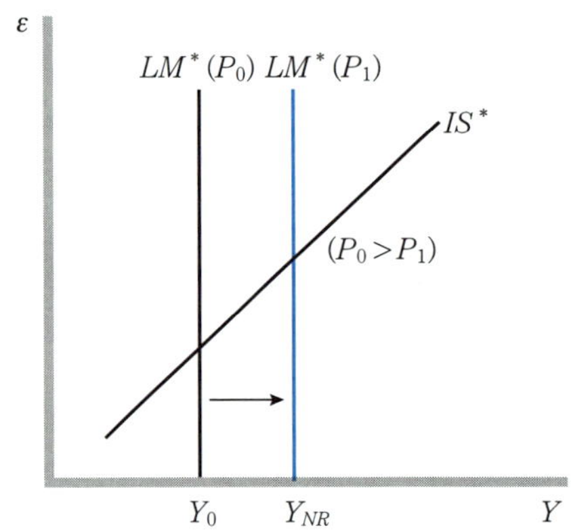

만약 단기적으로 소득이 자연율 수준보다 작으면 시간이 경과함에 따라 물가수준이 하락하기 시작한다. 물가수준이 하락하면 실질통화공급이 증가하므로 LM^*곡선이 오른쪽으로 이동한다. 이로 인해 실질환율이 절하되고 순수출이 증가하며 소득이 장기균형 상태인 자연율 수준으로 수렴하게 된다.

가하면 LM^*곡선이 오른쪽으로 이동하며, 그 결과 실질환율이 상승하고 순수출이 증가하여 소득이 증가한다([그림 6-15] 참조). 물가수준이 하락함에 따라 소득이 증가하므로 먼델-플레밍 모형으로부터도 우하향하는 총수요곡선을 도출할 수 있다([그림 6-16] 참조).

만약 단기적으로 소득이 자연율 수준보다 작으면 시간이 경과함에 따라 물가수준이 하락하기 시작한다. 물가수준이 하락하면 실질통화공급이 증가하므로 LM^*곡선이 오른쪽으로 이동한다([그림 6-17] 참조). 이로 인해 실질환율

그림 6-18 물가수준의 하락과 단기총공급곡선의 이동

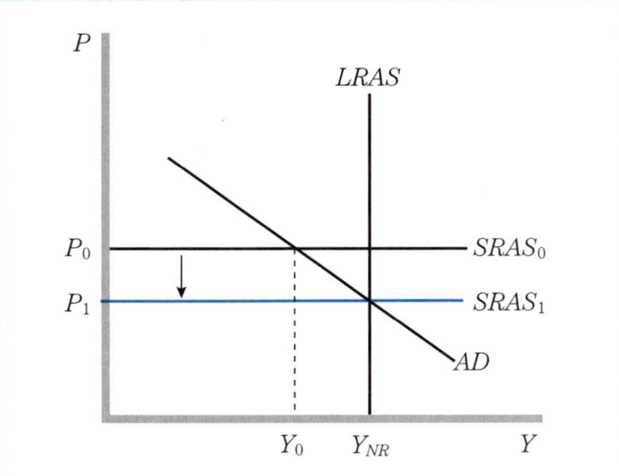

총수요-총공급 모형에서도 물가수준이 하락함에 따라서 단기총공급곡선이 아래로 이동하고 생산은 시간이 경과함에 따라서 자연율 수준으로 수렴한다.

이 상승하고 순수출이 증가하며 소득이 장기균형 상태인 자연율 수준으로 수렴하게 된다.

총수요－총공급모형에서도 물가수준이 하락함에 따라서 단기총공급곡선은 아래로 이동하고, 생산은 시간이 경과함에 따라서 자연율 수준으로 수렴한다([그림 6-18] 참조).

제 7 절 맺음말

본 장에서 우리는 자본이동이 자유롭고 물가수준이 고정된 소규모 개방경제 단기모형(먼델-플레밍 모형)에서 IS^*곡선은 $e-Y$ 평면에서 우상향하고, LM^*곡선은 $e-Y$ 평면에서 수직임을 보았다. 변동환율제도하에서 확장적 재정정책은 자국화폐를 절상시켜서 순수출을 감소시켜 애초의 소득증가 효과를 완전히 구축한다. 이에 반해 확장적 통화정책은 자국화폐를 절하시켜서 순수출을 증가시켜 소득을 증가시킨다. 고정환율제도하에서 확장적 재정정책은 절상 압력으로 작용하고, 고정환율 유지를 위한 통화공급의 증가를 초래해 소득을 증가시킨다. 그러나 고정환율제도하에서 통화정책은 고정환율을 유지하는 데에만 사용될 뿐 소득에는 영향을 미치지 못한다.

먼델-플레밍 모형으로부터도 $P-Y$ 평면에서 우하향하는 총수요곡선을 도출할 수 있다. 먼델-플레밍 모형에서 물가수준이 하락하면 실질통화공급이 증가하여 LM^*곡선이 오른쪽으로 이동한다. LM^*곡선이 오른쪽으로 이동하면 실질환율이 상승하고 순수출이 증가하여 소득이 증가한다. 물가수준이 하락함에 따라 소득이 증가하므로 $P-Y$평면에서 우하향하는 총수요곡선을 도출할 수 있다.

연습문제 제 6 장

Questions and Practice

1. 소규모 개방경제가 변동환율제도를 채택하고 있을 때 다음 정책의 효과를 통상적인 *IS-LM*을 사용하여 분석하라.

(가) 확장적 재정정책

(나) 확장적 통화정책

2. 소규모 개방경제가 고정환율제도를 채택하고 있을 때 다음 정책의 효과를 통상적인 *IS-LM*을 사용하여 분석하라.

(가) 확장적 재정정책

(나) 확장적 통화정책

3. 변동환율제도하에서, 수입할당이나 관세부과 등과 같은 수입규제정책의 효과를 IS^*-LM^* 곡선을 사용하여 분석하라.

4. 고정환율제도하에서, 수입할당이나 관세부과 등과 같은 수입규제정책의 효과를 IS^*-LM^* 곡선을 사용하여 분석하라.

5. 순수출이 환율뿐만 아니라 실질소득의 함수라고 하자. 즉, 소득이 증가하면 수입이 증가해서 순수출이 감소한다고 하자. 이 경우 고정환율제도와 변동환율제도하에서 확장적 재정정책의 효과를 논하라.

6. 변동환율제도의 장단점을 논하라.

7. 고정환율제도하의 소규모 개방경제모형에서,

LM 곡선은 $Y=200r-200+2(M/P)$,

IS 곡선은 $Y=400+3G-2T+3NX-200r$,

NX=200-100e로 주어지고,

물가수준은 1, 국제이자율은 2라고 하자.

M=100, G=100, T=100으로 주어진다.

(가) 균형시장환율은?

(나) 통화당국이 공개시장매입을 50만큼 하면 균형소득은 얼마나 증가하는가?

8. 본문에서 우리는 수입품의 가격이 국내물가수준에 미치는 영향은 고려하지 않았다. 그러나 사람들은 상품 및 서비스를 구입하기 위해 화폐를 보유하므로 화폐시장에 영향을 미치는 물가수준은 국내제품의 가격(P^D)과 수입품 가격(eP^F)의 가중 평균이라고 할 수 있다. 이러한 사실을 반영하여 상품 및 화폐시장의 균형조건을 다음과 같이 다시 쓰자.

$$IS^*: \quad Y = C(Y-T) + I(r) + G + NX(e)$$

$$LM^*: \quad M/P = L(Y, r)$$

$$P = \lambda P^D + (1-\lambda)eP^F$$

(가) $e-Y$ 평면에서 IS^*, LM^*곡선을 도출하라.

(나) 변동환율제도하에서 재정정책의 효과를 논하라.

(다) 확장적 재정정책과 총공급곡선을 이동시키는 공급충격을 비교 설명하라.

9. 어떤 경제가 처한 상황을 IS, LM 곡선을 이용하여 아래 그림과 같이 나타내 보자. 그림에서처럼 순수출이 균형이 되는 소득수준과 자연율 수준의 소득수준이 일치하지 않는다고 하자.

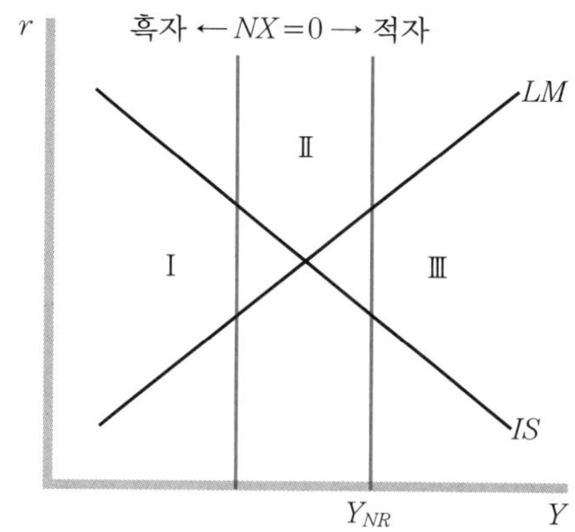

(가) 경제가 Ⅰ구역에 있는 경우 총수요 확장정책이 경제를 바람직한 방향으로 움직일 수 있음을 설명하라.

(나) 경제가 Ⅲ구역에 있는 경우 총수요 긴축정책이 경제를 바람직한 방향으로 움직일 수 있음을 설명하라.

(다) 경제가 Ⅱ구역에 있는 경우 정책당국이 정책딜레마에 빠짐을 설명하라.

7

단기총공급이론

한 여행자가 카니발로 붐비는 어떤 섬을 걷다가 정육점 앞에 섰다. 이 정육점은 인간의 뇌를 팔고 있었는데 가격표는 다음과 같다.

예술가의 머리: 9,000원/근
철학자의 머리: 12,000원/근
과학자의 머리: 15,000원/근
경제학자의 머리: 19,000원/근

가격표를 읽은 여행자가 주인에게 물었다.

"경제학자의 뇌가 잘 팔리는 모양이지요?"

주인이 대답하기를,

"농담하시는 거요! 경제학자의 뇌 한근을 구하려면 경제학자가 얼마나 많이 필요한지 아시오?"

주요개념

경직적 임금모형

경직적 물가모형

불완전 정보모형

합리적 기대론자

새케인즈학파

C·H·A·P·T·E·R

07 단기총공급이론

Robert E. Lucas Jr(1937-)

미국, 시카고대학 교수

1995년 노벨경제학상 수상
"합리적 기대가설의 개발과 적용을 통해 거시경제적 분석에 새바람을 일으키고 경제정책에 대한 우리의 이해를 심화시킨 공로"

단기총공급곡선의 형태에 관해서는 경제학자들 사이에 상당한 이견이 존재한다. 아마도 거시경제학에서 가장 어려운 부분이 단기총공급에 관한 이론이라고 해도 과언이 아닐 것이다. 합리적 기대론자들이 등장하기 이전의 고전학파는 물가와 임금이 신축적이므로 단기총공급곡선은 P-Y 평면에서 수직이라고 믿었다. 반면에 임금 및 물가수준이 경직적이라고 믿는 케인즈학파는 단기총공급곡선은 극단적으로는 수평이거나 적어도 우상향한다고 믿었다. 그러나 1970년대에 들어서면서 고전학파든 케인즈학파든 단기총공급곡선이 우상향한다는 점에 관해서는 거의 동의를 하게 된다. 다만 단기총공급곡선이 왜 우상향하는가에 관해서는 합리적 기대론자로 대표되는 고전학파와 케인즈학파가 여전히 견해를 달리하고 있다. 중요한 것은 단기총공급곡선이 우상향하는 경우 총수요의 변화는 생산을 장기적 균형인 자연율 수준에서 단기적으로 벗어나게 할 수 있다는 것이다.

본 장에서는 단기총공급곡선이 우상향하는 이유를 케인즈학파와 고전학파가 각각 어떻게 설명하는가를 알아보려고 한다. 케인즈학파는 단기총공급곡선이 우상향하는 이유는 기본적으로 임금이나 물가가 경직적이기 때문이라고 생각한다. 이에 반하여 고전학파는 단기총공급곡선이 우상향하는 이유는 임금이나 물가가 경직적이기 때문이 아니라 근로자나 기업이 불완전한 정보를 가지고 있기 때문이라고 생각한다.

우리가 도출하려고 하는 단기총공급곡선은 다음의 형태를 가진다.

$$Y = Y_{NR} + a(P - P^e),\ a > 0 \qquad \cdots\cdots (7-1)$$

또는

$$P = P^e + \frac{1}{a}(Y - Y_{NR}),\ a > 0 \qquad \cdots\cdots (7-1')$$

위의 식에서 Y는 생산을, Y_{NR}은 자연율 수준의 생산을, P는 물가수준을, P^e는 기대물가수준을 나타낸다. 위의 식은 물가수준이 기대물가수준보다 높으면 생산이 자연율 수준을 초과하고, 물가수준이 기대물가수준보다 낮으면 생산이 자연율 수준을 하회한다는 것을 시사한다. 모수 a는 생산이 예상하지 못한 물가수준의 변화에 어떻게 반응하는가를 나타내며, $1/a$은 총공급곡선의 기울기를 나타낸다. 아래에 제시된 모형들은 비록 설명방법은 각기 달리 하지만 기본적으로는 모두 특정시장의 불완전성(market imperfection)에 입각하고 있다.

제 1 절 케인즈학파의 단기총공급이론

1. 경직적 임금모형

이 모형은 1970년대에 피셔, 테일러 등의 새케인즈학파에 의해 미시경제학적 기초에 입각하여 제시된 모형이다. 임금은 노사간 단체협약에 의해 결정된다고 가정하자. 노사가 협약에 의해 결정하는 임금은 실질임금이 아니라 명목임금이다. 이것은 가정이지만 현실이기도 하다. 노사는 각기 목표로 하는 실질임금 수준이 있다. 목표실질임금은 노동시장의 균형을 달성하는 임금수준일 수도 있고, 아니면 노동조합의 교섭력이나 효율임금 등의 이유로 균형임금보다 높은 수준일 수도 있다. 실제의 단체협약에서 실질임금을 결정하는 경우는 거의 없다. 실제에 있어서 노사는 이번 임금교섭에서부터 다음 기의 노사협약까지의 물가를 예상하여 명목임금을 결정한다. 즉, 명목임금(W)은 목표실질임금(w)에 기대물가수준을 곱한 수준에서 결정된다고 볼 수 있다.

$$W = w \times P^e \qquad \cdots\cdots (7-2)$$

노사가 단체교섭에 의해 명목임금에 합의하고 나면 실질임금은 사후적으로 실제물가수준에 의해서 결정된다. 위 식의 양변을 실제물가수준으로 나누면 실질임금은 다음과 같다.

$$\frac{W}{P} = w \times \frac{P^e}{P} \qquad \cdots\cdots (7-3)$$

실제물가수준이 기대물가수준보다 높으면 실질임금은 기대 혹은 목표실질임금보다 낮고, 실제물가수준이 기대물가수준보다 낮으면 실질임금은 기대 혹은 목표실질임금보다 높게 된다.

고용은 실제실질임금을 관찰한 이후에 기업의 노동수요에 의해 결정된다고 가정하자. 노동수요함수는 실질임금의 감소함수이다. 즉, (실제)실질임금이 상승하면 기업의 노동수요는 감소하고, 실질임금이 하락하면 기업의 노동수요는 증가한다.

$$N=N^d(\underset{-}{W/P}) \qquad \cdots\cdots (7-4)$$

노동수요가 실질임금의 감소함수인 이유를 다른 각도에서 설명하면 다음과 같다. 기업이 근로자를 한 명 추가적으로 고용함으로써 발생하는 한계비용은 근로자에게 지불하는 임금(W)이다. 기업이 근로자를 한 명 추가적으로 고용함으로써 발생하는 한계수입은 늘어난 생산(MPL)을 시장에서 판매하여 얻는 수입($P\times MPL$)이다. 기업의 이윤극대화 조건은 한계비용=한계수입이므로 $W=P\times MPL$일 때 이윤이 극대화된다. 이 조건은 실질임금이 노동의 한계생산과 같을 때 기업의 이윤이 극대화됨을 의미한다. 따라서 기업의 노동에 대한 수요는 실질임금이 노동의 한계생산과 같은 수준에서 결정된다.

분석의 편의상 생산은 노동의 함수이고 노동의 한계생산은 체감한다고 하자. 이 경우 생산함수는 [그림 7-1]과 같을 것이다.

$$Y=F(N) \qquad \cdots\cdots (7-5)$$

노동의 한계생산이 체감하면 노동수요곡선 혹은 노동의 한계생산은 [그림 7-2]에서 보듯이 우하향하게 된다.

이제 물가수준이 기대물가수준보다 상승하면 실질임금은 목표실질임금보

그림 7-1 생산함수

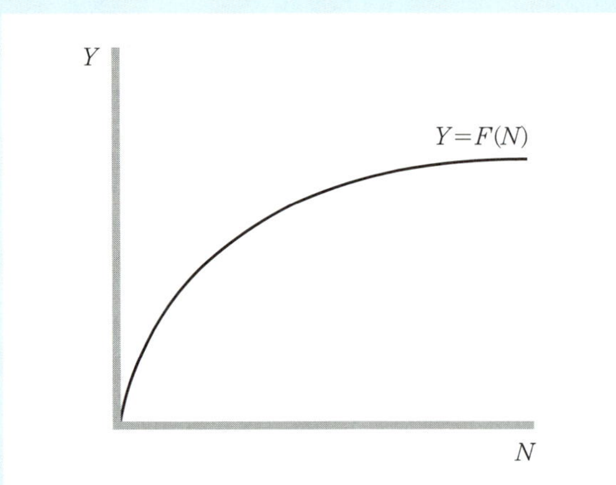

생산이 노동의 함수이고 노동의 한계생산이 체감하면 생산함수는 그림과 같다.

제 7 장 단기총공급이론 155

그림 7-2 노동의 한계생산

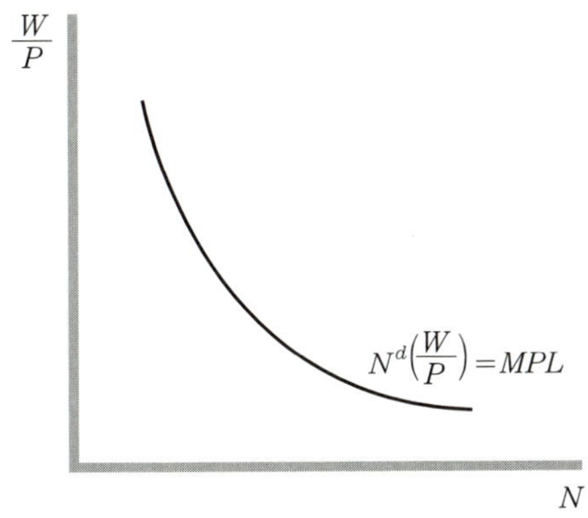

노동의 한계생산이 체감하면 노동수요곡선 혹은 노동의 한계생산은 우하향한다.

다 낮게 되고 기업의 노동수요는 증가하게 된다. 고용은 노동수요에 의해 결정되므로 고용이 증가하면 생산함수로부터 생산이 증가함을 알 수 있다. 이상의 분석으로부터 단기총공급곡선은 다음과 같이 나타낼 수 있음을 알 수 있다.

$$Y=Y_{NR}+a(P-P^e), \qquad a>0 \qquad \cdots\cdots (7-1)$$

실제물가수준이 기대물가수준과 동일할 때의 생산을 자연율 수준의 생산(Y_{NR})이라고 부르자. 생산은 실제물가수준이 기대물가수준과 차이가 날 때 자

그림 7-3 단기총공급곡선

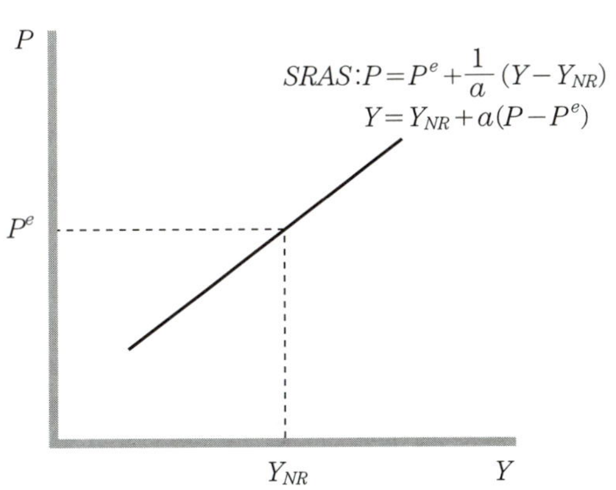

단기총공급곡선은 기대물가수준이 주어지면 $P-Y$ 평면에서 우상향한다. 실제물가수준이 기대물가수준과 일치할 때 생산이 자연율 수준과 일치하고, 실제물가수준이 기대물가수준보다 높으면 생산이 자연율 수준을 초과하며, 실제물가수준이 기대물가수준보다 낮으면 생산이 자연율 수준을 하회한다.

연율 수준의 생산과 달라진다. 실제물가수준이 기대물가수준보다 높으면 생산은 자연율 수준보다 높고, 실제물가수준이 기대물가수준보다 낮으면 생산은 자연율 수준보다 낮다. 단기총공급곡선은 기대물가수준이 주어지면 $P-Y$ 평면에서 우상향하며 이것은 [그림 7-3]에 나타나 있다. [그림 7-3]에서 보듯이 실제물가수준이 기대물가수준과 일치할 때 생산이 자연율 수준과 일치하고, 실제물가수준이 기대물가수준보다 높으면 생산이 자연율 수준을 초과하며, 실제물가수준이 기대물가수준보다 낮으면 생산이 자연율 수준을 하회한다.

이 모형의 시사점 가운데 하나는 실질임금이 경기역행적이라는 것이다. 이 모형에서는 기본적으로 고용이 노동수요에 의해 결정된다. 실질임금이 상대적으로 낮을 때 노동수요 혹은 고용이 증가하고, 생산이 증가한다. 따라서 실질임금과 생산은 반대 방향으로 움직인다. 케인즈 자신도 일반이론에서 실질임금이 하락해야만 고용이 증가할 수 있다고 언급하였다. 그러나 실증적으로 실질임금은 약하게 경기순응적이다.

실질임금이 경기순응적으로 변화하기 위해서는 경기변동 과정에서 $W/P-N$평면에서 그린 노동수요곡선이 이동해야 한다. 노동수요곡선이 이동하지 않는 한 실질임금이 하락해야만 고용이 증가하고 생산이 증가하기 때문이다. 이러한 문제점을 해결하기 위해 경직적 가격모형을 살펴보자.

2. 경직적 가격모형

앞의 모형이 노동시장에서 임금이 경직적이라는 사실을 강조한 반면, 이 모형은 상품시장에서 가격 혹은 물가수준이 경직적이라는 사실을 강조한다. 일부 기업은 비용이나 수요가 변하면 가격을 즉각 조정하는 반면, 일부 기업은 수요가 변하더라도 가격을 즉각 조정하지 않는다. 그 이유는 여러 가지가 있을 수 있다. 기업과 고객 간의 장기계약 때문일 수도 있고, 가격을 자주 변화시켜서 고객을 성가시게 하는 것을 기업이 피하려고 하기 때문일 수도 있으며, 카탈로그 판매처럼 한번 가격을 인쇄하여 배포하고 나면 다시 카탈로그를 인쇄하는 데 비용이 들기 때문일 수도 있다. 경제 내에는 가격을 그때그때의 상황에 따라서 신축적으로 변화시키는 기업도 있지만, 가격을 미리 설정하고 상대적으로 경직적으로 운용하는 기업도 있다. 후자의 예로는 좋은 생각, 뉴스위크와 같은 주간지, 맥도널드 같은 패스트 푸드, 빈(L. L. Bean)과 같은 카탈로그 판매 상품 등을 생각해 볼 수 있다.

총공급곡선을 도출하기 위해 시장상황에 따라 가격을 신축적으로 조정하는 기업과 가격을 경직적으로 운용하는 기업의 두 부류로 경제가 구성되어 있다고 가정하자. 가격을 신축적으로 조정하는 기업은 전반적인 물가수준(P)과 총수요에 입각하여 가격을 설정한다고 하자. 물가수준이 높다는 것은 기업의 비용이 높다는 것을 시사한다. 따라서 기업이 설정하는 가격(p)도 높아질 것이다. 총수요가 커지면 그 기업의 상품에 대한 수요도 대체로 높아질 것이다. 그런데 생산이 증가하면 한계비용이 증가할 것이므로 수요가 많을수록 기업은 높은 가격을 설정할 것이다. 이상의 분석으로부터 가격을 신축적으로 조정하는 기업의 가격설정방정식은 다음과 같음을 알 수 있다.

$$p = P + b(Y - Y_{NR}),\ b > 0 \qquad \cdots\cdots (7-6)$$

반면에 가격을 미리 결정하고 특별한 이유가 있지 않는 한 미리 결정한 가격을 고수하는 기업은 가격을 기대물가수준에서 설정한다고 가정하자.

$$p = P^e \qquad \cdots\cdots (7-7)$$

총공급곡선은 이들 두 부류의 기업들의 공급곡선의 가중평균이다. 가격을 경직적으로 운용하는 기업이 이 경제에서 차지하는 비중을 s, 가격을 신축적으로 운용하는 기업이 차지하는 비중을 $(1-s)$라고 하면 경제전체의 평균물가수준은 다음과 같다.

$$P = sP^e + (1-\mathrm{s})[P + b(Y - Y_{NR})] \qquad \cdots\cdots (7-8)$$

이 식을 정리하면 다음 식을 도출할 수 있다.

$$P = P^e + [(1-s)b/s](Y - Y_{NR}) \qquad \cdots\cdots (7-9)$$

위의 식은 경제전체의 물가수준이 기대물가수준과 생산수준에 의존함을 의미한다.

첫째, 기업들은 물가수준이 높을 것으로 예상하면 비용이 상승할 것으로 예상한다. 이러한 경우 가격을 미리 설정하는 기업들은 가격을 높은 수준에서 설정할 것이다. 이들이 가격을 높이 설정하면 평균물가수준이 상승하므로 다른 기업들도 가격을 높이 설정할 것이다. 결국 기대물가수준이 높으면 실제물가수준도 상승한다.

둘째, 수요가 많으면 생산이 증가하고, 생산이 증가하면 한계비용이 증가한다. 따라서 수요가 많으면 신축적 가격설정 기업들은 가격을 높이 책정할 것이다. 신축적 가격설정 기업들이 가격을 높이 설정하면 경제전체의 평균물가수준도 높아진다.

식 (7-9)를 다시 쓰면 다음과 같고, 이것은 우리가 도출하고자 하는 단기 총공급곡선이다.

$$Y = Y_{NR} + a(P - P^e), \qquad a = \frac{s}{(1-s)b} > 0 \qquad \cdots\cdots (7-1)$$

다른 모형들과 마찬가지로 물가수준이 기대물가수준보다 높으면 생산은 자연율 수준을 초과하고, 물가수준이 기대물가수준보다 낮으면 생산은 자연율 수준을 밑돌게 된다. 위의 식은 생산이 예상치 못한 물가수준의 변화에 반응하는 정도는 경직적(신축적) 가격설정 기업의 비중(s)이 높을(낮을)수록 크다는 것을 시사한다.

이 모형에서는 경직적 임금모형과는 달리 실질임금이 경기순응적일 수도 있다. 가격이 단기적으로 주어진 상태에서 수요가 감소하면 판매가 감소한다. 판매가 감소하면 기업은 생산을 감축하고 노동수요를 줄일 것이다. 즉, 생산이 감소하면 주어진 실질임금 수준에서 노동수요곡선이 왼쪽으로 이동한다. 노동수요곡선이 왼쪽으로 이동함에 따라서 실질임금과 고용이 하락하고 생산도 하락한다. 역으로 가격이 단기적으로 주어진 상태에서 수요가 증가하면 판매가 증가한다. 판매가 증가하면 기업은 생산을 증가시키고 노동수요를 늘릴 것이다. 즉, 생산이 증가하면 주어진 실질임금 수준에서 노동수요곡선이 오른쪽으로 이동한다. 노동수요곡선이 오른쪽으로 이동함에 따라서 실질임금과 고용이 증가하고 생산도 증가한다.

메뉴비용의 크기

레비-버겐-두타-베나블은 평균적으로 400개 이상의 점포를 가진 미국의 대표적 슈퍼마켓 체인 다섯 곳(1992년 미국전체 슈퍼마켓 매출액의 86.3%를 차지)의 가격조정과정을 분석하였다. 그들에 의하면 가격을 조정하는 일련의 과정은 여러 가지 단계를 포함하는 복잡한 과정이며 그 과정에서 상당한 자원이 사용된다.

그들은 메뉴비용을 다음의 4가지 항목으로 계산하였다.

(1) 선반과 매장 곳곳에 부착된 가격표를 바꾸는 데 소요되는 인건비,

(2) 새로운 가격표를 인쇄하고 배달하는 데 소요되는 비용,

(3) 가격표를 바꾸는 과정에서 발생한 실수로 유발되는 비용,

(4) 직원이 새로운 가격표를 붙이는 등의 가격조정 과정을 감독하는 데 소요되는 비용.

그들의 조사에 의하면 선반의 가격표를 바꾸는 데 소요되는 인건비는 전체 메뉴비용 중 약 49%, 매장 곳곳에 붙인 가격표시(예를 들면, 전품목 30% 할인 등)를 바꾸는 데 소요되는 비용은 약 21%를 차지하여 두 비용의 합이 전체 메뉴비용 중 약 70%를 차지한다. 새로운 가격표를 인쇄하고 배달하는 데 소요되는 두 번째 메뉴비용은 전체 메뉴비용의 약 6%를 차지한다. 세 번째 메뉴비용은 실수를 추적하고 교정하는 데 소모하는 시간, 실수에 따른 보상, 잘못된 가격을 보고 부적절한 재고관리를 함으로써 발생하는 비용 등을 포함하며 전체 메뉴비용의 약 19%를 차지한다. 네 번째 메뉴비용은 전체 메뉴비용의 약 5-6%를 차지한다.

점포별 메뉴비용은 평균적으로 수입의 0.7%, 순수익의 35.2%를 차지하고, 가격을 변화시킬 때마다 $0.52가 소요되는 것으로 나타난다. 법적으로 개별 품목마다 가격표를 붙여야 하기 때문에 메뉴비용이 높은 슈퍼마켓 체인 A는 다른 네 곳의 슈퍼마켓 체인보다 가격조정을 2.5배 덜 자주하는 것으로 나타나고, 같은 체인 A에서도 법적용을 받지 않는 품목은 법적용을 받는 품목보다 약 3배 정도 가격조정을 자주하는 것으로 나타난다. 이들의 연구를 종합하면 메뉴비용은 작지 않으며 이론적으로 가격조정의 장애가 될 정도의 크기가 되는 임계치(threshold)를 초과하는 것으로 보인다.

주목할 것은 슈퍼마켓 산업이 지역적으로는 완전경쟁에 가까운 산업이므로 가격변화 요인이 발생하면 가격을 조정하는 것이 유리하다는 것이다(완전경쟁산업에서 가격은 신축적임을 기억하라). 이 때문에 이들 슈퍼마켓 체인점들은 메뉴비용이 작지 않음에도 불구하고 매주 약 15-16% 품목의 가격을 조정하며, 비용상승을 경험하는 품목의 70-80%의 가격을 조정한다는 것이다. 따라서 이들의 연구에 의하면 메뉴비용이 빈번한 가격조정의 장애가 될 정도로 크기는 하지만 상당수 품목의 가격조정을 억제할 정도로 크지는 않다.

Levy, D., Bergen, M., Dutta, S. and R. Venable, "The Magnitude of Menu Costs: Direct Evidence from Large U.S. Supermarket Chains," *Quarterly Journal of Economics* 112, 1997, pp. 791-825.

제 2 절 합리적 기대론자들의 단기총공급이론

루카스를 대표로 한 합리적 기대론자들은 1970년대 초반 거시경제학의 미시경제학적 기초를 강조하고 경제주체들의 미래에 대한 합리적 예상을 거시경제이론에 도입함으로써 케인즈 이래 거시경제학의 주류로 풍미하던 케인즈학파의 경제학을 비판하였다. 그들의 이론은 케인즈학파로부터 많은 반발도 받았지만 그 이후 거시경제이론의 흐름을 바꾸어 놓을 정도로 거시경제학을 진일보시켰으며, 우리는 그들의 업적을 합리적 기대혁명이라고 부르고 있다. 본 장에서는 합리적 기대론자들의 대표적 단기총공급이론인 불완전 정보모형을 소개한다.

1. 불완전 정보모형(imperfect information model)

근로자와 고용주가 구분되지 않는 자가경영자를 상정해 보자. 노동시장은 청산되고 물가와 임금은 신축적이라고 가정하자.

자가경영자들은 한 가지 종류의 상품만 생산하며, 무수히 많은 자가경영자들이 무수히 많은 서로 다른 상품을 생산한다고 하자. 단, 자가경영자는 자기가 만드는 상품의 가격은 정확히 알고 있지만 전반적인 물가수준에 관해서는 정보가 불완전하다고 가정하자. 이러한 경우 자가경영자들은 전반적인 물가수준이 상승할 때 이것을 자신들이 생산하는 상품의 상대가격이 상승하는 것으로 착각할 수 있다.

자가경영자들은 이윤을 극대화하기 위해 자신들이 생산하는 상품의 상대가격이 상승하면 생산을 증가시키고 상대가격이 하락하면 생산을 감소시킬 것이다. 예를 들어서 어떤 사람이 빵가게를 경영하는데, 그는 이 가게의 유일한 근로자인 동시에 주인이라고 하자. 빵을 팔아서 벌어들인 수입이 그의 유일한 수입이라고 하면 빵의 가격은 사실상 그의 명목임금이고 전반적인 물가수준 대비 빵의 상대가격은 그의 실질임금이라고 할 수 있다. 만약 빵의 상대가격이 상승하면 빵가게 주인의 실질임금이 상승하므로 빵가게 주인은 일을 더하여 생산을 증가시킬 것이다. 역으로 빵의 상대가격이 하락하면 빵가게 주인의 실질임금이 하락하므로 빵가게 주인은 일을 덜하고 생산을 감소시킬 것이다.

그러면 개별 자가경영자들은 그들이 만드는 상품의 상대가격이 변화하는 것을 어떻게 아는가? 자신들이 만드는 상품의 상대가격을 알려면 전반적인 물가수준을 알아야 한다. 빵가게 주인은 자신이 판매하는 빵의 가격은 정확히 알지만 전반적인 물가수준에 관해서는 정확히 알지 못한다. 따라서 빵가게 주인은 빵의 상대가격을 계산하기 위해 그의 경험과 지식에 바탕을 두고 전반적인 물가수준에 관한 기대값을 형성한다.

빵가게 주인이 전반적인 물가수준이 5% 상승할 것으로 예상한다고 하자. 만약 빵가격이 5% 상승하면, 그는 빵가격의 상승이 그가 예상했던 전반적인 물가수준의 상승과 일치하므로 빵의 상대가격이 변화하지 않은 것으로 생각하고 생산을 변화시키지 않을 것이다. 만약 빵가격이 8% 상승하면, 그는 빵의 상대가격이 증가한 것으로 생각하고 생산을 증가시킬 것이다. 빵가격이 2% 상승하면, 그는 빵의 상대가격이 하락한 것으로 생각하고 생산을 감소시킬 것이다.

이제 모든 개별 자가경영자들이 전반적인 물가수준이 5% 상승할 것으로 예상한다고 하자. 만약 빵을 포함한 모든 상품의 가격이 5% 상승하면, 개별 자가경영자들은 자신들이 판매하는 상품의 상대가격이 변화하지 않았다고 생각하고 생산을 변화시키지 않을 것이다. 만약 빵을 포함한 모든 상품의 가격이 8% 상승하면, 개별 자가경영자들은 자신들이 판매하는 상품의 상대가격이 상승했다고 생각하고 생산을 증가시킬 것이다. 역으로 빵을 포함한 모든 상품의 가격이 2% 상승하면, 개별 자가경영자들은 자신들이 판매하는 상품의 상대가격이 하락했다고 생각하고 생산을 감소시킬 것이다. 따라서 불완전 정보모형에 따르면, 실제물가수준이 기대물가수준보다 높을 때 생산이 자연율 수준보다 크고, 실제물가수준이 기대물가수준 보다 낮을 때 생산이 자연율 수준보다 작게 된다. 이것을 수식으로 나타내면 다음과 같다.

$$Y = Y_{NR} + a(P - P^e), \qquad a > 0 \qquad \cdots\cdots \ (7-1)$$

제 3 절 장기총공급곡선

본 장에서 도출한 단기총공급곡선은 루카스가 주도한 합리적 기대혁명 이후 합리적 기대가설을 바탕으로 케인즈학파와 합리적 기대론자로 불리는 고전학파가 각각 그들의 시각하에서 도출한 것이다. 정보의 불완전성에 바탕을 둔 합리적 기대론자들의 단기총공급곡선은 루카스 공급곡선이라고도 불린다.

장기적으로는 케인즈학파도 임금 및 물가수준이 신축적이라는 것을 인정하므로 총공급곡선은 자연율 수준에서 수직이 된다. 합리적 기대론자들도 정보의 제약문제가 장기적으로 지속될 수는 없다고 생각한다(소비자물가지수는 매월 발표된다는 사실에 주목하라). 정보의 제약 문제가 없으면 개별 경제주체들이 물가수준이 어느 수준인지 정확히 알 수 있으므로 총공급곡선은 자연율 수준에서 수직이 될 것이다. 단기총공급곡선(*SRAS*)과 장기총공급곡선(*LRAS*)은 [그림 7-4]에 나타나 있다.

그림 7-4 단기 및 장기총공급곡선

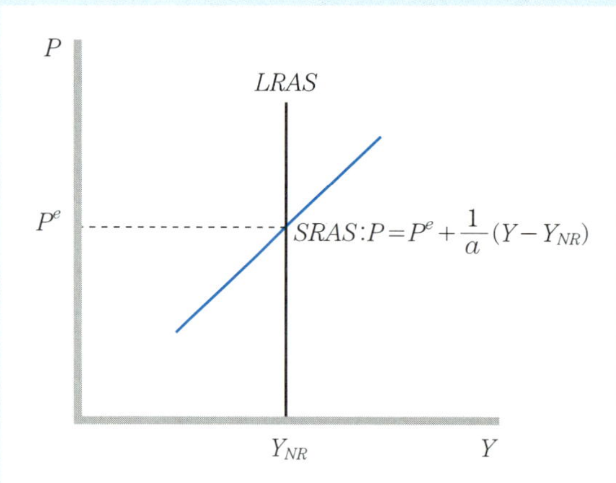

장기적으로는 케인즈학파도 임금 및 물가수준이 신축적이라는 것을 인정하므로 총공급곡선은 자연율 수준에서 수직이 된다. 합리적 기대론자들도 정보의 제약문제가 장기적으로 지속될 수는 없다고 생각한다. 정보의 제약문제가 없으면 개별 경제주체들이 물가수준이 어느 수준인지 정확히 알 수 있으므로 총공급곡선은 자연율 수준에서 수직이 된다.

제 4 절 총공급이론에 관한 실증분석

앞에서 제시한 모형들은 총공급곡선의 기울기에 관해 나름대로의 시사점을 가지고 있다. 루카스의 불완전 정보모형에 의하면 총수요의 변화와 총공급곡선의 기울기 간에는 밀접한 관계가 있다. 총수요의 변화가 잦은 경제에서는 물가수준의 변화도 심할 것이다. 이러한 경제에서는 물가수준의 변화가 상대가격의 변화보다는 전반적인 물가수준의 변화일 가능성이 크므로 공급자들은 예상치 못한 물가수준의 변화에 상대적으로 적게 반응할 것이다. 이것은 총수요의 변화가 심한 경제일수록 총공급곡선의 기울기가 상대적으로 급하고, 총수요의 변화가 생산에 미치는 효과가 작을 것임을 시사한다.

새케인즈학파의 경직적 가격모형도 고전학파의 모형과 동일한 시사점을 가지고 있다. 만약 물가수준의 변화가 심하면 사전에 가격을 설정하려고 하는 기업의 비중이 감소할 것이다. 경직적 가격설정 기업의 비중이 감소하면 총공급곡선의 기울기는 급해질 것이다.

경직적 가격모형은 또 다른 시사점을 가지고 있다. 만약 가격조정을 자주 하지 않기 때문에 단기총공급곡선이 수직이 아니라면 평균인플레이션율은 인플레이션의 변화폭과는 독립적으로 총공급곡선의 기울기에 영향을 미칠 것이다. 평균인플레이션율이 높을수록 기업은 전반적인 물가수준의 상승을 따라잡기 위해 가격조정을 조금 더 자주해야 할 것이다. 기업이 가격을 자주 조정한다는 것은 경제전체의 가격신축성이 높아지는 것을 의미하므로 총공급곡선의 기울기는 급해질 것이다. 즉, 평균인플레이션율이 높을수록 총공급곡선의 기울기는 급해지는 것이다. 볼-맨큐-로머의 연구[1)]에 의하면 평균인플레이션율이 낮은 경제일수록 총공급곡선의 기울기가 평평하다. 이것은 새케인즈학파의 견해를 뒷받침하는 실증적인 증거이다. 평균인플레이션이 높은 경제일수록 총수요의 변화가 생산의 변화보다는 물가수준의 변화로 반영되고, 평균인플레이

1) Ball, Laurence, Mankiw N. Gregory and David Romer, "The New Keynesian Economics and the Output-Inflation Tradeoff," *Brookings Papers on Economic Activity*, 1988:1, pp. 1-65.

션이 낮은 경제일수록 총수요의 변화가 물가수준의 변화보다는 생산의 변화로 반영됨을 시사하는 것이다.

제5절 맺음말

본 장에서는 우상향하는 단기총공급곡선을 케인즈학파의 시각과 합리적 기대론자로 대표되는 고전학파의 시각에서 도출하였다. 케인즈학파의 이론은 노동시장에서 임금이 경직적인 경우와 상품시장에서 상품의 가격 혹은 물가수준이 경직적인 경우로 나누어 소개하였다. 임금이 경직적인 경우의 문제점은 실질임금이 경기변동상에서 경기와 반대방향으로 움직여야 한다는 것이다. 즉 실질임금이 하락(상승)할 때 기업의 노동수요가 증가(감소)하고 생산이 증가(감소)한다. 그러나 현실적으로 실질임금은 (약하게) 경기순응적이다. 이런 실증적 사실을 설명하는 데 보다 적절한 모형은 경직적 가격모형이다. 상품시장에서 가격이 경직적인 경우, 수요가 감소하면 판매가 감소한다. 판매가 감소하면 기업은 생산을 감축하고 노동수요를 줄일 것이다. 즉, 생산이 감소하면 주어진 실질임금 수준에서 노동수요곡선이 왼쪽으로 이동한다. 노동수요곡선이 왼쪽으로 이동함에 따라서 실질임금과 고용이 하락하고 생산도 감소한다. 따라서 실질임금은 경기순응적이다. 고전학파는 임금이나 가격의 경직성보다는 정보의 불완전성에 입각하여 우상향하는 단기총공급곡선을 도출한다. 경제전체의 물가수준에 대한 정보가 불확실하면 경제주체들은 상대가격의 변화와 전반적인 물가수준의 변화를 정확히 구분하지 못하게 된다. 이런 경우 전반적인 물가수준이 상승할 때 합리적인 경제주체들은 가격 상승 중 일부는 상대가격의 변화를 반영한다고 판단하여 생산을 증가시키게 된다. 즉 단기적으로 총공급곡선이 우상향한다.

케인즈학파는 임금이나 물가수준이 단기적으로는 경직적이지만 장기적으로는 신축적이라고 생각하므로 장기적으로 총공급곡선은 수직이 된다. 고전학파도 정보의 불완전성은 단기적 현상이므로 장기적으로 총공급곡선은 수직이라고 생각한다.

연습문제 제 7 장

Questions and Practice

1. 현실경제에서 비용조건이 변화하더라도 가격을 일정 기간 유지하는 사례를 들어라.

2. 생산함수는 $Y=1,000N^{1/2}$, 노동수요함수는 $N=250,000(P/W)^2$로 주어진다. 기대물가수준은 10이고 명목임금은 20으로 결정되었다. 고용은 노동수요에 의해 결정된다고 하자. 실제물가수준이 10에서 20으로 증가하면 생산은 어떻게 변화하는가?

3. 모든 근로자들이 노사협상을 통해 명목임금을 체결하고 고용은 사용자에게 일임하는 경우를 고려해 보자. 생산함수는 $Y=20\sqrt{N}$ 로 주어진다. 명목임금은 20으로 설정된다고 하자.

(가) 실질임금을 기업의 노동수요와 연결하는 식을 도출하라.

(나) 명목임금이 20일 때 물가수준과 기업의 노동수요 간의 관계를 도출하라.

(다) 물가수준과 기업의 상품공급 간의 관계를 도출하라.

이제 IS곡선과 LM곡선이 다음과 같이 주어진다고 하자.

$$IS\text{곡선}: Y=120-500r$$
$$LM\text{곡선}: \frac{M}{P}=0.5Y-500r$$

(라) 통화공급이 $M=300$으로 주어진다. 총수요곡선을 도출하라.

(마) 균형물가수준, 생산, 고용, 실질임금, 실질이자율을 구하라.

(바) 통화공급이 135로 감소할 때 균형물가수준, 생산, 고용, 실질임금, 실질이자율을 구하라.

4. 임금과 물가는 신축적이라고 하자. 근로자는 그들이 받는 명목임금은 정확히 알지만 전체 물가수준에 관한 정보의 제약으로 인해 실질임금은 정확히 모른다고 가정하자. 노동수요는 실질임금의 감소함수이며 고용주는 실질임금을 정확히 안다고 가정한다. 노동공급은 실질임금의 증가함수이지만 근로자가 실질임금에 대하여 정확한 정보를 가지고 있지 못하므로 노동공급은 기대실질임금의 증가함수라고 하자.

(가) 기대실질임금을 실질임금과 근로자의 물가수준에 대한 착각(P/P^e; misperception)의 곱으로 표시하라.

(나) 노동수요곡선과 노동공급곡선을 W/P–N 평면에 나타내라.

(다) 이제 물가수준이 상승한다고 하자. 근로자가 이것을 정확히 예상하는 경우 균형실질임금과 균형고용은 어떻게 변화하는가?

(라) 물가수준이 상승하지만 근로자가 이를 예상하지 못한 경우 균형실질임금과 균형고용은 어떻게 변화하는가?

(마) 이상의 분석을 바탕으로 단기총공급곡선을 도출하라.

(바) 이 모형에서 실질임금은 경기순응적인가?

8 필립스곡선

클린턴 대통령과 옐친 대통령이 정상회담 도중 잠시 쉬며 한담을 나누었다.

옐　친: 빌, 내 경호원 100명 중 한 명이 배신자인데 그가 누군지 몰라서 걱정이오.

클린턴: 보리스, 그것은 큰 문제가 아니오. 나는 정책결정을 하기 전에 100명의 경제학자의 견해를 들어야 하는데 그 중 한 명만이 진실을 이야기하오. 그런데 진실을 이야기하는 사람이 항상 변하니 나 참…

주요개념

필립스곡선

기대첨가형 필립스곡선

수요견인 인플레이션

비용상승 인플레이션

자연실업률

고전학파적 이분법

화폐의 중립성

장기필립스곡선

반인플레이션정책

급진적 정책(cold-turkey policy)

점진적 정책(gradualism)

희생비율

물가연동 임금계약

C·H·A·P·T·E·R

08 필립스곡선

제 1 절 필립스곡선
제 2 절 반인플레이션(disinflation) 정책
제 3 절 물가연동 임금계약과 필립스곡선
제 4 절 맺음말

Milton Friedman(1912-2006)

미국, 시카고대학 교수

1976년 노벨경제학상 수상
"소비, 화폐이론에 대한
업적과 정부의 경기안정화정책의
복잡성을 보여준 공로"

필립스곡선은 원래 1958년 영국의 경제학자 필립스가 1861-1957 기간 동안 영국의 임금상승률과 실업률 간의 역관계를 발견함으로써 붙여진 이름이다. 그러나 지금은 물가상승률과 실업률 간의 역관계를 나타내는 개념으로 쓰인다. 필립스곡선이 처음에 각광을 받았던 중요한 이유는 그것이 정책담당자로 하여금 인플레이션과 실업률 간의 역관계를 이용할 수 있는 실증적 증거를 제시했다는 점이다. 필립스곡선에 의하면 높은 실업률을 우려하는 정책담당자는 단기적으로 물가를 희생하면서 실업률을 줄이는 총수요 확장정책을 사용할 수 있고, 높은 인플레이션을 우려하는 정책담당자는 단기적으로 실업률이 상승하더라도 인플레이션율을 낮추는 긴축정책을 사용할 수 있다. 필립스곡선은 경기안정화정책의 중요한 실증적 근거로서 이용되었던 것이다. 그러나 1970년대에 접어들면서 미국을 비롯한 선진 산업국들이 높은 인플레이션율과 높은 실업률을 동시에 경험하게 되자 필립스곡선에 대한 회의가 제기되고 프리드만과 펠프스 등이 제시한 기대첨가형 필립스곡선이 기존의 단순한 필립스곡선을 대체하게 된다.

제 1 절 필립스곡선

필립스곡선은 기본적으로 총공급곡선과 같다. 총공급곡선을 다음과 같이 나타내자.

$$p = p^e + a(y - y_{NR}), \qquad a > 0 \qquad \cdots\cdots (8-1)$$

위의 식에서 각각의 변수는 로그를 취한 값이라고 하자. 양변에서 전기의 물가수준 p_{-1}을 빼면 다음과 같다.

$$p - p_{-1} = p^e - p_{-1} + a(y - y_{NR}), \qquad a > 0 \qquad \cdots\cdots (8-2)$$

인플레이션을 $\pi = p - p_{-1}$로 정의하면 위의 식은 다음과 같이 쓸 수 있다.[1)]

$$\pi = \pi^e + a(y - y_{NR}) \qquad \cdots\cdots (8-3)$$

생산과 실업 간의 역관계를 나타내는 오쿤의 법칙을 위의 식에 대입하면 다음 식을 구할 수 있다.

$$\pi = \pi^e - b(u - u_{NR}), \qquad b > 0 \qquad \cdots\cdots (8-4)$$

위의 식에 오일 쇼크, 정부의 가격통제, 최저임금법 등 물가수준에 영향을 미치는 외생적 요인들을 반영하기 위해 공급충격(θ)을 더하면 다음과 같다.

$$\pi = \pi^e - b(u - u_{NR}) + \theta \qquad \cdots\cdots (8-5)$$

1) 소문자는 해당 변수에 log 값을 취한 것이라고 하자. 이 경우 $lnP_t - lnP_{t-1} = ln\frac{P_t}{P_{t-1}} = ln\left(\frac{P_t - P_{t-1}}{P_{t-1}} + 1\right) \approx \frac{P_t - P_{t-1}}{P_{t-1}} = \pi_t$가 성립한다.

이것을 기대첨가형(expectation augmented) 필립스곡선이라고 부르며, 인플레이션은 기대인플레이션, 실업률과 자연실업률의 차이를 나타내는 경기적 실업, 공급충격 등에 의존함을 알 수 있다.

식 (8-5)에서 기대인플레이션과 공급충격을 배제한 것을 원래의 필립스곡선으로 볼 수 있다. 원래의 필립스곡선은 인플레이션과 실업 간의 역관계를 나타냄에 반해 기대첨가형 필립스곡선은 예상하지 못한 인플레이션과 경기적 실업(=실제실업률−자연실업률) 간의 역관계를 나타낸다. 따라서 기대첨가형 필립스곡선하에서 실업률을 자연율 수준보다 낮추려면 통화당국은 민간이 기대하는 것보다 높은 인플레이션을 유발시켜야 한다.

기대첨가형 필립스곡선의 첫 번째 항은 실제인플레이션이 기대인플레이션에 의존함을 의미한다. 실업률이 자연율 수준에 있고 공급충격이 없으면 물가수준은 기대인플레이션과 같은 비율로 증가한다. 높은 인플레이션이 예상되면 임금이 상승하고, 임금이 상승하면 상품의 가격이 상승한다. 이것은 인플레이션이 관성을 가지고 있음을 의미한다. 사람들이 인플레이션이 높을 것으로 예상하면 물가수준은 높은 비율로 상승하는 것이다. 만약 실업률이 자연실업률 수준에 있으면 공급충격이 없는 한 실제인플레이션은 기대인플레이션과 동일하다. 실제인플레이션이 기대인플레이션과 동일하면 인플레이션은 가속되거나 감속되지 않고 일정하게 유지될 것이다. 이러한 의미에서 자연실업률을 인플레이션 비가속 실업률(NAIRU: nonaccelerating inflation rate of unemployment)이라고도 부른다.

기대첨가형 필립스곡선의 두 번째 항은 실업률이 높으면 인플레이션율은 낮아지고, 실업률이 낮으면 인플레이션율은 높아지는 것을 의미한다. 총수요 확장정책을 사용해서 실업률을 낮추면 인플레이션율이 높아지고, 총수요 긴축정책을 사용하여 실업률을 높이면 인플레이션율이 낮아지므로 두 번째 항은 수요견인(demand pull) 인플레이션을 반영한다고 할 수 있다.

기대첨가형 필립스곡선의 세 번째 항은 원유가격이 오르거나 원자재 가격이 오르는 등 부정적 공급충격이 발생하면 인플레이션율이 올라가고, 원유가격이 하락하는 등 긍정적 공급충격이 오면 인플레이션율이 내려가는 것을 의미한다. 따라서 세 번째 항은 비용상승(cost push) 인플레이션을 반영한다고 할 수 있다.

주어진 시점에서 기대인플레이션(첫째항)이나 공급충격(셋째항)은 정책담당자가 조절할 수 있는 것은 아니다. 정책담당자는 통화정책이나 재정정책을

그림 8-1 단기필립스곡선

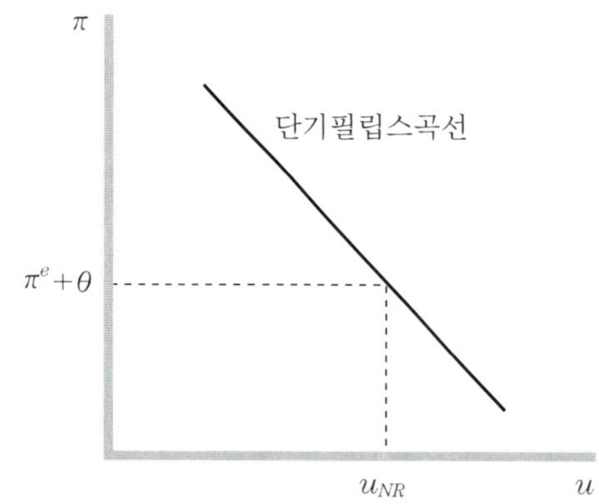

단기필립스곡선은 $\pi-u$ 평면에서 우하향한다. 실업률이 자연율 수준에 있을 때 인플레이션율은 기대인플레이션율+공급충격과 같다.

사용하여 실업률을 조절할 수 있다. 따라서 단기필립스곡선이 $\pi-u$ 평면에서 우하향한다면 정책담당자는 총수요정책을 통해 그들이 원하는 곡선상의 점을 선택할 수 있다. 단기필립스곡선은 [그림 8-1]에 나타나 있다. 그림에서 보듯이 실업률이 자연율 수준에 있을 때 인플레이션율은 기대인플레이션율+공급충격과 같다.

단기필립스곡선은 기대인플레이션율이 상승하거나, 부정적 공급충격이 발생하거나, 자연실업률이 증가하면 위로 (또는 오른쪽으로) 이동한다. [그림

그림 8-2 자연실업률의 증가와 단기필립스곡선의 이동

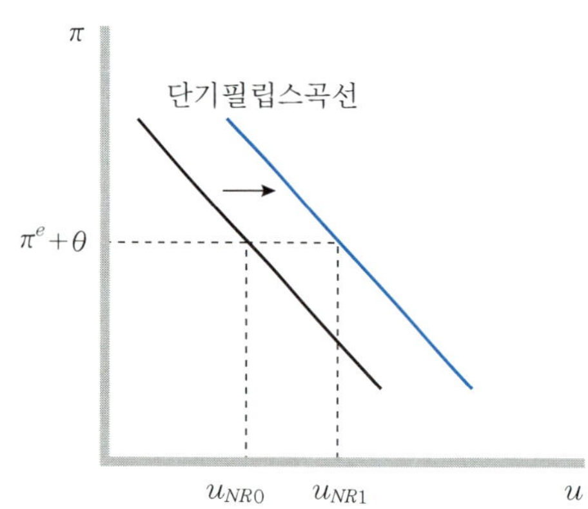

단기필립스곡선은 자연실업률이 증가하면 위로 (또는 오른쪽으로) 이동한다. 자연실업률이 증가하면, 실업률이 새로운 자연율 수준에 있을 때 실제인플레이션율이 기대인플레이션율+공급충격과 같으므로 단기필립스곡선은 오른쪽으로 이동해야 한다.

8-1]로부터 주어진 자연실업률 수준에서 기대인플레이션율이 상승하거나 부정적 공급충격이 발생하면 단기필립스곡선이 위로 이동함을 쉽게 이해할 수 있다. 자연실업률이 증가하면 실업률이 새로운 자연율 수준에 있을 때 실제인플레이션율이 기대인플레이션율+공급충격과 같으므로 단기필립스곡선은 [그림 8-2]에 나타난 것처럼 오른쪽으로 이동해야 한다. 생산에 지속적이고 항구적인 영향을 미치는 공급충격이 발생하면 근로자와 직업 간의 잘못된 만남(mismatch)이 증가하여 자연실업률이 증가할 수도 있다. 예를 들어서, 원유가격이 상승하면 원유를 많이 사용하는 산업에서는 실업이 발생하고 원유를 공급하는 산업에서는 신규 고용이 필요할 것이다. 그러나 근로자와 직업에 관한 정보가 불완전하므로 마찰적 실업이 증가할 수 있다. 마찰적 실업이 증가하면 자연실업률도 증가할 것이다.

이미 언급하였듯이 단기필립스곡선은 기대인플레이션에 의존한다. 프리드만과 펠프스는 근로자들이 항상 실제인플레이션을 과소예측해야만 인플레이션과 실업이 서로 상충관계(trade-off)를 가지는데, 이것이 영원히 지속될 수는 없다고 주장했다. 만약 기대인플레이션이 상승하면 단기필립스곡선은 [그림 8-3]에 나타나 있듯이 위로 이동한다. 이것은 정책담당자가 직면하고 있는 인플레이션과 실업률 간의 역관계가 무너지는 것을 의미한다. 만약 정책담당자가 실업률을 자연율 수준보다 낮게 유지하기 위해 계속해서 인플레이션을 기대인플레이션보다 높게 유지하면 경제주체들은 그들의 기대인플레이션을 높게

그림 8-3 단기필립스곡선의 이동

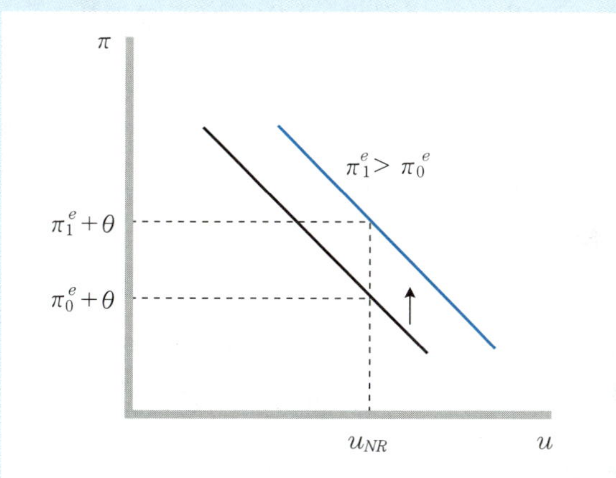

단기필립스곡선은 기대인플레이션에 의존한다. 프리드만과 펠프스는 근로자들이 항상 실제 인플레이션을 과소예측해야만 인플레이션과 실업이 서로 상충관계(trade-off)를 가지는데 이것이 영원히 지속될 수는 없다고 주장했다. 만약 기대인플레이션이 상승하면 단기필립스곡선은 위로 이동하여 인플레이션과 실업의 상충관계가 무너진다.

그림 8-4 장기필립스곡선

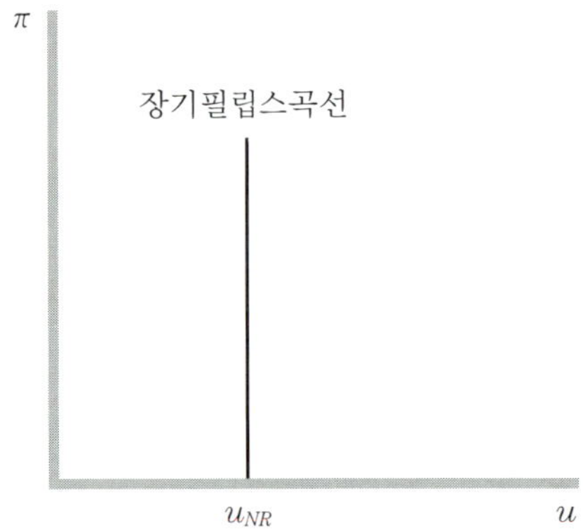

기대인플레이션이 실제인플레이션과 같아지면 실업률은 자연율 수준으로 돌아온다. 이것은 단기필립스곡선은 우하향하더라도 장기적으로 필립스곡선은 자연실업률 수준에서 수직이 되고 고전학파적 이분법(Classical Dichotomy)이 성립함을 시사한다.

수정할 것이고, 단기필립스곡선은 계속해서 위로 이동하게 될 것이다. 합리적 기대가설에 의하면 경제주체들은 구조적이고 지속적인 실수를 거듭하지 않으므로 경제주체들의 기대인플레이션은 결국 정책담당자가 결정하는 실제인플레이션과 평균적으로 같아질 것이다. 따라서 고전학파는 필립스곡선이 정책담당자들이 조직적으로 이용할 수 있는 실업과 인플레이션 간의 상충관계를 나타낸다고 보지 않는다.

기대인플레이션이 실제인플레이션과 같아지면 실업률은 자연율 수준으로 돌아온다. 이것은 단기필립스곡선은 우하향하더라도 장기적으로 필립스곡선은 [그림 8-4]와 같이 자연실업률 수준에서 수직이 됨을 의미한다. 장기필립스곡선이 자연율 수준에서 수직이면 명목변수의 변화가 실질변수에 영향을 미치지 못하는 고전학파적 이분법(classical dichotomy)이 성립한다.

총공급곡선이 장기적으로 자연율 수준의 생산에서 수직이 되는 것을 고전학파와 케인즈학파가 동의하는 것처럼, 장기필립스곡선이 자연실업률 수준에서 수직이 되는 것은 고전학파와 케인즈학파 모두 인정한다고 할 수 있다. 한 가지 주목해야 할 것은 총공급곡선이 수직이면 통화량의 변화는 생산에 영향을 미칠 수 없다. 즉, 화폐는 중립적이다. 이에서 한 걸음 더 나아가 필립스곡선이 수직이면 통화증가율의 변화는 생산에 영향을 미칠 수 없다.[2)]

---

2) 통화와 물가수준의 관계는 수량방정식으로부터 유추할 수 있다. 마찬가지로 수량방정식을 증가율로 표시하면 통화증가율과 인플레이션율의 관계를 유추할 수 있는데, 자세한 것은 제25장으로 미룬다.

제 2 절 반인플레이션(disinflation) 정책

단기필립스곡선은 인플레이션율을 줄이려면 실업률의 증가와 생산의 감소를 감수해야 함을 시사한다. 인플레이션율을 1% 줄이기 위해 감수해야 하는 생산의 감소비율을 희생비율(sacrifice ratio)이라고 한다. 희생비율은 나라마다 다르고 한 나라에서도 시기적으로 일정하지는 않다.

인플레이션을 급격히 줄이는 것이 바람직한지 혹은 서서히 줄이는 것이 바람직한지에 관해서는 학자들간에 의견이 다르다. 일부 학자(고전학파)들은 인플레이션을 급격히 줄이는 급진적 정책(cold turkey)이 바람직하다고 주장하고, 일부 학자(케인즈학파)들은 인플레이션을 서서히 줄이는 점진적 정책(gradualism)이 바람직하다고 주장한다. 만약 희생비율이 5이면 즉, 인플레이션을 연 1% 하락시키기 위해 연간 5%의 GDP 감소를 감수해야 한다면, 인플레이션율을 지금보다 총 5% 감소시키기 위해서는 연간 GDP를 25% 감소시켜야 한다. 문제는 이것을 1년에 해치울 것이냐, 아니면 약 5년간 매년 5%의 GDP 감소를 감수할 것이냐, 아니면 약 10년간 매년 2.5%의 GDP 감소를 감수할 것이냐 하는 선택의 문제이다.

이 문제의 선택에 있어서 중요한 고려사항은 사람들의 기대인플레이션이다. 합리적 기대가설에 의하면 사람들은 모든 이용가능한 정보를 사용하여 기대를 형성한다. 과거의 인플레이션율뿐만 아니라 현재의 통화, 재정정책 및 미래에 사용될 것으로 예상되는 정책도 사람들의 기대에 영향을 미친다. 따라서 정책담당자는 그들의 정책결정이 경제주체들의 기대에 미치는 영향까지 고려해서 정책을 결정해야 한다.

합리적 기대론자들은 단기필립스곡선이 반인플레이션 정책실시에 따르는 희생을 과장하고 있다고 생각한다. 합리적 기대론자들에 의하면 정책결정자들의 반인플레이션 의지가 확실하다고 경제주체들이 믿으면 그들은 즉각적으로 기대인플레이션을 하향 조정한다는 것이다. 따라서 위에서 이야기한 희생비율에 근거한 정책선택은 문제를 왜곡시키고 있다는 것이다. 반인플레이션 정책이 경제주체들의 신뢰를 획득하면 인플레이션을 하락시키는 정책의 비용이 희생비율이 시사하는 것처럼 크지는 않다는 것이다. 만약 사람들이 기대인플레이션을 형성하기 이전에 정책당국이 반인플레이션 정책을 선언하고 민간 경제주체들이 이러한 정책을 철저히 신뢰하면, 기대인플레이션은 정책당국자가 목표하는 수준으로 즉각적으로 조정되므로 생산감소 및 실업증가의 고통없이 반인플레이션은 달성될 수 있다.

피셔(Stanley Fischer)와 테일러로 대표되는 케인즈학파 경제학자들은 반인플레이션 정책과 관련하여 현실적으로 임금이나 가격이 경직적이라는 사실을 강조한다. 피셔는 이미 임금이 설정된 다음에는 정책당국이 반인플레이션 정책을 선언하고 민간이 이를 신뢰하더라도 급격한 통화공급 감소는 불황을 초래할 것이라고 주장한다. 따라서 피셔에 따르면 반인플레이션 정책은 임금이 설정되기 전에 충분한 시간을 갖고 사전에 선언되는 것이 바람직하다. 테일러는 이에서 한 걸음 더 나아가 임금 및 가격조정의 층차화를 강조한다. 임금 및 가격조정이 층차화되어 있는 경우에는 설사 근로자들이 반인플레이션 정책을 신뢰한다 하더라도 다른 사람들은 아직 임금계약을 체결하지 않았는데 자신들만 상대적으로 임금이 하락하는 것을 감수하려고 하지 않으므로 인플레이션율이 정책당국이 생각하듯이 빨리 하락하지 않는다. 즉, 통화증가율이 감소하는 비율만큼 인플레이션율이 하락하지 않으므로 실질화폐공급이 감소하여 불황이 초래된다. 이런 경우 최선의 정책은 처음에는 통화증가율을 천천히 감소시키되 조만간 더 급격히 감소시킨다고 선언하여 경제주체들이 이를 충분히 예상하고 임금계약을 체결하도록 유도하는 것이다. 그러나 이 경우에도 지금 당장이 아니라 앞으로 인플레이션율을 과감히 낮추겠다는 선언이 과연 민간의 신뢰를 획득할 수 있느냐 하는 문제가 남는다.

현실적으로 반인플레이션 정책이 합리적 기대론자들이 주장하는 것처럼 고통없이 달성될 수 있는가는 경험적인 문제라고 볼 수 있다. 미국의 경우, 1979년 10월 당시 미연방 준비제도 이사회 의장 폴 볼커가 거의 두 자리 수에 육박하던 인플레이션을 잡기 위해 강력한 긴축통화정책을 실시하였다. 그 결과 1981년 9.7%에 달하던 인플레이션이 1985년에는 3% 수준으로 하락하였다. 한편 같은 기간 동안 실업률은 1982년에 9.5%, 1983년에 9.5%, 1984년에 7.4%, 1985년에 7.1%였다. 만약 이 기간 동안 자연실업률이 6%였다고 가정하면, 인플레이션을 6.7% 하락시키기 위해서 경기적 실업이 누적해서 9.5(=3.5+3.5+1.4+1.1)% 증가한 것을 감수한 셈이 된다. 실업률이 1% 증가할 때 GDP가

2% 하락한다고 가정하면, 결국 인플레이션율을 6.7% 하락시키기 위해서 19%의 GDP 감소를 감수한 것이다. 따라서 볼커의 반인플레이션 정책의 경우 희생비율은 약 2.8 정도였다고 추정된다. 이것은 볼커의 정책이 실시되기 전에 추정되었던 희생비율보다는 작은 값이다. 그러나 이러한 급진정책에도 불구하고 기대인플레이션이 순식간에 조정되지는 않았고 실업의 증가라는 희생을 감수해야만 했다. 결국 연방준비제도 이사회의 정책은 인플레이션을 정복하는 데는 성공했지만 실업이 급증하고 생산이 급감하는 불황의 심화를 초래했다. 이러한 사례는 반인플레이션 정책이 수반하는 인플레이션과 실업(및 생산) 간의 상충관계를 보여준다고 하겠다.

제 3 절 물가연동 임금계약과 필립스곡선

물가연동 임금계약이 인플레이션의 변화에 미치는 영향을 분석하기 위해, 인플레이션율이 높아질수록 임금계약 가운데 물가연동 임금계약이 차지하는 비중이 증가한다고 하자. 전체 임금계약 가운데 λ%는 물가연동계약이고 $(1-\lambda)$%는 기대인플레이션에 입각한 계약이라고 하면, 앞에서 도출한 필립스곡선은 다음과 같이 쓸 수 있다.

$$\pi = \lambda\pi + (1-\lambda)\pi^e - b(u - u_{NR}) + \theta \qquad \cdots\cdots \ (8-6)$$

위의 식을 다시 정리하면 다음과 같다.

$$\pi = \pi^e - \frac{b}{1-\lambda}(u - u_{NR}) + \frac{\theta}{1-\lambda} \qquad \cdots\cdots \ (8-7)$$

따라서 임금계약 가운데 물가연동계약이 차지하는 비중(λ값)이 커질수록 $b/(1-\lambda)$값이 커지므로 실업이 인플레이션에 미치는 영향이 커진다고 할 수 있다. 즉, 실업률이 1% 감소할 때 λ 값이 클수록 인플레이션율이 많이 상승한다. 만약 기대인플레이션율이 전기의 인플레이션율과 같다면 임금계약 가운데 물가연동계약이 차지하는 비중(λ값)이 커질수록 실업이 인플레이션의 변화

$(\pi-\pi_{-1})$에 미치는 영향이 커진다. 일반적으로 인플레이션율이 상승하면 인플레이션의 변화도 심해지며, 이것을 프리드만 효과라고 한다. 인플레이션율이 높아질수록 임금을 물가수준에 연동해서 계약하는 비중이 증가한다고 하자. 이 경우 (총수요의 변화에 따른) 실업률의 변화는 ($\pi^e=\pi_{-1}$이라는 가정하에) 인플레이션율의 변화에 큰 영향을 미치게 되므로 물가연동 임금계약은 프리드만 효과를 설명하는 하나의 경로가 될 수 있다.

물가연동 임금계약이 차지하는 비중이 1에 가까와지면 실업률이 조금만 변해도 인플레이션율이 크게 변한다. 즉, 실업률이 거의 변하지 않더라도 인플레이션율은 크게 변할 수 있다. 인플레이션율이 매우 높아지면 실업과 인플레이션과의 관계는 점점 더 취약해져서 궁극적으로는 존재하지 않게 된다. 이런 현상은 인플레이션율이 매우 높은 경제에서 흔히 발생한다.

제4절 맺음말

본 장에서는 총공급곡선으로부터 필립스곡선을 도출하였다. 필립스곡선은 원래 인플레이션율과 실업률 간의 역관계를 나타냈지만 현대 거시경제학에서는 예상치 못한 인플레이션과 경기적 실업 간의 역관계를 나타낸다.

단기적으로 총공급곡선이 물가수준－실질생산 평면에서 우상향하는 것처럼 필립스곡선도 인플레이션율－생산 평면에서 우상향한다. 생산과 실업률 간의 역관계(오쿤의 법칙)를 이용하면 필립스곡선은 인플레이션율－실업 평면에서 우하향한다. 단기필립스곡선은 기대인플레이션율이 상승함에 따라 $\pi-u$ 평면에서 위로 이동하고, 장기적으로 기대인플레이션율이 실제인플레이션율과 같아질 때 자연실업률 수준에서 수직이 된다.

인플레이션율이 높을 때 인플레이션율을 낮추는 정책을 반인플레이션 정책이라고 한다. 단기필립스곡선에 의하면 인플레이션율을 낮추기 위해서는 실업률의 증가 혹은 생산의 감소를 감수해야 한다. 인플레이션율을 1% 낮추기 위해 감수해야 하는 생산의 감소 비율을 희생비율이라고 한다. 반인플레이션 정책을 실시할 때 인플레이션을 급격히 줄이는 것이 바람직한지 혹은 서서히 줄이는 것이 바람직한지에 관해서는 학자들간에 의견이 다르다. 일부 학자(고전학파)들은 인플레이션을 급격히 줄이는 급진적 정책(cold turkey)이 바람직하다고 주장하고, 일부 학자(케인즈학파)들은 인플레이션을 서서히 줄이는 점진적 정책(gradualism)이 바람직하다고 주장한다. 적어도 이론적으로는 정부가 반인플레이션 정책을 실시할 때 민간이 이를 신뢰하고 기대인플레이션율을 낮추면 희생비율은 0이 될 수 있다. 그러나 각국의 경험에 의하면 희생비율은 0보다는 상당히 큰 것으로 보인다.

부록 필립스곡선의 도출

1. 임금설정방정식

근로자와 사용자 간의 임금설정이 다음 식과 같이 이루어진다고 하자.

$$W = P^e \cdot F(u, z)$$

여기에서 위첨자 e는 합리적 기대, u는 실업률, z는 실업률 이외에 임금에 영향을 미치는 다른 요인들 예를 들면, 노동조합의 존재 등을 나타낸다.

임금을 설정하고 나면 기업은 다음과 같이 가격을 설정한다고 하자.

2. 가격설정방정식

생산함수: $Y=N$(이 경우 노동의 한계생산은 1이 된다).

가격설정방정식: $P=(1+\mu)W$.

여기에서 μ는 가격설정방정식의 가산율(mark-up ratio)을 나타낸다.

임금설정방정식과 가격설정방정식을 결합하면 다음의 총공급곡선을 도출할 수 있다.

$$P = P^e(1+\mu)F(u, z)$$

$F(u, z)=1-\alpha u+z$라고 하면 위의 식을 다음과 같이 다시 쓸 수 있다.

$$P = P^e(1+\mu)(1-\alpha u+z)$$

그런데

$$\frac{P_t}{P_{t-1}} = \frac{P_t - P_{t-1} + P_{t-1}}{P_{t-1}} = 1+\pi_t,$$

$$\frac{P_t^e}{P_{t-1}} = \frac{P_t^e - P_{t-1} + P_{t-1}}{P_{t-1}} = 1+\pi_t^e$$

따라서 총공급곡선을 P_{t-1}로 나눈 후 다시 쓰면 다음과 같다.

$$1+\pi_t=(1+\pi_t^e)(1+\mu)(1-\alpha u_t+z)$$

이 식으로부터 다음 식을 구할 수 있다

$$\frac{1+\pi_t}{(1+\pi_t^e)(1+\mu)}=(1-\alpha u_t+z)$$

이 식을 근사값으로 다시 쓰면 다음과 같다.

$$1+\pi_t-\pi_t^e-\mu=1-\alpha u_t+z$$

이 식으로부터 필립스곡선을 도출할 수 있다.

$$\pi_t=\pi_t^e+\mu+z-\alpha u_t$$

자연실업률 수준에서 $\pi_t=\pi_t^e$이므로 $\mu+z=\alpha u_{NR}$이 성립한다. 이를 이용하여 필립스곡선을 다음과 같이 다시 쓸 수 있다.

$$\pi_t=\pi_t^e+\alpha(u_{NR}-u_t).$$

오쿤의 법칙(u_t-u_{NR}과 Y_t-Y_{NR}간의 역관계)를 이용하면 필립스곡선을 다음과 같이 쓸 수 있다.

$$\pi_t=\pi_t^e+\beta(Y_t-Y_{NR}),\ \beta>0$$

위 식에 공급충격을 더하면 다음과 같은 기대첨가형 필립스곡선을 도출할 수 있다.

$$\pi_t=\pi_t^e+\beta(Y_t-Y_{NR})+\theta$$

연습문제 제 8 장

Questions and Practice

1. 정책당국이 인플레이션을 낮추기로 선언하고 민간 경제주체들이 정책당국을 완전히 신뢰한다고 하자. 합리적 기대가설에 의하면 희생비율의 값은?

2. 필립스곡선이 다음과 같이 주어진다.

$$\pi_t = \pi_t^e + 0.2 - 2u_t$$
$$\pi_t^e = \theta\pi_{t-1}$$

(가) $\theta=0.5$, $\pi_{t-1}=0.06$, $u_t=0.08$로 주어지면 t기의 인플레이션율은?

(나) $u_t=0.1$로 증가하면 인플레이션율은 어떻게 변화하는가?

(다) 실업률이 증가함에 따라서 기대인플레이션율은 어떻게 변화하는가?

(라) $\theta=0.5$일 때 자연실업률을 구하라.

(마) $\theta=1$일 때 자연실업률을 구하라.

3. 필립스곡선이 $\pi_t - \pi_{t-1} = b - au_t$로 주어지면 자연실업률은 어떻게 나타낼 수 있는가?

4. A, B 두 경제가 있다. $u_t^A = 6\%$, $u_t^B=5\%$라고 하자.

(가) A, B 두 경제에서 인플레이션율은 어떻게 변화하는가?

(나) 만약 $\pi_t^A < \pi_{t-1}^A$ 이면, A경제의 실업률은 자연실업률보다 큰가 혹은 작은가?

(다) 만약 $\pi_t^B > \pi_{t-1}^B$ 이면, B경제의 실업률은 자연실업률보다 큰가 혹은 작은가?

5. 어떤 경제의 동태적 총수요곡선과 총공급곡선이 다음과 같이 주어진다고 하자.

$$AS: \quad \pi = \pi^e + a(Y - Y_{NR})$$
$$AD: \quad \pi = \mu - \frac{1}{\phi}(Y - Y_{-1})$$

위 식에서 μ는 통화증가율을 나타낸다. 모수의 값은 $a=0.4$, $\phi=0.5$로 주어진다. 이 경제는 애초(0기)에 정상상태에 있으며 정상상태에서 $\pi=\mu=0.04$, $Y=5$이다. 1기에 통화증가율이 4%에서 8%로 증가한다고 하자.

(가) $\pi^e = \pi_{-1}$로 주어지는 경우 1기와 2기의 π와 Y값을 구하라.

(나) $\pi^e = \pi_{-1}$로 주어지는 경우, 동태적 총공급곡선을 사용하여 희생비율을 구하고 총공급곡선의 기울기와 희생비율 간의 관계를 논하라.

9 경기변동이론

경제학자들은 지난 5번의 불황 중 9번을 예측했다.

A: 자기집 수영장에서 다이빙하다가 목이 부러진 경제학자의 이야기를 들었소?
B: 예, 그 사람 계절조정하는 것을 잊었더군요.

E·C·O·N·O·M·I·C

주요개념

경기변동이론

수요충격

정책무력성 명제

공급충격

수용적 총수요정책

스태그플레이션

노동저장

메뉴비용

임금 및 가격조정의 층차화

총수요 외부효과

조정의 실패

두터운 시장 외부효과

우월적 전략

내쉬균형

복수의 균형

CHAPTER

09 경기변동이론

이제 우리는 단기적 경기변동을 분석할 준비가 되었다. 고전학파든 케인즈학파든 장기적으로는 임금 및 물가가 신축적이므로 고용 및 생산이 자연율 수준에서 결정된다는 사실에 동의하고 있다. 자연율 수준에서 생산은 자본, 노동 등 생산요소와 생산기술에 의해 결정된다. 그러나 단기적으로는 임금 및 가격이 경직적이거나 정보가 불완전한 까닭에 단기총공급곡선이 우상향하게 되고 수요가 생산에 영향을 미칠 수 있다. 수요는 통화정책 및 재정정책 등에 의해 영향을 받으므로 단기적으로 통화 및 재정정책이 생산에 영향을 미칠 수 있다.

본 장에서는 먼저 고전학파의 합리적 기대이론에 입각한 경기변동이론을 소개한 후 케인즈학파의 경기변동이론을 소개한다. 고전학파의 경기변동이론 중 실물경기변동이론은 제11장에서 다룬다.

제1절 합리적 기대론

1. 통화공급 충격

고전학파의 합리적 기대론에 의하면 예상하지 못한 통화공급만이 생산에 영향을 미칠 수 있다. 이것을 분석하기 위해 [그림 9-1]을 보자(기대물가수준이 P_0로 주어지면 단기총공급곡선상에서 실제물가수준이 P_0와 일치할 때 생산이 자연율 수준에 있게 되는 것을 주목하라). 분석의 편의상 경제가 애초에 자연율 수준에서 균형을 이루고 있다고 하자. 만약 통화공급이 예상치 않게 10% 증가하면 수량방정식을 사용하여 생산과 소득유통속도가 일정하다고 가정할 때 물가수준이 10% 상승함을 알 수 있다. 즉, 통화공급이 예상치 않게 10% 증가하면 각각의 생산수준에서 물가수준이 10% 상승하도록 총수요곡선이 위로 이동하게 된다. 총수요곡선이 위로 이동하면 단기에 균형점은 A에서 B로 이동한다. 그 결과 단기에 실제물가수준은 기대물가수준보다 높게 되고, 생산 및 고용은 자연율 수준을 초과하게 된다. 생산 및 고용이 자연율 수준을 초과함에 따라 임금 및 물가수준이 상승하게 되고, 물가수준이 상승하면 기대물가수준도 상승한다. 기대물가수준이 상승하면 총공급곡선이 위로 이동한다. 따라서 시간이 경과함에 따라서 기대물가수준이 상승하고 총공급곡선이 위로 이동하면서 균형은 B에서 E로 이동한다. 결국 장기적으로 생산 및 고용은 자연율 수준으로 복귀하고 물가수준만 높아진다.

역으로 통화공급이 예상치 않게 감소하여 총수요가 감소한다고 하자. [그림 9-2]에서 보듯이 총수요가 예상치 않게 감소하면 총수요곡선이 왼쪽으로 이동하게 되고, 단기에 균형점은 A에서 B로 이동한다. 즉, 단기에 실제물가수준은 기대물가수준보다 낮게 되고, 생산 및 고용은 자연율 수준보다 작게 된다. 생산 및 고용이 자연율 수준에 못 미침에 따라 임금 및 물가수준이 하락하게 되고, 기대물가수준도 하락한다. 기대물가수준이 하락하면 총공급곡선이 아래로 이동한다. 따라서 시간이 경과함에 따라서 기대물가수준이 하락하고 총공급곡선이 아래로 이동하면서 균형은 B에서 E로 이동한다. 결국 장기적으

그림 9-1 예상하지 못한 통화공급 증가의 효과

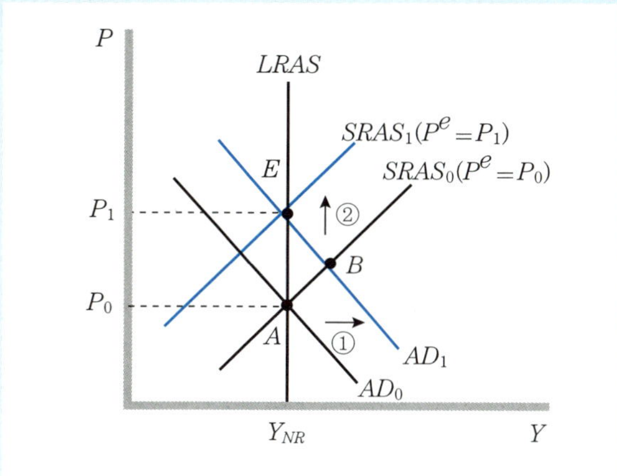

분석의 편의상 경제가 애초에 자연율 수준에서 균형을 이루고 있다고 하자. 만약 통화공급이 예상치 않게 10% 증가하면 각각의 생산수준에서 물가수준이 10% 상승하도록 총수요곡선이 위로 이동하게 된다. 총수요곡선이 위로 이동하면 단기에 균형점은 A에서 B로 이동한다. 그 결과 단기에 실제물가수준은 기대물가수준보다 높게 되고, 생산 및 고용은 자연율 수준을 초과하게 된다. 생산 및 고용이 자연율 수준을 초과함에 따라 임금 및 물가수준이 상승하게 되고, 물가수준이 상승하면 기대물가수준도 상승한다. 기대물가수준이 상승하면 총공급곡선이 위로 이동한다. 시간이 경과함에 따라서 기대물가수준이 상승하고 총공급곡선이 위로 이동하면서 균형은 B에서 E로 이동한다. 결국 장기적으로 생산 및 고용은 자연율 수준으로 복귀하고 물가수준만 높아진다.

그림 9-2 예상하지 못한 통화공급 감소의 효과

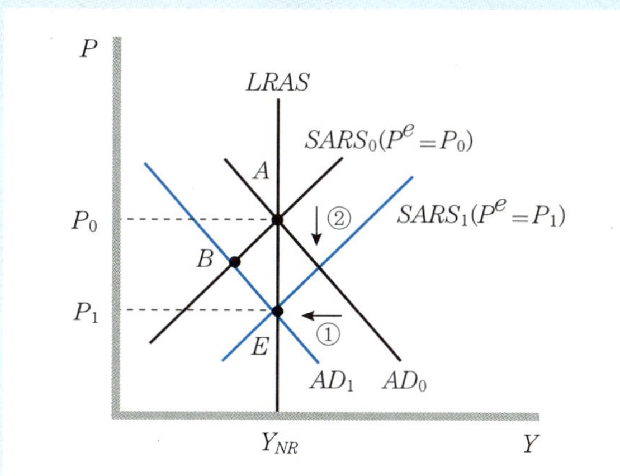

총수요가 예상치 않게 감소하면 총수요곡선이 왼쪽으로 이동하게 되고, 단기에 균형점은 A에서 B로 이동한다. 즉, 단기에 실제물가수준은 기대물가수준보다 낮게 되고, 생산 및 고용은 자연율 수준보다 작게 된다. 생산 및 고용이 자연율 수준에 못 미침에 따라 임금 및 물가수준이 하락하게 되고, 기대물가수준도 하락한다. 기대물가수준이 하락하면 총공급곡선이 아래로 이동한다. 시간이 경과함에 따라서 기대물가수준이 하락하고 총공급곡선이 아래로 이동하면서 균형은 B에서 E로 이동한다. 결국 장기적으로 생산 및 고용은 자연율 수준으로 복귀하고 물가수준만 하락한다.

로 생산 및 고용은 자연율 수준으로 복귀하고 물가수준만 하락한다.

위의 분석이 시사하는 것은 총수요가 예상치 않게 증가(감소)하는 경우 단기적으로는 생산 및 고용이 증가(감소)하지만, 장기적으로는 기대물가수준이 상승(하락)하면서 생산 및 고용이 자연율 수준으로 복귀하고 물가수준만 상승

그림 9-3 예상된 통화공급 변화의 효과

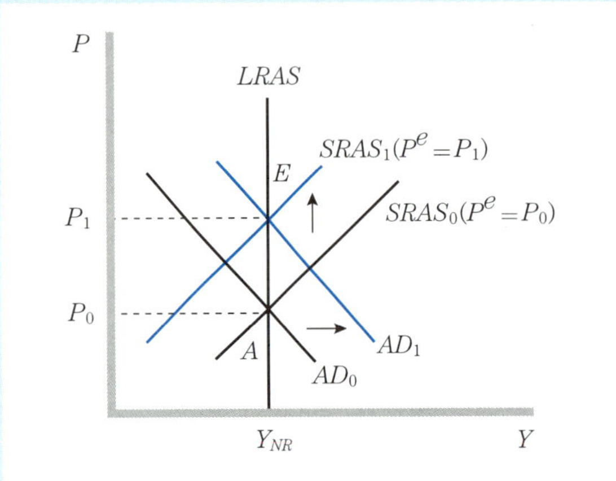

민간 경제주체들이 통화공급의 증가를 완전하게 예상하는 경우, 민간 경제주체들은 수량방정식($P^e=VM^e/Y$)을 사용하여 물가수준의 상승을 예상할 수 있다. 기대물가수준은 통화공급의 증가에 비례하여 상승할 것이고, 이것은 총공급곡선이 총수요곡선과 같은 비율로 상향 이동하는 것을 의미한다. 따라서 고용 및 생산은 자연율 수준에서 유지되고 물가수준만 통화증가에 비례하여 상승한다.

(하락)한다는 것이다. 이것은 장기적으로 고전학파적 이분법이 성립함을 시사한다. 따라서 장기적으로는 공급곡선이 자연율 수준에서 수직이라고 할 수 있다. 자연율 수준에서 생산은 주어진 생산요소와 기술수준에 의해서 결정된다. 만약 임금 및 물가수준이 신축적이고 정보제약의 문제가 없으면 단기적으로도 총공급곡선은 자연율 수준에서 수직이고 고전학파적 이분법이 성립한다..

만약 총수요의 변화가 완전히 예상된다면 어떻게 될 것인가? 민간 경제주체들이 통화공급의 증가를 완전하게 예상하는 경우, 그들은 수량방정식($P^e=VM^e/Y$)을 사용하여 물가수준의 상승을 예상할 수 있다. 기대물가수준은 통화공급의 증가에 비례하여 상승할 것이고, 이것은 총공급곡선이 총수요곡선과 같은 비율로 상향이동하는 것을 의미한다. 따라서 고용 및 생산은 자연율 수준에서 유지되고 물가수준만 통화증가에 비례하여 상승할 것이다([그림 9-3] 참고).

따라서 합리적 기대가설에 의하면 예상하지 못한 통화공급만이 생산에 영향을 미칠 수 있다. 이것은 경제가 불황에 빠져 있는 경우 경기부양을 시키려면 통화당국이 통화공급을 민간이 예상치 못하게 기습적으로 증가시켜야 함을 의미한다. 그러나 민간은 항상 물가수준을 정확히 예상하기 위해 노력하므로 통화당국이 민간을 한두 번 속일 수는 있어도 구조적으로 속일 수는 없다. 즉, 통화당국은 생산을 안정화시키기 위해 통화정책을 지속적으로, 구조적으로 사용할 수는 없으며, 이것을 정책무력성(policy ineffectiveness) 명제라고 한다.

합리적 기대가설에서 예상하지 못한 통화공급이 생산에 영향을 미칠 수 있는 것은 정보가 불완전하기 때문이다. 현실 경제에서 통화량 통계는 매주 발표되고, 물가통계는 매월 발표된다. 이것은 정보의 불확실성 문제가 오래 계속될 수는 없음을 의미한다. 그러면 통화의 변화가 생산에 수 주 이상 영향을 미치는 것을 어떻게 설명할 것인가? 이것을 설명하려면 일시적인 충격이 장기적인 효과를 초래하는 증식과정(propagation mechanism)을 주목해야 한다. 예를 들어서 판매가 평상시와 같고, 완제품 재고도 평상시 수준을 유지하고 있는 어떤 기업을 생각해 보자. 이제 어느 달에 통화공급이 예상치 않게 증가해서 총수요가 증가하고 물가수준이 기대물가수준을 초과한다고 하자. 이 경우에 단기간에 생산을 크게 증가시키려면 비용이 많이 들므로, 이 기업은 수요증가를 충족시키기 위해 부분적으로는 생산을 증가시키면서, 부분적으로는 재고로 보유하고 있는 완제품의 일부를 판매할 것이다. 다음달에 민간 경제주체들이 실제물가수준을 정확히 알게 되고 이 기업의 판매도 평상시 수준으로 복귀한다고 하자. 통화공급 충격이 이미 지나갔음에도 불구하고 이 기업은 재고를 평상시 수준으로 회복시키기 위해서 당분간 평상시보다 생산을 많이 할 것이다. 이런 식으로 일시적인 통화충격이 수 주 이상의 장기간에 걸쳐 생산에 영향을 미칠 수 있다.

2. 공급충격

공급충격은 생산비용에 충격을 주고 제품가격에 영향을 미치는 교란요인들을 의미한다. 공급충격의 예로는 석유가격의 상승, 국제원자재 가격의 상승, 기상이변으로 인한 흉년, 엄격한 환경규제로 인한 비용상승, 노동조합의 강경화 등 생산비용에 영향을 미치는 요인들을 들 수 있다. 만약 이러한 사태들이 발생하면 생산비용이 증가하므로 기업은 가격을 인상시킬 것이다. 따라서 이러한 사태들을 부정적 혹은 비우호적 공급충격이라고 하고, 그 반대의 경우는 긍정적 혹은 우호적 공급충격이라고 부른다.

만약 비우호적 공급충격이 발생하면 단기총공급곡선은 [그림 9-4]에서처럼 위로 이동하게 될 것이다. 단기총공급곡선이 위로 이동하면 주어진 총수요하에서 단기균형은 B점으로 이동하고 생산 및 고용은 감소하게 된다. 생산 및 고용이 자연율 수준보다 작게 되면 시간이 경과함에 따라 임금 및 물가수준이

그림 9-4 부정적 공급충격

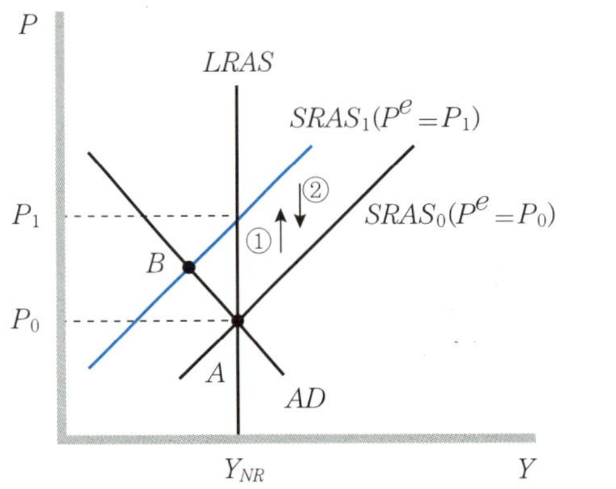

만약 비우호적 공급충격이 발생하면 단기총공급곡선은 위로 이동한다. 단기총공급곡선이 위로 이동하면 주어진 총수요하에서 단기균형은 B점으로 이동하고 생산 및 고용은 감소하게 된다. 생산 및 고용이 자연율 수준보다 작게 되면 시간이 경과함에 따라 임금 및 물가수준이 하락하게 되고 기대물가수준도 하락한다. 그 결과 단기총공급곡선은 하향 이동하고, 결국 원래의 균형점 A로 복귀하게 된다.

그림 9-5 부정적 공급충격과 수용적 총수요정책

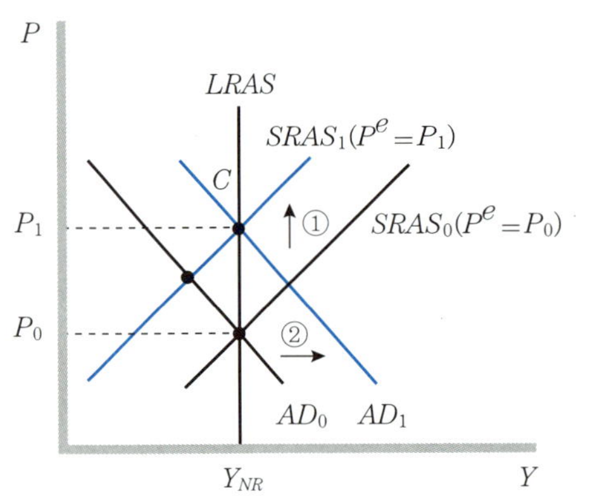

비우호적 공급충격이 발생하는 경우 경제는 결국 자연율 수준의 생산 및 고용으로 복귀하게 되지만 B점에서 A점으로 복귀할 때까지의 과정은 고용 및 생산이 자연율 수준보다 작은 고통스런 불황을 수반하며 그 기간도 길 수 있다. 이러한 상황에서 정책당국자는 경제가 자동적으로 A점에 복귀할 때까지 가만히 있거나, 아니면 물가를 희생하더라도 총수요를 부양시켜서 경제를 C점으로 빨리 이동시킬 수 있다.

하락하게 되고 기대물가수준도 하락한다. 그 결과 단기총공급곡선은 하향 이동하고, 결국 원래의 균형점 A로 복귀하게 된다.

그러나 B점에서 A점으로 복귀할 때까지의 과정은 고용 및 생산이 자연율 수준보다 작은 고통스런 불황을 수반하며 그 기간도 길 수 있다. 이러한 상황에서 정책당국자는 경제가 자동적으로 A점에 복귀할 때까지 가만히 있거나, 아니면 물가를 희생하더라도 총수요를 부양시켜서 경제를 C점으로 빨리 이동시킬 수 있다. 후자의 정책을 사용하는 경우 경제는 [그림 9-5]와 같이 움직일

그림 9-6 부정적 공급충격과 자연율 수준의 감소

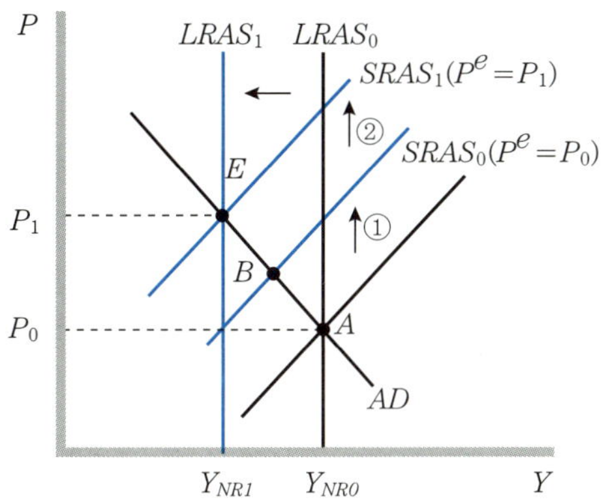

부정적 공급충격이 자연율 수준을 Y_{NR0}에서 Y_{NR1}로 감소시킨다고 하자. 부정적 공급충격으로 인해 총공급곡선이 위로 이동하면 물가수준이 상승하고 생산은 감소한다. 그러나 생산이 새로운 자연율 수준을 초과하므로 물가수준은 계속 상승할 것으로 예상된다. 기대물가수준이 상승함에 따라 총공급곡선은 계속해서 위로 이동하고, 그 과정은 총공급곡선이 새로운 기대물가수준($P^e = P_1$)에서 새로운 자연율 수준(Y_{NR1})과 일치할 때까지 계속될 것이다. 이 과정에서 물가수준은 상승하고 생산은 감소하는데, 이러한 현상을 스태그플레이션이라고 부른다.

것이다.

정책당국자가 이와 같은 정책을 사용할 때 통화당국이 비우호적 공급충격을 수용한다고(accomodate) 한다. 우리의 분석이 시사하듯이 이런 정책을 사용하면 고용 및 생산은 자연율 수준으로 즉각 복귀할 수 있지만 물가수준은 영원히 상승하게 된다.

*B*점에서 정책당국이 실시할 수 있는 또 다른 정책은 소득정책이다. 소득정책이란 정책당국이 근로자와 사용자에게 각각 임금인하와 가격인하를 설득하여 불황을 탈피하는 정책이다. 우리나라의 경우에도 IMF 외환위기 직후 노사정 합의에 의해 위기를 극복한 예가 있다. 그러나 그 이후의 과정에서 보았듯이 노사정 합의가 말처럼 쉬운 것은 아니다.

위의 분석은 공급충격이 자연율 수준에는 영향을 미치지 않는 경우를 상정하고 있다. 만약 부정적 공급충격이 지속적이고, 그 충격이 영원하면 자연율 수준이 감소할 수도 있다. 예를 들어, 원유가격 상승으로 인해 기업이 에너지를 적게 사용하면 동일한 양의 자본스톡과 노동으로 생산할 수 있는 생산량이 줄어들 것이다. 자연율 수준이 감소하면 조정과정은 달라지게 된다.

[그림 9-6]에 나타나 있는 것처럼 부정적 공급충격이 자연율 수준을 Y_{NR0}에서 Y_{NR1}로 감소시킨다고 하자. 부정적 공급충격으로 인해 총공급곡선이 위로 이동하면 물가수준이 상승하고 생산은 감소한다. 그러나 생산이 새로운 자연율 수준을 초과하므로 물가수준은 계속 상승할 것으로 예상된다. 기대물가수

준이 상승함에 따라 총공급곡선은 계속해서 위로 이동하고, 그 과정은 총공급곡선이 새로운 기대물가수준($P^e = P_1$)에서 새로운 자연율 수준(Y_{NR1})과 일치할 때까지 계속될 것이다. 이 과정에서 물가수준은 상승하고 생산은 감소하는데, 이러한 현상을 스태그플레이션이라고 부른다.

제 2 절 새케인즈학파

케인즈학파는 공급충격도 중요하지만 수요충격이 경기변동의 근본원인이라고 생각한다(이에 반하여 제11장에서 소개할 실물경기변동이론은 공급충격을 경기변동의 근본원인으로 생각한다). 총수요충격은 *IS*곡선과 *LM*곡선에 영향을 미치는 충격을 말한다. *IS*곡선에 영향을 미치는 충격은 재정정책의 변화, 기업가의 미래에 관한 전망이 변화함으로써 발생하는 투자의 변화, 소비자의 미래에 관한 전망이 변화함으로써 발생하는 소비의 변화 등을 들 수 있다. *LM*곡선에 영향을 미치는 충격은 화폐수요의 변화 혹은 화폐공급의 변화 등을 들 수 있다. 제 4 장에서 설명한 것처럼 정부구입이 감소하거나, 기업가의 미래에 관한 전망이 비관적으로 변화하여 투자가 감소하거나, 소비자의 미래에 관한 예상이 비관적으로 바뀌어서 소비가 감소하면 *IS*곡선은 왼쪽으로 이동한다. *IS*곡선이 왼쪽으로 이동하면 *AD*곡선도 왼쪽으로 이동하고 생산이 감소한다. 만약 화폐수요가 증가하거나 화폐공급이 감소하면 *LM*곡선은 왼쪽으로 이동한다. *LM*곡선이 왼쪽으로 이동하면 *AD*곡선도 왼쪽으로 이동하고 생산이 감소한다.

총수요의 변화를 경기변동의 근본원인으로 강조하면 한 가지 설명하기 곤란한 사실이 있다. 그것은 노동생산성이 경기순응적이라는 것이다. 총수요의 변화를 경기변동의 근본원인으로 강조하는 것은 실질적으로 생산함수가 안정적이라고 가정하는 셈이다. 생산함수가 안정적이면, 호황기에 고용이 증가할 때 노동의 한계생산 체감의 법칙에 의해 노동생산성은 하락해야 하고, 불황기에 고용이 감소할 때 노동생산성은 증가해야 한다. 즉, 노동생산성은 경기역행적이어야 한다.

노동생산성이 경기순응적인 것을 설명하기 위해 케인즈학파는 노동저장

(labor hoarding)현상을 강조한다. 기업은 불황기에 많은 근로자를 해고하기보다는 상당수 근로자를 그대로 보유한다. 근로자를 해고하려면 해고비용이 많이 든다. 또한 불황이 끝났을 때 해고된 근로자를 재고용하거나, 새로운 근로자를 고용하여 훈련시키는 데도 비용이 많이 든다. 따라서 이러한 비용을 줄이기 위해 불황기에 근로자를 해고하기보다는 작업강도를 약화시키고, 경우에 따라서는 청소, 기자재 정리, 교육 등 생산에 직접적으로 반영되지 않는 일을 하게 한다. 불황기에 근로자들이 상대적으로 일을 덜하면 노동생산성은 감소할 것이다. 마찬가지로 호황기에는 근로자를 신규로 많이 고용하기보다는 기존 근로자의 작업강도를 강화시키고, 그 결과 생산성은 증가할 것이다.

1970년대 이후에는 케인즈학파도 공급충격이 때때로 경기변동을 야기하는 중요요인이라는 것을 인정한다. 앞에서 분석한 것처럼 공급충격이 발생하면 물가가 상승하고 생산이 감소한다. 이 경우에는 경기안정화정책을 사용하기 어려워진다. 생산을 부양하려고 하면 물가상승이 악화되고, 물가상승을 우려하여 가만히 있으면 불황이 언제 끝날지 모르는 난처한 상황에 빠지게 된다.

1. 통화충격

케인즈학파도 통화공급이 예상되는 경우를 제외하고는 기본적으로 합리적 기대론자들의 분석에 동의한다. 합리적 기대론에 의하면 통화공급이 완전히 예상되는 경우에는 고용 및 생산 등 실질변수에는 영향을 미치지 못하고 물가수준만 통화공급 증가율과 동일한 비율로 상승시킬 뿐이다. 그러나 케인즈학파는 설사 통화공급이 완전히 예상되더라도 그것이 이미 임금 및 가격이 설정된 다음에 발생한다면 다음 번 가격조정이 있을 때까지 고용 및 생산에 영향을 미친다고 믿는다. 케인즈학파가 통화공급이 완전히 예상되더라도 그것이 고용 및 생산에 영향을 미친다고 믿는 근본적 이유는 임금 및 물가수준이 경직적이라고 생각하기 때문이다. 케인즈학파가 임금 및 물가수준이 경직적일 수 있는 근거로 제시하는 것은 메뉴비용, 임금 및 가격조정의 층차화, 총수요 외부효과, 조정의 실패 등이 있다.

메뉴비용과 총수요 외부효과(aggregate demand externality)

케인즈학파가 기업이 가격을 연속적으로 조정하기보다는 불연속적으로 조정하는 이유로 제시하는 하나의 요인은 메뉴비용이다. 메뉴비용이란 문자 그대로 해석하면 새로운 캐탈로그를 만든다든지 식당의 메뉴판을 다시 만든다든지 할 때 드는 비용을 말한다. 그러나 광의로는 가격을 자주 변경함으로써 발생하는 모든 비용, 예를 들어서 기업과 고객 간의 신뢰관계에 미치는 손상도 포함한다.

고전학파는 가격조정을 경직적으로 만들 정도로 메뉴비용이 크다는 주장에는 회의적이다. 그들은 메뉴비용은 크지 않으며 사회적으로 큰 비용을 발생하는 불황을 설명하기에는 부적절하다고 믿는다. 이에 반하여 케인즈학파는 메뉴비용이 크기가 작다고 해서 중요하지 않은 것은 아니라고 주장한다. 케인즈학파는 메뉴비용이 비록 개별기업의 입장에서는 작을지라도 경제전체적으로는 커다란 효과를 미칠 수 있다고 주장한다. 그 이유로는 총수요 외부효과를 생각해 볼 수 있다. 만약 가격하락 요인이 있을 때 한 기업이 가격을 내리면 비록 크기는 작지만 전체 물가수준이 낮아진다. 전체 물가수준이 낮아지면 실질통화잔고가 증가하고, 실질통화잔고가 증가하면 총수요가 증가한다. 총수요가 증가하면 모든 기업의 상품에 대한 수요가 증가한다. 따라서 하나의 기업이 가격을 인하하면 경제전체적으로 모든 기업에게 혜택이 돌아갈 수 있다. 이것을 총수요 외부효과라고 한다.

개별기업이 가격을 인하하면 그것이 경제전체에 유발하는 효과는 크지만 개별기업의 입장에서는 그 효과가 작을 수도 있다. 개별기업의 입장에서 가격인하의 혜택이 메뉴비용보다 작은 경우에는 메뉴비용을 감당하고 가격을 인하하지는 않는다. 가격을 인하하면 경제전체적으로는 큰 효과가 발생하지만 개별기업의 입장에서는 가격을 인하할 유인이 없는 것이다. 이처럼 가격을 경직적으로 유지하는 것이 경제전체적으로는 바람직하지 않더라도 개별기업의 입장에서는 적절한 선택일 수 있다. 이러한 의미에서 메뉴비용은 작더라도 중요할 수 있다.

이상의 분석은 [그림 9-7]에 나타나 있다. (p_m, Y_m)에서 독점기업의 이윤이 극대화된다고 하자.[1] 개별 독점기업은 총수요를 예상(N^e)하여 미리 가격을

---

1) 총수요(N)는 개별 독점기업의 비용($C=kYN$)과 역수요함수($P=f(Y)N$)를 비례적으로 상승시키는 외생적 요인이라고 가정하자. 총수요가 외생적으로 증가하면 독점기업의 비용곡선과 (역)수요곡선이 총수요에 비례하여 같은 비율로 상향 이동한다. 비용곡선과 수요곡선이 같은 비율로 상향이동하면 균형생산량(Y_m)은 변화가 없지만 가격은 총수요의 변화에 비례하여 증가한다. 본문의 비용($c=C/N$)과 가격($p=P/N$)은 각각을 총수요로 나누어서 총수요가 변화하

그림 9-7 메뉴비용과 총수요 외부효과

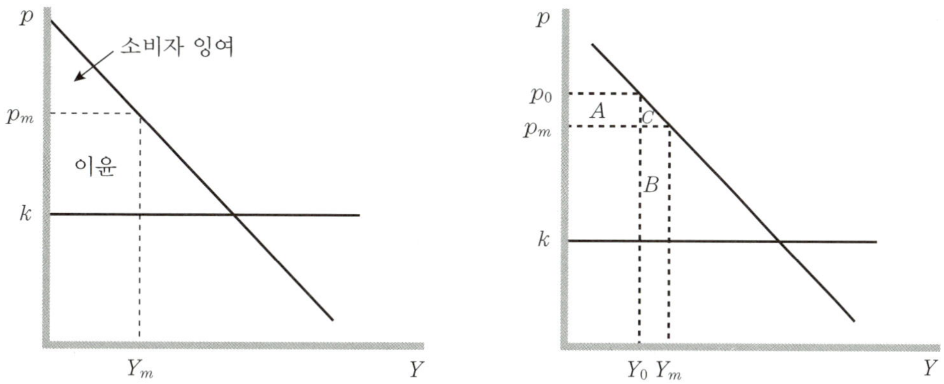

(p_m, Y_m)에서 독점기업의 이윤이 극대화된다고 하자. 예상치 않게 총수요가 감소하여 $p_0>p_m$이 된다고 하자. 총수요가 예상했던 것과 같을 때와 비교하여 개별기업의 이윤은 $B-A(>0)$만큼 감소하고, 사회적 총잉여는 $B+C$만큼 감소한다. 즉, 총수요의 감소로 인한 총후생의 감소가 기업의 이윤 감소보다 크다. 이 상황에서 독점기업이 가격을 인하한다면 기업의 이윤은 $B-A$만큼 증가하고, 사회적 총잉여는 $B+C$만큼 증가할 것이다. 이제 가격을 조정하는 데 메뉴비용이 Z만큼 소요된다고 하자. 가격을 조정하는 데 메뉴비용이 들어가면 기업은 가격을 조정함으로써 발생하는 이윤의 변화$(B-A)$가 메뉴비용보다 커야만 가격을 조정할 것이다. 그러나 경제전체적으로는 총후생의 증가$(B+C)$가 메뉴비용(Z)보다 크면 가격을 인하하는 것이 바람직하다. 따라서 $B+C>Z>B-A$이면 가격을 인하하는 것이 사회적으로 바람직하더라도 개별기업은 가격을 인하하지 않을 수 있다.

$P=p_mN^e$로 설정한다고 하자. 총수요가 기업이 사전에 예상한 것과 같으면 실제 관찰하는 가격(p_0)은 p_m과 같고, 총수요가 예상했던 것과 다르면 실제 관찰하는 가격은 $p_0=p_m(N^e/N)$이 된다. 예상치 않게 총수요가 감소하여 $p_0>p_m$이 된다고 하자. 총수요가 예상했던 것과 같을 때와 비교하여 개별기업의 이윤은 $B-A(>0)$만큼 감소하고,[2] 사회적 총잉여는 $B+C$만큼 감소한다. 즉, 총수요의 감소로 인한 총후생의 감소가 기업의 이윤 감소보다 크다. 이 상황에서 독점기업이 가격을 인하한다면 기업의 이윤은 $B-A$만큼 증가하고, 사회적 총잉여는 $B+C$만큼 증가할 것이다. 이제 가격을 조정하는 데 메뉴비용이 Z만큼 소요된다고 하자. 가격을 조정하는 데 메뉴비용이 들어가면 기업은 가격을 조정함으로써 발생하는 이윤의 변화$(B-A)$가 메뉴비용보다 커야만 가격을 조정할 것이다. 그러나 경제전체적으로는 총후생의 증가$(B+C)$가 메뉴비용(Z)보다 크면 가

더라도 비용곡선과 수요곡선이 이동할 필요가 없게 만든 것이다.

2) p_m은 이윤을 극대화하는 가격임을 기억하라.

가격조정의 빈도에 관한 실증분석

칼튼은 스티글러와 킨달이 1957-1966 기간 동안 축적한 산업별 자료를 사용하여 가격변화의 평균기간을 조사하였다. 그의 연구에 의하면 산업별 가격이 상당히 경직적이다. 그가 분석한 11개 산업 중 가격변화의 평균기간이 가장 짧은 산업은 가재도구산업(household appliances)으로 3.6개월이고, 가장 긴 산업은 시멘트산업으로 13.2개월이며, 3개 산업의 경우 가격변화의 평균기간이 1년을 넘는다.

체케티는 1953-1970기간 동안 38종의 가판 잡지의 가격변화를 분석하였다. 그의 연구에 의하면 가판 잡지의 가격은 매우 경직적이다. 저인플레이션 기간이었던 1953-1965 기간에 가판 잡지는 평균 7년 반에 한 번 가격조정을 하였다. 고인플레이션 기간이었던 1970년대 조차 가판 잡지는 약 3년에 한 번 정도 가격을 조정하였다. 이런 정도의 경직성을 단순히 메뉴비용으로 설명하기는 어려워 보인다. 가판 잡지의 가격을 바꾸고 구독자에게 가격변화를 알려주는 데 소요되는 비용은 거의 0이기 때문이다(가격을 바꾸든 바꾸지 않든 어차피 잡지표지에 가격을 인쇄해야 함을 기억하라).

캐쉬얍은 L. L. Bean, Orvis, Recreational Equipment에 소개된 12개 품목의 35년간의 가격변화를 분석하였다. 그의 연구에 의하면 대부분의 품목이 다음 호에서도 계속 동일한 가격을 유지하고 있으며, 가격을 변화시키는 경우 가격변화의 폭은 큰 경우도 있고 작은 경우도 있었다. 캐쉬얍은 가격을 오랫동안 변화시키지 않다가 소폭으로 변화시키는 경우는 메뉴비용으로써 설명하기가 어렵다고 주장하였다. 메뉴비용을 강조하는 논리에 의하면 기업은 상대가격이 적정수준을 크게 벗어나지 않는 한 가격조정으로 인한 혜택이 메뉴비용보다 적기 때문에 가격을 변화시키지 않는다. 그러나 상대가격이 적정수준을 크게 벗어나면 가격조정으로 인한 혜택이 메뉴비용보다 크기 때문에 가격을 변화시키게 되고, 이 경우 가격변화의 폭은 상대적으로 클 것이기 때문이다.

블라인더는 기업의 관리자에게 가격을 얼마나 자주 바꾸는가를 직접 물어본 결과 일년에 1회 미만이 10.2%, 1회가 39.3%, 2회 미만이 15.6%, 52회 이상이 10.2% 인 것을 발견하였다. 이것은 약 50%의 기업이 가격을 일년에 1회 정도 조정함을 보여준다. 동시에 약 10%의 기업은 1주일에 1회 이상 가격조정을 하는 것으로 드러나 기업간에 가격조정의 빈도에 커다란 차이가 있음을 보여주고 있다. 블라인더는 또한 가격조정을 좀 더 자주 하지 않는 이유를 물어보았다. 그 결과, 다른 기업이 먼저 가격을 조정하기를 기다리는 조정의 실패에 해당하는 경우가 60.6%, 비용이 충분히 상승해서 가격조정의 여건이 성숙되기를 기다리는 경우가 55.5%, 고객과의 신뢰나 공정함을 지키고자 하는 암묵적인 계약에 해당하는 경우가 50.4%, 명목가격을 고정시키는 계약 때문인 경우가 35.7%, 가격조정의 비용에 기인한 경우가 30.0%, 그 외에 가격을 낮추면 질이 떨어지는 것으로 오해할 것을 두려워하는 경우가 10.0%를 차지하는 것으로 드러났다.

Carlton, Dennis W., "The Rigidity of Prices," *American Economic Review* 76, September 1986, pp. 637-658.

Cecchetti, Stephen, "The Frequency of Price Adjustment:A Study of the Newsstand Prices of Magazines," *Journal of Econometrics* 31, April 1986, pp. 255-274.

Kashyap, Anil, "Sticky Prices:New Evidence from Retail Catalogs," *Quarterly Journal of Economics* 110, February 1995, pp. 245-274.

Blinder, Alan S., "On Sticky Prices:Academic Theories Meet the Real World," in N. G. Mankiw, ed., *Monetary Policy*, University of Chicago Press, 1994, pp. 117-154.

격을 인하하는 것이 바람직하다. 따라서 $B+C>Z>B-A$이면 가격을 인하하는 것이 사회적으로 바람직하더라도 개별기업은 가격을 인하하지 않을 수 있다.

임금과 가격조정의 층차화(staggering)

케인즈학파가 가격의 경직성을 설명하기 위해 제시하는 또 다른 이유는 임금과 가격조정의 층차화이다. 임금과 가격조정의 층차화로 인해 비록 개별기업이 가격을 신축적으로 조정하더라도 전체 임금수준이나 물가수준은 경직적일 수 있다.

가격조정이 매월 1일 동시에 이루어진다고 하자. 만약 3월 10일 통화공급이 예상치 않게 증가한다면 생산은 증가할 것이다. 그러나 다음 달 1일이 되면 모든 기업이 가격을 인상하므로 물가수준은 상승하고 생산은 원래의 상태로 돌아오게 될 것이다.

이제 전체기업 중 반은 매월 1일 가격을 조정하고 나머지 반은 매월 15일에 가격을 조정한다고 하자. 만약 3월 10일 통화공급이 예상치 않게 증가한다면 생산은 증가할 것이다. 15일이 되면 전체기업 중 반이 가격을 조정할 것이다. 그러나 이 기업들은 가격을 완전하게 조정할 수 없다. 왜냐하면 나머지 반에 해당하는 기업이 다음달 1일이 되어야 가격을 조정하므로 지금 가격을 인상하면 가격을 인상한 기업의 상대가격이 상승하여 고객을 잃게 되기 때문이다. 따라서 15일에 가격을 조정하는 기업들은 다음달 1일에 가격을 조정하는 기업들을 의식하여 가격을 완전히 인상하지 않는다. 15일에 가격을 조정하는 기업들이 가격조정을 완전히 하지 않으면 다음 달 1일이 되었을 때 이날 가격조정을 하는 기업들도 상대가격 상승으로 인한 고객 상실을 우려하여 가격을 완전히 조정할 수 없다. 가격조정의 층차화로 인해 가격조정은 서서히 이루어지게 되는 것이다. 비록 개별기업이 가격을 신축적으로 조정하려고 해도 가격조정이 층차화되어 있으면 경제전체의 물가수준은 서서히 조정된다.

임금조정도 마찬가지이다. 전반기(3월 1일)에 임금조정을 하는 근로자의 비중이 반이고, 후반기(9월 1일)에 임금조정을 하는 근로자의 비중이 반이라고 하자. 연초(2월 1일)에 통화공급이 줄어서 불황이 발생한 경우 전반기에 임금협상을 하는 근로자들은 모든 근로자들이 같은 비율로 임금하락을 받아들이는 한 임금하락을 받아들일 용의가 있을 수 있다. 그러나 자기들만 먼저 임금삭감을 받아들이면 적어도 당분간은 자기들의 상대임금이 하락하므로 쉽게 임금하락을 받아드리려고 하지 않을 것이다. 결국 임금조정의 층차화로 인해 임금이 경직적일 수 있다.

조정의 실패(coordination failure)

조정의 실패가 가격 경직성을 초래할 수 있다. 경제에 총수요충격이 발생해서 불황이 발생한 경우 특정 기업은 가격을 인하할 용의가 있지만 다른 기업이 가격을 인하하지 않으면 불황은 피할 수 없고 가격을 인하한 기업만 손해를 볼 수도 있다. 마찬가지로 임금협상을 하는 노동조합 대표도 임금을 삭감하거나 동결할 용의가 있지만 다른 기업의 노동조합 대표들이 따라주지 않으면 임금을 동결하거나 인하한 근로자들만 손해를 볼 수 있다.

예를 들어서 경제에 두 개의 기업이 존재하고 통화공급이 감소하여 총수요가 감소한다고 하자. 각각의 기업은 가격을 인하할 수도 있고 가격을 그대로 유지할 수도 있다. 이 모든 경우에 기업A와 B에 돌아가는 이윤은 〈표 9-1〉과 같다고 하자. 표의 각 칸에서 첫 번째 숫자는 A에 돌아가는 이윤을, 두 번째 숫자는 B에 돌아가는 이윤을 나타낸다.

[표 9-1]에서 보듯이 두 기업이 모두 가격을 인하하면 불황을 면하고 각

표 9-1 정책조정 게임

		기업 B	
		가격인하	가격유지
기업 A	가격인하	(10, 10)	(3, 5)
	가격유지	(5, 3)	(5, 5)

각의 기업은 10의 이윤을 얻는다. 두 기업이 모두 가격을 유지한다면 실질통화 잔고가 감소하여 불황이 따르고 각각의 기업은 5의 이윤을 얻는다. 만약 한 기업은 가격을 인하하는데 다른 기업은 가격을 유지하면 불황은 피할 수 없게 되고, 가격을 유지한 기업은 5의 이윤을 얻는 데 반해 가격을 인하한 기업은 3의 이윤을 얻는다고 가정하자.

이러한 정책게임의 균형은 무엇인가? 이 게임에서는 우월적 전략(dominant strategy)이 존재하지 않는다. 균형은 기업A가 기업B가 어떻게 행동할 것으로 예상하느냐에 따라 결정된다. 기업B가 가격을 인하할 것으로 예상하면 기업A도 가격을 인하할 것이고, 기업B가 가격을 유지할 것으로 예상하면 기업A도 가격을 유지할 것이다. 따라서 (내쉬)균형은 두 개가 존재한다. 이것을 복수균형이라고 하며, 이 가운데 어느 것으로 결정될지는 알 수 없다. 만약 두 기업이 협조할 수 있다면 두 기업은 모두 가격을 인하하여 10의 이윤을 얻게 될 것이다. 그러나 협조할 수 없으면 두 기업이 모두 가격을 유지하여 두 기업이 모두 가격을 인하하는 것보다는 열등한 5의 이윤을 얻을 가능성을 배제할 수 없다. 이처럼 열등한 결과가 발생하는 것을 조정의 실패라고 한다.

이상의 예가 시사하는 것은 경제주체들이 가격이 경직적일 것으로 예상하면 비록 그것이 바람직하지 않더라도 가격은 경직적일 수 있다는 것이다. 균형이 여러 개가 존재하는 경우 가격 경직성 자체가 조정의 실패에 기인한 열등한 균형으로 나타날 수 있다. 메뉴 비용 등 가격조정에 관한 아무런 장애가 없을 때에도 조정의 실패로 인해 가격 경직성이 초래될 수 있는 것이다.

위의 분석들은 모두 1970년대 중반 이후 새케인즈학파 경제학자들에 의해 미시경제학적 기초에 입각하여 임금 및 물가수준의 경직성을 설명하기 위해 제시된 이론들이다. 임금 및 물가수준이 경직적이면 비록 통화공급이 완전히 예상되었다 할지라도 경제에 영향을 미칠 수 있다.

2. 복수의 균형(multiple equilibria)과 경기변동

위의 분석 가운데 복수의 균형과 조정의 실패는 불황을 여러 개의 균형 가운데 하나로 해석할 수 있음을 시사한다. 앞의 분석에서 모든 기업이 가격을 유지하는 전략을 선택하면 불황은 피할 수 없게 된다. 이것은 복수의 균형이 존재할 때 그 중에 상대적으로 바람직한 것은 호황으로, 그렇지 못한 것은 불황으로 해석할 수도 있음을 의미한다. 즉, 경기변동을 설명하기 위해 균형이 여러 개가 존재하는 모형을 설정할 수도 있다.

복수의 균형이 존재하면 경제의 기초여건(fundamental)이 변하지 않더라도 실질경제활동에 큰 변화가 발생할 수 있다. 즉, 소비자나 기업의 신뢰도, 기업가의 동물적 감각(animal spirit, sunspot)이 변하면 실질경제활동과 경제주체의 후생에 큰 변화가 발생할 수 있다. 이 경우에 정부는 파레토 우월한 균형이 달성될 수 있도록 조정을 할 여지가 있을 수 있다.

이러한 시각에서 재미있는 모형은 두터운 시장 외부효과에 기인한 복수균형 모형이다.

두터운 시장 외부효과(thick market externality) [3)]

남태평양의 한 섬에 사는 원주민들은 코코넛 열매를 따서 먹고 산다고 하자. 이 섬에는 옛날부터 내려오는 금기(터부)가 있는데, 자기가 딴 코코넛은 반드시 남이 딴 코코넛과 교환하여 남이 딴 코코넛만 먹어야 한다고 하자. 따라서 다른 사람들은 모두 빈둥빈둥 노는데 혼자서만 열심히 코코넛 나무에 올라가서 코코넛 열매를 따도 이 사람은 그 코코넛을 먹을 수 없고 굶어야 한다. 결국 어떤 사람이 코코넛 나무에 올라가서 몇 개의 코코넛을 딸 것인가는 다른 사람의 행동에 의존한다. 다른 사람들이 열심히 일을 하면 내가 코코넛을 땄을 때 코코넛을 교환할 수 있는 상대방을 찾을 가능성이 점점 높아지므로 나도 열심히 일을 할 것이다. 그러나 남들이 빈둥빈둥 놀고 있으면 나도 열심히 일할 유인이 없다. 이러한 경우 균형을 어떻게 찾을 것인가? 우리는 나의 노력이 다른 사람들의 노력의 증가함수임을 알고 있다. 우리가 아는 사실은 나의 노력이 다른 사람들의 노력의 증가함수라는 사실이지 함수의 형태가 정확히 어떻게 생겼는지는 모르므로 일반적으로 [그림 9-8]에 나타난 노력함수를 생각해 볼 수 있다.

이러한 상황에서 균형은 나의 노력(e_i)이 다른 사람들의 노력의 평균($\bar{e}$)과 같을 때 (45° 선) 성립한다. 만약 그렇지 않다면 나의 노력은 다른 사람들의 노력의 평균과 달라진다. 이 섬의 모든 원주민들은 마찬가지로 생각하므로 한 개인의 노력이 다른 사람들의 노력의 평균과 같을 때 그것이 진정한 평균이 된

3) Cooper, Russell and Andrew John, "Coordinating Coordination Failures in Keynesian Models," Quarterly *Journal of Economics* 103, 1988, pp. 441-463.

그림 9-8 두터운 시장 외부효과와 복수균형

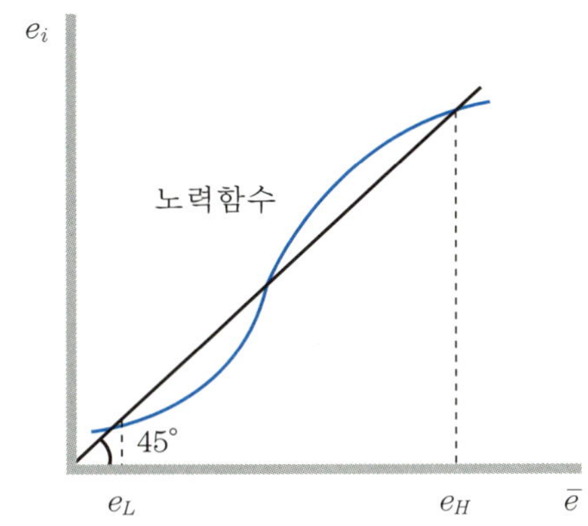

나의 노력은 다른 사람들의 노력의 증가함수이지만 함수의 형태가 정확히 어떻게 생겼는지는 모르므로 일반적으로 그림과 같은 노력함수를 생각해 볼 수 있다. 이러한 상황에서 균형은 나의 노력이 다른 사람들의 노력의 평균과 같아지는 점에서 이루어지는데, 이러한 균형이 여러 개가 생기는 것을 배제할 수 없다. 예를 들어서 그림에서처럼 세 개의 균형이 존재한다고 하자. 첫 번째 균형(e_L)은 얇은 시장 균형점이라고 할 수 있고 세 번째 균형(e_H)은 두터운 시장 균형점이라고 할 수 있다.

다. 따라서 균형은 나의 노력함수가 다른 사람들의 노력의 평균과 같아지는 점에서 이루어지는데, 우리는 이러한 균형점이 여러 개가 생기는 것을 배제할 수 없다. 예를 들어서 그림에서처럼 세 개의 균형이 존재한다고 하자. 첫 번째 균형(e_L)은 얇은 시장 균형점이라고 할 수 있고, 세 번째 균형(e_H)은 두터운 시장 균형점이라고 할 수 있다. 두터운 시장 균형에서는 얇은 시장 균형에서 보다 많은 코코넛을 소비할 수 있다. 내가 더 열심히 일하면 다른 사람들의 입장에서 그들이 일을 했을 때 코코넛을 교환할 수 있는 가능성이 높아지므로 다른 사람들도 더 열심히 일을 할 것이다. 내가 열심히 일을 하는 것이 섬 전체로 볼 때 (두터운 시장) 외부효과를 발생시키는 것이다.[4] 그러나 개개인들은 이러한 외부효과를 고려해서 행동할 유인이 없다. 내가 열심히 일을 하는데 다른 사람들이 열심히 일을 하지 않으면 나만 손해를 보기 때문이다. 따라서 얇은 시장 균형이 두터운 시장 균형보다 열등한 균형임에도 불구하고 얇은 시장 균형에 경제가 정착하는 것을 배제할 수 없다.

위의 예를 경기변동과 연관시켜 재해석해 볼 수 있다. 얇은 시장 균형에서는 경제활동이 미약하므로 불황으로 해석할 수 있고, 두터운 시장 균형에서는 경제활동이 왕성하므로 호황으로 해석할 수도 있다. 따라서 사람들이 불황을

4) 이런 외부효과를 전략적 보완(strategic complementarity)이라고도 부른다. 전략적 보완이란 어떤 사람이 특정 작업에 참여하고자 하는 의지나 정도는 그 작업에 참여하는 사람이 많을수록 증가하는 것을 의미한다.

예상하면 불황이 오고, 호황을 예상하면 호황이 오게 되는 것이다. 호황이 불황보다 바람직하다 하더라도 우리는 불황이 발생하는 것을 배제할 수 없으며, 이것은 조정의 실패의 한 예가 된다.

경기변동을 두터운 시장 외부효과로 해석하듯이 지역간 경제활동의 격차를 두터운 시장 외부효과로 해석할 수 있다. 예를 들어서 한반도를 인천에서부터 강릉까지 선을 긋고 선상에서의 경제활동을 높이로 나타내면 서울에서 가장 경제활동이 왕성하고 강원도 산골로 갈수록 경제활동이 약해지다가 강릉으로 가면 경제활동이 약간 강화되는 그런 모양을 띨 것이다. 이것은 서울에서는 두터운 시장 균형이, 강원도 산골에서는 얇은 시장 균형이 성립하는 것으로 해석할 수 있다. 즉, 시간상으로 발생하는 경제활동의 고저를 두터운 시장 외부효과로 해석하는 것처럼 공간상의 경제활동의 고저를 두터운 시장 외부효과로 해석할 수 있다.

두터운 시장 외부효과의 예: 제기동 한약시장

두터운 시장의 예로서 우리는 제기동 한약시장을 들 수 있다. 사실 제기동 한약시장뿐만 아니라 모여서 잘되는 업종들은 다 두터운 시장 외부효과와 관련이 있다. 신림동 고시촌, 이대앞 웨딩드레스 숍, 아현동, 중곡동 등의 가구상가, 논현동 수입 가구상가, 사당동 중고 가구상가, 종로 5가 약국거리, 종로 6가 서적도매상, 낙원동 귀금속 상가, 퇴계로 애완견 거리, 퇴계로 오토바이 상가, 용산 전자상가, 인사동 전통 민속골동품 상가, 장안동 중고차 시장 등이 이에 해당된다.

한약은 일종의 사치재이다. 사치재는 대개 고가에 구입하므로 소비자들은 이런 상품을 구입할 때 근처의 한약방에서 함부로(?) 구입하기보다는 선택의 여지가 많은 곳을 둘러본 후 믿을 만한 곳에서 될 수 있으면 싼 가격에 구입하기를 원한다. 특히 고가의 상품을 구입하려고 할 때, 이런 상품이 한곳에 몰려 있으면 소비자들은 충분히 가격과 질에 대해 탐색(search)을 한 후에 선택을 할 수 있다. 판매상들도 한 곳에 몰려 있으면 충분히 많은 고객을 유인하여 수입을 올릴 수 있다. 한 곳에 모여 있음으로써 판매상과 고객의 유인이 일치하게 되고 서로 모여 있는 것이 모두에게 유리한 두터운 시장 외부효과를 발생시키는 것이다. 원래 서울의 한약상가는 종로 5가를 중심으로 분포하고 있었다. 이곳은 조선시대부터 한약상들이 밀집해 있던 곳이다. 그러나 1970년대에 접어 들면서 종로는 교통체증 문제가 심각해진다. 또한 경쟁이 치열해 지면서 한약가격이 떨어지고, 많은 상가들이 서로 입주하려고 경쟁하다 보니 임대료도 매우 높은 상태여서 이윤이 이전에 비해 크게 감소하고 있었다. 그러던 차에 동마장 시외터미널이 개설되자 강원도, 충청북도, 경상북도 산간지역에서 채취된 한약재가 동마장 터미널과 청량리 역으로 집중되면서 이곳에 인접한 제기동에 하나 둘 한약상들이 모여들기 시작한다. 당시 제기동은 교통체증 등의 문제가 없어서 수송비면에서 유리한 입지를 가지고 있었고, 특히 제기동 시장의 임대료는 종로 5가보다 훨씬 저렴하였다. 한약상들이 하나 둘 종로를 떠나서 제기동에 모여들기 시작하면서, 1980년대에는 마침내 제기동이 종로 5가의 한약상들을 제압하고 서울의 대표적 한약시장으로 등장하게 된다.

제 3 절 맺음말

본 장에서 우리는 고전학파의 합리적 기대이론에 입각한 경기변동이론과 케인즈학파의 경기변동이론을 살펴보았다. 합리적 기대이론에 의하면 예상치 못한 통화공급의 변화만이 생산에 영향을 미칠 수 있다. 예상된 통화공급의 변화는 물가수준에만 영향을 미칠 뿐이다. 그러나 통화공급을 예상치 못하게 변화시켜서 생산에 영향을 미치는 것도 한두 번이지 구조적이고 지속적으로 사용할 수는 없다. 이것을 정책무력성 명제라고 한다. 또한 합리적 기대이론은 공급충격이 경기변동의 중요한 요인이 될 수 있음을 강조하고 있다. 예를 들어, 원유가 상승 등 부정적 공급충격이 발생하면 소득이 감소하면서 물가수준(혹은 인플레이션율)이 상승하는 스태그플레이션이 발생한다.

케인즈학파도 예상치 못한 통화공급의 변화가 생산에 영향을 미친다는 사실에는 동의한다. 케인즈학파는 이에서 한 걸음 더 나아가 예상된 통화공급의 변화도 생산에 영향을 미칠 수 있다고 생각한다. 케인즈학파가 예상된 통화공급의 변화가 생산에 영향을 미칠 수 있다고 생각하는 이유는 임금 및 물가수준이 경직적이라고 생각하기 때문이다. 케인즈학파는 메뉴비용, 가격조정의 층차화, 조정의 실패 등으로 인해 임금 및 물가수준이 경직적이라고 생각한다. 임금 및 물가수준이 경직적이면 설사 통화공급의 변화가 예상되었다 하더라도 생산에 영향을 미칠 수 있다. 한편 케인즈학파는 공급충격이 경기변동을 초래할 수 있다는 사실은 인정하지만, 공급충격에 비해 상대적으로 수요충격을 중시한다.

연습문제 제 9 장

Questions and Practice

1. 통화당국이 명목통화공급을 예상치 않게 감소시키는 정책을 실시한다고 하자. 경제는 애초에 자연율 수준에 있었다고 가정하고 다음 질문에 답하라.

(가) 총수요 및 총공급곡선의 장단기 이동경로를 묘사하라.

(나) 통화공급 감소가 물가수준, 실질통화공급, 실질이자율, 투자, 생산, 실업에 미치는 영향을 분석하라.

(다) 다음 기에 생산이 자연율 수준보다 작을 때 총공급곡선은 어떻게 이동하는가?

(라) 다음 기의 총공급곡선의 이동이 물가수준, 실질통화공급, 실질이자율, 투자, 생산에 미치는 영향을 분석하라.

(마) 장기적으로 경제는 자연율 수준으로 복귀하는가?

2. 가상 경제의 총수요곡선과 총공급곡선이 다음과 같이 주어진다.

$$AD:\quad Y=300+30\frac{M}{P}$$

$$AS:\quad Y=Y_{NR}+10(P-P^{e})$$

$Y_{NR}=500$, $M=400$으로 주어진다.

(가) 기대물가수준이 60으로 주어질 때 균형물가수준과 생산을 구하라.

(나) 통화공급이 예상치 않게 700으로 증가하고, 기대물가수준은 이것을 예상하지 못했으므로 여전히 60이라고 하자. 균형물가수준과 생산을 구하라.

(다) 통화당국이 통화공급을 700으로 증가시키겠다고 선언하고, 민간 경제주체들이 이것을 신뢰한다고 하자. 균형실제물가수준, 기대물가수준, 생산을 구하라.

3. 원유가격 상승이 물가수준, 생산, 실질이자율, 실질임금, 투자, 실업률에 미치는 장단기효과를 총수요-총공급곡선과 *IS-LM* 곡선을 사용하여 분석하라.

4. 두 개의 기업 A, B가 각각 가격을 인하하거나 유지하는 전략을 가지고 있다. 각각의 경우 보수표는 다음과 같다. 각 항목의 첫 번째 숫자는 A기업의 보수(payoff)를, 두 번째 숫자는 B기업의 보수를 나타낸다.

		B	
		가격인하	가격유지
A	가격인하	(80, 80)	(50, 70)
	가격유지	(70, 50)	(60, 60)

(가) 이 게임에서 내쉬균형은?

(나) 만약 여러 개의 균형이 존재하면 파레토 우월한 균형은 어느 것인가?

10 미시경제적 기초:

2기간 분석

나는 세 살 난 아들 녀석의 할인율을 계산하기 위해, 저녁 먹기 전에 사탕 한 개를 먹게 하지 않는 대신, 저녁 후에 사탕 몇 개를 준다고 약속해야 하는가를 물어보았다.

E·C·O·N·O·M·I·C

주요개념

미시경제학적 기초

2기간 예산선

무차별곡선

채권자

채무자

소득효과

기간간 대체효과

기간내 대체효과

C·H·A·P·T·E·R

10 미시경제학적 기초: 2기간 분석

I. Fisher(1867–1947)

미국

"기간간 대체이론 등 다수의 이론을 개발"

본 장에서는 고전학파의 대표적 경기변동이론이라고 할 수 있는 실물경기변동이론을 이해하기 위해 그 이론의 기초가 되는 다기간에 있어서의 소비와 노동투입의 선택문제를 소개한다(이것을 피셔의 기간간 대체이론이라고 부른다).

본 장의 논의의 배경이 되는 경제로서 경제주체가 여러 명이 존재하는 다인 경제를 상정해 보자. 이 경제에는 한 가지 종류의 상품이 존재하는데, 이 상품은 저장이 불가능하지만, 경제주체 사이에 교환이 가능하며 금융시장이 존재한다고 하자. 로빈슨 크루소 경제로 불리는 1인 경제에서는 매기에 소비와 소득이 일치해야 한다. 그러나 금융시장이 존재하면 모든 경제주체들이 매기에 소비와 소득을 일치시킬 필요는 없다. 일부는 은행에서 대출을 받아서 소득보다 소비를 많이 할 수도 있고, 또 다른 일부는 소득보다 소비를 적게 하고 은행에 예금을 할 수도 있다. 단, 경제전체로는 총소득은 총소비와 일치해야 한다. 통화량은 매기에 일정하고 물가수준(P)은 일정하게 주어진다고 가정하자. 금융시장에는 만기가 1기간인 예금(채권)이 존재하며 1기간 예금 이자율은 R로 일정하게 주어진다고 가정하자. 즉, 지금 1원을 예금하면 다음 기에 $1+R$원을 지급받게 된다.

제 1 절 소비의 2기간 선택문제

분석을 간단히 하기 위해 2기간에 걸친 소비의 선택문제를 분석하자. 2기간 분석은 2기간 이상의 다기간 분석에 쉽게 적용할 수 있다.

1. 기본모형

개별 경제주체는 2기간을 산다고 하자. 개별 경제주체가 직면하고 있는 2기간의 예산제약식을 실질값으로 나타내면 다음과 같다.

$$c_1+\frac{c_2}{1+r}=y_1+\frac{y_2}{1+r} \qquad \cdots\cdots \ (10-1)$$

물가수준이 일정하므로 실질이자율(r)과 명목이자율(R)은 동일하다. 위의 식은 현재 및 미래소비의 현재가치가 현재 및 미래소득의 현재가치와 같다는 것을 의미한다. 우변에 있는 현재 및 미래소득의 현재가치를 특정값 x로 놓으면 위의 식은 다음과 같이 다시 쓸 수 있다.

$$c_1+\frac{c_2}{1+r}=x \qquad \cdots\cdots \ (10-2)$$

x가 주어진다면 예산선은 [그림 10-1]과 같이 그릴 수 있다.

그림 10-1 2기간 예산선

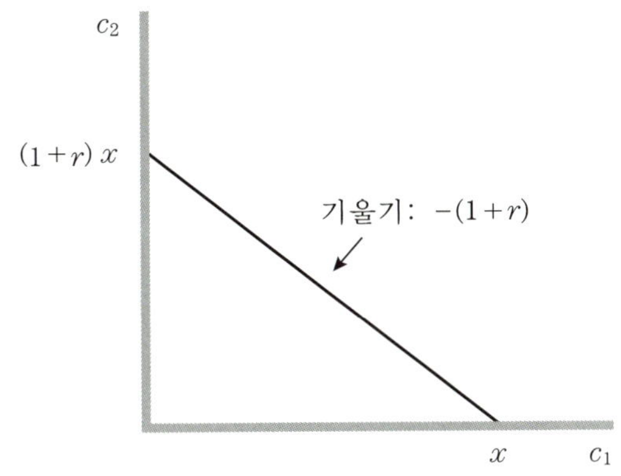

예산선은 두 기간에 걸쳐 소득의 실질현재가치가 주어졌을 때 얻을 수 있는 현재소비(c_1)와 미래소비(c_2)의 조합을 보여준다. 미래소비(c_2)가 0일 때 가능한 현재소비(c_1)의 최대값은 x 이고 현재소비(c_1)가 0일 때 가능한 미래소비(c_2)의 최대값은 $(1+r)x$가 된다. x가 주어져 있을 때 현재의 소비를 한 단위 포기하면 미래소비는 $(1+r)$만큼 증가하므로 예산선의 기울기는 $-(1+r)$이 된다.

그림 10-2 현재소비와 미래소비 간의 무차별곡선

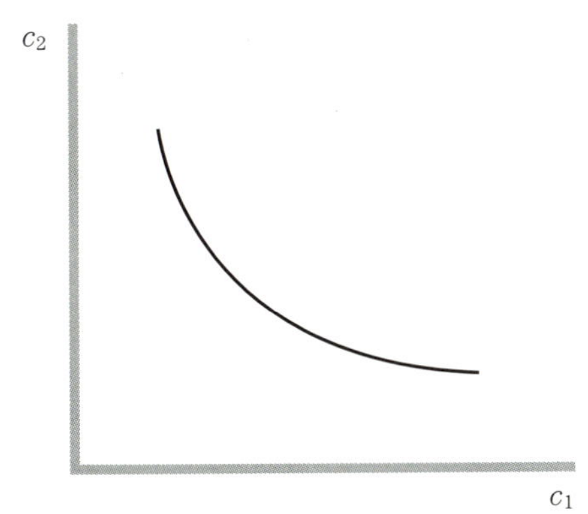

현재소비와 미래소비는 모두 재화(goods)이고 무차별곡선은 원점에 대해 볼록한 형태를 취한다고 가정한다.

예산선은 두 기간에 걸쳐 소득의 실질현재가치가 주어졌을 때 얻을 수 있는 현재소비(c_1)와 미래소비(c_2)의 조합을 보여준다. 미래소비(c_2)가 0일 때 가능한 현재소비(c_1)의 최대값은 x이고, 현재소비(c_1)가 0일 때 가능한 미래소비(c_2)의 최대값은 $(1+r)x$가 된다. x가 주어져 있을 때 현재의 소비를 한 단위 포기하면 미래소비는 $(1+r)$만큼 증가하므로 예산선의 기울기는 $-(1+r)$이 된다.

예산선과 결합될 효용함수는 현재와 미래소비 간의 무차별곡선으로 나타난다(현재 및 미래의 노동투입 N_1, N_2는 주어진 것으로 가정한다). 현재소비와 미래

그림 10-3 현재 및 미래의 균형소비: 채권자

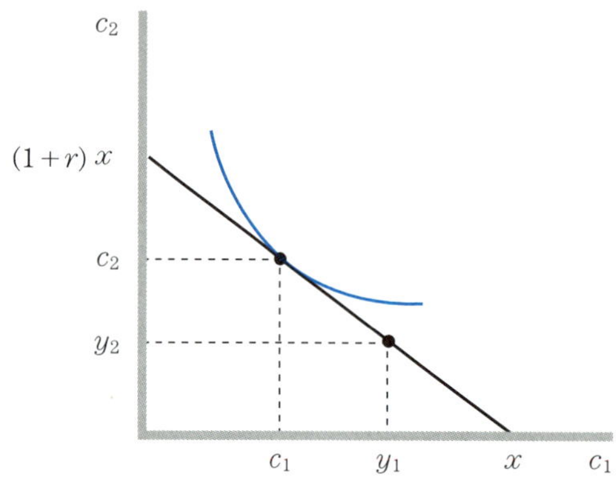

이 소비자는 1기에 소득보다 소비를 적게 하고, 2기에 소득보다 소비를 많이 하므로 1기에 채권자가 되려고 하는 소비자이다.

그림 10-4 현재 및 미래의 균형소비: 채무자

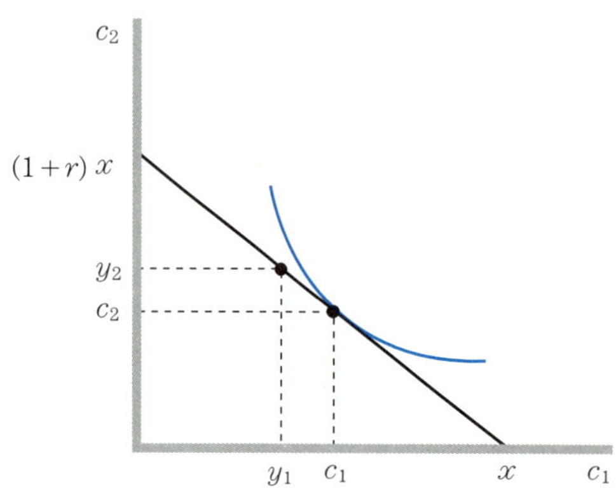

이 소비자는 1기에 소득보다 소비를 많이 하고 2기에 소득보다 소비를 적게 하므로 1기에 채무자가 되려고 하는 소비자이다.

소비는 모두 재화(goods)이고 [그림 10-2]에 나타나 있는 것처럼 무차별곡선은 원점에 대해 볼록한 형태를 취한다고 가정하자.

무차별곡선과 예산제약식을 결합하면 2기간에 있어서의 균형소비(c_1, c_2)를 [그림 10-3]과 같이 구할 수 있다. [그림 10-3]에 나타난 소비자는 1기에 소득보다 소비를 적게 하고, 2기에 소득보다 소비를 많이 하므로 1기에 채권자가 되려고 하는 소비자이다.

역으로 [그림 10-4]에 나타난 소비자는 1기에 소득보다 소비를 많이 하

그림 10-5 생산함수의 이동과 소득효과

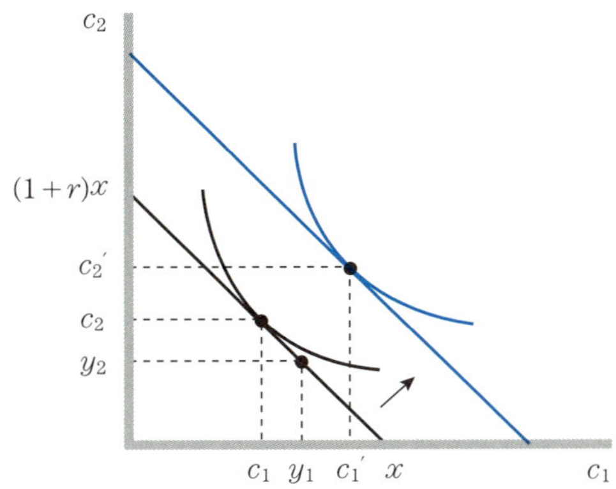

소득효과는 x값의 변화에 따른 소비의 변화로 측정할 수 있다. 예를 들어서 생산함수가 수평으로 상향이동하여 현재 및 미래소득의 현재가치(x)가 증가한다고 하자. 두 기간의 노동투입(N_1, N_2)은 일정한 수준을 유지한다고 가정할 때, 현재 혹은 미래의 소득이 증가하면 x 값이 증가하여 예산제약식이 오른쪽으로 평행이동한다. 그 결과 현재 및 미래소비가 정상재인 한 현재 및 미래소비는 모두 증가한다. 따라서 소득효과는 현재 및 미래소비를 모두 증가시킨다.

고, 2기에 소득보다 소비를 적게 하므로 1기에 채무자가 되려고 하는 소비자이다.

2. 생산함수의 이동과 소득효과

소득효과는 x값의 변화에 따른 소비의 변화로 측정할 수 있다. 예를 들어서, 생산함수가 수평으로 상향이동하여 현재 및 미래소득의 현재가치(x)가 증가한다고 하자. 두 기간의 노동투입(N_1, N_2)은 일정한 수준을 유지한다고 가정할 때, 현재 혹은 미래의 소득이 증가하면 x값이 증가하여 예산제약식이 우측으로 평행이동한다. 그 결과 [그림 10-5]에서 보듯이 현재 및 미래소비가 정상재인 한 현재 및 미래소비는 모두 증가한다. 따라서 소득효과는 현재 및 미래소비를 모두 증가시킨다.

3. 이자율의 변화와 기간간 대체효과

기간간 대체효과는 소비 혹은 여가를 다른 기보다는 이번 기에 취할 때 발생하는 상대적 비용의 변화에 따른 효과이다. 즉, 서로 다른 기간 사이에서 한 기간이 다른 기간에 비해 상대적으로 다른 비용구조를 가질 때 발생하는 효과이다.

실질이자율 변동에 따른 2기간간 소비변동을 분석해 보자. 실질이자율 상

그림 10-6 이자율의 변화와 기간간 대체효과

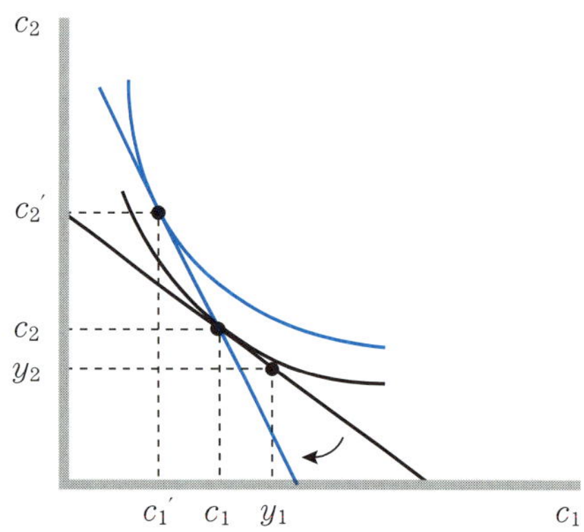

실질이자율 상승에 따른 순수 대체효과만을 분석하기 위해 새로운 예산선을 원래의 균형점 c_1, c_2를 지나도록 그리면 미래소비(c_2)는 증가하고, 현재소비(c_1)는 감소함을 알 수 있다.

승에 따른 순수 대체효과만을 분석하기 위해 새로운 예산선을 원래의 균형점 c_1, c_2를 지나도록 그리면 [그림 10-6]에서 보듯이 미래소비(c_2)는 증가하고, 현재소비(c_1)는 감소함을 알 수 있다. 실질이자율이 상승하면 현재소비의 기회비용이 상승하므로 현재소비에 비해 상대적으로 저렴해진 미래소비가 증가하고 현재소비는 감소하게 되는데, 이것을 이자율 변화에 따른 소비의 기간간 대체효과라고 부른다. 기간간 대체효과는 실질이자율이 상승하면 현재의 저축이 증가함을 의미한다.

소비의 2기간 선택문제를 경제학 원론에서 배운 소비자 문제의 균형조건 즉, 한계대체율=상대가격에 기초하여 분석할 수 있다. 2기간 소비선택 문제에 있어서 한계대체율은 β · 2기의 소비의 한계효용/1기의 소비의 한계효용으로 나타낼 수 있다. 여기에서 $\beta(=\frac{1}{1+\rho})$는 2기의 한계효용을 1기의 한계효용으로 환산하는 시간 할인인자이다. 1기의 소비와 2기의 소비간의 상대가격은 $\frac{1}{1+r}$이 된다. 그 이유는 이번 기에 소비를 한 단위 줄여서 저축을 하면 다음 기에 $1+r$ 단위의 소비를 할 수 있기 때문이다.

이제 2기간 소비선택 문제의 균형조건을 다음과 같이 쓸 수 있다.

$$\frac{\beta \cdot 2\text{기의 소비의 한계효용}}{1\text{기의 소비의 한계효용}} = \frac{1}{(1+r)}$$

즉, 1기와 2기의 소비로부터의 한계대체율은 1기와 2기 소비의 상대가격과 같아야 한다. 이 식으로부터 실질이자율이 상승하면 우변의 값이 하락함을 알 수 있다. 이 경우 균형을 유지하려면 좌변의 값이 하락해야 한다. 소비의 한계효용이 체감하는 경우 이것은 현재소비가 감소하고 미래소비가 증가함으로써 가능하다.

4. 이자율의 변화와 소득효과

앞의 2기간 예산제약식에서 y_i와 c_i는일정하다고 가정하자. 이자율의 상승은 현재 및 미래소득의 현재가치와 현재 및 미래소비의 현재가치를 모두 감소시킴을 알 수 있다. 만일 전자의 감소가 후자의 감소보다 크면 소득이 감소하는 것과 마찬가지이고, 만일 전자의 감소가 후자의 감소보다 작으면 소득이 증가하는 것과 마찬가지이다. 한편 예산제약식으로부터 이자율이 상승하면 미래의 소비나 소득의 현재가치가 감소함을 알 수 있다. 만약 소비가 소득에 비해 상대적으로 미래에 집중되어 있으면 지출의 현재가치가 소득의 현재가치보다 크게 감소하여 소득이 상대적으로 증가하는 효과를 발생시킬 것이다. 소비가 소득에 비해 상대적으로 미래에 집중되어 있다면, 이것은 1기에 저축을 하고 2기에 음의 저축을 하는 가계(채권자)에 해당한다고 볼 수 있다. 따라서 채권자가 되려고 하는 가계의 경우에는 이자율이 상승하면 소득이 증가하는 것과 같은 효과를 보게 되고, 역으로 채무자가 되려고 하는 가계의 경우에는 이

그림 10-7 이자율의 변화와 소비의 변화: 채권자

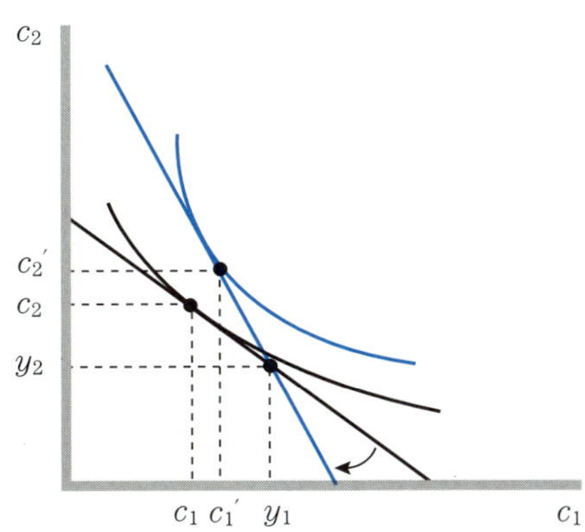

채권자의 경우에는 실질이자율이 상승하면 소득이 증가하는 것과 마찬가지 효과를 가지므로 소득효과는 현재 및 미래의 소비를 증가시키는 방향으로 작용한다. 대체효과는 현재의 소비를 감소시키고 미래의 소비를 증가시키는 방향으로 작용하므로 실질이자율이 상승하면 채권자의 현재소비는 두 효과의 상대적 크기에 따라 증가할 수도 있고 감소할 수도 있지만 미래소비는 확실하게 증가한다. 이 그림은 소득효과가 대체효과보다 커서 현재소비가 증가하는 경우를 나타내고 있다.

그림 10-8 이자율의 변화와 소비의 변화: 채무자

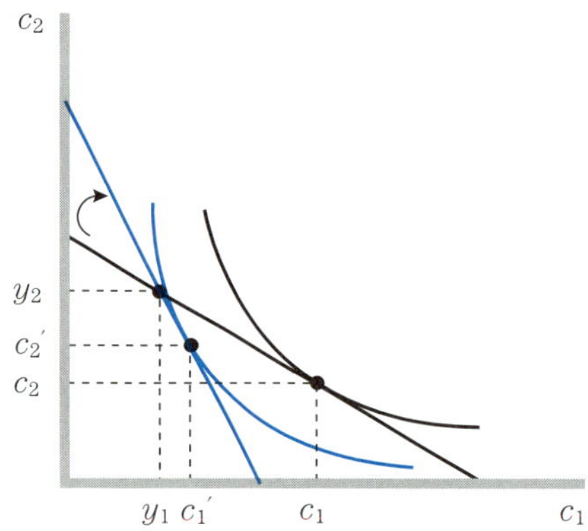

채무자의 경우에는 실질이자율이 상승하면 소득이 감소하는 것과 마찬가지 효과를 가지므로 소득효과는 현재 및 미래의 소비를 감소시키는 방향으로 작용한다. 대체효과는 현재의 소비를 감소시키고 미래의 소비를 증가시키는 방향으로 작용하므로 실질이자율이 상승하면 채무자의 현재소비는 확실하게 감소하고 미래소비는 두 효과의 상대적 크기에 따라 증가할 수도 있고 감소할 수도 있다. 이 그림은 대체효과가 소득효과보다 커서 미래소비가 증가하는 경우를 나타내고 있다.

자율이 상승하면 소득이 감소하는 것과 같은 효과를 보게 된다.

채권자의 경우 이자율이 상승하면 소득효과는 현재 및 미래소비를 모두 증가시킨다. 그 결과 소득효과는 현재의 소비를 증가시키는 방향으로, 대체효과는 현재의 소비를 감소시키는 방향으로 작용하므로 현재의 소비는 두 효과의 상대적 크기에 따라 증가할 수도 있고 감소할 수도 있다. 그러나 두 효과 모두 미래의 소비는 증가시킨다. [그림 10-7]은 소득효과가 대체효과보다 커서 현재소비가 증가하는 경우를 나타내고 있다. 채무자의 경우에는 실질이자율이 상승하면 소득이 감소하는 것과 마찬가지 효과를 가지므로 소득효과는 현재 및 미래의 소비를 감소시키는 방향으로 작용한다. 대체효과는 현재의 소비를 감소시키고 미래의 소비를 증가시키는 방향으로 작용한다. 따라서 실질이자율이 상승하면 채무자의 현재소비는 확실하게 감소하고, 미래소비는 두 효과의 상대적 크기에 따라 증가할 수도 있고 감소할 수도 있다. [그림 10-8]은 대체효과가 소득효과보다 커서 미래소비가 증가하는 경우를 나타내고 있다.

개별가계의 경우에는 어느 한 쪽에 해당되겠지만, 경제전체적으로 볼 때는 평균적인 가계는 채권자도 채무자도 아니므로 이자율 변화에 따른 소득효과는 거의 무시할 수 있다. 따라서 경제전체적으로는 이자율이 상승하면 기간간 대체효과에 의해 현재소비가 감소할 것이다. 기간간 대체효과의 크기가 어느 정도인가는 실증적인 문제라고 할 수 있다.

제 2 절 노동투입의 2기간 선택문제

노동투입의 선택문제를 고려하기 위해 생산은 노동의 함수라고 가정하자. 앞의 2기간 예산제약식에 $y_t=f(N_t)$를 대입하면 다음과 같다.

$$c_1+\frac{c_2}{1+r}=f(N_1)+\frac{f(N_2)}{1+r} \qquad \cdots\cdots \ (10-3)$$

혹은 임금률의 변화가 노동공급에 미치는 영향을 분석하기 위해 $y_t=w_t N_t$를 대입하면 다음과 같다.

$$c_1+\frac{c_2}{1+r}=w_1N_1+\frac{w_2N_2}{1+r} \qquad \cdots\cdots \ (10-4)$$

1. 소득효과

생산함수의 이동과 소득효과

소득효과를 분석하기 위해 생산함수가 1기 및 2기에 수평으로 상향이동한다고 가정하자. 이것은 노동 및 자본의 한계생산성에 영향이 없음을 의미한다. 생산함수의 수평상향이동으로 인해 소득이 증가하게 되면 정상재인 여가 및 소비가 1기 및 2기에 모두 증가하게 된다. 이것은 현재 및 미래의 노동투입(N_1, N_2)이 감소하는 것을 의미한다. 주목할 점은 소득이 여가 혹은 노동투입에 미치는 소득효과는 경제성장의 도입부에서는 강하게 나타나다가, 그 이후로는 일정수준에 머무르는 경향이 있다는 점이다.

이자율의 변화와 소득효과

앞의 예산제약식에서 생산함수와 c_i는 일정하다고 가정하자. 이자율의 상승은 현재 및 미래소득의 현재가치와 현재 및 미래소비의 현재가치를 감소시킨다. 앞에서 살펴보았듯이 채권자가 되려고 하는 가계의 경우에는 이자율이 상승하면 소득이 증가하는 것과 같은 효과를 보게 되고, 역으로 채무자가 되려고 하는 가계의 경우에는 이자율이 상승하면 소득이 감소하는 것과 같은 효과를 보게 된다. 개별가계의 경우에는 어느 한 쪽에 해당되겠지만, 경제전체적으로 볼 때 평균적인 가계는 채권자도 채무자도 아니므로 이자율의 변화가 노동투입에 미치는 소득효과는 거의 무시할 수 있다.

2. 대체효과

실질임금과 기간내 대체효과

실질임금과 노동공급의 관계를 이해하기 위해 경제학 원론에서 배우는 소비자 균형문제를 생각해보자. 예를 들어서 소비자가 사과와 배 두 가지 상품을 소비한다고 하자. 이 문제의 균형은 두 상품으로부터의 한계효용의 비율 또는, 한계대체율이 두 상품의 상대가격과 같을 때 성립한다$\left(\frac{\text{사과의 한계효용}}{\text{배의 한계효용}}=\frac{\text{사과 가격}}{\text{배 가격}}\right)$. 즉, 동일한 1원을 사용해서 사과와 배로부터 동일한 한계효용을 얻을 때 균형이 성립한다$\left(\frac{\text{사과의 한계효용}}{\text{사과 가격}}=\frac{\text{배의 한계효용}}{\text{배 가격}}\right)$.

노동공급과 실질임금의 관계도 마찬가지로 분석할 수 있다. 가계가 소비와 여가라는 두 가지 상품(goods)을 선택한다고 하자. 이 문제의 균형은 여가와 소비의 한계대체율이 여가와 소비의 상대가격과 같을 때 성립한다$\left(\frac{\text{여가의 한계효용}}{\text{소비의 한계효용}}=\frac{W}{P}=w\right)$. 실질임금은 여가의 기회비용 혹은 여가와 소비간의 상대가격이다. 실질임금이 상승하면 여가의 기회비용이 커져서 가계는 여가를 줄이고, 노동공급을 늘리게 된다. 이를 달리 표현하면, 실질임금이 높을수록 여가에 비해 소비가 저렴해지므로 대체효과에 의해 소비가 증가하고 여가(노동공급)가 감소(증가)한다. 즉, 노동공급과 상품수요(소비)는 실질임금의 증가함수이다. 이를 또 다른 각도에서 설명하면 다음과 같다. 소비가 주어진 상태에서 실질임금이 상승하면 균형을 유지하기 위해 여가의 한계효용이 증가해야 한다. 여가의 한계효용이 체감한다면 이것은 여가가 감소하고 노동공급이 증가하는 것을 의미한다. 즉, 노동공급은 실질임금의 증가함수이다([그림 11-5] 참조).[1)]

1) 경제학 원론에서 배우듯이 상대가격이 변하면 소득효과도 발생한다. 실질임금이 상승하면 소득이 증가하는 효과가 발생하고 이로 인해 노동공급이 감소할 수 있다. 실질임금이 어느 수준을 넘어서서 소득효과가 (기간내) 대체효과보다 크면 노동공급이 오히려 감소(backward-bending)할 수 있다. 여기에서는 이런 경우는 배제한다.

실질임금과 기간간 대체효과

대표적 가계는 이번 기에 소비와 여가를 각각 얼마만큼 소비할 것인가를 결정할 뿐만 아니라 이번 기에 얼마나 여가를 취하고, 다음 기에 얼마의 여가를 취할 것인가를 결정해야 한다. 앞에서 설명한 이번 기의 소비와 다음 기의 소비를 결정하는 균형조건과 마찬가지로 이번 기의 여가(노동공급)와 다음 기의 여가(노동공급)를 결정하는 균형조건을 다음과 같이 생각해 볼 수 있다.

$$\frac{\beta \cdot 2\text{기의 여가의 한계효용}}{1\text{기의 여가의 한계효용}} = \frac{w_2}{(1+r)w_1} \qquad \cdots\cdots \ (10-5)$$

즉, 1기와 2기 여가 선택에 관한 한계대체율은 1기와 2기 여가의 상대가격과 같아야 한다. 위의 식에서 w_1은 이번 기의 실질임금, w_2는 다음 기의 실질임금을 나타낸다. 2기간 소비선택 문제에서와 마찬가지로 기간간 한계대체율을 계산할 때 2기의 여가로부터의 한계효용을 할인인자 β로 할인해 주어야 한다.

이제 1기의 실질임금이 상승한다고 하자. 1기의 실질임금이 상승하면 1기의 여가의 기회비용이 증가하므로 1기의 여가가 감소하고 노동공급이 증가한다. 이를 달리 설명하면 다음과 같다. 다른 조건이 일정한 상태에서 1기의 실질임금이 상승하면 위의 균형식의 우변의 값이 작아진다. 균형이 성립하려면 좌변의 값도 작아져야 하는데 이것은 1기의 여가로부터의 한계효용이 증가함으로써 가능하다. 여가의 한계효용이 체감한다면 1기의 여가는 감소하고 노동공급이 증가해야 한다.

이자율의 변화와 기간간 대체효과

이자율이 상승하면 현재여가의 기회비용이 상대적으로 증가한다. 따라서 이자율 상승에 의한 기간간 대체효과는 현재의 여가를 감소시키고 상대적으로 저렴한 미래의 여가를 증가시킨다. 즉, 현재의 노동이 증가하고 미래의 노동이 감소한다. 이것을 다시 설명하면 다음과 같다. 2기에 여가를 취함으로써 발생하는 2기 산출량의 손실[$f(N_2)$]은 이자율 상승으로 인해 증가한 할인인자($1+r'$)로 할인되기 때문에 2기의 여가는 1기의 여가보다 상대적으로 저렴하게 된다. 따라서 합리적 경제주체는 2기에 노동을 줄이고 더 많은 여가를 즐기려고 한다. 한편 현재노동의 증가는 현재소득의 증가를 의미한다. 기간간 대체효과에 의해 현재소비(c_1)는 감소하고 현재소득은 증가하므로 소비감소로 인한 저축증가의 효과는 더욱 강화된다.

노동공급은 현재의 실질임금뿐만 아니라 미래의 기대실질임금, 실질이자율, 부의 크기 등에 영향을 받는다. 현재의 실질임금에 비해 미래의 기대실질임금이 증가하면 가계는 현재의 노동공급을 줄이고, 미래의 노동공급을 늘리려 한다. 즉, 기간간 대체효과에 의해 현재의 노동공급이 감소하고, 미래의 노동공급이 증가한다. 실질임금 이외에 실질이자율도 노동공급에 영향을 미친다. 실질이자율이 상승하면 여가의 기회비용이 증가하므로 가계는 기간간 대체효과에 의해 현재의 여가를 줄이고 노동공급을 늘린다.

이상의 논의에 기초하여 노동공급함수를 다음과 같이 나타낼 수 있다.

$$N^s = N^s(\underset{+}{\frac{W}{P}}, \underset{+}{r}, \cdots) \qquad \cdots\cdots (10-6)$$

위의 식에서 실질임금과 실질이자율 아래에 있는 부호는 (현재의) 실질임금이 증가하면 기간내 대체효과와 기간간 대체효과에 의해 노동공급이 증가하고, 실질이자율이 상승하면 기간간 대체효과에 의해 노동공급이 증가하는 것을 반영한다.

3. 노동의 한계생산곡선이 이동하는 경우

노동의 한계생산은 경제주체가 여가를 취하는 대신 노동을 할 경우 추가적으로 생산하는 생산량이므로 여가의 기회비용을 나타낸다. 따라서 노동의 한계생산곡선은 특정 시점에 있어서 소비와 여가 간의 상대비용을 결정한다.

한계생산곡선이 변화하면 소비와 여가의 상대가격이 변화하므로 소비와 여가가 반응한다. 한계생산곡선이 변화하는 경우 소비와 여가의 반응은 앞에서 언급한 임금률의 변화가 소비와 여가에 미치는 영향과 마찬가지로 분석할 수 있다. 그 이유는 제 7 장에서 살펴보았듯이 기업의 이윤극대화 조건으로부터 노동의 한계생산이 시장에서 결정된 실질임금과 같을 때까지 기업이 노동을 수요하기 때문이다.

노동의 한계생산이 영원히 향상되는 경우

노동의 한계생산($=w$)이 영원히 향상되면 여가의 기회비용이 증가하게 되고 소비는 매기에 여가보다 상대적으로 저렴해지게 된다. 소비가 여가에 비해 상대적으로 저렴해지면 소비를 늘리고 여가를 줄일 것이다. 이것은 개별가계가 매기에 노동과 소비를 증가시키려고 하는 것을 의미한다. 단 한계생산곡선의 변화가 영원하면 소비나 여가의 서로 다른 기간간의 상대비용($\frac{w_2}{w_1}$)은 변화하지 않으므로 노동과 소비의 반응은 매기에 동일하게 된다. 여기에서 언급한 여가와 소비 간의 대체효과는 한 기간 내에 있어서의 대체효과이지 기간간 대체효과가 아님을 유의해야 한다.

제15장의 소비이론에서도 언급하듯이 합리적인 소비자는 소비를 가능하면 일정하게 유지하려고 한다. 소득이 매기에 영원히 증가하면 합리적인 소비자는 소비를 매기에 소득의 증가분만큼 증가시킨다(이것은 소득이 영원히 증가하는 경우 한계소비성향이 1에 가까운 것을 의미한다). 그 결과 노동의 한계생산이 영원히 향상되는 경우 소득이 증가하는 만큼 소비가 증가하므로 저축은 변화하지 않는다.

노동의 한계생산이 일시적으로 향상되는 경우

노동의 한계생산이 일시적으로 향상되면 (즉, w_1이 상승하면) 현재의 여가가 상대적으로 소비나 미래의 여가보다 비싸지므로 현재의 여가(노동투입)가 감소(증가)하고 상대적으로 저렴해진 소비와 미래의 여가가 증가한다. 그 결과 일시적으로 생산성이 증가하면 현재의 소득과 소비가 증가한다. 그러나 소득의 증가가 일시적인 경우 소비이론에서 언급하듯이 한계소비성향은 0에 가깝게 된다. 따라서 노동생산성이 일시적으로 향상되는 경우 현재의 소득이 현재의 소비보다 크게 증가하므로 저축이 증가한다

제 3 절 맺음말

본 장에서는 피셔의 기간간 대체이론을 소개하였다. 피셔의 기간간 대체이론은 소비가 현재의 (가처분)소득뿐만 아니라 미래의 소득, 이자율 등에 의존한다는 이론으로서 미래를 고려한 소비이론의 효시라고 말할 수 있다. 기간간 대체이론에서 실질이자율이 상승하면 대체효과와 소득효과가 발생한다. 실질이자율이 상승하면 현재소비의 기회비용이 커지므로 대체효과에 의해 현재소비가 감소하고 미래소비가 증가한다. 여기에서 말하는 대체효과는 미시경제학에서 일반적으로 말하는 (기간내) 대체효과와는 달리 기간간 대체효과임을 주목해야 한다. 한편, 실질이자율의 상승은 채권자의 소득을 증가시키는 방향으로, 채무자의 소득을 감소시키는 방향으로 작용한다. 따라서 실질이자율이 상승하면 채권자의 현재 및 미래소비는 증가하고, 채무자의 현재 및 미래소비는 감소하는 방향으로 소득효과가 발생한다. 경제전체적으로 평균적인 가계는 채권자도 채무자도 아니므로 이자율 변화에 따른 소득효과는 거의 무시할 수 있다. 종합하면 실질이자율이 상승할 때 경제전체적으로는 기간간 대체효과에 의해 현재소비가 감소한다.

노동공급은 현재의 실질임금뿐만 아니라 미래의 기대실질임금, 실질이자율, 부의 크기 등에 영향을 받는다. 현재의 실질임금이 상승하면 현재 여가의 기회비용이 증가하여 통상적인 (기간내) 대체효과와 (미래의 실질임금이 일정한 경우) 기간간 대체효과에 의해 현재의 노동공급이 증가한다(기간간 대체효과가 발생하면 미래의 노동공급이 감소한다). 현재의 실질임금에 비해 미래의 기대실질임금이 증가하면 가계는 현재의 노동공급을 줄이고, 미래의 노동공급을 늘리려 한다. 즉, 기간간 대체효과에 의해 현재의 노동공급이 감소하고, 미래의 노동공급이 증가한다. 실질임금 이외에 실질이자율도 노동공급에 영향을 미친다. 실질이자율이 상승하면 여가의 기회비용이 증가하므로 가계는 기간간 대체효과에 의해 여가를 줄이고 노동공급을 늘린다. 항상부가 증가하면 소득효과에 의해 여가 소비가 늘어나고 노동공급이 감소한다.

부 록 소비자의 최적화문제

소비자의 효용극대화 문제가 다음과 같이 주어진다고 하자.

$$Max\ u(C_1,\ \overline{L}-N_1)+\frac{1}{1+\rho}u(C_2,\ \overline{L}-N_2)$$
$$s.t\ C_1+\frac{C_2}{1+r}=w_1 N_1+\frac{w_2 N_2}{1+r}$$

이 문제를 풀기 위해 라그랑지 함수를 다음과 같이 설정하자.

$$\mathcal{L}=u(C_1,\ \overline{L}-N_1)+\frac{1}{1+\rho}u(C_2,\ \overline{L}-N_2)+\lambda\left[w_1 N_1+\frac{w_2 N_2}{1+r}-C_1-\frac{C_2}{1+r}\right].$$

최적화의 일계조건은 다음과 같다.

$$\frac{\partial\mathcal{L}}{\partial C_1}=0:\quad u_1(C_1,\ \overline{L}-N_1)=\lambda \qquad \cdots\cdots (1)$$
$$\frac{\partial\mathcal{L}}{\partial C_2}=0:\quad \frac{u_1(C_2,\ \overline{L}-N_2)}{1+\rho}=\frac{\lambda}{1+r} \qquad \cdots\cdots (2)$$
$$\frac{\partial\mathcal{L}}{\partial N_1}=0:\quad u_2(C_1,\ \overline{L}-N_1)=w_1\lambda \qquad \cdots\cdots (3)$$
$$\frac{\partial\mathcal{L}}{\partial N_2}=0:\quad \frac{u_2(C_2,\ \overline{L}-N_2)}{1+\rho}=\frac{w_2\lambda}{1+r} \qquad \cdots\cdots (4)$$

위의 식에서 u에 붙은 첨자는 u의 첫 번째 항목과 두 번째 항목에 대한 편미분을 나타낸다.

1. 기간내(Intratemporal) 소비와 여가의 선택

동일 기간내의 소비와 여가 간의 선택은 경제학원론에서 배운 효용극대화 문제와 동일하다. 즉, 두 개의 상품(여기에서는 현재의 소비와 여가)을 소비할 때 최적 소비는 두 상품간의 한계대체율이 두 상품의 상대가격과 같을 때 이루어진다. 마찬가지로 우리는 식 (1)과 (3)으로부터 다음 식을 도출할 수 있다.

$$\frac{u_2(C_1,\ \bar{L}-N_1)}{u_1(C_1,\ \bar{L}-N_1)}=w_1$$

이 식은 현재소비(C_1)와 여가($\bar{L}-N$) 간의 기간내 최적 선택조건을 나타낸다. 이 식은 균형에서 현재의 소비와 여가 간의 무차별곡선과 이번 기의 예산선이 접하는 것을 의미한다. 다시 말하면 현재의 소비와 여가 간의 한계대체율이 예산선의 기울기인 임금률과 같아야 한다.

$$MRS_{1\text{기의 여가},\ C_1}=w_1$$

2. 기간간(Intertemporal) 소비의 선택

식 (1)과 (2)로부터 다음의 관계식(오일러 방정식)을 도출할 수 있다.

$$u_1(C_1,\ \bar{L}-N_1)=\frac{1+r}{1+\rho}\ u_1(C_2,\ \bar{L}-N_2)$$

이 식은 현재와 미래소비의 최적조건을 나타낸다. 좌변은 현재 소비를 한 단위 줄일 경우 발생하는 효용의 감소(u_1)를, 우변은 이번 기에 소비를 한 단위 줄이면 다음 기에 $1+r$ 단위가 되어 이로부터 느끼는 효용은 $(1+r)u_2$가 되고 이것을 현재의 효용과 비교하기 위해 시간선호율로 할인하면 $\frac{(1+r)}{(1+\rho)}u_2$가 됨을 보여주고 있다. 이 식은 다음과 같이 다시 정리할 수 있다.

$$\text{기간간 } MRS_{C_2,\ C_1}=\frac{1}{1+r}$$

3. 기간간 노동의 선택

식 (3)과 (4)로부터 다음 식을 도출할 수 있다.

$$\frac{u_2(C_2,\ \bar{L}-N_2)}{u_2(C_1,\ \bar{L}-N_1)}=\frac{1+\rho}{1+r}\left(\frac{w_2}{w_1}\right)$$

이 식은 기간간 여가의 선택조건을 나타낸다. 여가가 결정되면 노동공급은 자동으로 결정된다. 기간간 여가(노동)의 선택은 실질이자율과 실질임금의 상대적 비율$\left(\frac{w_2}{w_1}\right)$에 영향을 받는다는 것을 알 수 있다. 예를 들어 현재실질임금이 미래실질임금에 비하여 상승하는 경우 즉, $\left(\frac{w_1}{w_2}\right)$이 증가하는 경우 위 식의 우변이 감소한다. 균형이 성립하기 위해서는 좌변도 감소해야 한다. 좌변의 값이 감소하기 위해서는 한계효용이 체감하는 효용함수를 가정하였으므로 현재여가가 감소(현재노동공급이 증가)하고 미래여가가 상대적으로 증가(미래노동공급이 감소)해야 한다. 이 식은 다음과 같이 정리될 수 있다.

$$\text{기간간 } MRS_{N_2, N_1} = \frac{w_2}{(1+r)w_1}$$

4. 실질이자율과 기간간 노동의 선택

이자율이 상승할 경우에도 현재여가의 기회비용이 증가하기 때문에 현재여가가 감소하고 현재노동공급이 증가한다.

5. 노동공급함수

앞에서 구한 3가지 1계 조건을 통해 우리는 다음과 같은 노동공급함수를 도출할 수 있다.

$$N_1^s = N_1^s\left(w_1, \left(\frac{w_1}{w_2}\right), r, \cdots\right)$$

$$\frac{\partial N_1^s}{\partial w_1} > 0, \quad \frac{\partial N_1^s}{\partial (w_1/w_2)} > 0, \quad \frac{\partial N_1^s}{\partial r} > 0$$

한 가지 유의할 점은 상대적 임금률을 변화시키지 않는 실질임금의 항구적 변화는 기간간 노동공급에 영향을 미치지 않는다는 점이다.

연습문제

효용함수가 $u(C_t, \bar{L}-N_t) = ln\ C_t + b\ ln(\bar{L}-N_t)$, $b>0$로 주어질 때 노동의 기간간 최적 선택조건을 도출하시오.

연습문제 제 10 장

Questions and Practice

1. 김선달은 매기에 소비를 일정하게 유지하고자 하며, 김선달의 2기간 예산제약식은 다음과 같다.

$$C_1+\frac{C_2}{1+r}=Y_1+\frac{Y_2}{1+r}$$

$r=0.5$

$Y_1=10,000$

$Y_2=15,000$

(가) 매기의 균형소비는? 김선달은 1기에 채권자가 되는가 혹은 채무자가 되는가?

(나) Y_1이 15,000으로 증가하면 매기의 균형소비는?

(다) Y_2가 18,000으로 증가하면 매기의 균형소비는?

(라) r이 2/3로 증가하면 매기의 균형소비는? (가)의 답과 비교하고 그 이유를 설명하라.

2. 김선달은 매기에 소비를 일정하게 유지하고자 하며, 김선달의 2기간 예산제약식은 다음과 같다.

$$C_1+\frac{C_2}{1+r}=Y_1+\frac{Y_2}{1+r}$$

$r=0.5$

$Y_1=15,000$

$Y_2=7,500$

(가) 매기의 균형소비는? 김선달은 1기에 채권자가 되는가 혹은 채무자가 되는가?

(나) r이 2/3로 증가하면 매기의 균형소비는? (가)의 답과 비교하고 그 이유를 설명하라.

3. A의 1기 및 2기의 소득은 각각 100만원, 100만원이고, B의 1기 및 2기의 소득은 각각 0, 210만원이라고 하자. 두 사람은 모두 시장 실질이자율 r에 빌려줄 수도 있고 빌릴 수도 있다. 두 사람 모두 매기에 100만원씩 소비한다면 실질이자율은? (피셔의 2기간 모형을 이용하라).

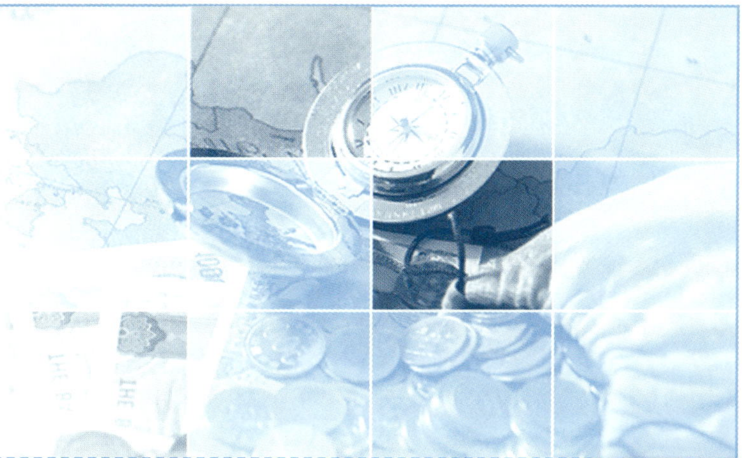

11 실물경기변동이론

경제학은 정반대의 이야기를 하는 두 학자가 노벨상을 받을 수 있는 유일한 분야이다.

어떤 사람이 경제학자에게 인생의 의미를 물었다.

경제학자: 그것은 모수(parameter)의 값에 의존합니다.

주요개념

실물경기변동이론

시장균형모형

기술충격

솔로우 잔차

자발적 실업

비자발적 실업

생산요소 사용강도

C·H·A·P·T·E·R

11 실물경기변동이론

Edward C. Prescott(1944-)

미국, 아리조나주립대학 교수

"경제정책의 동태적 일관성과 경기변동의 원동력 등 동태적 거시경제학에 기여한 공로"

본 장에서는 키들랜드-프레스콧[1)]에 의해서 시작된 실물경기변동이론을 소개한다. 실물경기변동이론은 경기변동의 정형화된 사실들(stylized facts)을 제시하고 이것을 일반균형이론에 입각하여 설명하는 새로운 경기변동이론이다. 실물경기변동이론은 기본적으로 고전학파의 시각에 그 이론적 근거를 두고 있다. 실물경기변동이론에 의하면 물가는 신축적이며, 경기변동은 화폐적 요인과는 관계없이 이름 그대로 실물적 요인에 의해 발생한다. 실물경기변동

1) Kydland, Finn E. and Edward C. Prescott, "Time to Build and Aggregate Fluctuations," *Econometrica* 50, 1982, pp. 1345-1370.

이론은 경기변동이 기술충격 등에 대응한 개별 경제주체들의 최적화의 결과로 발생한다고 주장하며, 그 이론의 근간은 기간간 대체이론 등 미시경제학적 기초에 바탕을 두고 있다. 경기변동이 기술충격 등에 대응한 개별 경제주체들의 최적화의 결과로 발생하므로 정부가 경기변동을 완화시키기 위해 개입하는 것은 바람직하지 않다.

키들랜드와 프레스콧은 실물경기변동이론을 개발한 업적으로 2004년 노벨 경제학상을 수상하였다

제 1 절 경기변동의 정형화된 사실

실물경기변동이론을 소개하기에 앞서 경기변동의 정형화된 사실부터 도출하자. 경기변동은 거시경제 변수에 내재한 장기적인 추세를 제거하고 남은 순환변동을 나타낸다. [그림 11-1]은 실질GDP 자료에서 장기적인 추세를 제거하고 남은 경기변동을 그린 것이다.[2] [그림 11-1]에서 보듯이 실질GDP의 변동은 최근의 불황을 제외하고는 통계청이 발표하는 경기변동의 정점(P) 및 저점(T)과 거의 일치한다.

[표 11-1]은 경기변동의 정형화된 사실을 도출하기 위해 실질GDP와 마찬가지 방법으로 개별 거시경제 변수들의 추세치를 제거한 후 각각의 변동의 표준편차와, 각각의 변동과 실질GDP 변동 간의 상관계수를 보고한 것이다.

[표 11-1]에서 보듯이 소비의 변동폭은 GDP 변동폭보다 크며 GDP와의 상관계수가 0.89로 나타나 강한 경기순응성을 보여주고 있다. 투자의 변동폭은 GDP 변동폭의 약 3배를 초과하여 경기변동에서 차지하는 비중이 가장 크다는 것을 알 수 있다. 투자와 GDP 간의 상관계수는 0.85로 나타나 역시 강한 경기순응성을 보여주고 있다. 수입과 수출도 GDP보다 변동폭이 훨씬 커서 한국의 경기변동은 대외 교역의 변동에 크게 영향받고 있음을 알 수 있다. 수입과 GDP 간의 상관계수는 0.47로 경기순응성을 보이고, 수출과 GDP 간의 상관계

2) 장기적인 추세를 제거하기 위해 실물경기변동이론가들이 즐겨 사용하는 호드릭-프레스콧 필터링을 사용했다.

그림 11-1 실질GDP의 변동

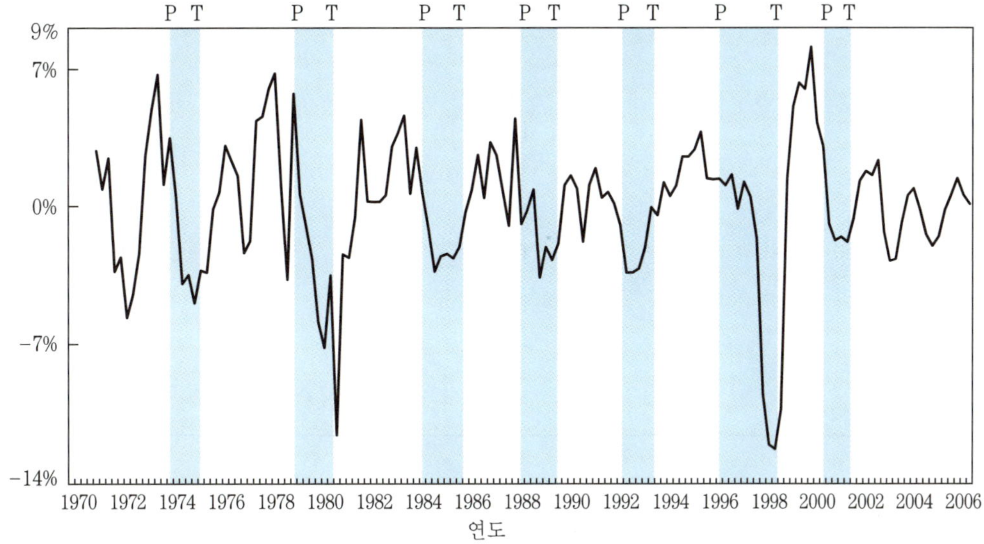

이 그림은 실질GDP 증가율을 보여주고 있다. 실질GDP의 변동이 통계청이 발표하는 경기변동의 정점(P) 및 저점(T)과 거의 일치함을 알 수 있다.

수는 0.30으로 약한 경기순응성을 보인다. 수출에서 수입을 차감한 순수출과 GDP 간의 상관계수는 −0.13으로 약하게 경기역행적임을 알 수 있다. GDP 디플레이터로 측정한 물가수준의 변동폭은 GDP의 변동폭보다 크며, 물가수준의 변동과 GDP 변동 간의 상관계수는 −0.21로 나타나서 물가지수가 약하게 경기역행적임을 알 수 있다.

이상을 정리하면 한국의 경기변동의 정형화된 사실은 다음과 같다.

- 투자는 변동이 매우 심하고 강하게 경기순응적이다.
- 소비는 변동이 소득에 비해 크고 강하게 경기순응적이다.[3)]
- 순수출은 변동이 크고 약하게 경기역행적이다.
- 실질임금은 경기순응적이다.
- 물가지수는 경기역행적이다.

3) 한국의 경우 소비가 소득에 비해 변동이 커서 일반적인 경기변동의 정형화된 사실과는 차이가 있다. 이것은 아마도 외환위기 이후 최근의 경험과 관련이 있는 것 같다.

표 11-1 개별 거시경제 변수들의 변동폭과 상관계수

(기준연도: 2000)

	변동률 표준편차(%)	GDP 변동과의 상관계수
GDP	3.83	1.0
소비	4.63	0.89
고정투자	12.15	0.85
정부구입	3.50	0.49
수출	16.07	0.30
수입	17.41	0.47
노동시간	1.76	−0.43
실질이자율	2.67	0.14
실질임금	7.24	0.61
GDP 디플레이터	8.23	−0.21
GDP 증감률	38.63	1.0
재고투자 증감률*	320.55	0.10
순수출 증감률*	177.85	−0.13

주: *는 그 값이 음인 경우가 많아서 로그를 취할 수 없으므로 증감률의 추세치를 제거한 후 표준편차를 구하고, 각각의 증감률과 GDP 증감률과의 상관계수를 구하였다.

제 2 절 시장균형모형(market clearing model)

고전학파적 접근방법에 따르면 실질이자율(r), 물가수준(P)과 실질임금(W/P)이 경제전체적으로 다음의 세 가지 총합적 일관성 조건이 성립하도록 조정한다:

첫째, 상품수요 = 상품공급
둘째, 화폐수요 = 화폐공급
셋째, 노동수요 = 노동공급

이러한 접근방법을 시장균형 접근법이라고 부른다. 시장균형이란 특정상품의 공급이 수요와 일치함을 의미한다. 시장균형 접근법을 통한 총합적 일관성 조건의 확보는 시장이 자원을 효율적으로 배분한다는 가정 또는 믿음에 근거한다.

1. 상품시장의 균형

상품시장의 균형은 상품의 총수요와 총공급이 일치할 때 성립한다. 폐쇄경제를 가정하고 정부부문을 무시하면 상품시장의 총수요는 소비와 투자로 이루어진다. 식 (11-1)은 상품시장의 균형조건을 나타내고 있다. 앞으로 실물경기변동이론의 입장에서 총수요와 총공급을 나타낼 때는 항상 AD, AS가 아니라 Y^d, Y^s로 나타낼 것이다.

$$\underset{+}{Y^s(r, \cdots)} = \underset{-}{Y^d(r, \cdots)} = \underset{-}{C(r, \cdots)} + \underset{-}{I(r, \cdots)} \qquad \cdots\cdots (11-1)$$

이자율의 변화는 총합적 소득효과는 미치지 않는 것으로 볼 때 위의 방정식에서 이자율이 상품공급 및 소비에 미치는 효과는 기간간 대체효과를 반영한다. 제16장에서 보듯이 투자와 실질이자율도 역관계를 가진다.

괄호 안의 …는 실질이자율 이외에 총수요와 총공급에 영향을 미치는 생산함수의 이동이나 노동 및 자본의 한계생산의 변화 등을 나타낸다. 예를 들어서 생산함수의 위치가 평행이동하면 소득효과가 발생한다. 양의 소득효과는 상품소비를 증가시키고, 여가를 증가시켜 노동을 감소시킨다. 노동투입의 감소는 상품공급에 있어서 생산함수의 상승으로 인해 발생하는 양의 효과를 부분적으로 상쇄시킨다. 노동의 한계생산곡선이 상향이동하면 노동의 수요곡선이 오른쪽으로 이동하여 고용이 증가하므로 상품공급이 증가하고, 기간내 대체효과에 의해 상품소비도 증가한다. 따라서 괄호 안에 …로 나타난 요인들이 변화하면 소득효과와 대체효과에 의해 총수요와 총공급이 변화한다.

실질이자율이나 물가수준의 변화가 개별 경제주체의 소득에 미치는 분배효과는 무시할 수 있다. 경제전체로 볼 때 채무와 채권이 상쇄되므로 이자율의 변화가 실질채권의 가치에 미치는 영향은 거의 없다. 화폐시장의 경우 화폐공급이 일정하고 화폐수요가 화폐공급과 일치하면 누군가의 화폐보유 증가는 누군가의 화폐보유 감소를 의미하므로 경제전체로 볼 때 실질화폐가 소비나 여가에 미치는 소득효과도 0에 가깝다.

위 식의 좌변은 상품시장의 총공급을 나타내며 우변은 총수요를 나타내므

그림 11-2 상품시장의 균형

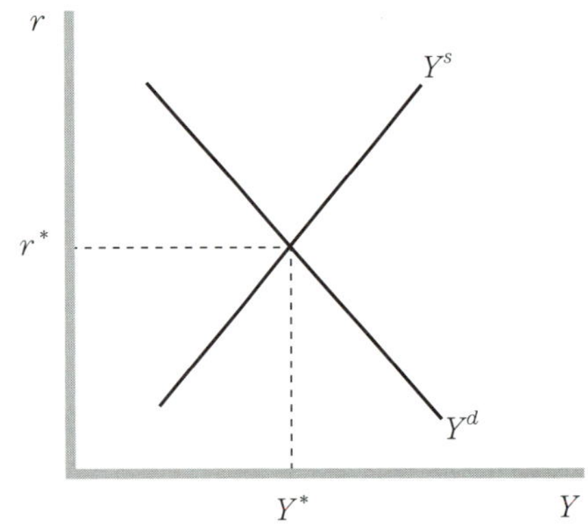

실질이자율이 상승하면 투자가 감소하고 기간간 대체효과에 의해 소비도 감소하므로 상품시장의 총수요곡선은 $r-Y$ 평면에서 우하향한다. 실질이자율이 상승하면 기간간 대체효과에 의해 노동공급이 증가하여 생산이 증가하므로 총공급곡선은 $r-Y$ 평면에서 우상향한다. 상품시장의 균형은 총수요곡선과 총공급곡선이 만나는 점에서 이루어진다.

로 상품시장의 총수요곡선과 총공급곡선은 [그림 11-2]와 같다. 상품시장의 총수요와 총공급이 일치하는 r^*와 Y^* 수준에서 균형이 이루어진다.

2. 화폐시장의 균형

화폐시장의 균형은 화폐수요와 화폐공급이 일치할 때 성립한다. 제14장에서 살펴보듯이 실질화폐수요는 명목이자율과 실질소득의 함수로 나타낼 수 있다.

$$\frac{M^d}{P} = L(\underset{+}{Y}, \underset{-}{R}, \cdots) \qquad \cdots\cdots (11-2)$$

물가수준이 일정하다고 가정하면 명목이자율은 실질이자율과 같다. 따라서 명목화폐수요는 다음과 같이 나타낼 수 있다.

$$M^d = P \cdot L(\underset{+}{Y}, \underset{-}{r}, \cdots) \qquad \cdots\cdots (11-3)$$

괄호 안의 …는 명목이자율과 실질소득 이외에 실질화폐수요에 영향을 미치는

그림 11-3 화폐시장의 균형

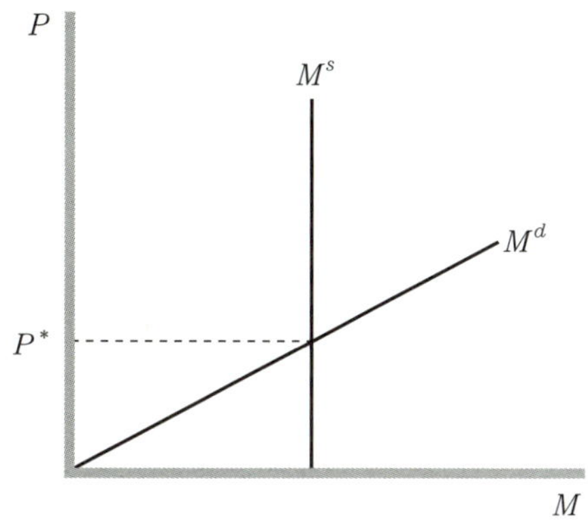

이자율과 소득이 상품시장에서 결정되면 실질화폐수요가 주어진다. 명목화폐수요는 물가수준에 비례하므로 Y, r이 주어졌을 때 명목화폐수요곡선은 원점을 통과하고 우상향한다. 명목화폐공급은 일정하게 주어져 있으므로 수직으로 나타나고, 명목화폐수요와 공급이 일치하는 물가수준 P^*에서 화폐시장이 균형을 이룬다.

항목들 예를 들면, 거래비용, 신용카드의 도입 등을 나타낸다.

화폐시장의 균형조건은 [그림 11-3]에 나타나 있다. 이자율과 소득이 상품시장에서 결정되면 실질화폐수요가 주어진다. 명목화폐수요는 물가수준에 비례하므로 그림에서 보듯이 Y, r이 주어졌을 때 명목화폐수요곡선은 원점을 통과하고 우상향하는 직선이다. 명목화폐공급은 일정하게 주어져 있으므로 수직으로 나타나고, 명목화폐수요와 공급이 일치하는 물가수준 P^*에서 화폐시장이 균형을 이룬다.

3. 노동시장의 균형

노동시장의 균형은 노동수요와 노동공급이 일치할 때 성립한다.

노동수요

노동수요는 기업에 의해 결정되고, 생산은 기업이 고용한 노동의 함수 ($Y^s = f(N^d)$)라고 하자. 기업은 이윤이 최대가 되는 수준에서 고용을 결정한다. 경제학 원론에서 배우듯이 이윤은 한계수입=한계비용일 때 최대가 된다. 근로자 한 사람을 추가로 고용할 때 발생하는 비용은 근로자에게 지불하는 명목임금(W)이다. 추가적인 근로자 한 사람으로부터 발생하는 수입은 추가적인 근로자가 생산한 생산물(MPL)을 시장에 내다 팔 때 벌어들이는 수입 $P \cdot MPL$이

그림 11-4 노동수요곡선

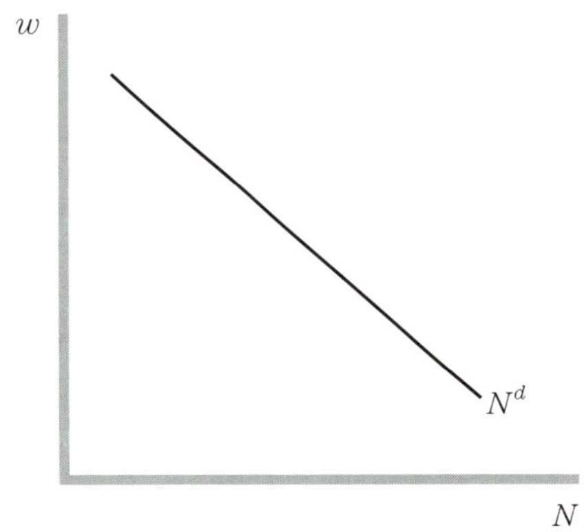

노동수요함수는 실질임금-고용(N) 평면에서 우하향한다. 이것은 노동의 한계생산이 체감하기 때문이다. 노동의 한계생산은 기업의 노동수요를 나타낸다. 실질임금이 상승할 때 노동의 한계생산이 증가해야 하는데, 노동의 한계생산은 체감하므로 노동투입(수요)이 감소해야 한다.

다. 따라서 이윤은 한계수입=한계비용($P \cdot MPL=W$) 혹은 노동의 한계생산이 실질임금과 같을 때($MPL=\frac{W}{P}=w$) 최대가 된다. 이것은 기업이 노동의 한계생산이 시장에서 주어진 실질임금과 같은 수준이 되도록 고용을 결정함을 의미한다. 결국 노동의 한계생산은 기업의 노동수요를 나타낸다. 노동의 한계생산이 체감한다면 기업의 노동수요곡선은 실질임금의 감소함수이다. 왜냐하면 실질임금이 상승할 때 노동의 한계생산이 증가해야 하는데, 노동의 한계생산은 체감하므로 노동투입(수요)이 감소해야 하기 때문이다. 이상의 논의에 비추어 노동수요 함수를 실질임금, 고용(N) 평면에 [그림 11-4]와 같이 나타낼 수 있다. 노동수요함수를 수식으로 표시하면 다음과 같다.

$$N^d = N^d\Big(\underset{-}{\frac{W}{P}},\ \cdots\Big) \qquad \cdots\cdots (11-4)$$

노동공급

제10장에서 살펴보았듯이 노동공급은 현재의 실질임금뿐만 아니라 미래의 기대실질임금, 실질이자율, 부의 크기 등에 영향을 받는다. 현재의 실질임금이 상승하면 기간내 대체효과와 (미래의 실질임금이 일정한 경우) 기간간 대체효과에 의해 현재의 노동공급이 증가한다(기간간 대체효과가 발생하면 미래의 노동공급이 감소한다). 현재의 실질임금에 비해 미래의 기대실질임금이 증가하면

그림 11-5 노동공급곡선

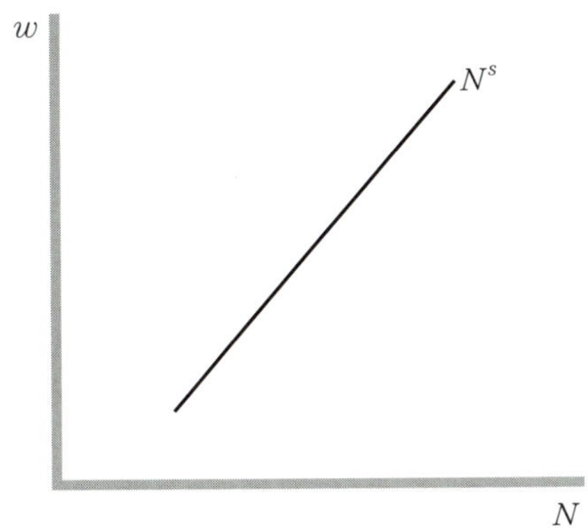

노동공급함수는 실질임금-고용(N) 평면에서 우상향한다. (현재의) 실질임금이 증가하면 기간내 대체효과와 기간간 대체효과에 의해 노동공급이 증가하기 때문이다. 제10장에서도 언급하였듯이 실질임금이 상승할 때 실질소득이 증가하여 노동공급이 감소하는 효과는 무시한다.

가계는 현재의 노동공급을 줄이고, 미래의 노동공급을 늘리려 한다. 즉, 기간간 대체효과에 의해 현재의 노동공급이 감소하고, 미래의 노동공급이 증가한다. 실질임금 이외에 실질이자율도 노동공급에 영향을 미친다. 실질이자율이 상승하면 여가의 기회비용이 증가하므로 가계는 기간간 대체효과에 의해 여가를 줄이고 노동공급을 늘린다. 항상부(Y_P)가 증가하면 소득효과에 의해 여가 소비가 늘어나고 노동공급이 감소한다.

이상의 논의에 기초하여 노동공급함수를 다음과 같이 나타낼 수 있다.

$$N^s = N^s\Big(\underset{+}{\frac{W}{P}},\ \underset{+}{r},\ \cdots\Big) \qquad \cdots\cdots\ (11-5)$$

위의 식에서 실질임금과 실질이자율 아래에 있는 부호는 (현재의) 실질임금이 증가하면 기간내 대체효과와 기간간 대체효과에 의해 노동공급이 증가하고, 실질이자율이 상승하면 기간간 대체효과에 의해 노동공급이 증가하는 것을 반영한다. 제10장에서도 언급하였듯이 실질임금이 상승할 때 실질소득이 증가하여 노동공급이 감소하는 효과는 무시한다. 노동공급 함수를 실질임금, 고용(N) 평면에 [그림 11-5]와 같이 나타낼 수 있다.

노동시장의 균형

노동시장의 균형은 노동수요와 노동공급이 일치할 때 성립한다. 이것을 수식으로 표시하면 다음과 같다.

$$N^d\Big(\underset{-}{\frac{W}{P}},\ \cdots\Big)=N^s\Big(\underset{+}{\frac{W}{P}},\ \underset{+}{r},\ \cdots\Big) \qquad \cdots\cdots\ (11-6)$$

[그림 11-6]에서 보듯이 노동시장의 균형은 실질임금-노동투입 평면에서 우하향하는 노동수요와 우상향하는 노동공급이 일치할 때 성립한다.

그림 11-6 노동시장의 균형

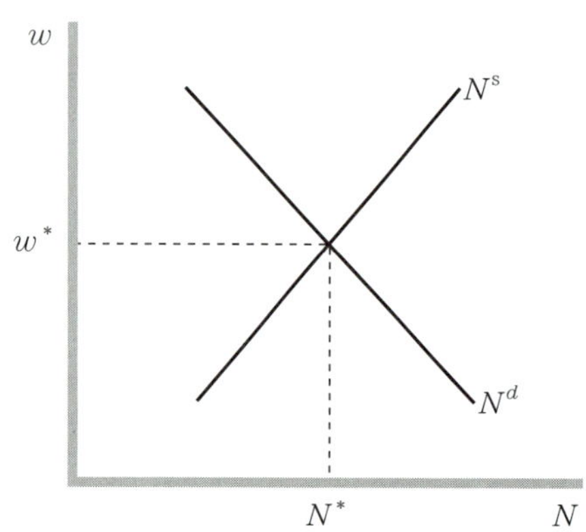

노동시장의 균형은 실질임금-노동투입 평면에서 우하향하는 노동수요와 우상향하는 노동공급이 일치할 때 성립한다.

노동수요곡선과 노동공급곡선의 이동

노동수요곡선은 현재의 실질임금 이외에 외생적인 기술충격, 자본스톡의 변화에 의해 영향을 받는다. 우호적인 기술충격으로 인해 노동의 한계생산이 증가하거나, 자본스톡이 증가하여 노동의 한계생산이 증가하면 노동수요곡선은 주어진 실질임금 수준에서 오른쪽으로 이동한다([그림 11-7] 참조). 역으로 비우호적인 기술충격으로 인해 노동의 한계생산이 감소하거나, 자본스톡이 감소하여 노동의 한계생산이 감소하면 노동수요곡선은 주어진 실질임금 수준에서 왼쪽으로 이동한다.

그림 11-7 노동수요곡선의 이동

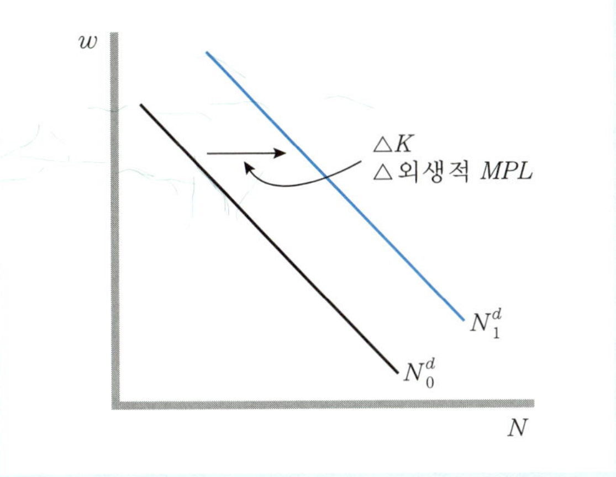

노동수요곡선은 현재의 실질임금 이외에 외생적인 기술충격, 자본스톡의 변화에 의해 영향을 받는다. 우호적인 기술충격으로 인해 노동의 한계생산이 증가하거나, 자본스톡이 증가하여 노동의 한계생산이 증가하면 노동수요곡선은 주어진 실질임금 수준에서 오른쪽으로 이동한다.

앞에서 설명한 것처럼 노동공급은 현재의 실질임금뿐만 아니라 실질이자율, 미래의 기대실질임금, 부의 크기 등에 영향을 받는다. 주어진 실질임금 수준에서 실질이자율이 상승하면 기간간 대체효과로 인해 노동공급이 증가하므로 노동공급곡선은 오른쪽으로 이동한다. 미래의 기대실질임금이 상승하면 현재 일하는 것보다 미래에 일하는 것이 더 유리하므로 현재의 노동공급이 감소하고 미래의 노동공급이 증가한다. 즉, 주어진 실질임금 수준에서 노동공급곡선이 왼쪽으로 이동한다. 만약 항상부(소득)가 증가하면 소득효과(wealth effect)

그림 11-8 노동공급곡선의 이동

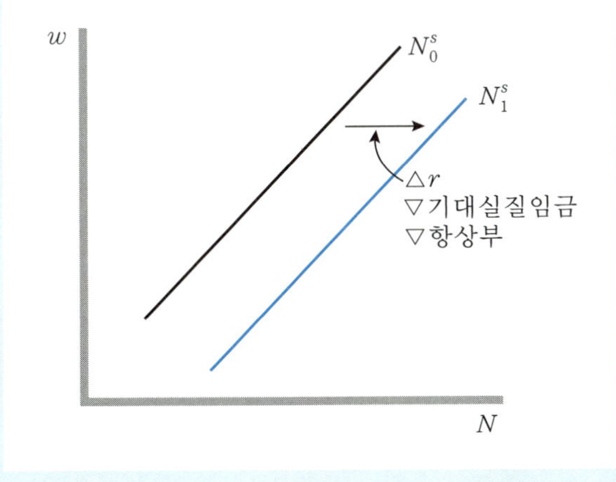

노동공급은 현재의 실질임금뿐만 아니라 실질이자율, 미래의 기대실질임금, 부의 크기 등에 영향을 받는다. 주어진 실질임금 수준에서 실질이자율이 상승하면 기간간 대체효과로 인해 노동공급이 증가하므로 노동공급곡선은 오른쪽으로 이동한다. 미래의 기대실질임금이 하락하면 미래에 일하는 것보다 현재 일하는 것이 더 유리하므로 현재의 노동공급이 증가하고 미래의 노동공급이 감소한다. 즉, 주어진 실질임금 수준에서 노동공급곡선이 오른쪽으로 이동한다. 만약 항상부(소득)가 감소하면 소득효과(wealth effect)에 의해 노동공급곡선이 오른쪽으로 이동한다.

에 의해 노동공급곡선이 왼쪽으로 이동한다. 이를 보다 자세히 살펴보자. 주어진 실질임금 수준에서 항상부가 증가하여 소비가 증가하면 소비의 한계효용이 감소한다. 주어진 실질임금 수준에서 균형을 유지하려면 여가의 한계효용이 감소해야 하는데 이것은 여가(노동공급)가 증가(감소)해야 가능하다. 따라서 부가 증가하면 소득효과(wealth effect)에 의해 주어진 실질임금 수준에서 노동공급곡선이 왼쪽으로 이동한다. 이상의 분석은 [그림 11-8]에 나타나 있다.

명목임금의 결정

상품시장에서 실질이자율과 실질소득이 결정되면 실질화폐수요가 결정된다. 실질화폐수요가 결정되면 화폐시장에서 통화공급이 물가수준을 결정한다. 화폐시장 균형조건으로부터 물가수준이 결정되고, 노동시장 균형조건으로부터 실질임금이 결정되면, 명목임금은 실질임금에 물가수준을 곱해 줌으로써 구할 수 있다.

4. 일반시장균형

상품시장, 노동시장과 화폐시장이 균형이면 왈라스 법칙에 의해 채권시장도 균형이 성립한다. 상품시장 균형조건으로부터 r^*, Y^*가 결정되고, 이것이 화폐수요를 결정하면, 화폐시장 균형조건으로부터 P^*가 결정된다. 노동시장 균형조건으로부터 실질임금이 결정되므로 화폐시장에서 물가수준이 결정되면 노동시장에서 결정된 실질임금으로부터 명목임금을 유추할 수 있다. 주목할 것은 균형이자율을 결정할 때 균형물가수준을 알 필요가 없다는 것이다. 이것은 물가수준이 상품수요나 공급에 영향을 미치지 않기 때문이다. 따라서 실물경기변동이론으로 대표되는 시장균형모형에서 물가수준은 실물경제와는 무관하게 화폐시장의 균형조건으로부터 결정된다.

제 3 절 기술충격과 실물경기변동이론

실물경기변동이론가들은 경기변동을 발생시키는 주요한 요인으로 기술충격과 재정정책을 꼽고 있다. 재정정책이 경기변동에 미치는 영향은 제17-18장을 참고하기로 하고, 본 장에서는 실물경기변동이론가들이 경기변동의 가장 중요한 요인으로 간주하는 기술충격이 경기변동에 어떠한 영향을 미치는가를 분석한다.

1. 총요소생산성이 항구적으로 증가하는 경우

본 장에서는 기술충격으로 총요소생산성을 고려한다. 생산함수를 $Y=AF(K, N)$로 나타내면 노동의 한계생산은 AF_N, 자본의 한계생산은 AF_K로 나타낼 수 있다(F에 붙은 첨자는 각각에 대한 편미분을 나타낸다). 즉, A는 노동과 자본이라는 모든 생산요소의 한계생산에 영향을 미친다. 이런 의미에서 A를 총요소생산성이라고 한다.

상품시장

총요소생산성이 증가하므로 상품의 총공급이 증가한다. 총요소생산성이 항구적으로 증가하면 항상부가 증가하고 소득효과가 커서 한계소비성향은 1에 가깝다. 즉, 소비가 생산 또는 소득의 증가와 거의 같은 크기로 증가한다. 이 경우 총수요와 총공급은 거의 같은 크기로 증가하고 실질이자율은 변화하지 않을 것이다. 그러나 총요소생산성(또한 자본의 한계생산)이 항구적으로 증가하므로 투자도 증가한다. 결국 총수요의 증가가 총공급의 증가보다 커서 실질이자율이 상승하고, 실질소득이 증가한다. 이상의 분석으로부터 총요소생산성이 항구적으로 증가하는 경우 소비, 투자, 실질이자율이 경기순응적으로 움직임을 알 수 있다. 이상의 분석은 [그림 11-9]에 나타나 있다.

그림 11-9 총요소생산성의 항구적 증가와 상품시장

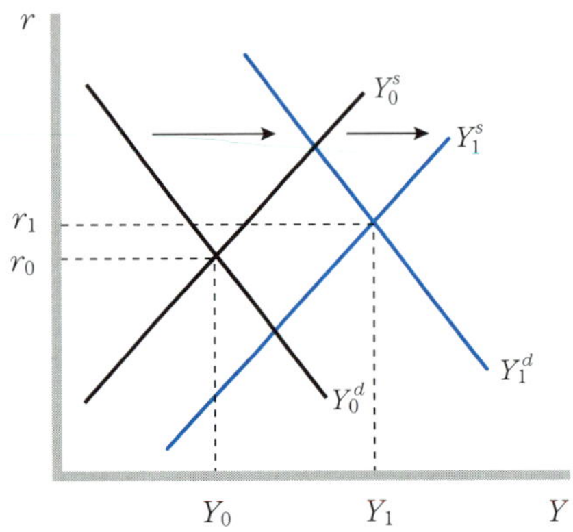

총요소생산성이 증가하므로 상품의 총공급이 증가한다. 총요소생산성이 항구적으로 증가하면 항상부가 증가하고 소득효과가 커서 한계소비성향은 1에 가깝다. 이 경우 총수요와 총공급은 거의 같은 크기로 증가하고 실질이자율은 변화하지 않을 것이다. 그러나 총요소생산성(또한 자본의 한계생산)이 항구적으로 증가하므로 투자도 증가한다. 결국 총수요의 증가가 총공급의 증가보다 커서 실질이자율이 상승하고, 실질소득이 증가한다.

화폐시장

상품시장에서 이자율이 상승하고 소득이 증가하므로 실질화폐수요가 증가할지 감소할지 알 수 없다. 그러나 이자율의 변화가 실질화폐수요에 미치는 영향보다 소득의 변화가 실질화폐수요에 미치는 영향이 크다고 가정하면 주어진 물가수준에서 명목화폐수요가 증가한다. 명목화폐수요가 증가하면 [그림 11-10]에서 보듯이 명목화폐수요곡선이 시계방향으로 회전하고 물가수준이

그림 11-10 총요소생산성의 항구적 증가와 화폐시장

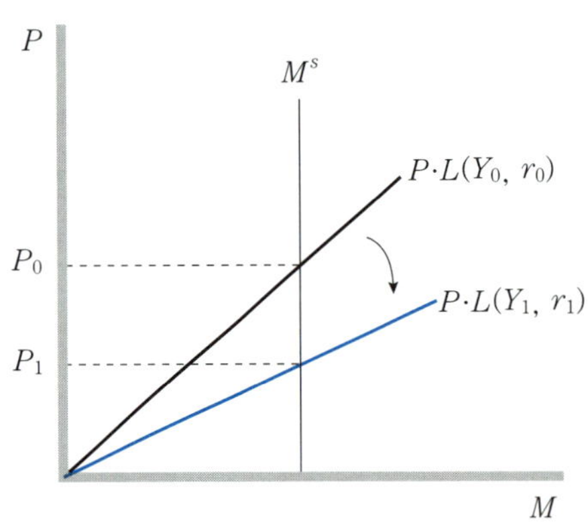

상품시장에서 이자율이 상승하고 소득이 증가하므로 실질화폐수요가 증가할지 감소할지 알 수 없다. 그러나 이자율의 변화가 실질화폐수요에 미치는 영향보다 소득의 변화가 실질화폐수요에 미치는 영향이 크다고 가정하면 주어진 물가수준에서 명목화폐수요가 증가한다. 명목화폐수요가 증가하면 명목화폐수요곡선이 시계방향으로 회전하고 물가수준이 하락한다.

하락한다.

노동시장

총요소생산성(또한 노동의 한계생산성)이 증가하므로 노동수요곡선이 오른쪽으로 이동한다. 노동수요곡선이 오른쪽으로 이동함에 따라 실질임금이 상승하면 노동공급곡선을 따라 기간내 대체효과가 발생하여 노동공급이 증가한다. 다만 총요소생산성(또한 노동의 한계생산성)이 일시적으로 증가하는 경우와 비교하여 기간간 대체효과에 의한 노동공급 증가효과는 발생하지 않는다. 노동공급 측면에서는 상품시장에서 항상소득이 증가하므로 소득효과에 의해 노동공급이 감소한다. 또한 상품시장에서 실질이자율이 상승하므로 기간간 대체효과에 의해 노동공급이 증가한다. 따라서 노동공급은 증가할지 감소할지 알 수 없다. 만약 항상부의 증가로 인한 노동공급 감소 효과가 실질이자율 상승으로 인한 노동공급 증가 효과보다 크다면 노동공급곡선은 왼쪽으로 이동할 것이다. 이 경우에 노동수요곡선의 이동폭이 노동공급곡선의 이동폭보다 크면 균형실질임금과 고용이 증가한다([그림 11-11] 참조). 즉, 총요소생산성이 항구적으로 증가하는 경우 실질임금과 고용은 경기순응적으로 움직인다.

그림 11-11 총요소생산성의 항구적 증가와 노동시장

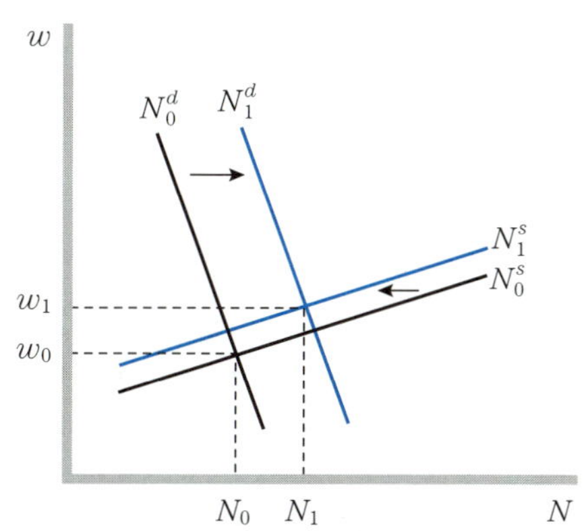

총요소생산성(또한 노동의 한계생산성)이 증가하므로 노동수요곡선이 오른쪽으로 이동한다. 노동공급 측면에서는 상품시장에서 항상소득이 증가하므로 소득효과에 의해 노동공급이 감소한다. 또한 상품시장에서 실질이자율이 상승하므로 기간간 대체효과에 의해 노동공급이 증가한다. 따라서 노동공급은 증가할지 감소할지 알 수 없다. 만약 항상부의 증가로 인한 노동공급 감소 효과가 실질이자율 상승으로 인한 노동공급 증가 효과보다 크다면 노동공급곡선은 왼쪽으로 이동할 것이다. 이 경우에 노동수요곡선의 이동폭이 노동공급곡선의 이동폭보다 크면 균형실질임금과 고용이 증가한다.

2. 총요소생산성이 일시적으로 증가하는 경우

상품시장

총요소생산성이 증가하므로 상품의 총공급이 증가한다. 총요소생산성의 증가로 노동의 한계생산성이 상승하면 여가의 기회비용이 증가하므로 기간내 대체효과에 의해 현재의 여가를 줄이고 노동공급을 늘린다. 또한 충격이 일시적이므로 기간간 대체효과에 의해 미래의 노동공급을 줄이고 현재의 노동공급을 늘림으로써 기간내 대체효과로 인한 현재의 노동공급 증가효과를 강화시킨다. 노동공급의 증가는 상품의 총공급을 증가시키고 현재의 소득을 증가시킨다. 그러나 총요소생산성이 일시적으로 증가하므로 소득효과가 작아서 한계소비성향은 0에 가깝고, 소비는 별로 증가하지 않는다. 소득이 증가하는데 소비가 증가하지 않으므로 저축이 증가한다. 총요소생산성(또한 자본의 한계생산)이 일시적으로 증가하므로 투자도 별로 증가하지 않는다. 투자는 일시적 충격에 크게 반응하지 않기 때문이다. 결국 바람직한 수준의 저축이 투자수요보다 커서 (즉, 총공급의 증가폭이 총수요의 증가폭보다 커서) 실질이자율이 하락한다. 실질이자율이 하락함에 따라 투자와 소비가 증가하면 총요소생산성이 일시적으로 증가하는 경우 소비, 투자는 경기순응적으로, 실질이자율은 경기역행적으로 움직임을 알 수 있다. 이상의 분석은 [그림 11-12]에 나타나 있다.

그림 11-12 총요소생산성의 일시적 증가와 상품시장

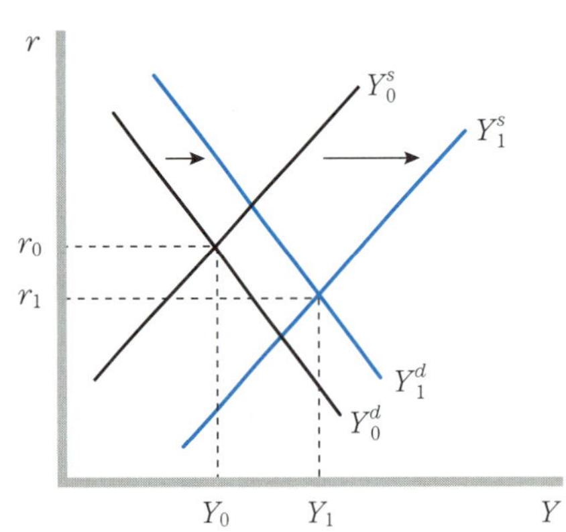

총요소생산성이 증가하므로 상품의 총공급이 증가한다. 총요소생산성이 일시적으로 증가하므로 소득효과가 작아서 한계소비성향은 0에 가깝고, 소비는 별로 증가하지 않는다. 총요소생산성(또한 자본의 한계생산)이 일시적으로 증가하므로 투자도 별로 증가하지 않는다. 투자는 일시적 충격에 크게 반응하지 않기 때문이다. 결국 바람직한 수준의 저축이 투자수요보다 커서 (즉, 총공급의 증가폭이 총수요의 증가폭보다 커서) 실질이자율이 하락한다. 실질이자율이 하락함에 따라 투자와 소비가 증가한다.

화폐시장

상품시장에서 이자율이 하락하고 소득이 증가하므로 실질화폐수요가 증가한다. 실질화폐수요가 증가하면 주어진 물가수준에서 명목화폐수요가 증가한다. 명목화폐수요가 증가하면 [그림 11-10]에서 보듯이 명목화폐수요곡선이 시계방향으로 회전하고 물가수준이 하락한다.

물가수준의 변화를 다른 각도에서 설명하면 다음과 같다. 총요소생산성이 일시적으로 증가하면 모든 가계가 기존의 이자율 수준에서 저축을 늘리려고 한다. 이것은 상품시장에서 초과공급이 발생함을 의미한다. 초과공급이 발생하면 생산자는 가격을 인하할 것이므로 물가수준이 하락할 것이다.

노동시장

총요소생산성(또한 노동의 한계생산성)이 증가하므로 노동수요곡선이 오른쪽으로 이동한다. 노동수요곡선이 오른쪽으로 이동함에 따라 실질임금이 상승하면 노동공급곡선을 따라 기간내 대체효과가 발생하여 노동공급이 증가한다. 추가적으로 현재의 실질임금 상승이 일시적이므로 기간간 대체효과에 의해 노동공급이 증가하여 노동공급곡선의 기울기가 일반적인 경우보다 완만해진다. 단, 상품시장에서 실질이자율이 하락하므로 기간간 대체효과에 의해 노동공급이 감소한다. 즉, 노동공급곡선이 주어진 실질임금 수준에서 왼쪽으로 이동한다. 만약 노동수요곡선의 이동폭이 노동공급곡선의 이동폭보다 크다면 균형실질임금과 고용이 증가한다([그림 11-13] 참조). 결과적으로, 총요소생산성이 일시적으로 증가하는 경우 실질임금과 고용은 경기순응적으로 움직인다.

이상의 분석으로부터 실물경기변동이론에서 노동 및 자본의 한계생산성을 증가시키는 기술충격이 영원하지는 않지만 상당기간 지속되는 경우 경기변동의 정형화된 사실들을 대체로 잘 설명할 수 있다는 것을 알 수 있다. 즉, 노동의 한계생산이 증가하면 고용이 경기순응적이라는 사실을 설명할 수 있고, 자본의 한계생산이 증가하면 실질이자율이 경기순응적이라는 사실을 설명할 수 있으며, 소비와 투자 등 주요변수들의 움직임을 잘 설명하려면 기술충격이 영원하지는 않지만 상당기간 지속적이어야 한다.

한 가지 주목할 점은 생산이 증가할 때 이자율이 경기역행적이거나 약하게 경기순응적이어서 화폐수요가 증가하면 화폐시장 균형조건으로부터 물가수

그림 11-13 총요소생산성의 일시적 증가와 노동시장

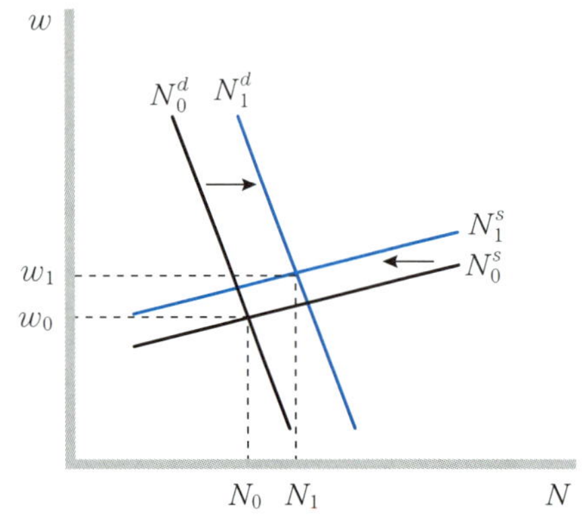

총요소생산성(또한 노동의 한계생산성)이 증가하므로 노동수요곡선이 오른쪽으로 이동한다. 한편 상품시장에서 실질이자율이 하락하므로 기간간 대체효과에 의해 노동공급이 감소한다. 즉, 노동공급곡선이 주어진 실질임금 수준에서 왼쪽으로 이동한다. 만약 노동수요곡선의 이동폭이 노동공급곡선의 이동폭보다 크다면 균형 실질임금과 고용이 증가한다.

준이 하락해야 한다는 것이다. 즉, 호황기에는 물가수준이 하락하고 불황기에는 물가수준이 상승해야 한다. 이것은 이미 한국의 경기변동의 정형화된 사실을 소개할 때 확인한 부분이다. 그러나 대다수 케인즈학파 경제학자들은 이것이 일반적인 사실과 부합하지 않는다고 생각한다. 그들은 물가수준은 경기순응적이라고 생각한다. 이에 대하여 프레스콧[4)]은 케인즈학파 경제학자들이 자료를 처리하는 통계기법 때문에 물가수준이 경기순응적인 것처럼 보인다고 주장한다. 프레스콧은 인플레이션과 생산의 추세를 측정하는 방법을 달리 하면, 예를 들어서 호드릭-프레스콧 필터링을 사용하면, 생산이 장기적 추세를 상회할 때 물가수준은 장기적 추세를 하회한다고 주장한다. 그들은 또한 물가수준이나 인플레이션이 경기순응적으로 보이는 것은 제 1 차와 제 2 차 세계대전 사이의 기간(1918-1941) 때문이라고 주장한다. 이 기간에는 대공황에서 보듯이 총수요충격이 주로 발생하였으며, 그 결과 물가수준과 생산이 같은 방향으로 움직였다는 것이다. 그러나 제 2 차 세계대전 이후에는 부정적 공급충격이 많이 발생하였으며, 이것은 물가수준과 생산을 반대 방향으로 움직이게 했다고 주장한다.

---

4) Prescott, Edward C., "Theory Ahead of Business Cycle Measurement," *Quarterly Review*, FRB Minneapolis, Fall 1986.

제 4 절 평 가

실물경기변동이론에 대한 논전은 대체로 다음의 몇 가지 문제들에 집중되고 있다.

- 기술충격의 중요성
- 실업의 해석
- 화폐의 중립성
- 임금과 가격의 경직성

1. 기술충격의 중요성

실물경기변동이론가들은 기술충격이 경기변동의 대부분을 설명한다고 주장한다. 그들의 주장을 뒷받침하기 위해 그들은 솔로우 잔차를 계산한다. 솔로우 잔차는 GDP의 변화 중 자본이나 노동투입의 변화로 설명할 수 없는 부분을 나타내며, 실물경기변동이론가들은 이것을 기술충격의 대용변수로 사용한다. 솔로우 잔차와 주요 거시경제 변수들이 이론이 시사하는 것과 동일한 방향으로 움직임을 보임으로써 그들은 기술충격이 경기변동의 가장 중요한 요인이라고 주장한다.

이에 반하여 비판자들은 기술진보는 서서히 발생하며 비록 진보율이 낮아지기는 해도 불황을 야기할 정도로 진보율이 음의 값을 가지지는 않는 것으로 본다. 또한 솔로우 잔차가 단기적으로 기술충격을 나타내는 변수라는 주장에 이의를 제기한다. 비판자들은 솔로우 잔차가 노동저장(labor hoarding)이나 통계에 반영되지 않는 활동으로 인해 실제의 기술변화보다 훨씬 경기순응적으로 되고, 이것이 경기변동상에서 기술충격의 역할을 과장하게 만드는 것으로 생각한다. 기업은 불황기에 불필요한 근로자를 모두 해고하기보다는 일부 근로자를 계속 보유한다. 그 결과 불황기에 노동투입이 과장되기 때문에 솔로우 잔차가 지나치게 경기순응적으로 된다는 것이다. 또한 불황기에 기업은 근로자를 생산통계에는 반영되지 않지만 청소, 주변 정리, 재고 정리 등 중요한 일에 투입하는 경우가 많으며, 이러한 사실도 솔로우 잔차를 기술보다 더 경기순응적으로 만든다고 주장한다.

그러나 실물경기변동이론가들은 기술충격을 문자 그대로 해석하기보다는 보다 넓은 의미로 해석하여야 한다고 주장한다. 즉, 날씨나 기후의 불량, 새로운 환경규제, 국제 유가의 상승 등도 부정적인 기술충격으로 보아야 한다는 것이다.

2. 실업의 해석

실물경기변동이론에 의하면 실업은 자발적 실업이라고 볼 수 있다. 왜냐하면 경기변동상에서 부정적 기술충격이 올 때, 실질이자율이나 실질임금의 변화에 따라 노동공급을 조정한 결과 고용이 변화하고 실업이 발생하기 때문이다.

이에 반하여 비판자들은 실업이 자발적 실업이라기보다는 비자발적 실업이라고 생각한다. 비판자들은 노동투입이 실물경기변동이론이 시사하는 것처럼 실질이자율이나 실질임금에 민감하게 반응하지는 않는다고 생각한다. 실물경기변동이론가들이 주장하듯이 노동시장이 청산되기 보다는 주어진 실질임금수준에서 시장이 실패할 때 실업이 발생하는 것으로 파악한다.

그러나 실물경기변동이론가들은 실업통계가 해석상 여러 가지 문제를 가지고 있다고 주장한다. 예를 들어서 불황기에 실업이 증가하지만 이것은 기간간 대체에 의해 자발적으로 일하지 않기로 결정한 근로자들이 실업보험을 타기 위해 그들을 실업자라고 선언하기 때문으로 볼 수도 있다는 것이다.

3. 화폐의 중립성

초기 실물경기변동이론은 문자 그대로 화폐가 실물경제에 영향을 미치지 않는다고 주장하였다. 통화공급의 변화는 명목변수를 비례적으로 변화시킬 뿐이고 실질변수에는 영향을 미치지 않아서 화폐의 중립성이 성립한다는 것이다. 이것을 이해하기 위해 통화공급이 영원히 증가한다고 하자. 화폐수요가 주어진 상태에서 통화공급이 증가하면 [그림 11-14]에서와 같이 물가수준이 상승한다. 그러나 실질화폐수요는 변화가 없으므로 화폐시장이 균형을 회복하려

그림 11-14 통화공급의 증가와 물가수준의 상승

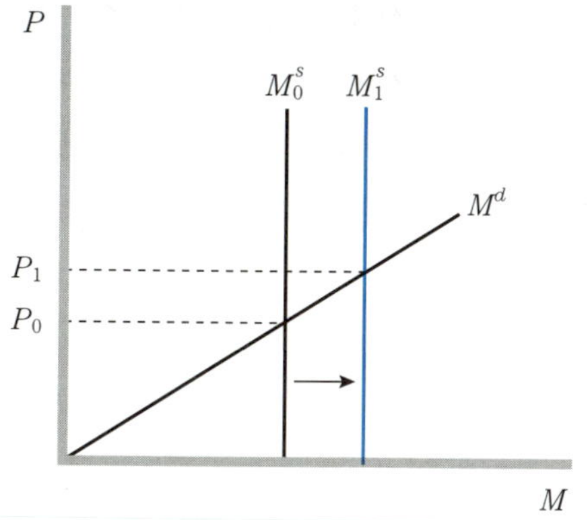

화폐수요가 주어진 상태에서 통화공급이 증가하면 물가수준이 상승한다. 그러나 실질화폐수요는 변화가 없으므로 화폐시장이 균형을 회복하려면 실질화폐공급도 변화가 없어야 한다. 이것은 물가수준이 화폐공급과 같은 비율로 상승해야 함을 의미한다.

면 실질화폐공급도 변화가 없어야 한다. 이것은 물가수준이 화폐공급과 같은 비율로 상승해야 함을 의미한다.

이것을 다른 각도에서 설명하면 다음과 같다. 통화공급이 증가하면 주어진 물가수준에서 개별가계는 보유하고자 하는 양보다 많은 화폐를 가지게 되므로 여유분의 화폐를 상품구입에 소비하려고 할 것이다. 이와 같은 실질잔고효과로 인해 상품시장에서 초과수요가 발생하게 되면 물가수준은 상승하게 되는 것이다. 따라서 한 번에 그치는 통화공급의 증가는 명목변수를 비례적으로 상승시키고 실질변수에는 영향을 미치지 않으므로 화폐는 중립이다.

이에 반하여 비판자들은 통화가 생산에 상당한 영향을 미칠 수 있다고 생각한다. 특히 통화공급이 감소하거나 인플레이션율이 감소하는 시기는 실업이 증가하는 시기와 대체로 겹친다는 사실에 주목하고 있다. 그러나 실물경기변동이론가들은 통화의 경제여건에 대한 내생적 반응을 강조한다. 비판자들이 주장하듯이 통화공급의 변화가 생산에 영향을 미치기 보다는 오히려 기술충격에 따른 소득의 변화로 인해 화폐수요가 변화하면 금융기관이 화폐수요를 충족시키기 위해 화폐공급을 조정한다는 것이다. 예를 들어서 우호적 기술충격으로 인해 생산이 증가하면 화폐수요가 증가하고, 통화당국이나 금융기관이 증가한 화폐수요를 충족시키기 위해 통화공급을 증가시키면 마치 통화와 생산이 연관있는 것처럼 보인다는 것이다.

4. 임금과 물가의 신축성

실물경기변동이론가들은 물가와 임금은 신축적이고, 이것이 미시경제학적 기초와도 부합하며, 경기변동은 이러한 미시적 기초에 근거하여 설명해야 한다고 주장한다. 이에 반하여 비판자들은 임금이나 물가의 경직성이 실업의 존재나 화폐의 비중립성을 설명할 수 있는 근본적 이유라고 주장한다.

제 5 절 맺음말

본 장에서 우리는 고전학파의 실물경기변동이론을 살펴보았다. 실물경기변동이론은 경기변동을 기술충격 등 실물요인에 대응한 경제주체의 최적화의 결과로 이해한다. 따라서 이 이론은 경기변동에 대응하여 정부가 개입하는 것을 옹호하지 않는다. 그러나 케인즈 학파는 이 이론이 경기변동에 있어서 기술충격의 역할을 지나치게 강조하고 있다고 생각한다. 경기변동은 기술충격뿐만 아니라 수요충격 등에 의해 발생한다. 예를 들어, 통화가 감소한 시기는 실업이 증가한 시기와 대체로 일치한다. 또한 실업은 실질이자율 등의 변화에 대응한 자발적 선택의 결과가 아니라 임금과 물가의 경직성으로 인해 유발된 비자발적 실업이라고 생각한다. 그러나 실물경기변동이론에 대한 여러 가지 비판에도 불구하고 실물경기변동이론이 거시경제학의 분석방법을 한 차원 높였다는 점은 부인하기 어렵다고 본다.

솔로우 잔차

생산기술의 변화를 반영한 콥-다글라스 생산함수는 다음과 같이 쓸 수 있다.

$$Y=AF(K, N)=AK^{\alpha}N^{1-\alpha}$$

위의 식에서 α는 자본소득 분배율을, $1-\alpha$는 노동소득 분배율을, A는 기술수준을 나타내며 총요소생산성이라고 불린다. 자본소득 분배율이 α로 나타나는 것은 다음과 같이 이해할 수 있다. 각각의 생산요소는 한계생산에 해당하는 만큼 보수를 받는다고 하자. 그러면 경제전체에서 자본스톡으로 귀속되는 소득은 $MPK \times K$가 될 것이다. 위의 생산함수로부터 자본의 한계생산은 $\alpha AK^{\alpha-1}N^{1-\alpha}$가 됨을 알 수 있다. 따라서 자본소득은 $MPK \times K=\alpha AK^{\alpha-1}N^{1-\alpha} \times K=\alpha AK^{\alpha}N^{1-\alpha}$가 된다. 자본소득 분배율은 자본소득/총생산 이므로 $\alpha AK^{\alpha}N^{1-\alpha}/AK^{\alpha}N^{1-\alpha}=\alpha$임을 알 수 있다. 노동소득 분배율은 총생산 중 자본스톡으로 귀속되고 남는 것이므로 $1-\alpha$가 된다.

생산함수를 위와 같이 표시하면 생산은 자본스톡과 노동이 증가하거나, 총요소생산성이 증가할 때 증가하게 된다. 앞의 식을 증가율로 표시하면 다음과 같다.

$$\frac{\Delta Y}{Y}=\alpha\frac{\Delta K}{K}+(1-\alpha)\frac{\Delta N}{N}+\frac{\Delta A}{A}$$

위의 식에서 생산증가율은 자본소득 분배율×자본스톡 증가율+노동소득 분배율×노동 증가율+총요소생산성 증가율로 나타낼 수 있음을 알 수 있다. 생산이 생산요소의 증가로 인해 증가했는지 혹은 기술수준의 향상으로 인해 증가했는지 구분하려면 생산요소와 기술수준의 생산기여도를 측정해야 한다. 자본스톡이나 노동은 우리가 직접 측정할 수 있지만 총요소생산성은 직접 측정할 수 없다. 따라서 우리는 총요소생산성 증가율을 생산 증가율에서 (자본소득 분배율×자본스톡 증가율+노동소득 분배율×노동 증가율)을 공제한 잔차로 측정한다. 이것을 솔로우 잔차라고 부른다.

실물경기변동이론가들은 솔로우 잔차를 기술충격의 대용변수로 사용하며, 그것이 경기순응적이라는 사실을 강조한다. 솔로우 잔차가 기술충격을 나타낸다면 솔로우 잔차는 기술진보에 직접적인 영향을 미치지 않는 정부구입이나 통화정책의 변화와 관계가 없어야 한다. 그러나 엄밀한 통계적 분석에 의하면 솔로우 잔차는 정부구입과 같은 변수와 상관관계를 보인다. 이것은 솔로우 잔차가 기술충격 이외에 다른 요인들의 영향도 반영하는 것을 의미한다.

솔로우 잔차는 실제 기술수준이 변화하지 않더라도 변화할 수 있다. 예를 들어서, 자본스톡이나 노동이 강도 높게 사용되면 기술수준에 변화가 없더라도 생산은 증가할 것이다. 마찬가지로 자본스톡이나 노동의 작업강도가 떨어지면 기술수준에 변화가 없더라도 생산은 감소할 것이다. 자본스톡과 노동의 작업강도 혹은 사용률을 각각 u_K, u_N로 나타내면 실제로 자본스톡이나 노동이 생산에서 사용되는 정도를 나타내는 자본서비스와 노동서비스는 각각 u_KK, u_NN로 나타낼 수 있다.

생산요소의 사용강도 혹은 사용률을 고려하여 생산함수를 다음과 같이 다시 쓰자.

$$Y = AF(u_K K,\ u_N N) = A(u_K K)^{\alpha}(u_N N)^{1-\alpha}$$

이제 자본 및 노동의 사용률을 고려한 솔로우 잔차를 구하면 다음과 같다.

$$\text{솔로우잔차} = \frac{A(u_K K)^{\alpha}(u_N N)^{1-\alpha}}{K^{\alpha}N^{1-\alpha}} = Au_K^{\alpha}u_N^{1-\alpha}$$

이 식은 통상적인 솔로우 잔차가 기술수준(A)의 변화뿐 아니라 자본 및 노동의 사용률의 변화도 반영한다는 것을 보여준다. 따라서 기술수준이 변화하지 않더라도 자본 및 노동의 사용률이 변화하면 솔로우 잔차는 경기순응적으로 보인다.

실제로 자본스톡 및 노동의 사용률이 경기순응적이라는 증거는 많다. 예를 들면 호황기에 전기사용량이 증가한다든지, 근로자의 작업 중 사고율이 증가한다든지 하는 것은 자본스톡과 노동이 호황기에 강도 높게 사용되는 간접적인 증거라고 할 수 있다. 또한 노동저장(labor hoarding)도 노동 사용률이 호황기에 높고 불황기에 낮은 증거로 간주될 수 있다.

이러한 사실들을 고려하면 솔로우 잔차는 실제보다 기술수준의 변화 혹은 기술충격을 과장한다는 것을 알 수 있다.

제11장 연습문제

Questions and Practice

1. 통화당국이 물가를 안정시키려고 노력할 경우 M과 Y가 같은 방향으로 움직일 수 있음을 실물경기변동이론을 사용하여 설명하라.

2. 김선달이 다른 조건이 일정한 상태에서 시간당 임금이 10,000원일 때는 주당 40시간을 일하다가 시간당 임금이 15,000원이 되자 주당 38시간을 일한다고 하자. 김선달의 경우 실질임금이 상승할 때 소득효과와 대체효과 중 어느 것이 큰가?

3. 생산함수가 다음과 같이 주어진다.

$$Y=A(100N-0.5N^2)$$

위의 식에서 A는 생산성을 나타낸다. 애초에 A값은 1.0이었는데, 우호적 공급충격이 발생하여 A값은 1.1이 된다고 하자.

(가) 노동공급함수가 다음과 같이 주어질 때 공급충격이 발생하기 전과 후의 균형생산, 노동시간, 실질임금을 구하라.

$$N^s=45+0.1w$$

위의 식에서 w는 실질임금을 나타낸다.

(나) 노동공급함수가 다음과 같이 주어질 때 공급충격이 발생하기 전과 후의 균형생산, 노동시간, 실질임금을 구하라.

$$N^s=10+0.8w$$

(다) (가)와 (나) 어느 경우에 실질임금이 보다 약하게 경기순응적인가? 이 결과를 노동공급의 실질임금에 대한 민감도와 연결하여 논하라.

4. 2007년에 OPEC이 일시적으로 원유가격을 대폭 인상시키고, 이로 인해 생산함수가 일시적으로 하향이동하며, 노동의 한계생산이 감소한다고 하자. GNP, 이자율,

소비, 물가수준은 어떻게 변화하는가?

5. 생산함수가 $Y=AK^{2/3}N^{1/3}$으로 주어진다. 노동 증가율이 5%, 자본스톡 증가율이 0%이면 노동생산성(Y/N)의 증가율은?(A는 상수이다).

12 경기안정화정책

질문: 전구를 갈아 끼우는 데 몇 명의 시카고대학 경제학자가 필요할까요?

A: 아무도 필요 없습니다. 전구를 갈 때가 되면 시장이 알아서 바꿀 테니까.

B: 아무도 필요 없습니다. 보이지 않는 손이 고장난 전구의 불균형 상태를 고치면 되니까.

C: 아무도 필요 없습니다. 정부가 내버려두면 전구가 스스로 알아서 교체될 테니까.

D: 아무도 필요 없습니다. 보세요! 전구는 밝아지고 있습니다. 아까보다 훨씬 밝아지고 있습니다!

질문: 전구를 갈아 끼우는 데 몇 명의 케인즈학파 경제학자가 필요할까요?

대답: 전부 다 필요합니다. 왜냐하면 고용과 소비를 창출해야 하고, 총수요곡선을 오른쪽으로 이동시켜야 하니까요.

E·C·O·N·O·M·I·C

주요개념

이자율 평가재정

무위험 이자율 평가재정

자기실현적 예언

오버슈팅(overshooting)

태화정책

불태화정책

투기적 공격

C·H·A·P·T·E·R

12 경기안정화정책

지금까지 우리는 총수요곡선과 총공급곡선을 도출하고 경기변동이 왜 발생하는가를 분석하였다. 가격이나 임금이 경직적이기 때문이든, 정보가 불확실하기 때문이든, 단기적으로 총공급곡선이 우상향한다는 것은 총수요의 변화가 경제에 영향을 미칠 수 있음을 의미한다. 그렇다면 과연 정책당국은 경기안정화정책을 사용하여 경기변동을 완화시키거나 개선시킬 수 있는가? 이 질문에 답하기 위해서는 두 가지 질문에 답할 필요가 있다. 첫째는 경기안정화정책을 실시하지 않을 경우 경제가 어떻게 움직일 것인가 하는 점이고, 두 번째는 경기안정화정책이 경제에 어떤 영향을 미치는가 하는 점이다.

합리적 기대론자들은 경기변동이 정보의 불완전함 때문에 발생하므로 정책당국이 민간 경제주체들보다 경제에 발생하는 충격에 대하여 우월한 정보를 가지고 있지 않는 한 정책개입은 불필요하다고 주장한다. 실물경기변동이론가들은 경기변동이 충격에 대응한 경제주체들의 효율적 대응 때문에 발생하므로 정책개입은 오히려 경제후생을 감소시킨다고 주장한다. 어느 경우이든 가격이나 임금이 신축적이라면 자원은 효율적으로 배분될 것이고, 경기안정화정책은 불필요하다고 할 수 있다.

이에 반해서 단기에 가격이나 임금이 경직적일 수 있다면 호황이나 불황은 자원이 비효율적으로 배분되고 있다는 신호일 수 있다. 이런 경우에는 제대로 기안되고 실시된 안정화정책이 총수요에 영향을 미침으로써 경기변동을 완화하고 경제후생을 증진시킬 수 있다. 그러나 케인즈학파의 경제학자들도 안정화정책의 적극적 사용에는 상당히 조심스런 태도를 보인다. 그 이유는 우선 경제는 우리가 지금까지 배운 모형처럼 단순하지 않다는 것이다. 뿐만 아니라 경제에 어떤 충격이 발생했는지를 인지하는 데 시차가 있으며, 충격을 인지하고 정책을 실시하는 데도 시차(내부시차)가 필요하고, 실시된 정책이 경제에 영향을 미치는 데에도 시차(외부시차)가 필요하다. 이러한 이유로 총수요관리를 통한 안정화정책은 부정확하고 부적절할 수 있기 때문이다.

제1절 시 차

시차는 내부시차와 외부시차로 구분할 수 있다. 내부시차란 경제에 충격이 왔을 때 정책결정자가 대응할 때까지 걸리는 시간을 의미한다. 내부시차는 정책결정자가 충격을 인지하고 그것에 대응하여 정책을 실시할 때까지 시간이 걸리기 때문에 발생한다. 외부시차란 정책이 실시된 시점부터 경제에 효과를 미칠 때까지 걸리는 시간을 의미한다. 외부시차는 실시된 정책이 경제에 영향을 미치는 데 시간이 필요하기 때문에 발생한다.

통화정책은 내부시차는 짧지만 외부시차가 길다. 통화정책은 통화당국이 결정하면 즉각 시행할 수 있다. 그러나 통화정책은 제4장에서 살펴보았듯이 여러 가지 전파경로를 통해 경제에 영향을 미친다. 통화정책의 전파경로는 통화정책의 외부시차가 상당히 길고 가변적임을 시사한다. 이런 이유로 프리드만 등 통화론자들은 통화정책이 강력한 효과를 가지지만 그것을 적극적으로 사용하는 것은 피해야 한다고 주장하였다.

이에 반하여 재정정책은 내부시차는 길지만 외부시차가 짧다. 재정정책은 세율의 변화나 정부구입의 변화를 요구하는데, 이것은 입법과정과 국회의 동의를 필요로 한다. 따라서 재정정책은 내부시차가 길고, 경제에 충격이 발생할 때 기동성이 떨어진다는 문제를 가진다. 그러나 재정정책은 총수요에 즉각 반영이 되므로 일단 정책이 집행되면 경제에 직접적 영향을 미친다. 이러한 이유로 재정정책의 외부시차는 짧다.[1)] 재정정책의 경우 경제가 호황이 되면 조세수입이 증가하고 실업지출 등이 감소하여 경기과열을 억제하는 효과가 있고, 경제가 불황이 되면 조세수입이 감소하고 실업지출 등 이전지출이 증가하여 경기회복을 부양시키는 효과가 있다. 이처럼 조세수입에서 정부의 이전지출을 공제한 순조세는 경기순응적이며, 이것을 자동안정장치(automatic stabilizer)라고 부른다. 자동안정장치의 경우 내부시차는 0이라고 할 수 있다.

제 2 절 루카스 비판(Lucas critique)

정책효과를 논함에 있어서 중요한 사실은 이미 우리가 제 9 장에서 살펴보았듯이 민간 경제주체들의 기대가 정책변화에 어떻게 반응할 것인가를 이해하는 것이 중요하다는 것이다. 합리적 기대가설이 등장하기 이전에는 경제학자들이 정책의 효과를 과거의 경험에 비추어 판단하는 경향이 있었다. 그러나 루카스는 기존의 정책효과에 관한 평가는 민간의 기대가 새로운 정책변화에 어떻게 반응할지를 고려하지 않으므로 옳지 않다고 주장하였다. 이것을 우리는 루카스 비판이라고 한다. 정책이 바뀌면 민간의 반응도 바뀔 가능성이 높다. 민간 경제주체들의 정책변화에 대응한 합리적 기대를 반영하지 않은 통상적인 모형이나, 과거의 경험에 의거한 정책효과에 대한 예상이나 평가는 오도되고 잘못된 것일 가능성이 높다.

루카스 비판에 해당하는 예로 제 8 장에서 배운 필립스곡선을 생각해 볼 수 있다. 1970년대 이전에는 인플레이션과 실업 간에는 안정적인 역관계가 존재하는 것처럼 보였다. 일부 정책결정자들은 이를 바탕으로 인플레이션과 실업 간의 상충관계를 이용하여 인플레이션을 상승시킴으로써 실업을 영원히 줄일 수 있다고 믿었다. 그러나 정책당국자들이 인플레이션을 유발했을 때 민간의 기대인플레이션도 상승했다. 기대인플레이션이 상승함에 따라 단기필립스

1) 시차 문제와 별개로 재정정책은 비가역적이라는 단점이 있다. 즉, 한 번 지출이 증가하면 이를 다시 줄이기 어렵다는 것이다. 예를 들어, 사회안정망 확충 차원에서 60세 이상 노인에게 생활비를 지급하는 법안을 통과시켜서 생활 보조금을 지급하기 시작하면 이를 다시 돌이키는 것은 매우 어렵다. 이에 반해 통화정책의 경우에는 통화공급을 늘렸다가 줄일 수도 있으므로 통화정책은 가역적이라고 할 수 있다.

곡선은 위로 이동했고, 인플레이션과 실업 간의 역사적 관계는 붕괴되었다.

루카스 비판의 또 다른 예는 제 9 장에서 배운 반인플레이션 정책의 효과에 관한 분석이다. 반인플레이션 정책을 실시하여 인플레이션율을 낮출 때 발생하는 비용은 희생비율로 측정할 수 있다. 희생비율은 민간이 통화당국의 의지를 신뢰하느냐 혹은 신뢰하지 않느냐에 따라 클 수도 있고 작을 수도 있다. 합리적 기대론자들은 민간이 통화당국의 물가안정 의지를 신뢰하는 한 희생비율은 기존의 측정치보다 훨씬 작을 수 있다고 주장한다.

제 3 절 준칙과 재량(rules vs. discretion)

1. 통화론자

1960년대에 통화론자들과 케인즈학파 간에 통화정책의 효과에 관하여 논쟁을 벌일 때 제기된 중요한 문제 중 하나는 정책당국이 준칙을 따를 것인가 혹은 재량을 가질 것인가 하는 점이었다. 준칙은 적극적일 수도 있고 수동적일 수도 있다. 만약 통화공급 증가율을 15%로 고정한다면 이것은 수동적 준칙이다. 그러나 통화공급 증가율을 15%로 유지하되 실업률이 3%를 넘으면 그에 대응해서 통화공급률을 높이는 것은 일종의 적극적 준칙이다. 재량이란 그때그때의 경제상황에 대응하여 통화당국이 통화정책을 적절히 구사하여 경제를 안정화시키는 정책이다.

프리드만 등 통화론자들은 재량보다는 준칙을 선호하였다. 그들은 통화는 단기적으로 경제에 영향을 미칠 수 있지만, 내부시차 문제와 길고 가변적인 외부시차 문제가 있으므로 통화정책을 재량적으로 사용하는 것에 반대하였다. 그들은 통화정책을 재량적으로 사용하면 경제가 오히려 불안정해질 수 있다고 보았다. 그들은 임금이나 가격조정이 즉각적이지는 않지만 충분히 신축적이므로 통화당국이 경제가 불황에 빠져 있는 것을 인지하고 통화공급을 증가시킬 때쯤에는 경제는 이미 불황을 빠져 나오고 있을 수 있다고 주장하였다. 이런 경우에 통화공급이 증가되면 경제는 완전고용을 초과하여 과열되고 물가수준이 상승할 것이다. 따라서 불황을 타개하기 위해 통화공급을 증가시킨 것이 물가를 상승시킬 뿐만 아니라 경제를 불안정하게 만들 수 있다.

프리드만은 슈와르쯔와 함께 미국 통화정책의 역사를 분석한 후 통화정책이 경제를 안정화시키기 보다는 오히려 경제를 불안정하게 만든 원인이었다고 주장하였다. 가장 대표적인 것이 바로 대공황기의 통화정책이었다. 대공황기에 미국 중앙은행은 은행이 도산하는 와중에 통화공급이 약 1/3정도 감소하는 것을 막지 못했거나 막으려 하지 않았다. 이처럼 잘못된 통화정책이 대공황의 중요한 원인 중 하나였다는 것이다.

이러한 이유로 프리드만을 비롯한 통화론자들은 중앙은행이 통화정책을 재량적으로 사용하는 것보다는 통화증가율을 일정하게 유지하는 준칙을 따르는 것이 바람직하다고 주장하였다(그러나 프리드만은 공황과 같은 사태가 발생하면 일시적으로 준칙을 포기하는 것을 배제하지는 않은 것으로 보인다).

2. 합리적 기대론자: 동태적 비일관성(time inconsistency)

1970년대 이후 고전학파 경제학자들은 앞에서 통화론자들이 주장한 것과는 다른 논리로 준칙과 재량의 문제를 접근하였다. 그들은 통화당국이 준칙을 따르면 통화정책에 대한 민간의 신뢰를 획득할 수 있고, 통화정책에 대한 신뢰가 통화정책의 효과에 큰 영향을 미친다고 주장하였다.

이와 같은 시각에서 키들랜드와 프레스콧[2)]은 준칙과 재량 가운데 어느 것이 바람직한가 하는 문제를 합리적 기대가설에 입각하여 제기하였다. 만약 합리적 기대론이 시사하듯이 민간 경제주체들이 예상하지 못한 통화공급만이 실질변수에 영향을 미칠 수 있다면 실업이나 생산 등 실질변수에 영향을 미치고자 하는 정책담당자는 민간 경제주체들이 예상하지 못하게 기습적으로 정책을 실시하는 수밖에 없다. 그러나 민간 경제주체들은 합리적으로 기대를 형성하므로 지속적이고 구조적으로 속지는 않는다. 민간 경제주체들은 정책결정자가 자신들을 놀라게 할 유인이 있다는 사실을 이해하고 있다. 그들은 항상 정책결정자의 행동을 미리 예상해서 의사를 결정한다. 우리는 이러한 상황을 정책결정자와 민간 경제주체들이 서로 게임을 하는 것으로 이해할 수 있다.

---

2) Kydland, Finn E. and Edward C. Prescott, "Rules Rather Than Discretion: The Inconsistency of Optimal Plans", *Journal of Political Economy* 85, June 1977, pp. 473-492.

이제 정부는 항상 그들이 원하는 인플레이션을 통화정책을 사용하여 달성할 수 있다고 가정하자. 정책결정자가 실업을 줄이려면 민간 경제주체들이 예상치 못하게 통화공급을 늘려서 그들이 예상치 못하게 인플레이션을 발생시켜야 한다. 그러나 통화당국이 인플레이션을 무작정 선호할리는 없다. 통화당국은 항상 인플레이션과 실업 간의 상충관계가 시사하는 손익을 비교하여 정책을 결정한다. 통화당국의 정책함수를 다음과 같이 나타내자.

$$\pi = \psi(\pi^e),\ \psi' > 0 \qquad \cdots\cdots\ (12-1)$$

이 식은 기대인플레이션이 증가하면 민간이 예상치 못한 인플레이션을 발생시키기 위해 통화당국이 선택하는 인플레이션도 증가함을 의미한다. π^e가 0일 때는 기습적으로 인플레이션을 발생시키더라도 인플레이션 자체가 낮은 수준이므로 인플레이션의 비용은 무시할 수 있다. 따라서 통화당국은 실업을 줄이고 생산을 증가시키기 위해 $\pi > 0$으로 할 유인을 가진다. 그러나 인플레이션이 높아질수록 소득 재분배 등 인플레이션의 비용이 커지므로 ψ의 기울기는 1보다 작다고 가정하자. 이것을 그래프로 나타내면 [그림 12-1]과 같다.

개별 경제주체들은 다른 사람들의 기대인플레이션을 알고 있고, 정책당국자의 목적함수도 알고 있다고 하자. 민간은 합리적 기대에 의해 $\pi^e = \pi$로 기대

그림 12-1 정부의 정책함수와 재량적 균형

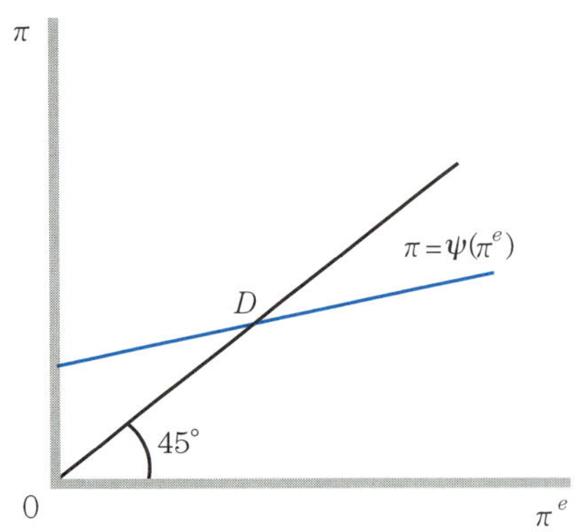

인플레이션율이 0 이면 통화당국은 실업을 줄이고 생산을 증가시키기 위해 $\pi > 0$으로 할 유인이 있다. 그러나 인플레이션이 높아질수록 소득 재분배 등 인플레이션의 비용이 커질 것이므로 ψ의 기울기는 1보다 작다고 가정하자. 개별 경제주체들은 다른 사람들의 기대인플레이션을 알고 있고 정책당국자의 목적함수도 알고 있다고 하자. 민간은 합리적 기대에 의해 $\pi^e = \pi$로 기대를 설정할 것이다. 이것은 민간의 기대인플레이션이 45° 선 상에서 형성됨을 의미한다. 이러한 상황에서 균형은 정부의 정책함수와 45° 선이 만나는 D 점에서 이루어질 것이다. 왜냐하면 D 점에서 $\pi^e = \pi$ 이면 정책결정자는 $\pi^* = \psi(\pi^e)$를 설정하고 민간의 기대인플레이션은 $\pi^e = \pi^*$ 이 되므로 합리적 기대가 성립하기 때문이다.

를 설정할 것이다. 이것은 민간의 기대인플레이션이 45° 선상에서 형성됨을 의미한다. 이러한 상황에서 균형은 정부의 정책함수와 45° 선이 만나는 D점에서 이루어진다. 왜냐하면 D점에서 정책결정자는 $\pi^*=\psi(\pi^e)$로 설정하고, 민간의 기대인플레이션은 $\pi^e=\pi^*$가 되므로 합리적 기대가 성립하기 때문이다. D점에서 실제인플레이션은 기대인플레이션과 같으므로 경제는 자연율 수준에 있게 된다. 문제는 균형점 D가 원점 O에 비해 열등하다는 것이다. 왜냐하면 O점에서 실제인플레이션은 기대인플레이션과 같으므로 경제는 D점과 마찬가지로 자연율 수준에 있게 되지만, O점에서의 인플레이션율은 D점에 비해 낮으므로 O점은 D점에 비해 파레토 우월하기 때문이다.

정책당국이 $\pi^*=\psi(\pi^e)$에 따라서 재량적으로 정책을 실시하면 균형은 D

그림 12-2 재량과 준칙

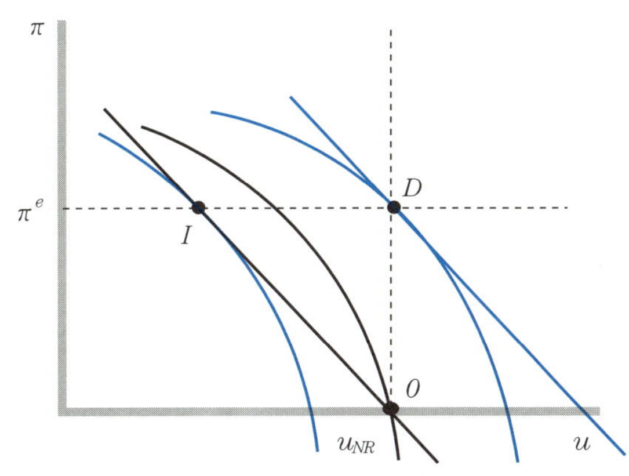

통화당국이 직면하고 있는 단기필립스곡선은 우하향한다. 통화당국의 실업률과 인플레이션율 간의 선호체계를 나타내는 무차별곡선은 원점에 대해 오목한 형태를 보인다. 이것은 실업과 인플레이션이 모두 비재화에 해당되기 때문이다. 통화당국이 $\pi=0$을 선언하였다고 하자. 민간 경제주체들이 통화당국의 약속을 믿고 통화당국이 약속을 지키면 경제는 O점에 있게 된다. O점에서 실제인플레이션과 기대인플레이션이 일치하므로 경제는 자연율 수준에 있게 되고, 통화당국은 경제가 자연율 수준에 있을 때 도달할 수 있는 가장 높은 무차별곡선 상에 있으므로 최적의 상태에 있다고 할 수 있다. 그러나 민간 경제주체들이 인플레이션이 0일 것이라고 예상하면 통화당국은 O점을 통과하는 단기필립스곡선 상에서 성취가능한 최대의 효용을 달성하기 위해 I점으로 이동할 유인을 가지게 된다. 합리적 경제주체들은 통화당국의 유인을 잘 이해하고 있으므로 통화당국의 약속을 믿지 않는 한 그들은 I점에서 결정되는 인플레이션 π^e를 예상할 것이다. 결국 실제인플레이션과 기대인플레이션이 일치하므로 경제는 높은 인플레이션(π^e) 상태에서 자연율 수준에 있게 될 것이다. 이것은 균형이 D점으로 이동하는 것을 의미한다. 통화당국의 정책에 관한 신뢰성이 결여되어 있는 한 D점은 동태적으로 일관된 내쉬균형이 된다. 그러나 D점은 O점보다는 파레토 열등한 균형이다.

에서 이루어지고, 이것을 재량적 균형(discretion equilibrium)이라고 한다. 이에 반하여 O점은 정책당국이 미리 인플레이션을 0으로 유지하겠다는 준칙을 선언하고, 그 선언을 준수할 경우 균형이 될 수 있으며, 이것을 준칙(rule)이라고 한다.

이상의 분석을 다른 각도에서 설명하면 [그림 12-2]와 같다. 그림에서 통화당국이 직면하고 있는 단기필립스곡선은 우하향하는 직선으로 나타나 있다. 통화당국은 항상 생산이 적은 것보다는 많은 것을 선호하며, 인플레이션율이 최적인플레이션율보다 낮으면 보다 높은 인플레이션율을 선호하고, 인플레이션율이 최적인플레이션율보다 높으면 보다 낮은 인플레이션율을 선호한다. 이 경우 실업률과 인플레이션율에 대한 통화당국의 선호체계를 나타내는 무차별곡선은 그림과 같다. 이제 최적 인플레이션율이 0이고, 통화당국은 $\pi=0$을 선언하였다고 하자. 민간 경제주체들이 통화당국의 약속을 믿고, 통화당국이 약속을 지키면, 경제는 O점에 있게 된다. O점에서 실제인플레이션과 기대인플레이션이 일치하므로 경제는 자연율 수준에 있게 되고, 통화당국은 경제가 자연율 수준에 있을 때 도달할 수 있는 가장 높은 무차별곡선상에 있으므로 최적인 상태에 있다고 할 수 있다. 그러나 민간 경제주체들이 인플레이션이 0일 것이라고 예상하면, 통화당국은 O점을 통과하는 단기필립스곡선상에서 성취가능한 최대의 효용을 달성하기 위해 I점으로 이동할 유인을 가진다. 합리적 경제주체들은 통화당국의 유인을 잘 이해하고 있으므로 통화당국의 약속을 믿지 않는 한 그들은 I점에서 결정되는 인플레이션 π^e를 예상한다. 결국 실제인플레이션과 기대인플레이션이 일치하므로 경제는 높은 인플레이션(π^e) 상태에서 자연율 수준에 있게 된다. 이것은 균형이 D점으로 이동하는 것을 의미한다. 통화당국의 정책에 관한 신뢰성이 결여되어 있는 한 D점은 동태적으로 일관된 내쉬균형이 된다. 그러나 앞에서도 살펴보았듯이 D점은 O점보다 파레토 열등한 균형이다.

재량적 균형에 비해 파레토 우월한 준칙이 균형이 되려면 정부의 선언이 지켜져야 한다. 그러나 정부는 항상 준칙을 어기고 재량을 따를 유인을 가지고 있다. 즉, 정부는 준칙을 선언한 후 민간이 정부의 선언을 믿으면 나중에 민간과의 약속을 어기려고 한다. 이것을 동태적 비일관성(time inconsistency)이라고 한다.

파레토 우월한 균형을 달성하려면 민간의 신뢰가 매우 중요하다. 통화당국이 민간의 신뢰를 획득하는 한 가지 방법은 약속을 지킨다는 평판(reputation)을 획득하는 것이다. 그러나 예를 들어서, 민간이 높은 인플레이션을 예상하고 가격을 인상시킬 때, 정부가 평판을 획득하기 위해 통화공급을 일정하게 유지하면 실질통화잔고가 감소하여 경제가 불황에 빠질 것이다. 중앙은행이 인플레이션을 억제하려는 의지를 가지고 있다는 평판을 획득하기 위해 불황이라는 비용을 감수해야 하는 것이다.

준칙을 선호하는 사람들은 준칙이 평판을 대신하여 통화정책에 대한 신뢰를 획득하는 데 기여한다고 주장한다. 이에 반하여 케인즈학파는 어느 경우에든 엄격한 준칙에 얽매이는 것은 오히려 심각한 불황을 야기할 또 다른 위험을 가지므로 엄격한 준칙에는 반대한다.

그러면 통화정책에 관한 신뢰를 획득하는 다른 방법들은 무엇인가? 우선 생각해 볼 수 있는 것은 인플레이션을 싫어하고 필요하다면 실업의 증가를 감수하고라도 인플레이션을 억제할 의지가 있는 사람을 중앙은행 총재로 임명하는 것이다. 예를 들면, 1970년대 후반 미국의 인플레이션율이 두 자리 수를 기록할 때 카터 대통령은 볼커를 중앙은행 총재로 임명하였다. 볼커는 인플레이션을 억제해야 한다는 소신을 가지고 있던 사람으로서 실업의 급증을 감수하면서 인플레이션을 안정시켰다. 다만 그의 반인플레이션 정책이 실업률을 심각하게 증가시켰다는 점에서 신뢰도 문제가 완전히 해결되었다고는 할 수 없다(민간이 통화정책을 완전히 신뢰하면 실업의 증가없이 인플레이션을 낮출 수 있음을 기억하라).

두 번째 방법은 중앙은행의 유인을 인플레이션 억제 방향으로 유도하는 것이다. 예를 들면, 뉴질랜드는 인플레이션 목표제를 채택하고 인플레이션이 목표에서 어느 수준을 벗어나면 중앙은행 총재를 해임하도록 하는 법안을 통과시켰다. 이런 제도가 실시되면 중앙은행은 인플레이션을 억제하기 위해 최선을 다할 것이다. 실제로 뉴질랜드는 이 제도를 실시한 이후 인플레이션을 상당히 안정시킨 것으로 보인다. 그러나 뉴질랜드 역시 이 과정에서 실업의 증가를 경험하였다. 첫 번째 방법과 마찬가지로 신뢰도 문제를 완전히 해결하지는 못한 것으로 보인다.

세 번째 방법은 중앙은행의 독립성을 증가시키는 것이다. 몇몇 연구에 의하면 중앙은행이 독립적일수록 장기적으로 인플레이션율이 상대적으로 낮으며, 동시에 실업률도 장기적으로 높지 않다. 이것은 중앙은행이 독립적일수록 민간의 신뢰가 증가하고, 그로 인해 실업의 증가를 수반하지 않고 인플레이션을 낮출 수 있다는 것을 시사한다.

동태적 비일관성의 예

동태적 비일관성의 예는 본문의 경기안정화정책에 관한 준칙과 재량 문제뿐만 아니라 현실 세계에서도 여러 가지 예를 찾아볼 수 있다.

- 노동조합이 파업을 선언할 때마다 정부는 투쟁 주도자를 사법조치하겠다고 선언한다. 이것은 노조원들에게 파업을 주도하면 사법조치를 당할 것이라는 기대를 형성시키기 위해서이다. 그러나 일단 파업이 실시되면 정부는 파업 주도자와 타협을 하여 파업이 빨리 끝나도록 하려는 유인을 가지게 된다. 결국 정부는 일단 파업이 시작되면 파업이 빨리 끝나도록 하기 위해 파업 주도자의 사법처리 문제를 양보하게 되고, 파업 주도자를 사법처리한다는 정부의 선언은 파업을 방지하는 데 별 효과가 없게 된다. 물론 파업 주도자도 이것을 충분히 예상하고 행동하게 된다.
- 교수가 석박사 자격시험을 보는 학생들에게 시험을 잘못 보면 떨어뜨리겠다고 선언한다. 이것은 시험을 잘 보지 못하면 떨어진다는 기대를 학생들에게 심어주어서 학생들이 열심히 공부하도록 하기 위해서이다. 그러나 일단 시험이 끝나면 교수는 석박사 학생들을 떨어뜨려서 석박사 취득이 늦어지게 하는 것은 본인의 인기를 떨어뜨리는 일이 되므로 시험을 잘못 본 학생들을 붙이려는 유인을 가지게 된다. 결국 학생이 시험을 잘못 보더라도 교수는 학생을 합격시키는 경우가 많게 되고, 학생들도 이것을 충분히 예상해서 행동하게 된다.

금본위제하의 인플레이션

미국과 유럽의 경우 금본위제도하에 있던 기간에는 평균적으로 인플레이션율이 0에 가까웠다. 그러나 제 2 차 세계대전 후 금본위제를 포기하고 재량적 정책을 사용하기 시작한 이후에는 인플레이션율이 현저히 높아졌다. 이것은 재량적 정책이 인플레이션을 유발하는 경향이 있다는 위의 분석을 지원하는 결과이다. 왜냐하면 금본위제하에서 통화당국은 금의 가격이 일정하도록 통화잔고를 관리해야 하므로 금본위제를 일종의 통화공급 준칙으로 볼 수 있기 때문이다.

3. 통화정책의 준칙

통화정책 당국이 고려할 수 있는 통화정책의 준칙은 여러 가지가 있다. 우선 통화공급 증가율을 일정하게 하는 통화론적 준칙을 생각해 볼 수 있다. 프리드만 등 일부 학자들은 중앙은행이 통화공급 증가율을 일정하게 유지하는 준칙을 헌법에 삽입할 것을 주장하였다. 그러나 대부분의 케인즈학파 학자들은 화폐의 유통속도가 일정하지 않으므로 통화당국이 통화공급을 일정하게 하는 준칙에 집착하기보다는 예상치 못한 사태에 적절히 대응할 수 있는 유연한 조건부 준칙을 채택하는 것이 바람직하다고 생각한다.

통화증가율목표를 채택한 대표적 나라는 독일이다. 미국도 독일을 따라서 1975년 이후 $M1$, $M2$, $M3$의 통화증가율목표를 설정하는 정책을 실시하였다. 그러나 많은 기간 동안 연방준비제도 이사회는 이 목표를 달성하지 못했다. 그 결과 미국은 1982년 통화증가율목표보다는 이자율목표를 강조하기 시작했고, 1993년에는 통화증가율목표를 완전히 포기하게 된다. 통화증가율목표를 달성하는 것이 현실적으로 어려운 이유는 화폐유통속도 혹은 화폐수요가 불안정하기 때문이다.

둘째, 명목GDP(혹은 GNP)를 관리하는 준칙을 생각해 볼 수 있다. 통화당국은 미리 명목GDP의 목표 경로를 선언하고 그것을 준수하는 것이다. 만약 명목GDP가 목표 명목GDP보다 높으면 통화당국은 통화공급을 줄여서 총수요를 감소시키고 명목GDP를 낮출 수 있다. 역으로 명목GDP가 목표 명목GDP보다 낮으면 통화당국은 통화공급을 늘려서 총수요를 증가시키고 명목GDP를 높일 수 있다. 많은 학자들은 명목GDP 준칙이 화폐유통속도의 변화에 대응할 수 있게 하므로 통화론적 준칙보다 생산 및 물가를 안정시킬 수 있다고 생각한다.

셋째, 물가수준(혹은 인플레이션율)을 일정하게 유지하는 준칙을 생각해 볼 수 있다. 1980년대 후반 이후 많은 나라들이 인플레이션 목표제를 채택하였다. 예를 들면, 호주, 캐나다, 핀란드, 이스라엘, 뉴질랜드, 스페인, 스웨덴, 영국 등을 들 수 있다. 한국도 1998년 이후 인플레이션목표제를 채택하고 있다. 이들 나라의 통화당국은 미리 목표 물가수준(혹은 인플레이션율)을 선언하고 그것을 준수한다. 만약 물가수준(혹은 인플레이션율)이 목표수준보다 높으면 통화당국은 통화공급(혹은 통화증가율)을 줄여서 물가수준(혹은 인플레이션율)을 낮출 수 있다. 역으로 물가수준이 목표수준보다 낮으면 통화당국은 통화공급(혹은 통화증가율)을 늘려서 물가수준(혹은 인플레이션율)을 높일 수 있다. 따라서 중앙은행이나 일부 학자들은 물가수준(혹은 인플레이션율) 준칙이 물가안정을 가져오므로 통화정책의 최상의 목표가 되어야 한다고 주장한다.

통화정책의 목표로 물가안정만을 강조하면 통화정책이 경기안정화 정책으로 기능하는 것을 배제하는 것처럼 보인다. 그러나 사실은 그렇지 않다. 만약 중앙은행이 매기에 인플레이션 목표를 선언하고 이를 달성할 수 있다면 민간 경제주체들의 기대인플레이션은 목표 인플레이션과 같아질 것이다. 이런 경우 공급충격이 없다면 기대첨가형 필립스곡선으로부터 경제가 자연율 수준에 있게 됨을 알 수 있다. 즉, 인플레이션 목표제를 성공적으로 수행하면 공급충격이 없는 한 경제가 자연율 수준으로부터 이탈하는 것을 막을 수 있다.

그러나 물가변화의 원인이 총수요의 변화 때문이 아니라 농축수산물 가격의 변화, 원유가격의 변화, 급격한 환율변화 때문일 경우 목표 물가수준에 집착하는 것은 바람직한 정책이 아닐 수 있다. 예를 들어서, 농축수산물 가격의 폭등으로 물가수준이 상승하는 경우 목표 물가수준 달성을 위해 통화공급을 축소시키는 정책은 심각한 불황을 초래할 수 있다. 이러한 이유에서 각국의 중앙은행은 소비자물가지수에서 농축수산물의 가격변화, 원자재 가격변화, 공공요금의 변화, 간접세율의 변화 등을 배제한 근원적 물가수준을 측정하여 바람직한 목표를 설정하는 대안을 모색하고 있다.

물가수준(혹은 인플레이션율)목표제는 통화증가율목표제와 비교하여 장단점을 가지고 있다. 첫 번째 장점은 물가수준목표제하에서는 화폐수요의 불안정성을 비켜갈 수 있다는 것이다. 화폐수요가 변화할 때 통화당국이 통화공급을 조절하는 것을 배제하지 않기 때문이다. 이 점에서 물가수준(혹은 인플레이션율)목표제는 엄격한 의미의 준칙은 아니다. 중앙은행이 어느 정도의 재량을 행사할 수 있기 때문이다. 또 다른 장점은 민간에게 통화공급목표를 설명하고 이해시키는 것보다 물가수준목표를 설명하고 이해시키는 것이 더 쉽다는 것이다. 민간 경제주체들과 쉽게 대화함으로써 민간이 통화당국의 목표를 더 잘 이해할 수 있게 만들고, 이를 통해 통화당국에 대한 신뢰도 증대시킬 수 있다. 이런 점에서 물가수준(혹은 인플레이션율)목표제가 엄격한 준칙에 얽매이도록 중앙은행의 손을 묶어버리지는 않지만 재량을 함부로 사용하도록 허용하지도 않는다. 민간이 통화정책의 목표를 더 잘 이해하게 되므로 통화정책이 더 투명해지고, 중앙은행은 물가안정에 대해 좀 더 책임을 질 수밖에 없게 된다. 단점은 통화정책이 인플레이션에 영향을 미치는 데 시간이 걸린다는 것이다. 정책과 인플레이션 사이에 시차가 존재하면 민간은 통화당국이 약속을 지키고 있는지 쉽게 판단할 수 없게 된다.

이상의 준칙들은 모두 명목변수에 관한 준칙이다. 물론 실질변수에 관한 준칙도 생각해 볼 수 있다. 예를 들어서, 실업률을 3%에 유지하는 것을 목표로 삼을 수 있다. 문제는 우리가 자연율 수준이 정확히 어느 정도인지 모른다는 것이다. 만약 목표 실업률이 자연율보다 낮으면 인플레이션은 가속될 것이다. 역으로 목표 실업률이 자연율보다 높으면 디플레이션이 가속될 것이다. 이러한 이유로 대부분의 경제학자들은 통화정책의 준칙을 실질변수로 책정하는 것을 옹호하지 않는다.

테일러 준칙

테일러는 미국 연방준비제도 이사회의 연방준비기금 기준금리 결정을 분석한 후 다음 식(테일러 준칙)이 연방준비기금 기준금리의 움직임을 잘 설명한다는 사실을 발견하였다.

$$R_t = \pi_t + 2.0 + 0.5(\pi_t - 2.0) - 0.5(lnY_{NR} - lnY_t)$$

위의 식에서 R_t는 연방준비기금 기준금리, π_t는 인플레이션율, Y_{NR}는 자연율 수준의 GDP, Y_t는 GDP를 나타낸다. 이 식에 따르면 연방준비기금 실질금리는 인플레이션과 GDP 갭($lnY_{NR} - lnY_t$)에 반응한다. 인플레이션율이 2%이고 생산이 자연율 수준에 있으면 연방준비기금 실질금리는 2%가 된다. 2%를 초과하는 인플레이션에 대해서는 매 1% 포인트 초과에 대해 연방준비기금 실질금리가 0.5% 인상되고, 생산이 자연율 수준을 하회하면 GDP 갭 1% 포인트에 대해 연방준비기금 실질금리가 0.5% 인하된다. 주목해야 할 것은 인플레이션율이 1% 포인트 상승할 때 실질생산을 감소시키려면 연방준비기금 명목이자율이 1%보다 크게 상승해야 한다는 것이다. 그 이유는 실질생산에 영향을 미치는 것은 실질이자율이기 때문이다. 실질이자율이 상승해야 투자가 감소하고 실질생산이 감소하기 때문이다.

테일러 준칙은 인플레이션목표제에 대한 보완으로 이해할 수 있다. 인플레이션 목표제는 중앙은행이 엄격하게 준칙에 얽매이기보다는 어느 정도 재량을 갖도록 허용한다. 테일러 준칙은 중기적 인플레이션 목표를 달성하기 위한 단기적 운용과정으로 볼 수 있다. 테일러 준칙에 따르면 중앙은행은 인플레이션 자체뿐만 아니라 인플레이션 압력을 나타내는 GDP 갭에 반응한다.

Taylor, John B., "The Inflation/Output Variability Tradeoff Revisited," in *Goals, Guidelines, and Constraints Facing Monetary Policymakers*(FRB Boston, 1994).

물가안정목표제와 최적 인플레이션율

물가안정목표제를 채택하는 경우 중요한 문제는 어느 수준의 인플레이션이 적정한가 하는 점이다. 일반적으로 완전한 물가안정 즉 인플레이션율 목표를 0으로 삼는 것은 바람직하지 않다는 주장이 많다. 그 이유는 첫째, 소비자물가지수가 인플레이션을 과대평가하는 면이 있기 때문이다. 이미 제 2 장에서 살펴보았듯이 소비자물가지수는 상품의 질이 향상되는 것을 제대로 반영하지 못하고(quality bias), 상대가격이 변화함에 따라 소비자가 상대적으로 저렴한 상품으로 비싼 상품을 대체하는 현상을 반영하지 못한다(substitution bias). 둘째, 케인즈학파적 견해이긴 하지만 명목임금이 하방경직적인 경우 물가수준이 안정되어 있으면 실질임금이 하락할 수 없다. 이런 경우에는 낮은 수준의 인플레이션이 실질임금을 하락시킬 수 있어야 한다고 생각한다. 셋째, 너무 낮은 인플레이션율을 목표로 하다 보면 경우에 따라 디플레이션이 발생할 수도 있다. 디플레이션은 제26장에서 분석하는 것처럼 금융시장을 불안하게 만들고 심각한 경기침체를 초래할 수 있다.

4. 재정정책의 준칙

재정정책의 준칙으로는 균형재정을 생각해볼 수 있다. 그러나 많은 경제학자들은 엄격한 균형재정 준수에 반대하고 있다. 그 이유는 첫째, 균형재정은 재정의 자동안정장치로서의 기능을 해치기 때문이다. 경제가 불황에 빠지면 조세수입은 줄고 이전지출은 증가한다. 이것은 재정적자를 야기하기는 하지만 경제를 안정화시키는 데 도움이 된다. 그러나 균형재정에 집착하면 불황기에 조세를 증가시키고 이전지출을 감소시켜야 하는데, 이것은 오히려 불황을 심화시키게 된다.

둘째, 균형재정에 집착하면 불황기에는 세율이 높아지고 호황기에는 세율이 낮아진다. 다시 말해서 재정의 자동안정장치 역할을 포기하면 세율의 변화가 심해진다. 그러나 세율이 높아지면 경제주체들의 경제활동이 위축되므로 사회적으로 커다란 비용을 유발한다. 따라서 세율의 변화로 인한 사회적 비용을 최소화하려면 세율을 안정적으로 유지하는 것(tax smoothing)이 바람직하다. 세율을 안정적으로 유지하려면 불황기에 세수 감소를 감수하고, 전쟁 등 비상시에 지출을 늘리는 정책이 필요하다. 물론 이런 경우에는 재정적자가 유발될 것이다.

셋째, 재정적자는 조세부과의 시점을 현재로부터 미래로 이전시킬 수 있다. 만약 전쟁이 발생하면 미래세대는 현세대가 희생을 한 덕택으로 미래에 혜택을 보게 된다. 따라서 현세대는 재정적자로 전쟁비용을 감당하고, 미래세대가 그 비용의 일부를 떠맡게 할 수 있다. IMF 외환위기의 한국경제 상황에서도 이러한 논리를 적용할 수 있다. IMF 외환위기는 일종의 국가 비상사태라고 할 수 있다. 위기 극복을 위해서는 부실 금융기관 정리 등 많은 공적자금이 소요된다. 어마어마한 자금을 조달하기 위해 지금 당장 조세수입을 증가시키는 것은 현세대의 부담을 지나치게 크게 하고 경제를 심각한 불황에 빠뜨릴 가능성이 있다. 비록 위기의 원인을 현세대가 제공했다 하더라도 경제를 파국으로 몰고 가기보다는 미래세대가 경제구조개혁에 필요한 자금의 일부분을 담당함으로써 경제구조개혁에 따른 과실을 현세대와 나누는 것이 바람직할 수 있다.

위와 같은 문제점에 비추어 일부 경제학자들은 경기변동조정 재정적자(cyclically adjusted budget deficit)를 균형으로 하는 준칙을 제시하고 있다. 경기변동조정 재정적자란 경기변동에 따라서 재정이 변화하는 것을 고려한 재정적자를 말한다. 즉 경제가 자연율 수준에 있을 때 발생하는 재정적자를 의미한다. 이 준칙에 따르면, 예를 들어서, 불황이 발생했을 때 재정적자가 발생하는 것을 허용한다. 왜냐하면 불황이 오면 조세수입이 자동적으로 감소하고 지출이 자동적으로 증가하기 때문이다. 재정의 자동안정장치는 재정적자에 영향을 미치지만 경기변동조정 재정적자에는 영향을 미치지 않는다. 따라서 경기변동조정 재정을 균형으로 하는 준칙은 위에서 언급한 균형재정 준칙의 첫 번째 문제점을 어느 정도 극복할 수 있다. 또한 경기변동조정 균형재정 준칙을 따르면, 불황기에 반드시 세율을 인상시키고 호황기에 반드시 세율을 인하시켜야 하는 것은 아니므로 세율을 안정적으로 유지하는 데에도 어느 정도 도움이 된다. 그러나 경기변동조정 균형재정 준칙은 세 번째 가능성 즉, 현세대가 감당해야 할 재정부담의 일부를 미래세대에 전가하는 것은 허용하지 않는다. 이것은 전쟁과 같은 국가 비상상황하에서는 문제가 될 수 있다. 이상의 장단점에도 불구하고 경기변동조정 균형재정 준칙의 가장 심각한 문제점은 우리가 자연율 수준을 정확히 모른다는 것이다. 자연율 수준을 정확히 모르므로 경기변동에 따른 조세수입과 지출을 조정하는 것도 쉬운 일이 아니다.

제 4 절 맺음말

본 장에서는 경기안정화정책에 관한 논쟁을 소개하였다. 경기안정화정책에 관한 초기의 논쟁은 시차와 정책효과에 집중되었다. 일반적으로 통화정책은 내부시차는 짧지만 외부시차가 길고, 재정정책은 내부시차는 길지만 외부시차가 짧다. 또한 통화정책은 가역적이지만 재정정책은 비가역적이다. 그러나 최근의 연구에 의하면 재정정책의 외부시차도 길고 가변적인 것으로 보인다. 통화 및 재정정책의 상대적 효과에 관한 내용은 이미 제 4 장에서 소개하였다.

1960년대 통화론자들은 통화정책은 강력하지만 시차가 길고 가변적이므로 통화정책을 재량적으로 사용하기보다는 준칙을 따르는 것이 바람직하다고 주장하였다. 이에 반해 케인즈학파는 통화공급을 일정하게 유지하는 소극적 준칙보다는 적극적 준칙, 나아가서는 재량적 정책을 선호하였다.

1970년대에 합리적 기대혁명을 일으킨 루카스는 기존의 정책효과에 관한 평가는 민간의 기대가 새로운 정책변화에 어떻게 반응할지를 고려하지 않으므로 옳지 않다고 주장하였다. 이것을 우리는 루카스 비판이라고 한다. 정책이 바뀌면 민간의 반응도 바뀔 가능성이 높다. 민간 경제주체들의 정책변화에 대응한 합리적 기대를 반영하지 않은 통상적인 모형이나, 과거의 경험에 의거한 정책효과에 대한 예상이나 평가는 오도되고 잘못된 것일 가능성이 높다. 합리적 기대론자들은 통화론자들이 주장한 것과는 다른 논리로 준칙과 재량의 문제를 접근하였다. 그들은 통화당국이 준칙을 따르면 통화정책에 대한 민간의 신뢰를 획득할 수 있고, 통화정책에 대한 민간의 신뢰가 통화정책의 효과에 큰 영향을 미친다고 주장하였다. 여기에서 한 걸음 더 나아가 1980년대의 실물경기변동이론가들은 이미 제11장에서 배운 것처럼 경기변동 자체가 충격에 대응한 경제주체들의 최적화의 결과이므로 정부가 이에 개입하는 것은 바람직하지 않다고 주장하였다.

부록 인플레이션-실질GDP 평면에서 정의된 총수요곡선과 총공급곡선

1. 총수요곡선

총수요곡선은 인플레이션율-실질GDP 평면에서 우하향한다. 총수요곡선이 우하향하는 이유는 다음의 관계로부터 도출할 수 있다.

- 실질이자율과 실질GDP 간의 음의 관계
- 인플레이션율과 실질이자율 간의 양의 관계
- 인플레이션율과 실질GDP 간의 음의 관계

(가) 실질이자율과 실질GDP

실질GDP의 구성항목들인 소비, 투자, 순수출 등은 실질이자율과 역관계를 가진다. 우선 소비의 경우, 실질이자율이 상승하면 기간간 대체효과에 따라 저축이 증가하고 소비가 감소한다. 또한 다른 조건이 일정한 상태에서 실질이자율이 상승하면 항상소득이 감소하여 소비가 감소한다. 투자의 경우에도 실질이자율이 상승하면 자본의 사용자 비용(차입비용)이 증가하여 투자가 감소한다. 또한 다른 조건이 일정한 상태에서 실질이자율이 상승하면 토빈의 q가 감소하여 투자가 감소한다. 순수출도 실질이자율과 역관계를 가진다. 실질이자율이 상승하면 환율이 절상되어 순수출이 감소한다.

(나) 이자율과 인플레이션

인플레이션율과 명목 및 실질이자율 간의 양의 관계는 중앙은행의 이자율 정책에 기초하고 있다. 소위 테일러 준칙이라고 하는 중앙은행의 이자율 정책은 다음과 같다.

$$R_t = \pi_t + 2.0 + 0.5(\pi_t - 2.0) - 0.5(ln\ Y_{NR} - ln\ Y_t)$$

위의 식에서 R_t는 연방준비기금 기준금리, π_t는 인플레이션율, Y_{NR}는 자연율 수준의 GDP, Y_t는 실질GDP를 나타낸다. 이 식에 따르면 연방준비기금 실질금리는 인플레이션과 GDP 갭($ln\ Y_{NR} - ln\ Y_t$)에 반응한다. 인플레이션율이 2%이고 생산이 자연율 수준에 있으면 연방준비기금 실질금리는 2%가 된다. 2%를 초과하는 인플레이션에 대해서는 매 1% 포인트 초과에 대해 연방준비기금 실질금리가 0.5% 인상되고, 생산이 자연율 수준을 하회하면 GDP 갭 1% 포인트에 대해 연방준비기금 실질금리가 0.5% 인하된다. 주목해야 할 것은 인플레이션율이 1% 포인트 상승할 때 실질생산을 감소시키려면 연방준비기금 명목이자율이 1%보다 크게 상승해야 한다는 것이다. 그 이유는 실질생산에 영향을 미치는 것은 실질이자율이기 때문이다. 실질이자율이 상승해야 투자가 감소하고 실질생산이 감소하기 때문이다.

인플레이션율이 상승할 때 중앙은행이 이자율을 상승시키는 이유는 무엇인가? 물가안정은 궁극적으로 중앙은행의 책임이다. 인플레이션을 통제하기 위해 중앙은행은 인플레이션율이 상승할 때 (실질)이자율을 상승시켜야 한다. (실질)이자율이 상승하면 투자, 순수출, 소비가 감소하며, 감소된 수요는 인플레이션 압력을 감소시키고 인플레이션율을 하락하게 만든다. 중앙은행은 인플레이션율이 상승할 때 이자율을 인상시키고, 인플레이션율이 하락할 때 이자율을 인하시킴으로써 실제인플레이션율이 목표인플레이션율에 회귀하도록 만들 수 있다.

(다) 총수요곡선의 도출

실질GDP와 실질이자율은 음의 관계를 가지고, 실질이자율은 중앙은행의 통화정책 준칙에 의해 인플레이션율과 양의 관계를 가지므로 인플레이션율과 실질GDP 간에는 음의 관계가 성립한다. 즉, 총수요곡선은 인플레이션율－실질GDP 평면에서 우하향한다.

2. 총공급곡선

총공급곡선이 $P-Y$ 평면에서 우상향하고, 이로부터 $\pi-Y$ 평면에서 우상향하는 필립스곡선을 도출할 수 있음은 이미 제 7 장과 제 8 장에서 배웠다. $\pi-Y$ 평면에서 우상향하는 필립스곡선의 도출은 제 8 장 부록을 참고하기 바란다.

이제 위에서 도출한 총수요곡선, 필립스곡선을 사용하여 여러 가지 정책과 충격의 장단기 효과를 분석해 보자.

3. 재정정책

재정당국이 긴축적 재정정책을 실시하면 총수요곡선이 왼쪽으로 이동하여 단기적으로 인플레이션율이 하락하고 생산이 감소한다. 생산이 자연율 수준 아래에 있으면 인플레이션율이 하락하기 시작하고 민간의 기대인플레이션율도 하락하기 시작한다. 중기적으로 민간의 기대인플레이션율이 하락하기 시작하면 총공급곡선이 오른쪽으로 이동하면서 생산이 총수요곡선을 따라서 증가하기 시작한다. 생산이 증가하는 것은 중앙은행이 인플레이션율이 하락하면서 이자율을 낮추기 때문이다. 이자율이 하락함에 따라 투자, 소비, 순수출이 증가한다. 장기적으로 총공급곡선은 자연율 수준에서 총수요곡선과 만날 때까지 오른쪽으로 이동하고, 생산은 자연율 수준으로 복귀한다.

4. 반인플레이션 정책

반인플레이션 정책이란 인플레이션율을 낮추는 정책을 의미한다. 이에 반해 인플레이션율을 높이는 정책은 리인플레이션 정책이라고 한다.

보다 낮은 인플레이션율을 목표로 하는 경우 중앙은행은 (실질)이자율을 인상시키고, 총수요를 감소시킨다. 이런 정책은 총수요곡선을 왼쪽으로 이동시킨다. 총수요곡선이 왼쪽으로 이동하면 단기적으로 총공급곡선이 우상향하는 경우 인플레이션율이 하락하고, 생산이 자연율 수준 아래로 감소한다. 생산이 자연율 수준 아래에 있으면 인플레이션율이 하락하기 시작하고 민간의 기대인플레이션율도 하락하기 시작한다. 중기적으로 민간의 기대인플레이션율이 하락하기 시작하면 총공급곡선이 오른쪽으로 이동하면서 생산이 총수요곡선을 따라서 증가하기 시작한다. 생산이 증가하는 것은 중앙은행이 인플레이션율이 하락하면서 이자율을 낮추기 때문이다. 이자율이 하락함에 따라 투자, 소비, 순수출이 증가한다. 장기적으로 총공급곡선은 자연율 수준에서 총수요곡선과 만날 때까지 오른쪽으로 이동하고, 생산은 자연율 수준으로 복귀한다.

미국의 경우 Volcker가 1979년부터 반인플레이션 정책을 실시하자 연방준비기금 이자율이 20% 이상으로 폭등하고, 1980년대 초반 실업률은 10%를 상회하게 된다. 그러나 궁극적으로 인플레이션율이 하락하면서 1982년경부터 경기가 회복하기 시작하여 1985년경에 자연율 수준에 복귀하게 된다.

5. 가격충격

원유가 등 원자재 가격이 상승하면 필립스곡선이 위로 이동한다. 필립스곡선이 위로 이동하면 단기적으로 실질GDP가 감소하고, 인플레이션율이 상승한다. 가격충격이 발생할 때 실질GDP가 감소하는 이유는 인플레이션율 상승으로 인해 중앙은행이 이자율을 상승시키기 때문이다. 중앙은행이 명목 및 실질이자율을 상승시키면 총지출이 감소한다. 실질GDP가 잠재GDP 아래로 감소하여 총지출이 감소하면 시간이 지남에 따라 인플레이션율이 하락하기 시작하고 민간의 기대인플레이션율도 하락하기 시작한다. 중기적으로 민간의 기대인플레이션율이 하락하기 시작하면 총공급곡선이 오른쪽으로 이동하면서 생산이 총수요곡선을 따라서 증가하기 시작한다. 생산이 증가하는 것은 중앙은행이 인플레이션율이 하락하면서 이자율을 낮추기 때문이다. 이자율이 하락함에 따라 총지출은 증가하기 시작하여 경제가 회복하기 시작한다. 장기적으로 총공급곡선은 자연율 수준에서 총수요곡선과 만날 때까지 오른쪽으로 이동하고, 인플레이션율은 가격충격 이전 수준으로 돌아간다.

제 9 장에서도 보았듯이 가격충격이 항구적이어서 잠재GDP를 변화시키는 경우에는 새로운 잠재GDP 수준에서 총수요곡선과 필립스곡선이 만나는 수준으로 조정이 발생한다.

연습문제 제12장

Questions and Practice

1. 소비자의 경제에 대한 신뢰 변화 등 충격이 주로 상품시장에서 발생하여 *IS* 곡선이 *LM* 곡선보다 불안정할 때, 이자율목표와 통화공급목표 중 어느 것이 생산을 더 안정적으로 만들 수 있는가?

2. 유통속도의 변화 등 충격이 주로 화폐시장에서 발생하여 *LM* 곡선이 *IS* 곡선보다 불안정할 때, 이자율목표와 통화공급목표 중 어느 것이 생산을 더 안정적으로 만들 수 있는가?

3. 통화공급을 일정하게 유지하는 준칙의 문제점은 무엇인가?

4. 정부가 하이재킹이 발생하면 절대로 협상하지 않겠다고 선언한 후, 하이재킹이 실제로 발생하면 협상하는 경우와 절대로 협상하지 않는 경우를 비교하라.

5. 기대첨가형 필립스곡선과 정부의 손실함수가 각각 다음과 같이 주어진다.

$$u = u_{NR} - \alpha(\pi - \pi^e) + \theta$$
$$L(u, \pi) = u + \gamma \pi^2$$

(가) 준칙과 재량적 균형을 구하라.
(나) 공급충격이 없을 때 자연실업률(u_{NR})이 증가하면 재량적 균형의 인플레이션율이 변화하는가?
(다) 공급충격이 증가하면 재량적 균형의 인플레이션율이 변화하는가?
(라) $\alpha=1$, $\gamma=1/6$일 때 재량적 균형의 인플레이션율은?
(마) $\alpha=1$, $\gamma=1/2$일 때 재량적 균형의 인플레이션율은?
(바) γ 값의 증가가 의미하는 것은?

6. 기대첨가형 필립스곡선과 정부의 손실함수가 각각 다음과 같이 주어진다.

$$u = u_{NR} - \alpha(\pi - \pi^e) + \theta$$
$$L(u, \pi) = u^2 + \gamma\pi^2$$

(가) 재량적 균형을 구하라.

(나) u_{NR}과 θ의 증가는 재량적 균형의 인플레이션율에 영향을 미치는가?

(다) 그 이유는?

7. 통화당국과 기업이 게임을 하는 상황을 상정해 보자. 기업은 가격을 10% 인상시키거나 일정하게 유지하는 전략을 취할 수 있다. 통화당국은 통화공급을 10% 증가시키거나 일정하게 유지하는 전략을 취할 수 있다. 기업이 가격을 10% 인상시키면 인플레이션율(π)은 10%가 되고, 가격을 일정하게 유지하면 인플레이션율은 0%가 된다. 실업률은 실질통화공급에 영향을 받는다고 하자. 만약 기업이 가격을 10% 인상하고 통화당국이 통화공급을 10% 증가시키면, 실질통화공급은 변화하지 않고 실업률은 자연율 수준(예를 들면, $u=u_{NR}=3\%$)에 있게 된다. 마찬가지로 기업과 통화당국이 각각 가격과 통화공급을 일정하게 유지하면, 실질통화공급은 변화가 없고 실업률은 자연율 수준에 있게 된다. 만약 기업이 가격을 10% 인상하고 통화당국이 통화공급을 일정하게 유지하면, 실질통화공급은 감소하고 불황이 발생하여 실업률은 자연율 수준을 초과하게 된다(예를 들면, $u=4\%$). 만약 기업이 가격을 일정하게 유지하고 통화당국이 통화공급을 10% 증가시키면, 실질통화공급은 증가하고 호황이 발생하여 실업률은 자연율 수준을 하회하게 된다(예를 들면, $u=2\%$).

통화당국은 인플레이션을 싫어하므로 $\pi=0$이면 1의 효용을 느끼고, $\pi>0$이면 0의 효용을 느낀다. 또한 실업도 싫어하므로 $u=u_{NR}=3\%$이면 0의 효용을 느끼고, $u<u_{NR}$이면 1의 효용을, $u>u_{NR}$이면 -1의 효용을 느낀다. 기업은 경제가 자연율 수준에 있을 때 이윤이 극대화되므로, $u=u_{NR}$일 때 2의 효용을 느끼고, $u\neq u_{NR}$이면 0의 효용을 느낀다. 기업도 역시 인플레이션을 싫어하여, $\pi=0$이면 1의 효용을, $\pi>0$이면 0의 효용을 느낀다고 하자.

(가) 통화당국과 기업의 보수표(payoff table)를 작성하라.

(나) 이 게임의 재량적 균형은?

(다) 만약 통화당국이 M을 일정하게 유지하는 준칙을 따르면 균형은?

(라) 재량적 균형과 준칙 중 어느 것이 파레토 우월한가?

8. 일반적으로 소득이 증가하면 조세수입이 증가하고, 소득이 감소하면 조세수입이 감소한다. 정부는 균형재정 준칙을 법으로 채택하고 있다. 경제가 애초에 자연율 수준에 있고 재정도 균형상태에 있었는데 소비자의 경제에 대한 신뢰가 감소한다고 하자.

(가) 이런 변화가 IS곡선, 총수요곡선, 생산, 조세수입 및 재정에 미치는 영향은 무엇인가?

(나) 이러한 상황에서 정부는 균형재정 준칙을 지키기 위해 어떤 재정정책을 실시해야 하는가?

(다) 균형재정 준칙은 총수요충격이 생산에 미치는 효과에 어떤 영향을 미치는가?

9. 정부구입 $G=500$, 조세수입 $T=0.4Y$, 이전지출 $F=0.2Y$, 물가수준 $P=1$, 정부부채 $D=1{,}000$, 국채이자율 $R=0.1$로 주어진다.

(가) 실질생산 $Y=2{,}000$일 때 재정적자를 구하라.

(나) 완전고용(자연율) 수준의 생산 $Y_{NR}=2{,}500$일 때 완전고용 재정적자를 구하라.

(다) 경기변동에 따른 재정적자를 구하라.

13 이자율 재정 조건과 투기적 공격

두 명의 경제학자가 길을 걷다가 한 명이 보도 위의 1만원권을 발견하고 옆 사람에게 말하였다. 그러자 옆 사람이 말하기를 "절대로 그럴 리가 없어! 만약 그랬다면 벌써 누군가가 주웠을 거야!"

주요개념

경기안정화정책

내부시차

외부시차

자동안정장치

루카스 비판

준칙과 재량

동태적 비일관성

평판

통화증가율목표

명목GDP목표

물가수준목표

균형재정 준칙

완전고용 균형재정 준칙

CHAPTER

13 이자율 재정 조건과 투기적 공격

George Soros(1930-)

미국, 국제적 외환투자자

제 6 장에서 우리는 먼델-플레밍 모형을 사용하여 자본이동이 자유로운 소규모 개방경제에서 환율과 소득이 어떻게 결정되는가를 분석하였다. 본 장에서는 자본이동이 자유롭고 국제 금융시장이 효율적일 때 환율이 어떻게 결정되는가를 다른 시각(환율결정에 관한 자산시장 접근법)에서 분석하고자 한다. 국제 금융시장이 효율적이라면 차익거래(arbitrage opportunity)의 기회가 없어야 한다. 차익거래라 함은 쉽게 말해서 돈을 들이지 않고 위험부담 없이 돈을 벌 수 있는 기회를 말한다. 국제 금융시장이 효율적이라면 이와 같은 기회는 고수익을 추구하는 투자자들에 의해 제거되어야 한다.

제1절 이자율 재정 조건

이자율 재정 조건(interest rate parity condition)이란 자본이동이 자유롭고 국제금융시장이 효율적일 때 환율이 단기에 어떻게 결정되는가를 설명하는 유용한 이론이다. 예를 들어서, 봉이 김선달이 1,000원을 가지고 있다고 하자. 원화와 달러화의 환율은 1달러당 1,000원이라고 하자. 한국의 1년 만기 이자율은 12%, 미국의 1년 만기 이자율은 6%라고 하자. 김선달이 1,000원을 국내채권에 투자하면 1년 후에는 1,120원($=1000\times(1+R^D)$)이 될 것이다. 그러나 김선달이 1,000원을 달러로 환전하여 미국의 채권에 투자하면 1년 후에는 1.06달러($=1,000\times(1+R^F)/e$)가 될 것이다. 문제는 1년 후에 원화로 환전할 때의 환율이다. 첫째, 1년 후에 원화가 달러화에 대해 10% 절하될 것으로 예상된다고 하자. 1,000원을 미국에 투자한 경우 1년 후에 1.06달러를 원화로 환전하면 1,166원(\$1.06×1,100원/\$)이 될 것으로 기대된다. 이러한 경우 합리적 투자자들은 1,000원을 미국에 투자할 것이다. 투자자들이 미국에 투자함에 따라 미국채권에 대한 수요는 증가하고 한국채권에 대한 수요는 감소할 것이다. 그 결과 미국의 이자율은 하락하기 시작하고 한국의 이자율은 상승하기 시작할 것이다. 둘째, 1년 후에 원화가 달러화에 대해 1% 절하될 것으로 예상된다고 하자. 이 경우 1년 후에 1.06달러를 원화로 환전하면 1,070.6원(\$1.06×1,010원/\$)이 될 것으로 기대된다. 국내외 투자자들이 한국에 투자함에 따라 한국의 이자율은 하락하기 시작하고 미국의 이자율은 상승하기 시작할 것이다.

이상의 분석이 시사하는 것은 자본이동이 자유로운 경우 국내에 투자하든 외국에 투자하든 차익거래의 기회가 없어야 한다는 것이다. 즉, 국내에 투자하든 외국에 투자하든 기대수익률이 같아야 한다. 국내에 투자하는 경우, 1원으로 국내채권을 매입하면 1년 후에 $(1+R^D)$의 원금과 이자를 받을 수 있다. 반면 1원을 외화로 환전하여 외국채권을 매입한 경우 1년 후에 $(1+R^F)\frac{1}{e}$의 외화를 돌려받게 된다. 이를 1년 후의 기대환율을 사용하여 원화로 환전하면 $(1+R^F)\frac{e^e_{+1}}{e}$가 된다. 차익거래의 기회가 없으려면 이 두 개의 값이 서로 같아야 한다. 이 관계식을 이자율 재정 조건이라고 부르며 다음과 같이 쓸 수 있다.

$$1+R^D=(1+R^F)e^e_{+1}/e$$
$$\rightarrow 1+R^D=(1+R^F)\times(1+(e^e_{+1}-e)/e\ )$$

양변에 로그를 취하면 다음과 같다.

$$ln(1+R^D)=ln(1+R^F)+ln(1+(e^e_{+1}-e)/e)$$

로그함수의 성격($ln(1+x)\approx x$)에 의해 위의 관계식을 다음과 같이 다시 쓸 수 있다.

$$R^D=R^F+(e^e_{+1}-e)/e \qquad \cdots\cdots (13-1)$$

위의 식의 좌변은 국내채권에 투자할 경우의 수익률을 나타내고, 우변은 외국채권에 투자할 경우의 기대수익률을 나타낸다. 위의 식은 국내외 이자율의 차이는 자국통화의 기대절하율과 동일해야 함을 시사한다. 이 식은 또한 고정환율제도하에서 환율이 고정되면 기대절하율이 0이므로 국내외 이자율이 동일해야 함을 의미한다.

무위험 이자율 평가재정(covered IRP)

이자율 재정 조건에서 e^e_{+1}는 다음 기의 예상환율이다. 현실적으로 다음 기의 실제환율은 다음 기의 예상환율과 다를 수 있다. 이것은 투자자들이 환율의 변화로 인해 환위험에 노출될 수 있음을 의미한다. 예를 들어서, 1년 만기 채권의 국내외 금리차가 5%이면 이자율 재정 조건을 사용하여 1년 동안 국내통화의 기대절하율은 5%가 됨을 알 수 있다. 그러나 실제로 1년 후에 국내통화는 3% 절하될 수도 있고, 7% 절하될 수도 있다. 이러한 환위험을 제거하기 위해서 투자자들은 선물거래를 할 수 있다. 예를 들어서, 현재의 원/$ 환율이 1,000원/$이라고 하자. 어떤 투자자가 국내통화가 1년 동안 5% 절하될 것으로 예상하면 이 투자자는 선물시장에서 지금부터 1년 후에 1,050원/$을 배달하는 선물을 구입함으로써 1년 후에 실제환율이 어떻게 변화하든 관계없이 자신의 예상환율을 실현시킬 수 있다. 이처럼 이자율 재정 조건에서 기대환율의 지표로 선물환율을 사용하는 경우 환위험을 제거할 수 있으므로, 이것을 무위험 이자율 평가재정(covered interest rate parity)이라고 한다.

실질이자율 평가재정(real IRP)

실질환율, 피셔방정식, 이자율 평가재정을 결합하면 실질이자율 재정조건을 도출할 수 있다.

피셔 방정식에 따르면 $r=R-E(\pi)$가 성립한다. 실질환율은 제21장에서 보듯이 다음과 같이 정의된다. $\varepsilon=\dfrac{eP^F}{P}$.

이를 증가율로 표시하면 다음과 같다.

$$\hat{\varepsilon}=\hat{e}+\pi^F-\pi$$

이 식에 합리적 기대를 적용하면

$$E(\hat{\varepsilon})=E(\hat{e})+E(\pi^F)-E(\pi).$$

우변의 첫 번째 항에 이자율 평가재정을 대입하면

$$E(\hat{\varepsilon})=R-R^F+E(\pi^F)-E(\pi)$$
$$E(\hat{\varepsilon})=R-E(\pi)-(R^F-E(\pi^F))=r-r^F$$

즉, 다음과 같은 실질이자율 재정조건을 도출할 수 있다.

$$r=r^F+E(\hat{\varepsilon})$$

제2절 환율의 결정

이자율 재정 조건을 이용하여 단기적으로 환율이 어떻게 결정되는지 살펴보자. 국내채권수익률(RET^D)은 국내이자율과 동일하다. 즉, 국내채권수익률은 환율과 무관하다. 이것은 [그림 13-1]에서 보듯이 국내채권 수익률곡선이 국내이자율 수준에서 수직임을 의미한다. 외국채권에 대한 기대수익률(RET^F)은 외국이자율과 채권 보유기간 동안 국내통화 기대절하율의 합이다. 만약 환율이 장기적으로 균형수준에 복귀하는 경향이 있다면 현재의 환율이 높을수록 앞으로 환율이 균형 수준으로 떨어질 가능성이 높다. 이것은 현재의 환율이 높을수록 기대절상률이 증가하는 것을 의미한다. 자국통화의 기대절상률이 증가

그림 13-1 이자율 재정 조건

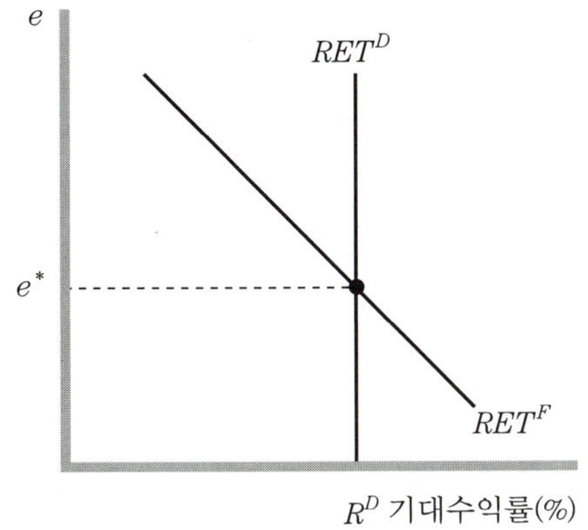

이자율 재정 조건을 이용하여 단기적으로 환율이 어떻게 결정되는지 살펴보면 다음과 같다. 국내채권수익률(RET^D)은 국내이자율과 동일하므로 국내채권 수익률곡선은 국내이자율 수준에서 수직이다. 외국채권에 대한 기대수익률(RET^F)은 외국 이자율과 채권보유기간 동안의 국내통화의 기대절하율의 합이다. 만약 환율이 장기적으로 균형수준에 복귀하는 경향이 있다면 현재의 환율이 높을수록 앞으로 환율이 떨어질 가능성이 커진다. 이것은 현재의 환율이 높을수록 기대절상률이 증가하는 것을 의미한다. 자국통화의 기대절상률이 증가하면 외국채권에 대한 기대수익률이 감소한다. 따라서 외국채권에 대한 기대수익률곡선은 우하향하게 된다. 균형환율은 국내채권수익률과 외국채권 기대수익률이 일치할 때 결정된다.

하면 외국채권에 투자할 때 기대수익률이 감소한다. 따라서 외국채권에 대한 기대수익률곡선은 우하향하게 된다. 이를 달리 설명하면 미래의 기대환율이 주어진 상태에서 현재의 환율이 높을수록 식 (13-1)의 우변에서 보듯이 외국채권에 대한 기대수익률이 감소하기 때문이다. 균형환율은 국내채권수익률과 외국채권 기대수익률이 일치하는 수준에서 결정된다.

이제 국내외 경제여건의 변화가 환율에 어떤 영향을 미치는가를 살펴보자.

1. 외국이자율의 상승

외국이자율이 상승하면 주어진 환율에서 외국채권 기대수익률이 증가하므로 [그림 13-2]에서처럼 외국채권 기대수익률곡선이 오른쪽으로 이동한다. 이 경우 외국채권에 투자하기 위해 외화가 유출되므로 원화가 절하된다.

그림 13-2 외국이자율의 상승과 균형환율

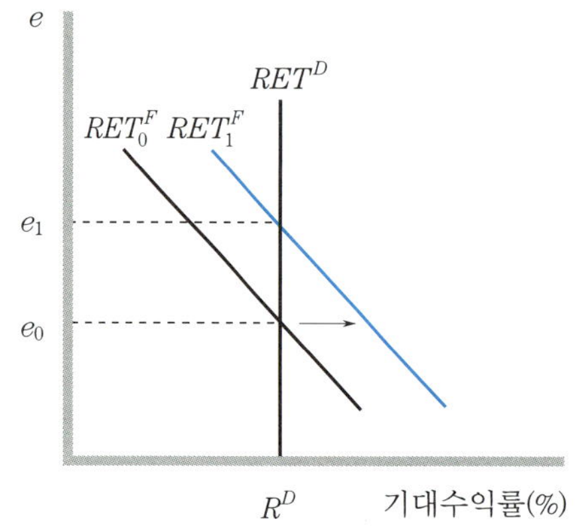

외국이자율이 상승하면 주어진 환율에서 외국채권 기대수익률이 증가하므로 외국채권 기대수익률곡선이 오른쪽으로 이동하게 된다. 외화가 유출되므로 원화가 절하된다.

2. 원화가 절상될 것으로 예상되는 경우

원화가 절상될 것으로 예상되면 외국채권 기대수익률이 감소하므로 주어진 환율에서 외국채권 기대수익률곡선이 왼쪽으로 이동하고 원화가 절상된다([그림 13-3] 참조). 이것은 투자자들의 기대가 자기실현적(self-fulfilling) 경향이 있음을 의미한다.

그림 13-3 원화절상 기대와 균형환율

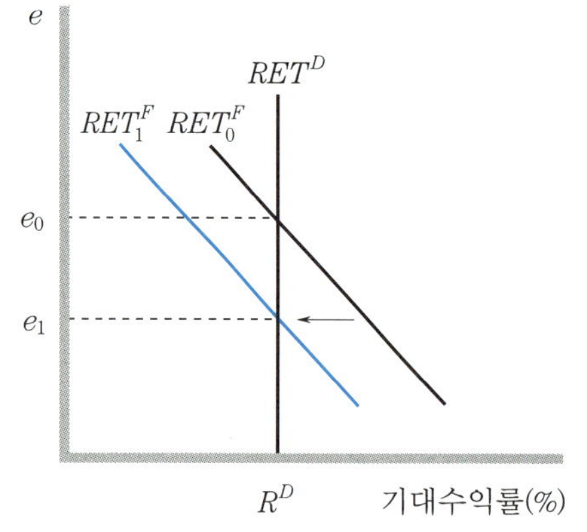

원화가 절상될 것으로 예상되면 외국채권의 기대수익률이 감소하므로 주어진 환율에서 외국채권 기대수익률곡선이 왼쪽으로 이동하고 원화가 절상된다. 이것은 투자자들의 기대가 자기실현적(self-fulfilling) 경향이 있음을 의미한다.

3. 실질이자율 상승에 따른 국내이자율의 상승

실질이자율의 상승에 따라 국내이자율이 상승하면 국내채권수익률이 상승하므로 국내채권 수익률곡선이 오른쪽으로 이동한다. 이 경우 한국 채권을 구입하기 위해 외화가 유입되므로 원화가 절상된다([그림 13-4] 참조).

그림 13-4 국내 실질이자율의 상승과 균형환율

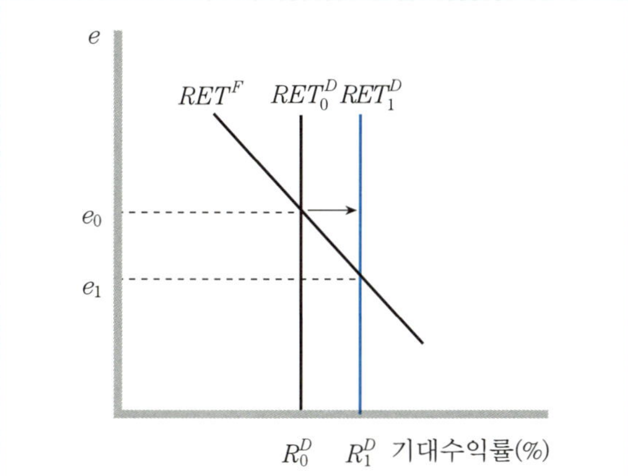

실질이자율의 상승에 따라 국내이자율이 상승하면 국내채권수익률이 상승하므로 국내채권 수익률곡선이 오른쪽으로 이동하게 되어 원화가 절상된다.

4. 기대인플레이션율 상승에 따른 국내이자율의 상승

기대인플레이션율 상승에 따라서 국내이자율이 상승하면 국내채권수익률이 상승하므로 국내채권 수익률곡선이 오른쪽으로 이동하게 된다. 그러나 국내물가 상승률이 상승할 것으로 예상되면 원화가 절하될 것으로 예상된다 ($\Delta e/e = \Delta\varepsilon/\varepsilon + \pi - \pi^F$). 원화가 절하될 것으로 기대되면 외국채권 기대수익률이 증가하므로 외국채권 기대수익률곡선이 오른쪽으로 이동한다. 만약 [그림 13-5]에서처럼 외국채권 기대수익률곡선이 국내채권 수익률곡선보다 더 이동한다면 원화는 절하된다.

그림 13-5 기대인플레이션의 상승과 균형환율

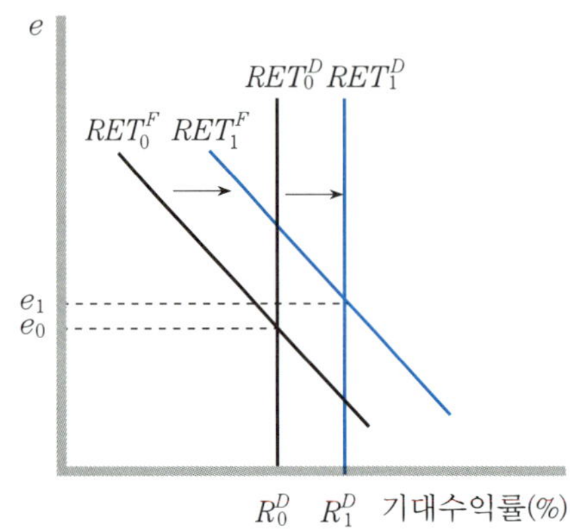

기대인플레이션율의 상승에 따라서 국내이자율이 상승하면 국내채권 수익률이 상승하므로 국내채권 수익률곡선이 오른쪽으로 이동하게 된다. 그러나 국내 물가상승률이 상승할 것으로 예상되면 원화가 절하될 것으로 예상된다($\hat{e}=\hat{\varepsilon}+\pi-\pi^F$). 원화가 절하될 것으로 기대되면 외국채권 기대수익률이 증가하므로 외국채권 기대수익률곡선이 오른쪽으로 이동한다. 외국채권 기대수익률곡선이 국내채권 수익률곡선보다 더 이동한다면 원화는 절하된다.

5. 통화공급의 증가

통화공급이 증가하면 단기적으로 유동성효과에 의해 국내이자율이 하락하고, 그로 인해 국내채권 수익률곡선이 왼쪽으로 이동한다. 또한 국내 통화공급이 증가하면 물가가 상승할 것으로 기대되므로 원화가 절하될 것으로 기대된다. 원화가 절하될 것으로 예상되면 외국채권 기대수익률곡선이 오른쪽으로 이동하게 된다. 그 결과 단기적으로 원화가 e_0에서 e_1으로 절하된다. 그러나 물가가 상승함에 따라 국내이자율은 다시 상승하여 원래의 수준으로 복귀하게 되고, 국내채권 수익률곡선은 오른쪽으로 이동하게 된다. 국내이자율이 원래의 수준으로 복귀하는 것은 화폐의 중립성 때문이다. 통화공급의 증가는 장기적으로 실물변수에는 영향이 없이 물가수준만 비례적으로 상승시킨다. 화폐의 중립성이 성립하면 실질통화공급에는 변화가 없다. 소득도 변화가 없으므로 화폐시장이 균형을 유지하려면 이자율이 원래의 수준으로 복귀해서 화폐수요도 원래의 수준으로 복귀해야 한다. 국내채권 수익률곡선이 원래의 위치로 복귀함에 따라 원화는 다시 e_2로 하락하지만, 처음 통화공급이 증가하기 전보다는 절하된다([그림 13-6] 참조). 이처럼 단기적으로 장기보다 원화가 지나치게 절하(또는 절상)되는 것을 오버슈팅(overshooting)이라고 한다.

이것을 다른 각도에서 설명하면 다음과 같다. 국내이자율이 단기적으로

그림 13-6 통화공급의 증가와 균형환율

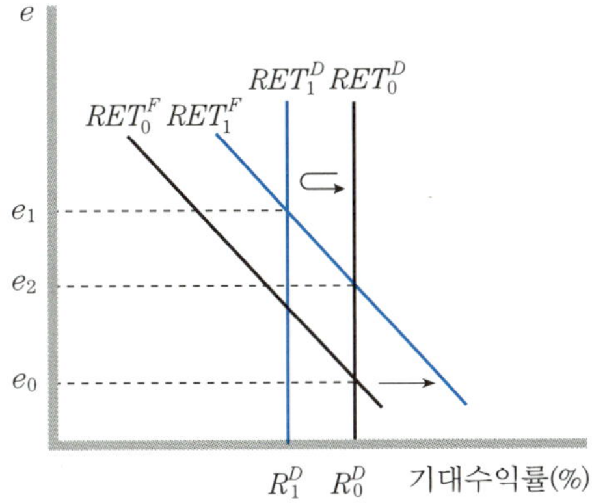

통화공급이 증가하면 단기적으로 유동성효과에 의해 국내이자율이 하락하고 그로 인해 국내채권 수익률곡선이 왼쪽으로 이동한다. 또한 국내통화공급이 증가하면 물가가 상승할 것으로 기대되므로 원화가 절하될 것으로 기대된다. 원화가 절하될 것으로 예상되면 외국채권 기대수익률곡선이 오른쪽으로 이동하게 된다. 그 결과 단기적으로 원화가 e_0에서 e_1으로 절하된다. 그러나 물가가 상승함에 따라 국내이자율은 다시 상승하여 원래의 수준으로 복귀하게 되고 국내채권 수익률곡선은 오른쪽으로 이동하게 된다. 국내이자율이 원래의 수준으로 복귀하는 것은 화폐의 중립성 때문이다. 국내채권 수익률곡선이 원래의 위치로 복귀함에 따라 원화가 다시 e_2로 하락하지만 애초에 통화공급이 증가하기 전보다는 절하하게 된다. 이처럼 단기적으로 장기보다 원화가 지나치게 절하(또는 절상)되는 것을 오버슈팅이라고 한다.

하락할 때 외환시장이 균형을 유지하려면 외국채권 기대수익률도 하락해야 한다. 그런데 외국이자율은 주어져 있으므로 외국채권 기대수익률이 단기적으로 하락하기 위해서는 원화가 절상될 것으로 기대되어야 한다. 환율이 단기적으로 장기적 균형수준보다 지나치게 높으면 환율은 시간이 흐름에 따라 하락(절상)할 것으로 기대될 것이다. 이것이 오버슈팅이 발생하는 이유라고 할 수 있다.[1] 오버슈팅이 발생하는 경우 통화, 이자율, 물가수준, 환율의 시간경로는 [그림 13-7]과 같다.

1) 명시적으로 언급하지는 않았으나 오버슈팅이 발생하는 중요한 이유는 물가가 단기적으로 경직적이기 때문이다.

그림 13-7 오버슈팅과 통화공급, 이자율, 물가수준, 환율의 시간경로

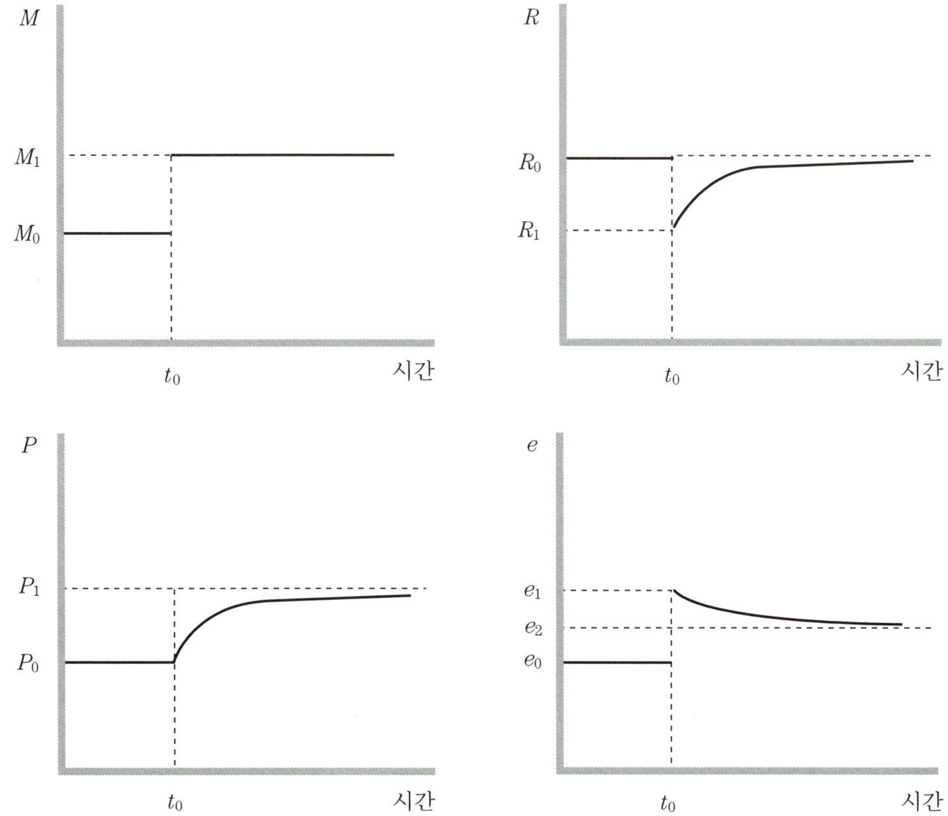

6. 태화정책(unsterilized intervention)

만약 한국은행이 외환시장에서 원화를 매입하기 위해 달러화를 매각하면 이것은 공개시장 매각의 경우처럼 본원통화 공급을 감소시킨다. 통화공급이 감소하면 장기적으로 물가수준이 하락하고 원화가 절상될 것으로 기대될 것이다. 원화가 절상될 것으로 기대되면 외국채권 기대수익률곡선이 왼쪽으로 이동할 것이다. 한편 통화공급이 감소하면 단기적으로 실질통화공급이 감소하여 이자율이 상승하게 될 것이다. 이것은 국내채권 수익률곡선이 오른쪽으로 이동함을 의미한다. 국내채권수익률이 증가하고 외국채권 기대수익률이 감소함에 따라

그림 13-8 태화정책(원화 매입, 외화 매각)

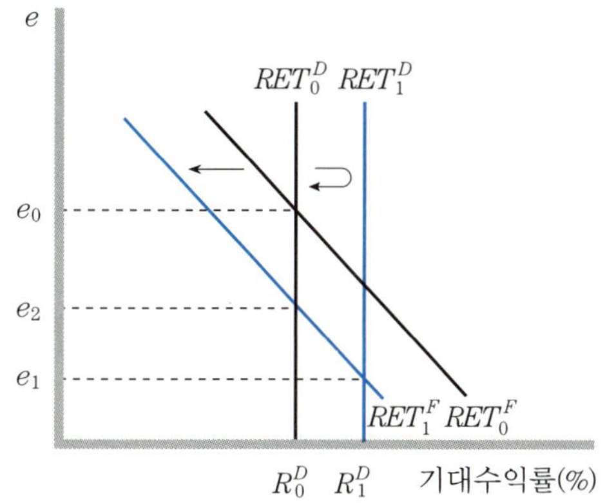

중앙은행이 원화를 매입하기 위해 외화를 매각하면 통화공급이 감소하여 장기적으로 물가수준이 하락하고 원화가 절상될 것으로 기대될 것이다. 원화가 절상될 것으로 기대되면 외국채권 기대수익률곡선이 왼쪽으로 이동할 것이다. 한편 통화공급이 감소하면 단기적으로 실질통화공급이 감소하여 이자율이 상승하게 될 것이다. 이것은 국내채권 수익률곡선이 오른쪽으로 이동함을 의미한다. 국내채권수익률이 증가하고 외국채권 기대수익률이 감소함에 따라서 투자자들은 원화채권을 구입하려고 할 것이고 그 결과 단기적으로 원화가 e_0에서 e_1으로 절상된다. 그러나 물가가 하락함에 따라 국내이자율이 다시 하락하게 되고 국내채권 수익률곡선은 왼쪽으로 이동하게 된다. 국내채권 수익률곡선이 원래의 위치로 복귀함에 따라 원화가 다시 e_2로 상승하지만 애초에 통화공급이 감소하기 전보다는 절상된다.

서 투자자들은 원화채권을 구입하려고 할 것이다. 그 결과 단기적으로 원화가 e_0에서 e_1으로 절상된다. 그러나 물가가 하락함에 따라 국내이자율이 다시 하락하게 되고 국내채권 수익률곡선은 왼쪽으로 이동하게 된다. 앞에서의 분석과 마찬가지로 국내이자율이 원래의 수준으로 복귀하는 것은 화폐의 중립성 때문이다. 국내채권 수익률곡선이 원래의 위치로 복귀함에 따라 환율은 다시 e_2로 상승하지만 애초에 통화공급이 감소하기 전보다는 절상된다([그림 13-8] 참조). 이처럼 외환시장에 개입하여 외환을 매각하고 국내 통화공급을 감소시키는 경우에도 단기적으로 장기보다 환율이 지나치게 절상되는 오버슈팅이 발생한다. 주목할 점은 외환시장 개입의 결과 외환보유고가 감소한다는 것이다.

7. 불태화정책(sterilized intervention)

한국은행이 외환시장에서 원화를 매입하기 위해 달러화를 매각하면 국내

통화공급이 감소하게 된다. 만약 한국은행이 국내 통화공급이 감소하는 것을 원하지 않는다면 달러화의 매각과 동시에 공개시장 매입을 함으로써 국내 통화공급을 일정하게 유지할 수 있다. 이것을 불태화정책이라고 한다. 불태화정책을 사용하는 경우에는 국내 통화공급이 변하지 않으므로 국내채권 수익률곡선과 외국채권 기대수익률곡선이 영향을 받지 않게 되고 환율은 변화하지 않는다. 다만 중앙은행의 외환시장 개입이 미래의 목표환율 달성을 위한 중앙은행의 의지를 반영하는 것으로 간주되면 – 이것을 신호효과(signalling effect)라고 한다 – 외국채권 기대수익률곡선이 투자자들의 미래환율에 대한 예상에 따라 이동하고 환율이 변화할 수도 있다.

제 3 절 유럽환율제도와 투기적 공격

앞에서 분석한 이자율 재정 조건을 사용하여 투기적 공격을 분석하여 보자. 투기적 공격이란 외환 투자자들이 특정 통화의 절하나 절상을 예상하고 미리 절하가 예상되는 통화를 외환시장에서 팔고 절상이 예상되는 통화를 사들이는 것을 말한다. 대표적 투기적 공격은 아마도 1970년대초 고정환율제도를 붕괴시킨 공격과 1992년 9월 유럽을 휩쓸었던 공격을 들 수 있을 것이다. 본 장에서는 1992년 발생한 유럽환율제도에 대한 투기적 공격을 소개한다.

유럽환율제도(ERM)는 고정환율제도와 변동환율제도를 결합한 제도로서 유럽경제통합의 한 축을 형성하는 제도였다. 제 6 장에서 분석하였듯이 고정환율제도를 유지하기 위해서는 각국의 중앙은행은 고정환율을 유지하기 위해 노력해야 한다. 그러나 유럽의 경제상황이 각국간의 정책협조를 기대하기 어렵게 만들자 국제적 외환 투자자들은 1992년 가을 유럽환율제도를 공격하기 시작한다.

ERM 소요의 근본적 원인은 독일과 여타 유럽 국가간의 경제상황이 국가간의 정책협조(policy coordination)를 기대하기 어렵게 만들었다는 점에 있다. 우선 독일은 통일 후 동독 경제회생을 위한 대규모 투자로 인해 통화를 증발했고, 이로 인해 인플레이션이 심화되었다. 이와 같은 상태에서 중앙은행인 분데

스뱅크(Bundesbank)는 인플레이션에 관한 우려를 불식시키기 위해 고금리정책을 사용하였다. 한편 심각한 경제불황에 빠져 있던 여타 유럽 국가들은 경기회복을 위해 저금리정책을 사용할 필요가 있었지만 그럴 경우 그들의 통화가 독일의 마르크(mark)화에 대해서 ERM이 허용하는 이상으로 절하되어야 할 처지에 있었다. 물론 그렇다고 환율을 유지하기 위해서 독일의 고금리정책을 따를 수도 없었다.

유럽 각국간에 정책협조가 이루어지지 않는 상태에서 미국도 경기부양을 위해 연방기금이자율(federal funds rate)을 3%로 낮추었다. 비록 독일과 미국의 장기금리가 비슷한 수준에 있었지만 양국의 단기금리차는 미국으로부터 독일로의 대규모 자본이동을 야기했고, 이것은 마르크화의 달러화에 대한 상대적 절상을 초래하였다. 독일 마르크화의 절상과 독일의 고금리는 여타 유럽 국가들의 통화를 미국의 달러화에 비해 지나치게 고평가되도록 만들었고, 외환 투자자들은 이 점에 주목하고 있었다. 이와 같은 상태에서 독일의 금리인하는 너무 소폭으로 너무 늦게 실시되었고, 외환 투자자들은 상대적으로 지나치게 고평가 되어있던 이탈리아의 리라(lira), 스페인의 페세다(peseta), 영국의 파운드(pound) 등을 공격하기 시작한다.

투기적 공격의 결과로 이탈리아(lira)와 영국(pound)은 ERM을 탈퇴하였고, 스페인(peseta), 포르투갈(escudo), 아일랜드(punt)는 자본이동을 제약함으로써 ERM을 탈퇴해야 할 위기를 간신히 모면하게 된다

그림 13-9 고정환율이 고평가되어 있는 경우

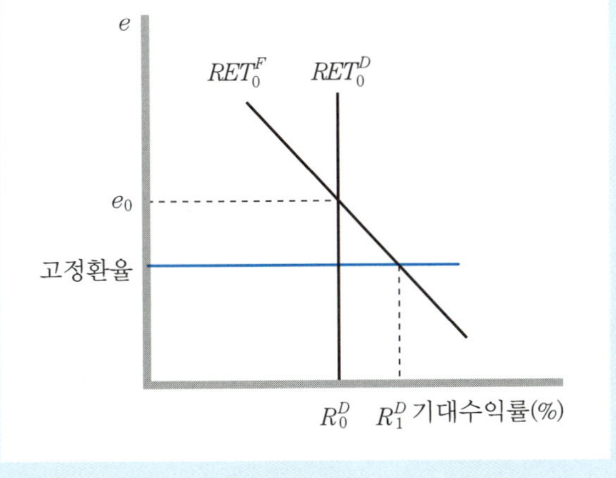

이 그림은 고정환율이 시장균형환율보다 낮은 경우 즉, 고평가되어 있는 상황을 나타낸다. 고정환율이 고평가되어 있는 나라는 고평가된 국내통화를 방어하기 위해 중앙은행이 외환시장에서 국내통화를 매입하고 외국통화를 매각한다. 이 과정에서 국내통화공급이 감소하므로 국내이자율이 R_0^D에서 R_1^D로 상승하게 된다.

유럽환율제도의 소요를 앞에서 설명한 이자율 재정 조건을 이용하여 분석해 보자. 우선 고정환율이 고평가되어 있는 경우를 살펴보자. [그림 13-9]는 고정환율이 시장균형환율보다 낮은 경우 즉, 고평가되어 있는 상황을 나타낸다. 고정환율이 고평가되어 있는 나라는 고평가된 국내통화를 방어하기 위해 외환시장에서 국내통화를 매입하고 외국통화를 매각한다. 국내 통화공급이 감소하므로 국내이자율이 R_0^D에서 R_1^D로 상승하게 된다. 그러나 고정환율을 방어하기 위해 외화를 매각하는 과정에서 외환보유고가 감소하게 된다. 외환보유고가 고갈됨에 따라 외환투자자들은 국내통화의 평가절하를 기대하게 되고, 국내통화의 기대절하율이 증가함에 따라 [그림 13-10]에서 보듯이 외국채권 기대수익률곡선이 오른쪽으로 이동하게 된다([그림 13-8]과 달리 외국채권 기대수익률곡선이 오른쪽으로 이동하는 것은 외환투자자들이 국내통화의 절상보다는 절하를 예상하기 때문이다). 이러한 경우 고평가된 통화국의 중앙은행은 고정환율을 유지하기 위해 이자율을 R_2^D로 인상하든지, 아니면 투자자들에게 굴복하여 e_1으로 평가절하를 하든지 선택을 해야 한다.

예를 들어서, 1992년 가을 핀란드가 유럽공동체에 가입하기 위해 그들의 통화인 마르카(markka)를 유럽통화단위(ECU: European Currency Unit)에 연계조정(peg)하자 전세계의 투자자(혹은 투기꾼)들은 마르카를 그들의 제물로 선택하였다. 그들이 마르카를 제물로 선택한 이유는 간단하다. 핀란드의 외환보유고는 미미한 수준에 있었기 때문에 유럽환율제도에 참여하고 있는 각국의 중앙

그림 13-10 기대절하율의 상승과 외국채권 기대수익률곡선의 이동

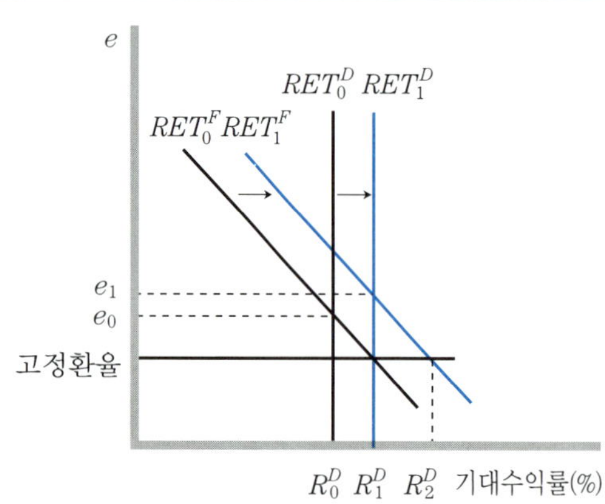

중앙은행이 고정환율을 방어하기 위해 외화를 매각하게 되면 외환보유고가 감소한다. 외환보유고가 고갈됨에 따라 외환 투자자들은 국내통화의 평가절하를 기대하게 되고, 국내통화의 기대절하율이 증가함에 따라 외국채권 기대수익률곡선이 오른쪽으로 이동하게 된다. 이러한 경우 고평가된 통화국의 중앙은행은 고정환율을 유지하기 위해 이자율을 R_2^D로 인상하든지 아니면 투자자들에게 굴복하여 e_1으로 평가절하를 하든지 선택을 해야 한다.

은행의 도움이 없이는 핀란드가 그들의 통화를 주어진 환율에서 방어할 수 없는 것은 자명하였기 때문이다. 투기꾼들은 마르카의 절하를 예상하며 팔기 시작했고, 핀란드는 약세의 마르카를 방어하기 위해 국내이자율을 올렸으나, 불경기하의 핀란드 경제는 고금리를 감당할 수 없었고 결국 마르카가 변동(절하)하게 할 수밖에 없었던 것이다.

투기꾼들은 그들의 다음 제물로 스웨덴의 크로나(Krona)를 선택했으나 스웨덴의 중앙은행인 리크스뱅크(Riksbank)는 제2차 세계대전 이후 최악의 불경기하에서도 1일 대출금리(overnight rates)를 500%로 올리는 등 일전불사의 태세로 맞서게 된다. 고양이(투기꾼)들은 일단 궁지에 빠진 쥐(스웨덴)를 내버려두고, 이탈리아의 리라와 영국의 파운드를 공략하기 시작했으며, 이탈리아의 리라는 7% 절하하게 되었고, 영국은 ERM 탈퇴를 선언하기에 이르렀다. 한편 고금리정책으로 맞서던 스웨덴도 몇 달 후 집권여당이 사회복지 프로그램을 삭감하려 하자 야당인 사민당이 이에 반대하게 되고, 결국 500% 고금리정책에 대한 여야의 지지는 붕괴되어 스웨덴의 크로나는 10% 평가절하되었다.

이에 반하여 자국통화가 저평가되어 있는 경우는 [그림 13-11]과 같이 분석할 수 있다. [그림 13-11]은 고정환율이 시장균형환율보다 높은 경우 즉, 환율이 저평가되어 있는 상황을 나타낸다. 고정환율이 저평가되어 있는 경우, 저평가된 국내통화를 방어하기 위해 중앙은행은 외환시장에서 국내통화를 매각하고 외국통화를 매입한다. 국내 통화공급이 증가하므로 국내이자율이 R_0^D에서

그림 13-11 고정환율이 저평가되어 있는 경우

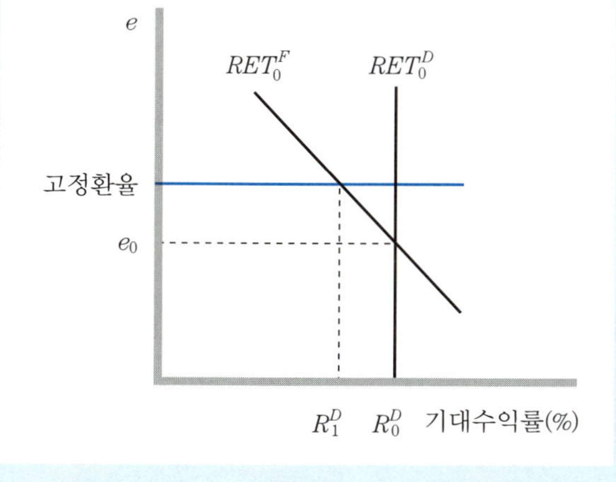

이 그림은 고정환율이 시장균형환율보다 높은 경우 즉, 환율이 저평가되어 있는 상황을 나타낸다. 고정환율이 저평가되어 있는 경우, 저평가된 국내통화를 방어하기 위해 중앙은행은 외환시장에서 국내통화를 매각하고 외국통화를 매입한다. 이 과정에서 국내통화공급이 증가하므로 국내이자율이 R_0^D에서 R_1^D로 하락하게 된다.

그림 13-12 기대절상률의 증가와 외국채권 기대수익률곡선의 이동

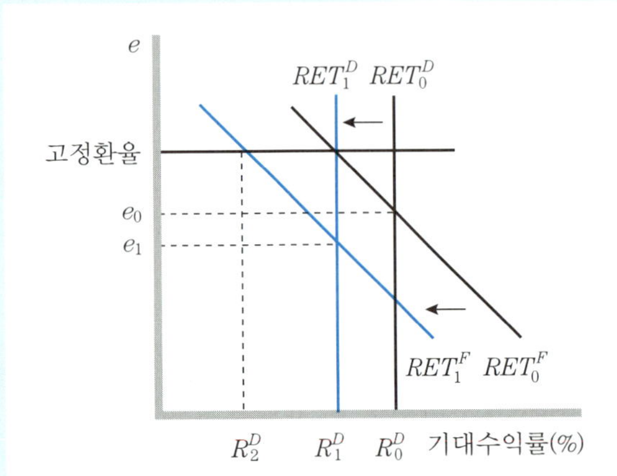

중앙은행이 저평가된 국내통화를 방어하기 위해 국내통화를 매각하고 외국통화를 매입하면 통화공급이 증가함에 따라 물가도 상승하게 된다. 중앙은행이 물가상승 우려로 인해 외환시장에 더 이상 개입하기 어려울 것으로 예상되면 외환 투자자들은 국내통화의 평가절상을 기대하게 된다. 국내통화의 기대절상률이 증가함에 따라 외국채권 기대수익률곡선이 왼쪽으로 이동하게 된다. 이러한 경우 저평가된 통화국의 중앙은행은 고정환율을 유지하기 위해 이자율을 R_2^D로 인하하든지 아니면 투기꾼들에게 굴복하여 e_1으로 평가절상을 하든지 선택을 해야 한다.

R_1^D로 하락하게 된다. 통화공급이 증가함에 따라 물가도 상승하게 된다. 중앙은행이 물가상승 우려로 인해 외환시장에 더 이상 개입하기 어려울 것으로 예상되면, 외환 투자자들은 국내통화의 평가절상을 기대하게 된다. 국내통화의 기대절상률이 증가함에 따라 외국채권 기대수익률곡선이 왼쪽으로 이동하게 된다([그림 13-12] 참조). 이러한 경우 저평가된 통화국의 중앙은행은 고정환율을 유지하기 위해 이자율을 R_2^D로 인하하든지, 아니면 투기꾼들에게 굴복하여 e_1으로 평가절상을 하든지 선택을 해야 한다.

유럽환율제도의 혼란 시 독일은 고평가된 통화들을 방어하기 위해 고평가된 통화들을 수십억 마르크씩 매입하였다. 결국 고평가된 통화국들이 투기적 공격에 굴복하여 자국통화를 절하시킴에 따라 독일은 외환투기꾼들에게 수십억 달러에 상당하는 금액을 잃게 된다. 사실 ERM 소요기간 중 국제적 환투자가인 소로스(George Soros), 베이컨(Louis M. Bacon), 존즈(Paul Tudor Jones)는 거액의 돈을 벌었고, 이들과 맞섰던 영국, 이탈리아, 핀란드, 독일 등의 중앙은행은 거액을 잃었다.

이 장에서는 각국의 경제상황과 ERM에서 규정한 유럽 각국의 상호환율이 적정선이 아닐 경우 어떻게 환투기가 일어났는가를 살펴보았으나, 자본이동이 완전 자유화된 상황에서 경제여건과 무관하게 문자 그대로 투기적 공격이 일어날 수도 있다. 예를 들어서, 연전에 미국 Bankers Trust N. Y.(BTNY)의 크리거(Andrew Krieger)는 순전히 투기적 목적으로 뉴질랜드 외환보유고의 14%

에 해당하는 뉴질랜드 dollar(일명 kiwi)를 팔고 만약의 위험에 대비하기 위해 kiwi를 살 수 있는 옵션(option)을 샀다. 그의 거래로 인해 키위는 폭락하기 시작했고, 이에 당황한 뉴질랜드 정부는 이자율을 올리겠다고 맞서는 한편 BTNY에 항의서한을 보내 위기를 수습한 적이 있다.

다음 기사는 1992년 9월 11일(금요일) 월 스트리트 저널(WSJ; Wall Street Journal)에 실린 스웨덴의 빌트(Carl Bildt) 수상과 WSJ 기자와의 인터뷰 내용이다.

스웨덴은 크로나의 가치를 유지하기 위해 이번 주에 특별조치를 취하였다. 수요일(9월 9일), 대표적 대출이자율을 75%로 끌어 올렸다. 현재의 통화위기는 화요일(9월 8일) 핀란드가 유럽통화단위(ECU)와의 관계를 끊고 그들의 통화를 자유롭게 변동할 수 있게 함으로써 유발되었다. 유럽통화단위(ECU)는 독일의 마르크화를 기축으로 하는 유럽공동체 12개 통화의 복합체이다. 이 조치로 인해 핀란드의 마르카는 즉시 평가절하되었고, 스웨덴도 그 뒤를 따를 것이라는 예상이 대두되었다. 그러나 예상과는 달리 스웨덴은 상업은행에 대한 대출이자율을 화요일에는 16%에서 24%로, 수요일에는 75%로 올렸다. WSJ의 브룩스 기자는 어제 스웨덴 수상인 빌트(Carl Bildt)와 면담을 했다.

WSJ : 스웨덴 정부는 지난 며칠간의 조치를 왜 취했는가?

Bildt : 우리는 급변하는 유럽의 환경 속에서 우리의 환율정책을 유지해야만 함을 깨달았다. 우리는 그렇게 하기 위해서라면 물불을 가리지 않을 준비가 되어 있다. 중앙은행은 독립적이지만 정부와 계속 의견을 조정하고 있다. 노동계와 재계로부터도 광범위한 지지를 받고 있다.

WSJ : 얼마 전에는 경제적으로 어려울 때는 각국이 평가절하를 하려고 했었다. IMF도 각국에게 평가절하를 권유했다. 그러면 이러한 평가절하의 역사적 교훈은 무엇인가?

Bildt : IMF는 바뀌었다. 우리도 1980년대 초기 평가절하의 경험을 가지고 있다. 잠시 동안은 그 정책이 성공적이었다고 생각하는 사람들도 많았다. 그러나 평가절하는 높은 인플레이션을 초래했을 뿐이다. 1980년대에 우리는 유럽평균보다 높은 인플레이션을 경험했고, 성장률 역시 계속해서 평균보다 뒤쳐져 있었다. 언제든지 평가절하로 인한 단기간의 호황이 있었지만 그것은 미봉책에 지나지 않았다. 그것은 구조적 문제점들을 해결하지 못했다. 이것은 마치 알코올 중독을 극복해 보려는 노력과 같은 것이다. 술을 끊은 첫날에는 기분이 좋지 않을 것이다. 만약 이때 그가 술을 마신다면 기분은 좋아지겠지만 그 습관을 극복할 수는 없을 것이다.

WSJ : 영국수상 메이저(John Major)는 최근 계속해서 오늘 이탈리아 중앙은행장이 말한 점을 지적해 왔다. 귀하는 평가절하를 유럽전반에 걸쳐 파산정책이라고 말하려 하는가?

Bildt : 그렇다. 평가절하는 이제는 버림받은 정책이다. 유럽의 경험을 통해서 볼 때 그것은 확실하다. 핀란드의 예에서도 그것을 알 수가 있다. 작년에 마르카의 가치가 13% 떨어졌고, 현재는 훨씬 어려운 환경에 처해 있다. 그들은 이자율도 내리지 못하면서 환율이 계속 절하하는 악순환에 빠져 있을 뿐이다.

WSJ : 그러면 당신은 국제시장에서 스웨덴의 신용도가 점차 회복되어 간다고 보는가?

Bildt : 우리가 전에 평가절하를 한 경험이 있기 때문에 국제시장에는 스웨덴에 대한 약간의 의구심이 있다. 그들은 과거에 우리가 잘못을 저질렀다는 것을 안다. 한편으로는 우리도 과거 우리가 저지른 잘못의 결과 역시 안다. 그러나 우리는 영원히 잘못을 저지르지는 않을 것이다. 신용을 회복하기 위해 우리는 긴 과정을 겪어야 하고, 힘겨운 과정을 견디지 못한다면 신용을 회복할 수 없다. 우리는 오랫동안 우리의 통화정책을 발표해 왔다. 하지만 사람들이 그것을 공격하지 않을 때 그것을 발표하는 것과 그것을 공격할 때 그것을 지키는 것은 별개의 문제다. 신용만 회복하면 스웨덴은 좋은 위치에 서게 될 것이다. 경제의 근간도 양호한 상태이다. 인플레이션은 현재 2%로 떨어졌고, 곧 저인플레이션 경제가 될 것이다. 생산성 증가율은 높고 외국인 투자 역시 활발하다. 높은 실업률과 재정적자의 문제가 있지만 우리는 가장 기본적인 문제 즉, 인플레이션과 생산성을 해결해 왔다.

WSJ : 귀하는 독일이 이자율을 내려야 한다고 생각하는가?

Bildt : 모든 사람들이 독일이 이자율을 낮추는 것을 보고 싶어한다. 하지만 공정하게 말하면 독일은 아주 큰 국제적 부담을 지고 있다. 그들은 걸프전의 상당한 전비를 부담했고 또 러시아에도 많은 원조를 했다. 그로 인한 재정적 부담은 엄청난 것이었다. 우리는 모두 다 공산주의의 붕괴로 인한 대가를 치루고 있는 것이다.

WSJ : 어떤 사람들은 유럽통합의 대가를 당신들이 치루고 있다고 하던데요?

Bildt : 모두 맞죠. 독일은 유럽통합 때문에 현재의 상황에 이르렀다. 우리는 유럽이 좀 더 협조해야 할 필요가 있다고 확신한다. 변동환율이라는 낡은 정책은 모두에게 위험하다. 당신들은 화폐통합이 얼마나 많은 나라의 통화를 포함해야 할지에 대해 토론할 수 있다. 하지만 스웨덴이 속해 있는 서유럽의 안정을 위해서는 통합된 화폐가 있어야 한다. 우리는 안정된 화폐정책을 수립하기 위해 거친 전쟁도 감수해야 한다.

WSJ : 일부 미국인들은 고정환율이 서유럽에 국한되어서는 안된다고 말한다. 즉 금본위제나 선진국들의 상품조합에 연계된 고정환율제를 옹호하고 있다.

Bildt : 무엇에 환율을 고정시키는가는 별 문제가 안된다. 우리는 유럽통화단위(ECU)를 선택했고 안정된 통화를 필요로 하고 있다.

WSJ : 스웨덴에는 최근의 혼란으로 위기를 맞고 있는 은행이나 보험회사는 없는가? 만약 그런 은행이 쓰러지면 정부는 어떻게 대처할 것인가?

Bildt : 심각한 위기에 있는 은행이 한 군데 있는데 고타(Gota) 은행이다. 우리는 금융제도의 안정성을 보장한다. 그것은 값비싼 경험이 되겠지만 그렇게 해야만 한다.

WSJ : 미국은 예금대부산업의 부실을 정상화시키기 위해 값비싼 경험을 하고 있는데, 사실 그것은 사람들이 생각했던 것보다 훨씬 비용이 많이 들고 있다. 스웨덴에는 도미노효과의 위험은 없는가?

Bildt : 없다. 문제가 있긴 하지만 곧 해결될 것이다. 아마도 미국만큼의 비용이 들지는 않을 것이고 반드시 해결해야만 할 문제이다.

WSJ : 당신들의 통화를 뒷받침할 재원이 있다고 확신하는가?

Bildt : 우리는 몇 가지 제도적 뒷받침에 의존해 왔다. 우리는 충분한 활동자금을 가지고 있고, G-10 중앙은행들과도 매우 긴밀한 관계를 유지하고 있다.

WSJ : 이러한 변동은 일반 대중을 매우 불안하게 만들 것이다. 일반 국민의 반응은 어떠한가?

Bildt : 영국과는 대조적으로 대출이자율이 생계비에 직접 영향을 끼치지는 않을 것이다. 만약 영국에서 대출이자율이 75%가 됐더라면 지금쯤 혁명이 일어났을 것이다. 스웨덴의 정책은 일반 국민에게 직접적으로 영향을 끼치지는 않는다. 물론 이처럼 높은 이자율을 오래 유지하지는 못할 것이다. 이것은 우리의 결의를 보여주기 위한 단기적인 조치인 것이다. 대출이자율을 통상적인 수준으로 낮추는 데는 약간의 시간이 필요하다. 우리는 아주 불확실한 시대에 살고 있다. 9월 20일에 있을 마스트리히트 조약에 대한 프랑스 국민투표가 그 불확실성을 증가시키고 있다.

WSJ : 하지만 그 불확실성이 심화된다 하더라도 스웨덴은 통화를 방어할 준비가 되어 있는가?

Bildt : 필요하다면 중앙은행은 아주 높은 대출이자율도 감수할 것이며, 그 한계는 하늘만큼 높을 것이다.

WSJ : 비용이 많이 들텐데...

Bildt : 실패할 경우는 비용이 훨씬 더 많이 들 것이다. 아무리 비용이 많이 든다 해도 현재로서는 이것이 가장 비용이 덜 드는 선택이다. 아니, 그것이 가장 싸다고는 할 수 없다. 비용이 드니까. 하지만 이것이 최선의 선택이다.

제 4 절 1997년 가을의 한국 및 동남아시아 외환위기

1. 동남아시아 외환위기

태국은 1984년 이후 바트(Baht)화를 미국 달러화를 중심으로 한 주요국 통화에 연계시키는 복수통화 바스켓제도를 채택함으로써 바트화를 시장상황에 따라 신축적으로 운용하기보다는 경직적으로 운용하고 있었다. 엔화가 1995년까지 달러화에 대해 강세를 유지할 때에는 바트화가 상대적으로 저평가되어 수출증대에 기여하였다. 그러나 1995년 이후 엔화가 약세로 전환되고 경쟁관계에 있는 중국이 1994년에 대폭적인 위안화의 절하를 단행하자, 태국경제는 가격경쟁력을 상실하게 되고 경상수지가 악화되기 시작한다. 그 결과 1996년 경상수지 적자는 GDP 대비 약 8%인 $147억에 이르고 총외채의 규모도 GDP 대비 47%인 $799억에 이르게 된다. 외환위기의 또 다른 요인은 부동산거품의 붕괴와 그에 따른 금융산업의 부실화를 들 수 있다. 1980년대의 고도성장 과정에서 국내저축률을 초과하는 투자율을 보전하기 위해 급속하게 자본자유화를 추진하고 국내적으로는 고금리 정책을 추진함에 따라 단기성 외국자금이 과다하게 유입되게 된다. 무분별하게 유입된 외국자본은 금융기관의 비효율적인 경영과 금융감독기능의 취약으로 인해 많은 부분이 부동산에 투자되어 부동산가격 거품을 조장한다. 1990년대 중반이후 부동산부문의 거품이 붕괴하면서 금융시장이 불안해지고 누적된 경상수지 적자로 인해 바트화 절하압력이 강화되자 1996년 11월, 1997년 2월, 1997년 5월에 바트화 투매가 발생한다. 바트화 투매가 발생하자 더 이상 절하압력을 견디지 못한 태국은 환율이 16% 절하하도록 하면서 1997년 7월 2일 관리변동환율제도로 전환하게 된다. 그러나 바트화 절하로 인한 급격한 자본유출, 물가상승, 외채상환부담 가중, 금융시장의 혼란 등을 우려하여 태국정부는 현물 및 선물시장에서 외환방어에 약$300억의 외환보유고를 소비하게 된다. 이러한 상황에서 외국인 투자자금이 급격히 유출되기 시작하자 바트화 및 주가가 폭락하기 시작하고, 결국 태국정부는 8월 5일 IMF 구제금융을 신청하게 된다. 환율절하, 주가하락은 그 이후에도 계속되어 12월말에는 바트화가 6월말에 비해 달러화 대비 약45% 절하되고, 주가도 약 30% 하락한다. 외환위기 직전의 태국의 주요 거시경제지표는 [표 13-1]과 같다.

인도네시아는 1986년 이후 관리변동환율제를 실시하면서 매년 루피아화를 3-4% 평가절하시켜 왔다. 그러나 미국 달러 중심의 환율정책은 95년 이후 달러강세와 엔화약세로 인해 루피아화를 고평가되도록 만들었는데, 이것은 인도네시아의 가격경쟁력을 약화시키게 된다. 그 결과 수출둔화로 경상수지 적자가 확대되고, 총외채는 1996년말 현재 $1,130억에 이르러 총외채/GDP 비율이 45% 수준으로 증가하며, 채무변제능력을 나타내는 외환보유액/단기부채비율이 1996년 약 70% 정도에 불과하게 된다. 금융부문에서도 태국과 마찬가지로 과도한 차입, 방만한 자금운용, 정부의 감독능력 부족 등으로 인해 유입자금 및 은행여신이 부동산 등 비생산적 부문으로 유입된다. 그러나 부동산 공급과잉으로 부동산 경기가 침체하면서 은행이 부실해지고 부실채권이 누적되자 인도네시아의 대외신인도가 급격히 하락하기 시작한다. 이러한 상황에서 1997년 7월 태국에서 외환위기가 발생하자 인도네시아는 투기적 공격의 다음 목표가 되면서 인도네시아의 루피아화는 1996년말의 2,362루피아/$에서 1997년 7월말에는 2,611루피아/$로, 8월말에는 2,944루피아/$로 절하되기 시작한다. 통화가치가 하락하자 증시침체, 외채부담 증가, 통화방어를 위한 고이자율정책에 따른 기업의 자금조달비용 상승 등 많은 문제점이 노출되면서 인도네시아는 8월 14일 환율제도를 완전변동환율제도로 전환하고 10월 8일에는 IMF 구제금융을 신청하게 된다. 이 과정에서 1일 은행간 금리는 연 200%에 달하기도 하고, 루피아화는 10,000루피아/$을 넘어서기도 한다.

표 13-1 태국의 주요 거시경제지표

	1994	1995	1996
실질GDP 성장률(%)	8.8	8.7	6.4
경상수지 ($억)	-81	-136	-147
경상수지/GDP(%)	-5.6	-8.2	-8.0
총외채($억)	649	826	905
총외채/GDP(%)	38	50	47

자료: 태국 중앙은행.

태국, 필리핀, 인도네시아를 굴복시킨 투기적 공격은 말레이지아의 링기트화와 홍콩 달러를 공격하기 시작하지만 말레이지아 정부가 격렬하게 저항하고, 중국이 8월 16일 홍콩 달러 방어를 위해 $500억을 사용할 준비가 되어 있다고 언급하자, 그들은 다음 제물을 노리게 된다. 10월 17일 대만이 환율방어를 포기하면서 NT$의 폭락을 방치하고, 홍콩의 주가가 10월 23일 10.4% 폭락하자, 그들은 한국을 주목하기 시작한다.

2. 한국의 외환위기

1980년대 후반부터 1990년대 초반까지 경상수지 흑자를 구가하던 한국경제는 1990년대 중반의 엔저, 위안화 절하 등으로 인하여 가격경쟁력을 상실하면서, 경상수지가 적자로 반전된다. 특히 1992년에 개방된 주식시장으로 대규모 외국자본이 유입되면서 경상수지가 적자임에도 불구하고 자본수지는 큰 폭의 흑자를 보게 되었고, 환율은 오히려 절상된다. 설상가상으로 1996년에는 반도체 가격이 폭락하면서 경상수지 적자($237.5억)가 GNP대비 약 5%에 이르게 된다. 1997년에 들어서도 경상수지 적자는 지속되고, 1월에는 한보, 3월에는 삼미, 4월에는 진로, 7월에는 기아가 부도난다. 그러자 외국인들은 정경유착을 토대로 한 부패, 관치금융으로 인한 금융산업의 비효율성, 기업의 높은 부채비율 등 한국경제의 부정적 측면에 주목하기 시작한다. 이러한 와중에(8월) 정부가 금융기관의 대외부채 지급보증을 선언하면서 민간부문 신용위기가 국가 신용위기로 전환된다. 또한 홍콩의 주가가 폭락하기 전날인 10월 22일 산업은행자금의 출자전환을 통한 기아의 공기업화를 선언하자 민간금융기관의 부도가 국가부도로 인식이 전환되고, 금융기관의 신용위기가 외환위기로 발전된다. 이러한 상황에서 국제금융기관들이 단기외채 상환연장을 거부하고 외국자본이 유출되면서 환율은 10월 31일 965원/$로 절하된다. 원화의 절하는 11월에 들어서 가속화되고, 한국은행은 원화를 방어하기 위해 외환시장에 개입하여 약 $250억을 소모하게 된다. 그러나 원화의 투매는 지속되고 한국은 대외신인도와 외환보유고를 모두 상실하게 된다. 11월 17일에는 환율이 1,000원/$을 넘어서고 외환시장이 기능을 상실하자 11월 20일 환율변동폭을 상하 10%로 확대한다. 이미 원화 방어능력을 상실한 한국은 11월 21일 IMF 구제금융을 신청하고, 12월 1일에는 $550억 구제금융 협약을 체결한다. IMF와의 협약 이후에도 외환시장은 안정되지 않고 오히려 악화되어 12월 23일에는 환율이 1,962원/$에 이르고 주가는 366으로 폭락한다. 결국 한국은 12월 24일 IMF와 선진 8개국으로부터 $80억의 추가지원을 약속받음으로써 국가부도 위기를 벗어난다. IMF와의 협약에 의해 환율안정을 위한 고금리정책을 실시하자 1998년 1월 이자율은 약 30%에 도달하게 된다.

제 5 절 맺 음 말

본 장에서는 국제금융시장에서 자본이동이 자유로운 경우 단기적으로 환율이 어떻게 결정되는가를 살펴보았다. 국제금융시장에서 자본이동이 자유로우면 환율은 국내외 채권의 (기대)수익률이 일치하는 수준에서 결정되며 이것을 이자율 평가재정(혹은 평가설)이라고 한다.

본 장에서 우리는 이자율 평가재정을 이용하여 외환위기가 어떻게 발생할 수 있는가를 보았다. 환율이 고평가되어 있는 나라에서는 고평가된 자국통화를 매입하는 과정에서 외환보유고가 감소하고, 이자율이 상승하며, 환율이 저평가되어 있는 나라에서는 고평가된 외국통화를 매입하는 과정에서 국내통화 공급이 증가하여 인플레이션 압력이 가중된다. 결국 이들 나라들이 더 이상 환율을 방어할 수 없게 되면 외환위기로 발전된다.

한국이 외환위기를 겪으면서 경제성장이 급격히 위축된 사실을 설명하기 위해 제 4 장에서 설명한 정보의 비대칭성과 금융위기에 관한 논의를 적용해 볼 수 있다.

1997년에 들어서 재벌기업들이 연이어 도산하고, 금융 감독당국의 취약한 감독, 은행의 대출심사와 감독 미숙 등으로 부실채권이 급증하면서 불확실성이 증가하게 된다. 또한 주가가 하락하면서 기업의 순자본금이 감소하게 되고, 이는 정보의 비대칭성에 기인한 문제들을 악화시키게 된다. 순자본금이 감소하고 이자율이 상승하면서 역선택과 도덕적 해이 문제가 악화된다.

역선택과 도덕적 해이 문제가 악화되면서 은행의 부실채권이 급증하고, 은행의 재무제표가 악화된다. 이 문제는 외국 금융기관들에게도 심각한 문제로 인식되면서 외국 금융기관들이 한국 금융기관과 기업에 대한 대출을 회수하기 시작한다. 당시 은행의 해외채무의 많은 부분이 단기부채였던 까닭에 은행의 재무제표는 더욱 더 악화된다. 기업도 부채의 상당부분이 달러화 등 외화로 표기되어 있었던 까닭에 원화가치의 절하는 기업의 채무상환 부담을 급격히 증가시킨다. 자산의 가치는 별로 변하지 않으면서 부채가 급증하여 기업의 재무제표가 급격히 악화된다.

이런 상황에서 원화 절하에 대한 기대로 외환시장에서 투기적 공격이 발생하자 환율이 빠른 속도로 절하되면서 수입물가가 상승하고 국내물가수준이 상승하면서 이자율이 상승하기 시작한다. 이자상환 부담은 가계와 기업의 현금흐름을 악화시켜 재무제표를 더욱 더 악화시킨다. 특히 기업부채의 상당부분이 단기부채인 상태에서, 단기이자율이 급등하면서 이 문제는 더욱 더 심각해진다. 이런 상황에서 대출이 급격히 감소하자 경제활동은 급격히 위축되고 실업률은 급증하기 시작한다.

연습문제 제13장

Questions and Practice

1. 이자율 재정 조건을 사용하여 다음의 질문에 답하라.

(가) 국내이자율이 10%, 외국이자율이 5%이면 자국통화의 기대절상률은?

(나) 국내이자율이 10%, 자국통화의 기대절하율이 4%이면 외국이자율은?

2. 본문에서 도출한 국내채권 수익률곡선과 외국채권 기대수익률곡선을 사용하여 다음의 요인들이 균형환율에 어떤 영향을 미치는가 분석하라.

(가) 외국이자율의 하락

(나) 환율이 절하될 것으로 예상되는 경우

(다) 실질이자율 하락에 따른 국내이자율의 하락

(라) 기대인플레이션 하락에 따른 국내이자율의 하락

(마) 통화공급의 감소

(바) 한국은행의 달러화 매입과 원화 매각

3. 국내이자율이 외국이자율과 같다고 하자. 이자율 평가재정에 입각하여 다음 질문에 답하라.

(가) 기대환율이 1달러당 1,000원이라고 하면 현재의 환율은?

(나) 외국이자율과 기대환율에 변화가 없을 때, 국내이자율이 1% 상승하면 현재의 환율은 어떻게 변화하겠는가?

(다) 국내이자율이 외국이자율에 비해 크게 증가하면서 명목환율은 절하된다고 하자. 어떻게 이런 현상이 발생할 수 있는가?

part 3
미시경제학적 기초

3 · 편의 내용

이미 앞에서 언급한 것처럼 1970년대에 제시된 합리적 기대혁명 이후 고전학파는 물론 케인즈학파 거시경제학자들도 그들의 이론을 미시경제학적 기초에 입각하여 제시하려고 노력하게 된다. 제 3 편에서는 1950년대 이후 제시된 화폐, 소비, 투자, 정부정책이론에 관한 미시경제학적 기초를 소개한 후, 이것을 제 2 편에서 도출한 *IS–LM* 모형과 다시 결합시킨다.

제14장에서는 화폐보유의 투자적, 거래적, 예비적 동기로부터 실질(및 명목)화폐수요함수를 도출한다. 효용극대화 혹은 비용최소화 조건으로부터, 실질화폐수요가 명목이자율과는 음의 관계를 가지고, 실질소득과는 양의 관계를 가짐을 보인다.

제15장에서는 케인즈의 소비이론뿐만 아니라 미시경제학적 기초에 바탕을 둔 미래를 고려하는 소비이론을 소개한다. 미래를 고려하는 소비이론으로는 피셔의 기간간 대체이론, 모딜리아니의 인생주기가설, 프리드만의 항상소득가설을 소개한다. 개별가계의 일생동안의 효용극대화 조건으로부터 소비는 현재소득 및 미래소득, 부의 크기, 실질이자율의 함수임을 보인다. 이들 미래를 고려하는 소비이론에 의하면 현재 및 미래소득이 증가하거나, 부의 크기가 증가하면 일생동안 소비가능한 자원이 증가하므로 소비가 증가한다. 실질이자율이 상승하면 일생동안 소비가능한 자원의 현재가치가 감소하고, 현재소비의 기회비용이 증가하므로 소비가 감소한다.

제16장에서는 기업의 이윤극대화 조건으로부터 투자수요이론을 도출한다. 신고전학파 투자이론, 토빈의 q이론, 옵션이론 등 미래를 고려하며, 미시경제학적 기초에 입각하여 도출된 투자이론들에 의하면 투자수요는 실질이자율의 감소함수가 된다. 이것은 실질이자율이 상승하면 자본의 비용이

상승하거나, 현재 및 미래의 모든 이윤의 현재가치가 하락하기 때문이다.

제17장에서는 배로가 제시한 리카르도식 동등성을 소개한다. 리카르도식 동등성이란 국채발행으로 보전하는 현재의 정액세 삭감은 미래의 정액세 인상과 현재가치로 평가할 때 동등하다는 것이다. 이것은 정액세 부과의 시점을 변화시키는 것이 경제에 영향을 미치지 않음을 의미한다. 리카르도식 동등성이 성립하는 이유는 정부가 정액세를 삭감하고 국채를 발행하는 경우 민간 경제주체들이 미래의 조세증가를 예상하여 국채를 매입하기 때문이다. 즉, 정부저축이 감소할 때 민간저축이 같은 크기로 증가하여 국민저축을 일정하게 유지하기 때문이다.

제18장에서는 정부구입 및 비례세의 변화가 경제에 미치는 영향을 실물경기변동이론에 입각하여 소개한다. 정부구입이 변화하거나 비례세가 변화하면 실물경제에 영향을 미치게 된다. 정부구입이 일시적으로 증가하면, 정부의 예산제약식에 의해 순조세가 증가하고 민간의 가처분 소득이 일시적으로 감소한다(주어진 GDP를 민간과 정부가 나누는 경우 정부의 몫이 커지면 민간의 몫은 작아짐을 기억하라). 일시적으로 소득이 감소하는 경우 민간은 저축을 감소시켜서 소비를 가능하면 일정하게 유지하려고 한다. 이것은 국민저축의 감소를 초래하고 실질이자율을 상승시켜 민간투자를 구축한다. 그러나 정부구입이 항구적으로 증가하면 민간의 항상소득이 감소하게 된다. 항상소득이 감소하면 저축에는 영향이 없이 소비가 1대 1로 감소하므로, 항구적인 정부구입의 증가는 대체로 민간소비를 구축한다. 비례세의 변화도 실물경제에 영향을 미친다. 법인세와 소득세 등 비례세의 인상은 투자와 노동투입을 감소시켜서 경제를 위축시키고, 비례세의 인하는 투자와 노동투입을 증가시켜서 경제를 부양한다.

제19장에서는 미시경제학적 기초에 입각한, 미래를 고려하는 소비, 투자, 정부정책이론들을 제 2 편에서 도출한 *IS*–*LM* 모형에 도입한다. 제 2 편에서 도출한 *IS*–*LM* 모형은 기본적으로 정태적인 모형으로서 미래의 기대소득이나 미래의 기대실질이자율 등은 주어져 있다고 가정한다. 그러나 이들 미래에 대한 예상이 변화하면 소비와 투자가 변화하여 *IS*곡선이 이동하게 된다(제14장에서 분석하는 화폐수요의 미시경제학적 기초에 의하면 화폐수요는 미래의 소득이나 이자율에 영향을 받지 않으므로 *LM*곡선은 미래를 고려하더라도 변화가 없다고 가정한다). 제19장에서는 통화 및 재정정책이 변화할 때, 이들

정책이 미래의 기대소득이나 기대실질이자율에 미치는 영향을 고려하여 정책효과를 분석한다.

14 화 폐

수유초등학교 지리시간
알라스카에서는 아직도 화폐를 생선으로 활용하는 에스키모들이 있습니다..
나 지리선생님..
정말요?
...
그러엄~!
그럼 자동판매기가 자주 고장났겠네..
...
큰일인걸...
돈만 넣으면 무엇든지 다 나오는 세상. 광수생각. END.

주요개념

화폐
교환의 매개수단
가치의 저장수단
가치의 척도
법화
상품화폐
고출력화폐
저출력화폐
내부화폐
외부화폐
화폐공급
현금-예금비율
법정지급준비율
초과지급준비율
공개시장조작
재할인율
본원통화
통화승수
화폐수요
투자적 동기
보몰-토빈 모형
거래적 동기
예비적 동기
실질화폐수요
명목화폐수요
금융신상품(유사화폐)
이자율목표

C · H · A · P · T · E · R

14 화 폐

본 장에서는 우선 화폐의 개념 및 분류를 논한 후 간단하게 신용창조 과정을 통한 화폐공급을 설명한다. 화폐수요는 투자적 동기, 거래적 동기, 예비적 동기에 따라서 미시경제학적 기초에 입각하여 도출한다. 각각의 동기로부터 도출된 화폐수요이론으로부터 우리는 실질화폐수요가 명목이자율과는 역관계를 가지고, 실질소득과는 양의 관계를 가짐을 보게 된다.

제 1 절 화폐란 무엇인가?

화폐란 무엇인가? 우리는 매일 매일의 일상생활에서 화폐를 사용하지만 이러한 상식적인 질문에 답하기는 쉽지 않다. 화폐가 무엇인지 딱 부러지게 정의내리기는 어렵기 때문이다. 그러나 경제학자들은 화폐가 무엇인지 정의하기는 어렵지만 화폐는 적어도 다음의 기능들을 가져야 한다고 주장한다.

1. 화폐의 기능

교환의 매개수단(medium of exchange)

화폐는 상품과 서비스를 구입할 때 지불수단으로 사용된다. 만약 화폐가 없다면 모든 거래는 물물교환 형태로 이루어질 것이다. 이 경우에 거래는 어떤 물건을 사고자 하는 사람과 어떤 물건을 팔고자 하는 사람들의 욕구가 일치해야만 성립한다. 이것을 욕망의 상호일치(double coincidence of desires)라고 한다. 모든 거래가 이처럼 쌍방의 욕구가 일치해야만 성립한다면 경제전체의 거래에 수반되는 비용은 매우 클 것이다. 그러나 화폐가 교환의 매개수단으로 사용된다면 상품과 서비스의 거래에 수반되는 어마어마한 시간의 낭비를 제거할 수 있다. 화폐가 교환의 매개수단으로 기능함으로써 거래비용을 절약하고 경제의 효율성을 증진시킬 수 있게 된다.

화폐가 교환의 매개수단으로 사용되기 때문에 화폐는 모든 종류의 자산 가운데 유동성이 가장 큰 자산이다. 여기에서 유동성이란 어떤 자산이 얼마나 용이하게, 얼마나 빨리 교환의 매개수단으로 전환될 수 있는가를 의미한다.

가치의 저장수단(store of value)

가치의 저장이란 소득을 받는 시점과 소득이 소비되는 시점을 분리시켜 주는 것을 의미한다. 화폐는 구매력을 현재의 시점으로부터 미래로 이전시킬 수 있는 수단으로 기능한다. 즉, 화폐는 시간이 흐르더라도 가치 혹은 구매력을 저장할 수 있게 해준다. 화폐가 가치의 저장수단으로서 완벽한 것은 아니다. 만약 물가수준이 상승한다면 화폐의 실질가치는 하락한다. 그럼에도 불구하고 사람들이 화폐를 보유하는 것은 미래의 언젠가는 화폐를 상품으로 교환할 수 있기 때문이다. 주택, 주식, 채권, 금, 은 보석 등도 가치의 저장수단으로 사용될 수 있으므로 화폐만이 유일한 가치의 저장수단인 것은 아니다.

가치의 척도(회계의 단위: unit of account)

화폐는 상품과 서비스의 가치를 측정하기 위해 사용된다. 예를 들면 차 한 대의 가격을 1,000만원이라고는 하지만 신발 500켤레라고 하지는 않는다. 모든 상품의 가격을 동일한 회계기준으로 표시하면 경제주체들이 올바른 의사결정을 할 수 있도록 도와줄 수 있다. 이러한 역할을 화폐의 가치의 척도로서의 기능이라고 한다.

이상의 기능 중 화폐를 주식, 채권 등 다른 자산과 구분짓는 것은 교환의 매개수단으로서의 기능이다.

화폐의 분류

법화와 상품화폐: 법화란 그 자체로서는 아무런 내재적 가치를 가지고 있지 않지만 법령에 의해 화폐로 사용되는 것을 의미한다. 법화는 일반적으로 발행비용이 매우 낮다. 이에 반하여 상품화폐란 설사 교환의 매개수단으로 사용되지 않더라도 그 자체가 가치를 가지고 있는 상품인 경우를 의미한다. 예를 들면 금, 은 등이 이에 해당한다. 또한 금본위제하의 지폐는 교환의 매개수단으로 사용되면서 동시에 상품화폐의 가치를 가질 수 있다.

고출력화폐(high powered money)와 저출력화폐(low powered money): 고출력화폐는 중앙은행이 공개시장조작에 사용할 수 있는 화폐를 의미하고, 저출력화폐는 공개시장조작에 사용되지 않는 화폐를 의미한다. 앞으로 분석하게 되듯이 고출력화폐는 통화승수배만큼 경제전체의 통화량을 창출해낼 수 있기 때문에 고출력화폐라고 부른다. 고출력화폐는 비은행 민간이 보유하고 있는 현금통화(C)와 은행의 지급준비금(R)으로 구성되어 있으며, 은행의 지급준비금은 은행이 금고에 보유하고 있는 시재금(vault cash)과 은행의 한국은행 예금으로 구성되어 있다. 고출력화폐를 본원통화(monetary base)라고도 부른다. 고출력화폐는 민간의 순자산이다. 왜냐하면 현금통화와 지급준비금은 한국은행의 은행을 포함한 민간에 대한 부채이기 때문이다. 이에 반하여 요구불예금 등은 민간의 순자산이 아니다. 왜냐하면 요구불예금은 예금자의 자산인 동시에 은행의 부채이기 때문이다.

내부화폐(inside money)와 외부화폐(outside money): 내부화폐란 발행주체가 민간인 경우를 의미하며, 외부화폐란 발행주체가 국가공공기관인 경우를 의미한다. 예를 들면, 현금통화는 발행자가 중앙은행이므로 외부화폐이고, 요구불예금은 발행자가 예금은행이므로 내부화폐라고 할 수 있다.

2. 화폐의 측정

측정방법에 따라서 화폐를 정의할 수 있다. 종전의 통화지표인 통화($M1$),

총통화($M2$) 등은 금융상품의 유동성보다는 이를 취급하는 금융기관의 법적 지위를 기준으로 작성되어 시중의 유동성을 정확히 반영하지 못했다. 이로 인해 통화지표와 최종 목표변수 사이의 안정적 관계가 저하되고 정책지표로서의 유효성이 떨어져 한국은행은 2002년 3월 IMF의 기준(통화금융통계 매뉴얼(2000))에 따라 새로운 통화지표를 개발 공표하였다. 새로운 통화지표에서 가장 좁은 의미의 화폐는 협의통화($M1$)이다. $M1$은 교환의 매개수단으로서의 화폐의 기능을 중시하여 민간이 보유하고 있는 현금통화와 요구불예금, 수시입출식 저축성 예금(예를 들면, MMDA, MMF 등)의 합으로 측정된다. 이보다 넓은 의미의 화폐는 광의통화($M2$)이다. $M2$는 $M1$뿐만 아니라 정기예금, 정기적금 및 부금, 거주자 외화예금, (양도성 예금증서(CD), 환매조건부 채권(RP), 표지어음 등) 시장형 금융상품, (금전신탁, 수익증권 등) 실적 배당형 금융상품, 금융채, 발행어음, 신탁형 증권저축 등을 포함한다. 단, 유동성이 낮은 장기(만기 2년 이상) 금융상품은 제외한다. 가장 넓은 의미의 유동성지표인 광의유동성(L)은 종전의 $M3$인 금융기관유동성(Lf)에 정부 및 기업 등이 발행한 유동성 금융상품(국채, 지방채, 기업어음, 회사채 등)을 더하여 편제한다.

앞에서 언급한 여러 가지 통화지표의 정의가 모든 나라에서 동일한 것은 아니다. 금융시장은 항상 새로운 상품을 개발하고 유통시키므로 각국은 자국의 금융환경에 맞추어 위에서 언급한 각종 통화지표를 측정하고 있다.

얍(Yap) 섬의 돌화폐

서태평양의 마이크로네시아에는 인구 11,000명 정도의 얍이라는 섬이 있는데 이 섬에서는 돌을 다듬어서 화폐로 사용한다. 이 돌화폐는 페이(fei)라고 불리며 크기는 직경이 약 수십 센티미터인 것에서부터 2미터가 넘는 것까지 있다. 이 돌화폐를 처음으로 사용하기 시작한 사람은 파싼(Fathaan)이라는 사람이다. 그는 얍 섬에서 400km 떨어진 팰라우(Palau)라는 섬의 석회석을 우리나라의 맷돌처럼 깎아서 얍 섬으로 가져왔다. 그러나 이 항해는 매우 위험하여, 얍 섬으로 돌아오는 과정에서 많은 사람이 죽고 많은 돌이 바다 속에 수장되었다. 이러한 위험으로 인하여 이 돌은 얍 섬에서 매우 귀한 물건이 되었고, 원주민들은 그들의 농산물, 가축, 어류, 심지어는 땅까지도 이 돌과 교환을 하려고 하게 된다. 파싼의 뒤를 이어서 많은 원주민들이 팰라우 섬으로 이 돌을 깎으러 가게 되고, 항해와 관련된 위험으로 인해 이 돌은 계속해서 가치를 가지게 된다. 시간이 지나면서 결국 이 돌은 얍 섬에서 화폐의 기능을 하게 된다. 이 돌이 교환의 매개수단, 가치의 저장수단, 회계의 단위로 사용되기 시작한 것이다. 이 돌화폐의 가치는 다듬은 돌의 크기나 돌에 포함된 광물질의 성분에 따라 다르다. 지금도 얍 섬에는 집앞에 이 돌이 세워져 있는 것을 흔히 볼 수 있다. 현대문명이 이 섬에 들어온 이후에도 이 돌화폐는 가끔 토지매매에 사용되며 결혼식 등 각종 행사에서는 아직도 흔히 사용되고 있다.

한 가지 흥미로운 사실은 1878년경 아일랜드계의 오키페(Okeefe)라는 사람이 팰라우 섬에서 돌화폐를 대규모로 깎아서 얍 섬에 들여와 교역을 하고 부를 축적하게 되는데, 오키페 이전에 비해 돌화폐의 가치가 떨어진다는 것이다. 이것은 통화공급을 크게 증가시키면 물가수준이 상승하는 것을 보여주는 예라고 할 수 있다.

새로운 통화지수

금융상품은 상품의 성격에 따라 각각 그 유동성이 다르다. 예를 들어서, 같은 $M2$에 포함되는 상품이라고 하더라도 현금이나 요구불예금은 저축성예금에 비해 훨씬 유동성이 크다. 그러므로 단순히 이들 상품들을 합하여 $M2$를 측정하면 각각의 상품의 유동성이 다르다는 사실을 무시하는 것이 된다. 통화를 측정함에 있어서 아마도 보다 바람직한 방법은 각각의 상품의 서로 다른 유동성을 반영하는 것일 것이다. 이러한 관점에서 미국에서는 서로 다른 상품의 유동성에 가중치를 주어서 새롭게 통화지수를 측정하는 시도가 이루어지고 있다. 예를 들면 유동성의 지표로 (단기국채이자율－해당 금융상품의 이자율)/단기국채이자율을 생각해 볼 수 있다. 이 경우에 이자지불이 전혀 없는 현금의 경우는 유동성이 1이 되고, 단기국채이자율의 1/2에 해당하는 이자를 지불하는 상품의 유동성은 1/2이 되며, 이것을 통화지수 작성의 가중치로 삼을 수 있다. 이와 같은 방법으로 측정된 통화지수 가운데 Divisia 지수가 최근 학술연구에 많이 사용되고 있다.

제 2 절 화폐공급

통화공급 과정을 이해하기 위해 신용창조 과정을 살펴보자. 분석의 편의상 통화지표($M1$)는 민간이 보유하고 있는 현금통화(C)와 요구불예금(D)으로 구성되어 있다고 하자. 또한 요구불예금에 대한 지급준비율은 10%라고 가정하고, 은행은 지급준비금을 제외한 나머지는 모두 대출한다고 가정하자.

갑순이는 그녀가 가지고 있던 액면가 1,000만원짜리 국채를 한국은행에 매각하고 받은 대금 1,000만원을 제 1 은행에 예금한다고 하자(이것을 공개시장 매입이라고 부른다). 제 1 은행은 입금된 1,000만원 중 100만원은 지급준비금으로 금고에 보관하든지 한국은행에 예금하고, 나머지 900만원은 을순이에게 대출한다. 제 1 은행이 을순이에게 900만원을 융자해 주면 경제전체의 통화공급은 900만원 증가한다. 경제전체의 통화는 제 1 은행의 요구불예금 1,000만원과 을순이가 가지고 있는 900만원의 현금으로 구성되어 있기 때문이다. 을순이가 900만원을 제 2 은행에 예금하면, 제 2 은행은 90만원을 지급준비금으로 보유하고 810만원을 병순이에게 대출한다. 이 과정에서 통화는 810만원 증가하게 된다. 병순이가 대출받은 810만원을 제 3 은행에 예금하고 제 3 은행은 정순이에게 대출하는 과정이 계속해서 반복되면, 경제전체의 통화공급은 애초의 통화량 1,000만원보다 몇 배로 증가하게 된다.

지급준비율을 rr이라고 하면 은행의 신용창조 과정을 통해서 경제전체에 공급되는 통화량은 다음과 같다.

갑순이의 저축	1,000만원
제 1 은행의 대출	$(1-rr)\times 1{,}000$만원
제 2 은행의 대출	$(1-rr)^2\times 1{,}000$만원
제 3 은행의 대출	$(1-rr)^3\times 1{,}000$만원
⋮	

$$\text{통화량}=[1+(1-rr)+(1-rr)^2+\cdots]\times 1{,}000\text{만원}$$

$$=(1/rr)\times 1{,}000\text{만원}$$

따라서 경제전체의 통화량은 1억원 증가한다.

신용창조 과정을 통해 은행은 경제전체의 유동성을 증가시킨다. 단, 은행의 신용창조 과정이 경제전체의 부를 증가시키는 것은 아니다. 앞의 예에서 보듯이 대출을 받은 사람들의 부가 증가하는 것은 아니다. 대출을 받은 사람들은 은행에 부채를 지고, 은행은 예금한 사람들에게 부채를 지는 것이므로 경제전체의 부에는 변화가 없다.

지금까지 우리는 민간은 대출금을 전액 예금하고, 은행은 법정지급준비금 이외의 초과지급준비금은 보유하지 않는 것으로 가정하고 신용창조 과정을 분석하였다. 그러나 보다 일반적으로 민간은 대출금 중 일부는 현금으로 보유하며, 은행은 법정지급준비금 이외의 초과지급준비금을 보유한다. 보다 일반적인 경우의 신용창조 과정을 이해하기 위해 통화와 본원통화(B)를 다음과 같이 나타내자.

$$M1=C+D \qquad \cdots\cdots \ (14-1)$$

$$B=C+R \qquad \cdots\cdots \ (14-2)$$

지급준비금은 법정지급준비금(RR)과 초과지급준비금(ER)의 합이다.

$$R=RR+ER \qquad \cdots\cdots \ (14-3)$$

법정지급준비율(RR/D)을 rr, 은행이 요구불예금에 대해 초과로 보유하는 초과지급준비율(ER/D)을 er, 민간이 그들이 보유하고 있는 통화를 현금과 예금으로 나누어 보유하고자 하는 현금－예금 비율(C/D)을 cr이라고 하자. $M1$을 B로 나누면 다음과 같다.

$$\frac{M1}{B}=\frac{C+D}{C+R}=\frac{C+D}{C+RR+ER} \qquad \cdots\cdots \ (14-4)$$

우변의 분자와 분모를 D로 나누면 다음과 같이 쓸 수 있다.

$$\frac{M1}{B}=\frac{C/D+1}{C/D+RR/D+ER/D} \qquad \cdots\cdots \ (14-5)$$

위 식의 양변에 B를 곱하면 다음식을 구할 수 있다.

$$M1=\frac{cr+1}{cr+rr+er}B=mB \qquad \cdots\cdots (14-6)$$

위의 식에서 m은 본원통화 1원이 신용창조 과정을 통해 창출할 수 있는 통화량 즉, 통화승수를 나타낸다.

본원통화를 고출력화폐(high powered money)라고 부르는 이유는 본원통화의 변화가 통화승수배만큼 통화량을 변화시킬 수 있기 때문이다. 식 (14-6)은 통화공급이 4개의 외생변수(B, rr, er, cr)에 의존함을 시사한다. 본원통화가 증가하면 통화공급이 증가하고, 법정지급준비율, 초과지급준비율, 현금-예금비율이 상승하면 통화공급이 감소한다.

이상의 분석으로부터 우리는 중앙은행이 공개시장조작, 지급준비율, 재할인율의 변화 등 정책수단을 통해 통화공급을 조절할 수는 있지만 중앙은행의 의도대로 완벽하게 조절할 수는 없음을 알 수 있다. 그 이유는 초과지급준비금의 크기는 은행이 결정하고, 현금-예금 비율은 민간이 결정하기 때문이다.

제 3 절 화폐수요

가장 간단한 화폐수요함수는 수량방정식($MV=PY$)으로 대변되는 고전학파의 화폐수량설에서 찾아볼 수 있다. 화폐수량설은 19세기말 20세기초 영국 케임브리지 대학의 경제학자들과 미국의 피셔에 의해 제기된 이론이다. 이 이론은 명목소득이 어떻게 결정되는가를 설명하는 이론이다. 동시에 이 이론은 명목소득이 주어졌을 때 사람들이 화폐를 얼마나 보유하려고 하는가를 설명하므로 화폐수요이론으로도 볼 수 있다.

피셔는 거래적 동기를 화폐보유의 유일한 동기로 보았다. 피셔는 유통속도가 제도적, 기술적 요인에 의해 영향을 받는데, 제도적, 기술적 요인은 유통속도에 서서히 영향을 미치므로 유통속도는 단기에 일정하다고 가정하였다. 이 경우 명목화폐수요(M)는 명목소득(PY)에 의해 결정되는 거래량과 거래방

식(혹은 유통속도)에 영향을 미치는 제도적 요인에 의해 결정된다.

마샬과 피구로 대표되는 케임브리지 경제학자들은 화폐보유의 동기로 거래적 동기뿐만 아니라 가치의 저장수단으로서의 기능도 고려하였다. 즉, 다른 자산의 기대수익률이나 이자율이 변하면 가치의 저장수단으로서 화폐수요가 영향을 받는다고 보았다.

최적 자산구성이론에 의하면 사람들이 보유하고 있는 자산의 크기가 명목화폐수요에 영향을 미치는데, 명목자산의 크기는 명목소득에 비례하므로 $M^d=k\times PY$로 나타낼 수 있다. 여기에서 k를 흔히 마샬 k라고 부른다. 명목화폐수요를 $M^d=k\times PY$로 나타내면 실질화폐수요함수를 다음과 같이 나타낼 수 있다.

$$\frac{M^d}{P}=kY \qquad \cdots\cdots \ (14-7)$$

이것은 실질화폐수요가 실질소득에 의존함을 의미한다. 실질소득이 증가하면 실질화폐수요가 증가한다.

사실 케임브리지 경제학자들은 k를 종종 상수로 취급하고, 명목소득은 화폐수량에 의해 결정된다는 피셔의 견해에 동의했지만, 다른 자산의 기대수익률이나 이자율이 변하면 가치의 저장수단으로서 화폐수요가 영향을 받고, k가 단기적으로 변할 수 있다는 점을 인정하였다. 여기에서 한 걸음 더 나아가 케임브리지 출신의 케인즈는 화폐보유의 동기로 거래적, 투자적, 예비적 동기를 고려하였다. 이미 제 5 장에서 설명하였듯이 케인즈는 유동성 선호설에서 실질화폐수요는 실질소득뿐만 아니라 명목이자율의 함수라고 보았다.

프리드만은 1956년 「화폐의 수량이론: 재정립」에서 화폐수요는 다른 자산의 수요와 동일한 요인들에 의해 결정되어야 한다고 보았다. 프리드만 등이 제시한 신화폐수량설에 따라서 마샬 k가 상수가 아니라, 보다 일반적으로 명목이자율의 함수라고 보면 실질화폐수요를 다음과 같이 나타낼 수 있다.

$$\frac{M^d}{P}=k(R)Y \qquad \cdots\cdots \ (14-8)$$

이자율이 상승하면 화폐의 소득유통속도 V가 증가하므로 마샬 k는 감소한다. 이것은 실질화폐수요가 명목이자율과 역관계를 가짐을 의미한다. 따라서 우리는 신화폐수량설로부터 다음과 같은 일반적인 형태의 화폐수요함수를 도출할 수 있다.

$$\frac{M^d}{P} = L(\underset{+}{Y}, \underset{-}{R}) \qquad \cdots\cdots (14-9)$$

위의 식은 화폐수요가 실질소득뿐만 아니라 명목이자율에 의존함을 의미한다.

위에서 설명한 화폐수요이론을 미시경제학적으로 도출하려면 화폐의 기능에 주목해야 할 필요가 있다. 예를 들어서, 화폐의 여러 가지 기능 가운데 회계의 단위로서의 기능은 화폐를 보유하지 않아도 성립한다. 즉, 신발 한 켤레는 1만 5천원이라고 하면 그만이다. 그러나 가치의 저장수단으로서의 화폐, 혹은 교환의 매개수단으로서의 화폐는 화폐를 보유해야만 그 기능을 수행할 수 있다.

1. 투자적 동기(speculative motive)

화폐의 기능 중 가치의 저장수단으로서의 기능을 강조한 화폐수요이론을 투자적 동기에 의한 화폐수요이론이라고 할 수 있다. 화폐는 가치의 저장수단으로서 자산관리상의 목적으로 보유할 수 있다. 화폐는 주식이나 부동산과는 달리 그 가격이 변하지 않는 안전한 자산이다. 그러나 화폐는 주식이나 채권과는 달리 배당금이나 이자를 지급하지 않는다. 따라서 투자자들은 여러 가지 자산관리 수단들의 위험과 수익률을 비교하여 최적자산구성(portfolio)을 결정한다.

투자적 동기에 의한 화폐수요를 이해하기 위해 편의상 개별가계가 보유할 수 있는 자산은 화폐와 채권 두 가지 밖에 없다고 가정하자. 화폐는 이자를 지불하지 않고 채권의 이자율은 R이라고 하자. 만약 인플레이션율이 0이면 두 종류의 투자가능 자산 간의 수익률 차이는 명목이자율인 R이 된다. 만약 인플레이션율이 π라면 화폐를 보유함으로써 얻는 실질수익률은 $-\pi$가 되고 채권을 보유함으로써 얻는 실질수익률은 $R-\pi$가 된다. 결국 두 가지 투자가능 자산간의 실질수익률 차이는 여전히 명목이자율 R이 되므로 화폐수요에 영향을 미치는 이자율은 명목이자율임을 알 수 있다. 명목이자율이 상승하면 화폐수요가 감소한다.

자산을 구성함에 있어서 개별 투자자들의 부의 크기가 전체 자산구성의 크기를 결정하므로 부의 크기도 화폐수요에 영향을 미친다. 부의 크기(W)가 증가하면 화폐를 포함한 모든 자산의 수요가 증가하므로 화폐수요는 부의 크기가 클수록 증가한다.

앞에서 사용한 일반적인 화폐수요함수는 이와 같은 이론을 잘 집약하고 있다. 소득 Y는 부의 크기 W를 대신한다고 볼 수 있으므로 일반적인 화폐수요함수[$L(Y, R)$]는 투자적 동기에 의한 최적자산구성이론을 단순화한 것이라고 볼 수 있다. 그러나 화폐의 지표 중 저축성예금이나 CD 등은 $M1$과 동일한 위험을 가지고 있지만 $M1$보다 높은 수익률을 제공한다. 따라서 투자적 동기에 비추어 볼 때 사람들은 $M1$보다는 저축성예금이나 CD 등을 보유하려고 할 것이므로 투자적 동기에 의한 화폐수요이론은 $M1$보다 저축성예금이나 CD 등의 수요를 보다 잘 설명할 수 있다고 볼 수 있다.

2. 거래적 동기(transactions motive)

투자적 동기에 근거한 화폐수요이론은 $M1$ 등의 화폐수요이론을 설명하기에는 부적절하므로 화폐의 기능 중 교환의 매개수단으로서의 기능에 입각한 화폐수요이론을 생각해 볼 필요가 있다. 이것을 우리는 거래적 동기에 의한 화폐수요이론이라고 부른다.

거래적 동기에 의한 화폐수요이론은 대표적으로 보몰과 토빈에 의해 제시되었다.

보몰-토빈 모형[1)]

사람들은 거래할 때마다 은행에 가서 필요한 화폐를 인출하는 번거러움을 피하기 위해 화폐를 보유한다. 그러나 화폐를 보유하면 기회비용이 발생하게 되는데, 그것은 은행에 저축할 때 지급받을 수 있는 이자라고 할 수 있다. 분석의 편의상 물가수준(P)은 일정하고 단위기간(예를 들어서 한 달) 동안 실질가치로 Y원을 일정하게 지출한다고 가정하자. 이러한 경우 최적 평균화폐잔고는

1) Baumol, William, "The Transactions Demand for Cash: An Inventory Theoretic Approach," *Quarterly Journal of Economics* 66, November 1952, pp. 545-556.
Tobin, James, "The Interest Elasticity of the Transactions Demand for Cash," *Review of Economics and Statistics*, August 1956, pp. 241-247.

그림 14-1 거래횟수와 평균화폐잔고

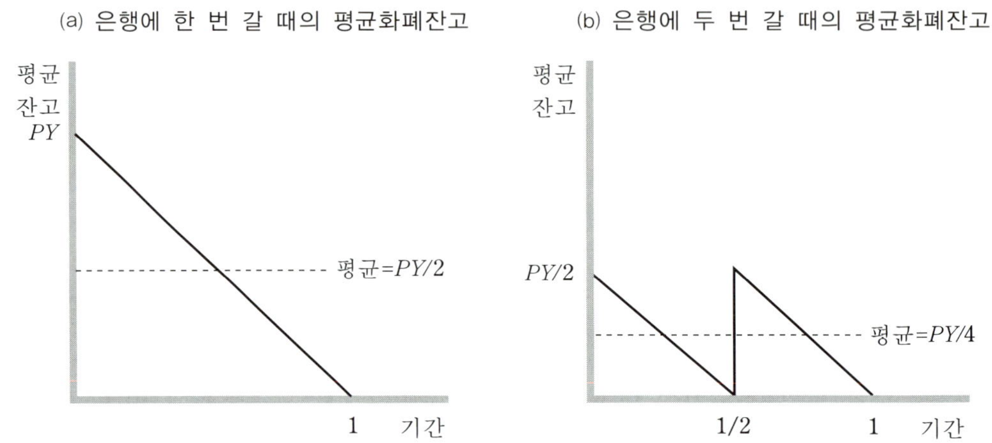

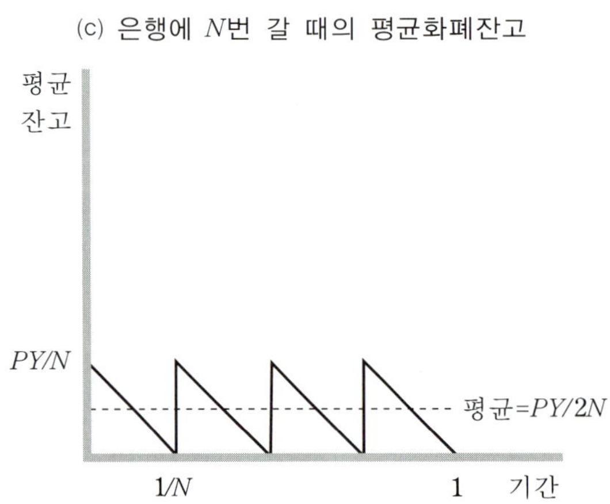

매기 초에 PY원을 인출하여 단위기간 동안 일정하게 지출하는 경우를 생각해보자. 화폐잔고는 매기 초에 PY로 시작해서 매기 말에는 0이 되고 단위기간 동안의 평균잔고는 $PY/2$가 된다[그림 a]. 같은 기간 동안 은행에 두 번 가고 매번 갈 때마다 $PY/2$를 인출한다고 하면 평균잔고는 $PY/4$가 된다[그림 b]. 일반적으로 은행에 N번 간다면 매번 갈 때마다 PY/N원을 인출하여 $1/N$기간 동안 일정하게 지출하므로 $1/N$기간 말에는 화폐잔액이 0이 되고 단위기간 동안 평균화폐잔액은 $PY/2N$가 될 것이다[그림 c].

얼마인가가 우리의 관심사이다.

매기 초에 PY원을 인출하여 단위기간 동안 일정하게 지출하는 경우를 생각해 보자. 이 경우 단위기간 동안 평균화폐잔고는 [그림 14-1a]와 같다. 화폐잔고는 매기 초에 PY로 시작해서 매기 말에는 0이 되고 단위기간 동안의 평균잔고는 $PY/2$가 된다.

같은 기간 동안 은행에 두 번 가고 매번 갈 때마다 $PY/2$를 인출한다고 하면 [그림 14-1b]에서 보듯이 평균잔고는 $PY/4$가 된다. 이 경우에는 첫 번째 경우와 비교해서 은행에 두 번 가야 하는 불편함을 겪어야 하는 반면 화폐를 보유함으로써 상실하게 되는 이자수입의 손실이 상대적으로 작다고 할 수 있다.

일반적으로 은행에 N번 간다면 매번 갈 때마다 PY/N원을 인출하여 $1/N$ 기간 동안 일정하게 지출하므로 $1/N$기간 말에는 화폐잔액이 0이 되고 단위기간 동안 평균화폐잔액은 $PY/2N$가 될 것이다.

그렇다면 은행에 몇 번 가는 것이 최적인가? 은행에 많이 가면 갈수록 은행에 가야 하는 불편함은 증가하지만 이자수입은 덜 감소하게 된다. 따라서 이 두 가지 비용의 합을 최소화시키는 N이 최적이라고 할 수 있다.

은행에 갈 때마다 발생하는 실질비용은 F로 고정되어 있다고 하자. 또한 화폐를 보유함으로써 상실하는 이자수입에 적용되는 명목이자율을 R이라고 하자. 은행에 N번 가는 경우 총명목비용은 상실한 명목이자수입($RPY/2N$)과 은행에 갈 때마다 발생하는 불편함으로 인해 발생하는 명목비용(PFN)을 합한 것이 된다.

$$\text{총명목비용} = RPY/2N + PFN \qquad \cdots\cdots \ (14-10)$$

$$\text{총실질비용} = RY/2N + FN \qquad \cdots\cdots \ (14-11)$$

N이 증가할수록 첫 번째 비용은 감소하지만 두 번째 비용은 증가한다. 총실질비용을 최소화하는 최적의 N을 간단한 미분을 사용하여 구하면 다음과 같다.

$$N^* = \sqrt{\frac{RY}{2F}} \qquad \cdots\cdots \ (14-12)$$

따라서 평균실질화폐잔고는 다음과 같다.

$$\frac{M}{P} = \frac{PY}{2PN^*} = \sqrt{\frac{YF}{2R}} \qquad \cdots\cdots \ (14-13)$$

위에서 구한 실질화폐수요함수는 은행에 출입할 때 발생하는 실질고정비용 F나 실질지출 Y가 증가하면 실질화폐수요가 증가하고, 명목이자율 R이 증가하면 실질화폐수요가 감소함을 암시한다. 약간의 수학을 사용하면 실질화폐수요의 소득탄력성은 1/2이고, 이자율 탄력성은 $-1/2$이 됨을 알 수 있다. 이상의 분석을 그래프로 나타내면 [그림 14-2]와 같다.

[그림 14-2]에서 거래비용 FN은 기울기가 F인 원점을 통과하는 직선으로 나타나고, 이자상실비용은 직각쌍곡선으로 나타난다. 그림에서 화폐를 보유함으로써 발생하는 실질비용은 거래비용과 이자상실비용이 일치하는 점에서

그림 14-2 화폐보유의 실질비용

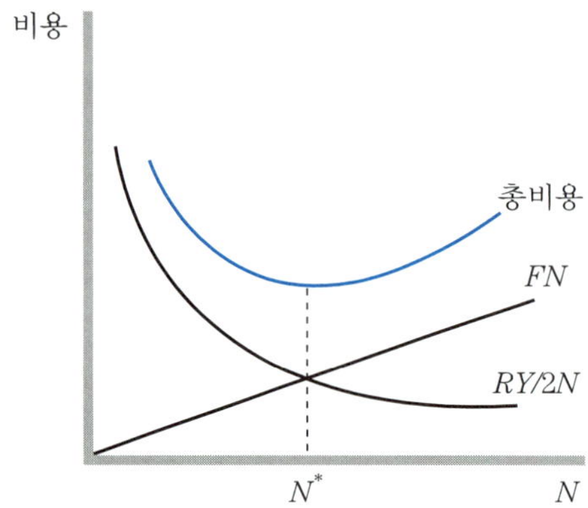

거래비용 FN은 기울기가 F인 원점을 통과하는 직선으로 나타나고 이자상실비용은 직각쌍곡선으로 나타난다. 화폐를 보유함으로써 발생하는 비용은 거래비용과 이자상실비용이 일치하는 점에서 최저가 됨을 알 수 있다. 화폐보유비용은 거래횟수 N이 증가할 때 한계거래비용(F)과 한계이자상실비용($RY/2N^2$)이 일치하는 경우 최소화된다. 그렇지 않으면 거래횟수 N을 증가시키거나 감소시킴으로써 화폐보유비용을 감소시킬 수 있다. 현재의 모형에서는 한계거래비용이 한계이자상실비용과 일치할 때 총거래비용(NF)과 총이자상실비용($RY/2N$)이 일치하게 되므로, 두 개의 비용이 일치할 때 화폐보유비용은 최소화된다.

최저가 됨을 알 수 있다. 화폐보유비용은 거래횟수 N이 증가할 때, 한계거래비용(F)과 한계이자상실비용($RY/2N^2$)이 일치하는 경우 최소화된다. 그렇지 않으면 거래횟수 N을 증가시키거나 감소시킴으로써 화폐보유비용을 감소시킬 수 있다. 현재의 모형에서는 한계거래비용이 한계이자상실비용과 일치할 때 총거래비용(FN)과 총이자상실비용($RY/2N$)이 일치하게 되므로, 두 개의 비용이 일치할 때 화폐보유비용이 최소화된다.

이자율 상승의 효과

만약 이자율이 R_0에서 R_1으로 증가하면 화폐를 보유함으로써 발생하는 기회비용이 증가하여 이자수입 기회비용을 나타내는 $RY/2N$곡선이 위로 이동한다. 그 결과 화폐보유의 총비용을 최소화하는 거래횟수는 증가하여 화폐수요가 감소함을 [그림 14-3]에서 알 수 있다.

이상의 분석은 $M1$의 수요를 잘 설명할 수 있다. 한 걸음 더 나아가 R을 저축성예금과 주식이나 채권 등 비통화자산 간의 수익률의 차이로 이해하고, F를 비통화자산을 통화자산으로 전환하는 데에 드는 비용이라고 이해하면 광의통화($M2$)와 같은 통화자산의 수요도 잘 설명할 수 있다.

그림 14-3 이자율 상승과 거래횟수

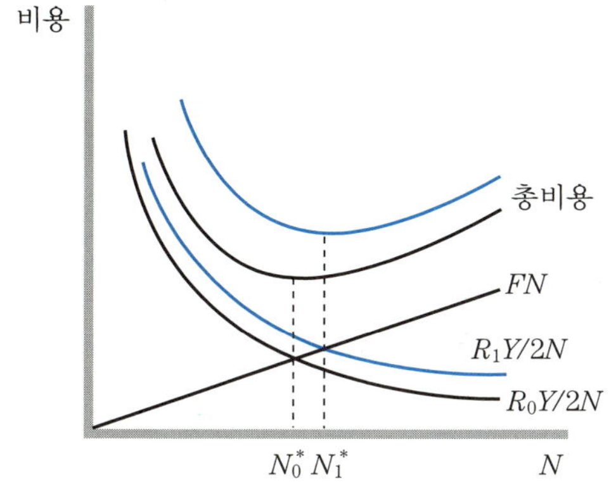

이자율이 R_0에서 R_1으로 증가하면 화폐를 보유함으로써 발생하는 기회비용이 증가하여 이자수입 기회비용을 나타내는 $RY/2N$곡선이 위로 이동한다. 그 결과 화폐보유의 총비용을 최소화하는 거래횟수는 증가하여 화폐수요가 감소함을 알 수 있다.

거래비용 감소의 효과

만약 거래비용 F가 감소한다면 [그림 14-4]에서처럼 거래비용을 나타내는 FN곡선이 시계방향으로 회전한다. 그 결과 사람들은 이자수입 손실로 인한 비용을 축소시키기 위해 거래횟수를 늘리고 화폐수요를 줄일 것이다. ATM이나 신용카드 등이 보급되면 거래비용 F를 감소시킨다고 볼 수 있다. 이것은 ATM이나 신용카드가 보급되면 거래적 동기에 의한 화폐수요가 감소하는 것을 시사한다.

그림 14-4 거래비용 감소와 거래횟수

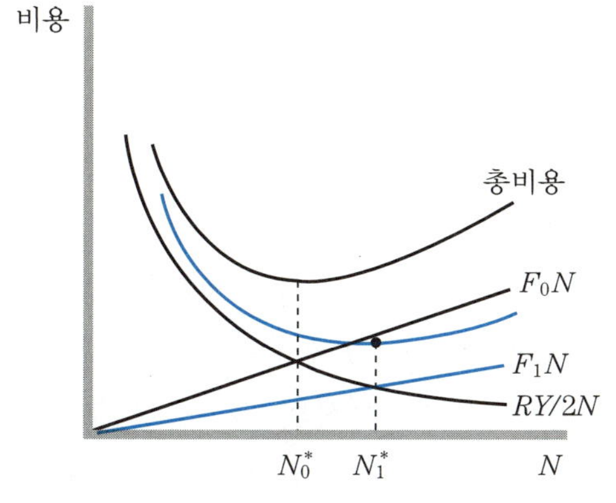

거래비용 F가 감소한다면 거래비용을 나타내는 FN 곡선이 시계방향으로 회전한다. 그 결과 사람들은 이자수입 손실로 인한 비용을 축소시키기 위해 거래횟수를 늘리고 화폐수요를 줄일 것이다.

지금까지의 분석은 실질화폐수요를 설명한 것이다. 만약 모든 실질변수 및 이자율에 변화가 없으면 명목화폐수요($M^d=P \cdot L(Y, R)$)는 물가수준에 비례할 것이다.

실증분석

일반적으로 실증분석 결과에 의하면 화폐수요의 소득탄력성은 1/2보다 크고, 이자율 탄력성은 −1/2보다는 0에 가깝다. 이것은 보몰-토빈 모형이 화폐수요이론으로서 완전하지는 않다는 것을 시사한다. 만약 일부 사람들의 경우 은행에 가는 횟수가 제약될 수밖에 없으면 N은 고정되어 있고, 따라서 평균실질화폐잔고는 $Y/2N$이 된다. 이러한 경우 화폐수요는 소득에 비례하고 이자율의 변화에 무관하게 된다. 즉, 화폐수요의 소득탄력성은 1이고 이자율 탄력성은 0이 된다. 만약 일부 사람은 보몰-토빈 모형이 상정하듯이 은행에 출입하는 횟수를 자유롭게 선택할 수 있지만 일부 사람은 은행에 출입할 수 있는 횟수가 제약된 경우, 경제 전체적으로 화폐수요의 소득탄력성은 1/2보다 크게 될 것이고 이자율 탄력성은 −1/2보다는 0에 가깝게 될 것이다.

3. 예비적 동기*(precautionary motive)

모든 경제주체의 수입, 특히 지출은 완전히 알려져 있지 않다. 수입과 지출의 흐름에 불확실성이 존재한다. 불확실성이 존재하는 경우 사람들은 현금이 부족하여 낭패를 보는 것을 피하기 위해 화폐를 보유하려고 하며, 이것을 예비적 동기에 의한 화폐수요라고 부른다.

X를 단위기간 동안의 수입과 지출 간의 차이라고 하자. X는 $-\infty$에서 $+\infty$ 사이의 값을 취할 수 있으며, 정규분포를 따르고, X의 기대값 $E(X)=0$이라고 가정하자. M을 매기 초에 사람들이 비상금으로 보유하고자 하는 통화라고 하면 M을 보유함으로써 발생하는 비용은 상실된 이자수입이다. 그러나 M을 보유하지 않으면 만약의 사태가 발생했을 때 수중에 화폐가 없는 경우 벌칙금을 지불해야 한다. 예를 들면 뇌졸중 환자가 현금이 없어서 응급실에 빨리 입원하지 못하고 사망하는 경우를 생각해 볼 수 있다. 분석의 편의를 위해 벌칙금은 a로 고정되어 있다고 하자. 사람들은 $X+M \leq 0$일 경우에 곤경에 처하게 되고 a의 벌칙금을 지불하게 된다.

그림 14-5 X(=수입 - 지출)의 누적확률밀도함수

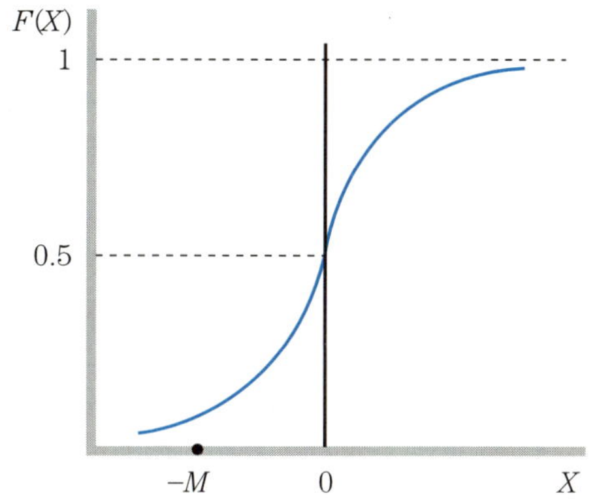

X는 단위기간 동안의 수입과 지출간의 차이이고, M은 매기 초에 사람들이 비상금으로 보유하고자 하는 통화이다. F는 누적확률밀도함수이고 $F(-M)$은 비상사태($X+M\leq 0$)의 확률을 나타낸다.

비상금을 보유함으로써 발생하는 예상비용은 이자수입 상실로 인한 기회비용 RM과 비상금을 초과하는 비상사태가 발생할 때의 벌칙금 a의 합이다.

$$E(C)=RM+aPr[X+M\leq 0]$$
$$=RM+aF(-M) \quad \cdots\cdots (14-14)$$

위의 방정식에서 Pr은 확률, F는 누적확률밀도함수를 의미하며, [그림 14-5]에서 보듯이 $F(-M)$은 비상사태($X+M\leq 0$)의 확률을 나타낸다. 기대비용을 최소화하는 1계조건은 다음과 같다.

$$\frac{\partial E(C)}{\partial M}=R+af(-M)(-1)=0 \quad \cdots\cdots (14-15)$$

위의 식에서 f는 확률밀도함수를 나타낸다(누적확률밀도함수를 미분하면 확률밀도함수가 되는 것은, 확률밀도함수의 적분값이 누적확률밀도함수임을 기억하면 쉽게 이해할 수 있다). 비용최소화의 2계조건은 다음과 같다.

$$\frac{\partial^2 E(C)}{\partial M^2}=af'(-M)\geq 0 \quad \cdots\cdots (14-16)$$

이상의 분석을 그래프로 표시하면 [그림 14-6]과 같다.

이자율이 R_0에서 R_1으로 상승하면 비상금 보유로 인한 기회비용이 증가하

그림 14-6 예비적 동기의 화폐수요

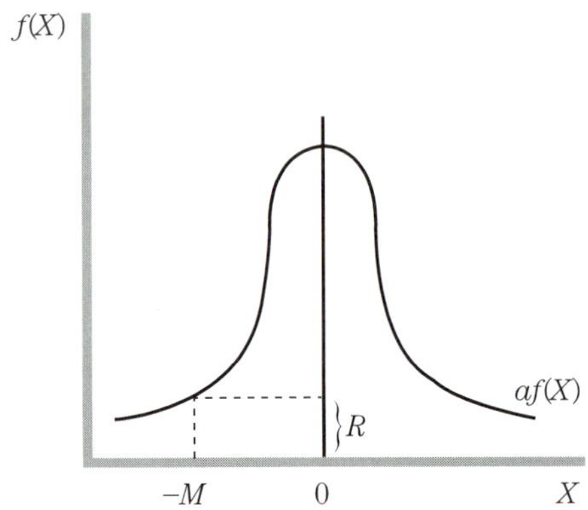

비상금을 보유함으로써 발생하는 예상비용은 이자수입 상실로 인한 기회비용 RM과 비상금을 초과하는 비상사태가 발생할 때의 벌칙금 a의 합이다.

$$E(C) = RM + aPr[X+M<0]$$
$$= RM + aF(-M)$$

기대비용을 최소화하는 1계조건은 다음과 같다.

$$\frac{\partial E(C)}{\partial M} = R + af(-M)(-1) = 0$$

위의 식에서 f는 확률밀도함수를 나타낸다. 이 그림은 이상의 내용을 나타내고 있다.

므로 예비적 동기의 화폐수요는 감소한다([그림 14-7] 참조). 벌칙금이 a에서 a'로 증가하면, 비상사태가 발생할 때 벌칙금이 커지므로 예비적 동기의 화폐수요는 증가한다([그림 14-8] 참조).

예비적 동기와 실질소득과의 관계는 다음과 같이 생각해 볼 수 있다. 예를 들어서 비상금이 없을 때 발생하는 벌칙금 a는 거래량에 비례하고, 거래량은 소득에 비례한다고 하자. 즉, 소득이 많으면 거래량이 많고, 거래량이 많을수록 비상금이 없을 때 발생하는 벌칙금이 커진다고 하자. 이러한 경우에 소득

그림 14-7 이자율의 변화와 예비적 동기의 화폐수요

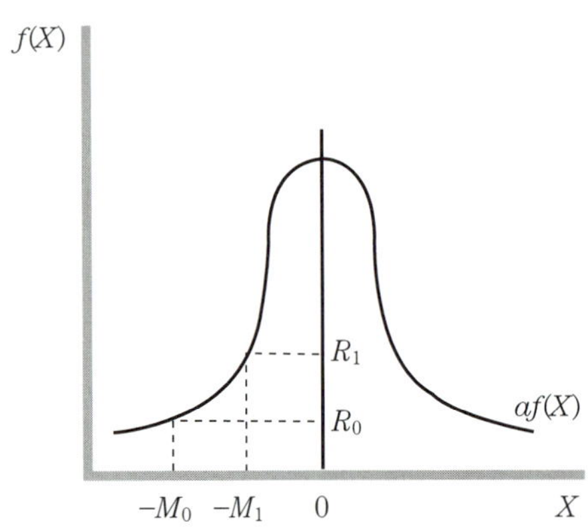

이자율이 R_0에서 R_1으로 상승하면 비상금 보유로 인한 기회비용이 증가하므로 예비적 동기의 화폐수요는 감소한다.

그림 14-8 벌칙금의 증가와 예비적 동기의 화폐수요

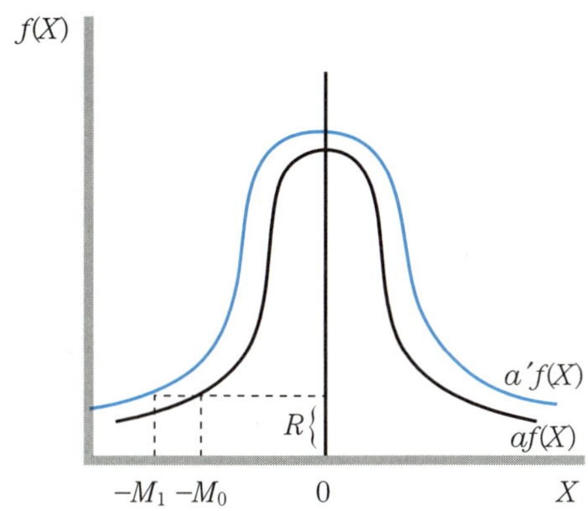

벌칙금이 a에서 a'로 증가하면 비상사태가 발생할 때 벌칙금이 커지므로 예비적 동기의 화폐수요는 증가한다.

이 증가하면 벌칙금 a의 값이 커지고, 그 결과 예비적 동기의 화폐수요는 증가할 것이다. 이것은 예비적 동기의 화폐수요가 소득에 비례함을 의미한다.

제 4 절 금융신상품의 개발과 통화정책

금융기관들은 규제를 회피하거나 혹은 고객을 유인하기 위해 항상 새롭고 매력적인 상품을 개발하려고 노력한다. 금융신상품은 많은 경우 기존의 화폐와 유사한 성격을 가진다. 이와 같은 유사화폐의 등장은 화폐의 유통속도를 불안정하게 만들고, 화폐수요함수를 불안정하게 만든다. 이런 경우 기존의 통화지표는 총수요에 대해 그릇된 정보를 제공하고 통화정책의 수행을 어렵게 만든다. 유사화폐를 통화지표에 포함시키는 것이 통화정책의 유효성을 높이는 한 방편이 되겠지만 이들 유사화폐가 지급준비금을 필요로 하지 않으므로 중앙은행의 통화관리는 여전히 어렵다고 할 수 있다. 따라서 미국의 중앙은행은 1993년, 한국은행은 2001년 통화지표보다는 이자율을 통화정책의 중간목표로 삼겠다고 선언하고 이자율 중심의 통화정책을 시행하고 있다.

금융신상품의 도입으로 인해 화폐수요가 변화하는 경우 중앙은행이 통화공급목표에만 집착한다면 그것은 정책실수를 유발할 수 있다. 예를 들어서 금융신상품의 등장으로 인해 $M1$의 수요가 증가하는 경우 중앙은행이 통화공급목표에 집착하여 $M1$의 공급을 증가시키지 않는다면 $IS-LM$ 분석에서 LM곡선은 왼쪽으로 이동하고, 그 결과 이자율이 상승하고 소득이 감소하게 될 것이다. 이것은 경제를 바람직하지 못한 방향으로 움직이게 한다. 따라서 금융신상품의 도입으로 인해 화폐수요가 증가하는 경우 중앙은행은 통화공급을 확대할 준비가 되어 있어야 할 것이다.

개방화되고 자율화된 시장경제에서 금융신상품의 도입은 지속적으로 발생하므로 화폐수요가 장기적으로도 불안정해질 수 있다. 이것은 앞으로 언급할 통화와 물가수준 간의 장기적 관계가 손상될 수도 있음을 의미한다.

제 5 절 맺음말

본 장에서 우리는 화폐를 기능에 입각하여 정의하였다. 화폐는 교환의 매개수단, 가치의 저장수단, 회계의 단위로서 기능한다. 이런 여러 가지 기능 가운데 화폐를 다른 자산과 구분하는 가장 중요한 기능은 교환의 매개수단으로서의 기능이다.

화폐의 공급은 중앙은행에 의해 조절된다. 중앙은행은 대표적으로 공개시장조작을 통해 통화공급을 조절한다. 중앙은행이 민간으로부터 국공채를 매입(공개시장매입)하면 통화공급이 증가하고, 민간에 국공채를 매각(공개시장매각)하면 통화공급이 감소한다.

화폐수요함수는 화폐의 기능에 입각하여 도출할 수 있다. 교환의 매개수단으로서의 기능에 입각하여 거래적 동기에 의한 화폐수요함수를 도출할 수 있고, 가치의 저장수단으로서의 기능에 입각하여 투자적 동기에 의한 화폐수요함수를 도출할 수 있다(회계의 단위로서의 기능은 화폐를 보유하지 않아도 성립한다). 어느 경우든 우리는 미시경제학적 기초에 입각하여 실질화폐수요가 실질소득의 증가함수이고, 명목이자율의 감소함수임을 보일 수 있다.

연습문제 제 14 장

Questions and Practice

1. 현금－예금비율=0.2, 법정지급준비율=0.1, 초과지급준비율=0.1로 주어지면 통화승수는?

2. 한국은행이 제 1 은행에 국채 1,000만원어치를 매각할 때, 이것이 통화공급을 감소시키는 과정을 설명하라(법정지급준비율은 10%이고, 현금－예금 비율 및 초과지급준비율은 0이라고 가정한다).

3. 화폐수요함수가 다음과 같이 주어진다.

$$\frac{M^d}{P} = 500 + 0.2Y - 1000R.$$

$P=100$, $Y=1000$, $R=0.1$일 때 실질화폐수요, 명목화폐수요, 소득유통속도를 구하라.

4. 디플레이션이 발생하면 현금이 훌륭한 가치의 저장수단이 될 수 있음을 논하라.

5. 채권 이자율은 9%이고 기대인플레이션율은 0이라고 하자. 화폐는 이자를 지급하지 않는다.

(가) 화폐보유의 기회비용은?

(나) 기대인플레이션율이 0이면 채권의 실질이자율과 화폐의 실질이자율은?

(다) 기대인플레이션율이 1%, 3%로 증가할 때, 채권과 화폐의 실질이자율은?

(라) 기대인플레이션율이 증가할 때, 명목가치로 평가한 화폐보유의 기회비용은 어떻게 변화하는가?

(마) 기대인플레이션율이 증가할 때, 실질가치로 평가한 화폐보유의 기회비용은 어떻게 변화하는가?

(바) (다)－(마)의 답에 비추어 볼 때, 기대인플레이션율이 변화하거나 실질이자율이 변화할 때 화폐수요는 어떻게 되는가?

6. 수량방정식과 보몰－토빈 모형을 사용하여 다음의 질문에 답하라.

(가) 수량방정식과 보몰－토빈 모형을 결합하여 화폐의 소득유통속도 V를 Y, R, F의 함수로 나타내라.

(나) 명목이자율 R이 상승하면 소득유통속도는 어떻게 변화하는가?

(다) 물가수준이 상승하면 소득유통속도는 어떻게 변화하는가?

(라) 시간당 실질임금이 상승하면 소득유통속도는 어떻게 변화하는가?

(마) 사회가 불안정해져서 현금을 가지고 다닐 때 강도를 당할 확률이 증가하면 소득유통속도는 어떻게 변화하는가?

(바) 사람들이 은행에 가는 횟수를 최적화하기보다는 관행에 의해 특정 횟수로 고정시키면 소득유통속도는 어떻게 변화하는가?

7. 김선달의 한 달 월급은 400만원, 시간당 임금은 10만원, 은행에 다녀오는 데 걸리는 시간은 12분, 1개월 만기 이자율은 1%(연 이자율 12%)라고 하자. 보몰－토빈 모형에 의하면 김선달은 한 달에 몇 번 은행에 갈 것인가?

8. 김선달의 30일 동안의 월급은 30만원이고, 은행에 한 번 갈 때 발생하는 고정비용 F는 200원, 30일 동안의 이자율은 0.009이면 현실적으로 가능한 최적 평균화폐잔고는?

9. 불확실성이 증가하면 예비적 동기의 화폐수요는 어떻게 변화하는가?

10. 생산이 원래 자연율 수준에 있다고 하자. 사람들이 그들의 자산구성 가운데 $M1$보다는 뮤추얼펀드의 보유비중을 높이고자 한다고 하자.

(가) 이러한 변화가 $M1$의 수요에 미치는 영향은?

(나) 이러한 변화가 LM곡선, 총수요곡선, 물가수준에 미치는 영향은?

(다) 통화당국이 물가수준을 안정시키고자 한다면 어떤 정책을 사용해야 하는가?

(라) 위의 분석에 기초하여 통화지표와 인플레이션의 관계를 논하라.

15 소 비

E·C·O·N·O·M·I·C

주요개념

케인즈 소비함수
한계소비성향
장기저축성향
단기소비함수
장기소비함수
미래를 고려하는 소비이론
기간간 대체이론
인생주기가설
항상소득가설
항상소득
일시소득
근시안적 행동
예비적 저축
유동성제약
쌍곡선 소비이론

C·H·A·P·T·E·R

15 소 비

Franco Modiglian(1918–2003)

미국, MIT대학 교수

1985년 노벨경제학상 수상
"저축과 금융시장에 관한
선구적인 분석들에 대한 공로"

소비는 GDP를 구성하는 항목 중 가장 큰 항목이지만 일반적으로 GDP보다 변동폭이 작은 항목이다. 소비는 내구재 소비, 비내구재 소비, 서비스 소비로 구성되어 있다. 이 가운데 내구재 소비의 변동이 가장 심하다. 이것은 내구재가 투자재와 비슷한 성격을 가지기 때문으로 보인다. 비내구재 소비와 서비스 소비의 변동폭은 GDP를 구성하는 다른 항목들에 비해 상대적으로 작으며, 서비스 소비의 변동폭이 가장 작다. [그림 15-1]은 내구재, 비내구재 및 서비스 소비의 변동을 나타내고 있다.

그림 15-1 내구재, 비내구재, 서비스 소비의 성장률

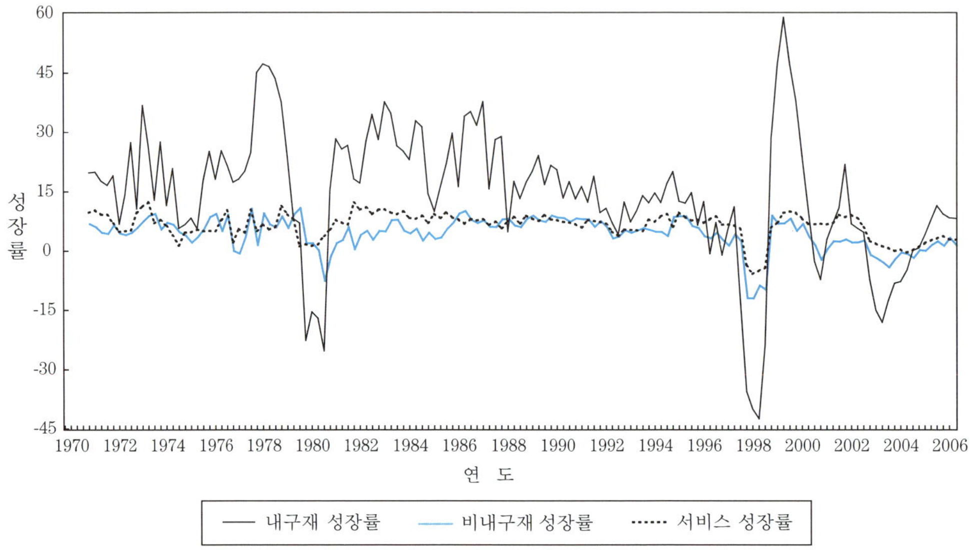

이 그림은 내구재, 비내구재 및 서비스 소비의 증가율을 나타내고 있다. 소비의 구성항목 가운데 내구재 소비의 변동이 가장 심하다. 이것은 내구재가 투자재와 비슷한 성격을 가지기 때문으로 보인다. 비내구재 소비와 서비스 소비의 변동폭은 *GDP*를 구성하는 다른 항목들에 비해 상대적으로 매우 작으며 서비스 소비의 변동폭이 가장 작다.

지금까지 우리는 실물경기변동이론을 소개할 때를 제외하고는 소비를 간단히 가처분 소득의 함수라고 가정하였다. 그러나 소비는 현재의 가처분 소득뿐만 아니라 미래의 가처분 소득, 자본소득, 부, 실질이자율 등의 함수이다. 본 장에서는 먼저 케인즈의 소비이론을 소개하고, 그것의 문제점을 지적한 후, 케인즈 소비이론의 문제점을 해결하기 위해 제시된 새로운 소비이론들을 소개한다. 케인즈 소비이론의 문제점을 해결하기 위해 제시된 이론들은 기본적으로 현재뿐만 아니라 미래를 고려하는 소비이론이다. 그러나 미래를 고려하는 소비이론들도 현실세계의 소비를 완전히 설명하지는 못한다. 최근에는 이러한 점을 보완하기 위해 쌍곡선 소비이론 등 심리학과 경제학을 결합시키는 노력이 시도되고 있다.

제 1 절 케인즈의 소비이론

케인즈의 소비이론은 엄밀한 미시경제학적 기초를 가지고 있거나 엄밀한 자료분석에 기초하여 도출된 것은 아니다. 그러나 그의 소비이론은 정부구입승수로 대변되는 재정정책에 관한 이론과 더불어 대공황을 극복하기 위해 실시된 뉴딜정책 등의 이론적 타당성을 제공했다는 점에서 높이 평가할 수 있다. 그의 소비이론은 다음과 같이 정리할 수 있다.

첫째, 소비를 결정하는 가장 중요한 요인은 소득이다. 그는 고전학파와는 달리 이자율은 이론적으로는 소비에 영향을 미칠 수 있지만 소득이 주어진 상태에서 그 영향은 부차적이고 상대적으로 중요하지 않다고 보았다.

둘째, 한계소비성향은 0과 1사이이다. 케인즈는 이것을 근본적인 심리적 법칙의 하나로 간주하였다.

셋째, 평균소비성향은 소득이 증가함에 따라 감소한다. 케인즈는 저축을 사치재로 간주하고 부자일수록 가난한 사람보다 상대적으로 저축을 많이 할 것으로 기대했다.

이상의 케인즈 이론을 소비함수로 나타내면 $C=a+bY(a>0,\ 0<b<1)$가

그림 15-2 케인즈 소비함수

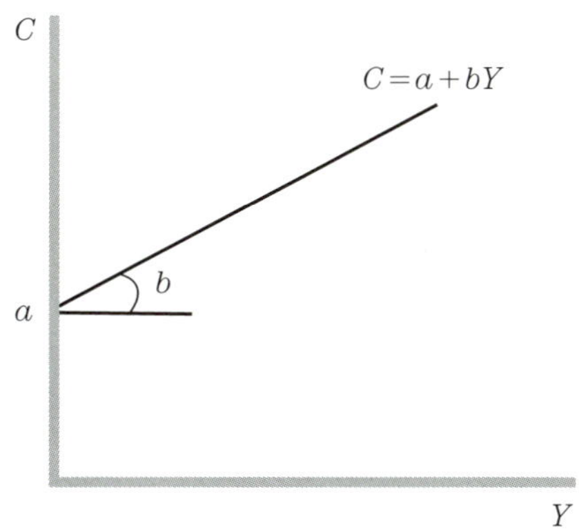

케인즈 소비함수는 $C=a+bY(a>0,\ 0<b<1)$로 나타낼 수 있다. 평균소비성향은 원점에서 소비함수 상으로 선을 그어서 그 선의 기울기(C/Y)를 측정하면 된다. 그림으로부터 평균소비성향은 소득이 증가함에 따라서 감소함을 확인할 수 있다. 이것은 소득이 증가함에 따라서 평균저축성향이 증가함을 의미한다.

되고, 이것을 그래프로 나타내면 [그림 15-2]와 같다. 그림에서 평균소비성향은 원점에서 소비함수상으로 선을 그어서 그 선의 기울기(C/Y)를 측정하면 된다. 그림으로부터 평균소비성향은 소득이 증가함에 따라서 감소함을 확인할 수 있다. 이것은 소득이 증가함에 따라서 평균저축성향이 증가함을 의미한다.

케인즈 소비이론에 대한 회의

많은 경제학자들은 케인즈 소비이론에 바탕을 두고 소득이 계속 증가하면 제 2 차 세계대전 이후 저축이 증가할 것으로 예상했다. 그들은 한 걸음 더 나아가 전후 정부의 전비지출이 감소할 때 저축의 증가를 충분히 흡수할 수 있을 정도로 투자가 늘어나지 않으면 유효수요가 부족하게 되어 불황이 찾아올 것으로 예상했다. 그러나 이러한 예상과는 달리 세계경제는 제 2 차 세계대전 이후에도 지속적으로 성장하였다.

케인즈 소비이론에 대한 또 다른 문제점은 1971년 노벨상 수상자인 쿠즈네츠의 연구에 의해 제기되었다. 그는 1929년부터 1941년 사이의 자료를 통해 단기소비함수를 추정한 결과 케인즈의 이론을 뒷받침할 수 있는 $C=a+bY$, ($a>0$, $0<b<1$) 형태의 소비함수를 얻었다. 그러나 장기간의 자료를 사용하여 장기평균소비성향을 분석한 결과 1869년부터 1898년까지의 30년간 평균소비성향이 0.867, 1884년부터 1913년까지의 평균소비성향이 0.867, 1904년부터 1933년까지의 평균소비성향이 0.879임을 발견하였다. 이것은 장기적으로 평균

그림 15-3 단기 및 장기소비함수

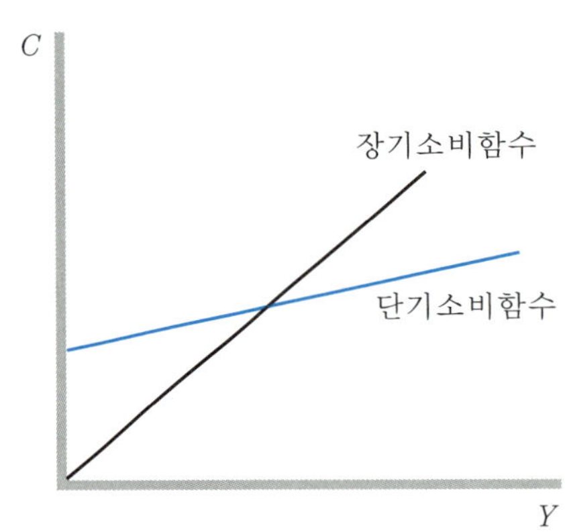

쿠즈네츠의 연구결과는 소비함수가 단기적으로는 케인즈의 소비함수와 동일한 형태를 가지지만, 장기적으로는 원점을 통과하고 기울기는 1에 가까운 형태를 가짐을 시사한다.

소비성향 혹은 평균저축성향이 일정함을 의미하며, 케인즈 이론의 반증으로 간주될 수 있다.

쿠즈네츠의 연구결과는 [그림 15-3]에 묘사된 것처럼 소비함수가 단기적으로는 케인즈의 소비함수와 동일한 형태를 가지지만, 장기적으로는 원점을 통과하고 기울기는 1에 가까운 형태를 가짐을 시사한다.

제 2 절 미래를 고려하는 소비이론

1. 기간간 대체이론

케인즈의 소비이론이 각광을 받던 시기에 미국의 피셔는 독자적으로 소비이론을 개발하였는데 그는 소비는 현재의 소득뿐만 아니라 미래의 모든 소득에 의존한다고 보았다. 피셔의 소비이론은 미시적 기초에 근거한 소비이론의 효시로 볼 수 있으며, 그 내용은 이미 제10장의 미시경제학적 기초에서 소개하였다.

2. 인생주기가설(life cycle hypothesis)

MIT대학의 모딜리아니 교수와 그의 동료들은 케인즈 소비함수의 문제점을 해결하기 위해 소비가 현재의 소득뿐만 아니라 일생 동안의 소비가능자원에 의존한다는 이론을 1950년대에 개발하였는데, 우리는 이것을 인생주기가설이라고 부른다.[1] 인생주기가설의 이해를 위해 불확실성이 없고, 이자지급도 없으며, 유산상속이나 증여도 없다고 가정하자. 또한 개별 경제주체들은 가능하면 소비를 일생 동안 일정하게 유지하려고 한다고 가정하자.

소비를 일정하게 유지하는 것이 합리적 행동임을 이해하기 위해 2기간 모

1) 인생주기가설은 다음의 논문에 잘 요약되어 있다.
Modigliani, Franco, "Life Cycle, Individual Thrift, and the Wealth of Nations," *American Economic Review*, June 1986, pp. 297-313.

형에서 1기 및 2기의 소비를 일정하게 유지하는 경우와 모든 소비가 1기에 집중되어 있는 경우를 고려해 보자. 모든 소비가 1기에 집중되어 있는 경우 한계효용체감의 법칙에 비추어 볼 때 1기의 소비를 조금씩 2기로 이전시키는 것이 일생 동안의 효용을 증대시키는 방법이다. 그것은 소비가 적은 기의 소비를 증가시킴으로써 얻는 효용의 증가가 소비가 많은 기의 소비를 감소시킴으로써 잃는 효용의 감소보다 크기 때문이다. 이와 같은 논리를 반복하면 1기와 2기의 소비가 다른 경우 소비가 많은 기의 소비를 소비가 적은 기의 소비로 이전시켜서 두 기간 동안의 소비를 일정하게 유지하는 것이 일생 동안의 효용을 극대화하는 방법임을 알 수 있다.

이와 같은 가정하에 매기의 소비를 C, 일생을 L, 태어나서 취업할 때까지의 기간을 20, 태어나서 은퇴할 때까지의 기간을 N, 일하는 기간 동안 매기의 소득을 Y라고 하고, 현재 및 미래의 실질이자율이 0이라고 가정하면 다음의 예산제약식을 도출할 수 있다.[2)]

$$C = \frac{Y(N-20)}{L} \qquad \cdots\cdots \ (15-1)$$

[그림 15-4]는 소비와 소득의 일생 동안의 시간경로를 보여주고 있다. 모

그림 15-4 소비와 소득의 일생 동안의 시간경로

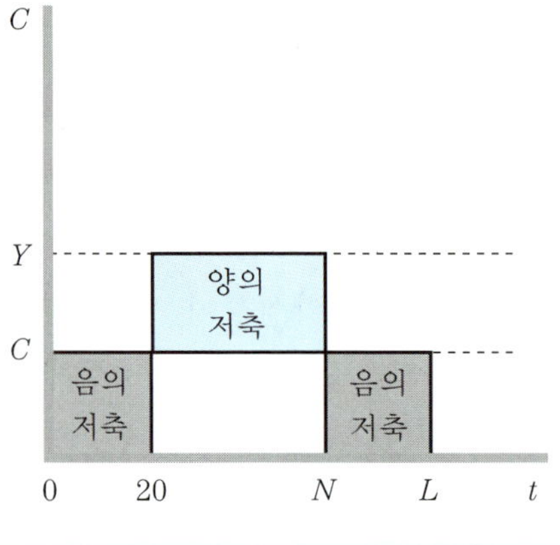

이 그림은 소비와 소득의 일생 동안의 시간경로를 보여주고 있다. 모형에서 소비와 소득의 흐름은 일정하다고 가정하였으므로 각각 주어진 수준에서 수평선으로 나타나고 있다. 태어나서 취업할 때까지는 소득은 없는데 소비만 하므로 음의 저축을 하게 된다. 취업 이후 은퇴할 때까지는 소득이 소비를 초과하므로 저축을 하여 취업 이전에 진 빚을 갚고 계속해서 노후에 대비하여 부를 축적한다. 개별가계의 부는 은퇴할 때까지 증가하여 은퇴하는 시점에 최대가 된다. 은퇴 이후에는 노동소득이 없으므로 음의 저축을 하게 되고 취업기간 동안 축적한 부를 죽을 때까지 일정하게 소모하여 죽는 순간에 모든 부를 소진시킨다.

2) 보다 엄밀하게 예산식을 세우려면 현재 및 미래의 소득과 소비를 실질이자율로 할인해서 현재가치식으로 표현해야 한다.

형에서 소비와 소득의 흐름은 일정하다고 가정하였으므로 각각 주어진 수준에서 수평선으로 나타나고 있다. 태어나서 취업할 때까지는 소득은 없는데 소비만 하므로 음의 저축을 하게 된다. 취업 이후 은퇴할 때까지는 소득이 소비를 초과하므로 저축을 하여 취업 이전에 진 빚을 갚고 계속해서 노후에 대비하여 부를 축적한다. 개별가계의 부는 은퇴할 때까지 증가하여 은퇴하는 시점에 최대가 된다. 은퇴 이후에는 노동소득이 없으므로 음의 저축을 하게 되고 취업기간 동안 축적한 부를 죽을 때까지 일정하게 소모하여 죽는 순간에 모든 부를 소진시킨다.

이제 T시점에 개별 경제주체가 A의 부를 보유하고 있고, 남은 $N-T$기간 동안 매기의 노동소득은 Y로 주어지고, 앞으로 $L-T$ 기간을 더 생존한다고 가정하자. 그러면 남은 기간 동안 예산제약식은 다음과 같다.

$$C(L-T)=A+Y(N-T) \qquad \cdots\cdots \ (15-2)$$

양변을 $L-T$로 나누면 소비함수는 다음과 같다.

$$C=aA+cY,\ a=1/(L-T),\ c=(N-T)/(L-T),\ L>T \qquad \cdots\cdots \ (15-3)$$

위의 소비함수는 현재의 소비가 현재의 자산 또는 부 및 일생 동안의 소득에 의존함을 시사한다. 이 소비함수에서 a는 부로부터의 한계소비성향을, c는 소득으로부터의 한계소비성향을 의미하며, $N-T>1$인 한 소득으로부터의 한계소비성향이 부로부터의 한계소비성향보다 크다는 것을 알 수 있다. 식 (15-3)으로부터 한계소비성향은 인생의 어느 시점에 있는가에 의존함을 알 수 있다. 인생의 말년에 가까와질수록 부로부터의 한계소비성향이 상대적으로 커짐을 알 수 있다. 또한 은퇴기간에 비해 취업기간을 상대적으로 증가시키면 일생 동안의 소득이 증가하고 음의 저축을 하는 기간이 감소하므로 소비는 증가하게 된다. 안도와 모딜리아니는 제 2 차 세계대전 이후의 자료를 이용하여 위의 소비함수를 추정한 결과, a는 0.06, c는 0.7임을 발견하였다. 소득으로부터의 한계소비성향이 부로부터의 한계소비성향보다 크므로 이것은 인생주기가설의 증거로 간주될 수 있다.

소비함수(식 15-3)로부터 평균소비성향을 구하면 다음과 같다.

$$C/Y=a(A/Y)+c \qquad \cdots\cdots \ (15-4)$$

부는 개인과 개인 간에 혹은 매해에 소득과 비례하지는 않는다. 따라서 개인과 개인 간의 횡단면 자료나 단기적 시계열 자료를 분석해보면 소득이 높을수록 평균소비성향은 감소할 것이다. 그러나 장기적으로 부가 소득과 같이 움직이면 A/Y 비율이 일정하게 되고 평균소비성향은 일정하게 된다.

이상을 다른 관점에서 보면 다음과 같다. 단기적으로 부가 일정하게 주어진 상태에서 소비함수 (15-3)은 케인즈의 소비함수와 동일한 형태를 가진다. 그러나 장기적으로 소득이 증가함에 따라 부가 증가하면 단기소비함수는 [그림 15-5]에서처럼 위로 이동하게 되고, 이것은 소득이 증가함에 따라 평균소비성향이 감소하는 것을 방지해 준다. 이러한 방법으로 모딜리아니는 쿠즈네츠가 발견한 사실들을 설명할 수 있었다.

인생주기가설의 중요한 시사점 가운데 하나는 노인들의 저축은 음이라는 사실이다. 이러한 함의를 실증분석한 연구결과들에 의하면 노인들은 이 이론이 암시하는 것과는 달리 축적한 부를 빨리 소모하지 않는다. 이러한 사실은 인생주기가설에 불리한 증거라고 볼 수 있다. 노인들이 인생주기가설이 시사하는 것과는 달리 축적한 부를 빨리 소모하지 않는다는 사실을 불확실한 미래에 대비한 노인들의 예비적 저축으로 설명할 수 있다. 노인들이 당면하고 있는 불확실성 가운데 하나는 그들이 언제 사망할지 알 수 없다는 것이고, 또 다른 불확실성은 언제 노환에 시달릴지 모른다는 것이다. 만약 보험으로 이러한 위험들을 제거할 수 없다면 그들은 그들이 축적한 부를 인생주기가설이 시사하

그림 15-5 인생주기가설과 단기 및 장기소비함수

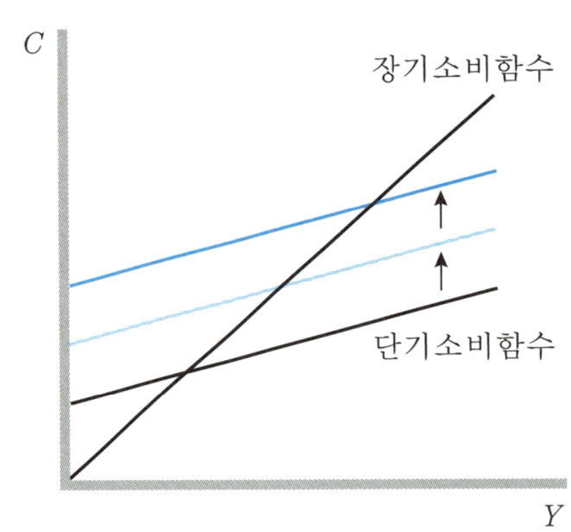

소비함수는 단기적으로 부가 일정하게 주어진 상태에서는 케인즈의 소비함수와 동일한 형태를 가진다. 그러나 장기적으로 부가 소득이 증가함에 따라 증가하면 단기소비함수는 위로 이동하게 되고, 이것은 소득이 증가함에 따라 평균소비성향이 감소하는 것을 방지해준다

는 것처럼 빨리 소모하지는 않을 것이다. 노인들이 축적한 부를 빨리 소모하지 않는다는 사실을 설명할 수 있는 또 다른 가능성은 노인들이 자손들을 위해 혹은 기부를 위해 유산을 남기려 한다는 사실에서 찾을 수 있다.

3. 항상소득가설(permanent income hypothesis)

시카고 대학의 프리드만[3]은 모딜리아니와는 독립적으로 새로운 소비이론을 개발하였는데, 우리는 이것을 항상소득가설이라고 부른다. 프리드만은 케인즈의 소비함수는 부적절한 변수를 사용하고 있다고 주장했다(이것을 계량경제학적 관점에서 errors in variables 문제라고 한다). 그가 개발한 항상소득가설에 의하면 소비는 현재의 소득에 의존하는 것이 아니라 항상소득(Y_P)에 의존한다. 프리드만에 의하면, 케인즈 소비함수는 현재의 소득만 고려하는 변수선정의 오류를 범하였으며, 이로 인해 쿠즈네츠가 일견 모순되는 사실들을 발견하였다는 것이다. 그에 의하면 소비는 다음과 같이 항상소득의 함수로 나타낼 수 있다.

$$C = kY_P \qquad \cdots\cdots (15-5)$$

프리드만은 애초에 항상소득은 과거소득의 가중평균으로 나타낼 수 있다고 보았다. 그러나 합리적 기대를 고려하면 항상소득은 개별 경제주체들이 보유하고 있는 자산 및 미래소득의 현재가치로 해석할 수 있다.

항상소득가설에 입각하여 케인즈 소비함수의 문제점을 해결해 보자. 항상소득은 장기적인 평균소득으로 해석할 수 있으므로 장기적으로 평균소비성향이 일정하다는 사실을 쉽게 설명할 수 있다. 또한 단기적으로도 소득이 증가함에 따라 평균소비성향이 감소하는 사실을 항상소득가설을 이용하여 설명할 수 있다. 항상소득가설에 의하면 평균소비성향(C/Y)은 항상소득의 현재소득에 대한 비율(Y_P/Y)에 의존한다. 현재소득이 일시적으로 항상소득보다 크면 평균소비성향은 일시적으로 하락하게 되고, 현재소득이 일시적으로 항상소득보다 작으면 평균소비성향은 일시적으로 증가하게 된다.

가계를 횡단면으로 분석하더라도 쿠즈네츠가 발견한 사실들을 설명할

3) Milton Friedman, *A Theory of the Consumption Function*, Princeton, N. J., Princeton University Press, 1957.

수 있다. 아래에서 설명하듯이 항상소득으로부터의 한계소비성향이 일시소득으로부터의 한계소비성향보다 크다. 따라서 가계의 소득(Y)을 항상소득(Y_P)과 일시적 소득(Y_T)으로 구분하면 항상소득이 높은 가계의 소비가 상대적으로 클 것이다. 만약 현재소득의 모든 변화가 항상소득의 변화를 반영하면 개별가계들의 평균소비성향은 동일할 것이다. 그러나 현재소득의 변화 중 일부는 일시적 소득의 변화를 반영하는 경우가 있을 것이다. 이러한 경우 일시적 소득의 증가(감소)로 인해 소득이 높은(낮은) 가계의 평균소비는 상대적으로 작을(클) 것이다. 이 모든 경우를 경제전체적으로 평균하면 소득이 높은 가계의 평균소비성향은 소득이 낮은 가계의 평균소비성향보다 상대적으로 작을 것이다.

이제 소득의 변화와 한계소비성향을 비교해 보자. 소득의 변화가 영원하면 유산을 남기려고 하지 않는 한 한계소비성향은 1에 가까울 것이다. 예를 들어서 소득세가 영원히 10만원 감면되면 소비는 영원히 10만원 늘어날 것이다. 그러나 소득의 변화가 일시적이면 일시적으로 늘어난 소득을 남은 일생 동안 균등하게 소비증가로 배분하려고 할 것이므로 한계소비성향은 0에 가까울 것이다. 예를 들어서 소득세가 일시적으로 10만원 감면되고 앞으로 남은 인생이 20년이면 소비는 매년 5,000원만큼만 증가할 것이다. 이 경우에 한계소비성향은 0.05(=5,000/100,000)가 될 것이다.

홀의 임의보행(random walk) 가설

항상소득가설에 의하면 소비자들은 비록 그들의 소득이 실제로는 변화하지만 소비는 될 수 있으면 일생 동안 일정하게 유지하려고 노력한다. 매 시점에 소비자들은 그들의 미래소득에 대한 예상에 바탕을 두고 소비를 결정한다. 따라서 시간이 경과함에 따라 새로운 뉴스 혹은 정보를 입수하게 되면 그들의 미래소득에 대한 예상이 변화하게 되고, 소비도 변화하게 된다. 예를 들어서, 예상치 않게 미래소득이 증가할 것으로 예상되면 소비를 증가시킬 것이고, 예상치 않게 미래소득이 감소할 것으로 예상되면 소비를 감소시킬 것이다. 따라서 소비자들이 일생 동안의 소득을 예상하기 위해 이용가능한 모든 정보를 적절히 사용한다면 일생 동안의 소득의 기대값의 변화에 따른 소비의 변화는 과거의 정보를 사용하여 미리 예상할 수 없게 된다. 이 경우에, 미래소비에 대한 최적 예상치는 일생 동안의 소득에 대한 최적예상으로부터 결정된 현재의 소비가 될 것이다. 이러한 함의를 시계열 회귀선으로 나타내면 다음과 같다.

$$C_{t+1}=C_t+e_{t+1}$$

시계열분석에 의하면 위의 식은 소비가 임의보행을 따르는 것을 의미한다.

Hall, Robert E., "Stochastic Implications of the Life Cycle−Permanent Income Hypothesis: Theory and Evidence," *Journal of Political Economy* 86, April 1978, pp. 971−987.

저축률과 경기변동

미래를 고려하는 소비이론이 암시하는 바는 소비자들이 현재의 소득뿐만 아니라 미래의 소득까지 고려해서 소비를 결정한다는 것이다. 만약 소비자들이 미래의 소득이 올라갈 것으로 예상하면 현재의 소비를 늘릴 것이고, 미래의 소득이 내려갈 것으로 예상하면 현재의 소비를 줄일 것이다. 이것을 다시 표현하면, 현재의 저축률이 낮으면 소비자가 미래의 소득에 대해 낙관적인 것을 암시하고, 반대로 현재의 저축률이 높으면 소비자가 미래의 소득에 대해 비관적인 것을 암시한다. 이러한 추론이 맞다면 실증분석을 할 때, 소득증가율이 높은(낮은) 기간이 저축률이 낮은(높은) 기간을 뒤따라야 할 것이다. 캠벨의 연구에 의하면 실제로 불황을 앞두고 저축률이 상승하는 경향이 있고, 호황을 앞두고 저축률이 하락하는 경향이 있다. 이것은 미래를 고려하는 소비이론에 우호적인 증거라고 할 수 있다. 그러나 캠벨은 저축이 미래를 고려하는 소비이론이 암시하는 것보다는 항상소득의 변화에 비해 상대적으로 작게 움직인다는 사실을 발견하였다. 즉, 소비가 미래를 고려하는 소비이론이 암시하는 것보다는 항상소득에 둔감하게 반응한다는 것이다. 이것은 소비가 미래를 고려하는 소비이론이 시사하는 것보다는 현재소득에 민감하게 반응하는 것을 의미한다.

Campbell, John Y., "Does Saving Anticipate Declining Labor Income?" *Econometrica* 55, November 1986, pp. 1249−1273.

일본의 저축률이 높은 이유

하야시는 일본의 저축률이 미국보다 높은 이유를 여러 가지 각도에서 분석하였다. 우선 생각해 볼 수 있는 것은 일본과 미국의 연령별 인구분포가 달라서 일본의 저축률이 미국의 저축률보다 높을 수 있다는 것이다. 그러나 하야시는 엄밀한 분석결과 서로 다른 인구분포가 양국의 커다란 저축률 차이를 설명할 수는 없다는 사실을 발견하였다. 그 밖에도 일본의 저축률이 미국보다 높은 이유로 제시된 대표적 가설들은 다음과 같다.

첫째, 일본에서는 대출을 받기가 상대적으로 어렵다. 예를 들어서, 미국에서는 집을 구입할 때 선불이 집값의 약 10%임에 비해 일본은 약 40%이므로 집을 구입하려면 더 많은 저축을 하여야 한다. 특히 일본의 집값은 여타 국가에 비해 훨씬 높으므로 더욱 더 많은 저축을 필요로 한다.

둘째, 일본의 조세제도는 다른 국가에 비해 상대적으로 자본소득에 대해 관대하므로 저축을 할 유인이 상대적으로 크다.

셋째, 문화적 차이로 인해 일본의 소비자는 다른 나라 사람보다 저축성향이 높을 수 있다. 다시 말하면 일본인은 다른 나라 사람들과는 달리 민족성이 저축을 많이 하는 종족이라는 것이다 (그러나 캐롤-리-리는 캐나다 이민자 중 일본계의 소비행태가 다른 나라 출신 이민자들과 차이가 없음을 발견하였다. 이것은 문화적 차이로 인해 일본의 저축률이 높다는 주장에 대한 반증이 될 수 있다).

넷째, 일본과 다른 나라의 GDP 작성상의 차이로 인해 일본의 저축률이 과대평가될 수 있다. 예를 들어서 미국에서는 정부소비로 간주되는 부분이, 일본에서는 정부투자로 간주되어 일본의 저축률을 상대적으로 높게 만들 수 있다(GDP 항등식에서 저축 = 투자임을 기억하라). 또한 일본은 감가상각을 시장가치보다 역사적 가치에 기초하여 계산하는 까닭에, 인플레이션이 일반적인 경제상황하에서 진정한 감가상각을 과소평가하고, 순저축을 과대평가할 수 있다.

하야시는 후속연구에서 네 번째 가설을 일본의 저축률이 다른 선진국에 비해 상대적으로 높은 가장 중요한 이유로 제시하였다.

Carroll C. D., Rhee, B. and C. Rhee, "Are There Cultural Effects on Saving? Some Cross-Sectional Evidence," *Quarterly Journal of Economics* 109, 1994, pp. 685-700.

Hayashi, Fumio "Why Is Japan's Saving Rate So Apparently High?" *NBER Macroeconomics Annual,* 1986, pp. 147-210.

Hayashi, Fumio, "Is Japan's Saving Rate High?" *Quarterly Review* FRB Minneapolis 13, Spring 1989, pp. 3-9.

4. 새로운 소비이론의 문제점

이미 언급한 캠벨의 연구에 의하면 소비는 미래를 고려하는 소비이론이 시사하는 것보다는 항상소득의 변화에 대해서 지나치게 둔감하게 반응하고 현재소득의 변화에 대해서 지나치게 민감하게 변화한다. 이와 같은 사실은 다른 연구에서도 많이 언급되었다.

단기적 경기변동의 주요한 특징 중 하나는 소비의 변화가 항상소득의 변화에 비해 지나치게 완만하다는 것이다. 특히 서비스 부문의 소비는 경기변동과 무관하게 완만하게 지속적으로 증가하고 있으며, 소비항목 중 가장 완만한 형태를 보이고 있다. 서비스 소비에 비해 비내구재의 소비는 상대적으로 약간 변화가 심하고, 내구재의 소비는 가장 변화가 심하다. 따라서 서비스가 GDP에서 차지하는 비중이 증가하면 할수록 소비는 점점 더 완만해질 것이다.

소비의 완만함은 소비지출 대신 소비를 고려하면 더욱 더 두드러진다. 예를 들어서 자동차를 구입하는 경우 소비지출은 자동차를 구입할 때 발생하지만, 소비는 자동차를 사용하는 기간 동안 지속적으로 발생하기 때문이다.

새로운 소비이론의 두 번째 문제점은, 소비의 변화가 비록 케인즈의 소비이론이 시사하는 것처럼 현재소득의 변화에 대해서만 반응하지는 않지만, 일시적 소득의 변화에 지나치게 민감하게 반응한다는 것이다. 새로운 소비이론들을 따를 경우 단기적 한계소비성향은 실제 자료가 시사하는 값보다는 작아야 한다.

제 3 절 유동성제약 이론(liquidity constraint theory)

위에서 언급한 문제점들을 해결하기 위해 여러 가지 가설들이 제시되고 있다. 우선 생각해볼 수 있는 것은 소비자들이 유동성제약 문제에 직면하고 있다는 것이다. 또 다른 가능성은 미래를 고려하는 소비이론이 가정하는 것보다는 소비자들이 근시안적이라는 것이다. 이 가운데 유동성제약 이론이 현재로서는 가장 설득력을 얻고 있는 것으로 보인다. 유동성제약 문제를 이해하기 위해 소비자가 미래의 소득을 담보로 은행에서 대출을 받을 수 없다고 하자. 이 경우에 어떤 소비자건 현재의 소득 이상으로 현재의 소비를 할 수는 없다. 따라서 유동성제약에 직면한 소비자의 예산선은 [그림 15-6]과 같이 나타낼 수 있다.

경제내의 일부 소비자 특히 채권자가 되려고 하는 사람은 현재의 소비를 현재의 소득보다 작게 하려고 하므로 [그림 15-7]에서 보듯이 유동성제약이

그림 15-6 유동성제약과 예산선

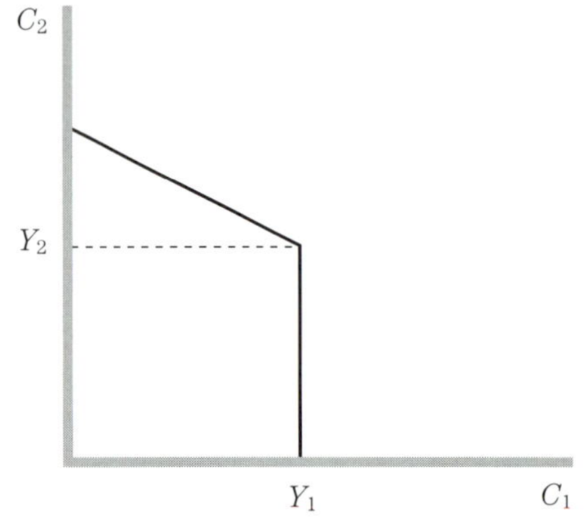

유동성제약문제를 이해하기 위해 소비자가 미래의 소득을 담보로 은행에서 대출을 받을 수 없다고 하자. 이 경우에 어떤 소비자건 현재의 소득 이상으로 현재의 소비를 할 수는 없다. 따라서 유동성제약에 직면한 소비자의 예산선은 그림과 같이 나타낼 수 있다.

그들의 효용을 극대화함에 있어서 구속요인이 되지 않는다. 그러나 채무자가 되려는 사람은 현재의 소비를 현재의 소득보다 크게 하고자 하지만 유동성제약으로 인해 효용을 극대화함에 있어서 구속을 받게 된다. 따라서 채무자가 되려고 하는 소비자의 소비는 현재의 소득에 의존하게 된다. 이 경우에 Y_1에서 Y_1'로 현재소득이 늘어나면 [그림 15-8]에서 보듯이 소비가 늘어난다. 비록 그들이 미래를 고려하는 소비이론들이 상정하는 종류의 소비자라고 할지라도 그들의 소비는 현재소득에 민감하게 반응하고, 그들의 소비행태는 미래를

그림 15-7 유동성제약과 채권자의 소비

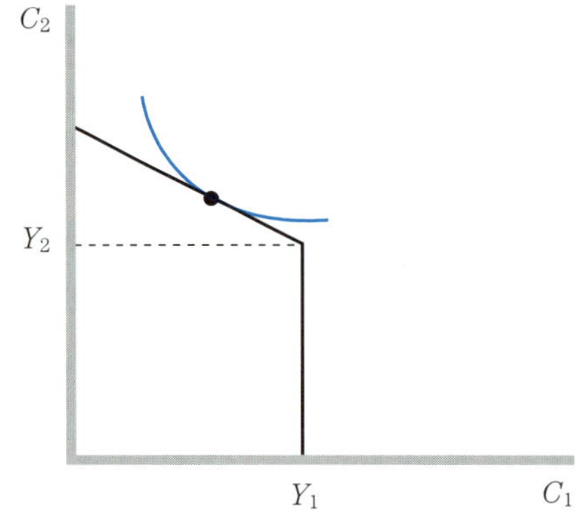

경제내의 일부 소비자 특히 채권자가 되려고 하는 사람은 현재의 소비를 현재의 소득보다 작게 하려고 하므로 유동성 제약이 그들의 효용을 극대화함에 있어서 구속요인이 되지 않는다.

그림 15-8 유동성제약과 채무자의 소비

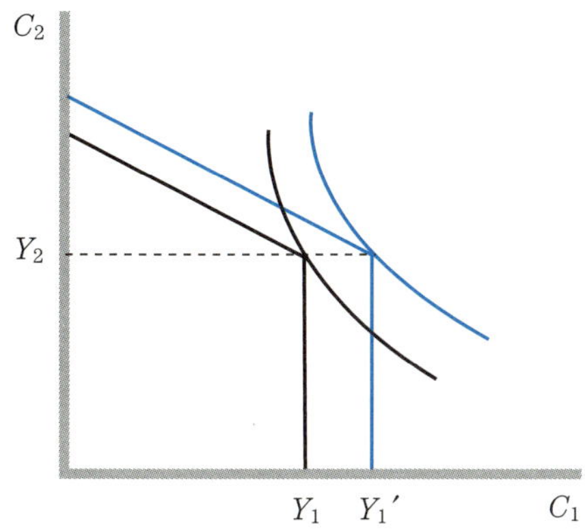

채무자가 되려는 사람은 현재의 소비를 현재의 소득보다 크게 하고자 하지만 유동성 제약으로 인해 효용을 극대화함에 있어서 구속을 받게 된다. 따라서 채무자가 되려고 하는 소비자의 소비는 현재의 소득에 의존하게 된다. 이 경우에 현재소득이 Y_1에서 Y_1'로 늘어나면 소비가 늘어난다.

고려하는 소비이론보다는 케인즈의 소비이론에 의해 보다 잘 설명될 수 있게 된다.

제 4 절 예비적 저축

앞에서 우리는 인생주기가설이나 항상소득가설이 현실을 완전히 설명하지 못하는 이유 중의 하나로 예비적 저축을 생각해 볼 수 있다고 언급하였다. 예비적 저축이란 불확실한 미래에 대비하여 소비자들이 소비를 줄이고, 저축을 늘리는 현상을 일컫는다.

효용함수의 1차 미분이 양의 값을 갖고, 2차 미분이 음의 값을 가지며, 3차 미분이 양의 값을 가진다고 하자. 그러면 한계효용함수(효용함수의 1차 미분)는 한계효용－소비 평면에서 원점에 대해 볼록한 형태를 가진다([그림 15-9] 참조). 다음 기에 1/2의 확률로 C_B를 소비할 수도 있고, 1/2의 확률로 C_A를 소비할 수도 있다고 하자. 이 경우 다음 기의 소비의 기대값($E_t C_{t+1}$)은 $\frac{C_A+C_B}{2}$가 된다. 한계효용함수가 원점에 대해 볼록하면 다음 기에 기대되는 소비로부터의 한계효용($u'[E_t\ C_{t+1}]$)보다 다음 기의 한계효용의 기대값($E_t[u'(C_{t+1})]) = [u'$

그림 15-9 불확실성과 한계효용함수

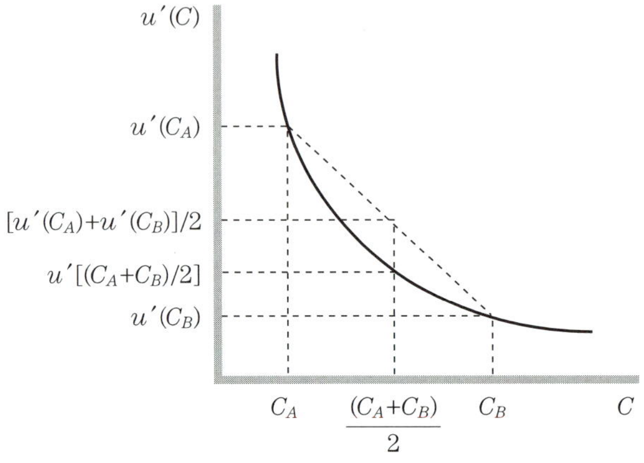

효용함수의 1차 미분이 양의 값을 갖고, 2차 미분이 음의 값을 가지며, 3차 미분이 양의 값을 가진다고 하자. 그러면 한계효용함수는 한계효용-소비 평면에서 원점에 대해 볼록한 형태를 가진다. 다음 기에 1/2의 확률로 C_B를 소비할 수도 있고, 1/2의 확률로 C_A를 소비할 수도 있다고 하자. 이 경우 다음 기의 소비의 기대값(E_tC_{t+1})은 $\frac{C_A+C_B}{2}$가 된다. 한계효용함수가 원점에 대해 볼록하면 다음 기에 기대되는 소비로부터의 한계효용($u'[E_tC_{t+1}]$)보다 다음 기의 한계효용의 기대값($E_t[u'(C_{t+1})]=[u'(C_A)+u'(C_B)]/2$)이 더 크게 된다.
불확실성의 증가가 소비에 미치는 영향을 분석하기 위해 현재의 소비가 다음 기의 기대소비값($C_t=E_tC_{t+1}$)과 같다고 하자. 이 경우에 $u'(C_t)$는 $E_t[u'(C_{t+1})]$ 보다 작다. 이것은 현재의 소비를 한 단위 줄일 때 발생하는 효용의 감소가 다음 기의 소비를 한 단위 증가시킬 때 기대되는 효용의 증가보다 작은 것을 의미한다. 현재의 소비를 한 단위 줄일 때 발생하는 효용의 감소가 다음 기의 소비를 한 단위 증가시킬 때 기대되는 효용의 증가보다 작으면, 일생 동안의 효용극대화를 추구하는 합리적인 소비자들은 현재 소비를 한 단위 줄이고 저축을 하여 미래의 소비를 증가시키려고 할 것이다.

$(C_A)+u'(C_B)]/2)$이 더 크게 된다.

불확실성의 증가가 소비에 미치는 영향을 분석하기 위해 현재의 소비가 다음 기의 기대소비값($C_t=E_tC_{t+1}$)과 같다고 하자. 이 경우에 $u'(C_t)$는 $E_t[u'(C_{t+1})]$보다 작다.[4] 이것은 현재의 소비를 한 단위 줄일 때 발생하는 효용의 감소가 다음 기의 소비를 한 단위 증가시킬 때 기대되는 효용의 증가보다 작은 것을 의미한다. 현재의 소비를 한 단위 줄일 때 발생하는 효용의 감소가 다음 기의 소비를 한 단위 증가시킬 때 기대되는 효용의 증가보다 작으면, 일생 동안의 효용극대화를 추구하는 합리적인 소비자들은 현재 소비를 한 단위 줄이고 저축을 하여 미래의 소비를 증가시키려고 할 것이다.

4) 이 부분의 논의는 명시적으로 언급하지 않았지만 주관적 시간선호율이 시장 이자율과 같은 것을 가정하고 있다.

그림 15-10 불확실성의 증가와 예비적 저축

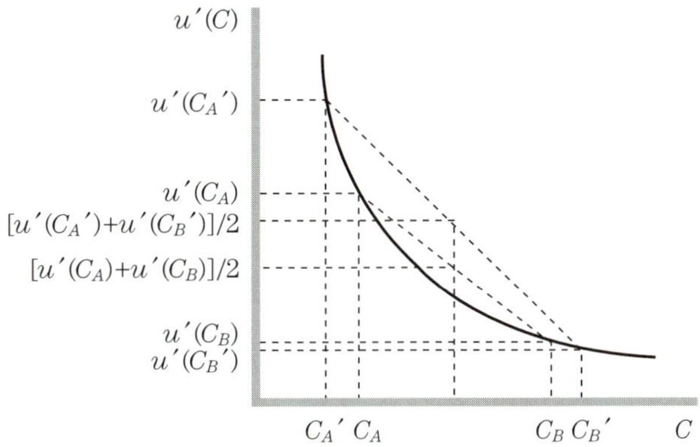

불확실성이 증가하여 다음 기의 소비의 기대값은 불확실성이 증가하기 전과 같더라도 다음 기의 소비의 분산이 커진다고 하자. 보다 구체적으로 1/2의 확률로 $C_B'(>C_B)$을 소비하거나 1/2의 확률로 $C_A'(<C_A)$을 소비한다고 하자. 이 경우 그림에서 보듯이 다음 기의 소비가 커지면(C_B') 한계효용은 상대적으로 적게 감소하지만 다음 기의 소비가 작아지면(C_A') 한계효용은 상대적으로 크게 증가한다. 결국 불확실성이 증가하면 다음 기 소비의 기대값이 전과 마찬가지로 주어져 있을 때($\frac{C_A'+C_B'}{2}=\frac{C_A+C_B}{2}$) 다음 기의 소비로부터의 기대한계효용($E_t[u'(C_{t+1})]$)이 증가한다. 따라서 불확실성이 증가하면 현재의 소비를 줄이고 저축을 증가시킬 유인이 더 강해진다. 이처럼 불확실한 미래에 대비하여 저축을 하는 것을 예비적 저축이라고 한다.

이제 불확실성이 증가하여 다음 기의 소비의 기대값은 불확실성이 증가하기 전과 같더라도 다음 기의 소비의 분산이 커진다고 하자. 보다 구체적으로 1/2의 확률로 $C_B'\ (>C_B)$을 소비하거나 1/2의 확률로 $C_A'(<C_A)$을 소비한다고 하자. 이 경우 [그림 15-10]에서 보듯이 다음 기의 소비가 커지면(C_B') 한계효용은 상대적으로 적게 감소하지만 다음 기의 소비가 작아지면(C_A') 한계효용은 상대적으로 크게 증가한다. 결국 불확실성이 증가하면 다음 기 소비의 기대값이 전과 마찬가지로 주어져 있을 때($\frac{C_A'+C_B'}{2}=\frac{C_A+C_B}{2}$) 다음 기의 소비로부터의 기대한계효용($E_t[u'(C_{t+1})]$)이 증가한다. 따라서 불확실성이 증가하면 현재의 소비를 줄이고 저축을 증가시킬 유인이 더 강해진다. 이처럼 불확실한 미래에 대비하여 저축을 하는 것을 예비적 저축이라고 한다.

제 5 절 쌍곡선 소비이론(hyperbolic consumption theory)

일련의 연구에서 하바드 대학의 레이브슨 교수는 쌍곡선 소비모형을 제시하였다.[5)] 쌍곡선 소비모형이란 소비자들의 미래소비에 대한 할인율이 장기보다 단기에 훨씬 크다는 이론이다. 이런 경우 할인함수를 시간에 대해 그리면 [그림 15-11]에서 보듯이 쌍곡선의 형태를 보이므로 붙인 이름이다. 예를 들어서, 학생들(근로자)에게 "100일 후에 15분을 쉬겠습니까 아니면 101일 후에 20분을 쉬겠습니까?"하고 물어보면 학생들(근로자)은 일반적으로 후자를 택한다. 그러나 "지금 15분을 쉬겠습니까 아니면 내일 20분을 쉬겠습니까?"하고 물어보면 대부분의 학생들(근로자)은 지금 당장 쉬는 쪽을 선택한다. 이것은 두 개의 대가가 먼 미래의 일이면 소비자들이 상대적으로 인내심을 보여서 하루 더 참는 쪽을 선택하지만 100일이 지나서 당장 15분을 쉬는 쪽과 하루 더 기다려서 20분을 쉬는 선택에 직면하게 되면 소비자들의 선호가 역전되어서 조급하게 행동함을 의미한다.

그림 15-11 쌍곡선 할인율

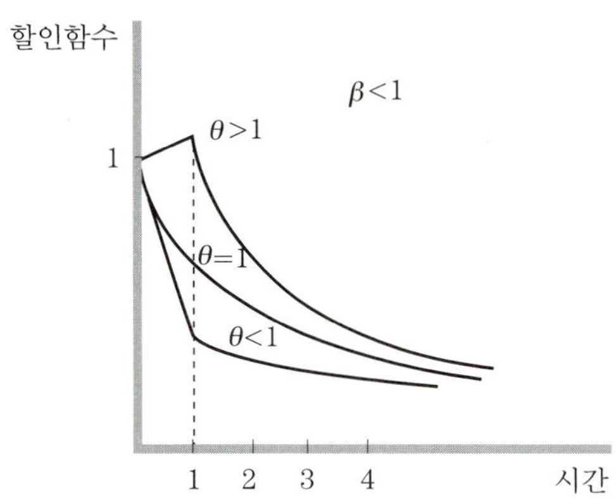

쌍곡선 소비모형이란 소비자들의 미래소비에 대한 할인율이 장기보다 단기에 훨씬 크다는 이론이다. 이런 경우 할인함수를 시간에 대해 그리면 그림에서 보듯이 쌍곡선의 형태를 보이므로 붙인 이름이다.

5) Laibson, David, "Golden Eggs and Hyperbolic Discounting," *Quarterly Journal of Economics* 112, 1997, pp. 443-477.

쌍곡선 선호체계를 가진 소비자는 장기적인 목표와 단기적 행태 사이에 괴리를 보인다. 예를 들어서, 연간 할인율이 $\theta\beta$, $\theta\beta^2$, $\theta\beta^3$, … ($\theta=0.7$, $\beta=0.957$)와 같이 주어진다고 하자. 이 경우 내년의 소비에 대한 할인인자는 약 2/3($\approx\theta\beta$)가 되지만 먼 미래의 소비를 1년 연기할 때 적용되는 할인인자는 β가 되어 단기 할인율이 장기 할인율보다 훨씬 크게 된다. 이와 같은 선호역전(변화)은 동태적 비일관성을 초래한다. 즉각적인 쾌락을 참는 것은 장기적으로는 훌륭한 목표이지만 단기적으로 이러한 유혹을 극복하는 것은 어렵기 때문이다. 예를 들어서, 사람들은 곧잘 내일부터 담배를 끊겠다든지, 건강을 위해서 운동을 규칙적으로 하겠다든지, 살을 빼겠다든지 하는 결심을 한다. 그러나 그 다음날이 되면 금연을 결심했던 애연가는 "오늘만 피고 내일부터 끊지" 하는 식으로 유혹에 굴복하며, 운동을 하기로 결심한 사람은 "오늘은 쉬고 내일부터 열심히 운동하지"하곤 한다. 이런 일은 그 다음날도 반복되고 또 그 다음날도 반복된다. 이런 현상은 선호변화의 무수한 예 중 일부일 뿐이다. 이와 같은 선호변화 혹은 선호역전은 소비자들이 먼 미래의 소비를 하루 더 연기하는 것보다는 현재의 소비를 내일로 연기하는 것을 훨씬 큰 할인율로 할인하기 때문에 발생하며 이로 인해 동태적 비일관성이 초래된다.

위에서 언급한 예들은 소비자들이 자기 자신을 통제하는 데 어려움을 겪고 있다는 사실을 보여준다. 자기통제 문제는 서로 다른 시점의 자아간의 게임으로 이해할 수 있다. 서베이 조사에 의하면 소비자들은 이성적으로는 저축을 더 많이 해야 한다고 판단하지만 실제로는 저축이 목표에 못 미친다고 보고한다. 이것은 자기 자신을 통제하는 데 문제가 있음을 시사한다. 저축은 장기적으로는 훌륭한 목표이지만 단기적으로는 즉각적인 쾌락의 유혹에 굴복하여 저축을 적게 하게 되는 것이다. 소비자들은 정통경제학이 상정하는 것처럼 합리적이지는 않다. 그러나 레이브슨은 정통적인 소비이론을 부인하기보다는 인생주기－항상소득가설에 입각한 정통적인 소비이론과 심리학적 접근에 기초한 자기통제 문제를 결합시키려고 노력하고 있다.

쌍곡선 소비이론은 여러 가지 시사점을 가진다. 첫째, 소비자들이 유동성 제약에 직면하고 쌍곡선 할인율을 가지면 상대적으로 유동성이 높은 자산보다는 유동성이 떨어지는 부동산과 같은 자산을 더 많이 보유하려고 한다. 이것은 즉각적인 쾌락으로부터의 안전장치라고 할 수 있다. 즉, 쌍곡선 할인율을 가지는 소비자들은 미래의 자신을 신뢰하지 못하므로 미래의 자신이 즉각적인 쾌락의 유혹에 빠지는 것을 견제하기 위해, 혹은 유혹에 굴복하더라도 즉각적으로 소비하는 것을 억제하기 위해 (즉, 미래의 자아가 순간적인 쾌락을 즐기고자 하는 것을 억제하기 위해) 상대적으로 유동성이 떨어지는 자산에 투자한다. 따라서 쌍곡선 선호체계를 가지는 소비자들의 경우 상대적으로 유동자산을 적게 보유하고, 총자산 중 유동자산이 차지하는 비율도 낮다. 이 이론이 맞다면 봉급을 주기 전에 연금을 먼저 떼는 정책이 소비자들이 노후에 대비하는 데 도움이 될 수가 있다. 또한 보다 많은 저축을 하고자 하지만 실제로는 그렇지 못한 소비자들의 저축률을 높일 수도 있다. 둘째, 쌍곡선 할인체계를 가지는 소비자들은 순각적인 쾌락을 위해 신용카드 부채를 지는 것을 마다하지 않는다. 셋째, 쌍곡선 할인체계를 가지는 소비자들의 경우 유동성이 높은 자산의 비중이 작으므로 소비를 균단화시킬 수 없다. 따라서 이들의 소비와 소득은 그렇지 않은 소비자들에 비해 상대적으로 높은 공행성을 보일 것이다. 이러한 공행성은 소비와 예상된 소득변화 사이에서도 성립하며 은퇴시점에 현저하게 드러난다. 은퇴시에 소득이 감소하지만 유동자산이 부족하므로 소비도 급격히 감소하게 된다.

제 6 절 맺음말

본 장에서 우리는 평균소비성향이 단기에는 소득이 증가함에 따라 감소하지만 장기에는 일정하다는 쿠즈네츠의 발견을 소개하고, 이것을 설명하기 위해 제시된 미래를 고려하는 소비이론들을 소개하였다. 인생주기가설에 의하면 소비는 일생 동안 이용가능한 자원(소득)에 의존하고, 항상소득가설에 의하면 소비는 항상소득에 의존한다. 이들 미래를 고려하는 소비이론들은 쿠즈네츠가 발견한 사실들을 시계열과 횡단면 상에서 잘 설명할 수 있다.

그러나 미래를 고려하는 소비이론들도 현실에서의 소비를 완전하게 설명하지는 못한다. 미래를 고려하는 소비이론의 대표적인 문제점은 소비가 항상소득의 변화에 대해서는 이론이 시사하는 것보다 둔감하게 반응하고, 일시소득의 변화에 대해서는 이론이 시사하는 것보다 민감하게 반응한다는 것이다.

이런 문제점을 해결하기 위해 제시된 대표적 가설은 소비자가 유동성제약에 직면하고 있다는 것이다. 소비자가 미래소득을 담보로 대출받을 수 없으면 비록 그들이 미래를 고려하는 소비자라고 할지라도 일시소득의 변화에 민감하게 반응한다. 최근에는 쌍곡선 소비이론에서 보듯이 심리학과 경제학을 결합하여 미래를 고려하는 소비이론이 완전하게 설명하지 못하는 부분들을 설명하려는 노력이 시도되고 있다.

인생주기가설에 의하면 노인들은 음의 저축을 하는 계층이다. 그러나 실증분석에 따르면 노인들은 인생주기가설이 시사하듯이 음의 저축을 하지만 그 정도는 이론이 시사하는 것보다 약하다. 이런 현상을 설명하기 위해 예비적 저축을 생각해 볼 수 있다. 예비적 저축이란 불확실성이 증가하면 사람들이 불확실한 미래에 대비하여 저축을 증가시킨다는 이론이다. 노인들은 그들이 언제 죽을지 모르고, 언제 병고에 시달릴지 모르기 때문에 불확실한 미래에 대비하여 저축을 한다고 볼 수 있다.

연습문제 제15장

Questions and Practice

1. 소비함수가 다음과 같이 항상소득(Y_P)의 함수로 주어진다.

$$C = 5,000,000 + 0.8Y_P$$

항상소득은 다음과 같이 현재와 전기의 가처분소득의 단순평균으로 주어진다고 하자.

$$Y_P = \frac{1}{2}(Y_D + Y_{D,-1})$$

(가) 1기와 2기의 가처분 소득이 5,000만원이면 2기의 소비는?

(나) 단기 및 장기한계소비성향은 얼마인가?

(다) 3기에 소득이 6,000만원으로 증가한 후 계속해서 유지된다고 하자. 3기와 4기 및 그 이후의 소비를 구하라.

2. 한국의 노령인구 비율이 앞으로 20년간 높아질 것으로 예상된다고 하자. 이것은 저축률에 어떤 영향을 미칠 것인가?

3. 다음의 질문에 답하라.

(가) 일반적으로 노인들의 저축률은 인생주기가설이 시사하는 것보다는 높다. 그 이유로 생각해 볼 수 있는 것은?

(나) 만약 자식이 없는 노인들의 저축률이 동일한 조건의 자식이 있는 노인들의 저축률과 거의 같다면, (가)에서 답한 가설 중 어느 것에 유리한가?

(다) 만약 자식이 없는 노인들의 저축률보다 동일한 조건의 자식이 있는 노인들의 저축률이 더 낮다면, 그 이유로 생각해 볼 수 있는 것은 무엇인가?

4. 유동성제약으로 인해 미래의 소득을 담보로 은행에서 돈을 빌릴 수 없다고 하자. 본문의 〔그림 15-4〕는 어떻게 변화하는가?

5. 유동성제약의 또 다른 형태로서 미래의 소득을 담보로 은행에서 자금을 빌릴 수는 있지만 대출이자율이 예금이자율보다 높은 경우를 생각해 볼 수 있다.

(가) 이러한 경우 2기간 예산선을 그려라.

(나) 채권자와 채무자의 1기 소비 결정요인은?

6. 정부가 미래에 세금을 인하하겠다고 선언한다. 유동성제약에 직면하고 있는 소비자와 그렇지 않은 채무자 중 누구의 현재소비가 크게 증가하겠는가?

7. 만약 인생주기－항상소득가설이 실증적으로 실패하는 이유가 유동성제약 때문이라면 소득이 증가할 것으로 예상되는 가계와 소득이 감소할 것으로 예상되는 가계 중 어느 쪽이 인생주기－항상소득가설을 더 위배하겠는가?

8. 소비자들이 불확실한 미래에 대비하여 예비적 저축을 하는 경우 부－항상소득 비율과 불확실성 간의 관계를 논하라.

9. 소비자들이 불확실한 미래에 대비하여 예비적 저축을 하는 경우 전기 대비 현재의 소비증가율과 현재 및 전기의 불확실성 간의 관계를 논하라.

10. 2기간 모형을 고려하자. 소비자는 일생 동안의 효용$(U(C_1)+\beta U(C_2))$을 극대화하려고 한다. 소비자의 2기간 예산제약식은 $C_1+\frac{C_2}{1+r}=Y_1+\frac{Y_2}{1+r}$로 주어진다.

(가) 소비자의 효용극대화 조건을 구하라.

(나) $\beta=\frac{1}{1+r}$인 경우 즉, 주관적 할인인자(β; 다음기의 효용을 현재가치로 환산하는 주관적 할인인자)와 시장 할인인자가 동일한 경우 2기간 효용극대화 조건을 구하라.

(나) $\beta=\frac{1}{1+r}$인 경우 1기와 2기의 소비를 구하라.

(라) 이제 매기에 소득이 10 증가하면 매기의 소비는 어떻게 되는가?

(마) 1기의 소득만 10 증가하면 매기의 소비는 어떻게 되는가?

11. 효용함수가 $u(C)=C-\frac{a}{2}C^{2}$, $a>0$로 주어지고 주관적 할인인자는 시장 할인인자와 같다고 하자. 이 경우 균형조건은 10번에서 구한 것처럼 $u'(C_t)=E_t u'(C_{t+1})$이 된다.

(가) 소비가 임의보행을 따름을 보여라.

(나) 일생 동안의 예산제약식 $E_1\sum_{t=1}^{\infty}\frac{C_t}{(1+r)^{t-1}}=E_1\sum_{t=1}^{\infty}\frac{Y_t}{(1+r)^{t-1}}$을 사용하여 사람들이 현재 및 미래의 모든 소득의 현재가치로 정의되는 평생부(항상소득)의 일정부분($\frac{r}{1+r}$)을 소비하는 것을 보여라.

(다) T 기간을 고려하고, 이자율=0이라고 하자. 예산제약식이 다음과 같이 주어질 때 $E_1\sum_{t=1}^{T}C_t=A_0+\sum_{t=1}^{T}E_1(Y_t)$, 소비를 구하라($A_0$는 애초에 보유하고 있는 자산을 나타낸다).

16 투 자

어떤 경제학자가 블랙-숄즈 모형에 관하여 워싱턴에서 강의를 하기로 되어 있었다. 그는 이 강의를 들을 사람이 많을 것으로는 전혀 기대하지 않았다. 그런데 놀랍게도 그가 강의실에 도착했을 때 그 방은 청중들로 발 디딜 틈이 없었다. 그러나 막상 강의가 시작된 지 5분 정도 지나자마자 청중들은 일어나서 나가기 시작했다. 그는 영문을 몰라서 의아했지만, 곧 그의 비서가 강의제목을 "블랙-숄즈(Black-Scholes)"문제가 아니라 "흑인 학교(Black School)"문제로 잘못 쓴 것을 알게 되었다.

E·C·O·N·O·M·I·C

주요개념

신고전학파 투자이론

자본의 임대가격

자본의 비용

설치비용, 조정비용

투자의 비가역성

분포시차

토빈의 q 이론

옵션이론

콜 옵션

풋 옵션

가속도모형

신축적 가속도모형

주택의 상대가격

재고투자

생산균단화(smoothing)

CHAPTER

16 투 자

James Tobin(1918-2002)

미국, 예일대학 교수

1981년 노벨경제학상 수상
"금융시장 및 금융시장과
지출결정, 고용, 생산, 가격 등과의
관계에 대한 분석을 제시한 공로"

투자는 거주용, 비거주용 건축물, 기계, 생산에 쓰이는 각종 장비 및 시설, 재고스톡의 증가 등 자본재의 구입을 의미한다. 투자는 크게 고정투자와 재고투자로 구분할 수 있다. 고정투자는 투자의 대부분을 차지하고 있지만 상대적으로 매우 안정적이며, 재고투자는 투자의 여러 항목 가운데 비록 크기는 가장 작지만 변화가 가장 심하고 불황의 중요한 요인으로 간주되고 있다.

[그림 16-1]은 고정투자 증가율과 재고투자 증가율을 보여주고 있다. 표본기간 동안 고정투자 증가율의 표준편차는 11%이고, 재고투자 증가율의 표준

그림 16-1 고정투자 증가율, 재고투자 증가율

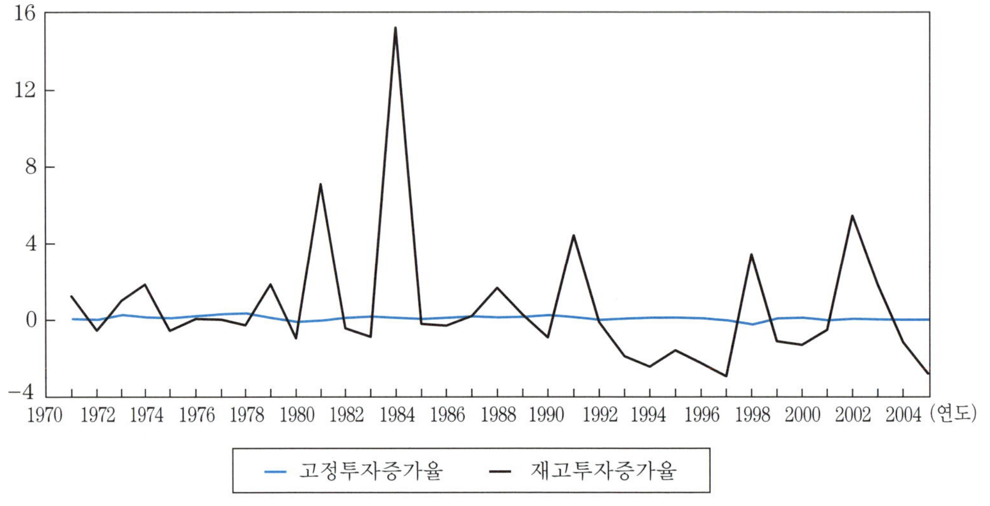

편차는 337%이다. 그림으로부터 재고투자는 비록 크기는 작지만 변동이 매우 심하여 경기변동에 기여하는 몫이 가장 크다는 것을 알 수 있다. 이에 반하여 고정투자는 재고투자보다 규모는 훨씬 크지만 변동은 상대적으로 매우 작다.

[그림 16-2]는 재고투자 증가율과 통계청이 발표하는 경기변동 기준순환일을 보여주고 있다. 재고투자의 감소가 불황에 크게 기여한다는 사실을 많은 경우에 재고투자가 급격히 감소하는 시점이 경기하강 국면과 거의 정확히 일치한다는 사실에서 확인할 수 있다.

본 장에서는 장비 및 시설, 건축 등 고정투자와 재고투자를 미시경제학적 기초에 입각하여 설명하는 여러 가지 투자이론을 소개한다. 가장 대표적인 투자이론이라고 할 수 있는 신고전학파 투자이론을 먼저 소개한 후, 1981년 노벨 경제학상 수상자인 제임스 토빈이 개발한 토빈의 q이론을 소개한다.[1] 그 다음으로는 최근에 제기되고 있는 옵션이론과 가장 오래된 투자이론 중 하나인 가속도모형에 관해서 간단하게 소개한다.

투자는 기업의 투자수요, 가계의 저축, 자본재 공급자의 자본재 공급에 의

1) 신고전학파 투자이론과 토빈의 q이론은 생산함수가 규모수익불변의 형태를 취하고 자본스톡을 설치하는 데 비용이 든다고 가정하면 사실상 동일한 이론이라는 것을 증명할 수 있다.

그림 16-2 재고투자 증가율과 경기변동 기준순환일

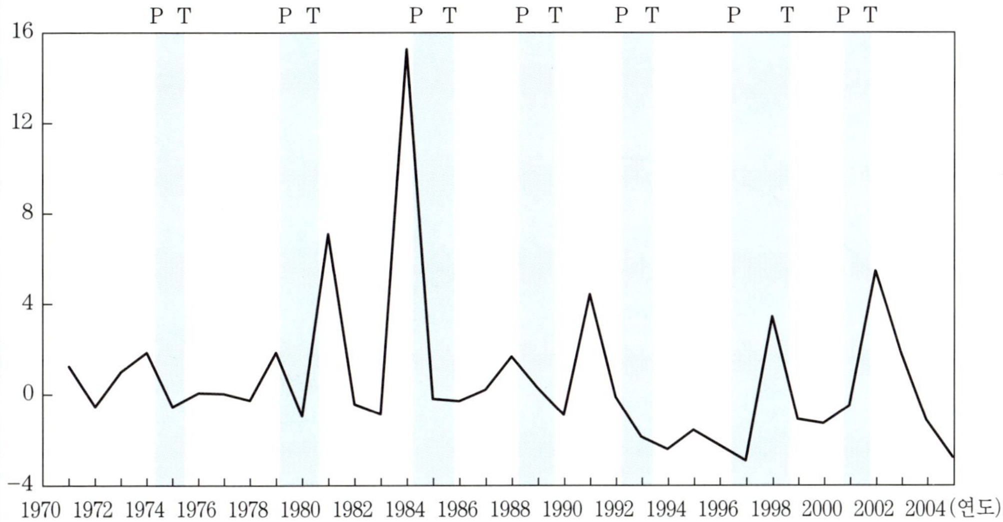

이 그림은 재고투자 증가율과 통계청이 발표하는 경기변동 기준순환일을 보여주고 있다. 재고투자의 감소가 불황에 크게 기여한다는 사실을 재고투자가 급격히 감소하는 시점이 경기하강 국면과 거의 정확히 일치한다는 사실에서 확인할 수 있다.

해 결정되는데 본 장에서 다루는 것은 기업의 투자수요이다. 경제는 이와 같은 여러 결정들을 가격변수인 (실질)이자율과 자본재의 가격을 통해 조절한다. 만약 기업의 투자가 소비자가 하고자 하는 저축보다 크면 투자를 억제하고 저축을 증대시키기 위해 이자율이 상승한다. 또한 기업이 자본재 생산기업이 생산하는 것보다 투자를 많이 하려고 하면 자본재의 가격은 상승한다. 자본재의 가격이 상승함에 따라 투자수요는 감소하고 자본재의 생산은 증가하게 된다.

생산함수는 다음과 같이 주어진다고 하자.

$$Y=F(K,\ N)$$

자본 사용률(utilization rate)의 변화는 무시하고 노동투입이 일정하다고 하면 생산에 투입된 자본과 생산량의 관계는 [그림 16-3]과 같다. 또한 자본의 한계생산이 체감한다고 가정하면 자본의 한계생산과 자본스톡과의 관계는 [그림 16-4]와 같다.

자본재는 그 가치가 영원히 유지되는 것이 아니기 때문에 매 기간 일정률

그림 16-3 생산함수

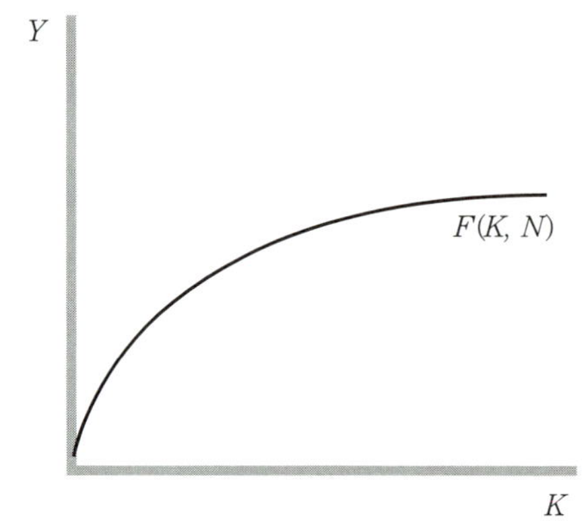

자본 사용률(utilization rate)의 변화는 무시하고 노동투입이 일정하다고 가정하면 생산에 투입된 자본과 생산량의 관계는 그림과 같다.

의 가치가 감소되는 것으로 보며, 이것을 감가상각이라고 부른다. 감가상각($D_t = \delta K_{t-1}$)을 고려하면 t기의 자본스톡은 다음과 같다.

$$K_t = K_{t-1} + I_t - \delta K_{t-1}$$

이 방정식에서 I_t는 t기의 총투자, $I_t - \delta K_{t-1}$은 순투자를 나타낸다. 총투자(I_t)가 한 단위 증가하면 순투자($I_t - \delta K_{t-1}$)와 자본스톡(K_t)도 한 단위 증가한다.

그림 16-4 자본의 한계생산

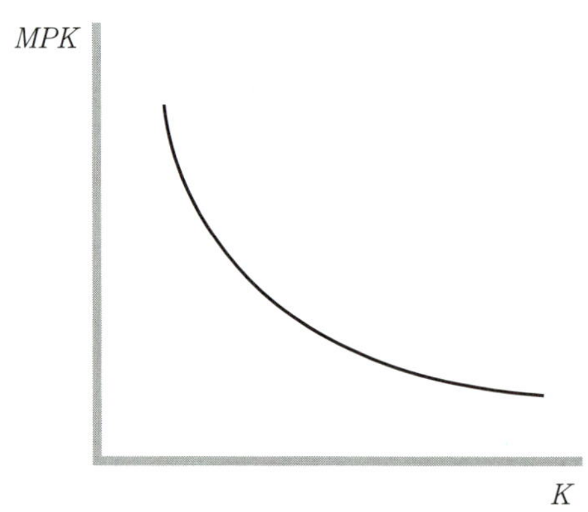

자본의 한계생산이 체감한다고 가정하면 자본의 한계생산과 자본스톡과의 관계는 그림과 같다.

제 1 절 신고전학파 투자이론

하바드 대학의 조르겐슨은 기업의 투자결정을 기업이 얼마만큼의 자본재를 임대할 것인가의 문제로 해석하였다. 한 경제 내에 자본재를 생산하는 기업, 자본재 임대회사, 최종소비재를 생산하는 기업이 존재하고, 모든 투자결정은 자본재 임대회사가 한다고 하자. 즉, 임대회사가 자본재 생산기업으로부터 자본재를 구입하여 그것을 최종소비재 생산기업에게 임대해 주고, 최종소비재 생산기업은 임대한 자본재를 사용하여 상품과 서비스를 생산한다고 하자. 물론 현실경제에서 기업은 임대회사와 최종소비재 생산기업이 하는 역할을 함께 하는 경우가 대부분이지만 투자이론을 도출함에 있어서 실질적인 차이는 없다.

1. 자본의 임대가격(rental price of capital)

최종소비재 생산기업은 이윤을 극대화하기 위해, 자본 한 단위를 임대하여 최종재를 생산하는 데 소요되는 비용과 수입을 비교한다. 자본 한 단위를 임대하는 데 필요한 한계비용은 자본 한 단위의 임대가격(R^K)이라고 볼 수 있다. 임대한 자본 한 단위를 사용하여 벌어들일 수 있는 한계수입은 자본의 한계생산가치($P \cdot MPK$)라고 할 수 있다. 따라서 최종소비재 생산기업의 이윤극대화 조건은 다음과 같이 쓸 수 있다.

$$R^K = P \cdot MPK \qquad \cdots\cdots \ (16-1)$$

혹은

$$R^K/P = MPK \qquad \cdots\cdots \ (16-2)$$

위에서 도출한 최종재 생산기업의 이윤극대화 조건은 자본의 실질임대가격이 자본의 한계생산과 동일해야 함을 시사한다.

이상의 분석으로부터 자본의 한계생산은 곧 최종소비재 생산기업의 자본

그림 16-5 균형실질임대가격

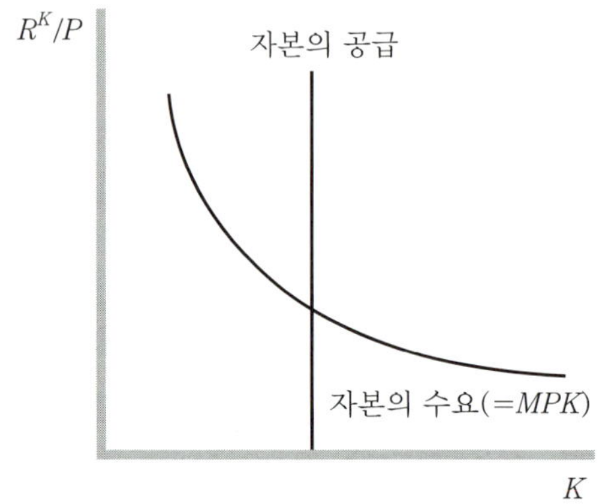

자본의 균형실질임대가격은 자본의 수요와 공급이 일치하는 점에서 결정된다.

재 수요를 나타내며, 자본의 수요곡선은 한계생산체감의 법칙에 의해 $R^K/P-K$ 평면에서 우하향함을 알 수 있다. 특정 시점에 있어서 자본의 공급은 일정하게 주어지므로 자본의 공급곡선은 $R^K/P-K$ 평면에서 수직으로 나타난다. 자본의 균형실질임대가격은 [그림 16-5]에서 보듯이 자본의 수요와 공급이 일치하는 점에서 결정된다.

위의 분석으로부터 다음과 같은 시사점들을 도출할 수 있다. 첫째, 자본스톡이 작을수록 자본의 한계생산이 커지므로 (MPK 곡선을 따라) 자본의 실질임대가격이 상승한다. 둘째, 노동투입이 많을수록 자본의 한계생산이 증가하므로 MPK 곡선이 오른쪽으로 이동하여 자본의 실질임대가격이 상승한다. 셋째, 기술이 우월할수록 자본의 한계생산이 커지므로 MPK 곡선이 오른쪽으로 이동하여 자본의 실질임대가격이 상승한다.

2. 자본의 비용(user cost of capital)

임대회사는 단위기간의 초기에 은행으로부터 이자율 R에 P^K를 빌려서 자본재 한 단위를 구입하여, 이것을 최종소비재 생산기업에게 단위기간 동안 임대하고, 기간이 만료되면 그 자본재를 다시 자본재 시장에서 P^K에 판매한다고 가정하자(자본재 가격은 변화가 없는 것으로 가정하였음에 주목하라). 임대회사의 입장에서 임대비용은 원금 및 이자비용 $(1+R)P^K$뿐만 아니라 자본의 감가상각비용 δP^K도 지불해야 한다. 한편 임대회사의 입장에서 자본재 한 단위를 임대할 때 발생하는 수입은 자본의 임대가격 R^K과 임대계약이 만료될 때 자본재를 시장에서 다시 판매함으로써 얻는 수입 P^K의 합이라고 볼 수 있다. 따라서 임대회사의 이윤극대화 조건은 다음과 같다.

$$R^K + P^K = (1 + R + \delta)P^K \qquad \cdots\cdots (16-3)$$

이 식을 다시 쓰면 다음과 같다.

$$R^K = (1 + R + \delta)P^K - P^K = (R + \delta)P^K \qquad \cdots\cdots (16-4)$$

위 식의 우변을 자본의 (사용자) 비용이라고 부른다.

임대회사가 완전경쟁 상태에 있으면 시장임대가격은 자본의 비용과 동일할 것이다. 만약 임대가격이 자본의 비용보다 높으면 신규 임대회사들이 진입하여 임대가격이 하락할 것이고, 임대가격이 자본의 비용보다 낮으면 기존 임대회사들이 퇴출되어 임대가격이 상승할 것이다. 최종소비재 생산기업의 자본재 수요는 임대가격의 감소함수이므로 위의 식에 비추어 볼 때 자본재 수요는 새로운 자본재 가격의 감소함수이고 또한 실질이자율의 감소함수이다(물가가 고정되어 있다고 가정하므로 명목이자율(R)은 실질이자율(r)과 같다).

물가(자본재의 가격)가 변화하는 경우 식 (16-3)을 다시 쓰면 다음과 같다.

$$R^K + P^K_{+1} = (1 + R + \delta)P^K \qquad \cdots\cdots (16-5)$$

위의 식에서 아래첨자 +1은 다음 기를 나타낸다. 이 식을 다음과 같이 다시 쓸 수 있다.

$$R^K = (R + \delta)P^K - \pi^K P^K = (R - \pi^K + \delta)P^K \qquad \cdots\cdots (16-6)$$

위의 식에서 $\pi^K(=(P^K_{+1} - P^K)/P^K)$는 자본재 가격상승률을 나타낸다. 자본재 가격의 상승률이 소비자물가 상승률과 같다면 위의 식은 다음과 같이 다시 쓸 수 있다.

$$R^K = (r + \delta)P^K \qquad \cdots\cdots (16-7)$$

위의 식의 우변은 자본재의 가격이 변화하는 경우 자본의 비용을 나타낸다.

자본의 비용을 도출함에 있어서 우리는 임대회사가 은행에서 차입을 하여 자본재를 구입하는 것으로 가정하였다. 임대회사가 그들의 영업결과 발생한 이윤 혹은 사내유보금으로 자본재를 구입한다고 하더라도 자본의 비용은 동일하다. 그것은 임대회사가 이윤으로 자본재를 구입함에 따라서 은행에 예금하여 벌어들일 수 있는 이자수입을 상실하기 때문이다. 상실한 이자수입은 이윤으로 자본재를 구입하는 기회비용이라고 할 수 있다.

자본의 임대수입에 조세를 부과하고(세율$=u$), 감가상각과 이자비용에 대해 투자유인 z를 되돌려 준다면(depreciation allowance, etc.) 임대가격은 다음의 조건을 만족시켜야 한다.

$$(1-u)R^K=(r+\delta)(1-z)P^K \qquad \cdots\cdots (16-8)$$

이것을 다시 쓰면 다음 식을 도출할 수 있다.

$$R^K=(r+\delta)(1-z)P^K/(1-u) \qquad \cdots\cdots (16-9)$$

위의 식의 우변을 조세조정 자본의 비용이라고 부른다.

3. 투자의 결정

임대기업의 투자결정에 관하여 생각해 보자. 임대기업의 자본재 한 단위당 실질이윤은 $R^K/P-(r+\delta)P^K/P$이다. 균형에서 실질임대가격은 자본의 한계생산과 동일하므로 실질이윤율은 $MPK-(r+\delta)P^K/P$가 된다. 자본의 한계생산이 자본의 비용보다 큰 경우에는, 자본스톡을 증가시키면 이윤이 증가하므로 임대회사는 자본스톡을 증가시킬 것이다. 자본스톡의 증가는 곧 순투자를 의미한다.

기업의 입장에서 투자결정은 두 가지를 결정하는 것으로 볼 수 있다. 하나는 바람직한 수준의 자본스톡을 결정하는 것이고, 다른 하나는 바람직한 수준의 자본스톡에 도달하기 위해 얼마만큼 투자할 것인가를 결정하는 것이다. 조르겐슨은 우선 (생산이 외생적으로 주어지고 생산함수가 규모수익불변의 형태를 가지는 경우를 상정한 후) 기업의 이윤극대화 조건으로부터 바람직한 수준의 자본스톡을 구하였다. 다음으로 임의적이고 자의적인 분포시차(distributed lag)를 가정함으로써 바람직한 자본스톡을 달성하기 위해 매기에 얼마만큼 투자를 해야 하는가를 결정하였다. 예를 들면, 바람직한 수준의 자본스톡에 도달하기 위해

1조원 어치의 자본재가 필요한 경우 5년 동안 매년 동일한 크기로 투자를 한다고 가정하면 매년 2,000억원의 투자를 해야 한다.

이상의 분석은 임대회사와 최종소비재 생산기업을 결합하더라도 그대로 성립한다. 이 경우 한 단위의 추가적 자본재로부터 발생하는 한계수입은 자본의 한계생산이고, 한계비용은 자본의 비용이다. 따라서 자본스톡의 변화 즉, 순투자(I^n)는 자본의 한계생산과 자본비용의 차이에 비례하게 된다.

$$\Delta K = I^n\{MPK - (r+\delta)P^K/P\} \quad \cdots\cdots \ (16-10)$$

총투자는 순투자와 감가상각의 합이므로 다음과 같이 쓸 수 있다.

$$I = I^n\{MPK - (r+\delta)P^K/P\} + \delta K_{t-1} \quad \cdots\cdots \ (16-11)$$

위의 식은 자본의 한계생산(MPK)이 주어진 경우 투자는 실질이자율, 감가상각률, 기존의 자본스톡의 함수로 나타낼 수 있음을 의미한다.

$$I = I(\underset{-}{r}, \ \underset{?}{\delta}, \ \underset{-}{K_{t-1}}) \quad \cdots\cdots \ (16-12)$$

이상의 분석으로부터 투자수요의 특성은 다음과 같음을 알 수 있다.

(1) 실질이자율이 하락하면 바람직한 자본스톡과 투자수요가 모두 증가한다.

(2) MPK가 상향이동하면 바람직한 자본스톡과 투자수요가 모두 증가한다.

(3) $t-1$기의 자본스톡이 증가하면 t기의 투자수요가 감소한다[$I_t = K_t^* - (1-\delta)K_{t-1}$].

(4) 감가상각률이 증가하면 t기의 바람직한 자본스톡과 순투자가 감소하지만, 총투자수요는 증가할지 감소할지 알 수 없다.

(5) 바람직한 자본스톡이 $(1-\delta)K_{t-1}$보다 크면 총투자수요는 양의 값을 가진다.

투자는 실질이자율의 감소함수이므로, $r-I$ 평면에 투자함수를 [그림 16-6]과 같이 나타낼 수 있다. 자본스톡이 장기균형상태인 정상상태(steady state)에 다다르면 $MPK=(r+\delta)P^K/P$가 성립한다. 이것은 장기적으로 자본의 한계생산이 실질자본비용과 같아짐을 의미한다. 또한 자본재의 가격이 일반 소비재 가격과 동일하면 정상상태에서 $MPK-\delta=r$이 성립한다.

개별기업별로는 음의 총투자는 기존 자본재의 매각이 신규 자본재의 구입

그림 16-6 투자와 실질이자율

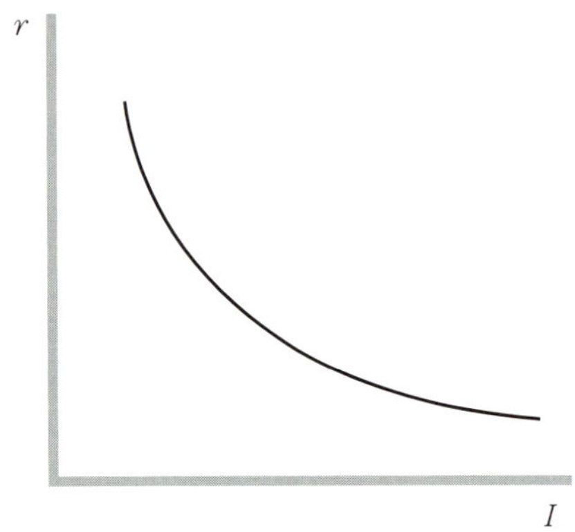

투자는 실질이자율의 감소함수이므로 r-I 평면에서 투자함수는 우하향한다.

을 능가함을 의미한다. 투자의 비가역성을 가정하면, 어떤 기업의 음의 총투자는 다른 기업의 양의 총투자를 의미하고, 경제전체의 총합을 구하면 총투자(I_t)는 음이 될 수 없다. 이것은 총자본스톡이 K_{t-1}으로부터 감가상각(δK_{t-1}) 이상으로 감소할 수 없음을 의미하고, 순투자($K_t - K_{t-1} = I_t - \delta K_{t-1}$)는 감가상각에 해당하는 크기만큼 음이 될 수 있음을 의미한다.

투자재와 소비재

경제 내에는 여러 가지 종류의 상품이 존재한다. 이들 중 일부는 선반, 용광로 혹은 각종 산업용 기계처럼 투자재로만 쓰인다. 그러나 어떤 상품은 소비재로 사용되기도 하고 투자재로 사용되기도 한다. 예를 들어서 김선달이 집에서 인터넷을 할 목적으로 PC를 구입하면 소비재가 되지만, S기업이 업무를 위하여 PC를 구입하면 투자재가 된다. 경제이론에서는 경우에 따라서 소비재와 투자재를 엄격히 구분하기도 하지만 굳이 그럴 필요가 없는 경우도 있다. 투자이론을 도출함에 있어서 굳이 소비재와 투자재를 구분할 필요는 없다. 이러한 경우 상품은 하나가 존재한다고 가정할 수 있다. 이 상품은 소비재로도 사용될 수 있고 투자재로도 사용될 수 있다. 즉, 어떤 가계는 이 상품을 구입해서 소비재로 소비하고, 어떤 가계(기업)는 투자재로 자본을 축적하는 데 사용한다. 설사 기업과 가계가 분리되어 있더라도 가계가 기업의 주식을 보유함으로써 실질적으로 기업을 소유하고 있다면 가계와 기업을 굳이 구분할 필요가 없다.

투자재의 중요한 특징 중 하나는 비가역성(irreversibility)이라는 것이다. 비가역성이란 상품이 일단 자본으로 투입되고 나면 나중에 소비재로 다시 사용될 수 없는 것을 말한다. 자본재로 사용되면 기업은 자본재가 소모되게 내버려 두고 교체하지 않을 수는 있다.

제 2 절 토빈의 q이론

1. 모　형

투자는 시차를 두고 이루어진다. 공장 및 시설을 신설하는 데에 비용이 필요하고(adjustment cost: 조정비용) 기간이 오래 걸리기 때문이다. 이와 같은 시차는 실제로 관찰하는 투자와 자본의 임대가격 사이에 어떤 관계가 있음을 시사하고, 그것은 토빈 교수가 개발한 q이론으로 잘 설명될 수 있다. 사실 신고전학파 투자이론에 설치비용(또는 조정비용)을 도입하면 신고전파 투자이론과 토빈의 q이론은 동일하다.

예를 들어서 자본의 임대가격이 무슨 이유이든 갑자기 자본 한 단위로부터 발생하는 한계수입보다 작아진다고 가정하자. 이러한 경우 기업은 자본의 한계수입이 새로운 임대가격과 같아질 때까지 자본스톡을 증가시키려고 할 것이다. 그러나 기업이 조정비용 혹은 설치비용으로 인해 투자를 서서히 조정해야 한다면, 자본의 한계수입은 자본스톡이 바람직한 수준으로 완전히 조정될 때까지 임대가격보다 클 것이다. 조정과정에서 투자는 자본의 한계수입과 임대가격과의 차이에 비례하고, 조정이 완료되어서 자본이 바람직한 수준으로 조정되었을 때에만 자본의 한계수입은 임대가격과 같아지고 투자는 0이 될 것이다.

이것을 다시 표현하면 투자는 자본의 한계수입(J)/임대가격(R^K) 비율에 비례할 것이다. 이 비율이 1보다 크면 자본의 한계수입이 자본의 임대가격보다 크므로 투자는 +이고, 이 비율이 1보다 작으면 기업은 투자를 하지 않고 자본스톡이 감소하도록 내버려 둘 것이다.

기업이 주식시장에서 주식을 발행하여 이 주식이 유통되고 있다고 가정하자. 어떤 투자자가 이 기업의 주식을 한 단위 구입하면 그는 이 기업의 자본스톡 한 단위에 대한 소유권을 가지게 되므로, 한 단위의 자본스톡으로부터 발생하는 한계수입(J)은 결국 이 투자자의 몫이다. 따라서 주식 한 단위를 시장가격 MV에 구입할 때, 그로부터 발생하는 실질수익률은 J/MV가 된다. 만약 채권 이자율이 R이면 금융시장의 차익거래(arbitrage)에 의해 어떤 기업의 주식을 보유함으로써 발생하는 실질수익률(J/MV)은 실질이자율[+위험보상(ϕ)]과 동일해야 한다. 이것은 $J/MV=(r+\phi)$ 또는 $J=MV\cdot(r+\phi)$가 성립함을 의미한다.

자본재의 가격과 임대가격 사이에도 유사한 관계가 성립한다. 신고전학파 투자이론에서 이미 살펴보았듯이 $R^K=(r+\delta)P^K$이 성립한다. 이 두 개의 식을 결합하면

$$\frac{J}{R^K}=\frac{MV\cdot(r+\phi)}{P^K(r+\delta)}\cong\frac{MV}{P^K}\equiv q \qquad \cdots\cdots (16-13)$$

위의 식에서 q는 추가적인 자본 한 단위(주식 한 주)의 시장가치를 추가적인 자본재의 시장가격 혹은 대체비용으로 나눈 비율을 의미하며, 이것을 토빈의 q라고 부른다. 투자는 이 비율에 비례한다. 이 비율이 1보다 크면 자본의 한계수입이 자본의 임대가격보다 크므로 투자는 +이고, 이 비율이 1보다 작으면 기업은 투자를 하지 않고 자본스톡이 감소하도록 내버려 둘 것이다.

토빈의 q이론은 신고전학파 투자이론과 동일한 시사점을 가진다. 만약 자본의 한계생산이 증가한다면 기업의 미래기대수익을 증가시킬 것이고, 이것은 기업의 주가를 상승시켜서 토빈의 q값을 증가시킬 것이다. 실질이자율의 하락은 투자자들로 하여금 채권보다는 주식을 선호하게 하여 주가를 상승시키는 경향이 있고, 이것은 토빈의 q값을 증가시킬 것이다. 자본재 가격의 하락은 토빈의 q의 분모의 값을 작게 하여 토빈의 q값을 증가시킬 것이다. 어느 경우든 토빈의 q값이 증가하면 투자가 증가하므로 신고전학파 투자이론과 마찬가지로 자본의 한계생산의 증가, 실질이자율의 하락, 자본재 가격의 하락은 바람직한 수준의 자본스톡과 투자를 증가시킬 것이다.

실증분석을 함에 있어서 토빈의 q는 원래 한계개념이지만 이것을 측정할 수 없으므로 한계개념 대신 평균개념을 사용하며, 토빈의 평균 q는 현존하는

자본의 시장가치를 현존하는 자본의 대체비용으로 나눈 값으로 측정한다.[2)]

2. 주식시장과 토빈의 q

소비이론 가운데 항상소득가설이나 인생주기가설이 미래를 고려하는 이론인 것처럼 토빈의 q이론은 미래를 고려하는 투자이론이다. 토빈의 q는 자본으로부터 발생하는 현재의 이윤뿐만 아니라 미래에 발생할 것으로 기대되는 이윤의 흐름도 반영한다. 이것은 주식가격이 기업의 현재이윤뿐만 아니라 미래이윤의 흐름도 반영하기 때문이다. 이러한 의미에서 우리는 토빈의 q를 추가적인 자본 한 단위로부터 발생하는 현재 및 미래의 모든 이윤의 현재가치를 추가적인 자본 한 단위의 대체비용으로 나눈 값으로 정의할 수 있다. 이러한 정의는 기업의 이윤극대화 조건에 기초하여 이해할 수 있다. 기업은 이윤극대화를 위해 추가적인 자본재 한 단위로부터 발생하는 한계수입이 한계비용과 같아질 때까지 자본재를 증가시킬 것이다. 즉, 추가적인 자본재 한 단위로부터 발생하는 현재 및 미래의 모든 이윤의 현재가치와 자본재 한 단위의 대체비용이 같아질 때까지 자본재를 증가시킨다. 이 조건을 달리 표현하면 추가적인 자본 한 단위로부터 발생하는 현재 및 미래의 모든 이윤의 현재가치를 추가적인 자본 한 단위의 대체비용으로 나눈 값 즉, 토빈의 q가 1이 될 때까지 자본재를 증가시킨다.

---

2) 하야시는 생산함수와 자본의 설치비용이 규모수익불변의 형태를 취하고 상품시장이 완전경쟁시장인 경우 한계 q와 평균 q는 동일함을 보였다.
Hayashi, Fumio, "Tobin's Marginal q and Average q: *A* Neoclassical Approach," *Econometrica* 50, January 1982, pp. 213-224.

제3절 옵션이론

옵 션

옵션이란 옵션의 보유자에게 어떤 자산을 만기 혹은 그 이전에 고정된 가격에 사거나 팔 수 있는 권리를 부여하는 계약을 의미한다. 고정된 가격을 실행가격(striking price 또는 exercise price)이라고 하며, 어떤 자산을 사거나 파는 것을 옵션을 실행한다(exercise the option)고 한다. 미국식 옵션은 만기 때까지 아무 때나 실행될 수 있으며, 유럽식 옵션은 오직 만기에만 실행될 수 있다. 콜 옵션이란 옵션의 보유자에게 어떤 자산을 만기 혹은 그 이전에 실행가격에 살 수 있는 권리를 부여하는 계약을 의미하고, 풋 옵션이란 어떤 자산을 만기 혹은 그 이전에 실행가격에 팔 수 있는 권리를 부여하는 계약을 의미한다.

예를 들어서 삼성전자 콜 옵션은 삼성전자 주식 100주를 다음 해 9월 15일이나 그 이전에 주당 70만원에 살 수 있는 권리를 부여한다고 하자. 삼성전자의 주가는 현재 주당 67만원이고 만기에는 주당 75만원이 된다고 하자. 만약 김선달이 삼성전자 유럽식 콜 옵션을 지금 하나 구입한다면 만기에 김선달은 옵션을 실행할 것이다. 만기에 김선달이 보유하고 있는 콜 옵션은 김선달이 삼성전자 주식을 주당 70만원에 살 수 있는 권리를 주므로 김선달은 콜 옵션을 실행하여 삼성전자 100주를 7,000만원에 구입할 수 있다. 그런데 만기에 삼성전자 주가는 주당 75만원

그림 A 콜 옵션의 가치

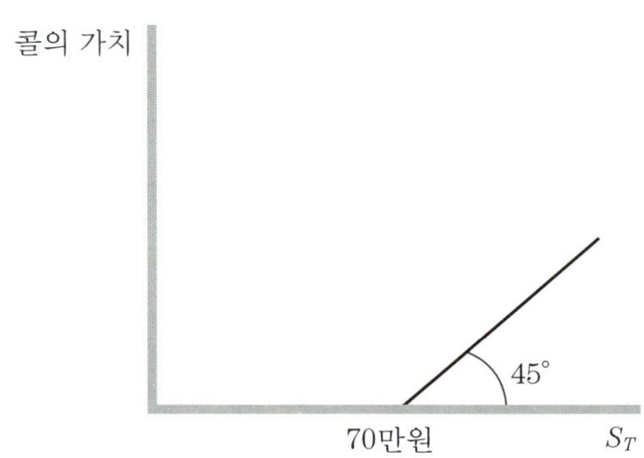

그림 B　풋 옵션의 가치

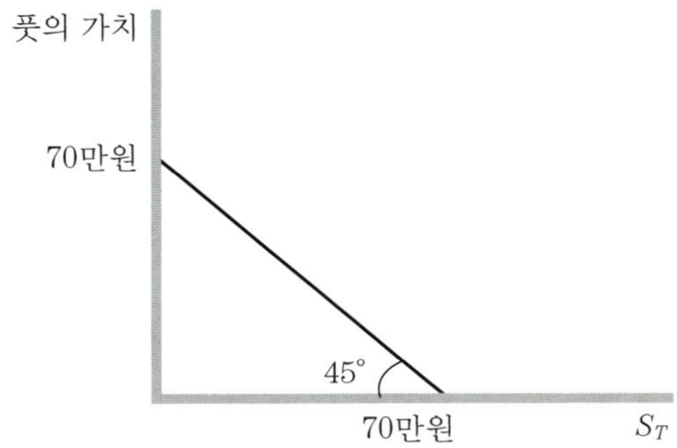

이므로 김선달은 콜 옵션을 실행하여 구입한 삼성전자 주식을 시장에서 주당 75만원에 팔 수 있고, 그렇게 함으로써 주당 5만원씩 500만원을 벌 수 있다. 이상의 예에서 보듯이 만기의 주식가격을 S_T라고 할 때, 만기에 $S_T>$70만원이면 콜을 실행하여 이익(in the money)을 보게 된다. 그러나 $S_T=$70만원이면 콜을 실행할 때 본전(on the money)이 되고, $S_T<$70만원이면 손해(out of the money)를 보게 되므로 아무도 콜을 실행하지 않을 것이다. 따라서 유럽식 콜 옵션의 가치를 [그림 A]와 같이 나타낼 수 있다.

풋 옵션의 경우를 생각해 보자. 김선달이 만기에 삼성전자 주식 100주를 주당 70만원에 팔 수 있는 유럽식 풋 옵션 하나를 구입하였다고 하자. 만약 만기에 삼성전자의 주식가격이 주당 65만원이 되면 김선달은 풋 옵션을 실행할 것이다. 시장에서 삼성전자 주식 100주를 6,500만원에 구입하여 실행가격(주당 70만원)에 팔면 주당 5만원씩 500만원을 벌 수 있기 때문이다. 이상의 분석에서 알 수 있듯이 $S_T<$70만원이면 풋을 실행함으로써 이익(in the money)을 보게 된다. 반면에 $S_T>$70만원이면 풋을 실행함으로써 손해(out of the money)를 보게 되며, $S_T=$70만원이면 본전(on the money)이 되므로 풋 옵션을 실행하지 않을 것이다. 따라서 유럽식 풋 옵션의 가치는 [그림 B]와 같다.

옵션을 사는 것은 어떤 자산을 사거나 팔 수 있는 권리를 가지는 것을 의미한다. 그러나 김선달이 옵션을 판다(write 또는 sell)면 그는 어떤 자산을 사거나 팔 의무가 있다. 김선달이 콜 옵션을 판다면 그는 콜 옵션을 구입한 투자자가 옵션을 실행할 때($S_T>$실행가격) 실행가격에 특정 자산을 팔 의무가 있다. 마찬가지로 김선달이 풋 옵션을 판다면 그는 풋 옵션을 구입한 투자자가 옵션을 실행할 때($S_T<$실행가격) 실행가격에 특정 자산을 살 의무가 있다. 물론 옵션을 구입한 투자자가 옵션을 실행하지 않으면 특정 자산을 사거나 팔 의무가 없다.

옵션이론이란 미래가 불확실할 때 기업이 어떻게 투자결정을 하는가를 이해하기 위해 개발된 이론이다. 예를 들어서 A정유회사가 인도네시아의 유전을 구입하는 것을 신중히 고려하고 있다고 하자. 유전의 소유주는 이 유전을 $10,000에 팔려고 한다. 만약 이 유전을 구입하여 초기 유전개발비 $500,000을 투입하면 매년 10,000배럴의 원유를 거의 무한히 채취할 수 있다고 하자. 현재의 원유가는 배럴당 $20이고, 채취비는 배럴당 $14이라고 하자(모든 가격은 실질가격이다). A정유회사는 매년 실질가격으로 배럴당 $6의 이익을 볼 수 있고, 실질이자율은 10%로 예상한다고 가정하자. A정유회사는 이 유전을 구입해야 하는가?

현재의 원유가가 계속 유지된다면 현재가치 계산법을 사용하여 이 유전으로부터 발생하는 순이익의 현재가치를 다음과 같이 구할 수 있다.

$$-\$10,000-\$500,000+(\$6\times 10,000)/0.1=\$90,000$$

따라서 현재가치를 계산한다면 A정유회사는 이 유전을 구입하여 개발비 $500,000을 투입할 것이다.

이제 OPEC가 실질원유가를 영원히 배럴당 $30로 인상할 가능성이 1/2이고, 또 한편으로는 자동차 회사들이 대체연료, 특히 전기자동차 개발에 성공하여 원유수요가 감소하고, 그 결과 실질원유가가 배럴당 $10 수준으로 하락할 가능성도 1/2이라고 하자. 이 모든 가능성은 내년에 확실히 그 결과를 알 수 있다면 위의 현재가치 계산법은 부적절하다고 할 수 있다.

만약 실질원유가가 배럴당 $30로 인상된다면 유전으로부터의 순수입의 현재가치는 다음과 같다.

$$-\$10,000-\$500,000+(\$30-\$14)\times 10,000/0.1=\$1,090,000$$

실질원유가가 배럴당 $10로 인하된다면 유전으로부터의 순수입의 현재가치는 다음과 같다.

$$-\$10,000-\$500,000+(\$10-\$14)\times 10,000/0.1=-\$910,000$$

이 경우에 여러분이 A정유회사의 기획실에 근무한다면 경영자에게 어떤 제안을 하겠는가? 기획실에 근무하는 김선달은 다음과 같은 제안을 하였다.

첫째, 유전은 구입해야 한다.

둘째, 유전의 개발여부는 실질원유가가 내년에 어떻게 될지 기다려 본 후 결정한다.

이제 김선달의 제안을 분석해 보자. 유전을 이미 구입했다면 유전을 올해 개발해야 하는가? 만약 올해 개발한다면 유전으로부터의 순수입의 현재가치는 $90,000이 될 것으로 기대된다. 만약 유전개발을 내년으로 연기한다면 실질원유가가 배럴당 $10이 되면 유전을 개발할 필요가 없게 되고 유전구입비 $10,000만 손해보면 된다. 만약 실질원유가가 $30이 되면 유전을 개발하여 큰 이익을 보게 될 것이다. 따라서 유전개발 결정을 내년으로 연기함으로써 원유가가 하락할 경우 유전개발비 $500,000을 절약할 수 있다. 이상의 분석으로부터 일단 유전을 구입했다면 유전개발은 내년으로 연기하는 것이 바람직함을 알 수 있다.

그러면 애초에 유전을 구입해야 하는가? 일단 유전을 구입하면 내년까지 유전개발을 연기하는 것이 바람직한 것을 알고 있다. 만약 원유가가 $10로 떨어지면 유전개발 순비용은 $10,000일 뿐이다. 만약 원유가가 $30로 인상되면 유전개발 순수입의 현재가치는 $1,090,000이 될 것이다. 따라서 원유가가 상승할 경우의 수입이 원유가가 하락할 경우의 비용을 크게 초과하므로 원유가 하락의 위험을 감수하고라도 유전을 구입할 가치가 있다고 할 수 있다.

이상의 분석으로부터 불확실성이 없는 경우와 비교하여 A정유회사의 투자는 상대적으로 감소한다는 것을 알 수 있다.[3] 불확실성이 없으면 이 회사는 유전구입과 개발에 $510,000을 사용할 것이다. 그러나 불확실성이 있으면 일단 불확실성이 해소될 때까지 기다릴 가치가 있으므로 이 회사는 유전구입비 $10,000만 사용하고 불확실성이 해소되기를 기다릴 것이다. 위에 든 예에서 일단 유전을 구입하면 A정유회사는 매년 10,000배럴의 원유가 즉시 생산 가능한 유전을 실행가격 $500,000에 살 수 있는 콜 옵션을 보유하고 있는 것과 마찬가지이다.

3) 불확실성이 있는 경우 투자가 반드시 감소하는 것은 아니다. 보다 자세한 논의는 이 책의 수준을 벗어나므로 생략한다.

가속도모형과 신축적 가속도모형

미시경제학적 기초가 약한 투자이론 가운데 해롯(Harrod)이 소개한 가속도모형이라는 것이 있다. 이것을 도출하기 위해 다음과 같은 가정을 하자. 첫째, 자본스톡은 동일 기간 안에 바람직한 수준으로 조정될 수 있다. 즉, $K=K^*$. 둘째, 감가상각은 없다. 셋째, 바람직한 수준의 자본스톡-생산 비율은 자본의 임대비용과 관계없이 일정하다. 즉 $K^*=vY$. 이와 같은 가정하에 다음의 투자방정식을 도출할 수 있다.

$$I_t=K_t-K_{t-1}=K_t^*-K_{t-1}^*=v(Y_t-Y_{t-1})$$

가속도모형은 투자수요가 GDP의 변화에 비례함을 의미한다. 따라서 심각한 불황기에는 투자지출이 음이 될 수도 있다. 그러나 총투자는 음이 될 수 없으므로 이론적으로 문제가 있다고 생각할 수도 있다.

신축적 가속도모형은 자본스톡이 바람직한 수준으로 즉각 조절될 수 있다는 가속도모형의 가정을 완화하고, 현재의 자본스톡과 바람직한 수준의 자본스톡 간의 차이가 클수록 기업의 투자율은 크다고 본다. 이것을 식으로 나타내면 다음과 같다.

$$K_t=K_{t-1}+\lambda(K^*-K_{t-1}), \qquad 0<\lambda<1$$

따라서 투자는 다음과 같다.

$$I_t=\lambda(K^*-K_{t-1})$$

투자이론의 실증분석

투자이론에 관한 실증분석에 의하면 본문에서 언급한 여러 가지 투자모형 가운데 가속도모형이 투자를 가장 잘 설명하는 것으로 보인다. 즉, 실질GDP와 기업의 고정투자는 공행성(comovement)을 보인다. 그러나 투자의 변화가 GDP의 변화를 초래하는지, 아니면 GDP의 변화가 투자의 변화를 초래하는지는 알기 어렵다. 또한 제 3 의 요인이 투자와 GDP를 같은 방향으로 움직이도록 할 수도 있다. 많은 학자들은 가속도모형이 이론적으로는 가장 단순하고 미시적 기초도 상대적으로 빈약한 이론임에도 불구하고 실증적으로 잘 성립하는 이유는 아마도 제 3 의 요인(예를 들면, 우호적 기술충격)이 생산과 투자를 같은 방향으로 움직이도록 하기 때문인 것으로 추측하고 있다.

토빈의 q 이론은 주식시장이 효율적임을 상정하고 있다. 그러나 주식시장이 비효율적이면 토빈의 q는 이론적 우수성에도 불구하고 투자를 잘 설명하지 못할 수도 있다. 블랑샤드－리－써머스는 주식시장에 비합리적 요소가 있는 경우 주식가격을 합리적 부분과 비합리적 부분으로 구분한 후, 기업의 투자가 합리적 주가변동(fundamentals)에만 반응하는가를 분석하였다. 그들은 투자가 합리적 주가변동에 주로 반응하지만 일부 비합리적 주가변동(bubble: 거품)에도 반응함을 발견하였다.

배로는 투자를 가장 잘 설명하는 변수가 현재의 주가 또는 현재의 현금흐름(cash flow)임을 발견하였다. 현재의 현금흐름이 기업의 투자를 잘 설명하는 이유로 우리는 소비이론에서와 마찬가지로 기업이 유동성제약에 직면해 있는 경우를 생각해 볼 수 있다. 기업이 유동성제약에 직면해 있으면 투자는 현재 및 미래의 현금흐름의 현재가치보다는 그때그때의 현금흐름에 민감하게 반응할 것이라는 사실을 유추해 볼 수 있다.

Blanchard Olivier, Rhee Changyong and Lawrence Summers, "The Stock Market, Profit, and Investment," *Quarterly Journal of Economics* 108, 1993, pp. 115－136.

Barro, Robert J., "The Stock Market and Investment," *Review of Financial studies* 3, 1990, pp. 114－131.

제 4 절 건축투자

주택(K^H)의 실질가격 혹은 상대가격(P^H/P)은 기존 주택의 공급과 수요로 구성되는 부동산시장에서 결정되고, 이 가격이 신규 주택의 유량 혹은 건축투자를 결정한다. 특정 시점에 있어서 기존 주택의 공급은 주어져 있으므로 $P^H/P-K^H$평면에서 기존 주택의 공급은 수직이라고 볼 수 있다. 기존 주택에 대한 수요는 주택의 상대가격이 하락할수록 증가하고 주택의 상대가격이 상승할수록 감소하므로 $P^H/P-K^H$ 평면에서 우하향한다([그림 16-7a] 참조).

기존 주택의 상대가격은 기존 주택의 수요와 공급에 의해서 결정되며 주택의 가격이 수요와 공급을 조정한다. 기존 주택시장에서 결정된 주택의 상대가격 혹은 실질가격은 신규 주택의 공급을 결정한다. 건축회사는 건축자재와 인부 등을 고용하여 신규 주택을 건설하여 시장가격에 판매할 수 있다. 이때 소요되는 비용은 일반적인 물가수준으로 측정할 수 있고 수입은 주택가격 P^H

그림 16-7 주택의 상대가격과 건축투자

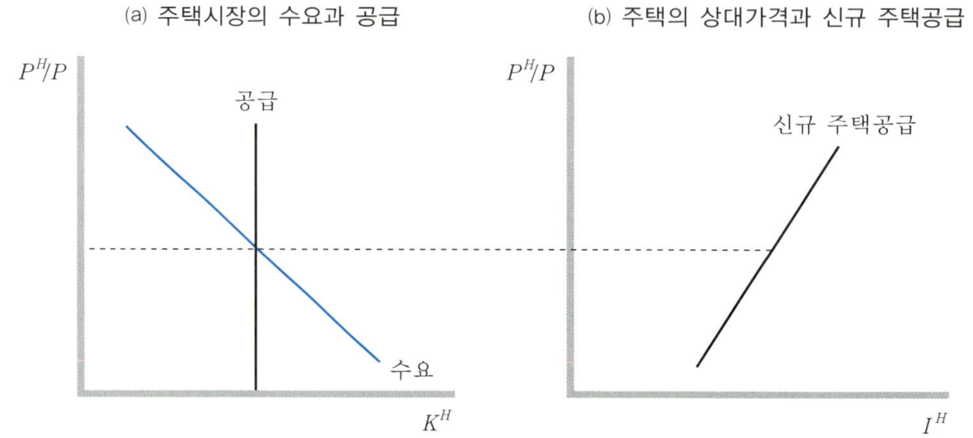

특정 시점에 있어서 기존 주택의 공급은 주어져 있으므로 P^H/P-K^H 평면에서 기존 주택의 공급은 수직이라고 볼 수 있다. 기존 주택에 대한 수요는 주택의 상대가격이 하락할수록 증가하고 주택의 상대가격이 상승할수록 감소하므로 P^H/P-K^H 평면에서 우하향한다. 기존 주택의 수요와 공급이 만나는 점에서 균형 상대가격이 결정된다[그림 (a)]. 기존 주택시장에서 결정된 주택의 상대가격 혹은 실질가격은 신규 주택의 공급을 결정한다. 건축회사는 건축자재와 임부 등을 고용하여 신규 주택을 건설하여 시장가격에 판매할 수 있다. 이 때 소요되는 비용은 일반적인 물가수준으로 측정할 수 있고 수입은 주택가격 P^H에 의존하므로, 주택의 상대가격이 높을수록 신규 건축이 증가하고 주택의 상대가격이 낮을수록 신규 건축이 감소할 것이다[그림 (b)].

에 의존하므로, 주택의 상대가격이 높을수록 신규 건축이 증가하고 주택의 상대가격이 낮을수록 신규 건축이 감소할 것이다([그림 16-7(b)] 참조). 따라서 주택의 상대가격은 앞에서 언급한 토빈의 q와 동일한 역할을 한다고 볼 수 있다. 제 3 장 금융이론에서도 언급하였듯이 주택가격은 현재 및 미래의 모든 임대수입의 현재가치가 되어야 한다. 이것은 주택가격이 자본재 한 단위로부터 발생하는 현재 및 미래의 모든 수입의 현재가치를 나타내는 자본의 시장가치와 동일한 역할을 하는 것을 의미한다. 또한 물가수준은 주택 한 단위를 건설하는 데 소요되는 비용을 반영하므로, 이것은 토빈의 q의 분모에 나타나는 자본재의 대체비용과 동일한 역할을 한다.

소득의 증가, 인구 증가, 이자율 하락 등의 요인으로 주택의 수요가 증가하면 수요곡선이 오른쪽으로 이동하여 시장균형 상대가격은 상승하게 되며([그림 16-8(a)] 참조), 그에 따라서 신규 건축투자도 증가한다([그림 16-8(b)] 참조).

한편 주택의 임대료(R^H)는 시설투자와 마찬가지로 다음의 관계를 만족시

그림 16-8 주택수요 증가와 건축투자

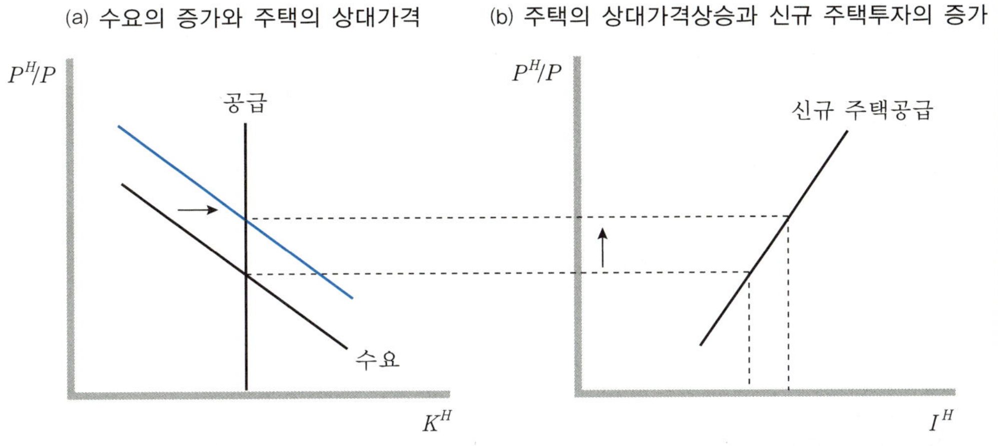

소득의 증가, 인구 증가, 이자율 하락 등의 요인으로 주택의 수요가 증가하면 수요곡선이 오른쪽으로 이동하여 시장균형 상대가격은 상승하게 된다[그림 (a)]. 시장균형 상대가격이 상승함에 따라서 신규 건축투자도 증가한다[그림 (b)].

킬 것이다.

$$R^H = (r+\delta)P^H \qquad \cdots\cdots \ (16-14)$$

주택의 경우 공장시설에 비해 감가상각률이 훨씬 작으므로 실질이자율이 주택의 임대비용에서 차지하는 비중은 훨씬 크다고 볼 수 있다. 실제로 건축투자는 시설투자에 비해 이자율의 변화에 훨씬 민감하게 반응한다.

주택건축은 긴 시간이 필요하지 않으므로 시설투자에 비해 시차가 적고 바람직한 수준의 스톡을 단기간에 달성할 수 있다. 또한 주택스톡은 실질소득과 관련되어 있으므로 가속도 원리가 상대적으로 잘 적용된다고 볼 수 있다.

인구구조의 변화와 주택가격

미국의 경우 신규 단독주택의 소비자물가수준 대비 상대가격이 1970년부터 1980년 사이에 자료에 따라 약 20%에서 30% 상승하였다. 이러한 가격상승을 설명할 수 있는 중요한 요인으로 맨큐와 와일은 인구구조의 변화를 들었다. 그들의 연구에 의하면 개개인의 나이가 20에서 30 사이가 되어야 주택수요에 큰 영향을 미치고, 주택수요가 1% 상승하면 주택의 실질가격이 5% 상승한다. 미국의 경우 1950년대의 베이비 붐 세대가 1970년대에 신규 주택의 수요를 증가시키면서 주택가격이 급격히 상승하였다는 것이다.

그들은 한 걸음 더 나아가 1970-80년대의 베이비 버스트 세대가 나이 20에서 30이 되는 1990년대 이후 약 20년 동안은 주택의 실질가격이 하락할 것으로 예측했다.

Mankiw N. Gregory and David N. Weil, "The Baby Boom, The Baby Bust, and the Housing Market," *Regional Science and Urban Economics* 19, 1989. pp. 235-258.

제 5 절 재고투자

재고투자는 기업의 판매되지 않은 상품의 재고스톡, 미완성 제품, 원자재 등의 증가를 의미한다. 기업이 보유하고자 하는 재고(N)의 비율이 생산에 비례한다면 다음과 같이 나타낼 수 있다.

$$N = \beta Y \qquad \cdots\cdots \ (16-15)$$

기업이 재고를 이와 같이 결정하는 이유는 여러 가지를 생각해 볼 수 있다. 생산을 많이 할 때 제조기업은 생산을 위해 많은 중간재를 보유할 것이고, 생산 과정에서 아직 완성되지 않은 반제품도 많을 것이다. 이것들은 모두 재고로 파악된다. 판매기업도 소득이 증가하고 경기가 활황일 때 많은 제품을 진열하고 판매하려고 할 것이다. 이와 같은 이유로 재고는 생산에 비례할 것이다. 더욱이 재고투자는 시설투자에 비해 시차가 상대적으로 덜 중요하므로 가속도 원리가 더 잘 적용될 수 있다. 경기변동상에서 재고투자가 소득 혹은 생산의 변화와 같이 움직인다는 사실은 가속도모형의 증거로 간주될 수 있다.

재고투자도 실질이자율과 역관계를 가진다. 기업이 제품을 이번 기에 판매하지 않고 재고로 보유하다가 다음 기에 판매한다고 하자. 이런 경우 이번 기에 제품을 판매하고 그로부터 이자수입을 얻을 수 있는 기회를 잃게 된다. 즉, 실질이자율은 재고보유의 기회비용을 나타낸다. 따라서 실질이자율이 상승하면 재고보유의 기회비용이 증가하므로 재고투자가 감소하고, 실질이자율이 하락하면 재고보유의 기회비용이 감소하므로 재고투자가 증가한다.

생산균단화(Production Smoothing)

기업이 재고를 보유하는 중요한 이유는 생산의 변화를 가능하면 완만하게 하려는 데에 있다. 만약 기업이 재고를 보유하는 이유가 수요가 변화할 때 생산을 안정적으로 관리하고자 하기 때문이라면 생산이 판매보다 안정적이어야 한다. 그러나 대부분의 실증분석에 의하면 생산의 분산이 판매의 분산보다 크다. 이러한 사실은 기업이 안정적 생산 이외의 무언가 다른 동기를 가지고 재고를 보유함을 시사한다. 재고 보유의 다른 동기로 생각해 볼 수 있는 것은 기업이 재고소진(stock out)과 그로 인한 판매기회 상실을 우려하기 때문이라는 가설을 생각해 볼 수 있다. 그러나 아직 어떤 가설이 유력하다는 실증적 증거는 없다.

Miron, Jeffrey A. and Stephen P. Zeldes, "Seasonality, Cost Shocks, and the Production Smoothing Model of Inventories," *Econometrica* 56, July 1988, pp. 877－908.

제 6 절 맺음말

본 절에서 우리는 투자수요가 실질이자율의 감소함수라는 사실을 확인하였다. 시설투자의 경우 실질이자율이 상승하면 자본의 비용이 상승하여 바람직한 수준의 자본스톡과 투자가 감소한다. 건축투자의 경우 실질이자율이 상승하면 주택구입을 위한 대출수요가 감소하여 주택의 상대가격이 하락하고 투자가 감소한다. 재고투자의 경우에도 실질이자율이 상승하면 재고보유의 기회비용이 증가하여 재고투자 수요가 감소한다.

불확실성도 기업투자에 영향을 미친다. 불확실성이 증가하면 기업의 입장에서는 불확실성이 해소될 때까지 투자를 연기하고 기다릴 만한 가치가 있다. 즉, 불확실성이 증가하면 일반적으로 투자가 감소한다.

연습문제 제16장

Questions and Practice

1. 물가수준=1, 자본재의 가격=100원, 명목이자율=10%, 자본재 가격상승률=5%, 감가상각률=4%이면 균형에서 자본의 임대가격은?

2. 어떤 경제의 생산함수가 $Y=K^aH^bN^{1-a-b}$ 로 주어진다(K는 자본스톡, H는 재고스톡, N은 노동을 나타낸다). 재고스톡은 감가상각이 필요없고, 재고스톡의 가격은 Y의 가격과 동일하다고 하자. 조세는 무시한다. 실질이자율 $r=0.1$, $b=0.1$, $Y=5{,}000$이면 바람직한 수준의 재고스톡은?

3. 기계 한 대당 이윤이 매기간 10,000원으로 일정하고 실질이자율도 5%로 일정하다고 가정하자. 감가상각률은 10%이다.

(가) 현재 및 미래이윤의 현재가치를 구하라. 기업이 이 기계에 대하여 지불하고자 하는 최고가격은 얼마인가? 자본의 (사용자)비용은 얼마인가?

(나) 이제 실질이자율이 4%로 일정하다고 하자. 현재 및 미래이윤의 현재가치를 구하라. 실질이자율이 하락하면 자본의 비용은 어떻게 되는가?

(다) 이제 감가상각률이 12%로 일정하다고 하자. 현재 및 미래이윤의 현재가치를 구하라. 감가상각률이 증가하면 자본의 비용은 어떻게 되는가?

(라) 이제 기계 한 대당 이윤이 9,000원으로 일정하다고 하자. 현재 및 미래이윤의 현재가치를 구하라. 기계 한 대당 이윤이 감소하는 경우 자본의 비용은 어떻게 되는가?

4. 투자수요함수와 바람직한 수준의 자본스톡(K^*)이 다음과 같이 주어진다.

$$I=0.5(K^*-K_{-1})$$
$$K^*=0.025\left(\frac{Y}{r}\right)$$

감가상각은 없다고 가정하자.

(가) 1기의 생산이 1,000억원이고 실질이자율이 10%일 때, 바람직한 수준의 자본스톡을 구하라.

(나) 0기의 자본스톡이 150억원이면 1기의 투자는 얼마인가?

(다) 생산과 실질이자율이 변화하지 않는다고 가정하고, 2기와 3기 및 그 이후의 투자를 구하라.

5. 주식시장의 거품이 붕괴되면서 주가가 폭락하는 경우 생산을 일정하게 유지하려면 통화당국은 어떤 정책을 사용해야 하는가?

6. A정유회사가 인도네시아의 유전을 구입하는 것을 신중히 고려하고 있다고 하자. 유전의 소유주는 이 유전을 $10,000에 팔려고 한다. 만약 이 유전을 구입하여 초기 유전개발비 $500,000을 투입하면 매년 10,000배럴의 원유를 거의 무한히 채취할 수 있다고 하자. 현재의 원유가는 배럴당 $20이고, 채취비는 배럴당 $16이라고 하자(모든 가격은 실질가격이다). A정유회사는 매년 실질가격으로 배럴당 $4의 이익을 볼 수 있고 실질이자율은 10%로 예상한다고 가정하자. A정유회사는 이 유전을 구입해야 하는가?

(가) 현재가치 계산법을 사용하여 이 유전으로부터의 순이익의 현재가치를 구하고, 이 유전을 구입해야 하는가를 설명하라.

(나) 만약 내년에 실질원유가가 배럴당 $35로 인상된다면, 유전으로부터의 순수입의 현재가치는 얼마인가?

(다) 만약 내년에 실질원유가가 배럴당 $5로 인하된다면, 유전으로부터의 순수입의 현재가치는 얼마인가?

(라) 내년에 실질원유가가 배럴당 $35로 인상될 확률과 배럴당 $5로 인하될 확률이 같다고 하자. 여러분이 A정유회사의 기획실에 근무한다면 경영자에게 어떤 제안을 하겠는가?

17 재정정책 I

앨버트 아인슈타인이 죽어서 천당의 문 앞에 이르렀다. 대기하는 줄이 너무 길고 지루해서 아인슈타인은 시간을 보내기 위해 옆에 있는 뉴질랜드인 3명에게 IQ를 물었다.

첫 번째 사람이 자신의 IQ가 190이라고 대답하자, 아인슈타인은 "그것 잘됐군! 우리는 루터포드의 원자 물리학과 나의 일반상대성이론을 논의할 수 있겠군!"하고 소리쳤다.

두 번째 사람이 자신의 IQ가 150이라고 대답하자, 아인슈타인은 "그렇군요. 우리는 세계평화를 위한 뉴질랜드의 비핵화 법안을 논의할 수 있겠군요."하고 말했다.

세 번째 사람이 자신의 IQ가 50이라고 말하자 아인슈타인은 잠시 머뭇거리다가 "그러면 내년도 재정적자가 얼마가 될 것으로 예상하십니까?"하고 물었다.

E·C·O·N·O·M·I·C

주요개념

리카르도식 동등성(부채 중립성)

정부 예산제약식

개별가계 예산제약식

정액세

C·H·A·P·T·E·R

17 재정정책 I

Robert J. Barro(1944–)

미국, Harvard 대학교 교수

대표논문:
"Are Government Bonds Net wealth?"

본 장에서는 현재 및 미래의 정부구입은 변화시키지 않으면서 정액세를 변화시키는 정책이 경제에 미치는 효과에 대한 기존의 견해를 간단히 정리한 후, 리카르도식 동등성이라고 불리는 새로운 견해를 소개한다. 리카르도식 동등성이란 미래를 고려하는 소비자에게 미래의 조세는 현재의 조세와 동등하다는 것이다. 현재 및 미래의 정부구입의 현재가치에 변화가 없는 한 조세부과의 시점, 혹은 그에 대응하는 국채발행의 시점은 미래를 고려하는 소비자의 행동에 영향을 미치지 않으며, 이를 부채 중립성이라고도 한다.

제 1 절 기존의 견해

기존의 견해에 의하면 정부의 정액 조세삭감은 단기에 가처분소득을 증가시키고, 소비를 증가시킨다. 소비가 증가하면 *IS*곡선이 오른쪽으로 이동하고, 총수요곡선이 오른쪽으로 이동한다. 총수요곡선이 오른쪽으로 이동하면 소득은 증가하고, 실업은 감소하며, 물가수준은 상승한다(제 4–5 장 참조).

변동환율제도하의 소규모 개방경제에서 정부의 조세삭감은 환율을 절상시키고 경상수지 적자를 증가시킴으로써 재정정책이 단기적으로 소득에 미치는 확장적 효과를 완전히 구축하고 소득에는 영향을 미치지 않는다(제 6 장 참조). 고정환율제도하의 소규모 개방경제에서 정부의 조세삭감은 환율 절상압력으로 작용한다. 절상압력을 완화하고 고정환율을 유지하려면 통화당국은 외화를 매입하고 국내통화를 매각해야 한다. 국내통화공급이 증가하면 화폐시장의 균형을 회복하기 위해 소득이 증가해야 한다(소규모 개방경제의 국내이자율은 국제이자율과 동일함을 기억하라).

제 2 절 리카르도식 동등성(Ricardian equivalence)

배로 교수는 1974년에 발표한 논문에서 기존의 견해에 도전하는 새로운 견해를 발표하였다.[1)] 배로는 그가 제시한 이론의 단초를 19c 영국의 경제학자 리카르도에게서 찾았고, 그로 인해 우리는 배로의 새로운 견해를 리카르도식 동등성이라고 부른다. 이 이론은 기존의 분석과는 달리 미래를 고려하는 소비자의 행동을 고려한다. 이 견해에 의하면 국채발행($\triangle B^g$)으로 재원을 보전하는 정액세의 삭감($\triangledown T$)은 소비에 영향을 미치지 않는다. 이것은 조세를 삭감한 정

1) Barro, Robert J, "Are Government Bonds Net Wealth?" *Journal of Political Economy* 82, November/December 1974, pp. 1095–1118.

부가 결국은 정부의 예산제약식을 충족시키기 위해 미래에 조세를 증가시킬 것이고, 이것을 예상하는 소비자들이 정부저축의 감소를 상쇄할 만큼 민간저축을 증가시켜서 국민저축을 일정하게 유지하기 때문이다. 미래를 고려하는 소비자에게 미래의 조세는 현재의 조세와 동등하다.

리카르도식 동등성을 분석하기 위해 우선 정부와 가계의 예산제약식을 살펴보도록 하자.

1. 정부 예산제약식

명목가격으로 표시한 정부의 예산제약식은 다음과 같다.

$$P_tG_t+V_t+R_{t-1}B^g_{t-1}=T_t+(M_t-M_{t-1})+(B^g_t-B^g_{t-1}) \quad \cdots\cdots \ (17-1)$$

위의 식에서 P_t는 물가수준을, G_t는 실질정부구입을, V_t는 명목이전지출을, T_t는 명목조세수입을, (M_t-M_{t-1})은 통화공급의 증가를, $(B^g_t-B^g_{t-1})$은 국채발행수입을, R_{t-1}은 명목이자율을 나타내며 아래첨자는 기간을 나타낸다. 위의 식은 정부지출(=정부 소비지출+이전지출+국채이자 상환지출)이 조세, 통화발행, 국채발행 세 가지 방법으로 보전되어야 함을 의미한다. 위의 예산제약식에서 이전금(V_t)과 조세(T_t)는 정액(lump sum)이라고 가정한다. $(B^g_t-B^g_{t-1})$은 국채의 순발행을 의미한다. 정부의 예산제약식을 실질가치로 표시하면 다음과 같다.

$$G_t+V_t/P_t+R_{t-1}B^g_{t-1}/P_t=T_t/P_t+(M_t-M_{t-1})/P_t+(B^g_t-B^g_{t-1})/P_t \quad \cdots\cdots \ (17-2)$$

2. 개별가계 예산제약식

개별가계의 예산제약식은 다음과 같다.

$$y_t+\frac{b^g_{t-1}(1+R_{t-1})}{P_t}+\frac{m_{t-1}}{P_t}+\frac{v_t-t_t}{P_t}=c_t+i_t+\frac{(b^g_t+m_t)}{P_t} \quad \cdots\cdots \ (17-3)$$

위의 식은 실질값으로 평가할 때 개별가계의 지출(=소비지출+투자지출+국채 및 통화 매입)은 소득, 보유국채로부터의 원금 및 이자수입, 전기에 매입한 통화, 그리고 순이전금으로 보전됨을 의미한다. 미래를 고려하는 소비이론에 의하면 개별가계는 현재 및 미래의 가처분소득의 현재가치를 고려하여 소비를 결정한다. 따라서 우리는 위의 식으로부터 개별가계가 의사결정을 함에 있어서 조세를 공제한 순이전금의 현재가치를 고려함을 알 수 있다. 실질순이전금의 현재가치는 다음과 같이 표시할 수 있다.

$$\frac{v_1-t_1}{P_1}+\frac{[(v_2-t_2)/P_2]}{1+r}+\cdots \qquad \cdots\cdots (17-4)$$

순이전금을 기준으로 정부의 예산제약식을 다시 쓰면 다음과 같다.

$$\frac{(V_t-T_t)}{P_t}=\frac{(M_t-M_{t-1})}{P_t}+\frac{(B_t^g-B_{t-1}^g)}{P_t}-\frac{R_{t-1}B_{t-1}^g}{P_t}-G_t \qquad \cdots\cdots (17-5)$$

만일 통화공급이 일정하고, 초기에 국채발행잔고는 없으며, 매기에 국채발행잔액이 일정하다면, $(V_t-T_t)/P_t=-G_t$가 성립된다. 따라서 모든 가계의 현재 및 미래의 순이전금의 현재가치는 현재 및 미래의 정부구입의 음의 현재가치 즉, $-[G_1+G_2/(1+r)+\cdots]$이 된다. 이것은 정부구입이 총생산 중 민간에게 돌아가지 않는 부분을 나타내는 것으로 이해될 수 있다.

분석의 편의를 위해 물가수준과 통화공급이 일정하다고 하자. 정부구입 (G_t)은 주어지는 것으로 간주하고, 정부의 이전금(V_t)은 없으며, 초기의 국채발행도 없다$(B_0^g=0)$고 가정하자. 이 경우 정부의 실질예산제약식은 다음과 같다.

$$G_t+\frac{R\cdot B_{t-1}}{P}=\frac{T_t}{P}+\frac{(B_t^g-B_{t-1}^g)}{P} \qquad \cdots\cdots (17-6)$$

3. 국채발행으로 보전하는 조세삭감의 효과

정부가 1기에 정액세를 1원 삭감하고 그 재원을 국채발행으로 충당한다고 가정하자. 또 2기에는 조세를 $(1+R)$만큼 거두어서 국채를 상환하고, 3기부터는 더 이상 재정적자를 보지 않는다고 가정해 보자. 이 경우에 국채발행액은 $B_1^g=1$, $B_2^g=B_3^g=\cdots=0$ 이 될 것이다. T_1은 1원 감소하고(G가 일정하므로), T_2는 $(1+R)$만큼 증가하며, T_3, T_4, …는 변화가 없다. 개별가계의 입장에서 볼 때 실질조세의 현재가치는 $[-1+(1+R)/(1+R)]/P=0$이므로 변화가 없다(물가수준이 일정하므로 R은 명목이자율인 동시에 실질이자율이다). 가계는 조세감소로 생긴 추가소득 1원을 채권구입에 사용하고, 구입한 채권에서 발생하는 소득 $(1+R)$을 다음 기에 조세로 납부한다. 1기에 정부저축이 1원 감소하지만 민간저축이 1원 증가하므로 국민저축에는 변화가 없고, 소비와 노동투입에도 영향을 미치지 않는다. 이것을 배로는 리카르도식 동등성(Ricardian equivalence)이라고 불렀다.

이번에는 정부가 위의 예와는 달리 2기 이후 매기에 국채이자를 상환할 만큼만 조세를 증가시킨다고 하자. 즉, 매기의 국채발행 잔액은 1원이며 $(B_1^g = B_2^g = \cdots = 1)$, T_1은 1원 감소하고, 2기 이후의 조세는 매기에 R만큼 증가한다고 하자. 이 경우 실질조세의 현재가치는 $[-1+R\{1/(1+R)+1/(1+R)^2+\cdots\}]/P = [-1+1]/P=0$이 되므로 변화가 없다. 따라서 미래를 고려하는 개별가계는 1기의 조세감소(1원)로 인한 추가소득으로 채권을 구입하고, 2기의 채권으로부터의 수입 $(1+R)$ 중 이자수입 R은 2기의 추가적인 조세납부에 사용하고 원금 1원은 다음 기의 추가적인 조세부과에 대비하여 채권구입에 사용한다. 결국 민간저축의 증가가 정부저축의 감소를 상쇄하고 국민저축을 일정하게 유지시킨다.

이상의 분석을 그래프로 나타내면 그림 [17-1]과 같다. 그림에서 애초에 소비자의 균형소비는 (C_t, C_{t+1})이다. 만약 정부가 정액세를 삭감하고 국채발행으로 재원을 보전한다면 소득 좌표가(Y_t, Y_{t+1})에서 $(Y_t - \nabla T, Y_{t+1}-(1+R)\Delta T)$로 바뀐다($\nabla$은 감소를, Δ은 증가를 나타낸다). 이러한 변화는 예산선을 변화시키지 않으므로 균형소비에 영향을 미치지 않는다.

이상의 분석이 시사하는 것은 소득효과는 정부구입의 현재가치가 변할 때 발생한다는 것이다. 정부구입의 현재가치가 일정한 한, 조세와 정부적자 사이의 이동은 소득효과를 발생시키지 않는다. 이것을 달리 표현하면 현재의 조세를 삭감하고 미래에 조세를 증가시키는 정책 즉, 조세부과의 시점을 이동하는 정책은 현재 및 미래의 조세의 현재가치가 변화하지 않는 한 소득효과를 발생시키지 않는다. 소득효과가 발생하지 않으므로 소비는 변화하지 않고, 소비가 변화하지 않으므로 소득도 변화하지 않으며, 투자도 영향을 받지 않는다. 저축과 투자가 변화하지 않으므로 실질이자율도 변화하지 않는다.

국채발행으로 보전하는 정액세의 삭감으로 인한 재정적자가 화폐시장에 미치는 영향을 분석하기 위해 화폐시장의 균형조건을 살펴보자.

그림 17-1 정액세의 삭감과 소비

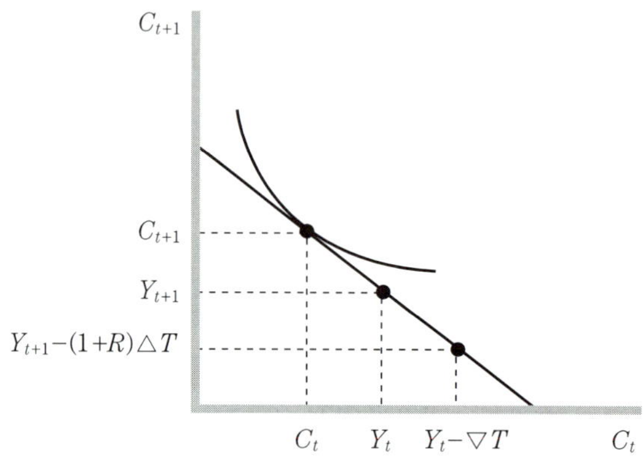

애초에 소비자의 균형소비는 (C_t, C_{t+1})로 주어진다. 만약 정부가 정액세를 삭감하고 국채 발행으로 재원을 보전한다면 소득 좌표가 (Y_t, Y_{t+1})에서 $(Yt-\nabla T, Y_{t+1}-(1+R)\triangle T)$로 바뀐다($\nabla$은 감소를, $\triangle$은 증가를 나타낸다). 그러나 이러한 변화는 예산선을 변화시키지 않으므로 균형소비에 영향을 미치지 않는 것을 알 수 있다.

$$M/P=L(Y, R) \qquad \cdots\cdots (17-7)$$

현재 및 미래의 통화공급 경로에 변화가 없으면 적자재정으로 보전하는 조세삭감은 화폐시장의 균형조건에도 영향을 미치지 않으므로 물가수준과 명목이자율(P, R)도 불변이다. 물가수준에 변화가 없으므로 인플레이션(π)도 영향을 받지 않는다.

제 3 절 기존의 견해에 대한 옹호

기존의 견해에 따르면 부채로 보전하는 (정액)조세삭감은 민간의 가처분소득을 증가시킨다. 가처분소득이 증가하면, 소비가 증가하고, *IS*곡선이 오른쪽으로 이동하여 실질이자율이 상승한다. 실질이자율이 상승함에 따라 정액세 삭감은 민간투자를 구축한다. 다시 말하면 조세삭감은 개별가계의 가처분소득을 증가시키고 일부는 소비증가로, 일부는 저축증가로 나타난다. 한계저축성향은 1보다 작으므로 민간저축의 증가가 정부저축의 감소를 충분히 상쇄시키지 못하고 국민저축이 감소한다. 투자에 비해 저축이 감소하므로 실질이자율이 상승하고 투자수요가 감소하게 된다. 투자감소는 장기적으로 자본스톡을 감소시키고 생산을 감소시킨다.

이상의 분석으로부터 우리는 기존의 견해가 성립하려면 소득효과(wealth effect)가 발생해야 한다는 것을 알 수 있다. 기존의 견해를 옹호하는 학자들은 미래의 세금증가가 리카르도식 동등성을 지지하는 학자들이 믿는 것처럼 현재의 소비에 큰 영향을 미칠 것으로는 생각하지 않는다. 그들이 이처럼 생각하는 논거는 소비이론에서 항상소득가설이 현실을 완전하게 설명하지 못하는 이유로 제시된 것과 기본적으로 동일하다.

첫째, 소비자들이 미래를 고려할 정도로 시야가 길지 않다는 것이다(myopia: 근시안적 행동). 조세삭감을 충당하기 위한 미래의 조세증가가 개별가계가 사망한 이후에 발생하면 현재의 개별가계의 소득은 증가한다. 소비자들이 미래를 충분히 고려하지 않는 경우 조세삭감은 소비를 증가시키고 국민저축을 감소시킬 것이다. 그러나 현재의 개별가계가 후손들의 소득도 고려하면

그림 17-2 유동성제약과 리카르도식 동등성의 실패

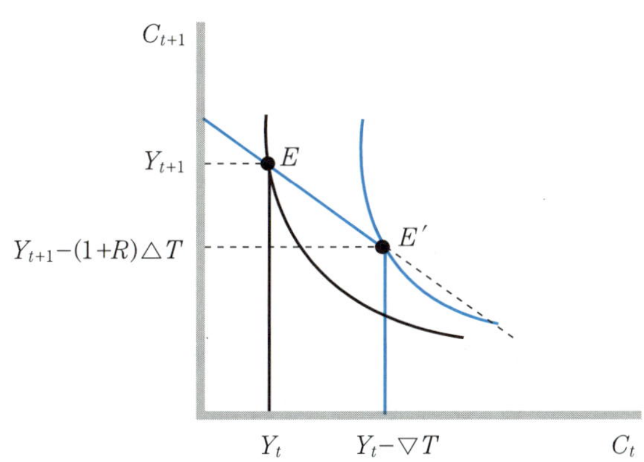

채무자가 되려는 가계가 유동성제약에 직면해 있으면 이 가계는 할 수 없이 E 점에서 소비를 한다. 그러나 조세삭감으로 인해 현재의 소득이 증가하면 이 가계는 E' 점에서 소비를 결정할 것이다. 결국 유동성제약에 직면해 있는 (채무자가 되려는) 가계는 비록 그들이 미래의 조세증가를 예상하더라도 현재의 가처분소득이 증가하면 소비를 증가시키게 된다.

유산 등 부의 세대간 이전을 통해 소득효과를 발생시키지 않을 수도 있다.

둘째, 신용시장의 불완전 혹은 유동성제약 문제를 생각해 볼 수 있다. 예를 들어서, 채무자가 되려는 가계는 정부가 조세를 삭감하면 현재의 소득이 증가하므로 현재의 소비를 증가시킨다. 이러한 분석은 [그림 17-2]에 나타나 있다(이 그림이 왜 유동성제약을 나타내는가는 소비이론을 참고하라). 채무자가 되려는 가계가 유동성제약에 직면해 있으면 이 가계는 할 수 없이 E점에서 소비를 한다. 그러나 조세삭감으로 인해 현재의 소득이 증가하면 이 가계는 E' 점에서 소비를 결정할 것이다. 결국 유동성제약에 직면해 있는 채무자가 되려는 가계는 비록 그들이 미래의 조세증가를 예상한다고 하더라도 현재의 가처분소득이 증가하면 소비를 증가시키게 된다.

유동성제약 문제 혹은 신용시장의 불완전성 문제를 다른 각도에서 분석해 보자. 리카르도식 동등성은 민간 및 국공채 금리가 동일해야 성립한다. 만약 일부 가계는 국공채가 제공하는 실질금리(r)보다 높은 실질금리로($\hat{r}$)로 자금을 조달할 수밖에 없다면, 정부가 조세를 삭감할 때 일부 가계는 미래의 조세증가를 r로 할인하기보다는 $\hat{r}$로 할인하므로 일부 가계의 경우 미래의 조세증가분의 현재가치는 상대적으로 작아지고, 이것은 소득의 현재가치가 상대적으로 증가함을 의미한다. 신용시장이 불완전한 경우 정부의 조세삭감은 일부 가계의 경우 소득효과를 발생시키고, 그로 인해 소비가 증가한다. 현재의 조세삭감이 저금리로 차입하는 것과 마찬가지 효과를 제공하므로 투자도 증가한다. 즉, 그룹 A를 국공채금리(r)와 같은 금리로 이자를 지불하는 개인 또는 기업들이라고 하고, 그룹 B를 국공채금리보다 높은 금리($\hat{r}$)로 이자를 지불하는 개인 또는 기업들이라고 하면, 경제전체적으로 일부 가계(그룹 B)의 저축증가가 정부저축의 감소를 완전히 상쇄하지는 못하므로 국민저축은 감소한다. 그러나 일부 가계(그룹 B)의 투자증가로 인해 총투자는 증가하므로 실질이자율이 상승하게 되고, 이것은 일부 가계(그룹 A)의 소비 및 투자를 감소시킨다. 반면에 그룹 B의 소비 및 투자는 순증할 것이므로 경제전체적으로 볼 때 그룹 A의 소비와 투자가 그룹 B로 이전되고 경제전체적으로 투자가 증가할지는 알 수 없다. 이러한 점에서 조세삭감은 신용시장의 불완전성에도 불구하고 신용시장의 기능을 향상시키고 투자를 반드시 감소시키지는 않는다는 점에서 바람직하다고 볼 수도 있다.

리카르도식 동등성은 모든 종류의 재정정책 변화가 실물경제와 무관함을 의미하는 것은 아니다. 재정정책의 변화가 현재나 미래의 정부구입(즉, 정부의 씀씀이)에 영향을 미치는 경우 소비를 비롯한 실질변수에 영향을 미칠 수 있다. 예를 들어서, 정부가 미래의 정부구입(G)을 감소시킬 계획으로 현재의 정액세를 삭감한다고 하자. 이를 신뢰하는 소비자들은 현재의 정액세 삭감으로 인해 가처분소득이 증가한다고 생각할 것이므로 소비를 증가시킬 것이다. 설사 현재의 정액세에 변화가 없더라도 정부가 미래에 정부구입을 감소시키겠다고 선언하면 미래의 언젠가는 정액세가 감소할 것이므로 미래를 고려하는 소비자들은 소비를 증가시킬 것이다. 또한 비례세의 경우는 재정정책의 변화가 현재나 미래의 정부구입에 영향을 미치지 않더라도 개별 경제주체들의 행동에 상이한 영향을 주므로 실질변수에 영향을 미칠 수 있다.

정부적자의 측정문제

정부의 명목저축은 예산흑자와 같다. 국민계정상의 명목예산적자는 통화 및 국채발행 증가로 보전되므로 다음과 같이 나타낼 수 있다.

$$M_t + B_t^g - (M_{t-1} + B_{t-1})$$

위의 식을 본문의 정부 예산제약식 (17-1)에 대입해보면, 국민계정상의 명목예산적자는 $P_tG_t + V_t + R_{t-1}B_{t-1}^g - T_t$로 나타낼 수 있고, 이것은 정부지출에서 조세수입을 차감한 값이다.

정부의 실질예산적자는 다음과 같이 나타낼 수 있다.

$$(M_t + B_t^g)/P_t - (M_{t-1} + B_{t-1}^g)/P_{t-1}$$

인플레이션율을 $\pi_{t-1} = (P_t - P_{t-1})/P_{t-1}$로 정의하면 실질예산적자는 명목값으로 다음과 같이 나타낼 수 있다.

$$M_t + B_t^g - (1 + \pi_{t-1})(M_{t-1} + B_{t-1}^g)$$

따라서 정부의 실질부채 변화를 제대로 반영하려면 국민계정상의 명목예산적자에서 $\pi_{t-1}(M_{t-1} + B_{t-1}^g)$를 차감하여 새로운 명목예산적자를 구해야 한다.

정부저축, 민간저축, 국민저축의 관계

실질정부저축은 실질예산흑자이므로 다음과 같이 나타낼 수 있다.

$$-(M_t+B_t^g)/P_t+(M_{t-1}+B_{t-1}^g)/P_{t-1}$$

실질민간저축은 민간 경제주체들이 보유하는 자본스톡의 증가와 통화 및 국채보유의 증가로 나타나므로 다음과 같이 쓸 수 있다.

$$(M_t+B_t^g)/P_t-(M_{t-1}+B_{t-1}^g)/P_{t-1}+K_t-K_{t-1}$$

따라서 실질정부저축과 실질민간저축의 합을 구하여 실질국민저축을 구하면 그것은 결국 자본스톡의 증가($=K_t-K_{t-1}$), 즉 순투자와 같다.

일본의 상품권 지급정책

일본정부는 장기간 침체를 겪고 있는 경기를 부양하기 위해 1998년 11월 대규모 경기부양 대책을 발표하였다. 이 가운데 흥미로운 정책은 개별가계에 2만 엔짜리 상품권을 지급하고 6개월 이내에 사용하도록 한 정책이다. 당시 일부 전문가들은 이 정책이 기존의 감세정책보다 경기를 부양하는 데 도움이 될 것이라고 주장하였다. 그들은 기존의 감세정책은 가계로 하여금 지출을 증가시키게 하기보다는 저축을 증가시켜서 효과가 없다고 주장하였다. 이에 반해서 상품권을 6개월 이내에 사용하게 하면 미래의 조세증가를 우려하는 소비자들도 상품권을 사용하지 않고 휴지로 만드는 것보다는 사용하는 것이 이익이므로 상품권을 사용할 수밖에 없을 것이라고 주장하였다.

그러나 일부 전문가들은 상품권을 지급하는 정책도 별 효과가 없을 것이라고 주장하였다. 소비자들은 상품권을 사용하기보다는 그것을 할인해서 현금화시킨 후 은행에 예금할 수도 있다는 것이다. 또한 설사 소비자들이 상품권을 사용한다 하더라도 그들이 이미 계획했던 소비를 앞당겨서 하는 데 불과할 수 있다. 이 경우에는 상품권 사용 여파로 전반기에 소비가 약간 증가할지 모르지만 후반기에는 이미 계획했던 소비가 이루어졌으므로 상대적으로 소비가 감소할 것이다.

이런 논란에도 불구하고 일본이 불황에서 탈출한 것은 2000년대 중반이므로 상품권 지급정책은 경기회복에 큰 도움이 되지 못한 것으로 보인다.

제 4 절 맺음말

본 장에서 우리는 현재 및 미래의 정부구입의 현재가치에 변화가 없는 경우 정액세의 삭감은 미래를 고려하는 소비자들의 소비 및 실질변수에 영향을 미치지 않는다는 리카르도식 동등성에 관해서 살펴보았다. 미래를 고려하는 소비자에게 미래의 조세는 현재의 조세와 동등하다. 현재 및 미래의 정부구입의 현재가치에 변화가 없는 한 조세부과의 시점은 미래를 고려하는 소비자의 행동에 영향을 미치지 않는다. 그러나 소비자들이 근시안적이거나, 유동성제약에 직면해 있으면 설사 현재 및 미래의 정부구입의 현재가치에 변화가 없더라도 정액세의 삭감은 소비자들의 소비를 증가시키고, 실질변수에 영향을 미칠 수 있다.

연습문제 제 17 장

Questions and Practice

1. 정부가 현재의 세금을 삭감하여 재정적자를 시현한다. 세금은 정액세이며 정부는 미래에 통화증가율을 증가시켜서 재원을 조달할 것으로 예상된다. 이러한 정책이 실질이자율, 실질생산, 투자에 미치는 영향과 물가수준 및 명목이자율에 미치는 영향을 논하라.

2. 공개시장조작은 중립적인가? 리카르도식 동등성에 입각하여 분석하라.

3. 개별 소비자의 2기간 예산제약식은 다음과 같고 $C_1+C_2/(1+r)=Y_1-T_1+(Y_2-T_2)/(1+r)$, 정부의 2기간 예산제약식은 다음과 같다.

$$T_1+T_2/(1+r)=G_1+G_2/(1+r).$$

(아래첨자는 기간을 나타내며, C는 실질소비, Y는 실질소득, T는 실질조세, G는 실질정부구입, r은 실질이자율을 나타낸다). 개별 소비자는 가능한 한 두 기간의 소비를 동일하게 유지하려고 하지만 미래의 소득을 담보로 은행에서 대출받을 수 없는 유동성제약에 직면하고 있다고 하자. $Y_1=200$, $Y_2=275$, $G_1=100$, $G_2=120$, $T_2=60$, $r=0.2$이면 C_1, C_2는?

18 재정정책 Ⅱ

당신이 암소 두 마리를 가지고 있다면……

사회주의: 국가가 한 마리를 가져가서 다른 사람에게 준다.
공산주의: 국가가 두 마리를 모두 가져가고 당신에게는 우유를 준다.
파 시 즘: 국가가 두 마리를 모두 가져가고 당신에게는 우유를 판다.
나 찌 즘: 국가가 두 마리를 모두 가져가고 당신을 사살한다.
관료주의: 국가가 두 마리를 모두 가져가서 한 마리는 관리소홀로 죽이고, 다른 한 마리에게서 나온 우유는 실수로 하수구에 쏟는다.
자본주의: 당신은 암소 한 마리를 팔고 숫소 한 마리를 산다.

주요개념

정부구입의 일시적 증가

정부구입의 항구적 증가

소득세

비례세

한계세율

평균세율

래퍼곡선

세후 실질이자율

세후 노동의 한계생산

세후 투자수익률

기간간 대체효과

C·H·A·P·T·E·R

18 재정정책 II

본 장에서는 계속해서 정부구입 및 비례세의 변화가 경제에 미치는 효과를 미시경제학적 기초(실물경기변동이론)에 입각하여 분석한다. 통상적인 케인즈학파의 견해는 제 4–6 장에서 분석한 모형을 적용할 수 있다.

제 1 절 정부구입의 변화

다른 조건은 일정하고 실질정부구입(G_t)만 변화한다고 가정하자. 조세(T_t)는 정액세(lump sum tax)라고 가정하고 정부는 매기의 예산제약식을 만족시킨다고 하자. 이 경우 앞장에서 살펴보았듯이 정액세의 시점을 변화시키는 정책은 경제에 영향을 미치지 않으므로 정부구입의 변화가 경제에 미치는 순수한 효과를 분석할 수 있다. 물론 국채발행으로 재원을 보전한다고 가정하여도 마찬가지이다.

개별가계는 의사결정을 함에 있어서 현재 및 미래의 가처분소득의 현재가치를 고려하여 소비를 결정한다. 따라서 개별가계는 의사결정을 함에 있어서 조세를 차감한 순이전금의 현재가치를 고려한다. 모든 가계의 현재 및 미래의 순이전금의 현재가치는 앞장에서 살펴보았듯이 현재 및 미래의 정부구입의 음의 현재가치 즉, $-[G_1+G_2/(1+r)+\ \cdots\ ]$가 된다.

정부구입의 증가는 약간의 민간소비를 대체하는 효과가 있다. 예를 들어서, 도서관, 학생급식 등의 경우 정부구입이 한 단위 증가하면 민간소비가 비록 작은 양이지만 α 만큼 감소한다. 배로는 α 값이 0.2~0.4정도라고 가정하였다. 정부구입의 변화는 총공급에도 영향을 미칠 수 있다. 정부구입은 민간의 생산활동의 투입요소로 사용될 수 있다. 예를 들어서, 법, 국방, 경찰업무, 특히 사회간접자본에 관한 정부구입이 한 단위 증가하면 외부효과를 통해 민간의 총생산이 β 단위만큼 증가한다($0<\beta<1$)고 할 수 있다. 이러한 가능성에도 불구하고 우리는 본 장의 논의에서 정부구입이 민간소비를 대체하고, 생산활동의 투입요소로 사용될 수 있는 가능성은 무시한다.

1. 정부구입의 일시적 증가

제 1, 2 차 세계대전, 한국전쟁, 베트남전쟁 등 정부구입이 일시적으로 증가하는 경우를 분석하기 위해 1기의 정부구입(G_1)은 증가하지만 미래의 정부구입(G_t: $t=2, 3, \cdots$)은 변화가 없는 경우를 고려하자. 정부구입은 실질조세의 증가, 실질이전금의 감소, 국채의 발행 또는 통화발행으로 보전할 수 있다. 순수한 정부구입 변화의 효과를 분석하기 위해 정액세의 증가로 재원을 보전한다고 가정하자.

일시적으로 정부구입이 증가하면 정부구입의 현재가치가 증가하므로 가계의 현재 및 미래소득의 현재가치가 감소한다. 현재 및 미래소득의 현재가치가 감소하면 소비지출이 감소하고 노동공급이 증가한다($\triangledown C^d$, $\triangle N^s$). 그러나 소득의 감소가 일시적이므로 소득효과는 매우 작고 한계소비성향(*MPC*)은 0에 가깝다. 따라서 정부구입의 일시적 증가로 인해 발생하는 소득효과에 기인한 소비의 감소는 무시할 수 있다. G가 일시적으로 늘어날 때 C는 거의 변하지 않으므로 총수요가 증가한다. 한편 소득효과로 인해 노동공급이 증가하므로 상품공급이 약간 증가할 것이다. 주어진 실질이자율에서 총수요가 총공급보다 많이 증가한다고 가정하자.

[그림 18-1]에서 보듯이 정부구입이 일시적으로 증가하여 총수요가 총공급

그림 18-1 일시적 정부구입 증가의 효과

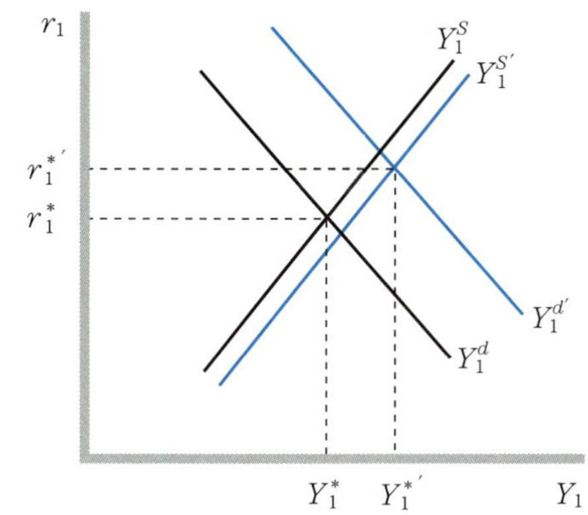

정부구입이 일시적으로 증가하여 총수요가 총공급보다 많이 이동하면 시장균형이자율은 r_1^*에서 $r_1^{*'}$로 증가하고 산출량은 Y_1^*에서 $Y_1^{*'}$로 증가한다. 총생산이 증가하는 이유는 이자율의 상승으로 인해 노동투입이 증가하기 때문이다. 투자는 이자율에 민감하게 반응하므로 이자율이 상승함에 따라 투자가 감소한다. 따라서 일시적인 정부구입의 증가는 민간투자를 구축한다.

보다 많이 이동하면 시장균형이자율은 r_1^*에서 $r_1^{*'}$로 상승하고 산출량은 Y_1^*에서 $Y_1^{*'}$로 증가한다. 총생산이 증가하는 이유는 이자율의 상승으로 노동투입이 증가하기 때문이다. 투자는 이자율에 민감하게 반응하므로 이자율이 상승함에 따라 투자가 감소한다. 따라서 일시적인 정부구입의 증가는 민간투자를 구축한다.

실질이자율이 상승하는 이유를 직관적으로 살펴보자. 일시적인 정부구입의 증가는 일시적인 조세의 증가를 의미하고, 이것은 일시적인 가처분소득의

그림 18-2 정부구입의 일시적 증가와 노동시장

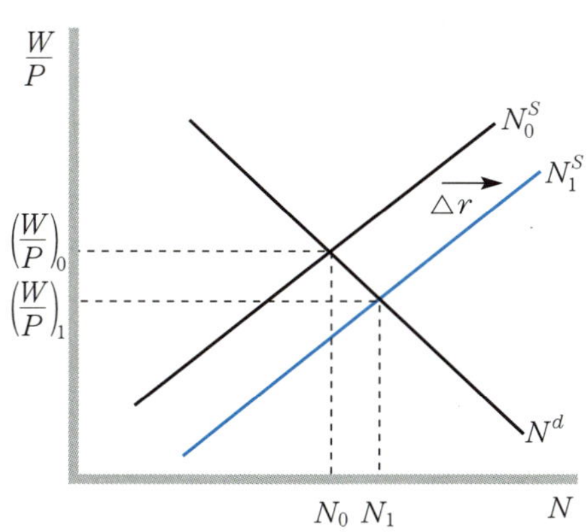

정부구입이 일시적으로 증가하는 경우 상품시장에서 실질이자율이 상승하므로 노동시장에서 기간간 대체효과에 의해 노동공급곡선이 오른쪽으로 이동한다.

그림 18-3 정부구입의 일시적 증가와 화폐시장

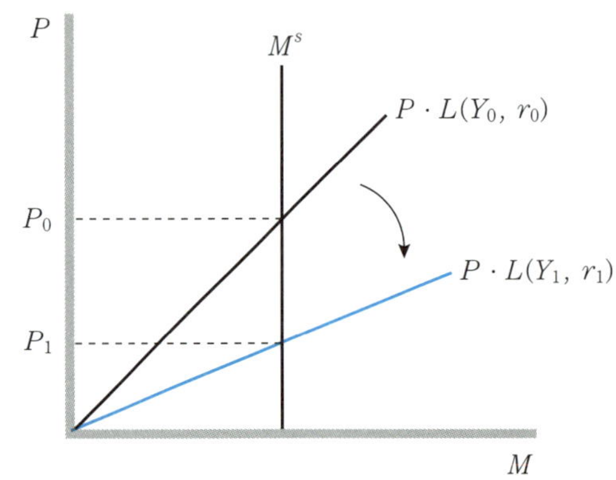

정부구입이 일시적으로 증가하는 경우 상품시장에서 실질이자율이 상승하고 생산이 증가하므로 실질화폐수요가 감소할 수도 있고, 증가할 수도 있다. 만약 실질소득의 증가로 인한 실질화폐수요 증가가 이자율 상승으로 인한 실질화폐수요 감소보다 크면 화폐시장에서 명목화폐수요곡선이 시계방향으로 회전한다. 명목화폐수요곡선이 시계방향으로 회전하면 화폐시장의 균형을 유지하기 위해 물가수준이 하락한다.

감소를 의미한다. 일시적으로 가처분소득이 감소하는 경우 한계소비성향이 작으므로 소비는 거의 감소하지 않는다. 가처분소득이 감소했으나 소비는 거의 감소하지 않으므로 가계의 저축이 감소한다. 그러나 투자수요는 불변이므로 자금의 공급이 자금의 수요보다 작게 되고 실질이자율(r)은 상승하게 된다.

정부구입이 일시적으로 증가하는 경우 상품시장에서 실질이자율이 상승하므로 노동시장에서 기간간 대체효과에 의해 노동공급곡선이 오른쪽으로 이동한다([그림 18-2] 참조). 노동투입이 증가하면 상품시장에서 생산이 증가한다.

정부구입이 일시적으로 증가하는 경우 상품시장에서 실질이자율이 상승하고 생산이 증가하므로 실질화폐수요가 감소할 수도 있고, 증가할 수도 있다. 만약 실질소득의 증가로 인한 실질화폐수요 증가가 이자율 상승으로 인한 실질화폐수요 감소보다 크면 화폐시장에서 명목화폐수요곡선이 시계방향으로 회전한다. 명목화폐수요곡선이 시계방향으로 회전하면 화폐시장의 균형을 유지하기 위해 물가수준이 하락한다([그림 18-3] 참조).

2. 정부구입의 항구적 증가

정부구입이 영원히 증가하는 경우에는 소득의 현재가치가 많이 감소한다. 항구적 소득변화로부터의 한계소비성향은 1에 가까우므로 소비가 정부구입의

그림 18-4 항구적 정부구입 증가의 효과: 노동투입이 증가하는 경우

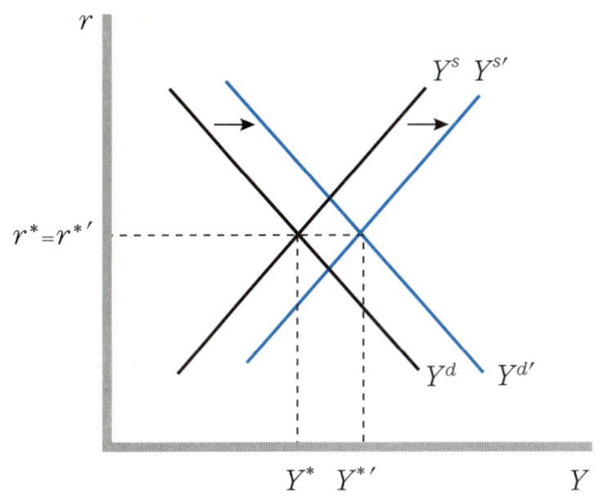

정부구입이 영원히 증가하는 경우에는 소득의 현재가치가 많이 감소한다. 항구적 소득변화로부터의 한계소비성향은 1에 가까우므로 소비가 정부구입의 변화와 같은 크기로 감소하고 노동투입이 증가한다(∇C, $\triangle N^s$). 노동투입의 증가로 생산이 매기에 γ만큼 증가한다고 가정하면 소득도 γ만큼 증가하게 된다. 소득의 증가가 영원하므로 소비도 영원히 γ만큼 증가할 것이다. 생산이 증가하는 만큼 소비가 증가하므로 초과수요는 0이 될 것이다.

변화와 같은 크기로 감소하고 노동투입이 증가한다(∇C, $\triangle N^s$). 노동투입의 증가로 생산이 매기에 γ만큼 증가한다고 가정하면 소득도 γ만큼 증가하게 된다. 소득의 증가가 영원하므로 소비도 영원히 γ만큼 증가할 것이다. 생산이 증가하는 만큼 소비가 증가하므로 초과수요는 0이 될 것이다([그림 18-4] 참조).[1]

정부구입이 항구적으로 증가하는 경우 소득효과로 인해 노동시장에서 노동공급곡선이 오른쪽으로 이동하고([그림 18-5] 참조), 상품시장에서 상품공급곡선이 오른쪽으로 이동한다. 화폐시장에서는 실질소득의 증가로 인해 실질화폐수요가 증가하므로 주어진 물가수준에서 명목화폐수요곡선이 시계방향으로 회전하여 물가수준이 하락한다([그림 18-6] 참조).[2]

1) 정부구입이 항구적으로 증가할 때 소득효과로 노동투입이 증가하면 자본의 한계생산이 증가하므로 투자가 증가한다. 투자가 증가하면 주어진 실질이자율 수준에서 총수요의 증가가 총공급의 증가보다 크고 적어도 단기적으로 실질이자율이 상승할 수 있다.

Aiyagari, S. Rao, Christiano, L. J. and Martin Eichenbaum, "The Output, Employment, and Interest Rate Effects of Government Consumption," *Journal of Monetary Economics* 30, 1992, pp. 73–86.

Baxter, Marianne and Robert G. King, "Fiscal Policy in General Equilibrium," *American Economic Review* 83, June 1993, pp. 315–334.

2) 이 부분에서는 실질이자율에 변화가 없는 것으로 가정하고 논의를 진행하였다. 만약 투자가 증가하여 실질이자율이 상승한다면 실질화폐수요가 감소하는 효과가 발생할 것이다.

그림 18-5 정부구입의 항구적 증가와 노동시장

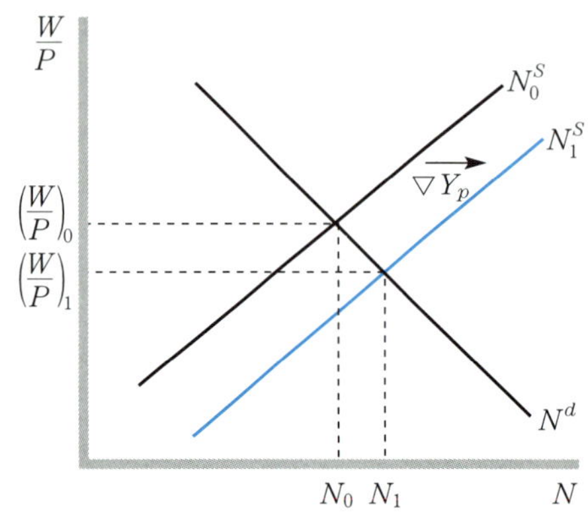

정부구입이 항구적으로 증가하는 경우 소득효과로 인해 노동시장에서 노동공급곡선이 오른쪽으로 이동한다.

그림 18-6 정부구입의 항구적 증가와 화폐시장

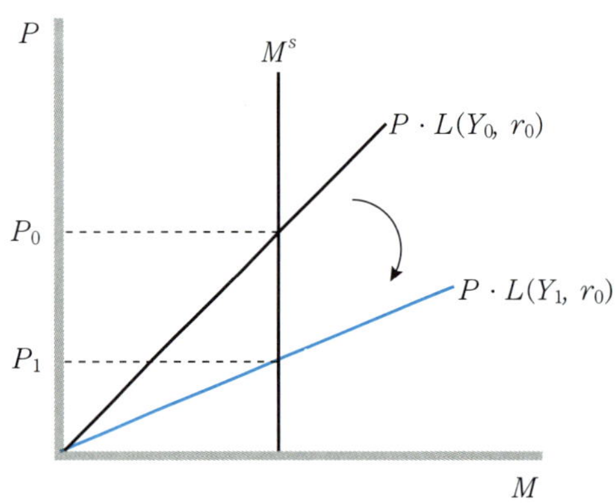

실질소득의 증가로 인해 실질화폐수요가 증가하므로 주어진 물가수준에서 명목화폐수요곡선이 시계방향으로 회전하여 물가수준이 하락한다.

납세 일과표

한국조세연구원 노영훈 박사는 아침에 일어나서 저녁에 잠들 때까지 직장인들의 생활 속에서 이루어지는 각종 납세활동을 표로 만들었다.

시 간	활 동	세금 항목	납부 세금액(원)
7시	양치-세수	치약, 비누 등 부가가치세 10%	10-20
8시	승용차 출근	자동차세, 휘발유세, 교통세	5,370
9시	출근 후 커피 한 잔	커피, 설탕 특별소비세, 담배소비세	1,000
12시	칼국수 점심	부가가치세 10%	350
14시	월급봉투 수령	근로소득세, 주민세	7,200
18시	김치찌개 저녁	부가가치세 10%	450
22시	퇴근하며 술 한 잔	소주세율 35%, 안주 부가가치세 10%	1,000-1,500
23시	귀가 후 TV 시청	가전제품 특별소비세	200
24시	취침	아파트 등록세, 취득세, 재산세	6,790

자료: 조선일보, 1999년 3/9.

노 박사의 계산에 의하면 직장인은 대체로 하루 22,000~30,000원을 세금으로 납부하고 있다.

제 2 절 비례세의 변화

이제 소득세 혹은 비례세의 변화가 경제에 미치는 영향을 미시경제학적 기초에 입각하여 분석해 보자.

1. 한계세율과 평균세율

한국의 경우 과세표준소득이 연 1,000만원 이하이면 한계세율은 8%이고, 연 1,000만원 이상 4,000만원 이하이면 17%, 4,000만원 이상 8,000만원 이하이면 26%, 8,000만원 이상이면 35%이다. 예를 들어서, 연간 과세표준소득이 5,000만원이면 소득세는 850만원(=1,000×0.08+3,000×0.17+1,000×0.26)이 된다. 평균세율은 총조세수입/총소득으로 정의된다. 한계세율과 평균세율의 관계는 [그림 18-7]과 같다.

개별가계의 실질조세(t_t/P_t)는 실질조세부과가능소득의 일정비율(τ)로 가정한다. 소득세율(τ)이 일정(flat)하다고 가정하면 이것은 한계세율인 동시에 평균세율이 된다. 물가가 일정하다고 가정하면 $r_t=R_t$가 성립한다. 개별가계의 실질조세부과가능소득은 실질소득(y_t)+실질이자소득−실질면세소득이 되므로 개별가계의 실질조세는 다음과 같다.

$$\frac{t_t}{P_t}=\tau\left(y_t+\frac{R_{t-1}b_{t-1}^g}{P_t}-e_t\right) \qquad \cdots\cdots (18-1)$$

한계세율 τ와 실질면세소득 e_t이 모든 가계에 동일하다고 가정하면 경제전체의 총실질조세액은 다음과 같다.

그림 18-7 한국의 세율구조

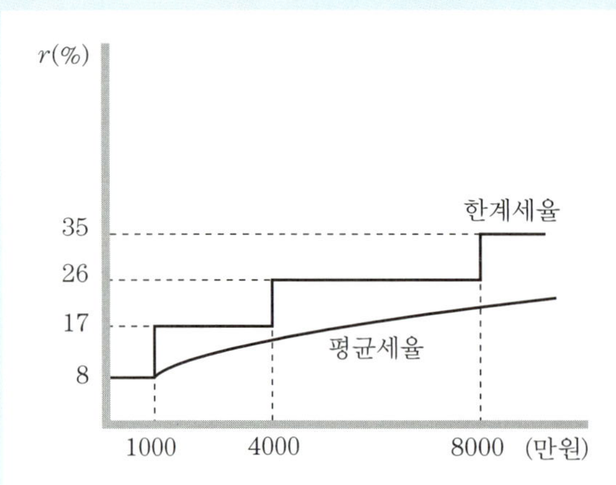

한국의 경우 과세표준소득이 연1,000만원 이하이면 한계세율은 8%이고, 연 1,000만원 초과 4,000만원 이하이면 17%, 4,000만원 초과 8,000만원 이하이면 26%, 8,000만원 초과이면 35%이다. 평균세율은 총조세수입/총소득으로 정의되므로 한계세율과 평균세율의 관계는 그림과 같다.

$$\frac{T_t}{P_t}=\tau(Y_t+\frac{R_{t-1}B^g_{t-1}}{P_t}-E_t) \quad \cdots\cdots (18-2)$$

2. 세율변화가 경제에 미치는 효과

세율과 기간간 대체효과

소득세를 고려하면 세후 실질이자율[$(1-\tau)r_t$]이 변할 때 기간간 대체효과가 발생한다. 세후 실질이자율을 $\tilde{r}_t \equiv (1-\tau)r_t$로 나타내자. 세후 실질이자율이 상승하면($\Delta\tilde{r}_t$) 기간간 대체효과에 의해 소비가 감소하고 노동투입이 증가한다(∇C_t, $\triangle N_t$). 노동투입이 증가하면 생산이 증가한다. 생산(또는 소득)이 증가하고 소비가 감소하므로 저축이 증가한다.

세후 노동의 한계생산과 대체효과

개별가계가 1시간 일하면 노동의 한계생산(mpl_t)만큼 y_t를 증가시킨다. 즉, 소득이 mpl_t만큼 증가한다. 그러나 개별가계는 세금을 납부한 후 $(1-\tau)mpl_t$만 소득으로 받는다. 따라서 세율이 증가하면 여가의 기회비용(상대가격)이 감소하므로 대체효과에 의해 여가(의 소비)를 증가시킨다. 이것은 노동투입(생산)이 감소함을 의미한다($\triangle\tau \rightarrow \nabla(1-\tau)mpl_t \rightarrow \nabla N_t$).

세후 투자수익률과 투자

자본재 한 단위를 증가시킬 경우 세후 투자수익률은 $(1-\tau)(mpk_t-\delta)$가 되고, 신고전학파 투자이론에서 배운 것처럼 바람직한 수준의 자본스톡은 $(1-\tau)(mpk_t-\delta)=\tilde{r}_t$ 조건에 의해 결정된다. 세후 실질이자율이 주어진 상태에서 세율이 상승하면 세후 투자수익률이 감소하므로 투자가 감소한다. 따라서 바람직한 수준의 자본스톡과 투자는 세후 실질이자율과 한계세율 등에 다음과 같이 의존함을 알 수 있다.

$$k^*_t=k^*(\underset{-}{\tilde{r}_t},\ \underset{-}{\tau},\ \cdots)$$

$$i_t=k^*(\underset{-}{\tilde{r}_t},\ \underset{-}{\tau},\ \cdots)-(1-\delta)k_{t-1}$$

$$= i(\underset{-}{\tilde{r}_t}, \underset{-}{\boldsymbol{\tau}}, \underset{-}{k_{t-1}}, \cdots)$$

세율(τ)의 변화와 소득효과

개별가계는 의사결정을 함에 있어서 현재 및 미래의 가처분소득의 현재가치를 고려하여 소비를 결정한다. 이것은 개별가계가 의사결정을 함에 있어서 이전금을 공제한 실질순조세의 현재가치를 고려함을 의미한다. 앞에서도 살펴보았듯이 현재 및 미래의 정부구입의 현재가치(즉, 정부의 씀씀이)를 일정하게 유지하는 한, 세율의 변화는 이전금을 공제한 실질순조세의 현재가치를 변화시키지 않을 것이다. 따라서 현재 및 미래의 정부구입의 현재가치를 일정하게 유지하는 한 소득효과는 거의 무시할 수 있다.

세율의 변화와 실질조세수입

총실질조세수입은 $T_t/P_t = \boldsymbol{\tau}(Y_t - R_{t-1}B^g_{t-1}/P_t - E_t)$로 주어진다. 만약 E_t가 일정하다면, 세율($\boldsymbol{\tau}$)이 증가할 때 소득(Y_t)이 크게 하락하지 않는 한 실질조세수입은 증가한다. 세율과 조세수입 간의 관계를 나타내는 그림을 래퍼곡선이라고 부르며, 이것은 [그림 18-8]에 나타나 있다. 조세수입을 극대화하는 조세율 $\boldsymbol{\tau}^*$의 수준은 실증적인 문제라고 할 수 있다. 미국의 경우, 1982년 레이건 정부의 조세삭감이 중·저소득층으로부터의 조세수입은 감소시킨 반면 고소득층으

그림 18-8 래퍼곡선

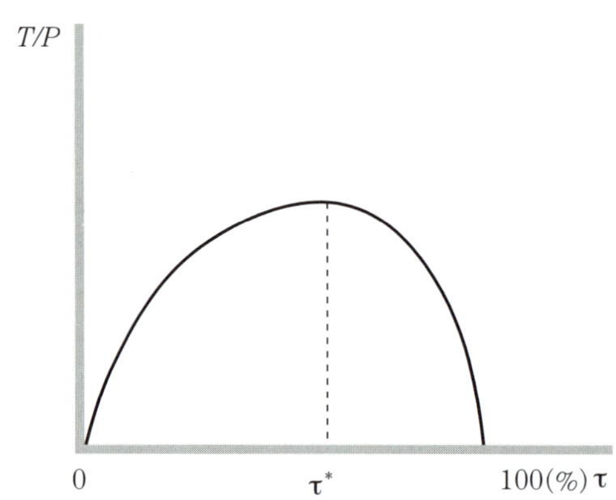

래퍼곡선은 세율과 조세수입 간의 관계를 나타낸다.

로부터의 조세수입은 증가시켰다. 이것은 고소득층의 경우 조세개혁 이전의 소득세율이 τ^*를 초과하고 있었음을 암시한다.

3. 세율변화와 상품시장의 균형

1기의 상품시장 균형조건은 다음과 같다.

$$C(\underset{-}{\tilde{r}_1}, \cdots)+I(\underset{-}{\tilde{r}_1}, \underset{-}{\tau}, \cdots)+G_1=Y^s(\underset{+}{\tilde{r}_1}, \underset{-}{\tau}, \cdots)$$

앞에서 살펴보았듯이 세후 실질이자율이 주어진 상태에서 세율의 변화는 독립적인 영향을 미친다. 우선 세율의 인상($\triangle\tau$)은 세후 노동의 한계생산을 감소[$\triangledown(1-\tau)mpl_1$]시키고, 이것은 노동투입 및 생산의 감소($\triangledown Y_1^s$)로 이어진다. 또한 세율의 인상은 세후 투자수익률[$(1-\tau)(mpk_1-\delta)$]을 감소시키므로 투자수요를 감소($\triangledown I_1$)시킨다. 따라서 높은 세율은 시장경제활동을 위축시킨다고 볼 수 있다.

항구적 세율인상의 효과

세율이 1기에 τ에서 τ'으로 영원히 증가한다고 가정하자. 정부구입이 변하지 않는 한 순조세의 현재가치는 일정하다. 세율이 변할 때 실질조세수입을

그림 18-9 높은 세율의 효과

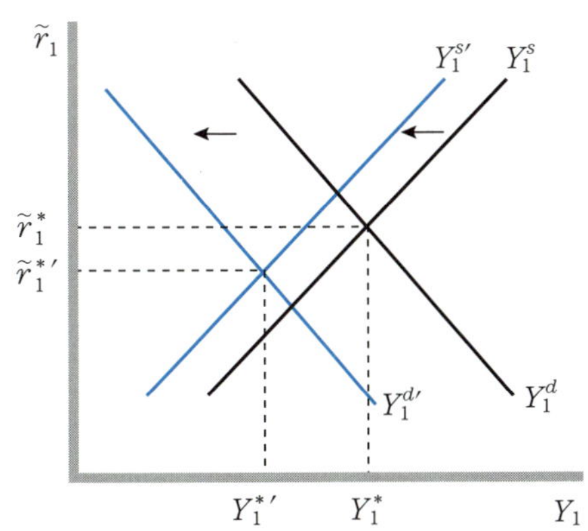

세율이 1기에 τ에서 τ'으로 영원히 증가한다고 가정하자. 세율이 영원히 증가하면 바람직한 실질저축은 거의 변화하지 않는다. 따라서 소비의 감소는 상품공급의 감소와 크기가 거의 같다. 그러나 투자도 감소하므로 상품수요의 감소가 공급 감소보다 크게 되고, 세후 실질이자율과 생산이 감소하게 된다.

일정하게 유지하기 위해 실질면세소득이 증가한다고 하자. 세율의 변화가 영원하면 바람직한 수준의 실질저축은 거의 변화하지 않는다. 따라서 소비의 감소는 상품공급의 감소와 크기가 거의 같다. 그러나 투자도 감소하므로 상품수요의 감소가 공급 감소보다 크게 되고, 세후 실질이자율과 생산이 감소하게 된다([그림 18-9] 참조).

이상의 분석은 자본스톡은 주어진 것으로 본다는 점에서 단기분석이며 Y의 감소는 노동투입의 감소를 반영한다. 정부구입에 변화가 없으므로 총공급의 감소를 반영하기 위해 실질소비지출 및 투자지출은 감소한다. 소비와 투자는 애초에 세율인상으로 인해 감소하지만, 세후 실질이자율의 하락으로 인해 다시 증가하게 되므로, 소비와 투자는 증가할지 감소할지 알 수 없다. 그러나 애초에 세율이 인상될 때 바람직한 실질저축에는 변화가 없었으나, 세후 실질이자율이 하락함에 따라 바람직한 수준의 저축이 감소하므로 순투자도 결국 감소해야 한다. 결국 단기에 세율인상은 소비에 별 영향 없이 민간투자만 구축할 수도 있다.

소득세율 인상의 장기적 효과

자본스톡은 투자에 의해 증가하고 감가상각에 의해 감소한다고 볼 수 있으므로 $\triangle K = sF(K, N) - \delta K$의 관계가 성립한다. 총저축률 혹은 총투자율 s는 총투자/총생산 비율을 나타낸다. 소득세율 τ가 영원히 증가하면 단기에 투자가 감소하므로 s가 감소하게 된다. 총투자율(혹은 총저축률)이 감소하면 성장이론에서 살펴보듯이 장기적으로 자본스톡이 감소하게 된다.

일시적 세율변화의 효과

지금까지 우리는 정부구입의 변화나 비례세의 변화가 실질경제활동에 영향을 미칠 수 있음을 보았다. 따라서 정부는 재정정책을 적절히 구사하여 경제활동의 시점을 조절할 수 있다. 예를 들어서, 1기에 소득세를 1원 삭감하고 이것을 국채발행으로 보전한 후 2기에 세금인상으로 국채를 상환한다고 하자[T_1: $\triangledown$1원, B_1^g: $\triangle$1원, T_2: $\triangle(1+R)$원].

1기의 상품시장에 미치는 효과

세금이 정액세가 아니라 소득세라고 가정하면 래퍼곡선의 최고점을 넘어

그림 18-10 1기의 소득세율 감소의 효과

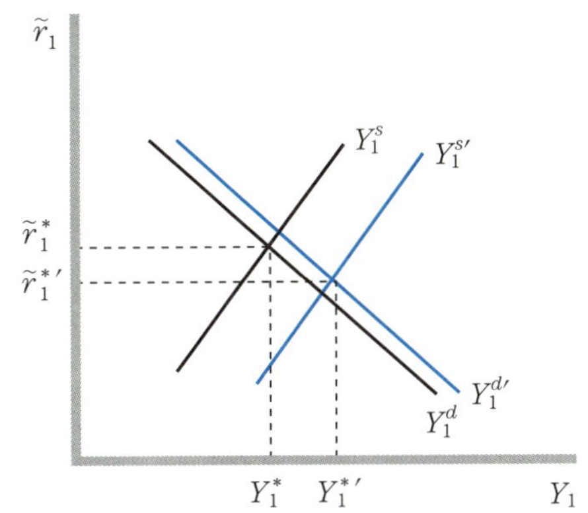

1기에 소득세를 1원 삭감하고 이것을 국채발행으로 보전한 후 2기에 세금인상으로 국채를 상환한다고 하자(T_1: ▽1원, B_1^g: △1원, T_2: △$(1+R)$원). 세금이 정액세가 아니라 소득세라고 가정하면 래퍼곡선의 최고점을 넘어서지 않는 한, 1기의 조세수입의 감소는 1기의 한계소득세율의 하락을 의미하고(▽T_1 → ▽τ_1), 2기의 조세수입의 증가는 2기의 한계소득세율의 증가를 의미한다(△T_2 → △τ_2). 따라서 개별 경제주체들은 1기의 노동투입을 증가시키고 2기의 노동투입을 감소시킬 것이다(△N_1, ▽N_2). 또한 1기의 투자가 증가하고 2기의 투자가 감소할 것이다. 그러나 투자는 신규 자본스톡이 가동중일 때의 한계소득세율의 변화에 의존하므로 일시적인 소득세율의 변화가 투자에 미치는 영향이 상대적으로 작다고 가정하면 1기에 총공급의 증가가 총수요의 증가보다 클 것이다.

서지 않는 한, 1기의 조세수입의 감소는 1기의 한계소득세율의 하락을 의미하고(▽T_1 → ▽τ_1), 2기의 조세수입의 증가는 2기의 한계소득세율의 증가를 의미한다(△T_2 → △τ_2). 따라서 개별 경제주체들은 1기의 노동투입을 증가시키는 반면에 2기의 노동투입은 감소시킬 것이다(△N_1, ▽N_2). 또한 1기의 투자가 증가하고 2기의 투자는 감소할 것이다. 그러나 투자는 신규 자본스톡이 가동 중일 때의 한계소득세율의 변화에 의존하므로 일시적인 소득세율의 변화가 투자에 미치는 영향이 상대적으로 작다고 가정하면 1기의 소득세율 인하가 상품시장에 미치는 효과는 [그림 18-10]과 같다.

그림에서와 같이 1기에 총공급이 총수요보다 크게 증가하면 소득세율이 하락할 때, 세후 실질이자율이 하락하고 생산이 증가한다. 세후 실질이자율이 하락하면 소비와 투자가 증가한다. 따라서 노동투입의 증가로 인한 소득의 증가는 일부는 소비의 증가로, 일부는 투자의 증가로 나타난다.

2기의 상품시장에 미치는 효과

2기에는 1기와 정확히 반대현상이 발생한다. [그림 18-11]에서 보듯이 2기 소득세율의 인상에 따라 2기의 노동투입과 투자가 감소하고, 전자의 효과가 후자의 효과보다 크면 세후 실질이자율은 상승하고 소득은 감소한다. 그 결과

그림 18-11 2기의 소득세율 인상의 효과

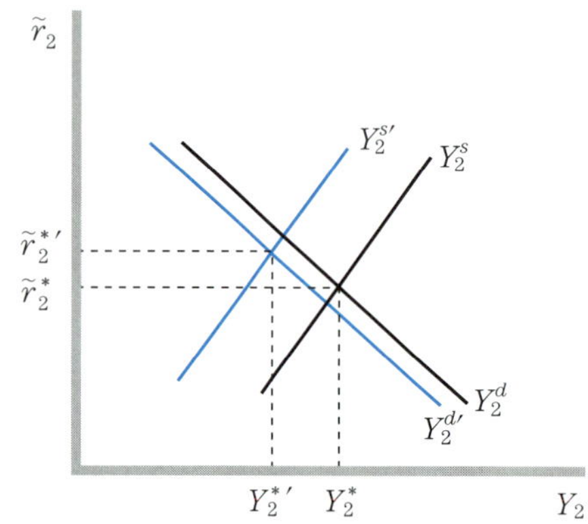

2기에는 1기와 정확히 반대현상이 발생한다. 2기 소득세율의 인상에 따라 2기의 노동투입과 투자가 감소하고, 전자의 효과가 후자의 효과보다 크다면 세후 실질이자율은 상승하고 소득은 감소한다. 그 결과 1기와는 반대로 노동투입의 감소로 인한 소득의 감소는 일부는 소비의 감소로, 일부는 투자의 감소로 나타난다.

1기와는 반대로 노동투입의 감소로 인한 소득의 감소는 일부는 소비의 감소로, 일부는 투자의 감소로 나타난다.

종합하면, 부채로 보전하는 한계세율 인하는 현재의 경제활동을 부양하고, 한계세율이 인상되는 미래의 경제활동을 위축시킨다. 따라서 정책당국은 재정정책을 사용하여 실질경제활동의 시점을 조절할 수 있다.

제3절 맺음말

본 장에서 우리는 정부구입 및 소득세 혹은 비례세의 변화가 경제에 미치는 영향을 미시경제학적 기초에 입각하여 분석하였다. 정액세의 변화와 달리 정부구입의 변화와 비례세의 변화는 실질변수에 영향을 미친다.

정부구입의 변화는 가계의 가처분소득의 현재가치에 영향을 주어 소득효과를 발생시킨다. 정부가 예산제약식을 충족시킬 때 현재나 미래의 정부구입이 증가하면 이는 현재나 미래의 조세증가를 의미한다. 즉, 현재나 미래의 정부구입이 증가하면 민간의 가처분소득의 현재가치가 감소한다. 정부구입이 일시적으로 증가하면 정부구입의 변화가 소비에 미치는 소득효과는 거의 무시할 수 있지만 정부구입이 증가한 까닭에 총수요가 증가하여 생산이 증가하고 실질이자율이 상승한다. 실질이자율이 상승함에 따라 정부구입의 일시적 증가는 민간투자를 구축할 수 있다. 정부구입이 항구적으로 증가하면 소득효과가 커서 소비가 정부구입 증가분과 같은 크기로 감소한다. 만약 소득효과로 인해 노동투입이 증가하면 생산(또는 소득)이 증가하고 소비가 같은 크기로 증가한다. 총수요의 증가가 총공급의 증가와 같으면 실질이자율이 변하지 않는다.

비례세의 변화도 실질경제활동에 영향을 미친다. 소득세율이 인상되면 여가의 기회비용이 감소하여 노동투입(생산)이 감소하고, 세후 투자수익률의 하락으로 투자수요가 감소한다. 소득세를 항구적으로 인상하면 노동투입이 감소하여 생산이 감소하고, 항구적 소득변화로 인해 소비가 거의 같은 크기로 감소하며, 투자수요도 감소한다. 결과적으로 총수요의 감소가 총공급의 감소보다 커서 세후 실질이자율과 소득이 감소한다. 소득세를 일시적으로 인하하면 노동투입이 증가하여 생산이 증가하고, 투자도 증가한다. 투자수요의 증가보다 생산증가가 더 크다고 가정하면 일시적으로 소득세를 인하하는 경우 세후 실질이자율이 하락하고 생산이 증가한다. 세후 실질이자율이 하락함에 따라 소비와 투자가 증가한다. 따라서 일시적으로 소득세를 인하하면 경기를 부양할 수 있다. 역으로 일시적으로 소득세를 인상하면 경제활동이 위축된다.

연습문제 제 18 장

Questions and Practice

1. 본문에서 정부 예산제약식과 개별가계 예산제약식을 결합하면 실질순조세 T는 실질정부구입 G와 같아질 수 있음을 보였다. 이러한 사실을 이용하여 소비함수를 다음과 같이 나타내자.

$$C=a+b(Y-G)$$

(가) 투자, 정부구입, 순조세가 외생적으로 일정하게 주어지는 경우 균형실질소득 Y를 I, G, T의 함수로 나타내라.

(나) 조세승수와 정부구입승수는?

2. 미래의 언제인가 정부가 복지국가 구현을 위해 정부구입을 영원히 증가시킬 것으로 사람들이 현재 예상한다고 하자. 현재의 정부구입에는 아무런 변화가 없고 통화공급이나 실질이전금에도 아무 변화가 없다고 하자.

(가) 현재의 실질이자율, 생산, 소비, 투자, 고용은 어떻게 변화하는가?

(나) 현재의 물가수준 및 명목이자율은 어떻게 변화하는가?

3. 정부구입이 항구적으로 한 단위 증가하면 민간 경제주체의 효용은 어떻게 되는가?

4. 본문에서 우리는 정부구입이 한 단위 증가하면 민간소비가 α단위 감소하고, 생산이 β단위 증가할 수 있다고 가정하였다. 정부구입이 일시적으로 증가할 때, $1-\alpha \rangle \beta$일 경우

(가) 이것이 실질이자율 및 생산에 미치는 효과를 논하라.

(나) 생산의 구성에 미치는 효과를 논하라.

(다) 승수효과의 크기를 분석하라.

5. 본문에서 우리는 정부구입이 한 단위 증가하면 민간소비가 α단위 감소하고, 생산

이 β 단위 증가할 수 있다고 가정하였다. 정부구입이 항구적으로 증가할 때, 노동투입이 증가하고 $1-\alpha > \beta$ 일 경우

(가) 이것이 실질이자율 및 생산에 미치는 효과를 논하라.

(나) 생산의 구성에 미치는 효과를 논하라.

(다) 승수효과의 크기를 분석하라.

6. 세금이 매기에 소득에 부과되는 대신 소비에 부과된다고 하자. 매기에 가계가 지불하는 실질소비세는 다음과 같이 주어진다.

$$\frac{t_t}{P_t} = \tau_t(c_t - e_t)$$

(가) 정부와 개별가계의 예산제약식을 써라.

(나) 세후 실질이자율은 어떻게 주어지는가?

(다) 소비세율은 소비, 투자, 총공급에 어떤 영향을 미치는가?

(라) 정부가 1기에 소비에 부과하는 한계세율을 인하하고 국채를 발행한 후, 2기부터는 한계세율을 인상한다고 하자. 이러한 정책이 1기의 실질이자율, 생산, 노동투입, 소비, 투자에 미치는 효과를 분석하라.

7. 일시적인 정부구입의 증가는 부채로 보전되는 경향이 있고, 항구적인 정부구입의 증가는 소득세로 보전되는 경향이 있다. 정부구입이 영원히 증가하고 그 재원을 한계소득세율의 증가로 충당한다고 하자($\triangle G$, $\triangle \tau$). 이러한 정책이 노동투입, 생산, 투자 및 조세수입에 미치는 효과를 분석하라.

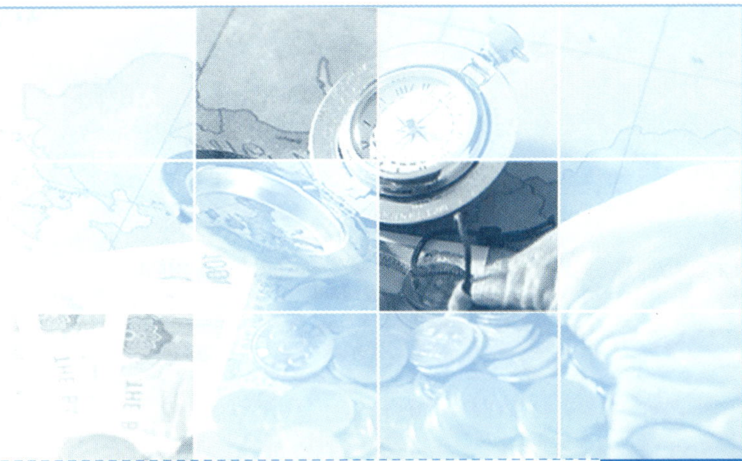

19 IS-LM곡선 Ⅱ

트루만 대통령이 한 번은 자기는 한손잡이 경제학자를 원한다고 말하였다. 사람들이 왜 그러냐고 묻자 그는 다음과 같이 대답하였다.

> "일반적으로 경제학자들이 나에게 경제자문을 할 때 그들은 한 손으로는(on one hand) …, 다른 한 손으로는(on the other hand) …라고 말하기 때문이오."

E·C·O·N·O·M·I·C

주요개념

미래를 고려한 *IS*－*LM* 곡선

새케인즈학파

재정적자 축소정책

C·H·A·P·T·E·R

19 IS-LM 곡선 Ⅱ

앞에서 우리는 소비가 현재의 소득뿐만 아니라 미래의 소득, 현재 및 미래의 이자율 등에 의존함을 배웠다. 또한 투자도 현재의 이자율뿐만 아니라 미래의 이자율, 현재 및 미래의 이윤, 생산 등에 의존함을 배웠다. 본 장에서는 미래를 고려하는 소비이론 및 투자이론 등에서 배운 내용을 제 4 장에서 도출한 *IS-LM* 분석과 결합시킬 것이다.

제 4 장에서 우리는 물가수준이 고정되어 있다는 가정하에 *IS-LM*곡선을 도출하였다. 그러나 *IS-LM*곡선으로 대표되는 케인즈학파 모형은 미시경제학적 기초가 부족하고, 합리적 기대를 반영하지 않고 있다. 이러한 비판에 대응하여 새케인즈학파는 가격과 임금의 경직성을 미시경제학적 기초에 입각하여 도출하고, 경제주체들이 미래에 대한 예상을 합리적으로 형성한다는 가정하에 이론을 전개하게 된다. 이런 점에서 본 장에서 소개하는 모형은 새케인즈학파의 모형이라고 할 수 있다.

제 1 절 미래를 고려한 *IS*-*LM*곡선

분석의 편의를 위해 폐쇄경제를 가정하고 현재를 1기, 미래를 2기라고 하자. 미래를 고려하는 소비이론 및 투자이론을 고려하면, 새로운 *IS*곡선은 다음과 같이 다시 쓸 수 있다.

$$IS:\quad Y_1 = C(\underset{+}{Y_1 - T_1},\ \underset{-}{r_1},\ \underset{+}{Y_2^e - T_2^e},\ \underset{-}{r_2^e}) + I(\underset{-}{r_1},\ \underset{+}{Y_1},\ \underset{-}{r_2^e},\ \underset{+}{Y_2^e}) + G_1$$

아래첨자는 현재(1)와 미래(2)를 나타내고, 위첨자 e는 합리적 기대를 나타낸다. 위의 식에서 *IS*곡선이 현재 및 미래의 가처분소득과 현재 및 미래의 이자율에 의존하는 이유는 소비가 현재 및 미래의 가처분소득의 현재가치와 자본소득에 의존하고, 투자는 현재 및 미래의 세후 이윤의 현재가치 즉, 토빈의 q에 의존하기 때문이다. *IS*관계식에서 현재 및 미래의 가처분소득이 증가하면 소비가 증가하고, 현재 및 미래의 이자율이 증가하면 항상소득을 계산하는 할인율이 증가하므로 소비가 감소한다. 동시에 세후 이윤의 현재가치를 계산하는 할인율이 증가하므로 투자도 감소한다. 투자도 현재 및 미래의 생산과는 양의 관계를 가진다. 투자함수에서 현재 및 미래의 생산은 가속도모형에 따라서 생산이나 판매를 나타내며, 동시에 토빈의 q이론 등에서 배운 현재 및 미래의 수익을 나타내는 대용변수로 간주될 수 있다.

새로운 *IS*곡선을 $r-Y$ 평면에 그리면 [그림 19-1]과 같다. 제 4 장에서와 마찬가지로 미래의 기대실질이자율 및 기대생산이 주어진 상태에서 상품시장의 균형을 나타내는 실질이자율과 생산 간에는 역관계가 성립하고 *IS*곡선은 우하향한다. 다만 주목해야 할 것은 새로운 *IS*곡선이 제 4 장에서 우리가 도출한 *IS*곡선보다 기울기가 급하다는 것이다(*IS*곡선의 기울기는 첫째, 이자율이 변화할 때 지출이 얼마나 이자율에 민감하게 반응하는가 둘째, 지출이 변화할 때 승수효과는 어느 정도인가에 의존함을 기억하라). 그 이유는 첫째, 미래의 기대실질이자율 및 생산이 주어진 상태에서 현재의 실질이자율이 하락할 때 그것이 생산에 미치는 효과가 미래를 고려하지 않는 경우보다 작을 것으로 예상되기 때문이다.

그림 19-1 새로운 *IS*곡선

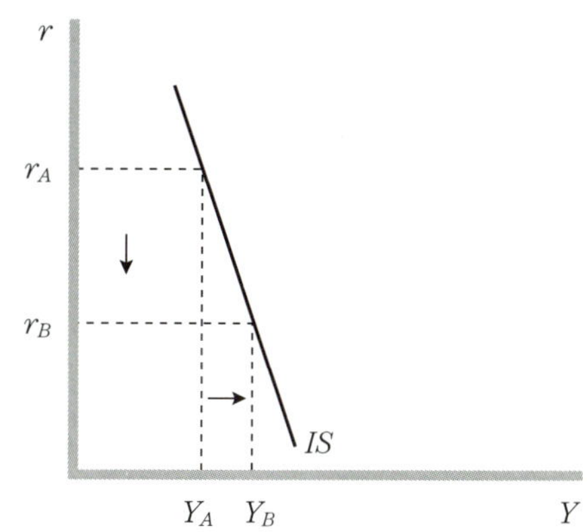

미래의 기대실질이자율 및 기대생산이 주어진 상태에서 상품시장의 균형을 나타내는 실질이자율과 생산간에는 역관계가 성립하고 *IS*곡선은 우하향한다. 다만 주목해야 할 것은 새로운 *IS*곡선이 제 4 장에서 우리가 도출한 *IS*곡선보다 기울기가 급하다는 것이다(*IS*곡선의 기울기는 첫째, 이자율이 변화할 때 지출이 얼마나 이자율에 민감하게 반응하는가 둘째, 지출이 변화할 때 승수효과는 어느 정도인가에 의존함을 기억하라). 그 이유는 미래의 기대실질이자율 및 생산이 주어진 상태에서 현재의 실질이자율이 하락할 때 그것이 생산에 미치는 효과가 미래를 고려하지 않는 경우보다 작을 것으로 예상되기 때문이다. 현재의 실질이자율이 하락하더라도 미래의 기대실질이자율이 변화하지 않으면 항상소득과 토빈의 q를 계산할 때 현재가치가 크게 증가하지는 않을 것이고 소비나 투자도 크게 증가하지 않을 것이다. 또한 현재의 이자율이 하락함으로써 소득이나 생산이 증가할 때 미래의 기대생산이 변화하지 않으면 생산이 지출에 미치는 승수효과도 작을 것이기 때문이다. 따라서 이자율이 r_A에서 r_B로 크게 하락해도 소득은 Y_A에서 Y_B로 작게 증가할 것이다.

현재의 실질이자율이 하락하더라도 미래의 기대실질이자율이 변화하지 않으면 항상소득과 토빈의 q를 계산할 때 현재가치가 크게 증가하지 않는다. 항상소득과 토빈의 q가 적게 증가하면 소비나 투자도 크게 증가하지 않을 것이다. *IS*곡선의 기울기가 급해지는 또 다른 이유는 현재의 실질이자율이 하락함으로써 소득이나 생산이 증가할 때 미래의 기대생산이 변화하지 않으면 생산이 지출에 미치는 승수효과도 작을 것이기 때문이다. 따라서 [그림 19-1]에서 보듯이 이자율이 r_A에서 r_B로 크게 하락해도 소득은 Y_A에서 Y_B로 작게 증가할 것이다.

제 4 장에서와 마찬가지로 *IS*곡선은 정부구입이 증가하거나 조세가 감소하면 오른쪽으로 이동하고, 정부구입이 감소하거나 조세가 증가하면 왼쪽으로 이동한다. 새로운 점은 미래의 기대소득이나 기대이자율이 변화해도 *IS*곡선이 이동한다는 것이다. 예를 들어서 미래의 기대소득이 증가하면 소비 혹은 투자가 증가하여 *IS*곡선이 오른쪽으로 이동하고, 미래의 기대이자율이 상승하면

항상소득과 토빈의 q가 감소하여 소비와 투자가 감소하고 *IS*곡선은 왼쪽으로 이동한다.[1)]

미래를 고려하는 소비이론과 투자이론 및 금융시장이론을 고려하면 *LM*곡선은 어떻게 변화할 것인가? *LM*곡선은 미래를 고려하더라도 변화가 없다. 그 이유는, 우리가 얼마만큼의 화폐를 보유할 것인가를 결정할 때 고려하는 것은 기본적으로 현재의 거래규모와 현재의 화폐보유 기회비용이기 때문이다. 미래에 이자율이 상승할 것으로 예상되면, 그때 가서 화폐보유를 줄이면 되며 지금 당장 줄일 필요는 없다. 이것은 화폐수요에 영향을 미치는 이자율이 현재의 단기이자율임을 의미한다. 따라서 *LM*곡선은 전과 동일하게 다음과 같이 쓸 수 있다.

$$LM: \quad \frac{M_1}{P_1} = L(\underset{+}{Y_1}, \underset{-}{r_1})$$

제 2 절 통화정책

통화당국이 통화공급을 증가시킬 때 미래를 고려하는 소비 및 투자이론에 비추어 생산과 이자율은 어떻게 변화할 것인가? 분석을 쉽게 하기 위해 현재와 미래의 기대인플레이션은 0이라고 가정하자. 이 경우, 명목이자율은 실질이자율과 동일하다.

명목이자율과 실질이자율이 동일하므로 *IS*–*LM*곡선을 [그림 19–2]와 같이 그릴 수 있다. 통화공급이 증가해서 *LM*곡선이 LM_0에서 LM_1으로 이동하면 균형은 A에서 B로 이동하며 이자율은 하락하고 생산은 증가한다. 물론 이 경우에 위에서 언급한 것처럼 미래의 이자율 및 소득에 대한 예상이 변화하지 않

1) 일부 독자는 미래의 기대이자율이 상승하면 이번 기에 투자를 증가시키는 것이 바람직하다고 생각할지 모른다. 그러나 일반적으로 투자는 일시적인 충격보다는 항구적인 충격에 반응한다고 가정하므로 이와 같은 기간간 대체효과는 발생하지 않는 것으로 가정한다. 또한 본 모형의 현재와 미래를 문자 그대로 2기간 모형으로 해석하기보다는 다기간 모형에서 이번 기와 다음 기 정도로 이해하는 것이 바람직할 것이다.

그림 19-2 확장적 통화정책의 효과

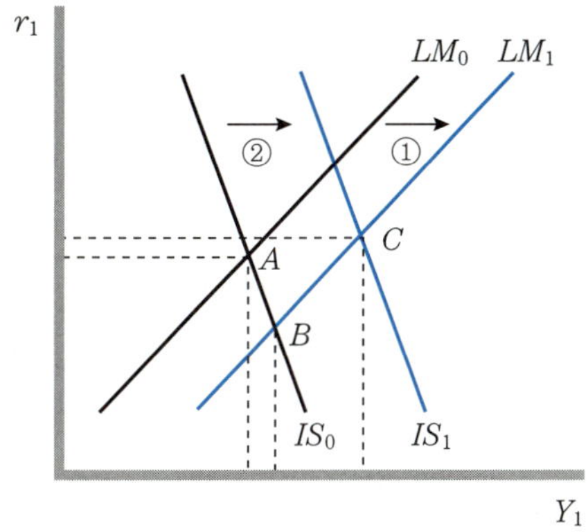

통화공급이 증가해서 LM 곡선이 LM_0에서 LM_1으로 이동하면 균형은 A에서 B로 이동하며 이자율은 하락하고 생산은 증가할 것이다. 물론 이 경우에 미래의 이자율 및 소득에 대한 예상이 변화하지 않으면 소득이 크게 증가하지는 않을 것이다. 만약 금융시장이 확장적 통화정책의 결과 미래의 이자율도 하락하고 생산이 증가할 것으로 예상하면 소비와 투자도 증가하여 IS 곡선이 오른쪽으로 이동할 것이다. IS 곡선이 IS_0에서 IS_1으로 이동하면 균형은 C점으로 이동한다. 이것은 통화공급 증가의 직접적 효과($A \rightarrow B$)는 크지 않지만, 이것이 미래의 이자율 및 생산에 관한 기대값에 영향을 주어서 생산에 미치는 효과까지 고려하면 최종적인 효과($A \rightarrow C$)는 훨씬 클 수도 있다는 것을 시사한다.

으면 소득이 크게 증가하지는 않을 것이다.

만약 금융시장이 확장적 통화정책의 결과 미래의 이자율도 하락하고 생산이 증가할 것으로 예상하면 소비와 투자도 증가하여 IS곡선이 오른쪽으로 이동할 것이다. IS곡선이 IS_0에서 IS_1으로 이동하면 균형은 C점으로 이동한다. 이것은 통화공급 증가의 직접적 효과($A \rightarrow B$)는 크지 않지만, 이것이 미래의 이자율 및 생산에 관한 기대값에 영향을 주어서 생산에 미치는 효과까지 고려하면 최종적인 효과($A \rightarrow C$)는 훨씬 클 수도 있다는 것을 시사한다.

이상의 분석은 통화정책의 효과가 기계적으로 단순하게 분석할 수 있는 것이 아님을 의미한다. 중요한 것은 민간부문의 미래에 대한 예상이다. 미래의 이자율 및 생산에 대한 민간의 예상에 의해 IS곡선이 이동한다. 그러나 미래에 대한 예상은 어떤 식으로든 아무렇게나 형성되는 것은 아니다. 대다수 경제학자들은 미래에 대한 예상은 합리적 기대가설이 상정하듯이 합리적이어야 한다고 생각한다.

제 3 절 재정적자 축소정책

한국은 IMF 외환위기 이후 급격한 경기위축 방지와 금융기관 부실채권 정리 및 사회안전망 확충을 위하여 과거에 유례가 없는 재정적자를 시현한 경험이 있다. 또한 최근에는 복지예산 수요의 증가로 인해 재정적자가 확대되고 정부부채가 빠른 속도로 증가하는 추세를 보이고 있다. 따라서 재정적자 축소정책이 경제에 미치는 효과를 분석하는 것은 앞으로의 한국경제에 대한 중요한 시사점을 제공하고, 동시에 재정적자 축소정책의 구체적 내용을 기안하는 데 많은 도움이 될 수 있다.

정부가 재정적자 축소를 선언하고 그 재원을 현재 및 미래의 정부구입 감소 및 조세증가로 보전한다고 하자. 이러한 정책이 현재 및 미래의 생산에 미치는 효과를 분석하기 위해 우선 미래의 시점을 고려하자. 정부가 미래에 조세를 증가시켜서 정부적자를 축소할 것으로 민간 경제주체들이 신뢰하면 미래의 r_2, Y_2는 어떻게 결정될 것인가? 미래에 과거는 이미 주어진 것이므로 미래(2기)의 균형실질이자율과 실질소득은 통상적인 *IS*–*LM*곡선을 사용하여 분석할 수 있다. 2기에 *IS*–*LM*곡선은 다음과 같다.

$$IS: \quad Y_2 = C(Y_2 - T_2,\ r_2) + I(r_2,\ Y_2) + G_2$$

$$LM: \quad \frac{M_2}{P_2} = L(Y_2,\ r_2)$$

미래의 조세(T_2)가 증가하면 *IS*곡선이 왼쪽으로 이동할 것이다. *IS*곡선이 왼쪽으로 이동하면 [그림 19-3]에서 보듯이 균형은 *A*에서 *B*로 이동한다. 그 결과 미래의 소득이 감소하고 이자율도 하락한다. 미래의 재정적자 축소로 인해 미래에 불황이 발생하는 것이다.

정부가 재정적자 축소정책을 실시할 경우 그것이 생산 및 소득에 미치는 부정적 영향을 상쇄하기 위해 중앙은행이 확장적 통화정책을 사용한다고 하자. 이것은 *IS*곡선이 왼쪽으로 이동할 경우 중앙은행이 소득이 감소하지 않도록 *LM*곡선을 오른쪽으로 (혹은 아래로) 이동시키는 것을 의미한다. 확장적 통

그림 19-3 2기의 재정적자 감축과 통화공급 증가의 효과

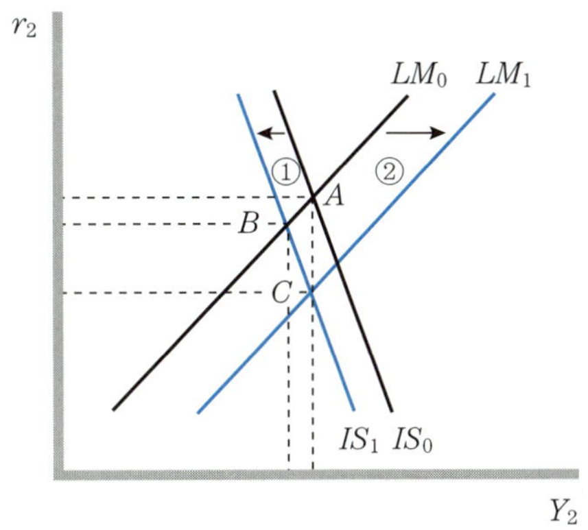

미래의 조세(T_2)가 증가하면 *IS* 곡선이 왼쪽으로 이동할 것이다. *IS* 곡선이 왼쪽으로 이동하면 균형은 *A*에서 *B*로 이동한다. 그 결과 미래의 소득이 감소하고 이자율도 하락한다. 정부가 재정적자 축소정책을 실시할 경우 그것이 생산 및 소득에 미치는 부정적 영향을 상쇄하기 위해 중앙은행이 확장적 통화정책을 사용한다고 하자. 이것은 *IS* 곡선이 왼쪽으로 이동할 경우 중앙은행이 소득이 감소하지 않도록 *LM* 곡선을 오른쪽으로(혹은 아래로) 이동시키는 것을 의미한다. 확장적 통화정책으로 인해 *LM* 곡선이 아래로 이동하면 균형은 *C*로 이동한다고 하자. *C* 에서의 소득은 *A* 와 비교하여 변화가 없지만 이자율은 *B*보다 훨씬 하락하게 된다.

화정책으로 인해 *LM*곡선이 아래로 이동하면 균형은 *C*로 이동한다고 하자. *C*에서의 소득은 *A*와 비교하여 변화가 없지만 이자율은 *B*보다 훨씬 하락하게 된다. 이것은 통화당국이 소득이 변화하지 않도록 이자율을 더욱 하락시킨 결과이다. 만약 민간 경제주체들이 미래에 재정정책과 통화정책이 위에서 상정한 대로 실시될 것으로 믿는다면 민간 경제주체들은 미래에 소득은 변화하지 않으면서 이자율이 하락할 것으로 예상하게 될 것이다.

이제 1기(현재)에 어떤 일이 발생하는가 살펴보자. 1기의 *IS*곡선을 이동시키는 요인들은 다음과 같다.

- 재정적자 축소정책으로 현재의 조세가 증가하여 *IS*곡선이 왼쪽으로 이동할 것이다.
- 미래의 기대조세가 증가하여 *IS*곡선이 왼쪽으로 이동할 것이다.
- 미래의 기대소득이 감소하여 *IS*곡선이 왼쪽으로 이동할 것이다. 단, 재정긴축으로 인한 부정적 효과를 상쇄하기 위해 중앙은행이 확장적 통화정책을

실시할 것으로 민간이 믿으면 믿을수록 이 효과는 작아진다.

- 미래의 기대이자율이 하락하여 항상소득 및 토빈의 q가 증가하므로 지출이 증가하고 *IS*곡선이 오른쪽으로 이동할 것이다. 재정긴축으로 인한 부정적 효과를 상쇄하기 위해 중앙은행이 확장적 통화정책을 실시할 것으로 민간이 믿으면 믿을수록 이 효과는 커진다.
- 장기적으로는 재정적자의 축소가 자본축적을 증가시킬 수 있다. 예를 들어서 정부구입이 감소했지만 생산이 자연율 수준에 있으면 투자는 증가한다. 이 경우에는 미래의 자본스톡이 증가함으로써 미래의 생산이 증가하게 된다. 이것은 경제주체들로 하여금 미래의 소득이 증가할 것으로 예상하게 만들 것이므로 *IS*곡선을 오른쪽으로 이동시키는 방향으로 작용한다.

이상의 분석은 [그림 19-4]에 나타나 있다. [그림 19-4]에서 *IS*곡선을 왼쪽으로 이동시키는 요인은 현재 및 미래의 조세증가, 미래의 기대소득 감소 등이 있고, *IS*곡선을 오른쪽으로 이동시키는 요인은 미래의 기대이자율 하락, 미래의 자본스톡 및 생산 증가 등이 있다. 따라서 *IS*, *LM* 및 재정적자 축소정책의 구체적 내용을 모르면 *IS*곡선이 왼쪽으로 이동할지 오른쪽으로 이동할지 사전적으로 말할 수 없다. 그러나 기존의 *IS*-*LM* 분석과는 달리 조세인상 정책이 현재의 생산 및 소득을 증가시킬 가능성이 있음을 시사한다는 사실에 주목할 필요가 있다.

그림 19-4 1기의 재정적자 축소정책의 효과

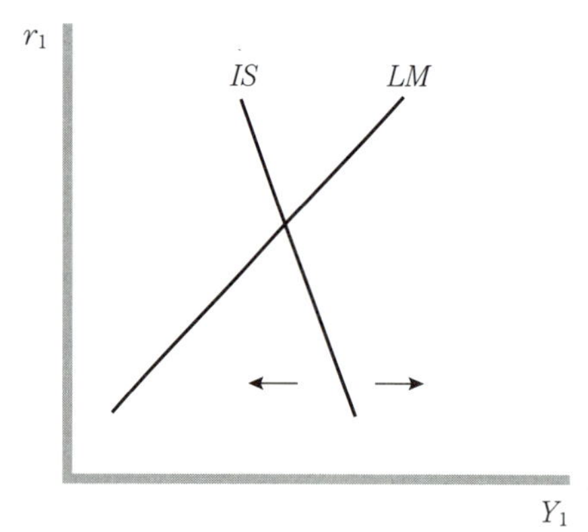

IS 곡선을 왼쪽으로 이동시키는 요인은 현재 및 미래의 조세 증가, 미래의 기대소득 감소 등이 있고, *IS* 곡선을 오른쪽으로 이동시키는 요인은 미래의 기대이자율 하락, 미래의 자본스톡 및 생산 증가 등이 있다. 따라서 *IS*, *LM* 및 재정적자 축소정책의 구체적 내용을 모르면 *IS* 곡선이 왼쪽으로 이동할지 오른쪽으로 이동할지 사전적으로 말할 수 없다.

만약 조세증가가 현재보다 미래에 집중된다고 하면 현재의 조세증가가 지출감소에 미치는 효과는 상대적으로 작을 것이다. 또한 소비자들이 미래의 조세증가에 매우 민감하게 반응하지 않는다면 미래의 조세증가가 현재의 지출감소에 미치는 효과도 상대적으로 작을 것이다. 미래의 긴축 재정정책에 대응하여 중앙은행이 미래에 통화공급을 늘려서 소득을 변화시키지 않으면서 이자율만 하락시킬 것으로 민간 경제주체들이 믿는다고 추가적으로 가정하자. 이상의 모든 조건이 충족되면 즉, 미래의 이자율이 하락하고, 미래의 소득은 변화가 없으며, 현재의 조세가 매우 작게 증가한다면 재정정자 축소정책은 오히려 현재의 지출과 소득을 증가시킬 수도 있다.

제 4 절 클린턴 재정적자 축소정책

1. 내 용

재정적자 축소정책이 경제에 미치는 영향을 이해하기 위해 1993년부터 실시된 미국 클린턴 정부의 재정적자 축소정책을 참고할 필요가 있다. 클린턴이 1992년 11월 선거에서 승리하였을 때, 미국경제는 1990-91년 불황으로부터 아직 회복하지 못하고 있었고, 누적된 재정적자는 미국경제가 직면한 가장 심각한 경제문제 중의 하나였다. 이러한 상황에서 클린턴은 1993년 2월에 재정적자 축소정책을 발표하였는데 그 내용은 다음과 같다.

- 재정적자 축소는 상대적으로 미래에 집중되고, 적자축소의 반은 조세증가로 나머지 반은 정부구입 감소 특히 국방비지출 감소로 보전한다.
- 단기에 불황이 발생하는 것을 피하기 위해 한시적으로 사회간접자본 등에 $160억을 투입하는 단기 경기부양정책을 실시한다.
- 미래에 재정이 긴축될 때 연방준비제도 이사회가 확장적 통화정책을 사용할 것으로 기대한다.

그러나 경기회복이 기대보다 양호하자 단기적 경기부양정책은 제외되고,

재정적자 감소분의 1/3은 조세증가로, 나머지 2/3는 정부구입 감소로 충당하도록 1993년 8월 법안(OBRA: Omnibus Budget Reconciliation Act)이 의회에서 통과되었다. 이 과정에서 연방준비제도 이사회 의장 그린스펀도 재정적자 축소정책에 호의적 반응을 보였다.

2. 평 가

금융시장은 재정적자 축소정책이 미래의 이자율을 낮출 것으로 믿었는가? 이 의문에 대한 하나의 단서는 수익률곡선의 변화에서 찾을 수 있다. 1992년 11월의 수익률곡선과 1993년 8월의 수익률곡선을 비교하면 단기이자율은 별 차이가 없었지만 장기이자율은 1% 이상 하락하였다. 이것은 금융시장이 미래에 이자율이 하락할 것으로 예상했음을 의미한다.

재정적자 축소가 소득 및 생산에 미친 효과는? 이 질문에 대한 대답은 적어도 불황은 발생하지 않았다는 것이다. 자료에 의하면 1993-94 기간에 정부구입이 감소하였음에도 불구하고 실질GDP는 4.1%나 증가하였다. 물론 다른 요인들로 인해 생산이 증가하였을 수도 있지만 불황이 발생하지 않은 것만은 사실이다.

재정적자 축소정책은 실제로 재정적자를 축소시켰는가? 이 질문에 대한 대답은 '그렇다'이다. 재정적자는 실제로 감소하였을 뿐만 아니라 오히려 예상보다 훨씬 빨리 감소하였다. [표 19-1]에서 보듯이 1994년 추계에 의하면 재정적자는 GDP대비 4.1%로 예상되었으나 실제는 3%에 그쳤고, 1995년 추계

표 19-1 1993 현재 미국의 재정적자 축소정책의 효과 추정

(단위: $bil)

회계연도	1994	1995	…	1998
구정책하의 적자	286	251	…	343
신정책하의 적자	253	196	…	200
적자감축	33	55	…	143
조세수입증가	27	43	…	59
지출감소	6	12	…	84
신정책하의 적자/GDP	4.1%	3.0%	…	2.5%

자료: The Economic and Budget Outlook: Update, Congressional Budget Office, Sep. 1993. Table 2-2.

에 의하면 재정적자가 GDP대비 3.0%로 예상되었으나 실제는 2.2%에 그쳤다. 이것은 GDP 증가가 예상보다 컸기 때문이다(소득이 증가하면 재정의 자동안정장치에 의해 재정적자가 감소함을 기억하라).

제 5 절 맺음말

본 장에서 우리는 미래를 고려한 *IS-LM*곡선을 사용하여 통화정책과 재정정책을 분석하였다. 소비와 투자는 현재의 소득과 실질이자율은 물론 미래의 소득과 실질이자율에 대한 예상에 의존한다. 미래의 소득과 실질이자율에 관한 기대가 주어진 상태에서 *IS*곡선의 기울기는 미래를 고려하지 않는 통상적인 케인즈학파의 *IS*곡선보다 급하다. 그 이유는 첫째, 미래의 기대실질이자율 및 생산이 주어진 상태에서 현재의 실질이자율이 하락할 때 그것이 생산에 미치는 효과는 미래를 고려하지 않는 경우보다 작을 것으로 예상되기 때문이다. 현재의 실질이자율이 하락하더라도 미래의 기대실질이자율이 변화하지 않으면 항상소득과 토빈의 q를 계산할 때 현재가치가 크게 증가하지 않는다. 항상소득과 토빈의 q가 적게 증가하면 소비나 투자도 크게 증가하지 않을 것이다. *IS*곡선의 기울기가 급해지는 또 다른 이유는 현재의 실질이자율이 하락함으로써 소득이나 생산이 증가할 때 미래의 기대생산이 변화하지 않으면 생산이 지출에 미치는 승수효과도 작을 것이기 때문이다.

미래를 고려한 *IS-LM* 모형에서 미래의 소득과 실질이자율에 대한 기대가 변하면 *IS*곡선이 이동한다. 이 경우 통화정책이 미래의 기대실질이자율이나 기대실질소득에 영향을 미치면 통화공급이 변화할 때 *LM*곡선뿐만 아니라 *IS*곡선도 이동한다. 만약 통화공급이 증가할 때 민간이 미래에 이자율이 하락하고 생산이 증가할 것으로 예상하면 통화정책의 효과가 미래를 고려하지 않는 경우에 비해 클 수도 있다.

재정적자 축소정책도 기존의 분석과는 달리 현재의 지출과 소득을 증가시킬 수도 있다. 일반적인 경우에는 긴축적인 재정정책이 경기를 위축시킬 가능성이 크지만, 재정적자가 심각한 경제문제인 상황에서는 재정적자 축소정책

즉, 긴축적 재정정책이 경기를 오히려 부양할 수도 있다. 미래에 재정적자 축소정책이 실시될 때 통화당국이 확장적 통화정책으로 대응하여, 미래에 이자율이 하락하고, 소득은 변화가 없으며, 현재의 조세가 매우 작게 증가한다면 미래를 고려한 *IS–LM* 모형에서 재정적자 축소정책은 오히려 현재의 지출과 소득을 증가시킬 수도 있다.

아일랜드의 재정적자 축소정책 사례

아일랜드는 1980년대에 심각한 재정적자를 줄이기 위해 두 차례에 걸쳐 재정적자 축소정책을 실시하였다. 1981년에 재정적자는 GDP 대비 13%를 차지하였고, 누적된 재정적자로 인한 정부부채는 GDP 대비 77%를 차지하고 있었다. 이처럼 심각한 재정적자를 축소하기 위해 아일랜드 정부는 1982년부터 3년 동안 조세증가를 골자로 한 재정적자 축소정책을 실시하게 된다. 경제가 자연율 수준에 있다는 가정하에 1984년까지 재정적자를 GDP 대비 5%로 줄이는 것이 당초의 목표였다. 과연 이 정책은 본문에서 소개한 미국의 사례처럼 성공적이었는가? 그 결과는 실패였다고 평가할 수 있다. 아래 표에서 보듯이 1982년에 경제성장률은 감소하였고, 1983년에는 성장률이 마이너스였다. 경제가 침체에 빠지자 세수가 감소하여 결국 1984년까지 1981년과 비교하여 재정적자를 GDP 대비 3.5% 포인트 줄이는데 그쳤다. 그 결과 GDP 대비 정부부채는 97%로 증가하게 된다.

이후에도 재정적자가 심각하자 아일랜드 정부는 1987년에 다시 재정적자 축소정책을 실시하게 된다. GDP 대비 정부부채는 1986년에 당시 유럽에서 가장 높은 116%에 이르고 있었다. 이에 실업급여 등 정부지출을 줄이고, 세율을 인상하기보다는 새로운 세원을 발굴함으로써 조세수입을 증가시키는 정책을 실시하였다. 경제가 자연율 수준에 있을 경우 1989년까지 재정적자를 GDP 대비 6.4%로 줄이는 것이 당초의 목표였다. 표에서 보듯이 두 번째의 정책은 매우 성공적이었다. 1987–1989기간 동안 경제성장률은 5%를 상회하였고, 경제호황으로 인해 세수가 급증하여 1989년에는 1986년과 비교하여 재정적자를 GDP 대비 약 9% 포인트 줄이는 성과를 이루게 된다.

그러면 첫 번째 시도는 실패하고 두 번째 시도는 성공한 이유는 무엇인가? 첫 번째 시도에서는 정부의 씀씀이는 그대로 놔 둔 채 세수를 증가시키는 데 초점을 맞춘 반면, 두 번째 시도에서는 정부의 씀씀이를 줄이고 새로운 세원을 발굴하는 등 조세개혁을 한 것이 민간의 예상을 우호적으로 바꾸는 데 주효했다는 것이 일반적인 평가이다.

과연 이러한 평가는 근거가 있는 것인가? 우리는 그 증거로 아일랜드의 가계저축률 추이를 살펴볼 필요가 있다. 미래를 고려하는 소비이론에서 배웠듯이 저축률이 증가하면 소비자들이 미래를 비관적으로 보고 있는 것이고, 저축률이 감소하면 소비자들이 미래를 낙관적으로 보고 있는 것이라고 할 수 있다. 제 1 차 재정적자 축소정책이 실시된 1981년과 1984년을 비교하면 저축률은 근소하게 증가하였다. 이에 반해 제 2 차 재정적자 축소정책이 실시된 1986년과 1989년을 비교하면 저축률은 약 3% 포인트나 감소하였다. 이것은 제 1 차 정책이 실시된 기간에는 민간이 미래를 비관적으로 보았음에 비해 제 2 차 정책이 실시된 기간에는 민간이 미래를 낙관적으로 보았음을 시사한다. 즉, 민간은 2차 재정적자 축소정책을 신뢰하고 미래에 대한 예상을 호의적으로 바꾸었다고 볼 수 있다.

	1981	1982	1983	1984	1986	1987	1988	1989
GDP 대비 재정적자(%)	13.0	13.4	11.4	9.5	10.7	8.6	4.5	1.8
경제성장률	3.3	2.3	−0.2	4.4	−0.4	4.7	5.2	5.8
가계저축률(%)	17.9	19.6	18.1	18.4	15.7	12.9	11.0	12.6

자료: OECD Economic Outlook, June 1998.

Giavazzi Francesco and Marco Pagano, "Can Severe Fiscal Contractions be Expansionary? Tales of Two Small European Countries," *NBER Macroeconomic Annual* 1990, pp. 75–110.

연습문제 제19장

Questions and Practice

1. 다음의 사건들이 현재의 지출항목, 현재의 *IS*, *LM* 곡선에 미치는 영향을 논하라.

(가) 미래에 예상되는 실질배당금의 감소

(나) 미래에 예상되는 세후실질이윤의 증가

(다) 미래에 예상되는 조세삭감

(라) 현재의 현금흐름의 감소

(마) 현재의 실질통화공급의 감소

(바) 미래에 예상되는 실질이자율의 하락

(사) 미래에 예상되는 소득증가

(아) 현재의 정부구입의 증가

(자) 미래에 예상되는 통화공급의 감소

2. 미래의 정부구입이 증가할 것으로 예상된다고 하자. 미래에 통화당국이 다음과 같은 통화정책을 사용할 것으로 예상되는 경우 이것이 현재의 지출항목, 현재의 *IS*, *LM* 곡선, 현재의 실질이자율 및 소득에 미치는 영향을 논하라.

(가) 미래의 이자율을 일정하게 유지하려고 한다.

(나) 미래의 소득을 일정하게 유지하려고 한다.

(다) 아무런 대응을 하지 않는다.

part 4
장 기 분 석

4 · 편의 내용

지금까지 우리는 단기분석을 하였다. 케인즈학파의 시각에서 보면 단기적으로 물가수준이 경직적이면 생산이 완전고용 수준에서 이루어지지 못하고 각종 충격이 발생할 때 경기변동이 발생한다. 고전학파의 시각(예를 들면, 실물경기변동이론)에서는 물가수준이 신축적이더라도 기술충격 등 각종 충격이 발생하면 경제주체들의 합리적 대응에 의해 경기변동이 발생한다.

이 편에서는 장기분석을 소개한다. 케인즈학파도 장기적으로는 임금과 물가수준 등 가격변수가 신축적이라고 믿는다. 가격변수가 신축적이면 생산은 완전고용 수준에서 이루어진다.

제20장에서는 폐쇄경제를 가정하고 총수요와 총공급의 일치는 투자와 저축의 일치를 의미함을 보인다. 폐쇄경제의 장기균형 분석에서 완전고용 수준의 생산과 수요를 일치시키는 역할 즉, 저축과 투자를 일치시키는 역할은 실질이자율이 한다. 만약 각종 정책으로 인해 저축과 투자가 변화하면 균형실질이자율이 변화한다.

제21장에서는 소규모 개방경제의 장기균형을 분석한다. 자본이동이 자유로운 소규모 개방경제에서 국내이자율은 국제이자율과 같고, 소규모 개방경제는 국제이자율을 주어진 것으로 간주한다. 주어진 국제이자율하에서 (국민)저축이 (국내총)투자와 반드시 일치할 필요는 없다. 주어진 국제이자율 수준에서 국민저축과 투자의 차이는 순수출을 의미한다. 실질환율은 저축과 투자의 차이가 순수출과 일치할 때 결정된다. 저축과 투자의 차이는 외환시장에서 원화의 공급을, 순수출은 원화의 수요를 나타낸다. 다시 말해서 원화의 수요와 공급이 일치할 때 균형실질환율이 결정된다. 장기적으로 균형실질환율은 구매력 평가재정을 충족시켜야 한다. 구매력 평가재정이란 국제

상품시장에서 일물일가의 법칙이 성립함을 의미한다. 즉, 맥도날드사의 빅맥은 한국에서나 홍콩에서나 환율을 고려한 후에 동일한 가격에 판매되어야 한다. 만약 그렇지 않으면 차익거래의 기회가 존재한다.

제22장에서는 완전고용 수준의 생산이 지속적으로 증가하는 현상 즉, 경제성장을 분석한다. 경제성장을 분석할 수 있는 기본모형으로서 솔로우 모형이라고 불리는 신고전학파 성장모형을 소개한다. 솔로우 모형에 의하면 성장의 원동력은 기술진보라고 할 수 있다. 기술진보가 외생적으로 주어지면 균형성장경로상에서 일인당 소득이나 자본스톡이 기술진보율과 동일한 비율로 증가한다. 솔로우 모형에서 균형성장경로는 상이한 저축률에 대응하여 무수히 많이 존재한다. 무수히 많은 균형성장경로 중 일인당 소비를 극대화하는 균형성장경로를 황금률이라고 부른다. 황금률은 균형성장경로상의 자본의 한계생산이 감가상각률과 일치할 때 성립한다.

솔로우 모형은 성장의 원동력인 기술진보를 모형 내에서 설명하기보다는 외생적으로 모형 밖에서 주어진 것으로 가정하는 한계를 가지고 있다. 제23장에서는 성장의 원동력을 모형 내에서 설명하기 위해 개발된 여러 가지 내생적 성장모형을 소개한다. 내생적 성장모형은 여러 가지로 분류할 수 있지만 본 교과서는 자본스톡을 광의로 해석하는 모형과 기술진보를 모형 내에서 설명하는 모형으로 나누어 소개한다. 자본을 광의로 해석하는 모형은 기존의 물적자본 외에 인적자본, 지식, 학문, 신제품 개발의 청사진 등을 넓은 의미의 자본으로 해석하고, 광의의 자본의 한계생산이 일정하게 유지됨으로써 지속적인 성장이 가능함을 보인다. 기술진보를 모형 내에서 설명하는 모형으로는 분업·전문화 모형, 기술 사다리 모형, 기술도입 모형 등을 고려한다. 이들 모형들은 이윤을 추구하는 기업의 연구개발투자가 경제성장의 원동력임을 보인다.

20 균형국민소득 결정모형

장기가 되면, 또 다른 단기가 있다.

– 아바 러너

E·C·O·N·O·M·I·C

주요개념

균형국민소득

균형실질이자율

대부자금수요

대부자금공급

민간저축

정부저축

국민저축

C·H·A·P·T·E·R

20 균형국민소득 결정모형

지금까지 우리는 물가수준이나 임금이 경직적이라는 가정하에 단기분석을 해왔다. 지금부터는 물가수준이나 임금 등 가격변수가 신축적이라는 가정하에 분석을 할 것이다.

본 장에서 제시하는 모형은 물가수준, 임금 등 가격변수가 신축적인 경우에 적용되는 가장 기본적인 국민소득 결정모형이다. 고전학파는 가격변수가 신축적이라고 믿으므로 이 모형은 고전학파의 가장 기본적인 국민소득 결정모형이라고 할 수 있다. 케인즈학파도 가격변수가 비록 단기적으로는 경직적일지라도 장기적으로는 신축적이라고 믿으므로, 장기적으로는 이 모형이 케인즈학파의 국민소득 결정모형이라고 할 수 있다.

제 1 절 상품과 서비스의 생산

생산은 생산요소와 생산기술에 의하여 결정된다. 생산요소란 자본(K)과 노동(N)처럼 상품과 서비스를 생산하는 데 투입되는 요소를 말한다. 자본이란 공장의 기계, 건물, 차량 혹은 사무실의 책상, PC 등을 말하고, 노동이란 근로자의 노동투입시간을 말한다. 장기적으로 경제성장을 설명하려면 생산기술의 진보와 생산요소의 증가를 고려해야 한다. 생산기술의 진보와 생산요소의 변화는 제22장에서 성장이론을 소개할 때 고려할 것이다. 여기에서는 분석의 편의상 노동과 자본은 일정한 양으로 주어져 있다고 가정한다. 이것을 수식으로 표현하면 다음과 같다.

$$K=\overline{K} \qquad \cdots\cdots \ (20-1)$$

$$N=\overline{N} \qquad \cdots\cdots \ (20-2)$$

주어진 생산요소는 완전고용된다고 가정하자. 이 가정은 물가수준이나 임금 등 가격변수가 신축적인 한 성립한다.

생산함수는 자본과 노동 등 생산요소가 주어져 있을 때 얼마만큼 생산할 수 있는가를 나타내며 생산기술을 반영한다. 생산함수를 다음과 같이 자본과 노동의 함수로 나타내자.

$$Y=F(K,\ N) \qquad \cdots\cdots \ (20-3)$$

생산함수는 규모수익이 일정한 형태를 취한다고 하자. 즉, 생산요소가 각각 a배 증가하면 생산량도 동일한 a배만큼 증가한다. 이것을 수식으로 표현하면 다음과 같다.

$$aY=F(aK,\ aN) \qquad \cdots\cdots \ (20-4)$$

규모수익이 일정하다는 가정은 현실경제에서 크게 무리가 있는 가정은 아니다. 예를 들어서, 어떤 아동복 공장이 100평 짜리 공장에 50대의 기계를 들여놓고 50명을 고용해서 한 달에 아동복 15,000벌을 생산한다고 하자. 우리는 이와 동일한 공장을 하나 더 복제하여, 각각 50대의 기계와 50명을 고용한 100평 짜리 공장 2개로부터 한 달에 아동복 30,000벌을 생산할 수 있다.

장기적으로 생산기술은 변화하고, 이것은 생산함수가 변화하는 것을 의미한다. 그러나 단기적으로 생산요소가 주어지고 생산기술도 주어진다면 생산은 다음과 같이 일정하게 주어진다.

$$Y=F(\overline{K},\ \overline{N})=\overline{Y} \qquad \cdots\cdots \ (20-5)$$

제 2 절 상품과 서비스의 수요

상품과 서비스의 수요는 다음의 네 가지 지출항목으로 구성되어 있다: 소비(C), 투자(I), 정부구입(G), 순수출(NX). 지금부터 분석의 편의상 폐쇄경제를 가정하자. 즉, 국가간의 교역은 없는 것으로 하고 $NX=0$으로 설정한다. 개방거시경제에 관한 분석은 제21장에서 다룰 것이다.

1. 소비와 투자

미래를 고려하는 소비이론 및 투자이론에서 배운 것처럼 소비와 투자는 각각 현재 및 미래의 가처분소득, 현재 및 미래의 실질이자율, 현재 및 미래의 생산의 함수라고 하자.

$$C_1 = C(Y_1 - T_1,\ r_1,\ Y_2^e - T_2^e,\ r_2^e) \quad \cdots\cdots \ (20-6)$$

$$I_1 = I(r_1,\ Y_1,\ r_2^e,\ Y_2^e) \quad \cdots\cdots \ (20-7)$$

위의 식에서 아래첨자 1과 2는 각각 현재와 미래를 나타낸다.

2. 정부구입

정부는 지출을 할 뿐만 아니라 실업보험 지급 등 가계에 이전지급을 한다. 이전지급은 한 나라 경제에서 생산된 최종재에 대한 지출이 아니므로 정부구입에 포함되지 않는다. 그러나 이전지급은 조세와 마찬가지로 가계의 가처분소득에 영향을 미친다. 조세가 가처분소득을 감소시키는 데 비해 이전지급은 가계의 가처분소득을 증가시킨다. 이러한 점을 반영하기 위해 T를 조세에서 이전지급을 공제한 순조세를 나타내는 것으로 정의하자. 본 장에서는 분석의 편의상 정부구입과 조세는 외생적으로 주어지는 것으로 가정한다.

$$G = \overline{G} \quad \cdots\cdots \ (20-8a)$$

$$T = \overline{T} \quad \cdots\cdots \ (20-8b)$$

제 3 절 균형조건

균형은 생산과 수요가 일치할 때 이루어진다. 문제는 수요와 공급을 일치시키는 역할을 하는 변수가 무엇인가 하는 점이다. 균형조건은 다음과 같이 쓸 수 있다.

$$Y = C + I + G \qquad \cdots\cdots (20-9)$$

생산이 완전고용 수준에서 주어지고, 재정변수가 외생적으로 주어지면, 수요를 구성하는 지출항목들은 각각 다음과 같이 쓸 수 있다.

$$C_1 = C(\bar{Y}_1 - \bar{T}_1,\ r_1,\ \bar{Y}_2 - \bar{T}_2,\ r_2^e) \qquad \cdots\cdots (20-6')$$

$$I_1 = I(r_1,\ \bar{Y}_1,\ r_2^e,\ \bar{Y}_2) \qquad \cdots\cdots (20-7')$$

$$G = \bar{G} \qquad \cdots\cdots (20-8a)$$

공급은 생산요소와 생산기술에 의하여 결정되므로 다음과 같이 쓸 수 있다.

$$\bar{Y} = F(\bar{K},\ \bar{N}) \qquad \cdots\cdots (20-5)$$

이제 균형조건을 다시 쓰면 다음과 같다.

$$\bar{Y} = C(\bar{Y} - \bar{T}, r) + I(r,\ \bar{Y}) + \bar{G} \qquad \cdots\cdots (20-9')$$

분석의 편의상 미래를 나타내는 변수와 아래첨자는 생략하였음을 주목하라. 위의 균형조건을 살펴보면 현재 및 미래의 생산(혹은 소득), 정부구입, 조세, 미래의 기대실질이자율은 주어져 있으므로 수요와 공급을 일치시키는 역할은 현재의 실질이자율이 수행함을 알 수 있다. 만약 실질이자율이 너무 높으면 소비와 투자수요가 감소하여 총수요가 총공급에 미치지 못하게 된다. 역으로 실질이자율이 너무 낮으면 소비와 투자수요가 증가하여 총수요가 총공급을 초과하게 된다. 결국 실질이자율이 균형수준에 있을 때 총수요와 총공급이 일치하게 된다.

위에서 설명한 균형조건은 대부자금 시장의 균형조건으로 재해석할 수 있다. 위의 균형조건을 다음과 같이 조작해 보자.

$$\overline{Y}-C(\overline{Y}-\overline{T},\ r)-\overline{G}=I(r,\ \overline{Y}) \qquad \cdots\cdots\ (20-10)$$

위 식의 좌변에 순조세를 더해주고 빼주면 다음과 같이 쓸 수 있다.

$$\overline{Y}-\overline{T}-C(\overline{Y}-\overline{T},\ r)+\overline{T}-\overline{G}=I(r,\ \overline{Y}) \qquad \cdots\cdots\ (20-11)$$

위 식에서 $Y-T-C$는 민간저축을, $T-G$는 정부저축을 의미하므로 좌변은 국민저축을 나타낸다. 따라서 위의 식을 다시 쓰면 다음과 같다.

$$S(r,\ \overline{Y},\ \overline{T},\ \overline{G})=I(r,\ \overline{Y}) \qquad \cdots\cdots\ (20-12)$$

결국 상품시장의 균형조건은 저축과 투자가 일치하는 것을 의미한다. 저축은 실질이자율과 소득 및 재정변수의 함수이고, 투자는 실질이자율과 생산의 함수이다. 소득 혹은 생산과 재정변수들이 외생적으로 주어진다고 가정하였으므로 저축과 투자는 실질이자율의 함수이다. 제10장에서 배운 것처럼, 실질이자율이 상승할 때 기간간 대체효과 혹은 항상소득의 감소에 의해 소비가 감소하고 저축이 증가한다면 저축은 실질이자율의 증가함수가 된다. 제16장에서 배운 것처럼 투자는 실질이자율의 감소함수이다. 따라서 저축과 투자를 실질이자율－저축, 투자 평면에 [그림 20－1]과 같이 나타낼 수 있다. 균형실질이자율은 저축과 투자가 일치하는 점에서 결정되고, 실질이자율은 저축과 투자를 일치시키는 역할을 한다.

저축은 대부자금의 공급을 나타내고 투자는 대부자금의 수요를 나타내므로 저축과 투자가 일치한다는 것은 대부자금의 수요와 공급이 일치하는 것을 의미한다. (실질)이자율은 대부자금이라는 상품의 가격으로 이해할 수 있다. 만약 대부자금의 공급이 수요를 초과하면 이자율은 하락하게 되고, 대부자금의 수요가 공급을 초과하면 이자율은 상승하게 된다. 결국 이자율은 대부자금의 수요와 공급을 일치시키는 역할을 한다.

독자들은 제 4 장에서 IS곡선을 도출할 때 사용한 균형조건과 여기에서 도출한 균형조건 즉, $S=I$ 사이에 어떤 차이가 있는가 하는 의문을 가질 수 있다. 제 4 장에서는 단기적으로 물가수준이 고정되어 있을 때 생산은 단순히 수요를 충족시키고, 수요가 생산을 결정한다고 가정하였다. 그러나 여기에서는 물가수준이 신축적이고 생산은 완전고용 수준 혹은 자연율 수준에서 주어져 있는

그림 20-1 저축과 투자함수

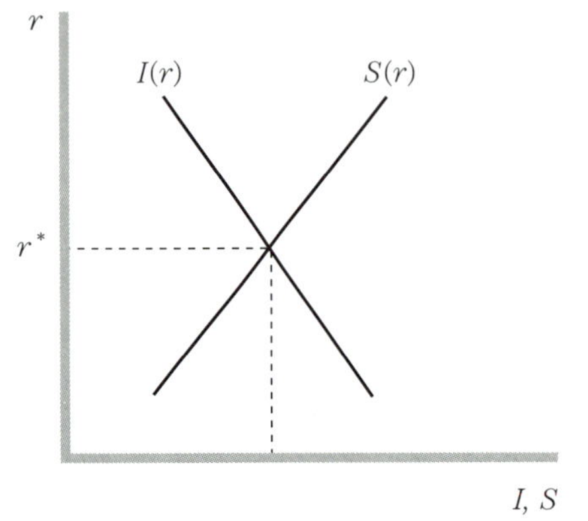

저축은 실질이자율과 소득 및 재정변수의 함수이고, 투자는 실질이자율과 생산의 함수이다. 소득(혹은 생산)과 재정변수들이 외생적으로 주어진다고 가정하였으므로 저축과 투자는 실질이자율의 함수이다. 투자는 실질이자율의 감소함수이다. 반면에 실질이자율이 상승할 때 기간간 대체효과 혹은 항상소득의 감소에 의해 소비가 감소하고 저축이 증가한다면 저축은 실질이자율의 증가함수가 된다. 균형이자율은 저축과 투자가 일치하는 점에서 결정되고, 실질이자율은 저축과 투자를 일치시키는 역할을 한다.

것으로 가정하고 있다. 다시 말해서 제 4 장에서 분석한 단기 균형생산은 여기에서 고려하는 자연율 수준의 장기 균형생산과 다를 수 있다.

제 4 절 정책효과

1. 투자수요 증가의 효과

기술진보나 조세유인 등에 의해 투자수요가 증가하면 투자함수는 오른쪽으로 이동하게 된다. 이것은 애초의 균형실질이자율 수준에서 투자가 저축을 초과하는 것을 의미한다. 투자(대부자금의 수요)가 저축(대부자금의 공급)을 초과하면 실질이자율은 상승하게 된다. 실질이자율이 상승하면 가계의 소비가 감소하므로 총생산 가운데 기업의 투자로 흡수되는 부분이 증가한다. 물론 실질이자율이 상승함에 따라 투자도 감소한다. 그러나 2차적인 투자의 감소는 애초의 투자증가를 완전히 상쇄하지는 못한다고 가정한다. 이상의 분석은 [그림 20-2]에 나타나 있다.

그림 20-2 투자수요의 증가와 실질이자율

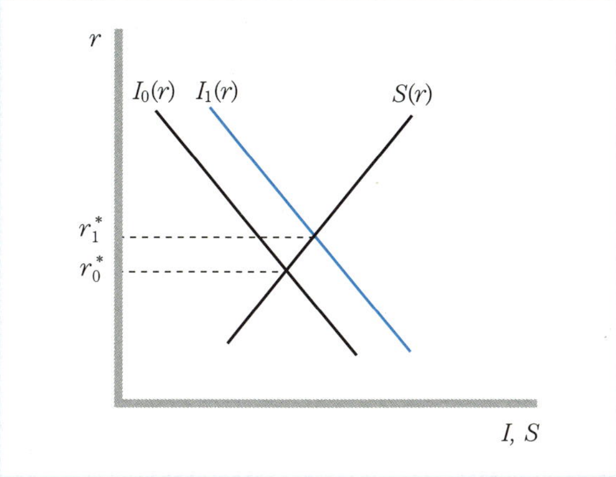

기술진보나 조세유인 등에 의해 투자수요가 증가하면 투자함수는 오른쪽으로 이동한다. 투자함수가 오른쪽으로 이동하면 실질이자율이 상승하고 소비와 투자가 감소한다. 2차적인 투자의 감소가 애초의 투자증가를 완전히 상쇄하지 못한다고 가정하면 총생산 가운데 투자가 차지하는 비중이 커진다.

2. 재정정책의 효과

만약 정부구입이 증가하거나 조세가 감소하면 국민저축이 감소하게 된다. 국민저축이 감소하면 저축곡선이 왼쪽으로 이동한다. 기왕의 균형실질이자율 수준에서 저축이 감소하면 투자가 저축을 초과하게 되어 실질이자율이 상승하게 된다. 실질이자율이 상승하면 투자가 감소하여 정부구입의 증가는 민간투

그림 20-3 확장적 재정정책과 실질이자율

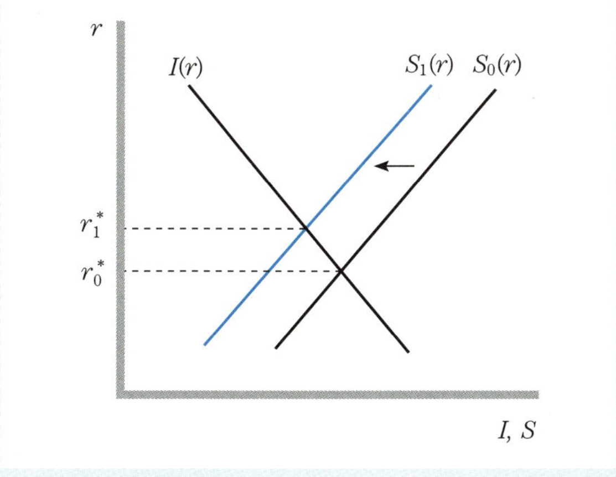

만약 정부구입이 증가하거나 조세가 감소하면 국민저축이 감소하게 된다. 국민저축이 감소하면 저축곡선이 왼쪽으로 이동한다. 기왕의 균형이자율 수준에서 저축이 감소하면 투자가 저축을 초과하게 되어 실질이자율이 상승하게 된다. 이자율이 상승하면 투자가 감소하여 정부구입의 증가는 민간투자를 구축한다.

자를 구축한다. 이 과정에서 실질이자율이 상승함에 따라 소비가 감소하고 저축이 증가한다. 그러나 2차적인 저축의 증가는 애초의 저축감소를 완전히 상쇄하지는 못한다고 가정한다. 이상의 분석은 [그림 20-3]에 나타나 있다.

제5절 맺음말

가격변수가 신축적인 장기에 생산은 주어진 생산요소와 생산기술에 의해 완전고용 수준에서 결정된다. 생산이 완전고용 수준에서 주어질 때 생산과 수요(소비+투자+정부구입)가 일치한다는 조건은 저축과 투자가 일치한다는 조건과 같다. 저축이 실질이자율의 증가함수이고, 투자가 실질이자율의 감소함수라고 하면 실질이자율이 조정됨으로써 저축과 투자가 일치하게 된다.

저축은 대부자금의 공급으로 볼 수 있고, 투자는 대부자금의 수요로 볼 수 있다. 저축과 투자가 일치한다는 것은 대부자금의 공급이 대부자금의 수요와 일치하는 것을 의미한다. 정부구입의 증가나 조세의 감소로 국민저축이 감소하면 대부자금의 공급이 감소하여 실질이자율이 상승하고, 투자가 증가하면 대부자금의 수요가 증가하여 실질이자율이 상승한다.

연습문제 제20장

Questions and Practice

1. 어떤 가상경제가 다음과 같이 주어진다.

$Y=C+I+G$

$C=1{,}200+0.3(Y-T)-50r$

$I=1{,}500-50r$

$Y=5{,}000$

$G=1{,}500$

$T=1{,}000$

위의 식에서 r은 %로 표시한 값이다. 다음 질문에 답하라.

(가) C, I, r의 균형값은?

(나) 민간저축, 정부저축, 국민저축은?

(다) G가 2,000으로 증가하면 C, I, r의 균형값은?

(라) G가 2,000으로 증가할 때 민간저축, 정부저축, 국민저축의 값은?

(마) 기술혁신으로 인해 기업의 투자함수가 $I=2{,}000-50r$로 변화하면 C, I, r의 균형값은?

(바) 기술혁신으로 인해 기업의 투자함수가 $I=2{,}000-50r$로 변화할 때 민간저축, 정부저축, 국민저축의 값은?

2. 정부가 조세와 정부구입을 1조원 감소시킨다고 하자. 한계소비성향이 0.6이면 실질이자율과 투자는 어떻게 변화하는가?

21 개방거시경제

신참 경제학자와 중견 경제학자가 길을 걷다가 보도 위의 배설물을 발견하였다.

중견 경제학자: "당신이 이것을 먹으면 200만원을 주겠소."

신참 경제학자는 후생 극대화를 위한 최적화 문제를 열심히 푼 후, 배설물을 먹고 200만원을 받았다.
그 후 그들은 계속 길을 걷다가 또 다시 배설물을 만났다.

신참 경제학자: "자 이제 당신이 이것을 먹으면 200만원을 주겠소."

중견 경제학자는 이 제안을 분석한 후, 배설물을 먹고 200만원을 받았다. 계속 길을 걷던 신참 경제학자가 갑자기 생각난 듯 말했다.

"잠깐만, 우리는 서로 200만원을 주고 받았으므로 돈을 벌지 못했소. 그렇지만 우리는 배설물을 먹었소. 도대체 우리가 왜 이런 짓을 한 거요?"

그러자 중견 경제학자가 대답했다.

"그 말이 맞기는 한데 당신은 우리가 400만원 어치의 거래(교역)를 한 것을 잊고 있소."

주요개념

순수출

순자본유출(순해외투자)

무역수지

소규모 개방경제

국제이자율

실질환율

명목환율

구매력 평가재정

빅맥지수

CHAPTER

21 개방거시경제

본 장에서는 임금 및 물가수준이 신축적이라는 가정하에 소규모 개방거시경제의 균형에 관하여 분석한다. 제 6 장에서도 언급하였듯이 국제금융시장에서 자본이동이 자유로우면, 소규모 개방경제의 국내이자율(r)은 국제이자율(r^F)과 동일하고, 소규모 개방경제는 국제이자율을 주어진 것으로 간주한다.

제 1 절 저축, 투자와 순수출

개방경제하의 국민소득계정 항등식으로부터 다음식을 도출할 수 있다.

$$Y-C-G=I+NX$$

$$S=I+NX$$

$$S-I=NX \qquad \cdots\cdots \ (21-1)$$

국민저축에서 국내총투자를 공제한 값은 순해외투자를 의미하므로 순수출은 순해외투자와 같다. 만약 순수출이 흑자이면 수입보다 수출이 많고 국제

금융시장에서 순대부자가 된다. 국민저축이 국내총투자를 초과하면 그 초과분은 외국에 빌려주게 되고, 외국은 이 돈으로 우리의 상품과 서비스를 구입하게 된다. 역으로 국내총투자가 국민저축을 초과하면 투자를 보전하기 위해 부족한 금액을 외국으로부터 빌려야 하며, 그 돈으로 우리가 수출하는 이상으로 외국의 상품과 서비스를 수입할 수 있다.

순해외투자는 순자본유출이라고도 불린다. 앞에서 언급한 것처럼 국민저축이 국내총투자를 초과하면 그 초과분은 외국에 빌려주게 되는데 이 과정에서 자본의 순유출이 발생한다. 역으로 국내총투자가 국민저축을 초과하면 그 초과분은 외국으로부터 빌리게 되는데 이 과정에서 자본의 순유입이 발생한다.

국민계정에서 상품과 서비스의 국제적인 흐름과 자본축적의 재원을 조달하기 위해 발생하는 국제적인 자금의 흐름은 동전의 양면과 같다. 예를 들어서, 우리나라가 미국에 대해 수입보다 수출을 많이 하면 우리는 그 차액만큼 미국의 국채, 회사채, 주식, 부동산 등 자산을 구입할 수 있고, 이 과정에서 자본의 순유출이 발생한다. 역으로 우리나라가 미국에 대해 수출보다 수입을 많이 하면 미국은 그 차액만큼 한국의 국채, 회사채, 주식, 부동산 등 자산을 구입할 수 있고, 이 과정에서 자본의 순유입이 발생한다. 자본의 국제적인 흐름과 상품 및 서비스의 국제적인 흐름이 서로 일치하도록 조정하는 가격변수의 역할은 앞으로 살펴보듯이 환율이 담당한다.

제20장에서 살펴보았듯이, 생산이 생산요소 및 기술수준에 의해 완전고용

그림 21-1 저축, 투자와 순수출

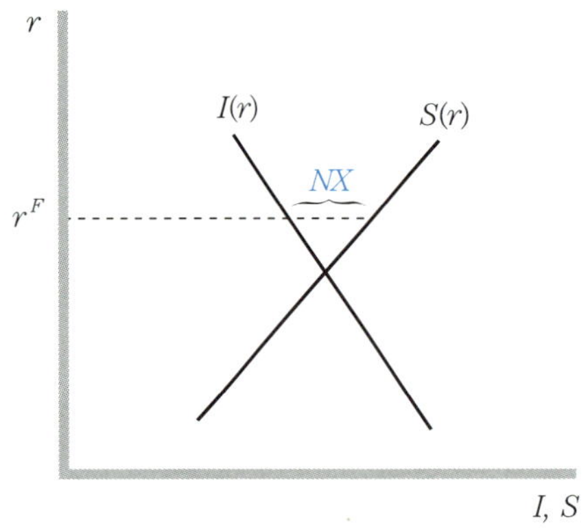

폐쇄경제에서 이자율은 저축과 투자가 일치할 때 결정된다. 소규모 개방경제에서 국내이자율은 국제이자율과 동일하고, 주어진 국제이자율 수준에서 저축과 투자의 차이가 순수출을 결정한다.

수준에서 결정되고, 재정정책 변수(G, T)가 외생적으로 주어지며, 미래(의 이자율 및 생산 혹은 소득)에 대한 기대가 주어지면, 저축은 국제이자율의 증가함수가 된다. 그에 반해 투자는 국제이자율의 감소함수로 나타낼 수 있다.

$$
\begin{aligned}
NX &= S - I \\
&= [\bar{Y} - \bar{T} - C(\bar{Y} - \bar{T}, r^F) + \bar{T} - \bar{G}] - I(r^F, \bar{Y}) \\
&= S(r^F, \bar{Y} - \bar{T}) - I(r^F, \bar{Y}) \qquad \cdots\cdots (21-2)
\end{aligned}
$$

폐쇄경제에서 이자율은 저축과 투자가 일치할 때 결정된다. 소규모 개방경제에서 국내이자율은 국제이자율과 동일하고, [그림 21-1]에서 보듯이 주어진 국제이자율 수준에서 저축과 투자의 차이가 순수출을 결정한다.

제 2 절 정부정책과 순수출

이제 각종 정책이 순수출에 미치는 영향을 분석해 보자. 분석의 편의상 주어진 국제이자율 수준에서 순수출은 균형을 이루고 있다고 가정하자. 순수출이 균형을 이루므로 주어진 국제이자율 수준에서 국민저축은 국내총투자와 동일하다.

1. 국내 재정정책

정부가 구입을 늘리거나 조세를 삭감하면 국민저축이 감소하므로 [그림 21-2]에 나타난 것처럼 저축함수가 왼쪽으로 이동한다. 저축함수가 왼쪽으로 이동하면 주어진 국제이자율 수준에서 투자수요를 보전하기 위해 외국으로부터 차입을 해야 하고 순수출은 적자가 된다.

예산적자의 증가가 순수출을 악화시키므로 위의 분석은 정부예산 적자와 무역수지 적자가 쌍둥이 현상임을 시사한다. 1980년대 초반 미국 레이건 정부는 공급경제학에 기초하여 조세를 삭감하고, 냉전으로 인해 국방비 지출을 증가시켰다. 일부 경제학자들은 이것이 1990년대 중반까지 미국경제의 가장 큰

그림 21-2 확장적 재정정책과 순수출

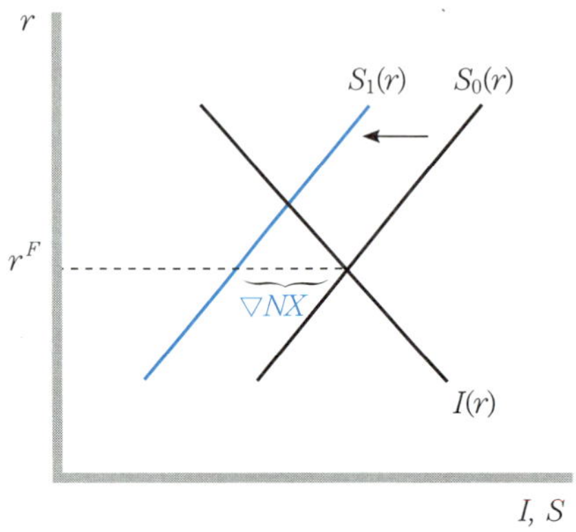

정부가 구입을 늘리거나 조세를 삭감하면 국민저축이 감소하므로 저축함수가 왼쪽으로 이동한다. 저축함수가 왼쪽으로 이동하면 주어진 국제이자율 수준에서 투자수요를 보전하기 위해 외국으로부터 차입을 해야 하고 순수출은 적자가 된다.

문제점이라고 할 수 있었던 정부부채의 급증과 대규모 무역수지 적자의 주요인이라고 주장하고 있다.

그러나 제19장에서 보았듯이 1990년대 중반 이후 클린턴 정권은 재정적자 문제를 획기적으로 해결하였다. 그럼에도 불구하고 미국의 경상수지는 개선되지 않았다. 그 이유는 아마도 1990년대 후반에 진행됐던 IT(Information Technology) 붐에 기인한 투자의 증가 때문이었던 듯 싶다. 재정적자를 해결하면서 저축이 증가했으나 동시에 투자가 증가하여 경상수지는 개선되지 않았던 것이다.

2. 외국의 재정정책

외국정부가 정부구입을 증가시키거나 조세를 삭감하면 외국이 소규모 경제인 경우에는 국제이자율에 영향을 미치지 않지만 대규모 경제인 경우에는 세계저축을 감소시켜서 국제이자율을 상승시킨다. 국제이자율이 상승하면 [그림 21-3]에서 보듯이 국내투자가 감소하고 국민저축은 증가하므로 순수출은 흑자가 된다.

그림 21-3 대규모 해외경제의 확장적 재정정책과 순수출

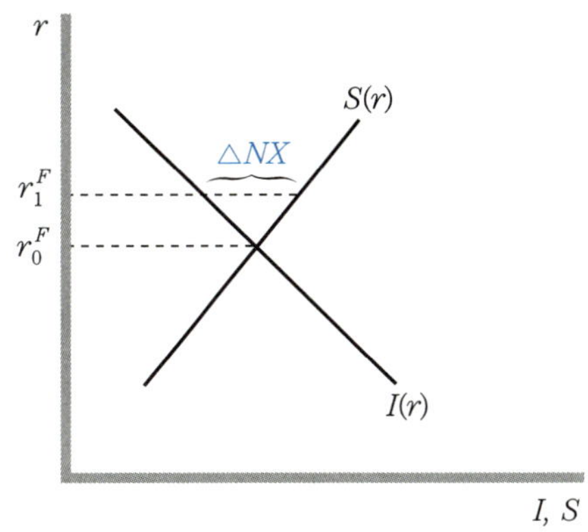

외국정부가 재정구입을 증가시키거나 조세를 삭감하면 외국이 소규모 경제인 경우에는 국제이자율에 영향을 미치지 않지만 대규모 경제인 경우에는 세계저축을 감소시켜서 국제이자율을 상승시킨다. 국제이자율이 상승하면 국내투자가 감소하고 국민저축은 증가하므로 순수출은 흑자가 된다.

3. 투자수요의 변화

신기술의 개발이나 조세유인의 변화로 인해 국내투자가 증가하면 [그림 21-4]에서 보듯이 투자함수가 오른쪽으로 이동한다. 투자함수가 오른쪽으로 이동하면 주어진 국제이자율 수준에서 투자가 저축을 초과하므로 순수출은 적자가 된다.

그림 21-4 투자수요의 증가와 순수출

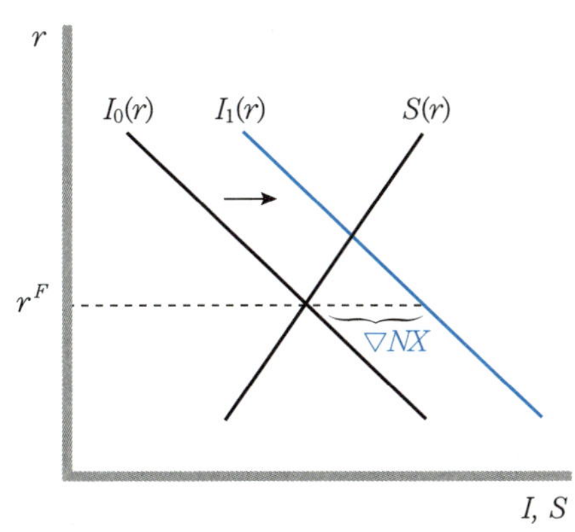

신기술의 개발이나 조세유인의 변화로 인해 국내투자가 증가하면 투자함수가 오른쪽으로 이동한다. 투자함수가 오른쪽으로 이동하면 주어진 국제이자율 수준에서 투자가 저축을 초과하므로 순수출은 적자가 된다.

이상의 분석이 시사하는 것은 투자를 증가시키거나 저축을 감소시키는 정책은 순수출을 악화시키고, 투자를 감소시키거나 저축을 증가시키는 정책은 순수출을 개선한다는 것이다. 무역적자가 발생하는 이유는 기본적으로 저축의 부족이므로 무역수지 적자는 미래의 세대를 희생시키면서 현세대가 지나치게 소비를 많이 한다는 사실을 반영하는 것으로 볼 수 있다. 그러나 저개발국의 경우에는 경제개발을 추진하면서 부족한 재원을 해외차입으로 보전하여 투자를 하므로 무역수지 적자가 발생하기도 한다. 따라서 무역수지 적자를 반드시 경제적인 병리현상으로만 볼 필요는 없다.

제 3 절 실질환율의 결정

이제 물가수준이 신축적으로 변화하는 장기에 실질환율($\varepsilon = eP^F/P$)이 어떻게 결정되는가를 분석해 보자.

1. 실질환율과 순수출

실질환율이 상승(절하)하면 외국제품은 상대적으로 비싸지고 국내제품은 상대적으로 저렴해지므로 순수출이 증가한다. 역으로 실질환율이 하락(절상)하면 외국제품은 상대적으로 저렴해지고 국내제품은 상대적으로 비싸지므로 순수출이 감소한다. 따라서 순수출은 [그림 21-5]에 나타난 것처럼 실질환율의 증가함수이다.

실질환율의 결정요인

실질환율은 순수출과 밀접히 연관되어 있다. 실질환율이 상승하면 국내제품이 외국제품에 비해 상대적으로 저렴해지므로 순수출이 증가하고, 실질환율이 하락하면 국내제품이 외국제품에 비해 상대적으로 비싸지므로 순수출이 감소한다. 따라서 순수출은 [그림 21-6]에 나타나 있는 것처럼 실질환율의 증가함수임을 알 수 있다. 한편 순수출은 이미 살펴보았듯이 순해외투자와 동일하

그림 21-5 실질환율과 순수출

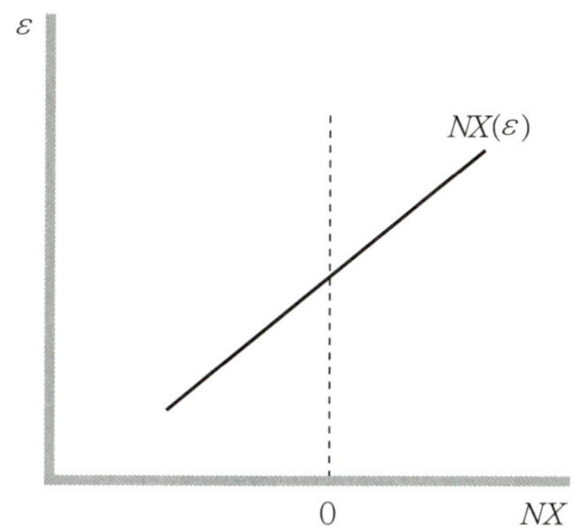

실질환율이 상승(절하)하면 외국제품은 상대적으로 비싸지고 국내제품은 상대적으로 저렴해지므로 순수출이 증가한다. 역으로 실질환율이 하락(절상)하면 외국제품은 상대적으로 저렴해지고 국내제품은 상대적으로 비싸지므로 순수출이 감소한다. 따라서 순수출은 실질환율의 증가함수이다.

그림 21-6 균형실질환율의 결정

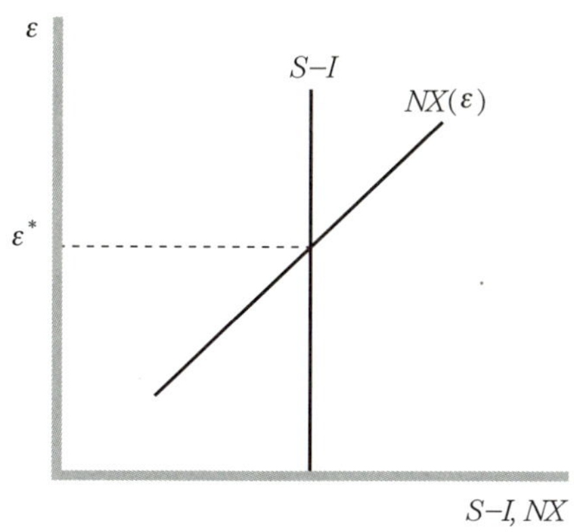

균형실질환율은 $S-I$가 순수출과 일치하는 점에서 결정된다. 저축은 소비함수와 정부정책에 의해 결정되고, 투자는 투자함수와 국제이자율에 의해 결정되므로, 저축과 투자는 실질환율과 무관하다. 따라서 $S-I$는 실질환율과 무관한 수직선으로 나타난다.

다. 이것은 순수출이 저축에서 투자를 공제한 값과 동일함을 의미한다. 저축은 소비함수와 정부정책에 의해 결정되고, 투자는 투자함수와 국제이자율에 의해 결정되므로, 저축과 투자는 실질환율과 무관하다. 따라서 저축－투자는 [그림 21-6]에 수직선으로 나타난다. 균형실질환율은 두 가지 요인, 즉 순수출과 $S-I$가 일치하는 점에서 결정된다.

[그림 21-6]에서 $S-I$는 국민저축의 국내총투자에 대한 초과분이므로 이것은 우리가 외국에 대부해 줄 수 있는 원화자금의 공급을 나타내는 것으로 볼

수 있고, 순수출은 외국이 국내제품을 구입하기 위해 필요한 원화자금의 수요를 나타내는 것으로 볼 수 있다. 따라서 [그림 21-6]은 외환시장에서 원화자금의 수요와 공급이 일치할 때 균형실질환율이 결정됨을 보이고 있다.

2. 정책변화와 실질환율

확장적 재정정책

정부가 구입을 증가시키거나 조세를 삭감하면 투자가 주어진 상태에서 국민저축이 감소하므로 $S-I$는 [그림 21-7]에 나타난 것처럼 왼쪽으로 이동하게 되고, 이것은 외환시장에서 원화의 공급이 감소함을 의미한다. 외환시장에서 원화의 공급이 감소함에 따라서 실질환율은 하락(절상)하며 순수출은 감소하게 된다.

외국의 확장적 재정정책

외국정부가 구입을 증가시키거나 조세를 삭감하면 외국정부가 대규모 경제인 한 세계저축은 감소하고 국제이자율은 상승한다. 국제이자율이 상승하면 국민저축이 증가하고 국내투자가 감소한다. 그 결과 [그림 21-8]에서 보듯이 $S-I$가 증가하고, 외환시장에서 원화의 공급이 증가하므로 실질환율은 상승(절하)하게 되고 순수출은 호전된다.

그림 21-7 확장적 재정정책과 균형실질환율

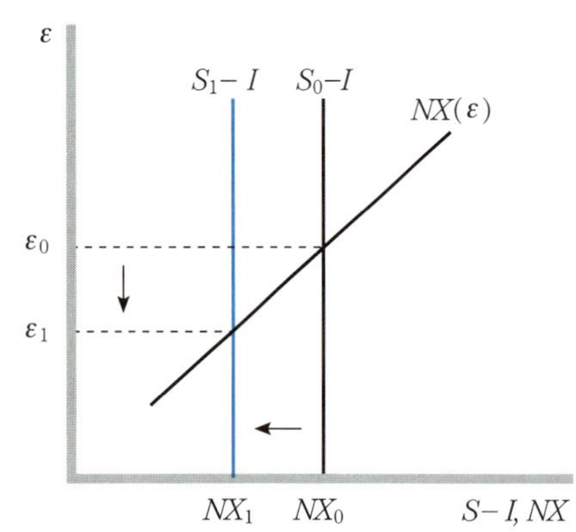

정부가 구입을 증가시키거나 조세를 삭감하면 투자가 주어진 상태에서 국민저축이 감소하므로 $S-I$는 왼쪽으로 이동하게 되고, 이것은 외환시장에서 원화의 공급이 감소함을 의미한다. 외환시장에서 원화의 공급이 감소함에 따라서 실질환율은 하락(절상)하며 순수출은 감소하게 된다.

그림 21-8 대규모 해외경제의 확장적 재정정책과 균형실질환율

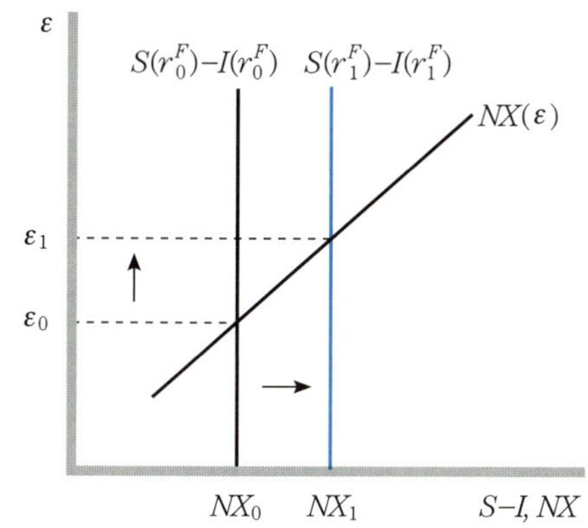

외국정부가 구입을 증가시키거나 조세를 삭감하면 외국정부가 대규모경제인 한 세계저축은 감소하고 국제이자율은 상승한다. 국제이자율이 상승하면 국민저축이 증가하고 국내투자가 감소한다. 그 결과 $S-I$는 증가하고, 외환시장에서 원화의 공급이 증가하므로 실질환율은 상승(절하)하게 되고 순수출은 호전된다.

투자수요의 변화

신기술의 개발, 기업가의 경제전망 호전, 조세유인 등으로 국내투자가 증가하면 [그림 21-9]에서 보듯이 $S-I$가 감소하게 된다. $S-I$가 감소하면 외환시장에서 원화의 공급이 감소하게 된다. 외환시장에서 원화의 공급이 감소하면 실질환율은 하락(절상)하며 순수출은 악화된다.

그림 21-9 투자수요의 증가와 균형실질환율

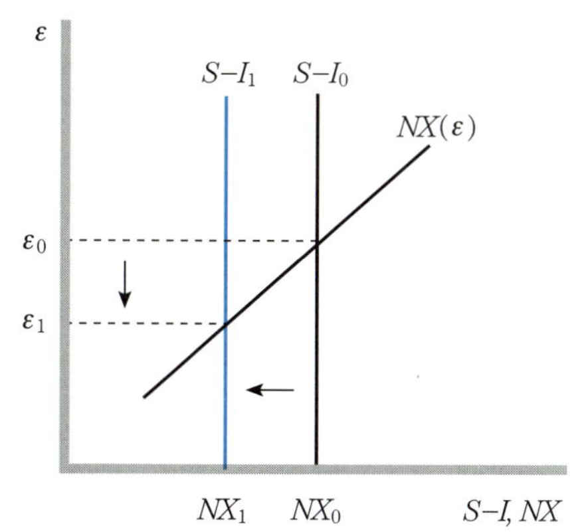

신기술의 개발, 기업가의 경제전망 호전, 조세유인 등으로 국내투자가 증가하면 $S-I$가 감소하게 된다. $S-I$가 감소하면 외환시장에서 원화의 공급이 감소하게 된다. 외환시장에서 원화의 공급이 감소하면 실질환율은 하락(절상)하며 순수출은 악화된다.

무역정책

수입할당이나 관세부과, 외국 전자제품의 수입금지 등 수입규제정책을 사용하면 주어진 실질환율 수준에서 순수출이 증가하게 된다. 이것은 [그림 21-10]에 순수출 곡선의 오른쪽 이동으로 나타나고 있다. 순수출이 증가하면 외환시장에서 원화의 수요가 증가하므로 실질환율은 하락(절상)하게 되고, 이것은 다시 순수출을 감소시켜서 저축과 투자에 변화가 없는 한 결과적으로 순수출에 영향을 미치지 못한다.

주목해야 할 것은 환율의 절상으로 인해 수출이 감소하지만 순수출은 변화가 없으므로 결과적으로 수입도 감소해야만 한다. 이것은 수입규제정책이 결국 교역규모를 축소시키고 국가간의 교역으로 인한 혜택을 감소시킬 뿐이라는 것을 시사한다.

수입규제정책은 순수출은 변화시키지 않지만 특정 산업, 특정 국가에는 영향을 미칠 수 있다. 예를 들어, 일제 자동차에 대해 수입규제를 하면 일제 자동차의 수입은 감소하지만 환율의 절상으로 인해 전자산업 등의 순수출은 감소한다. 특정 상품에 대한 수입규제가 다른 산업의 순수출에 영향을 미치게 된다. 또한 일본제품에 대한 수입규제는 (일본의 무역보복이 없다는 가정하에) 일본에 대한 순수출을 증가시키지만 환율의 절상으로 인해 미국 등 다른 나라에 대한 순수출을 감소시킨다. 따라서 수입규제정책은 거시적으로는 순수출에 영

그림 21-10 수입규제정책과 균형실질환율

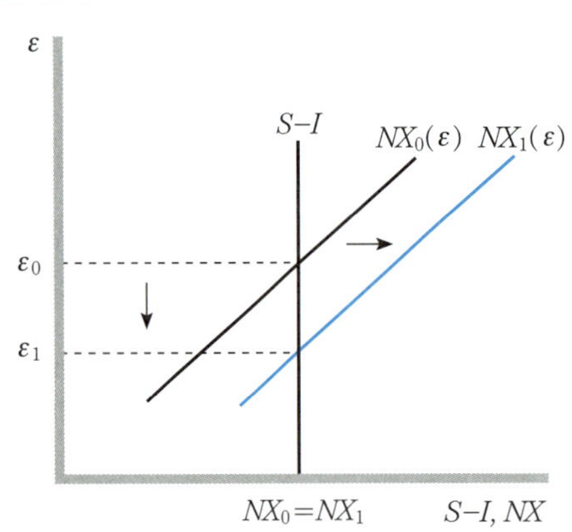

수입할당이나 관세부과, 수입금지 등 수입규제정책을 사용하면 주어진 실질환율 수준에서 순수출이 증가하게 된다. 이것은 순수출 곡선의 오른쪽 이동으로 나타난다. 순수출이 증가하면 외환시장에서 원화의 수요가 증가하므로 실질환율은 하락(절상)하게 되고, 이것은 다시 순수출을 감소시켜서 저축과 투자에 변화가 없는 한 결과적으로 순수출에 영향을 미치지 못한다.

향을 미치지 않지만 미시적으로는 기업별, 산업별, 국가별로 영향을 미칠 수 있다.

3. 명목환율의 결정

실질환율의 정의로부터 명목환율은 $e=\varepsilon P/P^F$로 나타낼 수 있음을 알 수 있다. 명목환율의 정의로부터 명목환율의 변화율은 다음과 같다는 것을 보일 수 있다.

명목환율의 증가율
=실질환율의 증가율+국내물가 상승률(π)−외국물가 상승률(π^F) …… (21−3)

위의 식은 명목환율이 다른 조건이 일정할 경우 국내물가수준이 상승하면 상승(절하)하고, 외국물가수준이 상승하면 하락(절상)함을 보여준다. 따라서 정부가 통화공급을 증가시키면 국내물가가 상승하고, 다른 조건이 일정할 경우 국내통화를 절하시킴을 알 수 있다.

실제로 국제자료를 분석해보면 인플레이션율이 상대적으로 높은 나라일수록 통화가 절하되고, 인플레이션율이 상대적으로 낮은 나라일수록 통화가 절상되는 경향이 있음을 확인할 수 있다.

제 4 절 구매력 평가재정(purchasing power parity)

모든 상품은 교역재이며, 품질이 동일하고, 수송비는 무시할 수 있다고 가정하자. P를 자국의 상품가격, P^F는 외국의 상품가격, e를 외국통화 한 단위로 살 수 있는 자국통화 단위라고 하면 $eP^F=P$가 성립하며 이것을 구매력 평가재정이라고 한다. 예를 들어서 원−달러 환율이 800원이라고 하자. 즉, 1달러로 800원을 구입할 수 있다고 하자. 만약 기아 프라이드의 국내가격이 500만원이고 동일한 차인 미국 포드 페스티바의 가격이 5,000달러이면 실질환율은 (800)5,000/5,000,000=0.8이 된다. 이 경우 국가간에 상품이동이 자유롭다면 김선달은 미국에서 페스티바를 구입하여 한국에 와서 판매하고 대당 1,000,000원을 벌 것이다. 이 과정에서 포드 페스티바에 대한 수요가 증가하고, 기아 프라이드에 대한 수요가 감소하여 페스티바의 가격은 상승하고, 프라이드의 가격은 하락한다. 결국 국제 차익거래에 의해 국내제품 가격과, 동일한 외국제품의 국내가격은 서로 수렴해간다. 따라서 구매력 평가재정은 동일한 상품에 대해 일물일가의 법칙이 국제적으로 적용되고, 1원은 한국에서나 미국에서나 동일한 구매력을 가짐을 의미한다.

구매력 평가재정은 순수출이 실질환율의 변화에 민감하게 반응함을 의미하는 것으로 재해석할 수 있다. 즉, 실질환율이 조금만 절상하여도 김선달처럼 이재에 밝은 이들이 이윤을 위해 외국에서 상품을 수입하여 국내에 판매하므로 순수출은 감소하게 되고, 역으로 실질환율이 조금만 절하하여도 순수출은 증가하게 된다. 이것은 [그림 21-11]에 나타나 있는 것처럼 순수출이 실질환율에 대해 매우 탄력적임을 의미한다.

순수출이 실질환율의 변화에 매우 탄력적으로 반응하면 순수출곡선이 평평해지므로 저축이나 투자의 변화는 실질 혹은 명목환율을 거의 변화시키지 않는다. 또한 실질환율이 거의 고정되어 있으므로 명목환율은 국내 및 외국 간의 상대적인 인플레이션 차이에 의해서 결정된다. 이것을 구매력 평가재정과 결합하면 $(\triangle e/e)\approx\pi-\pi^F$ 가 성립한다. 따라서 국내물가 상승률이 타국에 비해 높으면 자국통화는 절하된다. 또한 구매력 평가재정을 기대값으로 평가하면

그림 21-11 구매력 평가재정

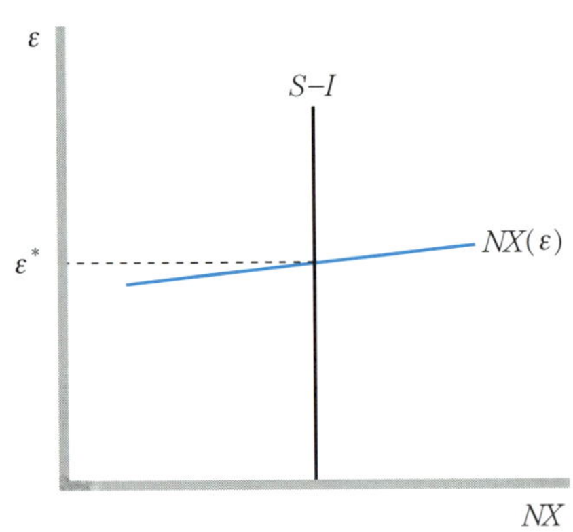

구매력 평가재정은 순수출이 실질환율의 변화에 민감하게 반응하는 것으로 재해석할 수 있다. 구매력 평가재정이 성립하면 실질환율이 조금만 변화하여도 차익거래가 발생하여 순수출이 실질환율에 대해 매우 탄력적으로 반응하게 된다.

$(\triangle e/e)^e \approx \pi^e - (\pi^F)^e$이 성립된다. 이것을 이자율 재정 조건과 결합하면 $(\triangle e/e)^e \approx R^D - R^F$이므로, $R^D - \pi^e \cong R^F - (\pi^F)^e$. 즉, 각국의 기대실질이자율은 거의 같아짐을 알 수 있다.

그러나 실증분석 결과에 의하면 구매력 평가재정은 반드시 성립하지는 않는다. 왜냐하면 모든 상품을 교역할 수 있는 것은 아니므로 비교역재가 존재하고 (예를 들면 임대료), 현실적으로 무역장벽이 존재하며, 판매세 등을 고려해야 하기 때문이다. 또한 모든 상품의 질이 동일한 것은 아니어서 각국은 서로 다른 상품에 특화하기 때문이다. 그럼에도 불구하고 구매력 평가재정은 논리적으로 유효하며 적어도 장기적으로는 성립해야 하는 것으로 간주되고 있다. 단기적으로 실질환율이 구매력 평가재정이 성립하는 수준에서 벗어나더라도 실질환율의 변화폭은 작고 일시적일 것으로 기대할 수 있다.

우리는 제 6 장에서 고정환율제도하의 소규모 개방경제에서 통화당국은 통화정책을 독자적으로 사용할 수 없다는 것을 보였다. 이것을 구매력 평가재정을 이용하여 다시 설명하면 다음과 같다. 화폐시장이 균형을 이루려면 명목화폐공급은 명목화폐수요와 일치해야 한다. 즉, $M = P \cdot L(Y, R)$이 성립한다. 만약 구매력 평가재정이 성립한다면 화폐시장의 균형조건을 다음과 같이 나타낼 수 있다.

$$M = eP^F L(Y, R) \qquad \cdots\cdots \ (21-4)$$

외국의 물가수준(P^F)이 주어지고 (고정환율제도하에서) 환율이 고정되어 있으면, 실질화폐수요가 통화공급(M)을 결정한다. 이것은 고정환율제도하에서 고정환율과 일관된 관계를 유지하는 특정 통화공급 수준이 존재함을 의미한다. 만약 중앙은행이 공개시장 매입으로 통화를 증가시키면 물가가 상승압력을 받게 된다. 그러나 환율과 외국물가수준이 주어진 상태에서 국내물가수준이 상승하면, 경제주체들은 자국의 상품을 사지 않고 다른 나라의 상품을 구입하려고 할 것이다. 결국 자국의 물가수준은 구매력 평가재정이 성립하는 수준에서 상승하지 못한다. 그러나 주어진 물가수준에서 경제주체들은 증가한 자국통화를 보유하려고 하지 않으므로 자국통화를 외국통화와 교환하기 위해 중앙은행에 매각할 것이다. 이 과정에서 통화량은 결국 원래의 수준으로 복귀하게 될 것이다.

제 5 절 맺 음 말

본 장에서는 가격변수가 신축적인 장기에 소규모 개방경제에서 순수출과 실질환율이 어떻게 결정되는가를 설명하였다. 소규모 개방경제 장기분석에서 자본이동이 자유로우면 국내실질이자율은 국제실질이자율과 같아진다. 개방경제에서 순수출은 저축과 국내총투자의 차이와 같으므로 저축이 국내총투자를 초과하면 순수출은 흑자이고, 저축이 국내총투자를 하회하면 순수출은 적자이다. 소규모 개방경제에서 확장적 재정정책을 사용하거나, 투자가 증가하면 국민저축－국내총투자 값이 감소하여 순수출은 악화된다.

소규모 개방경제 장기분석에서 순수출은 실질환율의 증가함수이다. 실질환율이 상승하면 국내제품이 외국제품에 비해 상대적으로 저렴해지므로 순수출이 증가하고, 실질환율이 하락하면 국내제품이 외국제품에 비해 상대적으로 비싸지므로 순수출이 감소한다. 저축과 투자는 실질환율과 무관하므로 $S-I$는 실질환율과 무관하다. 실질환율은 순수출과 $S-I$가 일치하는 점에서 결정된다. $S-I$는 국민저축의 국내총투자에 대한 초과분이므로 이것은 우리가 외국에 대부해 줄 수 있는 원화자금의 공급을 나타내는 것으로 볼 수 있고, 순수출은 외국이 국내제품을 구입하기 위해 필요한 원화자금의 수요를 나타내는 것으로 볼 수 있다. 만약 소규모 개방경제에서 확장적 재정정책을 사용하거나 투자가 증가하면 외환시장에서 원화의 공급이 감소하여 원화가 절상되며 순수출은 감소한다.

장기적으로 실질환율은 1이 되거나 혹은 순수출이 실질환율에 매우 탄력적으로 반응해야 하며, 이것을 구매력 평가재정이라고 한다. 구매력 평가재정은 차익거래의 기회가 없는 균형조건을 나타내며, 동일한 상품에 대해 일물일가의 법칙이 국제적으로 적용됨을 의미한다.

빅맥지수

영국의 경제주간지 이코노미스트지는 1986년부터 전세계 100여 개 국가에서 판매되고 있는 맥도날드의 빅맥을 기준으로 각국의 환율이 적정수준에 있는가를 분석하고 있다. 그들의 분석은 본문에서 배운 구매력 평가재정에 기초한다. 즉, 1달러는 전세계 어느 곳에서든 동일한 양을 구매할 수 있어야 한다는 것이다. 다음의 표에서 두 번째 열은 각국에서 판매되고 있는 빅맥의 그 나라 화폐로 표시한 가격이다. 세 번째 열은 두 번째 열의 가격을 다섯 번째 열에 보고된 실제 환율로 환산하여 달러화로 표시한 가격이다. 이 가격에 의하면 전세계에서 빅맥의 가격이 가장 싼 나라는 중국으로 $1.31에 불과하고, 가장 비싼 나라는 노르웨이로 $7.05에 이른다. 네 번째 열은 각국의 자국화폐 표시가격을 미국의 빅맥 가격인 $3.10으로 나눈 것이다. 이것은 빅맥을 기준으로 구매력 평가재정이 성립하게 해주는 달러화 대비 환율이라고 할 수 있다. 따라서 네 번째 열이 다섯 번째 열보다 크면 그 화폐는 고평가된 것을 의미하고 작으면 저평가된 것을 의미한다. 여섯 번째 열은 고평가 및 저평가 비율을 보고하고 있다.

다음의 표를 보면 한국의 원화는 실제환율이 952원/$이고 구매력 평가재정이 성립하는 환율은 806원/$이므로 원화는 15%저평가되어 있다. 유로화의 경우는 약 22% 고평가되어 있어서 빅맥만 기준으로 하면 유로화는 절하될 것으로 기대된다.

표 21-1 빅맥지수

(*: 달러/해당화폐)

	빅맥가격		달러화의 구매력 평가재정	실제환율 (2006/5/22)	고평가율(+) 저평가율(−),%
	자국화폐표시	달러화표시			
미국	3.10	3.10			
아르헨티나	7.00	2.29	2.26	3.06	−26
오스트레일리아	3.25	2.44	1.05	1.33	−21
브라질	6.40	2.78	2.06	2.30	−10
영국*	1.94	3.65	1.60	1.88	+18
캐나다	3.52	3.14	1.14	1.12	+1
칠레	1.56	2.94	503	530	−5
중국	10.50	1.31	3.39	8.03	−58
체코	59.05	2.67	19.00	22.1	−14
덴마크	27.75	4.77	8.95	5.82	+54

이집트	9.50	1.65	3.06	5.77	−47
유로지역*	2.94	3.77	1.05	1.28	+22
홍콩	12	1.55	3.87	7.75	−50
헝가리	560	2.71	181	206	−12
인도네시아	14,600	1.57	4,710	9,325	−49
일본	250.0	2.23	80.60	112	−28
말레이지아	5.50	1.52	1.77	3.63	−51
멕시코	29.00	2.57	9.35	11.3	−17
뉴질랜드	4.45	2.75	1.44	1.62	−11
페루	9.50	2.91	3.06	3.26	−6
필리핀	85.0	1.62	27.4	52.6	−48
폴란드	6.50	2.10	2.10	3.10	−32
러시아	48.0	1.77	15.5	27.1	−43
싱가포르	3.60	2.27	1.16	1.59	−27
남아프리카	13.95	2.11	4.50	6.60	−32
한국	2,500	2.62	806	952	−15
스웨덴	33.0	4.53	10.6	7.28	+46
스위스	6.30	5.21	2.03	1.21	+68
타이완	75.0	2.33	24.2	32.1	−25
타이랜드	60.0	1.56	19.4	38.4	−50
터키	4.20	2.72	1.35	1.54	−12
베네수엘라	5,701	2.17	1,839	2,630	−30
아루바	4.95	2.77	1.60	1.79	−11
불가리아	2.99	1.94	0.96	1.54	−37
콜롬비아	6,500	2.60	2,097	2,054	−16
코스타리카	1,130	2.22	365	510	−28
크로아티아	15.0	2.62	4.84	5.72	−15
도미니카	60.0	1.84	19.4	32.6	−41
에스토니아	29.5	2.40	9.52	12.3	−23
피지	4.65	2.69	1.50	1.73	−13
그루지아	4.15	2.31	1.34	1.80	−26

과테말라	17.25	2.27	5.56	7.59	−27
온두라스	35.90	1.90	11.6	18.9	−39
아이슬란드	459	6.37	148	72.0	+106
라트비아	1.35	2.47	0.44	0.55	−20
리투아니아	6.50	2.41	2.10	2.69	−22
마카오	11.1	1.39	3.59	7.99	−55
몰도바	23.0	1.75	7.42	13.2	−44
모로코	24.5	2.82	7.92	8.71	−9
노르웨이	43.0	7.05	13.9	6.10	+127
파키스탄	130	2.16	41.9	60.1	−30
파라과이	9,000	1.63	2,903	5,505	−47
사우디아라비아	9.00	2.40	2.90	3.75	−23
슬로바키아	58.0	1.97	18.7	29.5	−37
슬로베니아	520	2.76	168	189	−11
스리랑카	190	1.85	61.3	103	−40
우크라이나	8.50	1.68	2.74	5.05	−46
아랍에미리트	9.00	2.45	2.90	3.67	−21
우루과이	42.3	1.77	13.60	23.9	−43

자료: Economist, 2006. 5. 25.

빅머니(Big Money) 지수

영국의 경제주간지 이코노미스트지는 빅맥 지수의 성공에 고무되어 빅머니 지수라는 구매력 평가재정을 평가할 수 있는 또 다른 지수를 개발하였다. 빅머니 지수는 각국의 중앙은행 총재의 연봉을 달러로 환산하여 비교한 지수이다. 이코노미스트지(2003년 8월 30일)에 의하면 미국 연방준비제도 이사회 의장 그린스팬의 연봉은 $172,000이다. 이에 반하여 유럽중앙은행 총재 듀젠버그의 연봉은 $417,000, 이탈리아 중앙은행 총재의 연봉은 $700,000로 추산된다. 흥미로운 사실은 달러화에 대해 일종의 고정환율(currency board)을 채택하고 있어서 독자적으로 통화정책을 구사할 여지가 없는 홍콩의 통화당국 총재의 연봉이 세계에서 가장 높은 수준(약 $1,100,000)이라는 사실이다. 홍콩의 중요한 통화정책 결정은 사실상 미국의 연방준비제도 이사회가 다 해 줌에도 불구하고 홍콩 통화당국 총재의 연봉이 미국의 그린스팬 의장의 약 6.5배에 이른다는 사실은 아이러니라고 할 수 있다.

과연 각국 중앙은행 총재의 연봉은 구매력 평가재정이 성립하는 수준으로 수렴해야 하는가? 사실 이 질문에 대한 답은 간단하다. 그 대답은 그렇지 않다는 것이다. 왜냐하면 각국의 중앙은행 총재는 교역재도 아니고, 질이 같지도 않기 때문이다. 그러나 최근에 미국의 피셔 교수가 이스라엘 중앙은행 총재로 임명되고, 일부 국가에서 재무상 등 중요 공직에 외국인을 임명하는 사례가 있는 것으로 보아 언젠가는 각국의 중앙은행 총재가 교역재가 될지도 모를 일이다.

연습문제 제 21 장

Questions and Practice

1. 어떤 소규모 개방경제가 다음과 같이 주어진다.

$$Y = C + I + G + NX$$
$$C = 1{,}200 + 0.3(Y - T) - 50r$$
$$I = 1{,}500 - 50r$$
$$NX = -500 + 500\varepsilon$$
$$Y = 5{,}000$$
$$G = 1{,}500$$
$$T = 1{,}000$$
$$r = r^F = 4(\%)$$

위의 식에서 r은 %로 표시한 값이다. 다음 질문에 답하라.

(가) 실질환율, 순수출, 국민저축, 투자의 균형값은?

(나) G가 1,700으로 증가하면 실질환율, 순수출, 국민저축, 투자의 균형값은?

(다) 기술혁신으로 인해 투자함수가 $I = 1{,}700 - 50r$로 변화하면 실질환율, 순수출, 국민저축, 투자의 균형값은?

(라) 국제이자율이 7%로 상승하면 실질환율, 순수출, 국민저축, 투자의 균형값은?

2. 현금자동지급기의 보급이 순수출, 실질환율, 명목환율에 미치는 영향을 논하라.

3. 본문에서 우리는 정부의 재정적자가 증가하면 무역수지가 악화됨을 보였다. 그러나 재정적자가 증가하더라도 무역수지에 영향을 미치지 않는 경우가 있을 수 있다. 대표적으로 생각해 볼 수 있는 경우는?

4. 수입선 다변화제도의 폐지가 순수출, 실질환율, 명목환율에 미치는 영향을 논하라.

5. 환율을 원/$로 표시할 경우, 실질환율 증가율=3%, 국내물가 상승률=10%, 외국물가 상승률=5%이면 명목환율 절하율은 얼마인가?

6. 자국화폐로 표시한 빅맥가격, 구매력 평가재정에 입각해 계산한 기준 예상환율, 기준 실제환율이 다음과 같다. 실제환율이 가장 심각하게 저평가 되어 있는 나라는?

	자국화폐표시 빅맥가격	$기준 예상환율	$기준 실제환율
중 국	8.5	3.73	5.68
한 국	2,300	1,009	796
멕시코	7.09	3.11	3.10
캐나다	2.76	1.21	1.26
미 국	2.28	1	1

22 솔로우 모형

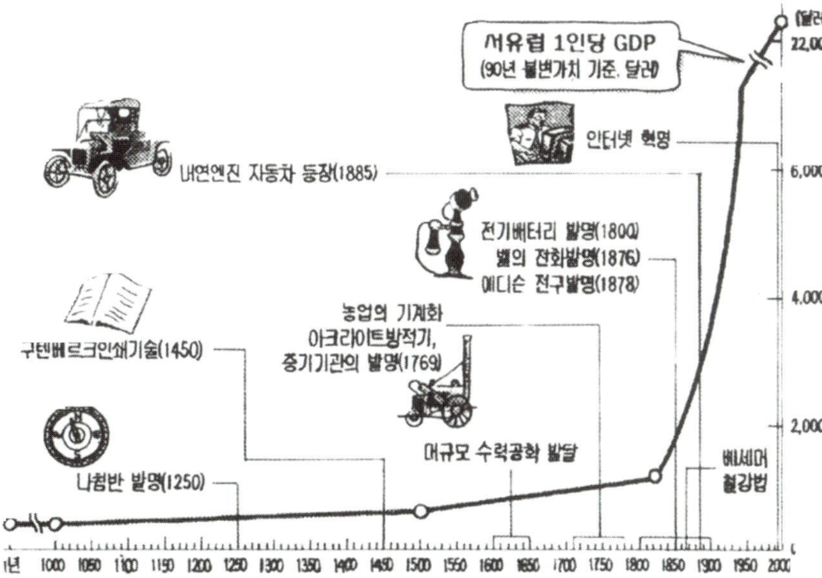

자료: 한겨레 신문

주요개념

솔로우 모형

성장의 정형화된 사실

균형성장경로

반감기

인구증가

기술진보

힉스중립적 기술진보

해롯중립적 기술진보

황금률

수렴가설

CHAPTER

22 솔로우 모형

Robert M. Solow(1924–)

미국, MIT대학 교수

1987년 노벨경제학상 수상
"경제성장이론에 대한 공로"

지금까지 우리는 단기적 경기변동을 분석한 후 물가수준이 신축적인 장기에 균형국민소득이 어떻게 결정되는가를 분석하였다. 본 장에서는 물가수준이 신축적인 장기균형상태에서 실질국민소득이 증가하는 현상, 즉 성장에 관하여 분석하려고 한다.

본 장에서 소개할 신고전학파 성장이론은 1950년대 및 1960년대에 걸쳐서 축적된 경제성장에 관한 이론적 업적을 일컬으며, 가장 대표적인 학자로는 솔로우, 스완, 카스, 쿠프만즈, 우자와 등을 들 수 있다. 대표적 성장이론가인 솔로우의 이름을 따서 신고전학파 성장이론을 솔로우 모형이라고도 부르며,

솔로우는 성장이론에 기여한 공로로 1987년 노벨 경제학상을 수상하였다.

성장의 정형화된 사실

캘도[1)]는 영국과 미국의 학자들이 성장이론을 개발하고 논쟁을 벌이던 상황에서 성장이론이 설명해야 할 정형화된 사실(stylized facts)들을 다음과 같이 제시하였다.

(1) 1인당 소득(Y/N)은 지속적으로 증가하며, 생산성 증가율은 감소하지 않는다.
(2) 1인당 자본스톡(K/N)은 지속적으로 증가한다.
(3) 자본수익률은 대체로 일정하다.
(4) 자본계수(K/Y)는 대체로 일정하다.
(5) 총소득 중 노동소득과 자본소득이 차지하는 비중은 대체로 일정하다.
(6) 국가간의 생산성 증가율에는 큰 차이가 있다.

이상의 정형화된 사실들이 서로 독립인 것은 아니다. 예를 들면, 자본의 수익률을 실질이자율(r)이라고 할 때, 자본계수(K/Y)가 일정하고 자본소득분배율(rK/Y)이 일정하면 r은 일정하다. 또한 Y/N이 증가하고 Y/K가 일정하면 K/N는 증가해야만 한다. 이상의 여섯 가지 정형화된 사실 가운데 본 장에서 소개하는 솔로우 모형은 처음 다섯 가지를 설명할 수 있다.

기본가정

장기적인 경제성장을 분석하기 위해 투자가 생산에 영향을 미치는 시차를 무시하자. 생산함수는 규모수익이 불변인 1차동차 함수이며, 자본의 한계생산(MPK)은 체감한다고 가정하자. 생산함수[$Y=F(K, N)$]는 [그림 22-1]에 나타나 있다.

[그림 22-1]에서 생산함수의 기울기는 자본의 한계생산을 나타낸다. 자본스톡이 증가함에 따라 생산함수의 기울기가 감소하는 것으로부터 자본의 한계생산이 체감하는 것을 알 수 있다. 저축률은 s로 일정하게 외생적으로 주어지고, 감가상각은 자본스톡에 비례하며, 감가상각률은 δ로 주어진다고 하자. 이와 같은 가정하에서 저축은 $sF(K, N)$로, 감가상각은 δK로 나타낼 수 있다.

---

1) Kaldor, N., "Capital Accumulation and Economic Growth," in F. A. Lutz and D. C. Hague eds., *The Theory of Capital*, N.Y., St. Martins Press, 1961, pp. 177–222.

그림 22-1 생산함수

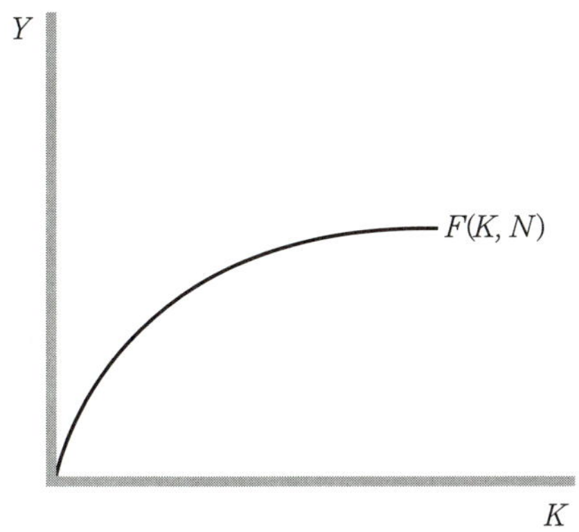

생산함수($Y=F(K, N)$)의 기울기는 자본의 한계생산을 나타낸다. 생산함수의 기울기가 감소하는 것으로부터 자본의 한계생산이 감소함을 알 수 있다.

제 1 절 인구가 일정하고 기술진보가 없는 경우

1. 모 형

균형에서 투자는 저축과 일치한다. 저축과 감가상각을 그림으로 나타내면 [그림 22-2]와 같다. 감가상각은 총자본스톡을 일정하게 유지하기 위해 필요한 투자라고 할 수 있다. 만약 투자가 자본스톡을 일정하게 유지하기 위해 필요한 감가상각보다 크면 자본스톡은 증가하고, 감가상각보다 작으면 자본스톡은 감소할 것이다. 이것을 수식으로 표현하면, $\triangle K=sY-\delta K=sF(K, N)-\delta K$ $(0<s<1)$로 나타낼 수 있다. 만약 $K<K^*$이면 투자가 감가상각보다 크므로 자본스톡은 증가한다. 역으로 $K>K^*$이면 투자가 감가상각보다 작으므로 자본스톡은 감소한다. 따라서 자본스톡은 투자(저축)와 감가상각의 크기가 같을 때 일정하게 된다. K^*와 Y^*는 저축과 감가상각이 만나는 점에서의 자본스톡과 생산을 나타낸다.

경제성장을 분석하기 위해 장기적 균형상태를 정의하자. 장기적 균형상태

그림 22-2 저축과 감가상각

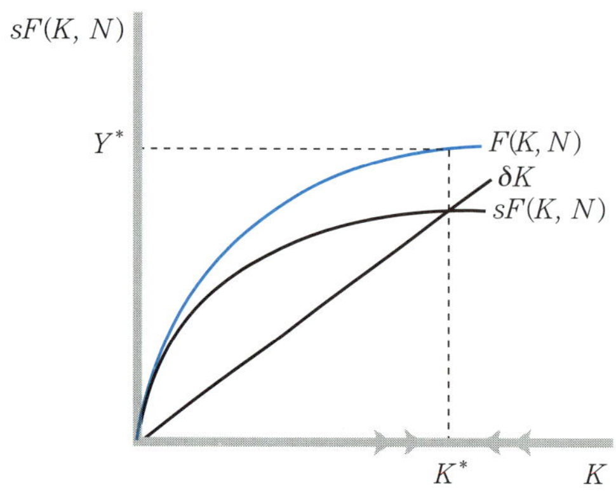

감가상각은 총자본스톡을 일정하게 유지하기 위해 필요한 투자라고 할 수 있다. 만약 투자가 자본스톡을 일정하게 유지하기 위해 필요한 감가상각보다 크면 자본스톡은 증가하고, 감가상각보다 작으면 자본스톡은 감소할 것이다. 따라서 자본스톡은 투자(저축)와 감가상각의 크기가 같을 때 일정하게 된다. K^*와 Y^*는 저축과 감가상각이 만나는 점에서의 자본스톡과 생산을 나타낸다.

는 정상상태(steady state) 혹은 균형성장경로(balanced growth path)라고 불린다. 균형성장경로란 주요 경제변수들의 증가율이 일정한 경우를 일컫는다. 만약 인구증가율이 0이고 기술수준도 일정하다면, [그림 22-2]에서 이와 같은 조건을 충족시켜 주는 경우는 자본스톡의 증가율이 0 즉, 자본스톡이 일정한 경우뿐이다. 자본스톡이 증가하면($K<K^*$), 자본스톡이 증가함에 따라서 자본의 한계생산이 체감하므로 자본스톡 증가율이 감소하게 되어 균형성장경로 조건을 만족시키지 못하게 된다. 역으로 자본스톡이 감소하면($K>K^*$), 자본스톡 감소율의 절대값이 점점 작아지므로 균형성장경로 조건을 만족시키지 못하게 된다.[2] 따라서 인구증가율이 0이고 기술수준이 주어져 있으면 균형성장경로상에서 자본스톡과 소득은 일정하게 되며 이것을 K^*와 Y^*로 나타낼 것이다.

위에서 언급한 것처럼 이 경제에서 자본스톡이 균형성장경로상의 자본스톡보다 작으면($K<K^*$), 투자가 감가상각보다 크므로 자본스톡은 증가하게 된다. 역으로 자본스톡이 균형성장경로상의 자본스톡보다 크면($K>K^*$), 투자가 감가상각보다 작으므로 자본스톡은 감소하게 된다. 따라서 경제가 정상상태보다 위에 있든 아래에 있든 이 경제는 정상상태 혹은 균형성장경로를 향해 움직여가며 이것을 수렴가설이라고 한다.

2) K가 일정하게 감소하려면 $sF(K, N)$와 δK가 원점에서 출발하는 두 직선 위에 있어야 한다. 그러나 K가 감소할수록 격차의 차이가 감소하므로 감소율의 절대값이 작아진다.

전후 독일과 일본의 경제기적

제 2 차 세계대전 이후 일본과 독일의 높은 경제성장률은 위에서 분석한 모형을 사용하여 어느 정도 설명이 가능하다. 만약 전쟁으로 인해 한 경제의 자본스톡이 대부분 파괴되었다면 이 경제는 균형성장경로보다 훨씬 아래에 있게 될 것이다. 이 경우에 투자는 감가상각을 크게 초과하여 경제성장률이 상대적으로 매우 높을 것이다. 물론 이것만이 전후 일본과 독일이 다른 선진국보다 높은 경제성장률을 보인 이유는 아니다. 특히 간과할 수 없는 사실은 일본과 독일의 저축률이 다른 선진국보다 상대적으로 높았다는 것이다.

2. 균형성장경로에 도달하는 데 걸리는 시간

한 경제가 균형성장경로에 도달하는 데 걸리는 시간에 관하여 어렴풋이나마 감을 잡기 위해 다음의 예를 보자. 생산함수가 콥-다글라스 형태를 가지고 $Y=K^{2/3}N^{1/3}$로 주어진다고 하자. 생산함수를 1인당으로 표시하면 $y(=Y/N)=k^{2/3}$가 된다($k=K/N$). 다른 모수들의 값은 다음과 같이 주어진다고 하자: $s=0.3$, $\delta=0.1$, $k_0=3$. 균형성장경로상에서 $sf(k^*)=\delta k^*$이므로, k^*는 27이 됨을 알 수 있다. 이제 이 경제가 균형성장경로를 향해 수렴해가는 데 시간이 얼마나 걸리는가 살펴보자.

[표 22-1]에 의하면 초기의 상태와 균형성장경로 간의 차이를 반으로 줄이는 데 약 30년 이상 걸리는 것으로 나타난다. 배로[3]는 미국의 각 주와 유럽의 각 지역을 분석한 결과, 균형성장경로와 현재의 상태 간의 격차를 반으로 줄이는 데 걸리는 반감기(half life)는 약 35년 정도임을 발견하였다. 이것은 매년 약 2% 정도의 속도로 현재의 상태와 균형성장경로 간의 격차가 줄어드는 것을 의미한다.

3) Barro, Robert J., "Economic Growth in a Cross Section of Countries," *Quarterly Journal of Economics* 106, May 1991, pp. 407-443.

표 22-1 균형성장경로에 도달하는 데 걸리는 시간

기 간	k	y	i	δk	$\triangle k$
1	3	2.08	0.62	0.3	0.32
2	3.32	2.23	0.67	0.33	0.34
3	3.66	2.37	0.71	0.37	0.35
.					
.					
.					
10	6.25	3.39	1.02	0.63	0.39
.					
.					
.					
35	15.6	6.24	1.87	1.56	0.31
.					
.					
.					
∞	27	9	2.7	2.7	0

3. 저축률 증가의 효과

저축률 증가가 균형성장경로에 미치는 영향을 분석하기 위해 [그림 22-3]을 보자. 애초에 경제가 균형성장경로(K_1^*)상에 있었다고 하자. 만약 t_0시점에 저축률이 s_1에서 s_2로 증가하면, 기존의 균형성장경로상에서 투자가 감가상각

그림 22-3 저축률의 증가와 균형성장경로

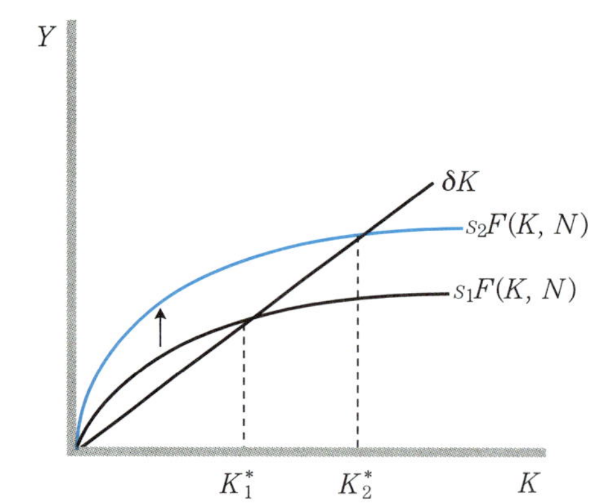

저축률의 상승이 균형성장경로에 미치는 영향은 다음과 같다. 애초에 경제가 균형성장경로(K_1^*)상에 있었다고 하자. 만약 t_0 시점에 저축률이 s_1 에서 s_2 로 증가하면, 기존의 균형성장경로 상에서 투자가 감가상각을 초과하므로 자본스톡은 새로운 균형성장경로(K_2^*)에 도달할 때까지 증가한다.

그림 22-4 저축률 상승이 소득수준 및 성장률에 미치는 효과

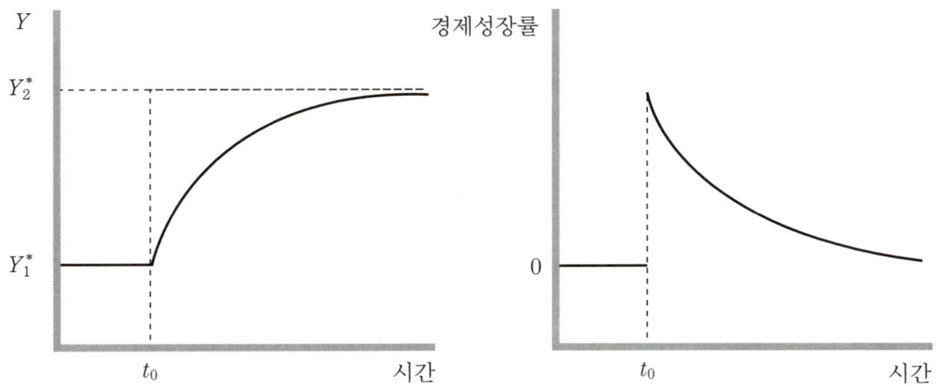

저축률의 상승이 소득수준 및 경제성장률에 미치는 효과는 그림 (a)와 (b)에 나타나 있다. 저축률의 상승하면 단기적으로 투자가 감가상각을 초과하여 성장률이 양의 값을 가진다. 그러나 일단 새로운 균형성장경로에 도달하면 자본스톡과 생산은 일정하게 되고 성장률은 다시 0이 된다. 따라서 저축률이 증가하면 균형성장경로상의 자본스톡과 소득은 증가하지만 균형성장경로상의 경제성장률은 영향을 받지 않는다.

그림 22-5 상이한 저축률과 균형성장경로상의 소득 간의 관계

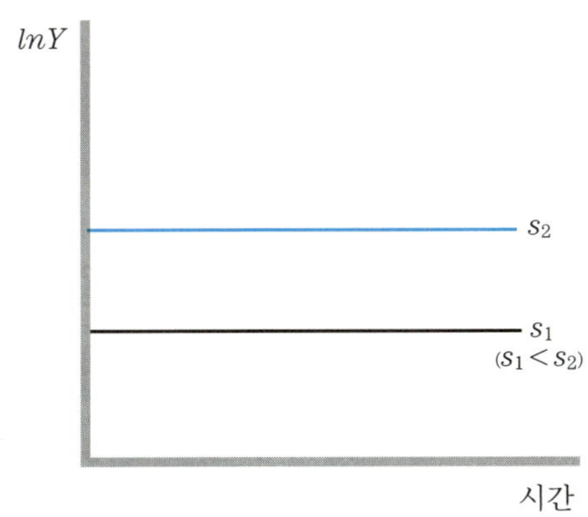

균형성장경로상에서 두 개의 서로 다른 저축률과 소득간의 관계는 그림과 같다. 그림의 종축은 로그값을 나타내므로 그림에서 lnY의 기울기는 곧 균형성장경로상의 경제성장률 0을 의미한다. 그림에서 보듯이 저축률이 서로 다르더라도 균형성장경로상의 경제성장률은 동일함을 알 수 있다. 그러나 소득수준은 저축률이 높을수록 높은 것을 알 수 있다.

을 초과하므로 자본스톡은 새로운 균형성장경로(K_2^*)에 도달할 때까지 증가한다. 자본스톡이 증가하면 생산이 증가하므로 단기적으로 성장률이 양의 값을 가진다. 그러나 일단 새로운 균형성장경로에 도달하면 자본스톡과 생산은 일

정하게 되고 성장률은 다시 0이 된다. 따라서 저축률이 증가하면 균형성장경로상의 자본스톡과 소득은 증가하지만 균형성장경로상의 성장률은 영향을 받지 않는다. 저축률의 상승이 소득수준 및 경제성장률에 미치는 효과는 [그림 22-4(a)]와 [그림 22-4(b)]에 나타나 있다.

균형성장경로상에서 두 개의 서로 다른 저축률과 소득 간의 관계를 그림으로 나타내면 [그림 22-5]와 같다. [그림 22-5]의 종축은 로그값을 나타내므로 그림에서 lnY의 기울기는 곧 균형성장경로상의 경제성장률 0을 의미한다. 그림에서 보듯이 저축률이 서로 다르더라도 균형성장경로상의 경제성장률은 동일함을 알 수 있다. 그러나 소득수준은 저축률이 높을수록 높은 것을 알 수 있다. 국제자료도 저축률(투자율)과 1인당 소득은 대체로 정의 관계를 가짐을 보여준다.

4. 감가상각률 증가의 효과

경제가 균형성장경로(K_1^*)상에 있다고 하자. 투자가 주어진 상태에서 감가상각률이 δ_1에서 δ_2로 증가하면 자본스톡으로부터의 유출이 증가하므로 자본스톡과 생산이 감소하게 된다. 그 결과 새로운 정상상태에서는 $K_2^* < K_1^*$, $Y_2^* < Y_1^*$가 성립하고, 이것은 [그림 22-6]에 나타나 있다.

그림 22-6 감가상각률과 균형성장경로

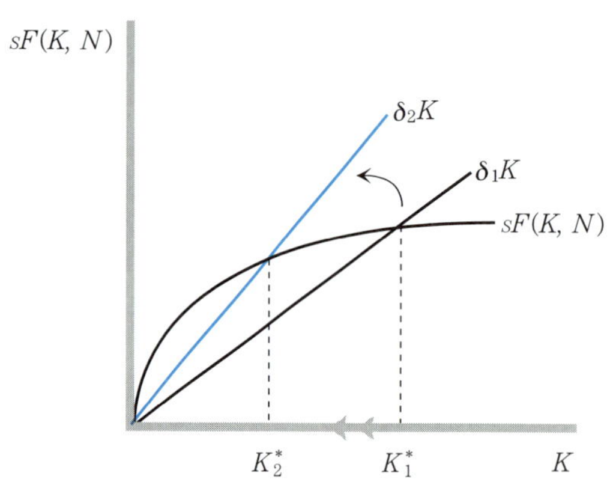

경제가 균형성장경로(K_1^*)상에 있다고 하자. 투자가 주어진 상태에서 감가상각률이 δ_1에서 δ_2로 증가하면 자본스톡으로부터의 유출이 증가하므로 자본스톡과 생산이 감소하게 된다. 그 결과 새로운 정상상태에서는 $K_2^* < K_1^*$, $Y_2^* < Y_1^*$가 성립한다.

제 2 절 인구가 증가하는 경우

1. 모 형

인구의 증가가 균형성장경로에 미치는 효과를 유추해 보자. 만약 인구가 2배로 증가하는 경우 K^*도 2배가 되면, 생산함수의 규모수익이 일정하므로 $Y^*=F(K^*, N)$도 2배가 되고 $sF(K^*, N)$와 δK^*도 2배가 되므로 정상상태가 유지된다. 즉, 규모수익이 불변이면 N이 2배가 될 때 K^*, Y^*도 2배가 된다. 이것은 인구증가를 고려하는 경우 균형성장경로상에서 1인당 자본스톡이나 1인당 생산은 일정함을 시사한다.

이제 분석의 편의를 위해 1인당 생산함수를 사용하자. 1인당 소득 $y(=Y/N)$는 1차동차 생산함수의 성격상 $F(K/N, N/N)=f(k)$가 된다(단, $k=K/N$). 콥-다글라스 생산함수의 경우, $Y=AK^{\alpha}N^{1-\alpha}$로 주어지면 $y=Y/N=AK^{\alpha}/N^{\alpha}=Ak^{\alpha}=f(k)$가 된다.

인구증가율($\Delta N/N$)을 n이라 하자. 총자본스톡을 일정하게 유지하기 위해서 필요한 감가상각은 δK이고, 총자본스톡이 인구와 같은 비율로 증가하기 위

그림 22-7 인구증가와 균형성장경로

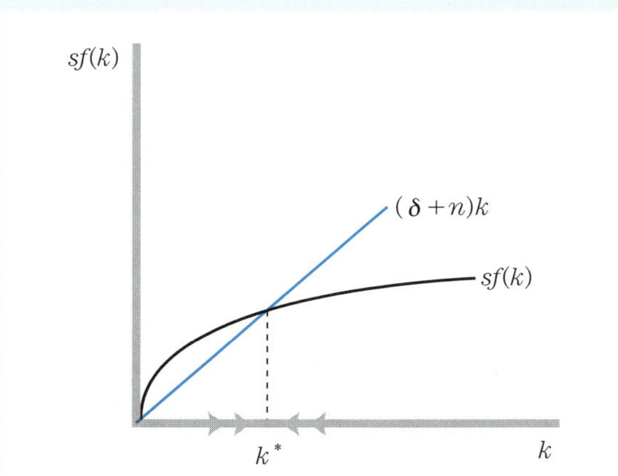

인구증가율($\Delta N/N$)을 n이라 하자. 총자본스톡을 일정하게 유지하기 위해서 필요한 감가상각은 δK이고, 총자본스톡이 인구와 같은 비율로 증가하기 위해서 추가적으로 필요한 감가상각은 nK이므로, 1인당 자본스톡을 일정하게 유지하기 위해서 필요한 감가상각은 $(\delta+n)K$가 된다. 이것을 1인당으로 표시하면 $(\delta+n)k$가 된다. 1인당 생산함수가 $y=Af(k)$로 주어지면, 자본의 한계생산이 체감하므로 균형성장경로상에서 k와 y는 일정하게 된다. 즉, 균형성장경로상에서 $\Delta k=sf(k)-(\delta+n)k=0$이 성립한다.

해서 추가적으로 필요한 감가상각은 nK이므로, 1인당 자본스톡을 일정하게 유지하기 위해서 필요한 감가상각은 $(\delta+n)K$가 된다. 이것을 1인당으로 표시하면 $(\delta+n)k$가 된다. 1인당 생산함수가 $y=f(k)$로 주어지면, 자본의 한계생산이 체감하므로 앞에서의 분석과 마찬가지로 균형성장경로상에서 k와 y는 일정하게 된다. 즉, 균형성장경로상에서 $\Delta k=sf(k)-(\delta+n)k=0$이 성립한다. 이것은 [그림 22-7]에 나타나 있다.

균형성장경로상에서 $k(=K/N)$와 $y(=Y/N)$는 일정하지만 인구가 n의 비율로 증가하므로 경제전체의 총자본스톡(K)과 총소득(Y)은 인구증가와 동일한 비율로 증가하게 된다. 따라서 솔로우 모형에 인구증가를 도입함으로써 1인당 자본스톡 및 소득이 증가하는 현상은 설명할 수 없지만 경제전체의 자본스톡 및 소득(GDP)이 증가하는 현상은 설명할 수 있다.

2. 인구증가율 증가의 효과

만약 인구증가율이 n_1에서 n_2로 상승하면, 1인당 자본스톡을 일정하게 유지하는 데 필요한 감가상각이 증가하게 되고, [그림 22-8]에서 보듯이 $(\delta+n)k$ 곡선은 시계 반대방향으로 회전하게 된다. 그 결과 균형성장경로상에서의 1인당 자본스톡과 소득은 감소하게 된다.

이상의 분석은 1960년대 초반 한국에서 성공적으로 진행된 산아제한운동

그림 22-8 인구증가율의 증가와 균형성장경로

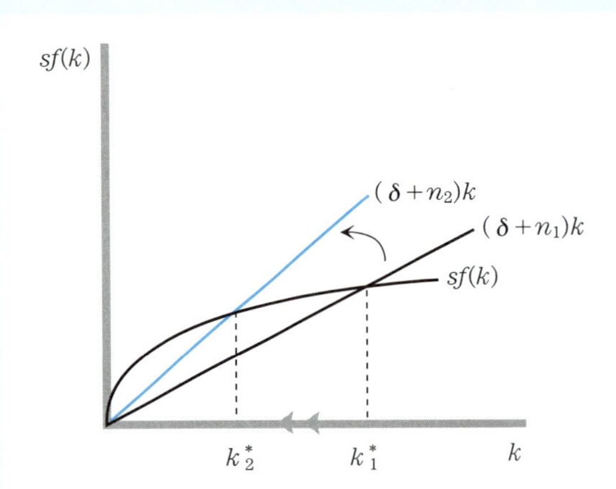

인구증가율이 n_1에서 n_2로 상승하면, 1인당 자본스톡을 일정하게 유지하는 데 필요한 감가상각이 증가하게 되고, $(\delta+n)k$ 곡선은 시계 반대방향으로 회전하게 된다. 그 결과 균형성장경로상에서의 1인당 자본스톡과 소득은 감소하게 된다.

이 인구증가율을 낮추고, 그로 인해 적어도 단기적으로 1인당 자본스톡 및 소득이 증가하는 데 기여하였음을 시사한다. 국제자료도 인구증가율과 1인당 소득수준 간에는 대체로 역관계가 성립함을 보여주고 있다.

제 3 절 기술진보가 있는 경우

기술진보의 종류

(1) 힉스의 분류

힉스는 자본-노동 비율이 일정하다는 가정하에, 기술진보가 있은 후 자본의 한계생산과 노동의 한계생산이 동일한 비율로 상승하면 중립적 기술진보로, 자본의 한계생산이 노동의 한계생산보다 높은 비율로 증가하면 노동절약적(labor saving) 기술진보로, 노동의 한계생산이 자본의 한계생산보다 높은 비율로 증가하면 자본절약적(capital saving) 기술진보로 분류하였다. 힉스중립적 기술진보는 $Y(t)=A(t)F[K(t), N(t)]$로 나타낼 수 있다. 이를 확인하기 위해 생산함수가 콥-다글라스 형태를 갖는다고 하자. $Y=AK^{\alpha}N^{1-\alpha}$라고 하면, 자본과 노동의 한계생산은 각각 $\alpha AK^{\alpha-1}N^{1-\alpha}=\alpha A(K/N)^{\alpha-1}$, $(1-\alpha)AK^{\alpha}N^{-\alpha}=(1-\alpha)A(K/N)^{\alpha}$가 됨을 알 수 있다. 따라서 자본의 한계생산과 노동의 한계생산은 주어진 자본-노동 비율하에서 A에 비례함을 알 수 있

그림 22-A 힉스중립적 기술진보

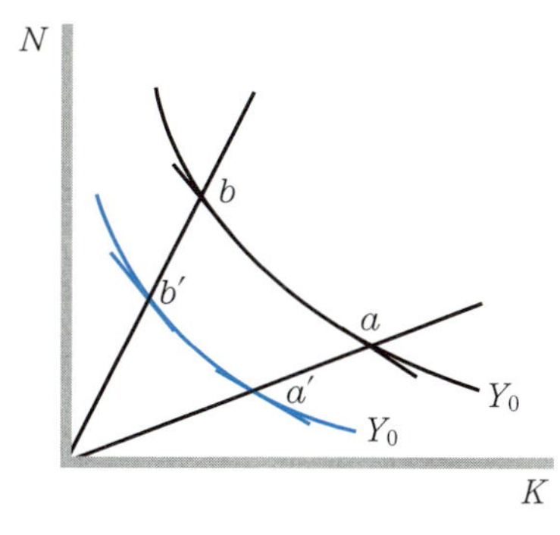

다. 힉스중립적 기술진보를 그림으로 나타내면 [그림 22-A]와 같다.

(2) 해롯의 분류

해롯은 장기적으로 자본-노동 비율이 일정하다는 가정은 비현실적이라고 보았다. 그는 장기적으로 실질이자율(자본의 한계생산)이 일정하다고 보았다. 해롯은 장기적으로 실질이자율(자본의 한계생산)이 일정하다는 전제하에 기술진보가 일어난 후에 자본계수(K/Y)가 불변이면 중립적 기술진보로, 자본계수가 감소하면 자본절약적 기술진보로, 자본계수가 증가하면 노동절약적 기술진보로 분류하였다. 해롯중립적 기술진보는 자본의 한계생산과 자본계수가 일정하므로, 생산의 증가는 노동의 증가 혹은 노동생산성의 증가를 반영한다고 볼 수 있다. 이런 이유로 해롯중립적 기술진보를 노동증가형(labor augmenting) 기술진보라고 부른다. 해롯중립적 기술진보는 $Y[K(t), B(t)N(t)]$로 나타낼 수 있다. 이것을 확인하기 위해서 생산함수가 콥-다글라스 형태를 가진다고 하자. $Y=K^{\alpha}(BN)^{1-\alpha}$라고 하면 자본의 한계생산은 $\alpha K^{\alpha-1}(BN)^{1-\alpha}=\alpha(K/BN)^{\alpha-1}$이 된다. $Y/K=(K/BN)^{\alpha-1}$이므로 자본의 한계생산이 일정한 한 기술진보 후에도 자본계수는 일정하다.

콥-다글라스 생산함수의 경우, 힉스중립적 기술진보는

$$Y(t)=A(t)K(t)^{\alpha}N(t)^{1-\alpha}$$

로 나타낼 수 있고, 해롯중립적 기술진보는

$$Y(t)=K(t)^{\alpha}[B(t)N(t)]^{1-\alpha}=B(t)^{1-\alpha}K(t)^{\alpha}N(t)^{1-\alpha}\equiv A(t)K(t)^{\alpha}N(t)^{1-\alpha}$$

로 나타낼 수 있으므로, 두 가지의 중립적 기술진보가 동일하다는 것에 주목해야 한다. 성장이론에서 우리가 해롯중립적인 기술진보를 고려하는 이유는 균형성장경로상에서 이자율이 일정하고 자본계수가 일정하다는 캘도의 정형화된 사실을 설명할 수 있기 때문이다. 해롯중립적 기술진보를 그림으로 나타내면 [그림 22-B]와 같다.

그림 22-B 해롯중립적 기술진보

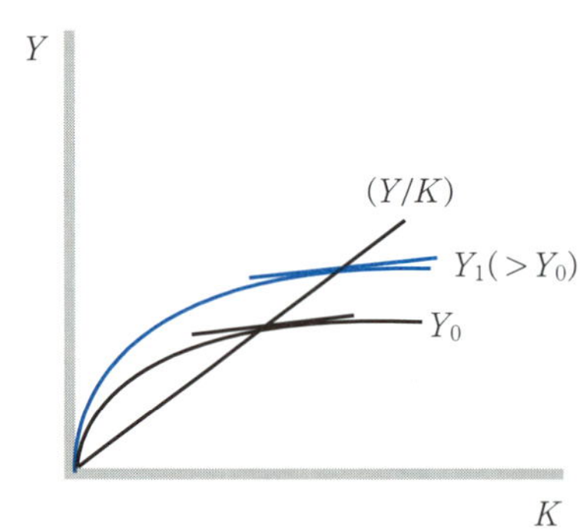

최초의 컴퓨터 에니악(ENIAC:electronic numerical integrator and computer)

20세기 정보화 혁명의 주역 컴퓨터는 군사적 목적으로 개발되었다. 대포나 미사일을 발사할 때 대기온도, 풍속 등에 따른 사거리를 계산하기 위해 노련한 수학자가 탁상계산기를 사용하여 수십 시간씩 소요할 계산을 단기간(단 수십 초)에 하기 위해 개발된 것이다. 전자부품만을 사용하여 만든 세계 최초의 컴퓨터는 1946년 미국 펜실베니아 대학의 에커트 박사와 모클리 박사가 개발한 에니악이다. 에니악은 18,800개의 진공관, 1,500개의 릴레이를 비롯한 많은 부품으로 구성되었으며, 소비전력 150kw에 무게는 30톤으로 설치면적은 약 140m^2(약 42평)나 되는 거대한 기계였다. 그러나 이 거대한 기계는 계산을 수행하기 위해 6,000개에 달하는 스위치와 배선반에 의존하였고, 진공관은 열을 못이겨 타버리곤 하였다.

프린스톤의 고등연구소에서 수학교수로 있던 헝가리 태생의 폰 노이만 박사는 전자계산기에 기억장치를 갖추고 연산의 순서를 부호화하여 기억시킨 후 기억된 내용을 순차적으로 꺼내어 명령을 해독하여 연산을 실행하는 프로그램 내장개념에 관한 논문을 1945년에 발표한다. 이후 폰 노이만의 논문은 컴퓨터의 발전에 지대한 영향을 끼치게 된다. 현재 에니악보다 1만배 이상 가볍고 처리속도가 5,000배 이상 빠른 3kg가량의 컴퓨터를 약 $3,000면 살 수 있다. 만약 자동차 산업이 컴퓨터 산업처럼 발달했다면, 롤스로이스 승용차를 단돈 $3에 살 수 있을 것이라고 할 정도로 컴퓨터 산업의 발전은 비약적인 것이었다.

1. 모 형

기술진보는 해롯중립적이며 노동생산성이 증가하는 방향으로 일어난다고 가정하자. 기술진보율($\Delta A/A$)을 g 라고 하면 인구가 $n+g$ 의 비율로 증가하는 것과 유사한 효과를 가진다. 이 경우에 총자본스톡을 일정하게 유지하기 위해서 필요한 감가상각은 δK이고, 총자본스톡이 효율노동(AN)과 동일한 비율로 증가하게 하기 위해서 필요한 감가상각은 $(n+g)K$이므로, 효율노동 단위당 자본스톡을 일정하게 유지하기 위해서 필요한 감가상각은 $(\delta+n+g)K$ 가 된다. 이것을 효율노동 단위로 나타내면 $(\delta+n+g)\boldsymbol{k}$ 가 된다($\boldsymbol{k}=K/AN$). 앞에서의 분석과 마찬가지로 균형성장경로상에서 효율노동 단위당 자본스톡은 일정하므로 $\Delta\boldsymbol{k}=sf(\boldsymbol{k})-(\delta+n+g)\boldsymbol{k}=0$이 성립된다. 이것은 [그림 22-9]에 나타나 있다.

균형성장경로상에서 효율노동 단위당 자본스톡(K/AN) 및 소득(Y/AN)이 일정하므로 1인당 자본스톡(K/N) 및 소득(Y/N)은 기술진보율과 동일한 비율로 증가하고, 총자본스톡(K) 및 소득(Y)은 인구증가율+기술진보율로 증가한다. 따라서 기술진보를 도입함으로써 1인당 소득수준의 지속적 상승을 설명할 수 있다.

기술진보가 없는 경우와 마찬가지로 저축률의 상승은 일시적으로 성장률을 높이지만 장기적 성장률에는 영향을 미치지 못한다. 저축률의 증가($s_2>s_1$)가 1인당 소득에 미치는 영향을 그림으로 나타내면 [그림 22-10]과 같다.

그림 22-9 기술진보와 균형성장경로

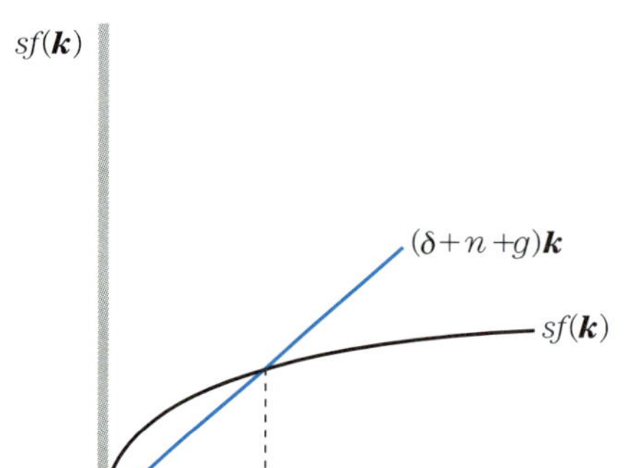

기술진보율($\Delta A/A$)을 g라고 하면 인구가 $n+g$의 비율로 증가하는 것과 유사한 효과를 가진다. 이 경우에 총자본스톡을 일정하게 유지하기 위해서 필요한 감가상각은 δK이고, 총자본스톡이 효율노동(AN)과 동일한 비율로 증가하게 하기 위해서 필요한 감가상각은 $(n+g)K$ 이므로, 효율노동 단위당 자본스톡을 일정하게 유지하기 위해서 필요한 감가상각은 $(\delta+n+g)K$가 된다. 이것을 효율노동 단위로 나타내면 $(\delta+n+g)\boldsymbol{k}$ 가 된다($\boldsymbol{k}=K/AN$). 앞에서의 분석과 마찬가지로 균형성장경로상에서 효율노동 단위당 자본스톡은 일정하므로 $\Delta\boldsymbol{k}=sf(\boldsymbol{k})-(\delta+n+g)\boldsymbol{k}=0$이 성립된다.

그림 22-10 상이한 저축률과 1인당 소득 증가율

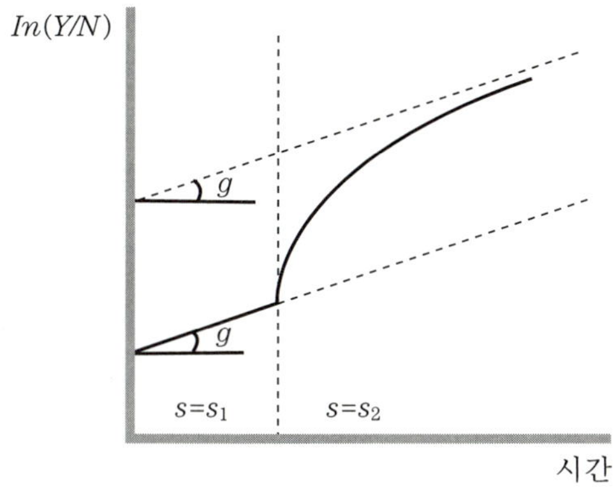

이 그림은 저축률의 증가($s_2>s_1$)가 1인당 소득 수준에 미치는 영향을 나타내고 있다. 기술진보가 없는 경우와 마찬가지로 저축률의 상승은 일시적으로 성장률을 높이지만 장기적 성장률에는 영향을 미치지 못한다.

그림 22-11 상이한 기술진보와 1인당 소득

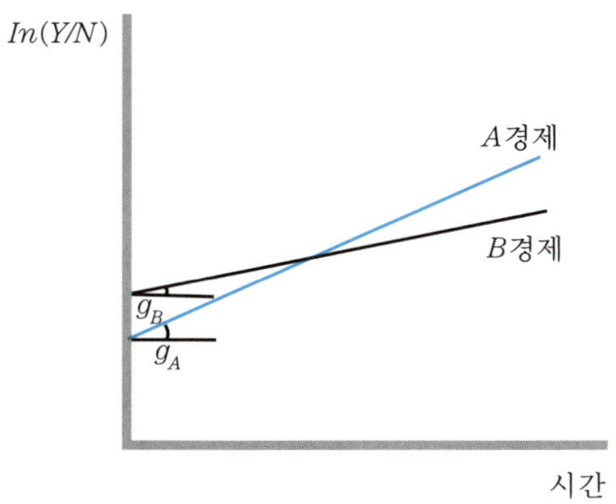

솔로우 모형에서 성장의 원천은 기술진보이다. 따라서 설사 애초에 A경제의 소득수준이 B경제의 소득수준보다 작더라도 기술진보율이 높으면($g_A>g_B$) 결국 B경제를 추월할 것이다.

결국 솔로우 모형에서 성장의 원천은 기술진보임을 알 수 있다. 따라서 설사 애초에 A경제의 소득수준이 B경제의 소득수준보다 작았다고 하더라도 A경제의 기술진보율이 높으면 A경제는 결국 B경제를 추월할 것이다. 이것은 [그림 22-11]에 나타나 있다.

1천년을 만든 사건들

다음은 라이프지가 선정한 서기 1,000년 이후 1,000년을 만든 100대 사건 중 기술진보와 관련된 일부의 사건들이다.

순 위	사 건 명	발생연도
1	구텐베르크의 금속활자 발명	1455
4	와트의 증기기관 발명	1769
5	갈릴레오의 지동설	1610
6	파스퇴르의 미생물 발견	1864
7	중국의 화약 발명	1100
10	나침반 유럽 전파	1190
11	에디슨의 실험실 개설	1876
13	제너의 백신 개발	1796
14	알렉산더슨의 TV개발	1928
15	다윈의 종의 기원 출간	1859
17	포드의 자동차 발명	1908
20	벨의 전화 발명	1876

자료: 시사정보기술, ansonny@sisait.co.kr, 조선일보.

제 4 절 황금률(golden rule)

사실 경제주체들의 직접적인 관심사는 소득이 얼마인가보다는 얼마만큼 소비할 수 있는가라고 할 수 있다. 장기적인 관점에서의 최적소비 결정이론을 황금률이라고 하며, 황금률은 다음과 같이 도출할 수 있다. 정부가 없는 폐쇄경제를 가정하면 1인당 소득 혹은 생산은 1인당 소비와 1인당 투자로 구성된다.

$$y = c + i$$

이것을 다시 쓰면 다음과 같다.

$$c = y - i$$

균형성장경로상에서의 1인당 소비는 다음과 같다.

$$c^* = y^* - i^* = f(k^*) - i^* = f(k^*) - \delta k^*$$

위의 식에서 마지막 등식은 $i^* = sf(k^*)$이고, 균형성장경로상에서 $sf(k^*) = \delta k^*$이기 때문이다. 균형성장경로상에서의 1인당 소비를 극대화하기 위한 1계조건은 다음과 같다.

$$f'(k^*) - \delta = 0$$

따라서 $mpk^* = \delta$인 점에서 장기균형소비를 극대화하는 황금률 상태의 자본스톡(k_{GR})이 결정된다.

[그림 22-12]는 이상의 분석을 나타내고 있다. 그림에서 생산함수의 각 점에서의 접선의 기울기는 자본의 한계생산을 나타낸다. 자본의 한계생산이 감가상각률과 일치하는 점에서 장기균형상태의 소비를 극대화하는 황금률 수준의 자본스톡(k_{GR})이 결정된다.

그림 22-12 황금률

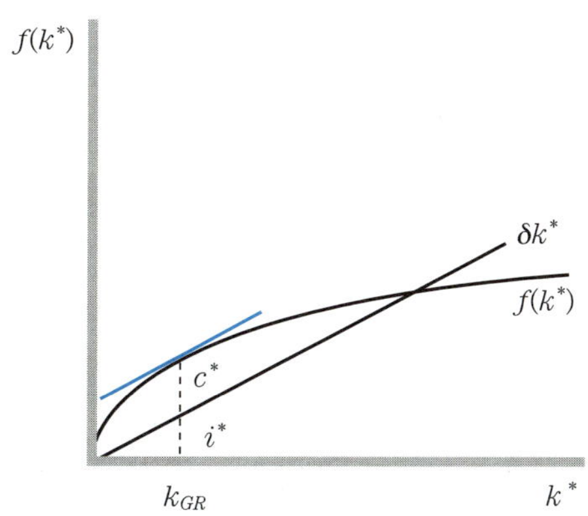

생산함수의 각 점에서의 접선의 기울기는 자본의 한계생산을 나타낸다. 자본의 한계생산이 감가상각률과 일치하는 점에서 장기균형상태의 소비를 극대화하는 황금률 수준의 자본스톡(k_{GR})이 결정된다.

마찬가지 방법으로 인구증가를 고려하는 경우의 황금률은 $mpk^*=\delta+n$, 기술진보도 고려하는 경우의 황금률은 $mpk^*=\delta+n+g$로 주어짐을 알 수 있다.

1. 저축률과 황금률

저축률과 황금률 간의 관계를 분석하기 위해 수학적 예를 생각해 보자. 균형성장경로상에서 $k^*/f(k^*)=s/\delta$이 성립한다. $f(k)=k^{2/3}$, $\delta=0.1$로 주어진다고 하자. 균형성장경로상에서 $k^*/(k^*)^{2/3}=s/0.1$ 이므로 $k^*=1000s^3$임을 알 수 있다.

[표 22-2]에서 저축률 s가 2/3일 때 $mpk^*=\delta$가 성립되며, 이때 균형성장경로상에서의 소비가 극대화됨을 알 수 있다. 사실 이 모형에서 $f(k)=k^{\alpha}$로 주어지면 황금률의 s는 항상 α가 됨을 쉽게 보일 수 있다(연습문제 참조).

표 22-2 저축률과 황금률

s	k^*	y^*	δk^*	c^*	mpk^*	$mpk^*-\delta$
0	0	0	0	0	∞	∞
0.1	1	1	0.1	0.9	0.67	0.57
0.2	8	4	0.8	3.2	0.33	0.23
0.3	27	9	2.7	6.3	0.222	0.122
0.4	64	16	6.4	9.6	0.167	0.067
0.5	125	25	12.5	12.5	0.13	0.03
0.666	295	44.4	29.5	14.8	0.10	0.00
⋮						
1	1000	100	100	0	0.067	−0.033

2. $k^*\neq k_{GR}$인 경우의 황금률 도달 방안

$k^*<k_{GR}$ 인 경우

자본스톡이 황금률보다 작으므로 자본스톡을 증가시키기 위해 저축률을 높여야 한다. $k^*<k_{GR}$인 상태에서 정부가 황금률을 달성하기 위해 t_0기에 저축률을 상승시키는 데 성공했다면, [그림 22-13]에서 보듯이 t_0기에 소비는 감소

그림 22-13 $k^* < k_{GR}$인 경우: 저축률의 증가와 주요변수의 시간경로

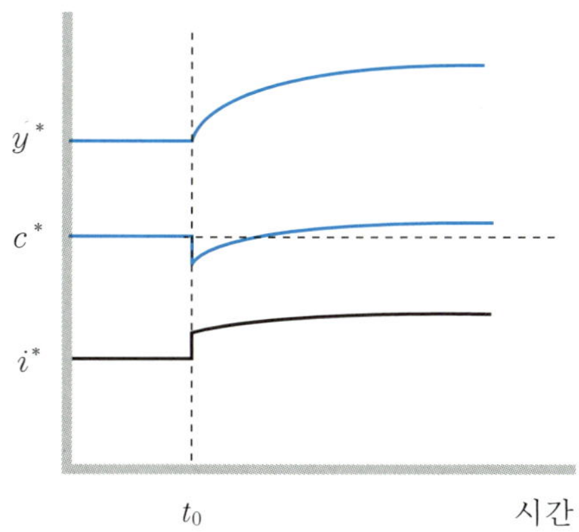

$k^* < k_{GR}$인 상태에서 정부가 황금률을 달성하기 위해 t_0기에 저축률을 상승시키는 데 성공했다면 t_0기에 소비는 감소하고 저축 및 투자가 증가하게 된다. 투자가 증가하면 투자가 감가상각보다 커지게 되고, 이에 따라서 자본스톡이 증가하고 소득도 증가하게 된다. 소득이 증가함에 따라 소비도 증가하게 되는데, 황금률이 성립하면 장기적으로 소비가 극대화되므로, 시간이 경과할수록 소비가 이전의 균형성장경로에서의 소비보다 높은 수준으로 수렴하게 된다.

하고 저축 및 투자가 증가하게 된다. 투자가 증가하면 투자가 감가상각보다 커지게 되고, 이에 따라서 자본스톡이 증가하고 소득도 증가하게 된다. 소득이 증가함에 따라 소비도 증가하게 되는데, 황금률이 성립하면 장기적으로 소비가 극대화되므로, 시간이 경과할수록 소비가 이전의 균형성장경로에서의 소비보다 높은 수준으로 수렴하게 된다. 그러나 새로운 균형성장경로에 도달하는데 많은 시간이 걸린다면 현세대의 소비는 감소하고 미래세대의 소비는 증가하므로 현세대와 미래세대 간에 이해의 갈등이 발생할 수 있다.

$k^* > k_{GR}$ 인 경우

자본스톡이 황금률에서의 자본스톡보다 크므로 자본스톡을 감소시키기 위해 저축률을 줄여야 한다. $k^* > k_{GR}$인 상태에서 정부가 황금률을 달성하기 위해 t_0기에 저축률을 감소시키는 데 성공했다면, [그림 22-14]에서 보듯이 t_0기에 소비는 증가하고 저축 및 투자가 감소하게 된다. 투자가 감소하면 투자가 감가상각보다 작아지게 되고, 이에 따라서 자본스톡이 감소하고 소득도 감소하게 된다. 소득이 감소함에 따라 소비는 감소하게 되는데, 황금률이 성립하면 장기적으로 소비가 극대화되므로, 시간이 경과함에 따라 소비가 이전의 균형성장경로에서의 소비보다 높은 수준으로 수렴하게 된다. 이 경우 현세대와 미래세대의 소비가 모두 증가하므로 사회적으로 현세대와 미래세대 간의 이해상충 문제는 없다.

그림 22-14 $k^* > k_{GR}$인 경우: 저축률의 감소와 주요변수의 시간경로

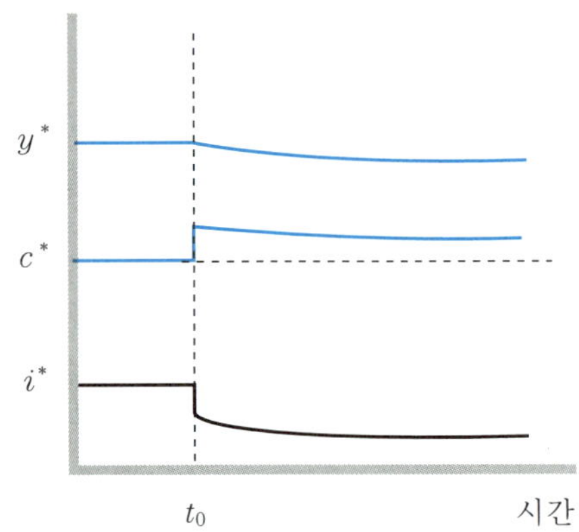

$k^* > k_{GR}$인 상태에서 정부가 황금률을 달성하기 위해 t_0기에 저축률을 감소시키는데 성공했다면 t_0기에 소비는 증가하고 저축 및 투자가 감소하게 된다. 투자가 감소하면 투자가 감가상각보다 작아지게 되고, 이에 따라서 자본스톡이 감소하고 소득도 감소하게 된다. 소득이 감소함에 따라 소비도 감소하게 되는데 황금률이 성립하면 장기적으로 소비가 극대화되므로, 시간이 경과할수록 소비가 이전의 균형성장경로에서의 소비보다 높은 수준으로 수렴하게 된다.

제 5 절 수렴가설의 실증분석

수렴가설이 성립하려면 다른 조건이 동일한 경우 초기에 소득수준이 낮았던 나라가 소득수준이 높았던 나라보다 빠른 속도로 성장해서 궁극적으로 소득수준이 낮았던 나라가 소득수준이 높았던 나라를 따라잡아야 한다. 보몰[4]은 16개 선진산업국의 1870년대 이후의 자료를 분석한 결과 수렴가설이 성립함을 발견하였다. 보몰이 연구한 16개국은 네덜란드, 노르웨이, 덴마크, 독일, 미국, 벨기에, 스웨덴, 스위스, 영국, 오스트리아, 이탈리아, 일본, 캐나다, 프랑스, 핀란드, 호주를 포함한다. 그러나 드롱[5]에 의하면 보몰의 분석은 선택편의(selection bias) 문제가 있다. 즉, 보몰이 선택한 나라들은 1979년 현재 선진국이므로 과거의 소득수준이 어떻든 현재는 비슷한 소득수준에 있으므로 수렴가설이 성립하는 것은 당연하다는 것이다. 드롱은 1975년 기준 실질소득으로

---

4) Baumol, William, "Productivity Growth, Convergence, and Welfare," *American Economic Review* 76, December 1986, pp. 1072–1085.

5) DeLong, J. Bradford, "Productivity Growth, Convergence, and Welfare: Comment," *American Economic Review* 78, December 1988, pp. 1138–1154.

1870년에 1인당 소득이 $300 이상인 나라(일본은 배제되고, 아르헨티나, 아일랜드, 뉴질랜드, 칠레, 포르투갈, 스페인 등을 포함)를 고려하여 분석한 결과 수렴가설이 성립하지 않음을 발견하였다. 배로[6]는 1960－1985년 동안 98개 국가의 자료를 분석한 후 수렴한다는 증거가 없음을 발견하였다. 그러나 1960년 현재 OECD 가입국인 20개국의 자료를 분석하면 수렴가설의 증거를 발견할 수는 있지만, 수렴속도는 연 1% 정도에 불과하다는 것을 발견하였다. 배로와 살라이 마틴[7]은 1880－1988까지의 미국의 47개 주의 자료를 분석한 결과 수렴가설이 성립하고, 소득이 높은 주와 낮은 주의 소득격차는 연 2%의 속도로 서서히 감소한다는 사실을 발견하였다. 이것은 소득이 높은 주와 낮은 주의 소득격차의 50%를 제거하는 데 약 35년이 걸리고, 3/4을 제거하는 데 약 70년이 걸리는 것을 의미한다. 그들의 연구에 의하면 1950－1985 사이의 유럽 7개국, 73지역의 경우에도 수렴가설이 성립하며, 매년 약 2%의 속도로 소득이 높은 지역과 낮은 지역의 소득격차가 감소하였다고 한다.

수렴가설은 생산함수뿐만 아니라 δ, s, n, g 등 모형의 모수들이 동일해야 한다. 이러한 모수들이 대체로 동일하다는 조건은 98개 국가보다는 20개의 OECD국가들, 이들보다는 미국의 각주와 서부유럽의 여러 지역들의 경우에 보다 잘 성립할 것이다. 사실 솔로우 모형이 의미하는 바는 상대적 수렴가설이라고 할 수 있다. 즉, 성장률은 1인당 소득(Y/N)의 절대적 수준보다는 균형성장경로상의 소득수준과 현재의 소득수준의 상대적 수준차이에 의존한다고 할 수 있다. 어떤 나라의 균형성장경로상에서의 소득수준이 매우 낮으면 비록 그 나라의 현재 소득이 낮을지라도 성장률이 높을 것으로 기대하기는 어렵다. 배로(1991)는 정부정책의 차이 등 독립변수들을 조절한 후 1960－1985 사이의 국제자료를 분석하여 수렴속도가 연간 약 1－2%임을 발견하였다. 이러한 결과는 상대적 (혹은 조건부) 수렴가설의 증거라고 할 수 있다.

그러나 수렴가설을 부정하는 연구결과들도 있다. 대표적으로 콰[8]는 기존 연구들이 연구방법상 결함을 가지고 있으며, 이러한 문제점들을 해결할 수 있

6) Barro, Robert J., "Economic Growth in a Cross Section of Countries," *Quarterly Journal of Economics* 106, May 1991, pp. 407－443.

7) Barro, Robert J. and Xavier Sala－I－Martin, "Convergence," *Journal of Political Economy* 100, April 1992, pp. 223－251.

8) Quah, Danny, "Galtons Fallacy and Tests of the Convergence Hypothesis," *Scandinavian Journal of Economics* 95, 1993, pp. 427－443.

그림 22-15 자본의 한계생산: 콥-다글라스 생산함수의 경우

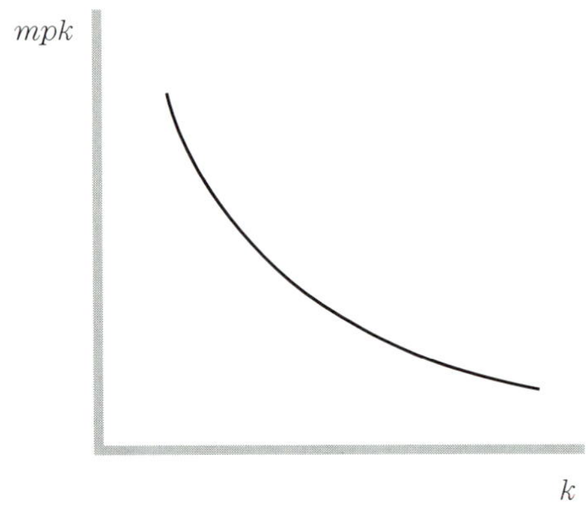

규모수익이 일정한 콥-다글라스 생산함수의 경우 자본의 한계생산은 $mpk = \alpha Ak^{\alpha-1}$ 로 주어지므로 자본의 한계생산은 자본스톡이 증가함에 따라 체감하게 된다.

는 방법으로 다시 분석하면 수렴가설의 증거를 찾아보기 어렵다고 주장하고 있다.

솔로우 모형에서 수렴가설이 성립하는 기본적 이유는 축적할 수 있는 생산요소(k)의 한계생산이 체감하기 때문이다. 규모수익이 일정한 콥-다글라스 생산함수의 경우 자본의 한계생산은 $mpk = \alpha Ak^{\alpha-1}$로 주어지므로 자본의 한계생산은 [그림 22-15] 에서 보듯이 자본스톡이 증가함에 따라 체감하게 된다. 따라서 자본스톡이 작은 경제의 성장률이 자본스톡이 큰 경제의 성장률보다 커지게 되고, 시간이 경과함에 따라 자본스톡이 작은 경제는 자본스톡이 큰 경제를 향해 수렴하게 되는 것이다.

제 6 절 맺음말: 신고전학파 성장모형의 평가

신고전학파 성장모형에서 1인당 소득의 지속적 성장은 기술진보에 의해서만 설명가능하다. 그러나 동 이론은 성장을 결정하는 변수들(저축률, n, g 등)이 모형 내에서 결정되지 못하고 외생적으로 모형 밖에서 도입되는 외생적 성장이론이다. 따라서 신고전학파 성장모형은 성장을 결정하는 가장 중요한 요

인인 기술진보를 모형 내에서 설명하지 못한다는 한계를 가지고 있다. 또한 앞에서 살펴보았듯이 실증적으로도 수렴가설에 대한 회의가 제기되고 있다. 이러한 인식하에 성장을 결정하는 중요 요인을 모형 내에서 설명하고, 수렴가설이 성립하지 않을 수도 있는 이론을 개발하려는 다양한 노력이 1980년대 중반 이후 전개되었으며, 우리는 이것을 내생적 성장이론이라고 부른다.

연습문제 제 22 장

Questions and Practice

1. 생산함수가 다음과 같이 주어진다.

$$Y=K^{1/2}(AN)^{1/2}$$

(가) K가 100이고 AN이 100일 때 Y는?

(나) K가 200이고 AN이 200일 때 Y는? K와 AN이 두 배가 될 때 Y는 몇 배가 되는가? 생산함수는 규모수익이 일정한가?

(다) AN은 100으로 주어진다. K가 100, 150, 200으로 증가할 때 Y는? K가 증가할 때 자본의 한계생산은 감소하는가?

(라) K는 100으로 주어진다. AN이 100, 150, 200으로 증가할 때 Y는? AN이 증가할 때 효율노동의 한계생산은 감소하는가?

2. 감가상각률은 10%, 인구증가율은 1%, 기술진보율은 4%라고 하자.

(가) K가 100, 110, 120으로 주어질 때, 자본스톡을 일정하게 유지하기 위해 필요한 투자는 얼마인가?

(나) K값이 커질 때, 자본스톡을 일정하게 유지하기 위해 필요한 투자는 자본스톡과 같은 비율로 증가하는가?

3. 감가상각률은 10%, 인구증가율은 1%, 기술진보율은 4%라고 하자.

(가) K/AN가 10, 20, 30으로 주어질 때, 효율노동당 자본스톡을 일정하게 유지하기 위해 필요한 효율노동당 투자는 얼마인가?

(나) 효율노동당 자본스톡이 증가할 때, 효율노동당 자본스톡을 일정하게 유지하기 위해 필요한 투자는 효율노동당 자본스톡과 같은 비율로 증가하는가?

4. 자본스톡은 2,000억원, 생산은 1,000억원, 인구증가율은 2%라고 하자(감가상각

률은 0이라고 가정한다).

(가) 균형성장경로상에서의 저축률은?

(나) 기술진보율이 1%이면, 자본스톡/생산 비율을 일정하게 유지하기 위해 필요한 저축률은?

5. 생산함수가 $Y=K^{\alpha}N^{1-\alpha}$로 주어진다고 하자($0<\alpha<1$). 인구증가율은 0이고, 저축률과 감가상각률은 각각 외생적으로 s와 δ로 주어진다고 하자.

(가) Y의 증가율을 구하라.

(나) Y의 증가율이 K가 증가함에 따라 감소함을 보여라.

(다) 생산함수를 1인당으로 표시하라.

(라) 균형성장경로상에서의 1인당 자본스톡, 소득, 소비를 구하라.

6. 솔로우 모형에서 감가상각률이 δ, 인구증가율이 n, 기술진보율이 g로 주어진다고 하자. 균형성장경로에 관한 다음의 사실을 증명하라.

(가) K/Y는 일정하다.

(나) 자본소득 분배율과 노동소득 분배율은 일정하다.

(다) 총자본소득과 총노동소득의 증가율은 인구증가율+기술진보율이다.

(라) 자본의 실질임대가격은 일정하고, 실질임금의 증가율은 기술진보율과 같다.

7. 기술진보가 있는 솔로우 모형에서 기술진보율이 상승하면 새로운 균형성장경로상에서의 1인당 소득은 감소하는가?

8. 어떤 경제의 1인당 소득증가율은 6%이고, 기술진보율은 4%라고 하자. 이 경제는 균형성장경로상에 있는가? 1인당 소득증가율이 상대적으로 높은 이유는?

9. 솔로우 모형에서 $f(k)=k^{\alpha}$로 주어지면 황금률의 저축률 s는 항상 α가 됨을 보여라.

10. 어떤 경제의 (i) 경제성장률은 3%이고(ii) 총자본스톡은 총생산의 2.5배이며 ($K=2.5Y$) (iii) 감가상각은 총생산의 10%를 차지하고($\delta K=0.1Y$) (iv) 자본소득 분배율은 0.3이다. 이 경제는 황금률보다 위에 있는가, 혹은 아래에 있는가?

23 내생적 성장이론

인적자본의 가치

기술자와 과학자는 절대로 기업의 경영자처럼 많은 돈을 벌 수 없다. 이제 이것을 엄밀한 수학을 사용하여 증명해 보자.

명제 1: Knowledge is Power.
명제 2: Time is Money.

물리법칙에 의하면 운동=힘×시간이므로

Work/Time=Power.

명제 1과 2를 위의 법칙에 대입하면 다음 식을 구할 수 있다.

Work/Money=Knowledge.

이 식을 다시 쓰면 다음과 같다.

Work/Knowledge=Money.

따라서 지식이 0으로 수렴하면 일의 양이 얼마이든 돈은 무한대로 수렴한다. 따라서 지식이 적으면 적을수록 돈을 많이 벌 수 있다.

주요개념

내생적 성장이론

축적할 수 있는 생산요소

규모수익일정

규모수익체증

광의의 자본

Ak 모형

외부효과

공공재

지식

인적자본

학습효과

분업, 전문화

기술 사다리

기술도입

독점적 경쟁모형

C · H · A · P · T · E · R

23 내생적 성장이론

Gary S. Becker(1930 –)

미국, 시카고대학 교수

1992년 노벨경제학상 수상
“미시경제학적 분석의 영역을
비시장 행위를 포함한 인간의
행위, 상호작용에까지 확대한 공로”

1950년대와 1960년대가 거시경제학에 있어서 성장이론이 풍미했던 시대였다고 한다면 1990년대는 내생적 성장이론이 활발하게 전개된 시기라고 평가할 수 있다. 거시경제학자들이 1980년대에 유행하던 경기변동이론으로부터 연구의 중심을 성장이론으로 이동시킨 원인은 무엇인가? 루카스[1]의 연구에 의하면 거시경제학에서 일반적으로 상정하는 모형을 사용하여 경기변동을 제거하기 위해 경제주체가 어느 정도의 소비를 포기할 용의가 있는가를 분석해 보면

1) Lucas, Robert E., *Models of Business Cycles*, Basil Blackwell, 1987.

그 대답은 '별로' 라는 것이다. 이것은 경기변동이 초래하는 후생의 감소가 매우 작다는 것을 시사한다. 이와는 대조적으로 동일한 모형을 사용하여 경제주체가 성장률이 높은 경제에 살기 위해서 어느 정도의 소비를 포기할 용의가 있는가를 분석해 보면 그 대답은 '상당한 크기의 현재소비를 포기하고 저축을 증가시킬 용의가 있다' 는 것이다. 이와 같은 후생분석은 경기변동을 보다 정교하게 이해하는 것보다 경제성장의 결정요인을 잘 이해하는 것으로부터 우리가 보다 많은 것을 얻을 수 있다는 것을 시사한다(그러나 미래의 경제성장을 증가시키기 위해서는 앞장에서 보았듯이 현재의 소비를 희생해야 하는 세대간 이해의 상충이 발생하는 경우가 많다).

앞장에서도 언급하였듯이 제 2 차 세계대전 이후 1990년경까지 일본의 경제성장률이 왜 미국보다 높았는가하는 문제를 생각해보자. 솔로우 모형에 기초한 대답은 미국은 이미 균형성장경로상에 도달해 있었는데 반해 일본은 균형성장경로에서 상대적으로 멀리 떨어져 있었기 때문이라는 것이다. 일본이 균형성장경로에서 멀리 떨어져 있으면 효율노동당 자본스톡이 적고, 자본스톡이 적으면 자본의 한계생산이 커서 자본스톡이 상대적으로 빠른 속도로 증가한다. 자본스톡이 빠른 속도로 증가하면 소득도 빠른 속도로 증가한다. 이러한 대답은 그럴듯 해 보이지만 한 가지 심각한 문제점을 가지고 있다. 그것은 이러한 대답이 전이과정(transitional path)상에서 지나치게 높은 실질이자율을 시사한다는 것이다. 제16장에서 보았듯이 균형에서 실질이자율은 자본의 한계생산에서 감가상각률을 차감한 값과 같다. 콥-다글라스 생산함수($Y=AK^{\alpha}N^{1-\alpha}$)를 사용하면 실질이자율을 다음과 같이 나타낼 수 있다.

$$r_t=\alpha AK^{\alpha-1}N^{(1-\alpha)}-\delta \qquad \cdots\cdots (23-1)$$

경제가 균형성장경로로 수렴함에 따라 효율노동당 자본스톡은 증가하고 실질이자율은 하락하게 된다(위의 식에서 자본스톡이 증가함에 따라 실질이자율이 하락함을 주목하라). 만약 미국과 일본의 생산함수가 동일하고, 인구도 같으며 유일한 차이는 일본의 자본스톡이 미국보다 작다는 사실이라고 하자. 1950년대 미국의 GDP가 일본의 GDP의 5배였다고 하면 생산함수로부터 다음 식을 도출할 수 있다.

$$\frac{Y_{US}}{Y_{Japan}} = 5 = \frac{K^{\alpha}_{US}}{K^{\alpha}_{Japan}} \qquad \cdots\cdots (23\text{-}2)$$

따라서

$$K_{US} = 5^{1/\alpha}\ K_{Japan} \qquad \cdots\cdots (23\text{-}3)$$

식 (23-1)과 식 (23-3)을 결합하면 미국과 일본의 실질이자율간에는 다음 관계가 성립함을 알 수 있다.

$$r_{Japan} = (r_{US} + \delta)5^{(1-\alpha)/\alpha} - \delta \qquad \cdots\cdots (23\text{-}4)$$

미국의 실질이자율이 약 6.5%라고 하고, 자본소득분배율 α=1/3, 감가상각률 δ=0.1이라고 하면 식 (23-4)로부터 일본의 1950년대 실질이자율은 약 400%가 되어야 한다. 이것은 어느 모로 보나 지나치게 높은 숫자라고 할 수 있다.

이러한 문제점을 해결하기 위해 거시경제학자들은 두 가지 접근을 하게 된다. 한 가지 접근방법은 자본스톡을 물적자본뿐만 아니라 인적자본 등을 포함한 광의로 해석하는 것이다. 이 경우에는 노동은 단순노동만 나타내게 되므로 (단순)노동소득분배율 1-α의 값이 크게 떨어져서 전이과정상에서 실질이자율이 지나치게 높은 문제점을 완화시킬 수 있다. 또 다른 접근방법은 블랙박스 속에 있는 기술진보를 모형 내에서 내생적으로 설명하는 것이다.

성장의 원천을 모형 내에서 내생적으로 설명하는 이론은 여러 가지 형태로 분류할 수 있다. 예를 들어서, 배로와 살라이마틴은 내생적 성장이론을 축적할 수 있는 생산요소의 한계생산이 일정한 경우와 체증하는 경우로 분류하고 있다. 본 장에서는 내생적 성장이론을 자본스톡을 광의로 재해석하는 경우와 블랙박스 속의 기술진보를 모형 내에서 내생화시키는 경우로 나누어 소개하고자 한다.

제1절 자본스톡의 재해석

본 절에서는 자본스톡을 물적자본뿐만 아니라 인적자본을 포함한 광의로 해석하는 이론들을 소개한다. 이러한 이론은 로머와 루카스에 의해 시작되었지만 설명의 편의상 레벨로의 모형으로부터 논의를 시작한다.

1. *Ak* 모형

레벨로[2]는 생산함수가 자본스톡에 대해 선형이면 지속적 성장이 가능하다고 보았다. 생산함수가 $y=f(k)=Ak$로 주어지면 [그림 23-1]에서 보듯이 자본의 한계생산(mpk)은 A로 일정하게 된다. 자본스톡이 증가해도 자본의 한계생산이 체감하지 않으므로 수렴가설은 성립하지 않으며, 선진국과 후진국의 최초 자본스톡 또는 소득이 상이한 경우 시간이 지나도 그 격차가 줄어들지 않는다.

저축률이 외생적으로 s로 주어진다고 하자. 만약 $sAk=\delta k$이면 균형성장 경로상에서 1인당 자본스톡과 소득은 일정하게 되므로 1인당 소득의 지속적 증가를 설명할 수 없다. 따라서 1인당 소득의 지속적 성장을 설명하려면 [그림 23-2]에서처럼 $sAk>\delta k$가 성립되어야 한다. 이 경우에 1인당 자본스톡과 소득의 성장률은 다음과 같이 구할 수 있다.

$$\Delta k = sy - \delta k = sAk - \delta k \qquad \cdots\cdots (23-5)$$

$$\frac{\Delta k}{k} = sA - \delta \qquad \cdots\cdots (23-6)$$

$$\frac{\Delta y}{y} = \frac{\Delta A}{A} + \frac{\Delta k}{k} = \frac{\Delta k}{k} \quad \left(\frac{\Delta A}{A}=0\text{인 경우}\right)$$

$$= sA - \delta \qquad \cdots\cdots (23-7)$$

위의 식으로부터 우리는 저축률이 성장률에 직접적인 영향을 미치고, 솔로우

2) Rebelo, Sergio, "Long-Run Policy Analysis and Long-Run Growth," *Journal of Political Economy* 99, June 1991, pp. 500-521.

그림 23-1 자본의 한계생산: $y = Ak$

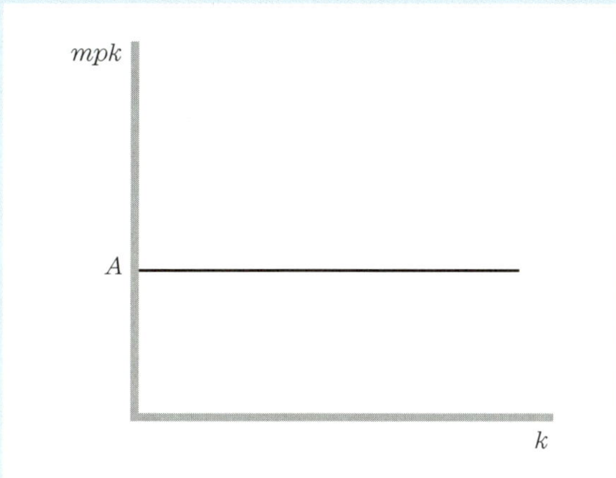

생산함수가 $y = f(k) = Ak$로 주어지면 자본의 한계생산(mpk)은 A로 일정하게 된다.

그림 23-2 균형성장경로

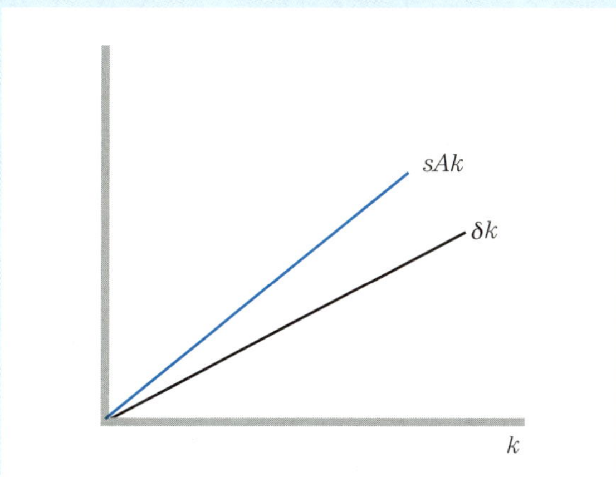

저축률이 외생적으로 s로 주어진다고 하자. 만약 $sAk = \delta k$이면 균형성장경로상에서 1인당 자본스톡과 소득은 일정하게 되므로 1인당 소득의 지속적 증가를 설명할 수 없다. 따라서 1인당 소득의 지속적 성장을 설명하려면 $sAk > \delta k$가 성립해야 한다.

모형과는 달리 저축률이 증가하면 성장률이 영원히 증가함을 알 수 있다. 또한 A값이 커져도 성장률이 영원히 증가한다. 따라서 저축률을 증가시키거나, A값을 증가시키는 정책은 균형성장경로상의 성장률에 긍정적 영향을 미치게 된다.

이 모형에서 K가 단순히 물적자본만을 의미한다면 우리는 자본의 한계생산이 일정하다는 가정을 받아들이기 어렵다. 예를 들어서, 한 명이 근로자가 다섯 대의 컴퓨터를 가진다고 해서 한 대의 컴퓨터를 가질 때보다 생산성이 다섯 배가 된다고 믿기는 어렵다. 이런 점에서 K를 물적자본뿐만 아니라 지식 등을 포함한 광의의 자본으로 이해할 필요가 있다. 지식과 같은 자본의 경우 한계생산이 체감한다고 보기는 어렵다. 오히려 최근의 과학 기술발전이 시사하듯 한계생산이 체증할 수도 있다.

2. 외부효과 모형

로머[3]는 성장의 원동력으로서 외부효과를 강조하였다. 로머는 자본스톡을 물적자본뿐만 아니라 R&D 투자의 산물까지 포함한 광의로 해석하였다. 따라서 자본스톡은 건물이나 기계뿐만 아니라 신제품 제조방법에 관한 청사진이나 아이디어까지 포함한다. 이러한 종류의 자본스톡 중 일부는 외부효과를 발생시킨다.

생산함수가 $F(K, N, A)$로 주어지고, F는 K와 N에 관해서 규모수익이 일정한 형태를 가진다고 하자. A가 가변생산요소라면 생산함수 F는 K, N, A 모두에 관해서는 규모수익체증의 형태를 보인다. 일단, 생산함수가 규모수익체증의 형태를 보이면 미시경제학에서 배우듯이 규모수익체증의 성격상 모든 생산요소가 한계생산에 해당하는 보수를 받을 수는 없다. 생산요소 중 K와 N만이 보수를 받고, A는 일종의 공공재라고 가정하면 생산함수가 전체적으로 규모수익체증의 형태를 보이더라도 균형은 존재한다.

A를 투자가 수반하는 부수적 효과 혹은 연구개발투자의 산물로 파악하되 보수를 받지 않는다고 하자. A는 한계비용 0으로 반복해서 사용할 수 있는 지식으로서 책, 디자인, 청사진, 저작권, 특허 등에 포함된 수학, 물리학 등 각종 학문의 지식으로 볼 수 있다.

생산함수가 다음과 같은 형태를 가진다고 하자.

$$Y = aK^{\alpha}N^{1-\alpha}A^{\beta} \qquad \cdots\cdots (23-8)$$

위의 식을 1인당으로 표시하면 다음과 같다.

$$y = ak^{\alpha}A^{\beta} \qquad \cdots\cdots (23-9)$$

---

3) Romer, Paul M., "Increasing Returns and Long Run Growth," *Journal of Political Economy* 94, October 1986, pp. 1002-1037.

외부효과가 광의의 자본스톡에 대한 투자의 부수적 효과로 발생한다면, $y=ak^{\alpha}K^{\beta}$로 표시할 수 있다(K^{β}는 외부효과를 나타낸다).

외부효과가 있는 경우 이것을 고려하지 않는 개별 경제주체의 입장에서 본 자본의 한계생산은 $\alpha ak^{\alpha-1}K^{\beta}$이 되며 개별기업의 자본스톡이 증가함에 따라 체감한다. 경제전체의 입장에서 본 자본의 한계생산은 $K=k$인 경우 $(\alpha+\beta)aK^{\alpha+\beta-1}$가 된다(일반적으로 $K=nk$라고 가정하더라도 결과는 기본적으로 동일하다). 따라서 경제전체의 입장에서는 $\alpha+\beta>1$이면 한계생산은 체증하고, $\alpha+\beta=1$이면 한계생산은 일정하며, $\alpha+\beta<1$이면 한계생산은 체감하고 기본적으로 솔로우 모형과 동일해진다.

앞의 분석으로부터 $\alpha+\beta\geq 1$인 경우 내생적 성장이 가능함을 알 수 있다. 이 모형에서 성장의 원동력은 자본의 한계생산이 감소하는 것을 방지시켜 주는 외부효과라고 할 수 있다. $\alpha+\beta>1$인 경우 성장률은 시간이 경과함에 따라 단조적으로 증가하고, $\alpha+\beta=1$인 경우 성장률은 일정하게 된다. 전자의 경우($\alpha+\beta>1$)에는 자본의 한계생산이 체증하므로 자본은 오히려 저소득국가로부터 고소득국가로 이동할 것이다. 그러나 현실경제에서 자본의 한계생산이 체증한다고 보기는 어렵다.

3. 인적자본 모형

루카스[4)]는 우자와[5)]의 접근방법을 따라 성장의 원동력으로서 인적자본(H)의 역할을 강조하였다. 인적자본이 단순노동과 다른 점은 투자를 통해 축적할 수 있다는 점이고, 공공재적 성격을 가진 지식(A)과 다른 점은 인적자본을 증가시키려면 비용이 수반된다는 점이다. 따라서 이 모형은 두 종류의 자본재를 고려하는 모형이라고 할 수 있다.

생산함수가 다음과 같이 주어진다고 하자.

$$Y=BK^{\alpha}(NH)^{1-\alpha} \qquad \cdots\cdots \ (23-10)$$

물적자본과 인적자본은 동일한 형식의 투자관계식을 가진다고 하자.

4) Lucas, Robert E., "On the Mechanics of Economic Development," *Journal of Monetary Economics* 22, July 1988, pp. 3-42.

5) Uzawa, Hirofumi, "Optimal Growth in a Two-Sector Model of Capital Accumulation," *Review of Economic Studies* 31, January 1964, pp. 1-24.

$$K_{t+1}=I^K_{t+1}+(1-\delta)K_t,$$
$$H_{t+1}=I^H_{t+1}+(1-\delta)H_t \qquad \cdots\cdots (23-11)$$

물적자본이나 인적자본을 한 단위 증가시키려면 소비를 한 단위 줄이고 이것을 투자에 사용해야 한다. 따라서 두 종류의 자본을 한 단위 증가시키는데 소요되는 비용(소비 한 단위)은 동일하므로 균형성장경로상에서 물적자본과 인적자본의 한계생산은 동일해야 한다. 그렇지 않으면 합리적인 경제주체들은 한계생산이 높은 형태의 자본스톡을 증가시키고 한계생산이 낮은 형태의 자본스톡을 감소시킬 것이다. 예를 들어서 물적자본의 한계생산이 인적자본의 한계생산보다 크면 합리적 경제주체들은 인적자본보다 물적자본을 증가시키려고 할 것이다. 물적자본이 인적자본보다 상대적으로 증가함에 따라 물적자본의 한계생산은 감소하고, 인적자본의 한계생산은 증가한다. 이러한 과정은 두 종류의 자본의 한계생산이 같아질 때까지 계속된다. 즉, 균형에서 다음 식이 성립한다.

$$\alpha BK^{\alpha-1}(NH)^{1-\alpha}=(1-\alpha)BK^{\alpha}(NH)^{-\alpha}N \qquad \cdots\cdots (23-12)$$

위의 식은 다음 식을 의미한다.

$$\frac{K}{H}=\frac{\alpha}{1-\alpha} \qquad \cdots\cdots (23-13)$$

따라서 생산함수는 다음과 같이 다시 쓸 수 있다.

$$Y=AK,\ A=B\left(\frac{1-\alpha}{\alpha}\right)^{(1-\alpha)}N^{1-\alpha} \qquad \cdots\cdots (23-14)$$

이 모형에서 내생적 성장이 가능한 이유는 인적자본이 물적자본의 한계생산체감을 보완해서 물적자본과 인적자본의 합으로 구성된 광의의 자본의 한계생산을 일정하게 유지시키기 때문이다.

4. 학습효과 모형

애로우[6]는 성장의 원동력으로서 노동 생산성을 증가시키는 학습효과(learning by doing)를 강조하였다. 그의 모형에 의하면 학습효과는 인적자본 축적의 경우처럼 인위적 노력에 의해 발생하는 것이 아니라 물적자본 투자와 같은 통상적인 경제활동의 부수효과로 발생한다.

생산함수가 다음과 같이 주어진다고 하자.

$$Y=K^{\alpha}(AN)^{1-\alpha} \qquad \cdots\cdots \ (23-15)$$

실습을 통한 기술체득은 새로운 자본스톡 축적의 부수효과로 발생한다고 하자.

$$A=bK^{\phi}, \qquad b>0,\ \phi>0 \qquad \cdots\cdots \ (23-16)$$

식 (23-16)을 식 (23-15)에 대입하면 다음 식을 구할 수 있다.

$$Y=K^{\alpha}b^{1-\alpha}K^{\phi(1-\alpha)}N^{1-\alpha} \qquad \cdots\cdots \ (23-17)$$

이 모형에서 축적할 수 있는 생산요소는 물적자본 K뿐이므로 이 경제의 동학은 $\alpha+\phi(1-\alpha)$가 1보다 큰가, 같은가, 혹은 작은가에 의존한다.

인구증가가 없이 균형성장경로가 존재하는 경우($\phi=1$) 생산함수는 다음과 같다.

$$Y=aK, \ \ a=\mathrm{b}^{1-\alpha}N^{1-\alpha} \qquad \cdots\cdots \ (23-18)$$

이것을 1인당으로 표시하면 다음과 같다.

$$y=ak \qquad \cdots\cdots \ (23-19)$$

따라서 애로우 모형도 레벨로 모형과 동일한 구조를 가지게 되며 장기적 성장은 저축률에 의존하게 된다.

이 모형에서 내생적 성장이 가능한 이유는 자본스톡이 직접적으로 생산을 증가시킬 뿐 아니라 (K^{α}), 간접적으로 학습효과를 통해 노동의 생산성을 증가

6) Arrow, Kenneth J., "The Economic Implications of Learning by Doing," *Review of Economic Studies* 29, June 1962, pp. 155-173.

시키기 때문이다($K^{\phi(1-\alpha)}$).

자본스톡을 재해석하는 모형에서 자본이 소득분배에서 차지하는 비중은 지속적으로 증가하며 점진적으로 1에 수렴한다. 그 이유는 단순노동은 고정되어 있는 데 반해, 광의의 자본스톡은 지속적으로 증가하고 ($y=Ak$로 귀결하는 모형의 경우) 광의의 자본의 한계생산은 일정하기 때문이다.

자본스톡을 재해석하는 이상의 이론들은 몇 가지 문제점을 가지고 있다. 이들 모형의 경우에 근로자의 생산성이 증가하기 때문에 성장이 가능함에도 불구하고 근로자의 생산성과 새로운 기술의 발명 간의 상호작용이 빠져 있다. 또 다른 문제점은 소득세나 법인세처럼 A에 영향을 미치는 정책들이 성장률에 큰 효과를 미쳐야 함에도 불구하고 실제 자료에서는 그 증거를 찾기 어렵다는 것이다. 예를 들어서, 제 2 차 세계대전 이후 미국의 경우 소득세가 항구적으로 인상되었음에도 불구하고 성장률이 하락했다는 증거는 찾아보기 어렵다.

이런 문제점을 해결하기 위해 맨큐－로머－와일[7]은 솔로우 모형과 광의의 자본스톡 모형을 결합하여 다음과 같은 생산함수를 제시하고 있다.

$$Y=aK^{\alpha}N^{1-\alpha} \qquad \cdots\cdots \ (23-20)$$

단, 위의 식에서 K는 인적자본도 포함한 광의의 자본스톡이고, N은 단순노동을 나타낸다. 이 모형에서는 N이 단순노동을 나타내므로 노동소득분배율($1-\alpha$)의 값을 크게 낮출 수 있어서 전이과정상에서 실질이자율이 지나치게 높은 문제를 해결할 수 있고, 광의의 자본의 한계생산이 체감하기는 하지만 서서히 체감하여 수렴이 서서히 이루어진다는 사실도 설명할 수 있으며, 소득세 등이 성장률 등에 항구적 영향을 미치지 못한다는 사실도 설명할 수 있다(이 모형에서는 광의의 자본스톡의 승수 α가 1보다 작으므로 지속적 성장을 설명하기 위해 솔로우 모형과 마찬가지로 기술진보를 도입해야 한다).

---

7) Mankiw, N. Gregory, David Romer and David Weil "A Contribution to the Empirics of Economic Growth," *Quarterly Journal of Economics* 107, 1992, pp. 407－437.

제 2 절 기술진보의 내생화

앞 절에서는 물적자본을 광의로 해석하는 이론들을 살펴보았다. 그러나 이 이론들은 기술진보에 관해서는 설명하지 않고 있다. 기업들이 어떤 이유로 신제품이나 새로운 제조공법을 개발하기 위해 투자하는가를 설명하지 않고 있다. 본 절에서는 블랙박스로 남아 있는 기술진보를 모형 내에서 설명하는 이론들을 간단히 소개한다.

1. 전문화 모형

많은 종류의 기술진보는 신제품이나 신공법을 개발하기 위한 청사진을 개발하는 데 상당한 노력을 기울여야 가능하다. 청사진은 일단 개발되면 비용을 들이지 않고 신제품 생산에 사용될 수 있다. 그러나 기술개발에는 비용이 소요되므로 기업은 기술개발을 위한 투자비용을 회수할 수 있을 정도로 이윤이 보장되지 않는 한 기술개발 투자를 위한 고정비용을 감수하려고 하지 않는다.

로머[8]는 분업 또는 전문화의 진전에 따라 생산성이 증가하는 모형을 성장의 원동력으로서 제시하였다. 그는 독점적 경쟁 모형을 사용하여 기술혁신을 위해 고정비용을 감수하고 시도되는 연구개발투자를 설명하였다(미시경제학으로부터 알 수 있듯이 시장이 완전경쟁이면 이윤은 0이 되어 기술개발투자를 설명하기 곤란하다). 고정비용이 존재하는 한 모든 기업이 기술개발 투자에 뛰어들지는 않는다. 그러나 일부 기술을 주도하는 기업들은 대규모 연구개발투자를 시도하고 연구의 결과에 대한 특허권을 확보하여 (독점적 경쟁기업의 이윤이 장기적으로 0이 되더라도) 연구개발투자에 소요된 비용을 회복하고도 남을 정도로 상당 기간 동안 이윤을 확보한다. 독점적 경쟁시장에서 기업은 시장지배력을 가지므로 고정비용을 보충하기 위해 가격을 한계비용보다 높게 설정한다. 이 모형에서 각각의 기업이 특화된 상품을 생산하는 분업 또는 전문화의 정도 — 예를

8) Romer, Paul M., "Growth Based on Increasing Returns Due to Specialization," *American Economic Review* 77, May 1987, pp. 56 – 62.

들면, 기업의 숫자로 파악할 수 있다—는 고정비용의 존재로 인해 제한을 받고, 각각의 상품이 중간재로 사용될 경우 이러한 상품의 숫자 또는 기업의 숫자가 많을수록 생산성이 향상된다고 본다.

하나의 독점적 경쟁기업이 한 종류의 중간재를 생산하며, 모든 기업의 이윤이 0이 될 때까지 신규 기업이 진입할 수 있고, 최종재를 생산하는 기업들은 완전경쟁하에 있다고 가정하자. 최종재 생산함수는 다음과 같다.

$$Y(x, N) = N^{1-\alpha}\int_0^{\infty} x(i)^{\alpha} di \qquad \cdots\cdots (23-21)$$

특정시점에 사용가능한 중간재 상품(x)의 집합은 고정비용으로 인해 제한되며 $[0, M]$으로 주어진다고 하자. 중간재를 생산하는 데 사용할 수 있는 (축적할 수 있는) 자원이 Z로 주어진다고 가정하면 각각의 상품 i에 대해서 $x(i) = Z/M$이 된다. 따라서 위의 식을 다음과 같이 다시 쓸 수 있다.

$$Y = N^{1-\alpha}M(Z/M)^{\alpha} = N^{1-\alpha}Z^{\alpha}M^{1-\alpha} \qquad \cdots\cdots (23-22)$$

이제 Z가 두 배가 되면 두 배로 많은 기업이 진입하게 되고, 기업당 평균 생산은 Z/M로 변화가 없게 된다. 따라서 균형에서 상품종류 M은 Z에 비례한다. 개별상품의 생산($x(i)$)—모든 기업이 동일한 경우 평균생산—이 한 개가 되도록 단위를 조정하면 $M = Z$가 성립하게 되고, 위의 식은 다음과 같이 다시 쓸 수 있다.

$$Y = N^{1-\alpha}Z \qquad \cdots\cdots (23-23)$$

이 모형에서 내생적 성장이 가능한 이유는 Z의 증가가 직접적으로 생산(Z^{α})을 증가시킬 뿐만 아니라, 간접적으로 분업과 전문화의 지표인 중간재의 종류를 증가시킴으로써 최종재의 생산에 기여($M^{1-\alpha}$)하기 때문이다.

일반적으로 내생적 기술진보 모형에서는 성장률이 저축률뿐만 아니라 인구의 크기(즉, 시장의 크기)에 항구적으로 영향을 받는다. 이러한 시사점이 나오는 이유는 신제품이나 신공법을 개발하는 데 고정비용이 소요된다고 가정하기 때문이다. 고정비용이란 제품의 생산량과는 무관하게 소요되는 비용이다. 따라서 인구(시장)가 작은 경제에서는 기술을 개발해 보아야 고정비용을 회수할 수 있을 정도로 이윤을 창출하기 곤란하므로 기술개발투자를 소홀히 하게 된다. 인구가 많고 시장이 커야 기술개발에 소요되는 고정비용을 투입할 유인이 생기는 것이다. 그러나 인구가 많아야 기술진보율이 높다는 시사점은 현실경제에서 실증적인 증거가 거의 없다. 사실, 이 모형의 인구(시장의 규모)를 문자 그대로 해석할 필요는 없다. 기술개발은 소수의 선진경제에나 해당한다는 점을 고려하면 단순히 국경내의 인구만을 지표로 생각할 필요는 없다. 전세계를 상대로 수출을 하면 시장은 충분히 크기 때문이다.

2. 기술 사다리 모형

전문화 모형에서는 새로운 상품이 소개되어 상품의 숫자가 증가할 때 생산성이 증가하므로 분업이나 전문화의 진전이 성장의 원동력이라고 할 수 있다. 현실경제에서는 기존의 상품이 새로운 상품에 의해 대체되고 생산이 중단되는 경우가 많다. 예를 들어서, 촛불은 전구로 대체되었고, 진공관은 트랜지스터로 대체되었으며, 비디오 테입은 DVD로, 카세트 테입은 CD로 대체되고 있다. 기술진보를 기존 제품이 점점 기술수준이 높은 상품으로 대체되는 과정으로 이해할 수 있다.

기술진보를 기술 사다리를 올라가는 과정으로 파악하는 모형들이 그로스만-헬프만,[9] 애기온-호윗[10] 등에 의해 제시되고 있다. 이 모형에서 특정시장에 신규진입을 고려하는 기업들은 기존제품의 질을 높이는 데 소요되는 비용과 성공적으로 기술혁신을 했을 경우 향유할 수 있는 독점력으로부터 발생하는 수익을 비교하여 의사결정을 한다. 그러나 (잠재적) 경쟁자들에 의해서 계속해서 새로운 기술이 개발되므로 연구개발투자로 신기술을 개발하더라도 그로부터 발생하는 독점력은 일시적이라고 가정한다. 일단 보다 높은 기술 사다리에 해당하는 제품이 생산되면 기존의 제품은 생산이 중단되는 것으로 가정하면 경제전체에 존재하는 중간재의 숫자는 일정하다.

기술수준이 높은 경제일수록 신기술을 개발하기가 쉽다고 가정하면 경제전체의 기술수준으로부터 외부효과가 발생한다. 축적할 수 있는 자원은 기존제품의 질을 향상시키는 데 투입되고, 기술수준이 높을수록 고급기술로의 이

9) Grossman, Gene and Elhanan Helpman, *Innovation and Growth in the Global Economy*, MIT Press, Cambridge, MA, 1991.

10) Aghion, Philippe and Peter Howitt, "A Model of Growth Through Creative Destruction," *Econometrica* 60, 1992, pp. 323-351.

전이 쉬워지고, 기술수준이 높아짐에 따라 생산성이 향상된다. 따라서 이 모형에서 성장의 원동력은 기술수준의 향상이라고 할 수 있다.

전문화 모형과 유사한 이유로 이 모형도 기술진보율이 인구(시장규모)에 비례한다는 시사점을 제공한다. 한편 이 모형은 숙련된 근로자들의 비율이 비숙련 근로자들의 비율보다 상대적으로 증가함에도 불구하고 이들의 임금수준이 하락하지 않는 이유를 설명할 수 있다. 숙련된 근로자들이 증가하면 그들의 생산활동에 보완적인 신제품의 개발이 쉬워지고 그로 인해 그들의 임금이 하락하는 것을 막을 수 있다.

인구증가율과 인구

지식을 강조하는 모형들의 시사점 가운데 하나는 기술진보가 인구의 증가함수라는 것이다. 이것을 직관적으로 설명하면 인구가 많을수록 발명을 할 수 있는 사람이 많고, 그 결과 지식도 더욱 빨리 축적할 수 있다는 것이다. 한편 크레머에 의하면 인류의 거의 전 역사를 통틀어서 기술진보는 1인당 생산이나 소득을 증가시키기 보다는 인구를 증가시켰다. 즉, 인구는 기술진보와 정의 관계를 가지고, 기술진보는 인구증가율과 정의 관계를 가진다. 따라서 인구증가율은 인구와 정의 관계를 가질 것이라고 추측할 수 있다. 크레머는 기원전 100만년 전부터의 자료를 구축하여 이러한 시사점을 검증하고 인구증가율과 인구 간에는 통계적으로 유의한 정의 관계가 존재한다는 사실을 제시하였다.

Kremer, Michael, "Population Growth and Technological Change: One Million B.C. to 1990," *Quarterly Journal of Economics* 108, August 1993, pp. 681−716.

3. 기술도입 모형

기술진보에 관한 앞의 두 모형은 기술개발의 최첨단에 있는 선진경제에나 해당한다. 그러나 대부분의 경제에서는 신기술을 개발하기 위해 투자를 할 것인가 말 것인가가 문제가 아니라 다른 곳에서 개발된 기술을 도입할 것인가 말 것인가가 문제라고 할 수 있다.

중간재를 모두 수입하여 최종재를 생산한다고 가정하자. 무한히 많은 기술이 도입가능하더라도 특정 경제가 이들 모든 기술을 도입할 수는 없다. 왜냐하면 신기술을 사용하여 제품을 생산하려면 근로자들을 교육시켜야 하기 때문이다. 기업은 중간재 도입비용, 근로자 교육비용 등을 감안하여 적정 수준의 기술을 도입하게 된다.

이 모형에서 근로자 교육비용이 근로자의 수에 비례한다고 가정하면 앞의 두 모형과는 달리 인구(시장규모)로부터 발생하는 효과가 사라진다. 앞의 두 모형에서는 중간재 생산비용이 제품수나 기술수준과 독립적인 고정비용으로 처리되어서 시장규모가 클수록 기술개발을 할 유인이 커진다. 그러나 기술도입 모형에서는 근로자 교육비용이 근로자 수에 비례한다고 가정하면 시장규모(인구 혹은 근로자)가 크다고 기술개발 유인이 커지지는 않는다.

이 모형의 또 다른 시사점은 중간재를 모두 수입해서 최종재를 생산하므로 중간재 도입비용이 올라가면 기술도입을 할 유인이 작아지고 결과적으로 성장률도 하락하게 된다는 것이다. 따라서 자본재의 가격이 상승하거나 교역조건이 악화되면 성장률이 하락한다는 시사점을 갖게 된다.

만약 근로자를 교육시키는 데 학습효과가 중요하다면 새로운 기술을 완전히 습득하는 데 상당한 시간이 필요하다. 이 경우 새로운 기술을 완전히 습득하기 전에 보다 높은 기술을 도입하면 근로자들은 처음부터 다시 교육을 받아야 하므로 기존의 기술에 기초하여 제품을 생산할 때보다 생산성이 일시적으로 하락할 수 있다. 예를 들면, 18세기 영국에서 증기기관이 개발됐을 때 생산성이 하락했다는 증거가 있고, 19세기(1879년) 미국에서 전구가 개발되었을 때 생산성이 하락했다는 증거가 있다. 영[11]도 홍콩에 비해 싱가포르의 경우 근로자들이 기존기술을 충분히 습득하기 전에 새로운 기술을 도입함으로써 근로자의 생산성이 상대적으로 낮았다고 주장하고 있다.

이상의 모형에서 흥미로운 질문은 이윤을 추구하는 개별기업이 연구개발에 과잉투자를 할 것인가 혹은 과소투자를 할 것인가하는 점이다. 개별기업이 연구개발 부문에 과잉투자를 하는가 혹은 과소투자를 하는가의 판단 여부는 경제전체의 입장에서 본 연구개발투자의 수익률과 개별기업의 입장에서 본 수익률 중 어느 것이 크냐에 따라 결정된다. 이것은 앞에서도 논했듯이 외부성에 의존한다. 한 기업이 신기술을 개발하면 다른 기업들이 이것을 기초로 새로운 기술을 개발할 수 있으므로 긍정적인 외부성이 발생한다. 그러나 또 한편으로

---

11) Young, Alwyn, "A Tale of Two Cities: Factor Accumulation and Technical Change in Hong Kong and Singapore," *NBER Macroeconomics Annual* 1992, pp. 13−54.

는 한 기업이 신기술을 개발하면 적어도 당분간은 다른 기업이 이 기술을 사용하는 것을 배제할 수 있으므로 다른 기업들이 단지 일등이 못되었기 때문에 피해를 보는 부정적 외부성이 발생한다. 결국 긍정적 외부성이 부정적 외부성보다 크다면 이를 고려하지 않는 개별기업은 연구개발에 과소투자를 할 가능성이 크고, 반대의 경우에는 과잉투자를 할 가능성이 크다. 어느 외부성이 더 큰가는 실증적 문제이며, 많은 연구결과에 의하면 긍정적 외부성이 부정적 외부성보다 큰 것으로 보인다.

정보기술(Information Technology)산업과 신경제

1990년대 중반이후 전세계 대부분의 선진경제는 사상 유래가 없는 높은 생산성 증가와 성장률을 구가하였다. 많은 사람들은 이러한 현상을 기존의 거시경제학으로는 설명할 수 없는 새로운 경제현상이라는 의미에서 신경제라고 불렀다. 소위 신경제라는 현상은 인터넷으로 대표되는 정보기술과 컴퓨터의 발달에 의해 주도되었다. 예를 들어서, 컴퓨터 산업에는 무어의 법칙이라는 것이 있다. 이 법칙에 따르면 동일한 계산 능력을 가진 컴퓨터의 가격이 18개월마다 반으로 떨어진다. 물론 이 법칙은 엄밀한 의미의 법칙이 아니라 실증적 사실에 기초하고 있을 뿐이다. 사실 컴퓨터 산업은 1990년대 이전에도 급속히 발전하고 있었다. 그렇다면 컴퓨터 산업의 발전이 왜 1990년대 이전에는 생산성 향상에 크게 기여하지 않았는가 하는 의문이 생긴다. 컴퓨터 산업의 혁명적 발전이 1990년대 이전에 생산성 향상에 크게 기여하지 못한 이유로 다음 요인들을 생각해 볼 수 있다. 첫째는 컴퓨터 산업이 1990년대 이전에는 경제전체에서 차지하는 비중이 상대적으로 작았다는 것이다.1980년대 말까지 컴퓨터 산업이 경제전체에서 차지하는 비중이 작았으므로 이 산업의 기술진보가 경제전체의 생산성 향상에 기여하는 몫이 작았다고 볼 수 있다. 둘째는 본문에서도 언급한 것처럼 새로운 기술이 개발될 때 경제주체들이 새로운 기술에 적응하는 데는 시간이 필요하다는 것이다. 새로운 기술에 적응할 때까지 생산성은 오히려 하락할 수 있다. 일부 경제학자들은 이것이 1970-80년대에 선진경제의 생산성이 떨어진 이유 중의 하나라고 생각하고 있다. 그러나 새로운 기술은 결국 생산성을 향상시키고 성장률을 높이는 데 기여할 것이다. 그것이 1990년대 중반에 나타났다고 볼 수 있다. 이 시기에는 이미 경제주체들이 새로운 기술에 적응하여 새로운 기술의 혜택을 향유할 수 있게 되었다고 볼 수 있다. 컴퓨터 산업에서의 기술진보는 컴퓨터 산업의 성장률을 높일 뿐만 아니라 컴퓨터를 사용하는 모든 산업에서 컴퓨터 가격의 하락에 따른 투자의 증가로 성장률을 높일 수 있었다.

생산요소의 축적과 생산성 향상

1인당 소득수준의 차이는 생산함수에서 보듯이 생산요소의 차이나 생산요소를 사용하는 효율성의 차이에 기인한다. 그런데 많은 연구에 의하면 물적자본이나 인적자본이 많은 경제가 이들 생산요소를 보다 효율적으로 사용하는 것으로 보인다. 이러한 현상은 몇 가지로 설명할 수 있다. 우선, 효율적인 경제는 자본축적을 격려할지 모른다. 효율적인 경제에 사는 사람은 인적자본을 축적할 유인이 클 수 있다. 다음으로, 자본의 축적이 효율성을 제고시킬지 모른다는 것이다. 만약 인적자본이나 물적자본이 외부성을 가진다면 저축과 투자를 많이 하는 경제가 보다 우월한 생산함수를 가질 수 있다. 마지막으로, 생산요소의 축적이나 생산 효율성이 제3의 공통요인에 의해 촉발될 수 있다. 예를 들면, 공무원의 정책결정 과정 등 사회 전체의 시스템이 이 모든 것을 결정할 수도 있다. 현실적으로 정치가 부패하고, 정부가 과도하게 경제에 개입하는 경제일수록 경제가 좋지 않다는 사실을 주위에서 쉽게 볼 수 있다.

두 도시 이야기(홍콩과 싱가포르)

영은 홍콩과 싱가포르의 성장경험을 디킨슨의 소설제목 '두 도시 이야기'를 따서 비교분석하고 있다. 두 도시국가는 제2차 세계대전 이전에 모두 영국의 식민지였으며, 홍콩은 중국본토와 외부세계를 연결하는 중계무역항이었고, 싱가포르는 말레이지아와 인도네시아를 세계로 연결시키는 중계무역항이었다. 두 도시 모두 국내 제조업 생산기반은 취약하였고 전후 중국으로부터의 이민이 인구증가의 큰 몫을 차지한 것도 비슷한 상황이라고 할 수 있다. 홍콩과 싱가포르 모두 1960년대에 소득수준이 비슷하였으며 그 이후에도 비슷한 수준의 고도성장을 경험하였다.

그러나 제 2 차 세계대전 직후에 홍콩은 당시 아시아에서는 일본 다음 가는 산업기반을 가지고 있던 상하이 출신을 중심으로 한 이민들의 유입으로 싱가포르보다 상대적으로 교육수준이 높았고 산업기반도 튼튼하였다. 또한 홍콩은 상대적으로 자유방임정책을 시행하였고, 싱가포르는 상당히 권위주의적인 정부가 적극적으로 시장에 개입하여 높은 저축과 외국인 직접투자를 유도하였다. 싱가포르는 주도적 산업을 계속해서 바꾸어가면서 급속한 구조조정을 시행하였다. 표에서 보듯이 싱가포르는 시작은 늦었지만 홍콩보다 훨씬 단기간에 홍콩이 거쳐간 거의 동일한 산업들을 거쳐간다. 그 결과 1980년대에는 싱가포르의 금융이 홍콩의 금융산업을 추월하고, 제조업도 홍콩보다 높은 기술 사다리에 속하는 제품들을 생산하게 된다.

영의 분석에 의하면 1971-1990기간 동안 홍콩의 경우 기술진보의 성장기여도가 상대적

홍콩과 싱가포르의 기간별 선도산업

홍 콩	
1950년대 초반	섬유
1950년대 후반/1960년대 초반	의복, 플라스틱, 완구
1960년대 후반/1970년대 초반	전기, 전자, 시계
1970년대 후반/1980년대	중계무역, 금융
싱가포르	
1960년대 초반	섬유
1960년대 후반	전기, 전자, 가공
1970년대 초반	전기, 전자, 가공, 섬유, 의복
1970년대 후반	전기, 전자
1980년대	금융, 전자

으로 컸음에 비해(약 25%), 싱가포르의 경우에는 기술진보의 기여는 거의 없고 상대적으로 자본투입의 기여도(약 75% 이상)가 매우 컸던 것으로 보인다. 이것은 싱가포르가 선도산업 전략에 따라 각 산업에서 학습이 충분히 이루어지기 전에 생산성이 낮을 수밖에 없는 신규 선도산업에 계속해서 뛰어들었기 때문이다. 그 결과 1980년대 중반 이후에는 비록 생산성은 떨어지지만 싱가포르는 홍콩보다 높은 기술단계의 제조업 제품생산에 이르게 된다. 또한 계속해서 신규 산업에 진입하다 보니 자본재가 오래되고 낡아서 퇴장되기보다는 신기술이 기존 자본재의 준지대(quasi rent)를 제거함에 따라서 실제로는 사용되지 않고 있었다. 이것을 고려하면 싱가포르의 감가상각률은 보고된 수치보다는 높았을 것이다. 이처럼 높은 감가상각률은 자본투입의 규모를 감소시키는 방향으로 작용하므로 기술진보의 역할을 높이는 방향으로 작용하지만 이 점을 고려하더라도 싱가포르에서 기술진보가 성장에 기여한 역할은 홍콩에 비해 상대적으로 매우 낮았다.

앞에서 소개한 내생적 성장모형 가운데 외부효과를 강조하는 모형이나 축적할 수 있는 생산요소에 대해 규모수익이 일정하다고 가정하는 모형들이 유효하다면 자본축적이 급속하게 이루어지는 경제(싱가포르)의 총요소생산성 증가율이 높아야 할 것이다. 그러나 결과는 정반대로 나타나고 있다. 또한 Ak 모형이 유효하다면 자본축적이 진행됨에 따라서 단순노동의 소득분배율이 급격하게 감소해야 한다. 그러나 싱가포르에서는 그것이 거의 일정하였고 홍콩에서도 약 30% 정도를 유지한 것을 보면 축적할 수 있는 생산요소의 한계생산이 일정하다고 가정하는 모형은 일정한 한계를 지니게 된다. 반면에 초기 인적자본이 상대적으로 우수했던 홍콩의 총요소생산성 증가율이 싱가포르보다 훨씬 높았다는 사실은 인적자본이나 기술습득을 강조하는 모형들에 유리한 결과로 보인다. 종합하면 성장의 원천을 축적할 수 있는 생산요소의 축적으로 이해하는 모형보다는 기술습득, 기술진보, 지식, 인적자본을 강조하는 모형들이 두 도시의 성장경험을 설명하는 데 보다 유효한 것으로 보인다.

Young, Alwyn, "A Tale of Two Cities: Factor Accumulation and Technical Change in Hong Kong and Singapore," *NBER Macroeconomics Annual* 1992, pp. 13－54.

제 3 절 맺 음 말

본 장에서 우리는 내생적 성장모형을 자본스톡을 광의로 해석하는 모형과 기술진보를 모형 내에서 내생화시킨 모형으로 나누어 설명하였다. 자본스톡을 광의로 해석하는 모형들에 따르면 성장의 원동력은 자본의 축적이다. 이들 모형은 자본스톡을 단순히 물적자본 뿐만 아니라 R&D 투자의 산물, 제조방법에 관한 청사진, 아이디어, 학문의 지식, 인적자본 등을 포함한 광의의 자본으로 해석한다. 이들 모형에서는 광의의 자본의 한계생산이 체감하지 않기 때문에 지속적인 성장이 가능하고, 수렴가설은 성립하지 않으며, 저축률이나 생산성에 영향을 미치는 정책은 성장률에 직접적 영향을 미치게 된다.

기술진보를 모형 내에서 내생화시킨 모형으로는 전문화 모형, 기술 사다리 모형, 기술도입 모형을 소개하였다. 이들 모형에서 기술개발투자는 기술개발에 들어가는 비용과 그로부터 발생하는 이윤을 고려하여 결정된다. 분업 및 전문화의 진전에 따른 상품 숫자의 증가, 보다 높은 기술수준에 해당하는 상품의 개발, 새로운 기술의 도입 등에 의해 생산성이 증가하면 지속적 성장이 가능하다. 이들 모형에서는 예를 들어서, 기술개발에 소요되는 비용을 인구 혹은 시장의 크기와 독립으로 가정하느냐 혹은 비례하는 것으로 가정하느냐에 따라서 기술진보율이 인구에 비례하거나(대부분의 전문화 모형, 기술 사다리 모형) 독립적인 것(대부분의 기술도입 모형)으로 나타난다.

연습문제 제 23 장

Questions and Practice

1. 생산함수가 다음과 같이 주어진다.

$$Y=K^{\alpha}N^{1-\alpha}+aK, \qquad a>0$$

자본스톡이 증가함에 따라서 자본의 한계생산은 체감하지만 궁극적으로 0보다 큰 상수 a에 수렴함을 보여라.

2. 생산함수가 다음과 같이 주어진다.

$$\frac{Y}{N}=\left(\frac{K}{N}\right)^{1/2}\left(\frac{H}{N}\right)^{1/2}$$

위의 식에서 H는 인적자본을 나타낸다.

(가) $K=400$, $H=400$, $N=100$일 때 1인당 소득을 구하라.

(나) 이 생산함수는 규모수익이 일정한가?

(다) 물적자본의 한계생산은 체감하는가?

(라) 인적자본의 한계생산은 체감하는가?

(마) 균형성장경로상의 1인당 물적자본이 증가하려면 어떤 일이 벌어져야 하는가?

(바) 균형성장경로상의 1인당 인적자본이 증가하려면 어떤 일이 벌어져야 하는가?

3. 특허권 보장이 취약하면 기술개발투자와 기술진보에 영향을 미칠 수 있음을 설명하라.

4. 본문에서 소개한 인적자본 모형에서

(가) 물적자본/인적자본 비율을 일정하게 유지하려면 총투자(=총저축)의

α비율을 물적자본 축적에 사용해야 함을 보여라.

(나) 저축률이 외생적으로 s로 주어진다면 소득증가율은 자본스톡 증가율과 같고, 그것은 $\alpha sA+(1-\delta)$가 됨을 보여라.

5. 규모수익이 일정한 생산함수가 $Y=F(K,\ (1-u)EN)$로 주어지고, Y는 생산, K는 자본, N은 노동, u는 노동력 인구 중 대학에 종사하는 사람들의 비율, E는 지식(스톡)을 나타낸다. $\Delta E=g(u)E$, $\Delta K=sY-\delta K$로 주어진다.

(가) 이 모형에서 성장의 원천은?

(나) 저축률 s의 변화는 정상상태에서의 소득수준과 소득증가율에 영향을 미치는가?

(다) u의 변화는 정상상태에서의 소득수준과 소득증가율에 영향을 미치는가?

part 5
응 용

5 · 편의 내용

제 5 편에서는 지금까지 배운 단기분석과 장기분석을 기초로 실업, 인플레이션, 대공황 등을 분석한 후, 마지막으로 기술진보와 실업의 관계를 분석한다.

제24장에서는 실업의 종류, (케인즈학파가 실업의 원인이라고 생각하는) 임금경직성을 설명할 수 있는 이론, 장기균형실업률이라고 할 수 있는 자연실업률, 유럽의 고실업문제를 차례로 분석한다. 실질임금의 경직성을 설명하는 대표적 이론으로는 효율임금이론을 들 수 있다. 효율임금이론에 따르면 기업은 이윤극대화를 위해 시장균형실질임금보다 높은 수준의 실질임금을 근로자에게 지불한다. 그렇게 함으로써 기업은 근로자의 도덕적 해이와 근로자를 잘못 채용하는 역선택 문제를 줄일 수 있고, 근로자도 해고를 피하기 위해 실질임금당 최대의 효율을 발휘한다. 자연실업률은 인플레이션을 가속시키거나 감속시키지 않는 실업률이다. 실업률이 자연실업률과 같으면 공급충격이 없는 한 경제는 자연율 수준에 있게 된다. 따라서 자연실업률은 장기균형실업률이라고 할 수 있다. 유럽의 고실업의 원인으로 제시되는 대표적 가설은 유럽경화증(Euro-sclerosis)과 이력현상(hysteresis)을 들 수 있다. Eurosclerosis는 유럽 노동시장의 경직성을 강조하는 데 반해, 이력현상은 일시적 경기침체로 인한 실업의 증가가 자연실업률 자체를 높일 수 있다고 주장한다.

제25장에서는 인플레이션의 원인과 비용에 관해 분석한다. 인플레이션은 단기적으로 수요견인과 비용상승에 의해 발생한다. 그러나 비용상승은 장기적인 인플레이션의 원인이 될 수 없다. 그것은 비용상승 인플레이션의 경우에는 생산이 감소하는데, 생산은 장기적으로 증가하기 때문이다. 수량

방정식에 비추어 볼 때, 장기적으로 화폐의 소득유통속도가 일정하고 생산이 생산요소 및 기술수준에 의해 결정되면 인플레이션율은 통화공급 증가율과 1:1 대응관계를 가진다. 이것은 장기적으로 인플레이션이 화폐적 현상임을 의미한다. 인플레이션의 비용은 인플레이션이 예상되는 경우와 예상되지 않았던 경우로 나누어 생각해 볼 수 있다. 예상된 인플레이션의 비용은 구두굽비용, 메뉴비용, 조세왜곡효과, 화폐환상 등을 들 수 있고, 예상치 못한 인플레이션의 비용은 소득재분배 및 불확실성의 증가로 인해 발생하는 비용 등을 들 수 있다.

제26장에서는 대공황의 원인에 대한 논쟁을 간단히 소개한 후 일본의 장기불황을 분석한다. 대공황의 원인에 관해서는 지출의 감소를 강조하는 케인즈학파적 견해와 통화의 감소를 강조하는 통화론적 견해가 있다. 일본은 1990년대 들어 경기침체 속에 부도기업의 증가, 부동산가격의 폭락, 부실채권 증가로 인한 금융기관의 파산, 주가의 폭락 등으로 상징되는 장기불황을 겪었다. 장기불황의 원인으로 제시되는 가설 중 유동성함정을 소개하고, 그 대책으로 제시되고 있는 확장적 재정정책, 확장적 통화정책 및 구조개혁을 살펴본다.

제27장에서는 기술진보와 실업 간의 관계를 분석한다. 일반인들은 기술진보가 보다 적은 노동으로 보다 많은 생산을 가능하게 하므로 실업을 증가시킬 것이라고 생각한다. 그러나 단기적으로 기술진보가 발생하여 총공급곡선이 오른쪽으로 이동할 때, 총수요곡선은 기술진보의 성격에 따라서 오른쪽으로 이동할 수도 있고 왼쪽으로 이동할 수도 있다. 만약 생산 증가율이 기술진보율 혹은 생산성 증가율보다 높으면 고용은 증가한다. 장기적으로는 기업과 근로자 모두 생산성을 정확히 아는 경우에 기술진보가 자연실업률에 영향을 미치지 않는다. 따라서 단기적으로나, 장기적으로나 기술진보가 실업을 증가시킬 것이라는 견해는 이론적 근거가 취약하다. 그러나 기술진보는 소득분배를 악화시킬 수도 있다. 기술진보는 낡은 기술이나 저급한 기술을 가진 근로자의 소득을 신기술을 가진 근로자나 고급기술을 가진 근로자의 소득에 비해 상대적으로 악화시킬 수 있다.

24 실 업

A: 자연실업률이 무엇이오?

B: 자연실업률이란 경제관료가 받아들일 수 있는 실업률로서 그가 아직도 직책을 유지하고 있으면 그것이 바로 자연실업률이오.

주요개념

경제활동인구조사
경기적 실업
마찰적 실업
구조적 실업
대기적 실업
임금경직성
실질임금 경직성
명목임금 경직성
최저임금제
내부자-외부자이론
효율임금이론
도덕적 해이
역선택
장기계약이론
자연실업률
임금설정방정식
가격설정방정식
완전고용
유럽의 고실업
유럽경화증(Eurosclerosis)
노동시간 공유제도
이력현상

C·H·A·P·T·E·R

24 실 업

케인즈학파는 임금이 경직적이어서 실업이 발생한다고 생각한다. 즉, 임금이 경직적이어서 노동시장이 청산되지 못하고, 시장이 실패하기 때문에 실업이 발생한다고 본다. 주목할 것은 실업을 설명함에 있어서 케인즈는 원래 명목임금의 경직성을 강조하였지만, 미시경제학적 기초에 입각하여 도출된 새케인즈학파의 이론들은 장기계약이론을 제외하고는 대부분 실질임금의 경직성을 강조한다는 것이다.

장기적으로 임금이 신축적이더라도 완전고용 수준의 실업률은 0보다 크다. 완전고용 수준의 실업률이 0보다 큰 이유는 마찰적 실업과 구조적 실업 때문이라고 할 수 있다. 완전고용 수준의 실업률은 현대적 용어로 자연실업률이라고도 불린다. 자연실업률은 인플레이션을 가속시키거나 감속시키지 않는 수준의 실업률로 정의된다. 실업률이 자연실업률과 같으면 공급충격이 없는 한 경제는 자연율 수준에 있게 되므로, 우리는 자연실업률을 장기균형실업률로 이해할 수 있다.

제1절 기본개념

우리 나라의 대표적인 고용통계는 통계청에서 편제하는 경제활동인구조사에 의해 작성된다. 경제활동인구조사는 매월 전국의 약 33,000 표본가구를 면접조사하여 15세 이상 생산활동인구(혹은 노동가능인구), 경제활동인구, 취업자, 실업자 등을 파악한다. 군인, 전투경찰, 방위병, 교도소 수감자, 외국인 등은 15세 이상 생산활동인구에 포함되지 않는다. 경제활동인구(Labor Force)란 15세 이상의 나이로 취업하고 있거나 실업인 사람들의 합이다. 취업자는 매월 15일을 포함한 주에 수입을 목적으로 1시간 이상 일하고 있는 경우 그 달에 취업하고 있는 것으로 간주한다. 무급가족종사자의 경우에는 18시간 이상 일하는 경우 그 달에 취업한 것으로 간주한다. 휴가, 일시적인 질병, 일기불순, 노동쟁의 등의 사유로 조사기간 중에 일을 하지 않은 사람도 취업자에 포함된다. 이러한 기준은 국제노동기구(ILO)의 기준에 따른 것이다. 실업자는 주어진 임금수준에서 일자리를 찾고 있으나 직업이 없는 사람을 일컫는다. 비경제활동인구(outside the labor force)는 15세 이상 생산활동인구 혹은 노동가능인구 가운데 직업이 없으면서 일자리를 찾고 있지 않은 사람을 나타낸다. 연로자, 심신장애자, 은퇴한 사람, 학업을 받고 있는 사람, 가사에 종사하는 사람, 환자, 직업을 구하고 있지 않은 사람 등은 비경제활동인구에 포함된다.

실업률은 실업자/경제활동인구로 측정되고, 경제활동참가율은 경제활동인구/노동가능인구로 측정되며, 취업률은 취업자/노동가능인구로 측정된다. 경기가 호황이면 노동수요가 증가하여 실업률은 감소하고, 경기가 불황이면 노동수요가 감소하여 실업률은 증가하므로 실업률은 경기역행적이다. 이에 반해 경제활동참가율은 대체로 경기순응적이다. 경기가 호황이면 비경제활동인구에 있던 사람들이 새로이 구직활동을 하거나 취업을 하는 경향이 있고, 불황이면 해고된 근로자나 실망 실업자들이 구직활동을 포기하고 비경제활동인구로 편입되는 경향이 있기 때문이다. 이러한 사실은 [그림 24-1]에서 쉽게 확인할 수 있다. 실업률과 경제활동참가율은 대체로 반대방향으로 움직이고 있다. 한국의 실업률은 1970년대에는 약 4%대에서 움직이다가 1980년 5.2%를 정점

그림 24-1 실업률과 경제활동참가율

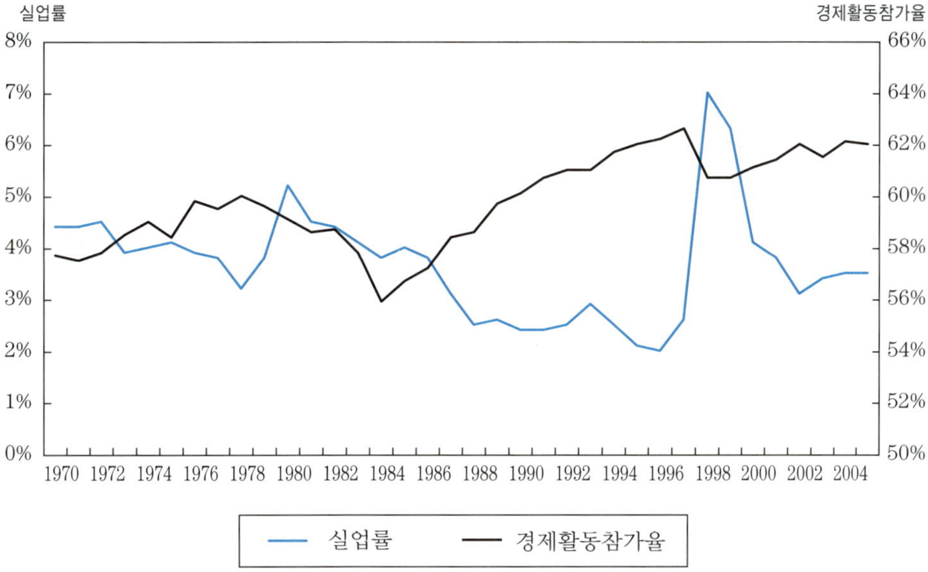

으로 외환위기가 발생하기 직전인 1996년 약 2.0%까지 낮아진다. 이후 외환위기를 겪은 1998년 7%까지 상승했다가 다시 하락하기 시작하여 2005년에 3.5%까지 하락한다. 경제활동참가율은 1978년 59.9%까지 증가하다가 이후 하락하기 시작하여 1984년에는 55.8%로 떨어지고, 다시 증가하기 시작하여 외환위기가 발생하기 직전인 1997년 약 62.5%까지 증가한다. 이후 외환위기를 겪으면서 감소하다가 다시 증가하여 2005년에 61.9%까지 회복한다. 2005년 현재 우리나라의 총인구는 47,279,000명이고, 15세 이상 인구는 약 38,300,000명이며, 그 중 경제활동인구는 약 23,689,000명으로 경제활동참가율은 약 61.9%이다. 경제활동인구 중 취업자수는 약 22,856,000명이고 실업자수는 약 833,000명이므로 실업률은 약 3.5%이다.

제 2 절 실업의 종류

1. 경기적 실업(cyclical unemployment)

경기적 실업이란 경기변동에 의해 발생하는 실업을 의미한다. 앞으로 설명하듯이 완전고용 상태에서도 실업은 존재하므로 경기적 실업은 실제 실업률과 완전고용 실업률(혹은 자연실업률)의 차이로 측정할 수 있다. 따라서 경기적 실업은 경제활동이 완전고용 상태보다 부진한 경우에는 양의 값을 가지고, 경제활동이 완전고용 상태보다 왕성한 경우에는 음의 값을 가진다.

2. 마찰적 실업(frictional unemployment)

고전학파적 시장청산모형에서는 실질임금이 노동시장에서 노동수요와 노동공급이 일치하도록 조정한다. 따라서 실업도, 빈자리(vacancy)도 있을 수 없다. 그러나 현실적으로 직업과 근로자는 동일하지 않기 때문에 근로자와 직업을 연결(match)시키는 데 시간과 비용이 든다. 이런 이유로 발생하는 실업을 마

그림 24-2 임금오퍼분포

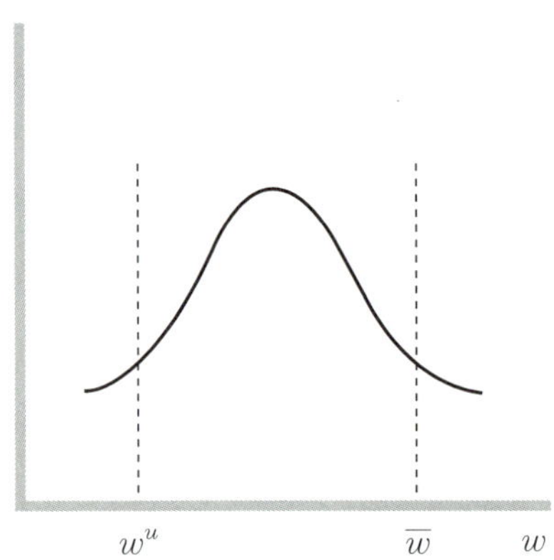

임금분포가 정규분포를 따른다고 가정하자. w^u는 실업상태에서의 임금(예: 실업수당 등)을, $\bar{w}$는 근로자가 그 직업을 선택할 용의가 있는 의중임금(reservation wage)을 나타낸다. 근로자는 임금수준(w)이 $\bar{w}$보다 높으면 그 직업을 받아들이고 $\bar{w}$보다 낮으면 거절한다. 임금분포에서 $w < \bar{w}$일 경우가 많으므로 받아들일 수 있는 직업에 관한 불완전한 정보로 인해 근로자가 적절한 직업을 구하는 데 시간이 걸린다. 그로 인해 실업률은 0보다 크게 된다.

찰적 실업이라고 한다.

마찰적 실업에 영향을 주는 요인들을 살펴보기 위해 [그림 24-2]를 보자. [그림 24-2]는 임금의 분포를 정규분포로 가정하여 그리고 있다. 그림에서 w^u는 실업상태에서의 임금(예: 실업수당 등)을, $\overline{w}$는 근로자가 그 직업을 선택할 용의가 있는 의중임금(reservation wage)을 나타낸다. 근로자는 임금수준(w)이 $\overline{w}$ 보다 높으면 그 직업을 받아들이고, $\overline{w}$ 보다 낮으면 거절한다. 임금분포에서 $w < \overline{w}$일 경우가 많으므로 받아들일 수 있는 직업에 관한 불완전한 정보로 인해 근로자가 적절한 직업을 구하는 데 시간이 걸리고, 그로 인해 실업률은 0보다 크게 된다.

의중임금의 결정

의중임금은 근로자가 일을 할 의중이 있는 경우의 후생과 일을 할 의사가 없는 경우의 후생이 일치하는 수준에서 결정된다. 근로자가 일을 하지 않으면 근로자의 후생(V_u)은 실질임금 수준과는 무관하게 일정하다고 하자. 근로자가 일을 하는 경우에는 실질임금이 증가할수록 후생($V_e(w)$)이 증가하지만 후생의 증가는 실질임금이 증가함에 따라 체감한다고 하자. [그림 24-3]은 근로자가 일을 하는 경우와 일을 하지 않는 경우의 후생함수를 나타내고 있다. [그림 24-3]에서 보듯이 $V_e(w)$와 V_u가 만나는 점에서 근로자의 의중임금이 결정된다. 실질임금이 의중임금을 초과하면 근로자는 그 직업(혹은 직장)을 선택하고

그림 24-3 의중임금의 결정

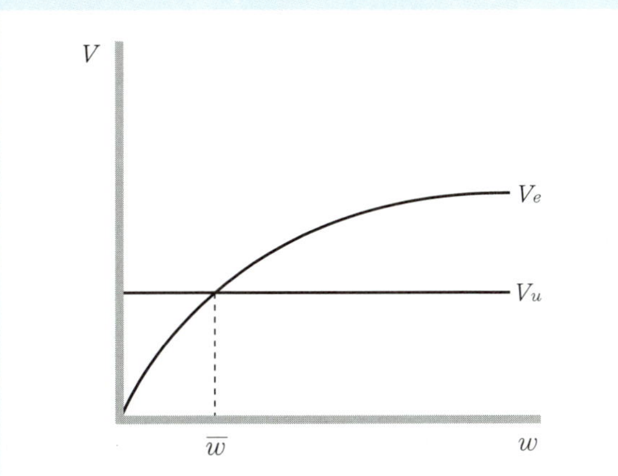

근로자가 일을 하지 않으면 근로자의 후생(V_u)은 실질임금 수준과는 무관하게 일정하다고 하자. 근로자가 일을 하는 경우에는 실질임금이 증가할수록 후생($V_e(w)$)이 증가하지만 후생의 증가는 실질임금이 증가함에 따라 체감한다고 하자. 그림에서 보듯이 $V_e(w)$와 V_u가 만나는 점에서 근로자의 의중임금이 결정된다.

취업을 하게 된다.

이제 충격이 발생하는 경우 이것이 실업에 미치는 영향을 분석해 보자.

w^u가 증가하는 경우

실업급여 등 w^u가 증가하면 [그림 24-4]에서 보듯이 V_u가 증가하여 근로자의 의중임금 $\bar{w}$를 증가시킨다. $\bar{w}$가 증가하면 $w < \bar{w}$일 가능성이 커지므로 근로자가 직업을 거절할 가능성이 커진다. 따라서 w^u의 증가는 입직률을 떨어뜨리고 실업기간을 늘릴 것이다.

노동의 한계생산(MPL)이 증가하는 경우(우호적 공급충격)

임금오퍼곡선이 오른쪽으로 이동한다. 그로 인해 $w > \bar{w}$일 가능성이 커지고 입직률이 올라가며 실업기간은 줄어들 것이다. 한편, MPL의 증가는 $\bar{w}$를 상승시킬 가능성이 있지만 w^u가 일정하다면 전자의 효과가 더 클 것이다.

이상의 분석은 입직측면에서 살펴본 것이다. 이직측면에서 볼 때, 이직의 원인은 기본적으로 직업과 노동 간의 잘못된 만남(mismatch) 때문이다. 기업은 근로자의 자질과 생산성에 대해, 그리고 근로자는 회사와 직업에 대해 만족을 느끼지 못하는 경우 다시 직업을 구하는 과정을 반복하게 된다. 결혼, 교육, 이사 등 개인적 사정이 발생하면 근로자는 퇴직을 할 수도 있다. 이런 경우에는 빈자리(vacancy)가 발생한다.

그림 24-4 실업급여의 증가와 의중임금

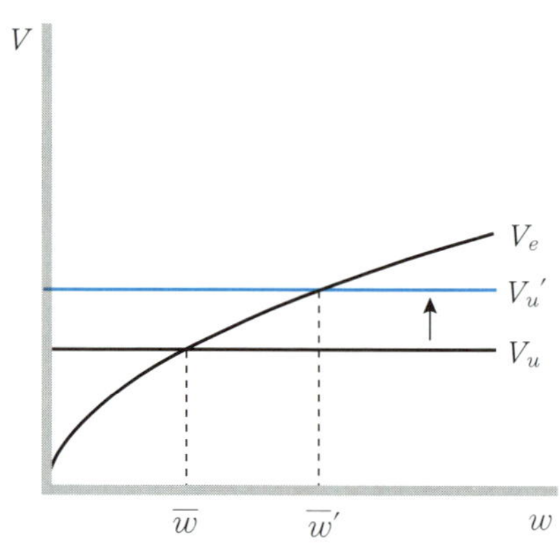

실업급여 등 w^u가 증가하면 V_u가 증가하여 근로자의 의중임금 $\bar{w}$가 증가한다.

3. 구조적 실업(structural unemployment, sectoral shifts)

구조적 실업은 크게 두 가지 이유로 발생한다. 첫째, 비숙련 혹은 저숙련 노동자는 장기적으로 안정되고 바람직한 직업을 구하기 어려운 경우가 많다. 그들에게 가능한 직업은 대부분 저임금 직종이고, 그들 스스로 교육을 받거나 경력을 발달시킬 기회가 거의 없다. 결국 비숙련 노동자에게 가능한 직업은 단기간인 경우가 많고, 근로자 스스로 퇴직을 하거나 해고당해서 장기간 만성적 실업상태에 빠지게 된다.

구조적 실업이 발생하는 두 번째 이유는 산업간, 지역간 인력재배치 때문이다. 동적인 경제에는 항상 일부 사양산업과 일부 신흥 성장산업이 존재한다. 또한 성장하는 지역과 쇠락하는 지역이 존재한다. 경제전체적으로는 균형을 유지하고 있더라도 일부 시장은 노동이 초과수요 상태에 있고 일부 시장은 노동이 초과공급 상태에 있을 수 있으며, 쇠락하는 지역이나 사양산업에서는 실업자가 발생할 수밖에 없다. 이러한 경우 실업을 줄이려면 쇠락하는 지역이나 사양산업에서 발생하는 실업자를 성장하는 지역이나 산업에서 흡수해야 하는데, 근로자와 직업을 연결시키는 과정에서 장기간의 실업이 발생하게 된다. 그 이유는 근로자를 새로운 산업에 적응할 수 있게 재교육시키거나 근로자들이 다른 지역으로 이동하여 정착하는 데 긴 시간이 필요하기 때문이다.

4. 대기적 실업(wait unemployment)

케인즈학파도 마찰적 실업이나 구조적 실업이 실업의 주요인이라는 것은 인정한다. 그러나 그것만이 실업을 모두 다 설명할 수 있는 것은 아니라고 생각한다. 케인즈학파는 불황기가 근로자와 직업 간의 연결이 현저히 잘못되는 기간이라는 고전학파의 생각에 이의를 가지고 있다. 만약 불황기에 실업이 증가하는 이유가 근로자와 직업 간 연결이 더욱 더 잘못되기 때문이라면 불황기는 근로자가 직장을 열심히 구하고, 회사는 빈자리를 충원하기 위해 근로자를 열심히 구하는 기간이어야 할 것이다. 그러나 실제로는 불황기에 구인광고나 빈자리 광고가 감소한다. 케인즈학파는 불황기에 실업이 증가하는 이유는 이 기간에 근로자와 직업 간에 연결이 특별히 잘 안되기 때문이라기보다는 경제 전체적으로 총수요가 작아서 노동에 대한 수요가 작기 때문이라고 생각한다.

그림 24-5 대기적 실업

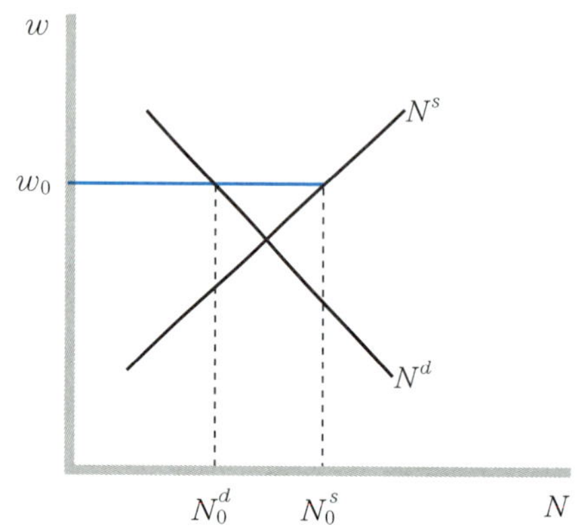

임금의 경직성 및 그에 따르는 노동할당에 의해 발생하는 실업을 대기적 실업이라고 한다. 이것은 근로자가 자신에게 맞는 직업을 활발하게 찾고 있기 때문에 실업이 발생하는 것이 아니라, 시장실질임금 수준에서 노동이 초과공급 상태에 있는 까닭에 자기에게 직업이 할당될 때까지 대기함으로써 발생하는 실업이다. 그림에서 보듯이 시장실질임금이 w_0로 주어져 있으면 노동공급(N_0^s)이 노동수요(N_0^d)를 초과하여 $N_0^d\,N_0^s$만큼의 대기적 실업이 발생한다.

케인즈학파는 마찰적 실업이나 구조적 실업을 제외한 경기적 실업을 설명하려면 실질임금이 노동시장의 균형을 유지하기 위해 신축적으로 조정된다는 고전학파의 가정을 포기해야 한다고 주장한다. 그들은 임금이 노동시장의 균형을 유지할 수 있는 수준보다 높은 수준에서 경직적으로 유지되면 실업이 발생한다고 생각한다.

임금의 경직성 및 그에 따르는 노동할당에 의해 발생하는 실업을 대기적 실업이라고 한다. 이것은 근로자가 자신에게 맞는 직업을 활발하게 찾고 있기 때문에 실업이 발생하는 것이 아니라, 시장실질임금 수준에서 노동이 초과공급 상태에 있는 까닭에 자기에게 직업이 할당될 때까지 대기함으로써 발생하는 실업이다. [그림 24-5]에서 보듯이 시장실질임금이 w_0로 주어져 있으면 노동공급(N_0^s)이 노동수요(N_0^d)를 초과하여 $N_0^d\,N_0^s$ 만큼의 대기적 실업이 발생한다.

제 3 절 임금경직성의 원인

1. 최저임금제

노동시장이 완전경쟁시장인 경우 최저임금제는 [그림 24-6]에 나타나 있다. 정부가 시장균형임금(W_c)보다 높은 수준에서 최저임금(W)을 설정하면 주어진 최저임금에서 노동공급이 노동수요를 초과하여 실업이 발생한다. 우리나라의 2005년 9월 현재 최저임금은 시간당 3,480원이다.

2. 노동조합의 존재: 내부자-외부자이론(insiders vs outsiders)

실질임금이 경직적인 이유로 노동조합의 존재를 강조하는 이론이다. 일반적으로 노동조합은 독점적 교섭력을 이용하여 실질임금을 시장균형임금 이상으로 책정하는 대신 기업으로 하여금 결정된 실질임금 수준에서 고용량을 결정하도록 함으로써 실업을 발생시킨다.

노동조합의 존재는 노동조합이 없는 다른 기업도 노동조합의 결성을 우려

그림 24-6 최저임금제

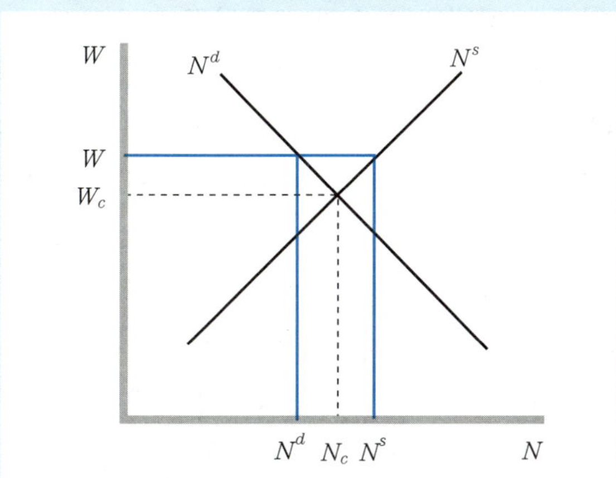

이 그림은 노동시장이 완전경쟁시장인 경우 최저임금제의 효과를 나타내고 있다. 정부가 시장균형임금(W_c)보다 높은 수준에서 최저임금(W)을 설정하면 주어진 최저임금에서 노동공급이 노동수요를 초과하여 실업이 발생한다.

하여 시장균형임금보다 높은 수준에서 임금을 결정하도록 영향을 미친다. 노동조합의 존재로 인한 실업의 발생은 노동조합원과 실업자 간의 이해의 상충을 보여주는 예이다. 이미 직업이 있고 노동조합에 가입한 근로자들은 그들의 임금을 시장균형임금보다 높게 책정함으로써 실업이 발생하도록 하며, 그로 인한 비용을 직업이 없는 실업자들이 감수하게 한다고 볼 수 있다.

3. 효율임금이론(efficiency wage theory)

효율임금이론은 실질임금의 경직성에 바탕을 두고 실업을 설명할 수 있는 이론으로서 케인즈학파가 가장 선호하는 이론이라고 할 수 있다. 효율임금이론이란 근로자의 생산성이 실질임금에 의존하며, 기업은 이윤을 극대화하기 위해서 실질임금을 시장균형임금보다 높은 수준으로 제공한다는 이론이다.

효율임금이론에 의하면 기업은 여러 가지 이유로 실질임금을 시장균형실질임금보다 높은 수준에서 결정한다. 첫째, 기업이 제공하는 실질임금이 높을수록 실질소득이 증가하게 되고, 실질소득이 증가하면 근로자의 영양상태와 건강이 향상된다. 근로자가 건강해지면 근로자의 생산성은 향상될 것이다. 이러한 사유는 경제발전론에서 먼저 제기된 것으로 저개발국에서 실질임금이 시장균형임금보다 높은 이유는 설명할 수 있지만 선진산업국에 적용하기는 어렵다고 할 수 있다. 둘째, 기업은 시장균형임금보다 높은 임금을 제시함으로써 근로자의 잦은 교체(turnover)를 방지할 수 있다. 근로자가 높은 실질임금을 제공하는 회사를 떠나면 보다 좋은 조건의 임금을 받기 어려우므로 회사를 떠나려 하지 않을 것이다. 근로자가 자주 교체되지 않으면 근로자를 고용하고 교육시키는 데 소요되는 비용을 절감할 수 있다. 셋째, 역선택 문제를 감소시킬 수 있다. 근로자의 의중임금이 높다는 것은 근로자 자신이 자신의 능력을 높이 평가하는 것으로 볼 수 있고, 반대로 의중임금이 낮다는 것은 자신의 능력을 낮게 평가하는 것으로 볼 수 있다. 따라서 기업은 보다 높은 임금을 요구하는 근로자를 고용함으로써 생산성이 낮은 근로자를 채용하게 될 가능성을 줄일 수 있다. 넷째, 도덕적 해이 문제를 감소시킬 수 있다. 임금이 낮으면 근로자들은 그들의 일에 최선을 다하지 않을 것이다. 그러나 시장임금보다 높은 임금을 제공하면 근로자들의 작업열의는 증가하고 태만한 근무태도가 감소할 것이다. 만약 근로자가 태만히 근무하다 발각되면 근로자는 좋은 직장을 잃게 되므로

그림 24-7 효율임금의 결정

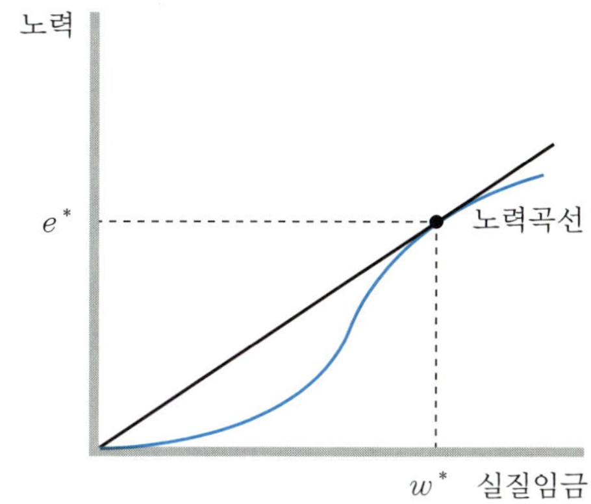

노력곡선은 단순히 우상향하는 형태라기보다는 S자형이라고 가정하자. 이 경우 실질임금이 매우 낮으면 근로자는 전혀 노력을 하지 않다가, 실질임금이 매우 낮은 수준에서 증가함에 따라서 노력을 서서히 증가시킨다. 실질임금이 특정 수준을 넘어서 계속해서 높아지면 근로자의 노력이 급격히 증가하기 시작하다가, 실질임금이 매우 높아지면 근로자의 노력은 그들의 능력을 최고도로 발휘하는 상태로 서서히 수렴해 간다. 기업은 이윤을 극대화하기 위해 (지불한) 실질임금당 효율 혹은 노력이 최대가 되는 임금을 지불하려고 할 것이다. 그림에서 보듯이 이러한 임금은 원점에서 그은 직선이 노력곡선과 접하는 점에서 결정된다. 따라서 효율임금과 노력은 (w^*, e^*)에서 결정될 것이다.

보다 열심히 근무할 것이다.

이상의 이유로 근로자의 노력 혹은 생산성은 실질임금의 증가함수라고 할 수 있다. 근로자의 노력과 실질임금과의 관계를 [그림 24-7]과 같이 나타내자. 그림에서 노력곡선은 단순히 우상향하는 형태라기보다는 S자형으로 나타나 있다. 실질임금이 매우 낮으면 근로자는 전혀 노력을 하지 않다가, 실질임금이 매우 낮은 수준에서 증가함에 따라서 노력을 서서히 증가시킨다. 실질임금이 특정 수준을 넘어서 계속해서 높아지면 근로자의 노력이 급격히 증가하기 시작하다가, 실질임금이 매우 높아지면 근로자의 노력은 그들의 능력을 최고도로 발휘하는 상태로 서서히 수렴해 간다.

기업은 이윤을 극대화하기 위해 (지불한) 실질임금당 효율 혹은 노력이 최대가 되는 임금을 지불하려고 할 것이다. [그림 24-7]에서 이러한 임금은 원점에서 그은 직선이 노력곡선과 접하는 점에서 결정된다. 따라서 효율임금과 노력은 (w^*, e^*)에서 결정될 것이다.

위에서 언급하였듯이 효율임금이론은 실질임금의 경직성을 설명할 수 있

그림 24-8 효율임금이론과 실업의 발생

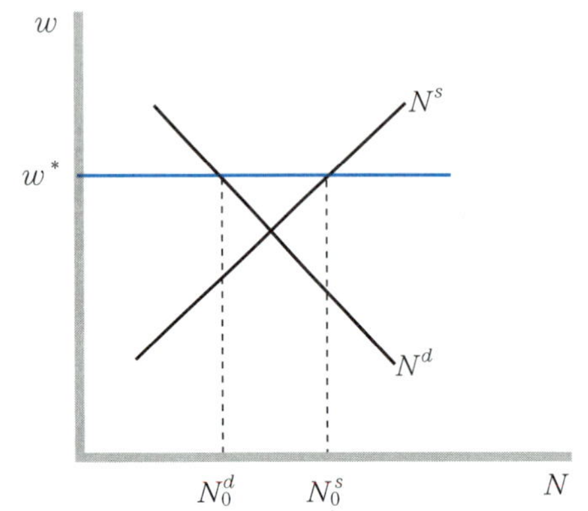

효율임금은 노력곡선에 의해 결정되므로 분석의 편의상 효율임금은 w^*수준에서 주어져 있다고 하자. 마찬가지로 근로자의 노력도 e^*수준에서 주어져 있다고 하자. 노동공급곡선은 통상적인 우상향 형태를 띠고 있다. 노동수요곡선은 노동의 한계생산을 나타내며, 근로자의 노력이 e^*로 주어진 상태에서 우하향하는 형태를 보인다. 노동수요와 노동공급을 결합하면 주어진 효율임금 w^*수준에서 노동수요는 N_0^d이고 노동공급은 N_0^s이므로 $N_0^d N_0^s$만큼의 실업이 발생할 것이다.

다. 기업이 이윤을 극대화하기 위해 실질임금당 효율을 극대화하는 수준에서 실질임금을 지불하므로 근로자의 노력곡선이 변화하지 않는 한 기업은 그들이 지불하는 실질임금을 변화시킬 유인이 없다. 따라서 실질임금은 경직적으로 유지될 것이다.

효율임금의 결과 실업이 발생하는 것을 [그림 24-8]로 설명할 수 있다. 효율임금은 노력곡선에 의해 결정되므로 분석의 편의상 효율임금이 w^*수준에서 주어져 있다고 하자. 마찬가지로 근로자의 노력도 e^*수준에서 주어져 있다고 하자. 그림에서 노동공급곡선은 통상적인 우상향 형태를 띠고 있다. 노동수요곡선은 노동의 한계생산을 나타내며, 근로자의 노력이 e^*로 주어진 상태에서 우하향하는 형태를 보인다(노동수요곡선은 일반적인 경우처럼 생산성이 증가하거나, 자본스톡이 증가하면 오른쪽으로 이동할 것이다. 추가적으로 노력곡선이 변화하여 최적노력수준 e^*가 증가하면 노동수요곡선이 오른쪽으로 이동할 것이다). 노동수요와 노동공급을 결합하면 주어진 효율임금 w^*수준에서 노동수요는 N_0^d이고 노동공급은 N_0^s이므로 $N_0^d N_0^s$ 만큼의 실업이 발생할 것이다. 이 상태에서는 낮은 임금을 받아들이려는 근로자들이 많더라도 임금이 하락하지 않는다. 그 이유는 현재의 실질임금이 기업의 이윤을 극대화하는 수준이므로 낮은 임금을 받아들일 용의가 있는 근로자를 기업이 고용하려고 하지 않기 때문이다. 따라서 근로자와 직업 간에 연결이 잘못되는 문제가 없다고 하더라도 실질임금이 균형보다 높은 수준에서 경직적으로 유지되므로 실업이 발생하게 된다.

그림 24-9 효율임금이론: 불황

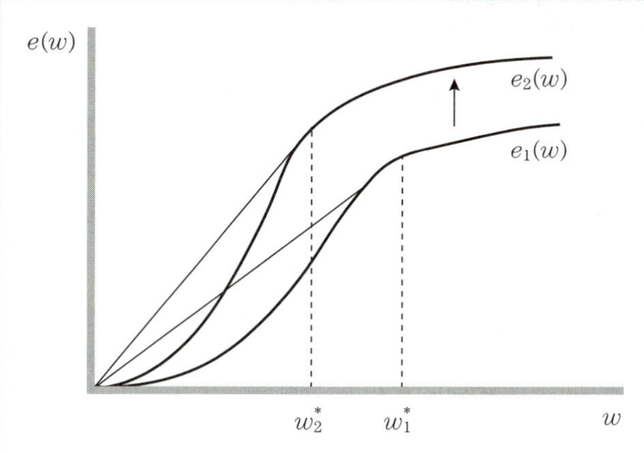

만약 근로자들이 호황기에 실직하는 것보다 불황기에 실직하는 것을 더 두려워한다면 특정수준의 근로자의 노력을 유발하는 실질임금 수준이 호황기보다는 불황기에 더 낮을 수 있다. 이 경우에 기업의 이윤을 극대화하는 효율임금은 하락한다.

주목해야 할 것은 효율임금이론이 시사하는 실질임금 수준이 경기변동과 무관하게 일정해야 할 필요는 없다는 것이다. 만약 근로자들이 호황기에 실직하는 것보다 불황기에 실직하는 것을 더 두려워한다면 특정수준의 근로자의 노력을 유발하는 실질임금 수준이 호황기보다는 불황기에 더 낮을 수 있다. 이 경우에 [그림 24-9]에서 보듯이 기업의 이윤을 극대화하는 효율임금은 하락한다. 따라서 실질임금은 불황기에는 하락하고 호황기에는 상승하여 경기순응적일 수 있다.

4. 장기계약이론

임금이 장기계약에 의해 제도적으로 고정된 경우에 임금의 경직성이 발생한다. 예를 들어서, 운동선수처럼 선수와 구단이 다년 동안의 연봉을 미리 정하는 경우 임금은 장기계약에 의해 고정될 수밖에 없다.

실질임금 경직성과 명목임금 경직성

원래 케인즈가 임금의 경직성을 제기하였을 때 그가 염두에 둔 것은 명목임금의 경직성이었고, 고전학파는 만약 임금이 경직적이기 때문에 단기적으로 실업이 발생한다면 그것은 실질임금이 경직적이기 때문이라고 주장하였다. 케인즈는 실질임금보다는 명목임금이 경직적이라고 보았으며, 보다 구체적으로는 명목임금이 하방경직적이라고 보았다. 그는 한 걸음 더 나아가 명목임금이 신축적이더라도 실업을 감소시키는 데 큰 도움이 되지 않을 것으로 보았다. 예를 들어서 명목임금이 하락하여 기업이 근로자의 채용을 늘리면 근로자의 소득이 증가하게 된다. 소득이 증가함에 따라 저축이 증가하지만 투자가 따라서 증가하지 않으면 결국 생산은 감소하고 실업은 다시 증가하게 된다.

1970년대 이후 새케인즈학파는 고전학파의 비판을 받아 들여 미시경제학적 기초에 바탕을 둔 경직적 임금이론을 개발하게 된다. 그러나 역설적으로 그들이 개발한 이론은 장기계약이론을 제외하고는 거의 대부분 실질임금의 경직성을 설명하는 모형이다. 그나마 장기계약이론은 상대적으로 미시경제학적 기초가 취약한 이론이라고 할 수 있다. 장기계약이론은 현실적으로 장기계약이 존재한다는 사실에서 출발하지만 장기계약이 어떤 이유로 근로자와 사용자 간의 최적화에 기인하는가는 설명하지 않고 있다.

효율임금이론과 포드자동차

래프와 써머스는 효율임금이론의 예로서 1914년 포드자동차가 당시의 시장균형임금보다 훨씬 높은 임금을 지불했던 사례를 제시하고 있다. 포드자동차는 당시 근로자들의 일당이 $2~$3였음에도 불구하고 일당 $5을 지불하였다. 헨리 포드는 후일 이 정책으로 비용을 절감할 수 있었다고 술회하였다. 이 말은 얼핏 앞뒤가 맞지 않는 것처럼 보이지만 포드는 효율임금이론을 실행했다고 볼 수 있다. 포드는 시장균형임금보다 높은 임금을 지불함으로써 생산성을 증대시킬 수 있음을 알고 있었다고 볼 수 있다.

	1913	1914	1915
교체율(%)	370	54	16
해고율(%)	62	7	0.1

표에서 연교체율 370%는 월 약31%의 근로자가 회사를 떠나는 것을 의미한다(31%×12

월=연370%). 표에서 높은 임금을 지불한 1914년 이후 교체율, 해고율이 급격히 감소하였음을 알 수 있다. 또한 당시 기록에 의하면 1914년 이래 결근률은 75% 감소하였고, 근로열의는 증가하여, 생산성이 비용상승을 웃돌 정도로 향상되었다고 한다.

Raff Daniel M. G. and Lawrence H. Summers, "Did Henry Ford Pay Efficiency Wages?" *Journal of Labor Economics* 5, October 1987, pp. S57–S86.

제 4 절 자연실업률(natural rate of unemployment)

1. 노동시장의 동학

경제활동인구가 일정한 경우 노동시장의 동태적 변화를 간단하게 모형화하면 [그림 24-10]과 같다. 보다 일반적으로 경제활동인구가 변화하는 경우 노동시장의 동태적 변화는 [그림 24-11]과 같다. 이 그림에서 이동(1)의 예로는 운동선수가 A팀에서 B팀으로 실업상태를 거치지 않고 바로 소속팀을 옮기는 경우를 들 수 있다. 이동(4)는 실업자가 직업을 구하기를 포기하고 비경제활동인구로 이동하는 것을 나타내고, 이동(5)는 비경제활동인구에 있던 학생이나 주부 등이 직업을 구하려고 하지만 아직 직업을 구하지 못한 경우를 나타낸다. 이동(6)의 예로는 대학생이 학교를 졸업한 후 곧바로 취업하거나, 가정주부가 실업상태를 거치지 않고 바로 취업을 하는 경우를 생각해 볼 수 있다. 이동(7)의 예로는 취업상태에 있던 여자근로자가 가사에 복귀하거나, 취업하고 있던 사람이 교육을 더 받기 위해 학업에 복귀하는 경우 등을 들 수 있다. 이 모형에서 총이직은 이동(1), (2), (7)을 포함하고, 총입직은 이동(1), (3), (6)을 포함한다. 여기서 주목해야 할 사실은, 위의 모형은 비경제활동인구로의 이동도 고려하므로 취업(고용)의 변화는 실업의 변화와 정확히 반대는 아니라는 것이다.

그림 24-10 노동시장의 동학 Ⅰ: 경제활동인구가 일정한 경우

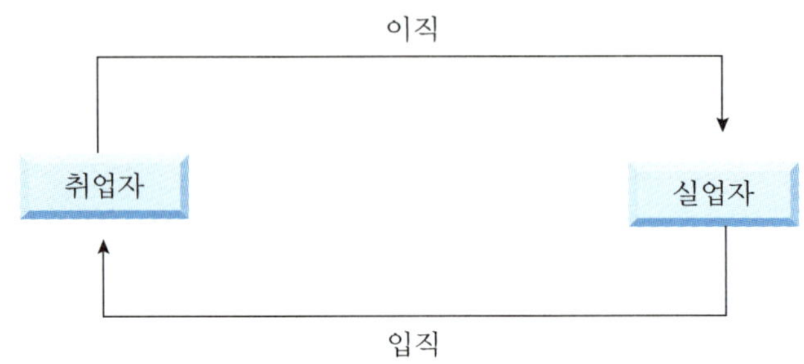

이 그림은 경제활동인구가 일정한 경우 노동시장의 동태적 변화를 간단하게 묘사하고 있다.

그림 24-11 노동시장의 동학 Ⅱ: 경제활동인구가 변하는 경우

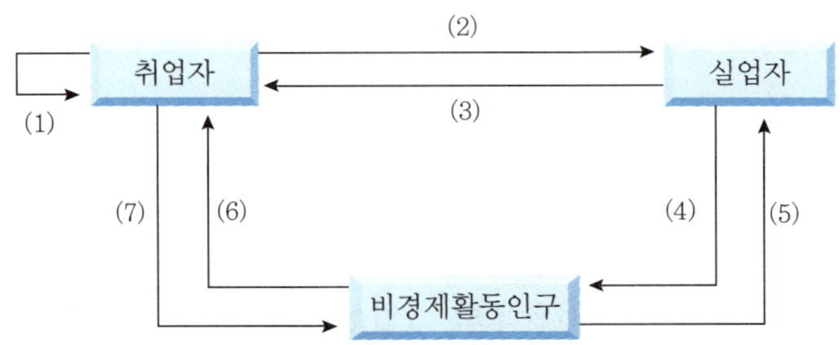

이 그림은 일반적으로 경제활동인구가 변화하는 경우 노동시장의 동태적 변화를 모형화 한 것이다. 이 모형에서 총이직은 이동(1), (2), (7)을 포함하고, 총입직은 이동(1), (3), (6)을 포함한다. 주목해야 할 사실은, 이 모형은 비경제활동인구로의 이동도 고려하므로 취업(고용)의 변화는 실업의 변화와 정확히 반대는 아니라는 것이다.

2. 자연실업률이란?

자연실업률이란 경기변동상의 평균실업률로 정의될 수 있다. 그러나 보다 엄밀하게 정의하면 자연실업률이란 인플레이션을 가속 혹은 감속시키지 않는 수준의 실업률을 나타낸다. 따라서 필립스곡선에 비추어 보면 자연실업률 수준에서 기대인플레이션은 실제인플레이션과 동일하다.

자연실업률이 어떻게 결정되는지 간단한 모형을 통해 분석해 보자. 경제활동인구가 불변이라고 가정하면 정상상태는 취업자와 실업자의 숫자가 증가하거나 감소하지 않고 일정하게 유지되는 상태이다. 정의상 경제활동인구(L)는 취업자(E)와 실업자(U)의 합이므로 다음과 같이 쓸 수 있다.

$$L=E+U \qquad \cdots\cdots (24-1)$$

입직률을 f, 이직률을 s라고 하자. 일정 기간 동안 실업자 가운데 f비율이 취업을 하고, s비율이 직업을 상실하므로 취업자의 변화는 다음과 같다.

$$\Delta E=fU-sE \qquad \cdots\cdots (24-2)$$

정상상태에서 $\Delta E=0$이므로 다음 조건이 성립한다.

$$fU=sE=s(L-U) \qquad \cdots\cdots (24-3)$$

위의 식을 정리하면 다음과 같다.

$$U(f+s)=sL \qquad \cdots\cdots (24-4)$$

따라서 정상상태에서의 실업률은 다음과 같이 주어진다.

$$U/L=s/(f+s) \qquad \cdots\cdots (24-5)$$

그림 24-12 자연실업률의 결정

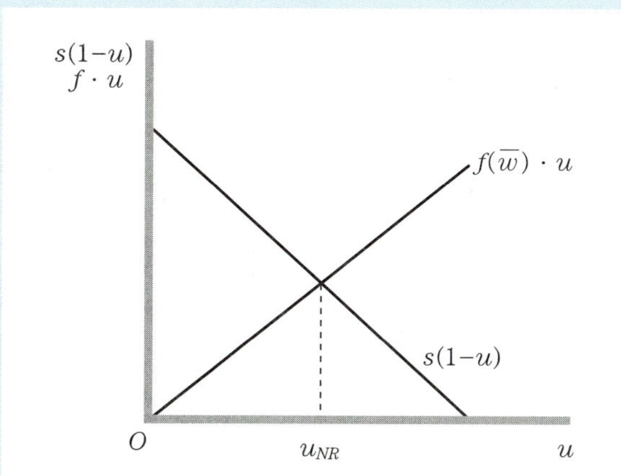

가로축이 실업률, 세로축이 입직, 이직을 나타내면 이직곡선 $s(1-u)$는 우하향하고, 입직곡선 $f(\overline{w})u$는 원점에서 출발하고 주어진 의중임금 수준에서 기울기가 f인 직선이 된다. 일반적으로 의중임금이 높을수록 의중임금을 초과하는 직업을 구할 확률이 감소하므로 입직률은 의중임금의 감소함수이다. 자연실업률은 두 곡선이 만나는 점에서 결정된다.

이와 같이 결정된 실업률을 자연실업률로 볼 수 있다. 위의 식은 입직률이 높을수록 또는 이직률이 낮을수록 자연실업률이 낮아짐을 시사한다.

식 (24-3)의 양변을 L 로 나누면 $s(1-u)=fu$가 성립한다(u는 실업률). 즉, 이직($s(1-u)$)과 입직($f(\overline{w})u$)이 같을 때 자연실업률을 구할 수 있다. 가로축이 실업률, 세로축이 입직, 이직을 나타내면 이직곡선 $s(1-u)$는 우하향하고, 입직곡선 $f(\overline{w})u$는 원점에서 출발하고 주어진 의중임금 수준에서 기울기가 f인 직선이 된다. 일반적으로 의중임금이 높을수록 의중임금을 초과하는 직업을 구할 확률이 감소하므로 입직률은 의중임금의 감소함수이다. 자연실업률은 두 곡선이 만나는 점에서 결정된다. 이상의 분석은 [그림 24-12]에 나타나 있다.

실업급여의 증가와 자연실업률

실업급여가 증가하면 앞에서 보았듯이 의중임금이 상승한다. 의중임금이 증가하면 근로자가 직업을 선택할 가능성이 감소하므로 입직률 f가 감소한다. 입직률 f가 감소하면 [그림 24-13]에서 보듯이 입직곡선이 시계방향으로 회전하여 자연실업률이 증가한다.

그림 24-13 실업급여의 증가와 자연실업률

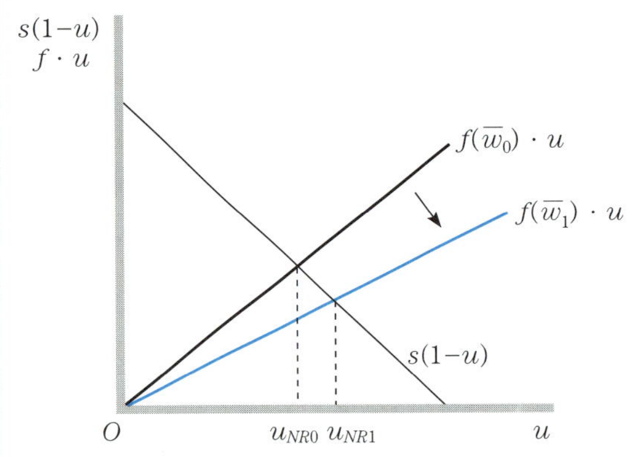

실업급여가 증가하면 의중임금이 상승한다. 의중임금이 증가하면 근로자가 직업을 선택할 가능성이 감소하므로 입직률 f가 감소한다. 입직률 f가 감소하면 입직곡선이 시계방향으로 회전하여 자연실업률이 증가한다.

3. 실질임금의 결정

자연실업률 수준에서 실질임금이 어떻게 결정되는가를 임금설정방정식과 가격설정방정식을 도출하여 분석해 보자.

임금설정방정식

임금설정방정식이 다음과 같이 주어진다고 하자.

$$W = P^e F(\underset{-}{u}, \underset{+}{z}) \qquad \cdots\cdots \ (24-6)$$

위의 식에서 P^e는 기대물가수준, u는 실업률을 나타내고 z는 임금에 긍정적 영향을 주는 다른 모든 요인들을 나타낸다. 임금설정방정식에서 명목임금은 기대물가수준에 비례한다. 근로자들은 그들이 받는 명목임금보다는 실질구매력을 나타내는 실질임금에 관심을 가지고 있고, 기업은 그들이 지불하는 명목임금보다는 그들이 판매하는 제품가격 대비 명목임금 즉 실질임금에 관심이 있다. 따라서 근로자와 기업은 임금을 설정할 때 물가수준을 고려한다. 현실적으로는 임금계약을 할 때 계약기간 동안의 실제물가수준을 알 수 없으므로 기대물가수준에 기초하여 계약을 체결할 것이다.

실업률도 임금결정에 영향을 미친다. 실업률이 증가하면 근로자들의 교섭력이 떨어지므로 임금이 하락한다. 노동조합, 실업보험, 최저임금 등은 실질임금을 증가시키는 요인(z)들이라고 할 수 있다. 또한 부문간 충격과 같은 구조적 조정이 발생하면 신규 직업의 창출과 기존 직업의 파괴 등이 발생하여 취업과 실업 간의 이동이 활발해진다. 따라서 주어진 실업수준에서 실업자가 직업을 구할 확률이 커지므로 근로자의 교섭력이 커지고 임금은 상승한다.

분석의 편의상 기대물가수준이 실제물가수준과 같다고 가정하면 임금설정방정식은 다음과 같다.

$$\frac{W}{P} = F(u, z) \qquad \cdots\cdots \ (24-7)$$

임금설정방정식에서 실질임금과 실업률은 역관계를 가지므로 임금설정방정식(WS)은 [그림 24-14]에서 보듯이 실질임금－실업률 평면에서 우하향한다.

가격설정방정식

기업의 이윤극대화 조건을 살펴보면 다음과 같다. 기업의 이윤은 노동을 1단위 고용할 때 발생하는 한계비용과 그로 인한 한계수입이 일치할 때 극대화된다. 노동을 1단위 고용할 때 발생하는 한계비용은 명목임금이다. 한편 노동 1단위로부터 발생하는 한계수입은 노동의 한계생산과 기업이 생산하는 제품가격의 곱이다. 따라서 이윤이 극대화되려면 $P \times MPL = W$가 성립해야 한다. 그런데 일반적으로 완전경쟁시장에서는 P가 W/MPL 수준에서 주어지지만 불완전경쟁시장에서는 기업이 W/MPL에 가산율(마크업: μ)을 부과하여 가격을 설정하므로 일반적으로 가격결정방정식은 다음과 같이 나타낼 수 있다.

$$P = (1+\mu)W/MPL \qquad \cdots\cdots (24-8)$$

제품 한 단위를 생산하려면 $1/MPL$의 근로자가 필요하므로 제품 한 단위를 생산하는 데 필요한 비용은 W/MPL이 된다. 따라서 식 (24-8)은 기업이 제품 한 단위를 생산하는 데 필요한 비용과 적정 이윤율을 곱하여 제품 한 단위의 가격을 설정함을 나타낸다. 이 식을 다시 쓰면 다음과 같다.

$$\frac{W}{P} = \frac{MPL}{1+\mu} \qquad \cdots\cdots (24-9)$$

그림 24-14 임금설정방정식

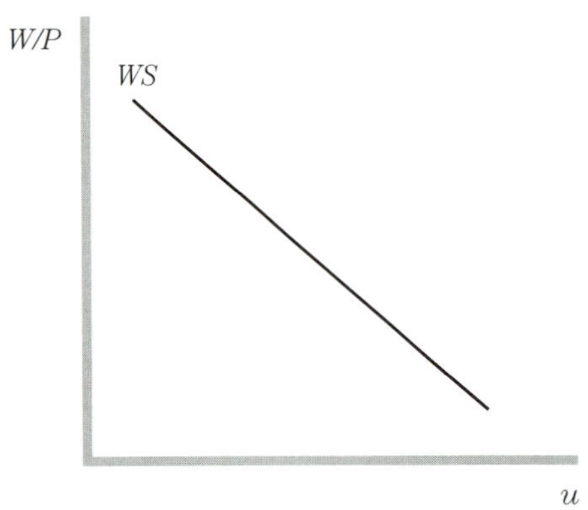

임금설정방정식이 다음과 같이 주어진다고 하자.

$$\frac{W}{P} = F(u, z)$$

P는 실제물가수준, u는 실업률, z는 임금에 긍정적 영향을 주는 다른 모든 요인들을 나타낸다. 임금설정방정식에서 실질임금과 실업률은 역관계를 가지므로 임금설정방정식(WS)은 우하향한다.

그림 24-15 가격설정방정식

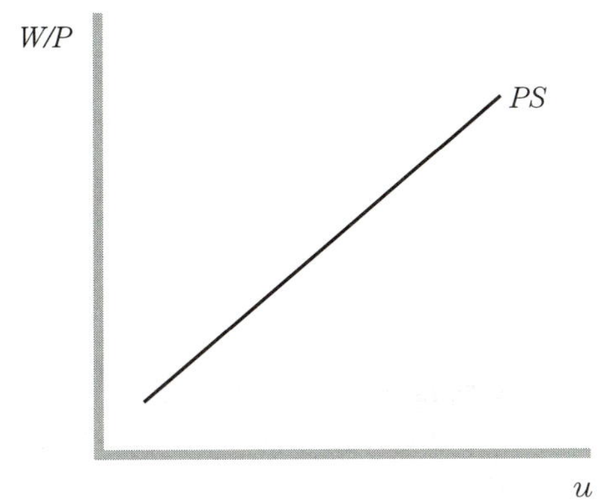

기업의 이윤극대화 조건으로부터 도출한 가격설정방정식이 다음과 같이 주어진다고 하자.

$$\frac{W}{P} = \frac{MPL}{1+\mu}$$

노동의 한계생산이 체감한다면, 실업률(고용)이 증가(감소)할수록 노동의 한계생산이 증가하므로 가격설정방정식(*PS*)은 우상향하는 곡선이 된다.

그림 24-16 자연실업률의 결정

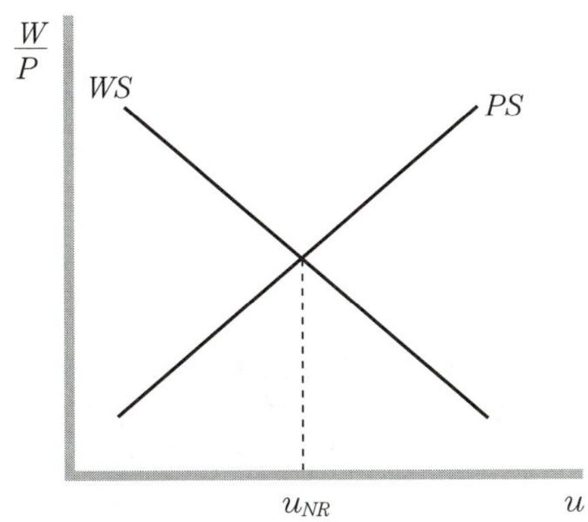

노동시장의 균형을 나타내는 자연실업률은 임금설정방정식과 가격설정방정식이 만나는 점에서 결정된다. 그림에서 임금설정방정식은 실질임금의 감소함수로, 가격설정방정식은 실질임금의 증가함수로 나타난다.

노동의 한계생산이 체감한다면 실업률(고용)이 증가(감소)할수록 노동의 한계생산이 증가하므로 가격설정방정식(*PS*)은 [그림 24-15]에서 보듯이 우상향하는 곡선이 된다.

임금설정방정식과 가격설정방정식을 결합함으로써 노동시장의 균형을 나타내는 자연실업률을 결정할 수 있다. 자연실업률은 [그림 24-16]에서 보듯이 임금설정방정식과 가격설정방정식이 만나는 점에서 결정된다.

만약 실질임금에 영향을 주는 z가 증가하면 임금설정방정식이 상향이동한

그림 24-17 임금설정방정식의 이동과 자연실업률

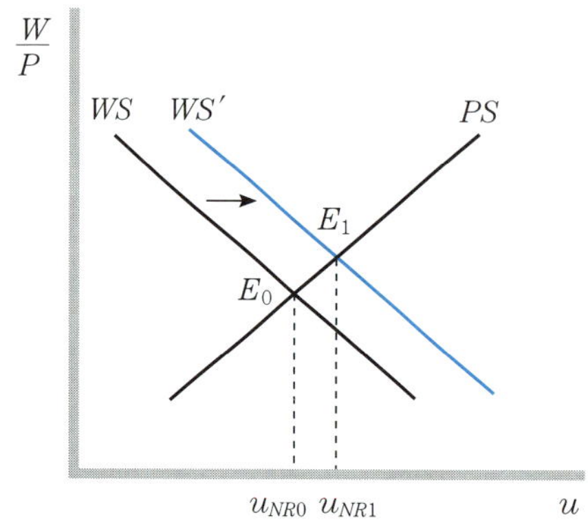

실질임금에 영향을 주는 z가 증가하면 임금설정방정식이 상향이동한다. 임금설정방정식이 상향이동하면 자연실업률이 증가(E_0 → E_1)하고 실질임금이 상승한다.

그림 24-18 가격설정방정식의 이동과 자연실업률

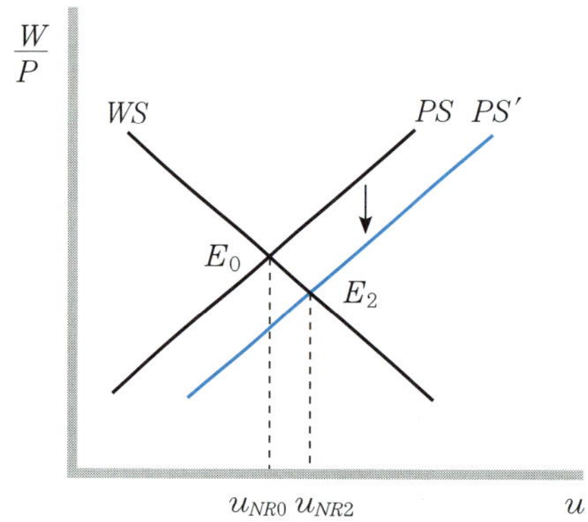

기업의 독점력이 증가하면 가산이윤율(μ)이 상승하게 된다. 이 경우에는 가격설정방정식이 하향이동하게 된다. 가격설정방정식이 하향이동하면 자연실업률이 증가(E_0 → E_2)하고 실질임금이 하락한다.

다. [그림 24-17]과 같이 임금설정방정식이 상향이동하면 자연실업률이 증가하고 실질임금이 상승한다($E_0 \to E_1$). 만약 기업의 독점력이 증가하면 마크업(μ)이 상승하게 된다. 이 경우에는 가격설정방정식이 하향이동하게 된다. [그림 24-18]에서 보듯이 가격설정방정식이 하향이동하면 자연실업률이 증가하고 실질임금이 하락한다($E_0 \to E_2$).

이상의 분석을 이용하여 자연실업률 수준의 고용을 구할 수 있다. 실업률은 다음과 같이 주어진다.

$$u=\frac{U}{L}=\frac{L-E}{L}=1-\frac{E}{L} \qquad \cdots\cdots (24-10)$$

고용을 실업률의 함수로 나타내면 다음과 같다.

$$E=L(1-u) \qquad \cdots\cdots (24-11)$$

따라서 위의 식에 자연실업률 수준을 대입하면 자연실업률 수준의 고용을 구할 수 있다. 예를 들어서 경제활동인구가 2,000만명이고, 자연실업률이 5%이면, 자연실업률 수준의 고용은 1,900만명임을 알 수 있다.

4. 완전고용하에서 실업률이 0보다 큰 이유는?

완전고용하에서 실업률이 0보다 큰 근본 이유는 마찰적 실업과 구조적 실업 때문이라고 할 수 있다. 경제가 비록 완전고용 하에 있더라도 노동시장에 관한 정보가 불완전하기 때문에 마찰적 실업이 발생할 수밖에 없고, 완전고용 실업률은 0보다 크게 된다. 완전고용 실업률이 0보다 큰 또 다른 이유는 구조적 실업을 들 수 있다. 비록 경제가 총체적으로는 완전고용을 달성하고 있더라도 동태적인 현대 자본주의 경제에서는 항상 신흥 성장산업과 사양산업이 있기 마련이다. 아무리 성장산업일지라도 그 산업의 실업률이 음의 값을 가질 수는 없는 데 반해 사양산업에서는 실업이 발생하므로 경제전체의 완전고용 실업률은 0보다 크게 된다.

제 5 절 유럽의 고실업 문제

[표 24-1]는 OECD 주요국의 실업률을 보고하고 있다. 표에서 보듯이 현재는 유럽국가들의 실업률이 미국보다 훨씬 높지만 1980년대 전반까지는 유럽국가들의 실업률은 미국보다 높지 않았다. 1980년 이후 유럽과 미국의 실업률 변화를 요약하면 다음과 같다.

표 24-1 주요국의 실업률 동향

(단위: %)

	1980-84	1985-89	1990	1994-96	1997	1998	1999	2000	2001	2002	2003	2004	2005
미 국	8.3	6.2	5.6	5.7	4.9	4.5	4.2	4.0	4.7	5.8	6.0	5.5	5.1
영 국	9.5	9.4	6.9	8.6	6.8	6.1	5.9	5.4	5.0	5.1	4.9	4.7	4.7
독 일	7.0	7.8	4.8	8.3	9.2	8.8	7.9	7.2	7.4	8.2	9.1	9.5	9.5
프랑스	7.9	10.1	8.5	11.5	11.5	11.1	10.5	9.1	8.4	8.9	9.5	9.6	9.5
스페인	15.9	19.6	13.0	18.6	16.7	15.0	12.5	11.1	10.3	11.1	11.1	10.6	9.2
일 본	2.4	2.6	2.1	3.2	3.4	4.1	4.7	4.7	5.0	5.4	5.3	4.7	4.4

자료: OECD, Employment Outlook 2006.

- 유럽과 미국 모두 1970년대에 실업률의 증가를 경험하였는데, 이것은 주로 제1차 및 제2차 오일쇼크 등 공급충격에 기인한다. 그러나 이 기간 동안 유럽연합 15개국의 평균실업률과 미국의 실업률을 비교하면 유럽연합의 실업률이 미국보다 상당히 낮았다.
- 1980년대 초반 유럽과 미국의 실업률은 상승하였는데, 이것은 긴축적 통화정책을 통한 반인플레이션(disinflation) 정책에 기인한다. 이 기간에는 유럽과 미국의 실업률이 거의 비슷한 수준을 유지한다.
- 1982년 이후 미국은 레이건 정부가 확장적 재정정책을 실시한 결과 실업률이 지속적으로 하락하였으나, 유럽연합은 계속해서 긴축적 통화 및 재정정책을 실시하였고 실업률은 계속 높은 수준을 유지했다. 그 결과 1990년대 후반에 독일, 프랑스의 실업률은 전후 최고의 수준을 기록한 반면, 미국(과 영국)의 실업률은 1980년대 이후 가장 낮은 수준을 기록하고 있다. 주목할 만한 사실은 1980년대 이후 유럽의 실업률이 높은 수준을 유지하고 있는 동안 유럽의 인플레이션율은 비교적 안정적이었다는 것이다. 이것은 유럽의 높은 실업률이 자연실업률에서 크게 벗어나지 않는다는 것을 시사한다.

물론 유럽의 모든 국가의 실업률이 높은 것은 아니다. 룩셈부르크, 오스트리아, 포르투갈 등의 실업률은 여타 유럽국가와는 달리 상당히 낮은 수준을 유지하고 있다. 또한 유럽 이외의 지역에서도 예를 들면 캐나다, 오스트레일리아의 경우에는 실업률이 상당히 높다. 따라서 유럽의 실업률이 높다고 단순히 말할 수는 없지만 유럽연합 평균실업률이 높은 것은 사실이다. 그러면 유럽연합의 평균실업률이 높은 이유는 무엇인가?

우선 생각해 볼 수 있는 것은 유럽경화증(Eurosclerosis)이라고 불리는 유럽 노동시장의 경직성이다. 유럽 노동시장의 경직성을 나타내는 특성들은 다음과 같다.

- 임금은 노동비용의 일부일 뿐이다. 기업은 임금 이외에 사회보장, 연금 등을 지불해야 하고, 이런 비용은 미국과 비교하여 유럽이 훨씬 크다.
- 기업이 근로자를 해고하는 데 비용이 많이 소요된다. 기업은 근로자를 해고하기 위해 길고 복잡한 법적인 과정을 거쳐야 하고, 해고가 허용되더라도 거액의 전별금(severance payments)을 지불해야 한다. 이것은 해고비용을 높일 뿐만 아니라 기업이 근로자를 고용함에 있어서 매우 신중하도록 만든다.
- 유럽의 노동조합은 미국보다 훨씬 강력하다.
- 유럽의 경우에는 실업급여의 지급수준이 높고, 자격조건이 덜 엄격하며, 지급기간이 장기화되어 실직자의 입직 유인이 크게 감소하는 실업함정(unemployment trap)현상이 심화되고 있다.
- 유럽의 평균임금 대비 최저임금이 상대적으로 높고, 이것은 미숙련 근로자의 취업을 오히려 낮추고 있다.

이상의 Eurosclerosis현상은 앞에서 배운 임금설정방정식에서 z를 상승시키는 요인으로 작용하는 동시에 가격설정방정식에서 임금비용에 가산하는 가산율 혹은 마크업(μ)을 증가시키는 역할을 하므로 [그림 24-17]과 [그림 24-18]에서 살펴본 것처럼 자연실업률을 높이게 된다.

그러나 유럽의 고실업 문제를 노동시장의 경직성으로 설명하는 데 대한 반론도 있다. 그 이유는 유럽 노동시장의 경직성이 어제 오늘의 문제는 아니라는 것이다. 유럽 노동시장의 경직성은 유럽의 실업률이 미국보다 낮았던 1970년대에도 존재했던 현상이다. 오히려 1980년대 이후 유럽 노동시장의 경직성은 완화되고 있다. 따라서 유럽의 고실업 문제를 노동시장의 경직성에서 찾으려면, 1980년대 이후 세계경제는 급격히 변화하고 경쟁은 심화되어 급격한 구조개혁을 요구하고 있는 데 비해, 유럽 노동시장의 경직성이 완화되는 속도는 거기에 미치지 못한다는 것을 보여야 한다. 그러나 유럽이 상대적으로 1980년대 이후 급격한 구조개혁을 겪고 있다는 증거는 없다.

Eurosclerosis에 대한 대안으로 블랑샤드와 써머스는 hysteresis(이력현상)

라는 가설을 제시하고 있다. 앞에서 제시하였듯이 1980년대 중반 이후 미국의 실업률은 낮아졌음에 비해 유럽의 실업률은 계속해서 높은 수준을 유지하고 있다. 만약 유럽의 높은 실업률이 긴축정책으로 인한 일시적인 경기불황 때문에 자연실업률보다 높아진 것이라면 필립스곡선에 비추어 볼 때 인플레이션율이 크게 감소해야 한다. 그러나 유럽의 인플레이션율은 큰 변화가 없었다.

이것은 거의 모든 나라에서 10%를 상회하는 유럽의 고실업률은 일시적인 경기불황으로 인한 것이라기보다는 이력현상으로 인한 현상임을 시사한다. 이력현상이란 어떤 변수가 그 변수의 과거역사에 의존함을 의미한다. 노동경제학에서는 실업률이 일정 기간 높아지면 자연실업률도 높아지게 되는 현상을 이력현상이라고 부른다.

그러면 실업률은 어떻게 자연실업률에 영향을 미칠 수 있는가? 우선 실업이 발생하면 정부는 실업으로 인한 고통을 덜어주기 위해 많은 실업혜택을 제공하게 된다. 실업혜택이 증가하면 [그림 24-4]에서 보았듯이 근로자의 의중임금이 상승하고, 근로자의 의중임금이 상승하면 입직률이 떨어진다. 입직률이 떨어지면 [그림 24-13]에서 보았듯이 자연실업률이 증가한다. 이것을 임금설정방정식과 가격설정방정식을 이용해서 설명할 수도 있다. 실업혜택이 증가하면 앞의 임금설정방정식에서 z가 증가하고, 이것은 [그림 24-17]에서 보았듯이 자연실업률을 높이게 된다.

실업이 자연실업률에 영향을 주는 또 다른 요인은 실업의 장기화에서 찾을 수 있다. 실업이 장기화되면 근로자는 기술과 작업습관 등을 상실하게 된다. 따라서 기업은 장기실업자를 고용하지 않으려고 하게 되고, 장기실업자는 구직활동을 포기하게 된다.

장기실업자는 자연실업률을 높이는 역할을 한다. 예를 들어서 장기실업자가 더 이상 쓸모없는 근로자가 되면 그들의 존재는 노사간 임금협상에 전혀 영향을 미칠 수 없게 된다. 사용자는 장기실업자를 빌미로 그들이 고용하고 있는 근로자들에게 저임금을 받아들이라고 위협할 수 없다. 그들이 고용하고 있는 근로자들은 장기실업자들이 그들을 대체할 수 없다는 것을 잘 알고 있기 때문이다.

장기실업자가 임금결정에 영향을 미칠 수 없으면 실업자 가운데 장기실업자의 비중이 높아질수록 주어진 실업률이 임금에 미칠 수 있는 영향이 감소하고, 그 결과 임금은 상승하게 될 것이다. 장기실업자의 비중이 높아질수록 [그

실업보험과 관련한 실증분석 및 개선방안

카쯔와 메이어의 연구에 의하면 실업보험의 혜택이 만료되는 시점에 입직률이 2~3%에서 5~6%로 상승하였다. 이러한 사실은 실업보험이 실업률을 증가시키는 효과가 있음을 시사한다.

우드베리와 스피겔만은 실업보험을 신청한 사람 중 일부에게 11주 이내에 직업을 구하면 $500의 보너스를 지불하기로 하고, 또 다른 사람들에게는 아무런 유인을 제공하지 않고 두 그룹을 관찰한 결과, 평균실업기간이 첫 번째 그룹은 17주, 두 번째 그룹은 18.3주라는 것을 발견하였다. 이것은 보너스를 지불함으로써 보너스를 지불하지 않는 경우에 비해 실업기간을 평균 7% 감소시킬 수 있음을 의미한다.

Katz, Lawrence F. and Bruce D. Meyer, "The Impact of the Potential Duration of Unemployment Benefits on the Duration of Unemployment," *Journal of Public Economics*, Feb. 1990, V. 41, pp. 45－72.

Woodberry, Spiegelman, "Bonuses to Workers and Employers to Reduce Unemployment: Randomized Trials in Illinois," *American Economic Review* 77, Sep. 1987, pp. 513－530.

위의 분석들이 시사하듯이 실업보험제도는 고의적인 실업, 구직활동 태만 등 도덕적 해이 문제를 유발한다. 도덕적 해이 문제를 해결하기 위해서 여러 가지 방안들이 제시되고 있는데 미국의 일부 주에서는 실직한 첫 주일에는 실업급여를 지급하지 않거나 실업기간에 비례하여 실업급여액을 감소시키는 등의 대책을 제시하고 있다.

실업보험제도의 대안으로서 노동시간 공유제도(job sharing system)가 제시되고 있다. 노동시간 공유제도란 근로자들의 근무시간을 줄이는 대신 고용을 늘리는 제도를 말한다. 예를 들어서, 주당 800시간을 필요로 하던 회사가 주당 600시간의 노동을 필요로 하는 경우, 15명의 근로자가 주당 40시간을 일하게 하기보다 기존의 20명의 근로자가 주당 30시간을 일하게 하는 제도를 말한다. 그러나 근로시간 축소를 통해 고용을 늘리려는 노동시간 공유제도는 교육훈련비, 사무용품비, 연금 등 고정비용을 감소시키지 않기 때문에 비용절감 효과가 적다. 따라서 시간당 노동생산성에 변함이 없더라도 근로자들의 주당 임금이 근로시간 감소폭보다 더 큰 폭으로 낮아져야만 기업이 이 제도를 받아들이려고 함에 반해 근로자들은 대폭적인 임금삭감을 받아들이려고 하지 않는 문제점이 있다.

림 24-17]에서 본 것처럼 임금설정방정식이 위로 이동하여 자연실업률이 증가하게 된다.

이상의 이유로 자연실업률이 증가하면, 실업률이 장기간 높으면서 장기실업자의 비중도 큰 경제가 높은 실업률과 안정적 인플레이션을 동시에 겪게 되는 현상을 설명할 수 있다. 예를 들어서 실업률이 10%이고 장기실업자로 인한 실업률이 7%라면 임금결정에 관련이 되는 실업률은 3%에 불과하고, 이 경제는 사실상 노동시장이 매우 타이트(tight)하여 임금과 물가수준이 상승압력을 받을 수 있다.

종합하면 실업률이 장기간 높은 상태를 유지하면 장기실업자의 비중이 증가하게 되고, 장기실업자가 점점 쓸모 없는 근로자가 되면 동일한 실업률이라도 임금 및 물가수준 하락압력으로 작용하는 힘이 점점 작아진다.

만약 이력현상으로 인해 자연실업률이 높아지면 자연실업률의 감소를 위해서는 생산과 고용을 늘리는 총수요정책과 근로자의 해고비용을 줄이고, 노동조합, 기업, 정부가 서로 임금상승, 물가상승의 악순환의 고리를 끊는 공급정책을 사용해서 실업률을 상당기간 낮추어야 한다.

스페인의 고실업

본문의 [표 24-1]에서 본 것처럼 1980-90년대 스페인의 실업률은 유럽연합 국가 가운데에서도 매우 높은 수준이었다. 스페인이 이처럼 고실업을 겪은 이유는 무엇인가?

스페인은 프랑코 총통하에서 약 40년간 독재정치를 경험하다가 1975년 그가 사망하면서 그 동안 억눌렸던 노동자의 임금인상 요구 분출을 경험하게 된다. 그 결과 1977년에는 물가상승률이 25%에 달하게 된다. 높은 인플레이션을 잡기 위해 통화당국은 1978년부터 10년 동안 긴축통화정책을 시행하게 된다. 반인플레이션 정책의 결과 1987년에는 인플레이션율이 5%로 하락하였지만 그 대가로 실업률은 20%에 이르게 된다. 1980년대 후반에는 유럽경제의 호황에 힘입어 실업률이 잠시 17%까지 하락하기도 했지만 그 이후 다시 25% 수준으로 상승하게 된다. 이처럼 높은 실업률에 대해 일부 통계의 신뢰성에 의문을 제기하는 견해가 있지만 지하경제에 참여하고 있는 근로자들을 고려하더라도 스페인의 실업률은 20%에 근접했던 것으로 보인다.

그러면 이처럼 높은 스페인의 실업률은 높은 자연실업률을 반영하는 것인가 아니면 일시적으로 실업률이 자연실업률을 크게 벗어났기 때문인가? 본문에서도 언급하였듯이 만약 실업률이 자연실업률에서 크게 벗어나서 높은 수준을 보이는 것이라면 인플레이션율이 하락해야 한다. 그러나 스페인의 인플레이션율은 1987년이나 그 이후나 거의 비슷한 수준을 보이고 있다. 이것은 스페인의 높은 실업률이 높은 자연실업률을 반영하는 것을 의미한다.

스페인의 자연실업률이 이처럼 높았던 이유는 무엇인가? 첫 번째 가능성은 본문에서 유럽의 고실업과 관련하여 언급한 것처럼 노동시장의 경직성, 특히 높은 해고비용을 생각해 볼 수 있다.

그러나 이 가설에 대한 반론은 본문에서도 언급한 것처럼 스페인에서도 노동시장의 경직성은 완화되는 추세였다는 것이다. 다음으로 생각해 볼 수 있는 것은 이력현상이다. 반인플레이션 정책의 결과 실업률이 상승했고, 이것이 장기간 지속되면서 자연실업률도 높아졌다는 것이다.

이처럼 스페인의 자연실업률이 높은 수준을 유지했음에도 불구하고 스페인에서 폭동이 발생하지 않은 이유는 무엇인가? 그것은 실업자의 상당부분이 청년층이었으며, 이들은 실업이 되더라도 가족의 도움을 받을 수 있었다는 것이다. 1994년의 경우 스페인의 16-19세 연령층의 실업률은 약 50%였다. 또한 경제전체 실업률은 25%에 달했지만 취업자가 전혀 없는 가계는 10%, 취업자는 물론 실업보험 혜택도 받지 못하는 가계는 5%에 불과하였다. 즉, 대부분의 실업자들은 취업자가 있거나 적어도 실업보험 혜택을 받고 있는 가족에게 의존했던 것이다.

제 6 절 맺 음 말

본 장에서는 실업과 관련된 기본 용어를 소개한 후 실업의 종류를 간단히 설명하였다. 고전학파는 임금이 신축적이라는 믿음하에 마찰적 실업과 구조적 실업을 중시하는 반면, 케인즈학파는 임금이 경직적인 경우 발생할 수 있는 경기적 실업과 대기적 실업의 중요성도 인정한다.

케인즈학파는 임금경직성의 원인으로 최저임금제, 내부자-외부자 문제, 효율임금이론, 장기계약이론 등을 제시하였다. 이 중 케인즈학파가 가장 선호하는 이론은 효율임금이론이라고 할 수 있다. 효율임금이론은 기업이 이윤을 극대화하기 위해 시장균형실질임금보다 높은 실질임금을 제공한다는 이론이다. 시장균형임금보다 높은 실질임금을 제공하면 기업은 근로자의 건강과 생산성을 향상시킬 수 있고, 근로자의 잦은 교체, 역선택, 도덕적 해이를 줄일 수 있다.

자연실업률은 장기적 균형실업률이며 인플레이션을 가속시키거나 감속시키지 않는 수준의 실업률로 정의된다. 자연실업률은 입직률이 낮을수록 또는 이직률이 높을수록 높아진다. 예를 들어, 실업급여가 증가하면 의중임금이 상승하고, 의중임금이 상승하면 근로자가 직업을 선택할 확률이 감소하여 입직직률이 낮아지고 자연실업률이 증가한다.

이력현상이란 어떤 변수가 그 변수의 과거역사에 의존함을 의미한다. 이력현상에 따르면 실업률이 일정 기간 높아지면 자연실업률도 높아진다. 이력현상으로 인해 자연실업률이 높아지면 자연실업률의 감소를 위해서는 생산과 고용을 늘리는 총수요정책과 근로자의 해고비용을 줄이고, 노동조합, 기업, 정부가 서로 임금상승, 물가상승의 악순환의 고리를 끊는 공급정책을 사용해서 실업률을 상당기간 낮추어야 한다.

부록 효율임금의 결정

기업은 이윤을 극대화하기 위해 근로자에게 제공하는 실질임금과 노동투입을 결정한다고 하자. 기업의 이윤함수는 다음과 같이 주어진다.

$$\pi = F(K, e(w)N) - wN$$

이윤을 극대화하기 위한 1계조건은 다음과 같다.

$$N : e(w) \cdot MP_{eN} = w$$

$$w : MP_{eN} \cdot e' \cdot N = N$$

위의 두 식을 합하면

$$\frac{w}{e} = MP_{eN} = \frac{1}{e'}$$

따라서 $\dfrac{\partial e/\partial w}{e/w} = 1.$

즉, 노동효율의 실질임금에 대한 탄력성이 1이 되도록 실질임금과 노동투입을 결정한다.

연습문제

본문에서 기업은 이윤극대화를 위해 효율임금곡선의 기울기($e(w)/w$)를 최대로 하는 실질임금을 제공한다고 분석하였다. 이 조건은 위에서 구한 조건($\dfrac{\partial e/\partial w}{e/w} = 1$)과 일치함을 증명하라.

연습문제 제24장

Questions and Practice

1. 다음 질문에 답하라.

(가) 직업을 구하는 데 평균 2달이 걸리면 월입직률은?

(나) 평균적으로 한 직업을 약 2년간 유지할 수 있다면 월이직률은?

(다) 매월 33.3%의 실업자가 실업자 풀을 빠져나가면 평균 실업기간은?

2. 월입직률이 70%, 월이직률이 3%이면 자연실업률은?

3. 근로자의 효율(e)은 실질임금(w)의 함수이며 $e=-0.125w+0.15w^2-0.005w^3$으로 주어진다고 하자.

(가) $w=5, 10, 14, 15, 16, 20, 25$일 때 w, e, e/w, w/e의 값을 표로 만들어라.

(나) 실질임금당 효율이 최대가 되는 실질임금 수준은?

(다) 수요가 감소할 때 기업이 실질임금을 삭감하면 실질임금당 효율은?

4. 이직률(s)이 증가하면 자연실업률이 높아지고, 입직률(f)이 증가하면 자연실업률이 낮아지는 것을 보여라.

5. 실업자들이 직업을 제공(offer)받을 확률이 상승할 때 이것이 의중임금과 자연실업률에 미치는 영향을 본문에서 사용한 그림을 이용하여 설명하라.

6. 임금소득에 대한 세율 인상이 의중임금과 자연실업률에 미치는 영향을 논하라.

7. 총요소생산성이 일시적으로 증가할 때, 이것이 실질임금, 고용, 실질이자율, 생산에 미치는 효과를 효율임금이론에 입각하여 논하라.

8. 임금설정방정식과 가격설정방정식을 사용하여 다음의 요인들이 자연실업률과 실질임금에 미치는 영향을 논하라.

(가) 실업보험금의 축소

(나) 노동시장에서 구조적 변화의 증가

(다) 독점금지법의 완화

(라) 최저임금의 인상

(마) 해고시 지급하는 전별금의 증가

(바) 장기실업을 제거하는 정책의 실시

25 인플레이션

모든 독일 사람들이 신을 믿지는 않는다. 그러나 분데스뱅크는 믿는다.

– 자크 드로

주요개념

인플레이션
화폐수량설
화폐의 중립성
화폐발행수입
인플레이션세
래퍼곡선
초인플레이션
중앙은행의 독립성
인플레이션의 비용
부의 분배효과
프리드만 효과
구둣굽비용
메뉴비용
조세왜곡효과
탄지-올리베라 효과
화폐환상
물가연동채권

C·H·A·P·T·E·R

25 인플레이션

단기적으로 물가상승의 원인은 크게 두 가지가 있다. 수요견인 인플레이션과 비용상승 인플레이션이 그것이다. 수요견인 인플레이션은 총수요곡선이 오른쪽으로 이동함으로써 물가수준이 상승하는 것을 의미하고, 비용상승 인플레이션은 총공급곡선이 왼쪽으로 이동함으로써 물가수준이 상승하는 것을 의미한다. 주목할 것은 수요견인 인플레이션의 경우에는 생산이 증가하고, 비용상승 인플레이션의 경우에는 생산이 감소한다는 것이다.

그러면 장기적으로 지속적인 물가상승의 원인은 무엇인가? 고전학파 및 케인즈학파 경제학자들은 장기적으로 인플레이션의 원인이 통화증가라는 사실에 별 이견을 가지고 있지 않다. 비우호적 공급충격에 의한 비용상승 인플레이션은 단기적으로는 물가를 상승시킬 수 있다. 그러나 비우호적인 공급충격은 단기적인 물가상승의 원인으로 볼 수는 있지만 지속적인 물가상승의 원인으로 보기는 어렵다. 그 이유는 비우호적인 공급충격은 물가를 상승시키면서 생산을 감소시키지만 현실적으로 생산은 대부분의 경제에서 장기적으로 증가하고 있기 때문이다.

제 1 절 통화와 인플레이션

1. 화폐수량설

미국의 피셔 및 영국의 케임브리지 학파가 제시한 교환방정식은 다음과 같다.

$$MV = PT \qquad \cdots\cdots \ (25-1)$$

위의 방정식에서 M은 통화량, V는 화폐의 거래유통속도, P는 물가수준, T는 거래량을 나타낸다. 교환방정식은 일정 기간 동안의 명목거래량(PT)을 주어진 통화량(M)으로 거래하려면 주어진 통화량이 얼마나 회전해야 하는가를 나타내는 항등식이다. 거래량은 측정하기가 쉽지 않으므로 거래량 대신 생산 혹은 소득을 사용하면 교환방정식을 다음과 같이 쓸 수 있다.

$$MV = PY \qquad \cdots\cdots \ (25-2)$$

이 방정식에서 V를 소득유통속도라고 부른다.

교환방정식 혹은 수량방정식은 특정한 형태의 화폐수요함수를 시사한다. 실질화폐수요가 실질소득에 비례한다면 실질화폐수요함수를 다음과 같이 쓸 수 있다.

$$(M/P)^d = kY \quad \cdots\cdots (25-3)$$

균형에서 화폐수요는 화폐공급과 동일하므로 다음 식이 성립한다.

$$(M/P) = kY \quad \cdots\cdots (25-4)$$

만약 $V=1/k$이면 위의 식을 다음과 같이 쓸 수 있다.

$$MV = PY$$

따라서 수량방정식은 화폐공급이 화폐수요와 동일하고, 실질화폐수요는 실질소득에 비례함을 의미한다. 소득유통속도가 일정하다면 수량방정식은 통화량이 변화할 때 명목GDP(PY)가 비례적으로 변화함을 암시한다. 한 걸음 더 나아가 실질소득이 생산요소와 기술수준에 의해 결정되고 소득유통속도가 일정하면 통화의 변화는 물가수준을 비례적으로 변화시킴을 알 수 있다. 따라서 수량방정식은 물가수준이 화폐공급에 비례함을 의미한다.

수량방정식을 시간에 대해 편미분하면 다음 식을 구할 수 있다.

$$\text{통화공급 증가율} + \text{유통속도 변화율} = \text{물가상승률} + \text{소득증가율} \quad \cdots\cdots (25-5)$$

이 식은 소득유통속도가 일정하고 소득증가율이 생산요소의 증가와 기술진보에 의존할 때 통화증가율이 인플레이션율을 결정함을 의미한다. 그러나 이와 같은 명제는 유통속도가 일정하고 실질소득이 통화와는 독립적으로 생산요소 및 기술수준에 의해 결정될 때 보다 잘 성립되므로 단기보다는 장기에 보다 적절한 명제라고 할 수 있다. 결국 장기적으로 인플레이션은 (언제나, 어디서나) 화폐적 현상이라고 할 수 있다.

2. 인플레이션과 이자율

물가수준이 안정되어 있으면 명목이자율은 실질이자율과 동일하다. 그러나 물가수준이 변화하면 제 3 장에서 설명하였듯이 명목이자율과 실질이자율 사이에는 다음의 관계가 성립한다.

$$R = r + \pi \qquad \cdots\cdots \ (25-6)$$

이것을 피셔방정식이라고 한다. 피셔방정식은 명목이자율의 변화가 두 가지 요인 즉, 실질이자율의 변화와 인플레이션율의 변화에 의존함을 의미한다.

위에서 사용된 실질이자율은 사후적으로 인플레이션율이 알려진 후에 계산할 수 있다. 그러나 사전적으로는 명목이자율을 설정할 때 임대차 기간 동안의 실제인플레이션율을 알 수 없으므로 임대차 기간 동안의 기대인플레이션율에 근거하여 사전적 실질이자율 혹은 기대실질이자율을 다음과 같이 구할 수 있다.

$$r^e = R - \pi^e \qquad \cdots\cdots \ (25-7)$$

사전적 실질이자율은 제20장에서 살펴보았듯이 상품과 서비스 시장의 균형조건에 의해 결정되므로 명목이자율은 기대인플레이션과 1 대 1 대응관계에 있게 된다. 이와 같은 인플레이션율과 명목이자율 간의 1 대 1 대응관계를 피셔 효과라고 부른다.

3. 명목이자율과 화폐수요

수량방정식은 실질화폐수요가 소득에 비례함을 시사하지만 보다 일반적으로 실질화폐수요는 소득뿐만 아니라 이자율에 의해 영향을 받는다. 제14장에서 분석하였듯이 화폐수요에 영향을 미치는 이자율은 실질이자율이 아니라 명목이자율이다. 이것을 이해하기 위해 편의상 개별가계가 보유할 수 있는 자산은 화폐와 채권 두 가지 밖에 없다고 가정하자. 화폐는 이자를 지불하지 않고 채권의 이자율은 R이라고 하자. 만약 인플레이션율이 0이면 두 종류의 투자가능 자산 간의 수익률 차이는 명목이자율인 R이 된다. 만약 인플레이션율이 π라면 화폐를 보유함으로써 얻는 실질수익률은 $-\pi$가 되고 채권을 보유함으로써 얻는 실질수익률은 $R-\pi$가 된다. 결국 두 가지 투자가능 자산 간의 실질수익률 차이는 여전히 명목이자율 R이 되므로 화폐수요에 영향을 미치는 이자율은 명목이자율임을 알 수 있다.

화폐수요는 실질소득뿐만 아니라 명목이자율에도 영향을 받으므로 실질화폐수요함수는 다음과 같이 쓸 수 있다.

$$(M/P)^d = L(Y, R) \qquad \cdots\cdots \ (25-8)$$

피셔방정식을 고려하여 화폐수요함수를 다시 쓰면 다음과 같다.

$$(M/P)^d = L(Y, r+\pi^e) \qquad \cdots\cdots \ (25-9)$$

이 방정식은 실질화폐잔고가 기대인플레이션율에 의존함을 의미한다.

수량방정식은 현재의 통화공급이 현재의 물가수준을 결정함을 암시한다. 명목이자율이 화폐수요에 영향을 미친다고 하면 통화공급은 또 다른 경로를 통해 물가수준에 영향을 미치게 된다. 만약 미래의 통화증가율이 증가할 것으로 예상되면 미래의 인플레이션율이 상승할 것으로 기대되고, 미래의 인플레이션율이 상승할 것으로 기대되면 피셔 효과에 의해 명목이자율이 상승할 것이다. 명목이자율이 상승하면 실질화폐수요가 감소한다. 그러나 현재의 명목화폐공급은 변화가 없으므로 실질화폐잔고가 감소하려면 물가수준이 상승해야 한다. 따라서 미래의 통화공급이 증가할 것으로 예상되면 현재의 물가수준이 상승하게 된다. 결국 보다 일반적인 화폐수요함수는 물가수준이 현재의 통화공급뿐만 아니라 미래의 예상된 통화공급에 의해 영향받음을 암시한다. 이것은 또한 단기에 통화증가율과 인플레이션율 사이에 괴리가 생길 수 있음을 의미한다.

박스 오피스 최고 흥행작

할리우드에서 역대 최고 흥행작을 선정할 때 계산하는 방법은 매년 벌어들인 흥행수입을 누적하여 더하는 것이다. 이 방법에 따르면 1998년 3월 23일 현재 타이태닉(Titanic)이 역대 최고 흥행작이다. 그러나 이런 계산방법은 인플레이션을 고려하지 않고 있다. 예를 들어서, 1948년 극장표 가격은 36센트였음에 비해 1998년 3월 현재 극장표는 $4.59 즉, 1948년에 비해 약 13배 가량 상승했다.

과거자료가 있는 영화들을 대상으로 인플레이션을 조정한 후 역대 흥행수입 대작들을 고르면 다음과 같다. 단, 자료 미비로 인해 바람과 함께 사라지다(Gone With the Wind), 십계(The Ten Commandments) 등 역대 최고의 흥행작들은 아래의 목록에서 배제되었다.

(단위: $ mil)

제 목	인플레이션을 고려하지 않은 수입	인플레이션을 조정한 수입	최초 개봉(연)
스타워즈(Star Wars)	461	1,005	1977
조스(Jaws)	260	771	1975
이티(E.T)	400	659	1982
스팅(Sting)	156	546	1973
제국의 반격(The Empire Strikes Back)	290	508	1980
백설공주(Snow White)	178	495	1937
제다이의 귀환(Return of the Jedl)	309	477	1983
타이타닉(Titanic)	495	495	1997

자료: New York Times 03/23/1998.

제 2 절 화폐의 중립성

실물요인 예를 들어서, 생산함수, 인구, 선호도 등에 변화가 없으면 장기적으로 실물시장 균형조건에 의해 실질이자율과 소득이 정해질 뿐 아니라 균형이자율(r_{NR})과 소득(Y_{NR})은 일정하다(제20장 참조).

실질경제변수가 명목경제변수와 무관하게 결정될 때 우리는 고전학파적 이분법이 성립한다고 한다. 고전학파의 세계에서 이분법은 통화의 변화가 실물변수들에 영향을 미치지 않기 때문에 즉, 화폐가 중립적이기 때문에 성립한다. 그러나 케인즈학파는 화폐가 중립적이라는 주장에 회의적이다. 그들은 화폐공급이 감소하는 시기는 경제가 불황에 빠지는 시기와 대체로 일치한다는 사실을 화폐의 중립성에 대한 반증으로 제시하고 있다. 이와 같은 이론적 대립에도 불구하고 대다수 경제학자들은 단기적으로는 화폐가 실질변수에 영향을 미치지만 장기적으로는 중립적이라고 생각한다.

1. 화폐의 중립성

화폐의 중립성이 성립하는가를 살펴보기 위해 실질이자율(r)과 소득(Y)은 일정하다고 가정하자. 이것은 상품공급과 상품수요는 시간이 경과함에 따라 변화하지 않는다고 가정하는 것을 의미하며, 이것은 보다 구체적으로 생산이 구조적으로 증가하는 것 즉, 성장을 무시하는 것을 의미한다.

실질이자율, 소득, 기대인플레이션 등이 주어진 상태에서 통화공급이 증가하면 [그림 25-1]에서 보듯이 통화공급곡선이 오른쪽으로 이동하여 주어진 실질화폐수요 하에서 물가수준을 비례적으로 상승시킨다. 주목할 것은 실질화폐수요에 변화가 없으므로 실질화폐공급도 변하지 않아야 한다는 것이다. 이를 위해 통화공급이 예를 들어 5% 증가하면 물가수준도 5% 상승해야 한다.

통화공급이 지속적으로 일정한 비율(μ)로 증가한다면 통화공급곡선이 오른쪽으로 지속적으로 이동한다. 그러나 기대인플레이션율(따라서 명목이자율)에 변화가 없는 한 화폐수요곡선은 움직이지 않고, 물가수준이 통화증가율(μ)과 같은 비율로 지속적으로 상승한다.

이제 통화공급 증가율이 T 시점에 μ에서 μ'으로 증가한다고 하자. 앞의 분석으로부터 장기적으로 실질화폐수요가 안정이 되면 물가수준은 새로운 통화증가율(μ')과 같은 비율로 상승함을 알고 있다. 인플레이션율이 μ에서 μ'으로 상승하면 명목이자율이 상승하고 실질화폐수요가 감소한다. 즉 [그림

그림 25-1 통화공급의 증가와 물가수준의 상승

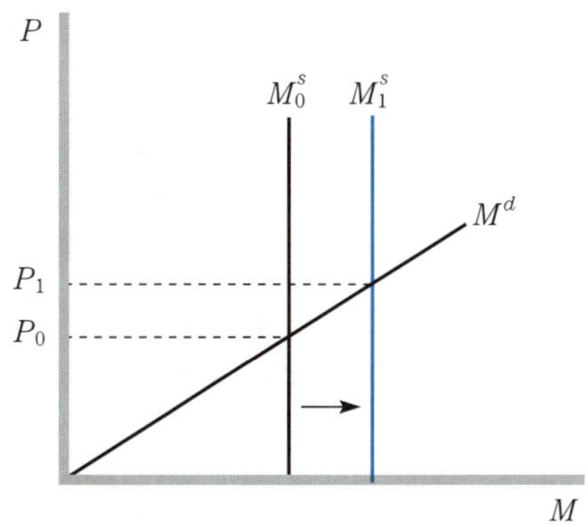

실질이자율, 소득, 기대인플레이션 등이 주어진 상태에서 통화공급이 증가하면 통화공급곡선이 오른쪽으로 이동하여 주어진 실질화폐수요 하에서 물가수준을 비례적으로 상승시킨다. 주목할 것은 실질화폐수요에 변화가 없으므로 실질화폐공급도 변하지 않아야 한다는 것이다.

그림 25-2 통화증가율의 증가와 명목화폐수요

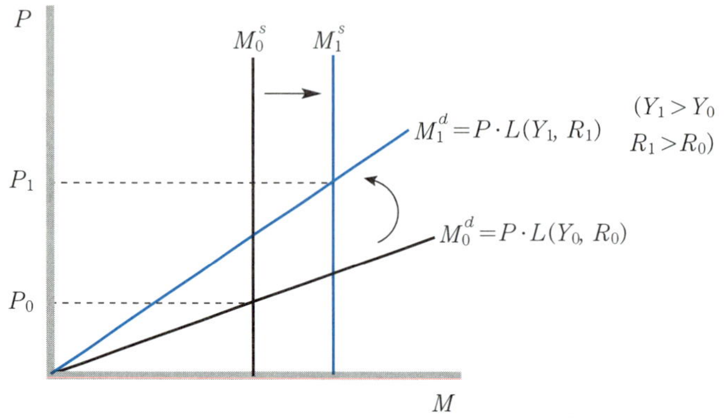

통화공급 증가율이 T 시점에 μ에서 μ'으로 증가한다고 하자. 장기적으로 실질화폐수요가 안정이 되면 물가수준은 새로운 통화증가율(μ')과 같은 비율로 상승한다. 새로운 장기균형으로의 조정과정에서 인플레이션율이 μ에서 μ'으로 상승하면 명목이자율이 상승하고 실질화폐수요가 감소한다. 즉 주어진 물가수준에서 명목화폐수요곡선이 시계 반대 방향으로 회전한다. 화폐공급곡선이 오른쪽으로 μ'의 속도로 이동하는 상태에서 화폐수요곡선이 시계 반대 방향으로 회전하면 인플레이션율은 새로운 장기균형으로의 조정과정에서 새로운 통화증가율 μ'보다 높게 된다.

25-2]에서 보듯이 주어진 물가수준에서 명목화폐수요곡선이 시계 반대 방향으로 회전한다. 화폐공급곡선이 오른쪽으로 μ'의 속도로 이동하는 상태에서

그림 25-3 물가수준과 통화의 시간경로

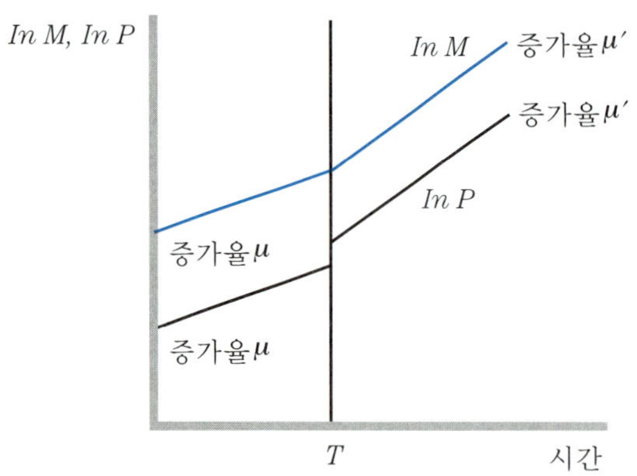

통화증가율이 T 시점에 예상치 않게 증가하는 것을 민간 경제주체들이 즉각 인지하면 기대인플레이션율과 명목이자율이 즉각 조정되므로 T 시점에 실질화폐수요가 감소한다. T 시점에 통화공급은 μ'의 속도로 증가하는데 실질화폐수요가 감소하므로 화폐시장의 균형을 위해 μ비율로 상승하던 물가수준은 T 시점에 점프한 후 μ'의 비율로 상승해야 한다. 물가수준이 T 시점에 점프하는 이유는 T 시점에 통화공급은 증가율만 높아지는데 실질화폐수요가 감소하면 화폐시장의 균형을 위해 물가수준이 통화공급보다 높은 수준으로 점프해야 실질화폐잔고를 줄일 수 있기 때문이다.

화폐수요곡선이 시계 반대 방향으로 회전하면 인플레이션율은 새로운 장기균형으로의 조정과정에서 새로운 통화증가율 μ' 보다 높게 된다.

물가상승률이 μ' 보다 높은 조정기간이 어느 정도일까는 경제주체들이 가지고 있는 정보에 달려 있다. 만약 통화증가율이 T 시점에 예상치 않게 증가하는 것을 민간 경제주체들이 즉각 인지하면 기대인플레이션율과 명목이자율이 즉각 조정되므로 T 시점에 실질화폐수요가 감소한다. T 시점에 통화공급은 μ' 의 속도로 증가하는데 실질화폐수요가 감소하므로 화폐시장의 균형을 위해 μ 비율로 상승하던 물가수준은 T 시점에 점프한 후 μ' 의 비율로 상승해야 한다([그림 25-3] 참조). 물가수준이 T 시점에 점프하는 이유는 T 시점에 통화공급은 증가율만 높아지는데 실질화폐수요가 감소하면 화폐시장의 균형을 위해 물가수준이 통화공급보다 높은 수준으로 점프해야 실질화폐잔고를 줄일 수 있기 때문이다.

민간 경제주체들이 통화증가율이 μ에서 μ' 으로 증가한 것을 서서히 인식할 수도 있다. 이런 경우에 명목이자율은 서서히 상승할 것이고, 명목이자율이 상승함에 따라 실질화폐수요도 서서히 감소할 것이다. 개별 경제주체들이 점진적으로 화폐수요를 줄임에 따라 물가는 [그림 25-4]와 같이 조정될 것이다. 인플레이션율이 통화증가율보다 높아야 실질화폐잔고가 감소하므로 인플레이션율은 그림에서 보듯이 실질화폐수요가 완전히 조정될 때까지 μ' 보다 높다.

이상의 분석은 인플레이션율을 낮추기 위해 통화증가율을 낮출 때 민간

그림 25-4 화폐수요가 점진적으로 감소하는 경우 인플레이션의 시간경로

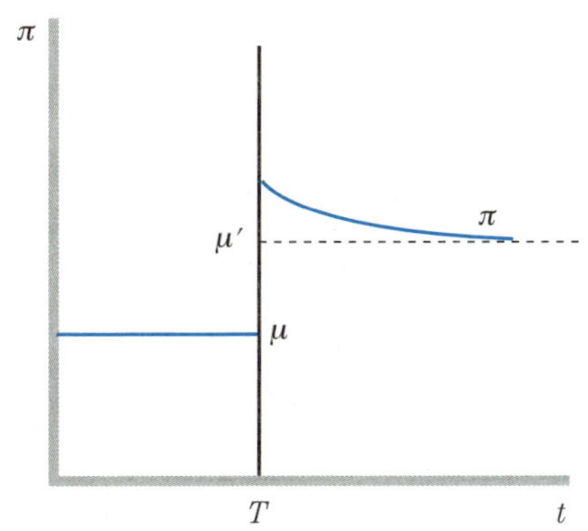

민간 경제주체들이 통화공급률이 증가한 것을 서서히 인식할 수도 있다. 이런 경우에 명목이자율은 서서히 상승할 것이고, 명목이자율이 상승함에 따라 실질화폐수요도 서서히 감소할 것이다. 개별 경제주체들이 점진적으로 화폐수요를 줄임에 따라 물가는 그림과 같이 조정될 것이다. 인플레이션율이 통화증가율보다 높아야 실질화폐잔고가 감소하므로 인플레이션율은 그림에서 보듯이 실질화폐수요가 완전히 조정될 때까지 μ'보다 높다.

경제주체들이 서서히 실질화폐수요를 증가시키면 단기적으로 인플레이션율은 통화증가율보다 더 감소할 수 있고, 경우에 따라서는 디플레이션이 발생할 수도 있음을 의미한다.

2. 통화공급(증가율)의 변화와 명목 및 실질이자율

앞에서 우리는 통화공급 수준이 변하면 물가수준이 통화공급과 같은 비율로 변하고, 통화증가율이 상승하면 그에 따라서 인플레이션율과 명목이자율이 동일한 비율로 상승하며 실질이자율과 생산은 일정한 것으로 설명하였다. 그러나 이것은 장기적으로 성립하는 것이고, 단기적으로는 통화공급이 증가하거나 통화증가율이 상승하면 유동성 효과에 의해 명목 및 실질이자율이 하락한다.

통화공급이나 통화증가율이 변할 때 이것이 명목 및 실질이자율에 미치는 단기적 중기적 효과를 분석하기 위해 $IS-LM$곡선에서 명목이자율과 실질이자율을 구분하자. IS곡선은 실질이자율에 의존하고 LM곡선은 명목이자율에 의존하므로 $IS-LM$곡선을 다음과 같이 나타낼 수 있다.

$$IS:\quad Y=C(Y-T)+I(r,\ Y)+G$$
$$LM:\quad M/P=L(Y,\ R)$$
$$\text{피셔방정식:}\quad R=r+\pi^e$$

위의 피셔방정식을 IS곡선에 대입하면 다음과 같다.

$$IS:\quad Y=C(Y-T)+I(R-\pi^e,\ Y)+G$$
$$LM:\quad M/P=L(Y,\ R)$$

LM곡선은 엄밀히 말하면 명목이자율에 의존하지만 IS곡선은 실질이자율에 의존하므로 주어진 명목이자율 수준에서 실질이자율이 변화하면 IS곡선이 이동한다. $R-Y$평면에서 기대인플레이션이 변하면 주어진 명목이자율 수준에서 실질이자율이 변하므로 IS곡선이 이동한다. 주어진 명목이자율 수준에서 기대인플레이션율이 상승하면 실질이자율이 하락하여 지출이 증가하므로 IS곡선이 오른쪽으로 이동하고, 주어진 명목이자율 수준에서 기대인플레이션율이 하락하면 실질이자율이 상승하여 지출이 감소하므로 IS곡선이 왼쪽으로 이동

한다.

*LM*곡선은 명목이자율에 의존하지만 분석을 엄밀하게 하기 위해서 좀더 주의 깊게 생각해 볼 문제가 있다. 원래 우리는 물가수준이 경직적이라는 가정하에 *LM*곡선을 도출하였다. 그러나 *AD*−*AS* 모형에서 총수요가 변하면 물가수준이 변한다. 물가수준이 변하면 이것은 화폐시장의 균형조건에 영향을 미친다. 화폐시장 균형조건을 명목가치로 고려해보자.

$$LM:\quad M = L(Y, R)\cdot P$$

위의 식에서 P는 상품시장에서 결정된 물가수준이다. 만약 총수요가 증가하여 Y가 증가하면 P가 상승한다. 따라서 Y가 증가하면 실질화폐수요도 증가하고 물가수준도 상승하여 위의 균형식의 우변의 값이 증가한다. 명목화폐공급이 주어져 있는 경우 화폐시장이 균형을 이루려면 명목이자율이 상승하여 실질화폐수요를 줄여주어야 한다. 즉, *LM*곡선은 $R-Y$ 평면에서 우상향한다. 만약 물가수준이 실질소득(Y)과 양의 관계를 가진다면 *LM*곡선이 (물가수준이 경직적이라는 가정하에 도출된) 통상적인 케인즈학파의 *LM*곡선보다 기울기가 급해야 한다. 그러나 *LM*곡선이 물가수준의 변화를 고려하더라도 우상향하므로 기울기의 차이는 무시하기로 하자.

[그림 25-5]에서 보듯이 *IS*곡선과 *LM*곡선을 $R-Y$ 평면에 전과 마찬가지로 그릴 수 있다. *LM*곡선은 앞에서 배운 것과 마찬가지로 통화공급이 증가하

그림 25-5 기대인플레이션과 *IS*, *LM*

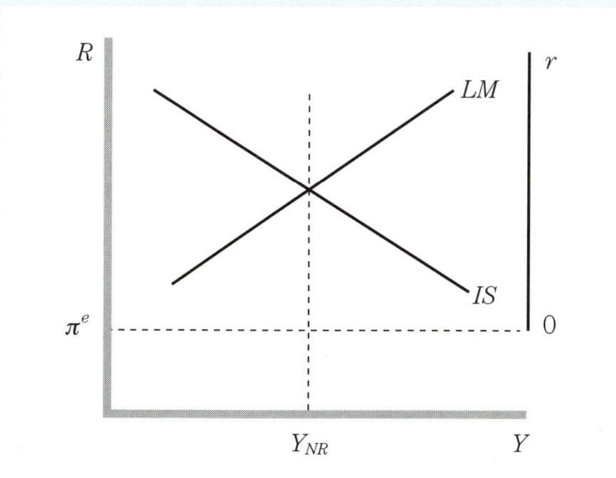

*IS*곡선은 실질이자율에 의존하고 *LM*곡선은 명목이자율에 의존하므로 기대인플레이션율이 주어진 상태에서 *IS*−*LM*곡선을 그림과 같이 그릴 수 있다.

그림 25-6 통화공급의 증감과 *LM*곡선의 이동

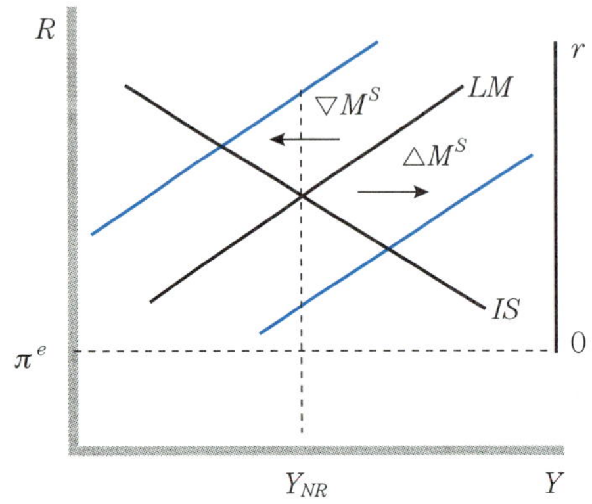

*LM*곡선은 통화공급이 증가하면 오른쪽으로 이동하고, 통화공급이 감소하면 왼쪽으로 이동한다.

그림 25-7 통화공급의 증가와 *LM*곡선의 이동

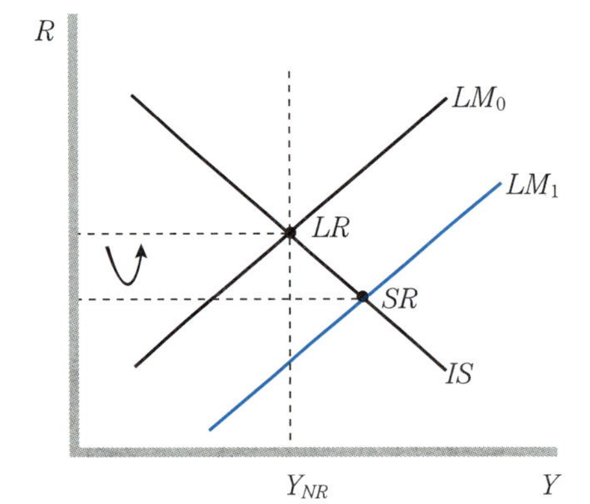

통화공급 수준이 한 번만 증가한다고 하자. 통화공급이 증가하므로 *LM*곡선이 오른쪽으로 이동한다. *LM*곡선이 오른쪽으로 이동하면 단기(*SR*)적으로 실질소득이 증가하고, 명목이자율이 하락한다. 중기적으로 물가수준이 상승하면서 실질통화공급이 감소하여 *LM*곡선은 왼쪽으로 이동하고 명목이자율이 상승한다. 즉, 명목이자율은 단기적으로 하락하다가 장기적으로 원래의 수준으로 복귀한다. 장기적으로 명목이자율이 원래의 수준으로 복귀하는 것은 화폐의 중립성 때문이다.

면 오른쪽으로 이동하고, 통화공급이 감소하면 왼쪽으로 이동한다([그림 25-6] 참조).

이제 통화공급 수준이 한 번만 증가한다고 하자. 통화공급이 증가하므로 *LM*곡선이 오른쪽으로 이동한다([그림 25-7] 참조). *LM*곡선이 오른쪽으로 이동하므로 총수요곡선이 오른쪽으로 이동한다([그림 25-8] 참조). 따라서 통화공급이 한 번만 증가하면 단기(*SR*)적으로 실질소득이 증가하고, 명목이자율이 하락한다. 생산이 자연율 수준을 초과하므로 물가수준이 상승하면서 단기총공급

그림 25-8 통화공급의 증가와 AD, AS곡선의 이동

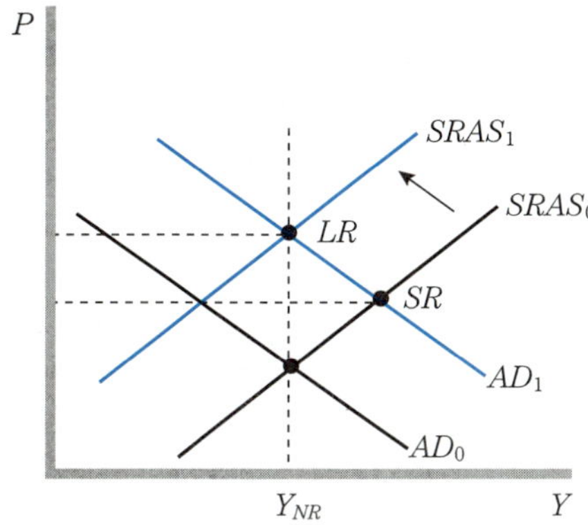

통화공급이 증가하면 LM곡선이 오른쪽으로 이동하므로 총수요곡선이 오른쪽으로 이동한다. 총수요곡선이 오른쪽으로 이동하면 단기(SR)적으로 실질소득이 증가하고, 물가수준이 상승한다. 생산이 자연율 수준을 초과하므로 물가수준이 상승하면 중기적으로 단기총공급곡선이 위로 이동한다. 장기적으로 생산은 자연율 수준으로 복귀하고, 물가수준이 통화공급과 같은 비율로 상승한다.

그림 25-9 통화공급의 증가와 명목이자율의 변화

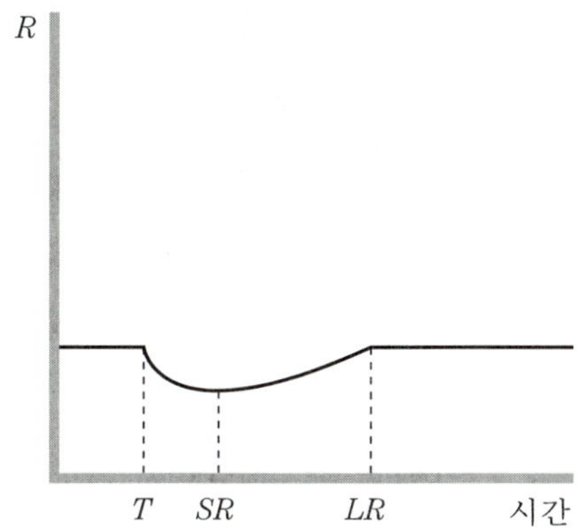

통화공급이 증가하면 명목이자율은 단기적으로 하락하다가 장기적으로 원래의 수준으로 복귀한다.

곡선이 중기적으로 위로 이동한다([그림 25-8] 참조). 중기적으로 물가수준이 상승하면서 LM곡선은 왼쪽으로 이동하고 명목이자율이 상승한다([그림 25-7] 참조). 즉, 명목이자율은 단기적으로 하락하다가 장기적으로 원래의 수준으로 복귀한다. 명목이자율의 움직임은 [그림 25-9]에 나타나 있다.

통화공급이 한 번만 변하면 장기적으로 물가수준이 통화공급과 비례하여 상승한 상태에서 안정이 되므로 기대인플레이션에는 변화가 없다. 이것은 실질이자율도 명목이자율과 마찬가지로 단기적으로 하락했다가 궁극적으로 원래

그림 25-10 통화증가율의 변화와 *AD*, *AS*곡선의 이동

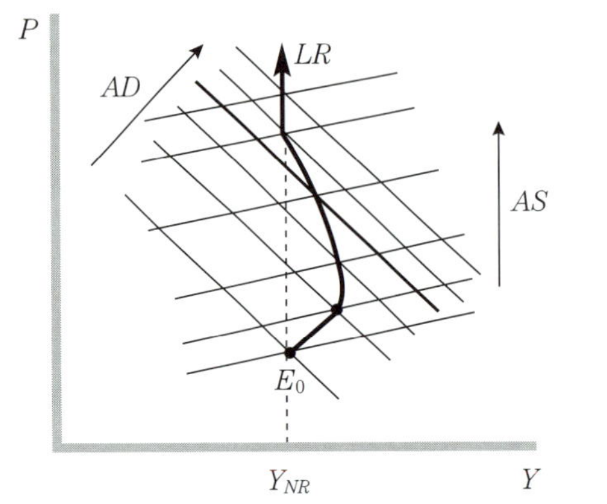

통화증가율이 *T* 시점에 예상치 않게 μ에서 μ'로 증가한다고 가정하자. 통화공급이 지속적으로 증가하므로 *LM*곡선과 *AD*곡선이 지속적으로 오른쪽으로 이동한다. 앞에서의 분석과 마찬가지로 단기적으로 명목이자율이 하락한다. *AD*곡선이 지속적으로 오른쪽으로 이동하여 물가수준이 상승하면 기대인플레이션율이 조정되기 시작한다. 궁극적으로 기대인플레이션율이 *AD*곡선의 이동으로 인한 인플레이션율을 따라잡으면 장기적으로 기대인플레이션율은 실제인플레이션율(=통화증가율)과 같아질 테고, 총수요곡선과 단기총공급곡선은 같은 속도로 위로 이동하면서 자연율 수준을 유지할 것이다.

그림 25-11 통화증가율의 변화와 *IS*, *LM*곡선의 이동

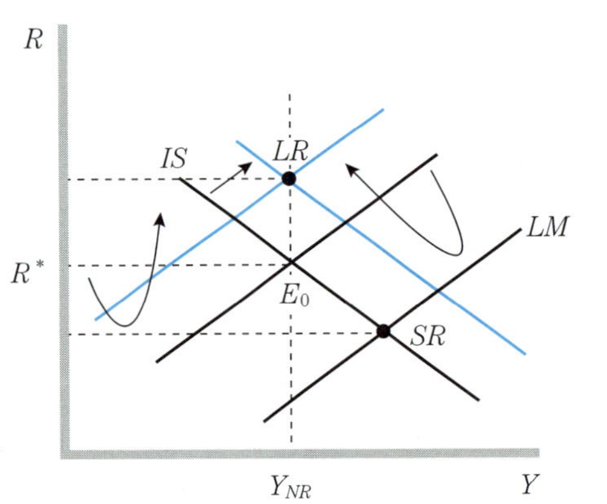

통화증가율이 *T* 시점에 예상치 않게 μ에서 μ'로 증가한다고 가정하자. 통화공급이 지속적으로 증가하므로 *LM*곡선이 지속적으로 오른쪽으로 이동한다. 중기적으로 물가수준과 기대인플레이션율이 점진적으로 상승하면 *IS*곡선은 오른쪽으로 이동한다. 인플레이션율이 어느 선을 넘어서서 실질화폐잔고가 감소하면 단기적으로(혹은 초기에) 오른쪽으로 이동했던 *LM*곡선도 왼쪽으로 이동하기 시작한다. *IS*곡선과 *LM*곡선은 장기적으로 자연율 수준에서 만나야 한다. 통화증가율이 μ'로 증가했으므로 장기적으로 실제 및 기대인플레이션율이 μ'로 상승한다. 인플레이션율이 μ에서 μ'로 상승함에 따라 명목이자율이 $(\mu'-\mu)$% 상승한다.

의 수준으로 복귀함을 의미한다. 중기적으로 물가수준이 상승하는 조정과정에서 기대인플레이션율이 상승하면 *IS*곡선이 일시적으로 오른쪽으로 이동하지만 결국은 원래 수준으로 복귀한다.

이제 통화증가율이 *T* 시점에 예상치 않게 μ에서 μ'로 증가한다고 가정하자. 통화공급이 지속적으로 증가하므로 *LM*곡선과 *AD*곡선이 지속적으로 오른쪽으로 이동한다. 앞에서의 분석과 마찬가지로 단기적으로 명목이자율이 하락한다. *AD*곡선이 지속적으로 오른쪽으로 이동하여 물가수준이 상승하면 기대

인플레이션율이 조정되기 시작한다. 궁극적으로 기대인플레이션율이 *AD*곡선의 이동으로 인한 인플레이션율을 따라잡으면 장기적으로 기대인플레이션율은 실제인플레이션율(=통화증가율)과 같아질 테고, 총수요곡선과 단기총공급곡선은 같은 속도로 위로 이동하면서 자연율 수준을 유지할 것이다(그림 [25-10] 참조).

중기적으로 물가수준과 기대인플레이션율이 점진적으로 상승하면 *IS*곡선은 오른쪽으로 이동한다. 인플레이션율이 상승하면서 실질화폐잔고가 감소하면 단기적으로 (혹은 초기에) 오른쪽으로 이동했던 *LM*곡선도 왼쪽으로 이동하기 시작한다. *IS*곡선과 *LM*곡선은 장기적으로 자연율 수준에서 만나야 한다([그림 25-11] 참조). 통화증가율이 μ'로 증가했으므로 장기적으로 실제 및 기대인플레이션율이 μ'로 상승한다. 인플레이션율이 μ에서 μ'로 상승함에 따라 명목이자율이 $(\mu' - \mu)$% 상승하고, 실질이자율은 원래의 수준 혹은 자연율 수준으로 복귀한다([그림 25-12] 참조).

그림 25-12 통화증가율의 변화와 명목이자율의 변화

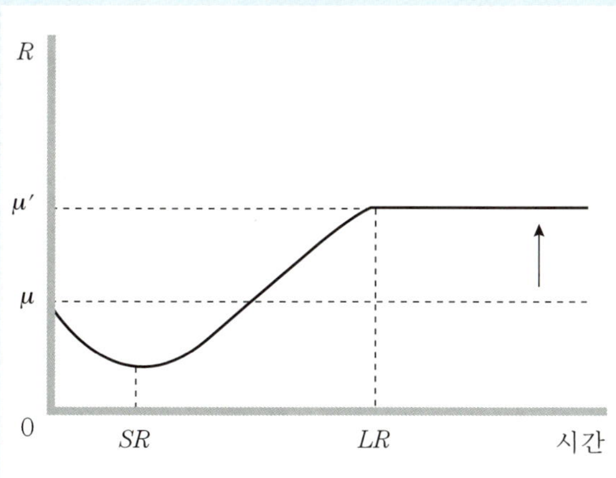

통화증가율이 T 시점에 예상치 않게 μ에서 μ'로 증가하면 단기적으로는 명목이자율이 하락하지만 새로운 장기균형에서 실제 및 기대인플레이션율이 μ'로 상승한다. 인플레이션율이 μ에서 μ'로 상승함에 따라 명목이자율이 $(\mu'-\mu)$% 상승한다.

제 3 절 인플레이션세(inflation tax)

정부가 예산적자의 재원을 전적으로 통화증발로 조달하는 경우의 실질수입은 다음과 같다.

$$\frac{\triangle M}{P}=\frac{\triangle M}{M}\cdot\frac{M}{P} \qquad \cdots\cdots (25-10)$$

이러한 수입을 화폐발행수입(seignorage) 혹은 인플레이션세라고 하며, 화폐발행수입은 위의 식에서 보듯이 통화공급 증가율과 실질화폐잔고의 곱으로 표시할 수 있다.

위의 식을 GDP대비로 표시하면 다음과 같다.

$$\frac{\triangle M/P}{Y}=\frac{\triangle M}{M}\cdot\frac{M/P}{Y} \qquad \cdots\cdots (25-11)$$

식 (25-11)에 의하면 정부가 GDP대비 5%의 예산적자를 화폐발행수입으로 충당하고, 민간이 GDP의 두 배를 실질화폐잔고로 보유하고 있다면 통화증가율은 2.5%가 되어야 한다. 그러나 이것이 정부가 GDP대비 10%의 예산적자를 화폐발행수입으로 충당하려는 경우 통화증가율을 5%로 증가시켜야 함을 의미하지는 않는다. 그 이유는 통화증가율이 증가함에 따라 인플레이션율이 상승하고, 인플레이션율이 상승함에 따라 명목이자율이 상승하여 실질화폐수요가 감소하기 때문이다. 만약 μ가 2.5%에서 5%로 상승하고 실질화폐잔고가 50%보다 작게 감소하면 정부의 실질수입은 증가하고, 50%보다 크게 감소하면 정부의 실질수입은 감소한다. 이것을 확인하기 위해 식 (25-10)을 다시 쓰면 다음과 같다.

$$\frac{\triangle M}{P}=\frac{\triangle M}{M}\cdot L\,(Y,\ r+\pi^{e}) \qquad \cdots\cdots (25-12)$$

앞에서와 마찬가지로 기대인플레이션율은 실제인플레이션율과 같고, 실제인플레이션율은 통화증가율과 같다고 하면 위의 식은 다음과 같이 다시 쓸 수 있다.

$$\frac{\triangle M}{P} = \frac{\triangle M}{M} \cdot L(Y,\ r+\mu) \qquad \cdots\cdots \ (25-13)$$

따라서 화폐발행수입은 통화증가율과 실질화폐잔고의 곱으로 표시할 수 있으며, 통화증가율과 화폐발행수입과의 관계는 [그림 25-13]과 같다.

그림에서 보듯이 통화증가율이 낮은 상태에서는 통화증가율이 상승함에 따라 실질화폐잔고가 상대적으로 작게 감소하여 화폐발행수입이 증가하지만, 통화증가율이 어느 수준(μ^*)을 넘어서면 통화증가율이 상승할 때 실질화폐잔고가 상대적으로 크게 감소하여 화폐발행수입은 오히려 감소하게 된다. [그림 25-13]은 조세율과 조세수입 간의 관계를 나타내는 래퍼(Laffer)곡선을 상기시키는데, 사실 우리는 통화증가율과 화폐발행수입의 관계를 나타내는 곡선을 래퍼곡선으로 이해할 수 있다. 그 이유는 인플레이션으로 인해 통화잔고의 실질가치가 감소하므로 인플레이션을 통화잔고에 대한 조세로 볼 수 있기 때문이다. 즉, 실질화폐잔고는 조세기준(tax base)을, 통화증가율(인플레이션율)은 조세율을 나타내는 것으로 생각할 수 있다.

그림 25-13 통화증가율과 화폐발행수입의 관계

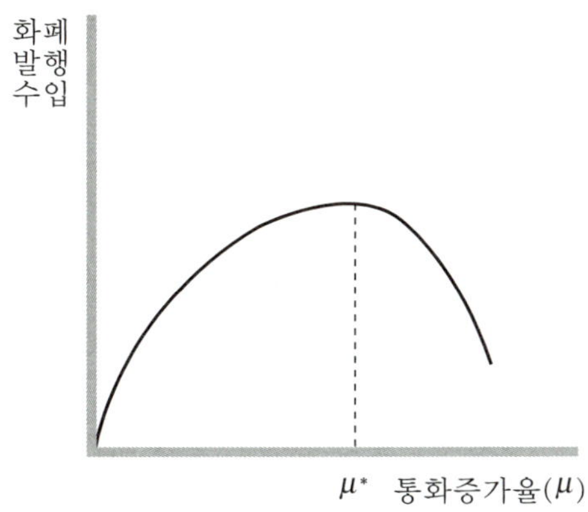

통화증가율과 화폐발행수입과의 관계를 살펴보면 다음과 같다. 통화증가율이 낮은 상태에서는 통화증가율이 상승함에 따라 실질화폐잔고가 상대적으로 작게 감소하여 화폐발행수입이 증가하지만, 통화증가율이 어느 수준(μ^*)을 넘어서면 통화증가율이 상승할 때 실질화폐잔고가 상대적으로 크게 감소하여 화폐발행수입은 오히려 감소하게 된다.

제 4 절 초인플레이션

1. 사 례

초인플레이션이란 일반적으로 연 100%가 넘는 인플레이션을 말한다. 전세계적으로 초인플레이션의 사례는 여러 가지를 들 수 있다. 제1차 세계대전 이후 독일을 비롯한 패전국에서 발생한 초인플레이션, 마오가 점령하기 직전 1949년 상하이에서 발생한 초인플레이션, 1970－80년대 중남미에서 발생한 초인플레이션, 1980년대 이스라엘에서 발생한 초인플레이션, 1990년대에 동유럽국가가 자본주의 시장경제로 이행하는 과정에서 발생한 초인플레이션 등 많은 사례가 있다. 그러나 이 모든 사례 중 가장 대표적인 것은 역시 제1차 세계대전 이후 독일에서 발생한 초인플레이션이라고 하겠다.

독일의 초인플레이션 사례를 간략하게 살펴보자. 초인플레이션이 정점에 달한 1923년 11월 5일 독일에서 빵 한 조각의 가격은 1400억 마르크였다. 근로자들은 하루에 두 번 임금을 지불받았고, 30분 동안 장보는 시간이 주어지면 가방과 손수레를 끌고 물건을 사러 달려갔다. 1914년부터 1923년까지 물가수준은 1조 배나 상승하였다. 이와 같은 초인플레이션의 발단은 1914년 발발한 제1차 세계대전이었다. 독일 정부는 전비를 조달하기 위해 돈을 찍어냈고, 그 결과 1918년 말에는 마르크화가 달러화 대비 50%절하되었다. 1919－1923 기간에 조세수입은 정부구입의 35%를 초과한 적이 없고 재정적자는 돈을 찍어내서 보전되었다. 더욱이 전쟁 후 전승국들이 전쟁으로 인한 패해와 참전군인의 연금까지 지불할 수 있을 정도로 막대한 (당시 영국 GDP의 1/2에 해당하는) 125억 달러의 전쟁배상금을 요구하면서 독일의 초인플레이션은 급격히 악화되기 시작하였다. 그 결과 마르크화 잔고는 1918년 11월의 292억 마르크에서 5년 후에는 497×10^{18}마르크로 증가하였다. 초인플레이션이 심화되면서 실업률도 증가하여 1923년 10월 금속근로자의 실업률은 19%에 달하게 된다.

2. 초인플레이션의 극복과 재정개혁

화폐수량설에 의하면 통화공급 증가율과 인플레이션율은 적어도 장기적으로는 1:1 대응관계를 가진다. 따라서 인플레이션율을 낮추려면 통화공급 증가율을 낮추면 될 것이다. 그러나 싸전트－왈라스[1]는 이러한 정책처방에 의문을 제기하였다. 예를 들어서 정부수입의 상당 부분을 통화증발로 처리하는 경제에서, 정부가 현재의 인플레이션을 감소시키기 위해 통화증가율을 낮추는 경우, 과연 인플레이션이 감소될 것인가? 이 질문에 대한 대답은 통화론자들의 처방과는 달리 "아니다"가 될 수 있다. 그 이유는 현재 및 미래의 정부구입이 감소하거나 조세수입이 증가하지 않는다고 하면 현재의 통화공급 감소는 결국 미래의 통화공급 증가를 의미하기 때문이다. 이러한 경우 미래에 인플레이션이 발생할 것으로 기대되므로 앞에서 분석하였듯이 실질화폐수요가 감소하게 되어 단기적으로 인플레이션이 감소하지 않을 수도 있다. 따라서 인플레이션을 낮추려면 현재 및 미래의 실질정부구입이 감소하거나 실질조세수입이 증가해야 성공할 수 있다.

제 1 차 세계대전 이후 독일, 오스트리아, 헝가리, 폴란드에서 발생한 초인플레이션 사례를 분석한 상기 연구에 의하면 이들 나라들은 한결같이 상당히 지속적으로 재정적자를 유지하고 있었다. 결국 이들 나라들은 초인플레이션을 극복하기 위해서 과감한 재정 개혁을 실시하였고, 그 결과 물가수준은 거의 즉각적으로 안정되었다. 또한 주목해야 할 사실은 이들 나라들이 재정적자와 초인플레이션을 겪고 있을 때, 체코슬로바키아는 상대적으로 엄격한 재정정책을 실시함으로써 물가를 안정시킬 수 있었다는 것이다.

중앙은행의 독립과 인플레이션

많은 연구에 의하면 중앙은행이 독립적일수록 인플레이션율이 낮은 경향이 있다. [표 A]는 선진 18개국 중앙은행의 독립성 순위를 보여주고 있다. 첫 번째 열에 보고된 순위는 베이드－파킨이 제시한 기준을 알레시나가 선진 17개국에 적용하여 구한 수치이다. 베이드－파킨은 통화정책 수립에 있어서 정부와 중앙은행 간의 관계, 중앙은행 이사진의 임명절차, 중앙은행 예산에 관한

1) Sargent, Thomas J. and Neil Wallace, "Some Unpleasant Monetarist Arithmetic," FRB Minneapolis, *Quarterly Review*, Fall 1981, pp. 1－17.

중앙은행과 정부 간의 역학관계에 따라서 정책독립성과 재정독립성을 평가하였다. 두 번째 열에 보고된 순위는 그릴리-마시안다로-타벨리니가 정부와 중앙은행 간의 관계, 중앙은행 이사진의 임명절차, 통화정책에 대한 중앙은행의 법적 책임성, 중앙은행의 정부대출금에 대한 조건결정시 정부의 개입정도와 중앙은행이 사용가능한 통화정책수단 등을 고려하여 산정한 것이다. 세 번째 열에 보고된 순위는 알레시나-써머스가 앞의 두 지수의 평균을 구하여 산정한 지수이다. 네 번째 열에 보고된 순위는 큐키어만-웹-네압티가 중앙은행 총재의 임명 및 해임, 임기 등에 관한 사항, 통화정책에 있어서 정부와 중앙은행 간의 이견 존재시 조정과정에 관한 사항, 중앙은행의 정책목표에 관한 사항, 중앙은행 대출의 규모, 만기구조, 이자율 및 제약조건 등을 결정할 수 있는 중앙은행의 권한에 관한 사항 등을 기준으로 산정한 것이다. 어느 기준에 의하든 독일의 중앙은행이 가장 독립성이 높은 것으로 나타나며, 이것은 독일이 제 1 차 세계대전 이후 초인플레이션을 겪었던 사실과 무관하지 않다. 초인플레이션의 폐해를 경험한 독일은 물가안정을 위하여 Bundesbank를 설립하였고, Bundesbank는 인플레이션에 대해 가장 보수적인 중앙은행으로 평가받고 있다.

표 A 중앙은행 독립성 순위

	베이드-파킨	그릴리-마시안다로-타벨리니	알레시나-써머스	큐키어만-웹-네압티
호 주	15	6	8	8
오스트리아		6		2
벨 기 에	5	9	8	16
캐 나 다	5	4	4	6
덴 마 크	5	8	4	4
핀 란 드	5			11
프 랑 스	5	9	8	12
독 일	1	1	1	1
이탈리아	14	13	14	13
일 본	3	11	4	15
네덜란드	5	5	4	7
뉴질랜드	15	15	16	14
노르웨이	5		8	16
스 페 인	15	13	15	18
스 웨 덴	5		8	10
스 위 스	1	2	1	3
영 국	5	11	8	9
미 국	3	2	3	5

주: 보고된 숫자는 발표된 지수를 사용하여 계산한 독립성 순위이다. 1은 가장 독립적인 것이고 숫자가 커질수록 독립성이 떨어진다.

제 5 절 인플레이션의 비용

민간 경제주체나 정부는 일반적으로 인플레이션을 싫어한다. 왜 그런가? 이 질문은 인플레이션으로 인해 초래되는 사회적 비용과 관련되어 있다. 경제학자들은 인플레이션의 비용을 인플레이션이 예상된 경우와 예상되지 않은 경우로 구분해 분석한다.

1. 예상치 않은 인플레이션의 효과

부의 분배효과

통상적인 계약에서 채권자와 채무자는 명목이자율을 설정한다. 그런데 인플레이션율이 예상보다 높으면 채권자가 수수하고 채무자가 지불하는 실질이자율은 원래 기대했던 것보다 감소하게 된다. 따라서 인플레이션율이 예상보다 높으면 채권자는 불리해지고 채무자는 유리해진다. 역으로 인플레이션율이 예상보다 낮으면 채권자는 유리해지고 채무자는 불리해진다. 또한 예상하지 못한 인플레이션은 소득이 명목가치로 고정되어 있는 사람들에게 불리하게 작용한다. 만약 연금이 생계비의 변화에 연결되어 있지 않으면 인플레이션율이 예상보다 높은 경우 연금생활자에게 불리하게 작용한다.

프리드만 효과

프리드만은 인플레이션율이 높을수록 인플레이션의 불확실성이 커지는 경향이 있다고 주장하였다. 인플레이션에 관한 불확실성이 증가하면 채권과 같은 금융자산의 위험성이 증가하게 된다. 금융자산의 위험성이 증가하면 연금생활자처럼 명목소득이 확정되어 있는 사람들의 실질소득이 증가하거나 감소할 가능성이 커진다. 이것은 명목소득이 확정되어 있는 사람들을 불안하게 만들 것이다. 채권자든 채무자든 대부분의 사람들은 인플레이션이 예상보다 높거나 낮아서 실질소득이 변화하는 위험을 좋아하지 않으므로 인플레이션이 높아지고 인플레이션의 변화가 심해지면 명목가치로 계약하는 금융시장이 소멸되는 경향이 있다.

2. 예상된 인플레이션의 비용

예상된 인플레이션의 비용으로 다음과 같은 것들을 생각해 볼 수 있다.

구둣굽비용(shoe-leather cost, trips to the bank cost)

인플레이션율이 상승할 것으로 예상되면 피셔 효과에 의해 명목이자율이 상승한다. 명목이자율이 상승하면 화폐보유의 기회비용이 상승하므로 사람들은 화폐를 적게 보유하려고 한다. 이것은 사람들이 은행에 자주 가는 것을 의미하고, 은행에 자주 가야 하기 때문에 발생하는 비용을 구둣굽비용이라고 한다.

베일리[2]는 예상된 인플레이션의 비용을 화폐수요함수에서 이자율의 상승으로 인해 발생하는 (화폐수요의 감소와 그에 따른) 소비자 후생의 감소로 파악하였다. 이미 배운 것처럼 명목이자율은 화폐보유의 기회비용을 나타낸다. 명목이자율이 0보다 크기 때문에 사람들은 그들이 원하는 것보다 적은 양의 화폐를 보유한다고 할 수 있다. 예를 들어, 명목이자율이 R_0라고 하자. 이 경우에 명목

그림 25-14 기대인플레이션의 비용

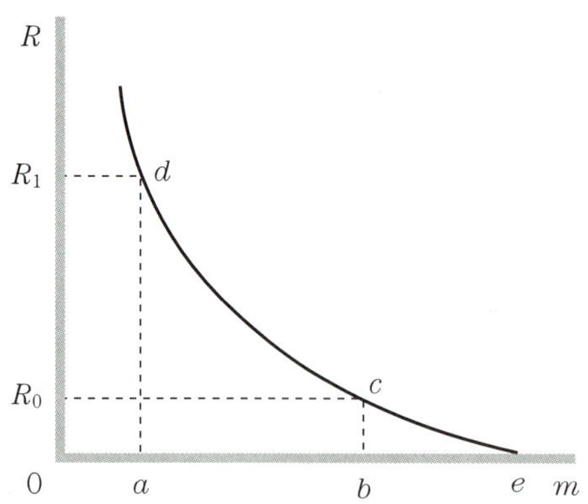

Bailey(1956)는 예상된 인플레이션의 비용을 화폐수요함수에서 이자율의 상승으로 인해 발생하는 (화폐수요의 감소와 그에 따른) 소비자 후생의 감소로 파악하였다. 화폐발행의 한계비용이 0이고, 화폐보유의 기회비용이 명목이자율이라고 보면, 그림에서 bce로 나타나는 부분이 명목이자율 0보다 클 때 발생하는 소비자 후생의 손실이라고 볼 수 있다. 이제 기대인플레이션율의 상승으로 인해 이자율이 R_0에서 R_1로 상승하면 실질화폐수요가 감소한다. 그림에서 $abcd$로 나타나는 부분이 기대인플레이션의 상승으로 인한 소비자 후생의 감소를 보여준다.

2) Bailey, M. J., "The Welfare Costs of Inflationary Finance," *Journal of Political Economy* 64, 1956, pp. 93-110.

이자율이 0보다 크기 때문에 발생하는 소비자 후생의 손실은 [그림 25-14]에서 삼각형 bce로 나타낼 수 있다. 이제 기대인플레이션율의 상승으로 인해 이자율이 R_0에서 R_1로 상승하면 실질화폐수요가 감소한다. [그림 25-14]에서 $abcd$로 나타나는 부분이 기대인플레이션의 상승으로 인한 소비자 후생의 감소를 보여준다.

인플레이션율이 매우 높아지면 은행에 자주 가야 하기 때문에 발생하는 거래비용이 급격히 증가한다. 은행에 자주 가게 되면 시간소모가 급격히 증가할 뿐만 아니라 그에 따르는 피곤함과 불편함도 급격하게 증가한다. 따라서 초인플레이션하에서는 이 비용이 생산이나 투자결정 등 생산적이고 가치 있는 일에 소모해야 할 시간과 노력을 빼앗아 가므로 생산이나 고용에 부정적 영향을 미칠 수밖에 없다.

메뉴비용(menu cost)

인플레이션율이 상승할 것으로 예상되면 음식점은 그들의 메뉴판을 자주 교체해야 할 것이다. 마찬가지로 통신판매 회사들도 물가상승을 예상하여 그들의 카탈로그를 자주 교체해야 할 것이다. 이처럼 물가상승이 예상될 때 가격표시를 자주 교체함으로써 발생하는 비용을 메뉴비용이라고 한다. 그러나 메뉴비용이 반드시 가격표시를 교체하는 데 필요한 물리적인 비용만을 의미하는 것은 아니다. 예를 들어서 가격을 자주 교체함으로써 단골고객이나 단골 거래처와의 장기적 계약관계 혹은 신뢰관계에 손상이 올 때, 이것도 광의의 메뉴비용이라고 할 수 있다.

만약 일부 기업이 메뉴비용으로 인해 가격조정을 자주 하지 않는다면 인플레이션율이 상승할수록 상대가격의 변화가 심해질 것이다. 시장경제에서 자원배분은 상대가격에 의존하므로 인플레이션은 시장경제의 효율성을 저해하게 된다.

조세왜곡효과

인플레이션은 그것을 반영하지 않는 조세체계로 인해 경제를 왜곡시킬 수 있다. 예를 들어서 실질소득은 증가하지 않았음에도 불구하고 명목소득이 인플레이션을 반영하여 소득세율이 보다 높은 수준으로 상승하면 세후 실질소득은 오히려 감소할 수 있다.

또한 조세부과 시점과 조세납부 시점에 차이가 있거나 조세가 전기의 명목소득을 기초로 부과되면 초인플레이션이 발생할 때 정부의 실질조세수입이 크게 감소하게 된다. 이것은 명목이자율 상승에 따른 국채이자 증가와 더불어 통화증발 요인을 강화시켜서 초인플레이션을 악화시키는 악순환을 발생시킬 수 있다. 이러한 효과를 탄지-올리베라 효과라고 한다.

화폐환상

화폐환상이란 사람들이 명목값의 변화와 실질값의 변화를 제대로 구분하지 못하는 것을 의미한다. 현실적으로는 사람들이 명목값의 변화와 실질값의 변화를 정확히 계산하지 못하는 경우가 종종 있으며, 이것은 인플레이션이나 디플레이션으로 인해 사람들이 잘못된 의사결정을 하게 되는 것을 의미한다. 경제주체들이 잘못된 의사결정을 하게 되면 경제의 효율성은 떨어진다.

이상의 비용들은 인플레이션이 과히 높지 않은 보통의 경우에는 그렇게 크다고 할 수 없다. 그러나 초인플레이션처럼 인플레이션율이 매우 높아지면 그것이 비록 예상되었다 할지라도 (예상된) 인플레이션의 비용도 급격히 증가하게 된다. 비용이 급격하게 증가하게 되면 시간이 경과함에 따라서 화폐는 가치의 저장수단, 회계의 단위, 교환의 매개수단으로서의 기능을 상실하게 되고, 물물교환경제가 등장하거나 달러 등 다른 안정적 화폐가 국내통화를 대체하게 된다.

사람들은 왜 인플레이션을 싫어하는가?

쉴러는 미국, 독일, 브라질의 경제학자 및 일반인들에게 우편과 email을 보내서 사람들이 왜 인플레이션을 싫어하는가를 조사하였다. 그의 조사에 의하면 사람들이 인플레이션을 싫어하는 가장 큰 이유(전체 응답자의 33%)는 그것이 사람들의 생활수준을 악화시킨다는 것이다. 일반인들은 나쁜 사람들 혹은 탐욕스런 사람들이 인플레이션을 야기시키는데 자신들의 임금은 상승하지 않기 때문에 생활수준이 악화된다고 생각한다. 일반인들이 인플레이션을 싫어하는 또다른 이유들로는 인플레이션이 구매력을 저하시킨다(23%), 경제전체에 해를 끼친다(10%), 계획이나 예산편성을 어렵게 만든다(8%) 등을 들고 있다. 이상의 결과는 우선 일반인들이 인플레이션이 예상된 경우와 그렇지 못한 경우를 구분하지 않고 있음을 나타낸다. 또한 경제학자가 제시하는 인플레이션의 비용 가운데 인플레이션으로 인해 발생하는 불편함에 따른 비용(구둣굽비용, 메뉴비용)이나 인플레이션으로 인한 불확실성의 증가 등에는 별로 신경을 쓰지 않음을 보여주고 있다. 사실 인플레이션으로 인해 생활수준이 하락한다는 생각은 인플레이션이 없더라도 근로자들의 임금은 상승하고, 그 결과 보다 많은 상품을 구입할 수 있다는 가정에 근거한다. 그러나 노동소득의 구매력은 성장이론에서 분석하였듯이 자본축적과 기술진보에 의해서 가능해진다. 적어도 장기적으로 실질임금은 통화공급 혹은 인플레이션에 의존하지 않는다. 쉴러의 연구는 일반인들이 생각하고 있는 경제모형은 경제학자들의 모형과는 상당히 거리가 있음을 시사한다.

또한 독일과 미국의 조사결과를 비교해보면, 독일인들은 미국인들에 비해 상대적으로 정부나 정책결정자가 인플레이션을 억제해야 한다고 믿는 정도가 강하다는 것이다. 그러나 이러한 차이가 미국과 독일의 젊은이 사이에서는 훨씬 약화된다. 인플레이션에 대한 태도는 국가간보다는 오히려 세대간에 크게 차이나는 것으로 조사되었다. 그 이유가 나이가 들면서 인플레이션에 대한 태도가 달라지기 때문인지 혹은 그들이 태어난 시기의 경험 때문인지는 분명하지 않다.

Shiller, Robert J., "Why Do People Dislike Inflation?" *Cowles Foundation Discussion Paper* # 1115, 1996.

오즈의 마법사(Wizard of Oz)

로코프는 미국의 대표적 고전 오즈의 마법사를 인플레이션의 비용과 연결시켜 매우 재미있게 해석을 하였다. 1880년 부터 1896년 사이에 미국의 물가수준은 23% 하락하였고, 이것은 북동부의 은행가를 비롯한 채권자에게는 유리한 현상이었지만 남부 및 서부의 농부를 비롯한 채무자에게는 불리한 현상이었다. 디플레이션을 해결하기 위한 방안으로 금본위제를 확대하여 은을 포함한 금은본위제를 채택함으로써 결과적으로 통화공급을 늘리고 물가하락을 방지하자는 주장이 제기되었고, 이것은 1896년 미국 대통령 선거의 큰 이슈가 되었다. 기득계층을 대변하는 공화당 대통령 후보 맥킨리는 금본위제의 유지를 옹호하였고, 중산층, 농민을 대표하는 민주당 후보 브라이언은 금은본위제를 옹호하였다. 이와같은 당시 시대상황은 바움이 쓴 미국 어린이 동화의 대표적 고전 오즈의 마법사에 은유적으로 잘 묘사되고 있다. 오즈의 마법사에 사용된 은유들은 다음과 같다: 주인공 도로시(미국의 전통적 가치), 회오리 바람(은자유운동), 허수아비(농부), 깡통으로 만든 나무꾼(산업노동자), 겁장이 사자(민주당 대통령 후보 브라이언), 금빛 벽돌길(금본위제), 오즈(워싱턴 D.C.), 에머랄드 궁전(백악관), 녹색 유리(화폐), 서부의 마법사(공화당 대통령 후보 맥킨리), 북부의 선량한 마법사(북동부의 금은본위제 지지자), 은빛 슬리퍼(은).

Rockoff, Hugh, "The Wizard of Oz as a Monetary Allegory," *Journal of Political Economy* 98, August 1990, pp. 739–760.

제 6 절 물가연동채권(indexed bonds)

만약 인플레이션이 상당한 비용을 수반한다면 사람들은 왜 여러 가지 계약을 채결할 때 물가연동채권을 도입하지 않는가 하는 의문이 오랜 기간 경제학자들의 관심을 사로잡아 왔다. 물가연동채권의 발행에 우호적인 견해로는 다음과 같은 것들이 있다.

- 명목채권은 인플레이션 위험에 노출되어 있으므로 투자자들에게 보다 높은 이자율을 제공해야 한다. 그러나 인플레이션 위험을 제거하면 이러한 할증을 제공할 필요가 없으므로 정부는 재원조달비용을 절약할 수 있다.
- 물가연동채권의 발행은 재원조달비용을 감소시킴으로써 채권상환을 위해 정부가 부과해야 할 소득세의 크기를 감소시킬 것이다. 이것은 소득세 등이 경제를 왜곡시킴으로써 발생하는 손실(deadweight loss)을 감소시킬 수 있다.
- 물가연동채권을 발행하면 정부는 의도적으로 인플레이션을 발생시켜서 인플레이션세를 부과하기보다는 오히려 인플레이션으로 인한 원금 및 이자 상환부담 때문에 인플레이션을 가능하면 억제하려 할 것이다.
- 물가연동채권은 경제주체들이 갖고 있는 인플레이션 예상치에 대한 정보를 제공하고, 정책당국은 이러한 정보를 사용하여 통화정책을 수행할 수 있다.
- 물가연동채권시장이 형성되면 시장이 보다 완전해진다. 즉, 물가연동채권이 존재하면 인플레이션 위험에 대한 태도가 다른 투자자들 사이에 시장에서 인플레이션 위험을 거래할 수 있게 된다.
- 물가연동채권은 인플레이션 위험을 회피하는 장기성 투자자금을 유인함으로써 장기금융시장의 규모확대 및 유동성 증가에 기여하여 정부의 장기적 재정운용을 원활하게 해준다.

이에 반하여 물가연동채권의 발행에 반대하는 이유는 다음과 같은 것들이 있다.

- 단기국채는 실질적으로 인플레이션 위험에 적게 노출되어 있으므로 인플레

이션 위험을 회피하려면 단기국채를 계속 차환거래하면 된다. 따라서 굳이 물가연동채권을 발행할 필요가 없다.

- 물가연동채권이 발행되면 국채의 종류가 너무 많아져서 국채의 유동성이 감소할 우려가 있다. 국채의 유동성이 감소되면 투자자들이 국채를 구입하도록 높은 이자율을 제공해야 하고, 이것은 결과적으로 정부의 재원조달비용을 높일 것이다.
- 물가연동채권이 발행되면 인플레이션을 우려하는 사람들은 물가연동채권을 구입하여 인플레이션 위험을 제거할 것이다. 따라서 그들은 더 이상 인플레이션에 큰 관심을 갖지 않을 것이고, 그로 인해 정부가 인플레이션을 억제해야 된다는 여론이 약화될 것이다.

이상의 찬성 및 반대 논거에도 불구하고 경제학자들은 대체로 물가연동채권의 발행에 찬성하고 있다.

캠벨과 실러[3]의 연구에 의하면, 1780년에 미국 메사추세츠주는 원금과 이자를 옥수수 5부쉘, 64와 4/7파운드의 소고기, 10파운드의 양털, 16파운드의 구두창의 가격(그 당시가격은 약 130파운드)에 연결시키는 물가연동채권을 발행하였다. 그 이후 물가연동채권을 도입해야 한다는 주장이 학계 및 정계에서 계속 제기되었으며, 물가연동채권의 발행을 적극적으로 옹호한 경제학자로는 제본스를 들 수 있다.

최근 물가연동채권을 발행한 나라들을 살펴보면 다음과 같다.

도입연도	국 가	지수화의 기준	도입직전연도의 인플레이션율(%)
1945	핀란드	도매물가지수	6.48
1952	스웨덴	소비자물가지수	2
1955	이스라엘	소비자물가지수	12.3
1955	아이슬랜드	소비자물가지수	0
1964	브라질	도매물가지수	69.2
1966	칠레	소비자물가지수	22.2
1967	콜롬비아	도매물가지수	19.7

3) Campbell, John and Robert J. Shiller, "A Scorecard for Indexed Government Debt," *Cowles Foundation Discussion Paper* # 1125, 1996.

1972	아르헨티나	도매물가지수	34.8
1981	영국	소비자물가지수	34.8
1985	오스트레일리아	소비자물가지수	4.5
1989	멕시코	소비자물가지수	114.8
1991	캐나다	소비자물가지수	4.8
1994	스웨덴	소비자물가지수	4.4
1995	뉴질랜드	소비자물가지수	2.8
1997	미국	소비자물가지수	3.0

물가연동채권이 국채에서 차지하는 비중은 이스라엘이 약 85% 정도로서 세계에서 가장 크며, 규모면이나 유동성 측면에서는 영국이 가장 크다. 그 밖의 나라들도 뉴질랜드를 제외하고는 물가연동채권이 국채에서 차지하는 비중이 1%를 넘고 있다. 미국도 1997년부터 물가연동채권(TIPS 또는 TIIS)을 발행하기 시작하여 매년 발행비중을 높이고 있으며, 한국도 2007년부터 물가연동국채를 발행하고 있다.

제 7 절 맺 음 말

본 장에서 우리는 장기적으로 인플레이션은 언제나 어디서나 화폐적 현상임을 보았다. 장기적으로 화폐의 소득유통속도가 일정하고, 소득이 기술수준이나 생산요소에 의해 결정되면 통화공급의 변화는 물가수준의 변화로 연결된다. 인플레이션이 화폐적 현상임을 잘 보여주는 대표적인 예로 초인플레이션을 들 수 있다. 초인플레이션이 발생하는 경제에서는 거의 예외없이 통화공급의 급격한 증가를 관찰할 수 있다.

장기적으로 화폐는 중립이다. 장기적으로 통화공급의 변화는 물가수준의 변화로 반영되고, 통화증가율의 변화는 인플레이션율의 변화로 반영된다. 그러나 단기적으로는 통화공급(증가율)의 변화가 생산과 실질이자율 등 실질변수에 영향을 미칠 수 있다.

인플레이션의 비용은 인플레이션이 예상된 경우와 예상되지 않은 경우를 분리하여 분석하는 것이 일반적이다. 인플레이션이 예상된 경우에는 구둣굽비용, 메뉴비용, 조세왜곡효과, 화폐환상 등을 생각해 볼 수 있고, 인플레이션이 예상되지 않은 경우에는 부의 재분배효과, 불확실성 증가에 따른 금융시장 위축 효과 등을 생각해 볼 수 있다. 최근에는 인플레이션에 따른 비용을 줄이기 위해 각국이 물가연동채권을 발행하고 있다.

부록 프리드만 준칙

장기적으로 인플레이션율이 통화증가율에 의해 결정된다고 하자. 일부 재화는 신용카드로 구매가 가능하지만 일부 재화는 현금으로만 구매가 가능하다고 하자. 전자를 신용재화, 후자를 현금재화라고 한다. 현금재화를 구매하기 위해서는 미리 현금을 준비하고 있어야 한다. 현금재화는 일반적으로 소액의 상품이나 서비스이고, 신용재화는 일반적으로 고액의 상품이나 서비스이다. 현금재화를 구입하기 위해 얼마만큼의 현금을 미리 보유할 것인가는 신용재화를 얼마만큼 구입하고, 현금재화를 얼마만큼 구입할 것인가에 달려 있다. 원론에서 배우듯이 두 재화 사이의 한계대체율이 두 재화의 상대가격과 같을 때 두 재화의 최적 소비가 이루어진다. 신용재화와 현금재화와의 한계대체율은 $\frac{1}{1+R}$이다. 즉, 현금재화를 구입하기 위해 현금을 보유하면 채권을 보유할 때에 비해 이자수입을 상실하게 되지만, 신용재화를 구입하고 기말에 신용카드 사용액을 전액 지급하면 이자가 부과되지 않는다.

기업은 현금재화 한 단위를 생산하지 않는 대신 신용재화 한 단위를 생산할 수 있다고 하자. 즉, 현금재화와 신용재화 사이의 한계변환율(MRT; marginal rate of transformation)이 1이라고 하자. 원론에서 배우듯이 두 재화 사이의 한계대체율과 한계변환율이 같아야 자원배분이 최적으로 이루어진다(Pareto 최적조건). 그러나 앞에서 설명했듯이 신용재화와 현금재화의 한계대체율은 $\frac{1}{1+R}$이다. 즉, 명목이자율이 0보다 큰 한 한계변환율이 한계대체율보다 크게 된다. 명목이자율이 0보다 커서 경제주체들이 바람직한 것 이상으로 신용재화를 많이 소비하게 된다.

이런 경우 파레토 최적조건을 달성하려면 명목이자율을 0으로 만들어 주어야 한다. 피셔 방정식에 따르면 명목이자율은 실질이자율+(기대)인플레이션율이므로 명목이자율을 0으로 만들려면 인플레이션율이 −실질이자율이 되어야 한다. 이것은 실질이자율과 같은 크기의 디플레이션이 발생해야함을 의미한다. (장기적으로) 인플레이션율은 통화증가율과 같으므로 결국 파레토 최적조건은 통화증가율이 −실질이자율이 되어야 함을 의미한다. 이것을 프리드만 준칙이라고 한다. 프리드만 준칙에 따르면 디플레이션이 발생하도록 통화공급이 지속적으로 감소해야 한다.

프리드만 준칙을 다른 각도에서 설명하면 다음과 같다. 화폐를 인쇄하는 데 드는 비용은 실질적으로 무시할 수 있다. 이런 경우 사회적으로 최적인 정책은 교환의 매개수단을 기회비용(=0)에 제공하는 것이다. 화폐보유의 기회비용인 명목이자율이 0이 되면 유통되는 실질화폐잔고가 최대가 되고, 이것은 본문의 [그림 25-14]에서 보듯이 소비자의 효용을 극대화한다.

연습문제 제25장

Questions and Practice

1. $P=100$, $M=20000$, $Y=200$이면 화폐의 소득유통속도는?

2. 실질소득(Y)이 생산성 향상으로 연 3% 성장하고, 소득유통속도가 향상된 거래기술에 의해 연 1% 상승하고 있다. 통화공급은 연 2% 증가하고 있었는데 올해만 일시적으로 5% 증가했다가 내년부터는 다시 2% 증가한다고 하자. 인플레이션율은 어떻게 변화하는가?

3. 실질소득(Y)이 생산성 향상으로 연 3% 성장하고, 소득유통속도가 향상된 거래기술에 의해 연 1% 상승하고 있다. 통화공급은 연 2% 증가하고 있었는데 특정 시점(T)부터 항구적으로 5% 증가한다고 하자.

(가) 인플레이션율은 어떻게 변화하는가?

(나) 실질이자율이 2%라면 명목이자율은 어떻게 변화하는가?

4. 통화당국이 통화공급 증가율을 감소시킨다고 하자.

(가) 이러한 정책이 단기에 실질통화잔고, 명목 및 실질이자율, 생산에 미치는 영향을 논하라.

(나) 이러한 정책이 장기에 실질통화잔고, 명목 및 실질이자율, 생산에 미치는 영향을 논하라.

(다) 통화공급 증가율 감소에 따른 명목 및 실질이자율의 변화를 묘사하라.

5. 명목통화 증가율은 연 10%, 실질소득 증가율은 연 6%, 실질화폐수요의 소득탄력성은 2/3이고, 명목이자율은 일정하다고 하자. 화폐시장 균형조건으로부터 인플레이션율을 구하라.

6. 통화증가율, 소득증가율, 인플레이션율에 관한 다음 자료를 바탕으로 이들 변수들 간의 관계를 논하라.

	통화증가율(%)	소득증가율(%)	인플레이션율(%)
1870–1879	2.3	5.5	−3.0
1880–1889	6.6	1.4	−1.1
1890–1899	5.0	3.7	−2.2
1900–1909	7.3	4.0	1.9
1910–1919	9.8	3.5	6.6
1920–1929	3.3	4.2	2.2
1930–1939	0.8	1.5	−1.9
1940–1949	11.5	3.4	5.6
1950–1959	3.8	3.3	2.5
1960–1969	7.1	4.0	2.7
1970–1979	9.8	2.8	7.1
1980–1989	8.0	2.6	5.4

7. 본문에서 우리는 화폐발행수입과 인플레이션세를 구분하지 않았다. 그러나 화폐발행수입은 통화증가율×실질화폐잔고로, 인플레이션세는 인플레이션율×실질화폐잔고로 정의된다고 하자. 화폐발행수입은 인플레이션세와 어느 경우에 같아지는가?

8. 실질화폐수요가 다음과 같이 주어지고

$$\frac{M}{P}=Y[0.5-(r+\pi^e)],$$

$Y=2000$, $r=5\%$이다. 장기적으로 π^e는 통화증가율과 같다고 하자. 통화증가율이 1%, 10%, 25%, 30%인 경우 각각의 화폐발행수입을 구하고, 통화증가율과 화폐발행수입의 관계를 논하라.

9. 화폐발행수입이 $\frac{\dot{M}}{P}=\frac{\dot{M}}{M}\frac{M}{P}$로 주어지고, 실질화폐수요함수는 $\frac{M}{P}=Ye^{\alpha(-r-\pi)}$로 주어진다. 장기균형상태(steady state)에서 화폐발행수입은 $Y\pi e^{\alpha(-r-\pi)}$가 된

다고 하자.

(가) 장기균형상태에서 인플레이션율(π)이 0일 때 화폐발행수입은?

(나) 장기균형상태에서 화폐발행수입을 최대로 하는 인플레이션율은?

(다) 인플레이션율이 (나)에서 구한 값을 초과하면 화폐발행수입은 어떻게 변화하는가?

10. 액면가 1,000,000원, 표면금리 4%인 3년 만기 물가연동채권을 액면가에 구입했다고 하자. 1기부터 3기까지의 액면가, 이자, 원금, 총지급을 계산하고, 첫해의 명목 및 실질수익률을 구하라.

기 간	인플레이션율(%)	액면가(원)	이자지급	원금지급	총지급
0		1,000,000			
1	3			0	
2	4			0	
3	2				

26 대공황과 일본의 장기불황

경제학과 기상학(일기예보)의 공통점:

둘 다 미래를 예측하는 데 어려움을 겪고 있다.

경제학과 기상학(일기예보)의 다른점:

기상학자들은 과거의 일기변화의 원인에 동의하지만, 경제학자들은 과거에 발생한 사실의 원인에 동의하지 않는다.

주요개념

대공황

지출가설

통화가설

먼델-토빈 효과

디플레이션

유동성함정

CHAPTER

26 대공황과 일본의 장기불황

John Maynard Keynes(1883–1946)

영국

"고용, 이자 및 화폐에 관한 일반이론"

급식을 위해 줄 서 있는 실직자들

자료: http://kr.encycl.yahoo.com

1920년대 후반부터 미국을 비롯한 유럽의 선진 자본주의 국가들을 휩쓴 대공황은 당시 주류 경제학이던 고전학파 경제학의 몰락을 초래하였다. 임금과 물가수준이 신축적이며 공급이 수요를 창조한다는 그들의 이론으로는 장기적으로 지속되는 대공황을 설명하기 어려웠다. 이때 기존 경제학에 도전하여 과감하게 발상의 전환을 한 사람이 케인즈라고 할 수 있다. 그는 임금과 물가는 단기적으로 경직적이며, 유효수요(총수요)가 부족하면 경기침체가 지속될 수 있다고 주장하였다. 그의 이론은 대공황을 설명하는 데 크게 기여했을 뿐만 아니라, 뉴딜에서 감각적으로 채택되었던 정책들의 이론적 타당성과 정부개입을 옹호하는 논거를 제시하였다.

많은 경제학자들은 대공황과 같은 일이 다시 발생할 것인가에 관하여 회의적인 것이 사실이다. 그러나 1990년대에 일본이 겪은 장기불황은 비록 그 강도는 약하지만 대공황과 유사한 측면이 많다.

본 장에서는 대공황의 원인이 무엇이었는가에 관한 논쟁을 소개한 후, 일본의 장기불황에 관하여 간단히 소개한다.

제 1 절 대 공 황

1. 사　실

대공황은 1929년부터 시작하여 1930년대 말까지 진행된 전세계적 경기침체로서, 생산의 급격한 감소, 심각한 실업률, 디플레이션 등을 특징으로 한다. 대공황의 심각성은 단적으로 실업률의 변화에서 찾아볼 수 있다. [표 26-1]에서 확인할 수 있는 것처럼 미국의 실업률은 1929년 약 3%에서 1933년에는 약 25%로 증가한다. 실업률의 증가는 생산의 감소로 반영되었고, 실질GNP의 구성항목들 가운데 소비와 투자의 감소가 두드러진다.

대공황은 세계적 현상이었다.[1] 대공황은 미국에서 시작되었지만 다른 선

1) 당시 선진 산업국가들이 채택하고 있던 금본위제가 대공황의 전파에 기여한 것으로 보인다. 영국이 1931년에 금본위제를 포기하자 전세계는 과연 미국이 금본위제를 유지할 것인지 큰

표 26-1 대공황기간 동안의 미국의 주요 경제지표

(단위:%, $bil)

연도	실업률	실질GNP	소비	투자	정부구입	명목이자율	통화공급	인플레이션율	실질화폐잔고
1929	3.2	203.6	139.6	40.4	22.0	5.9	26.6	–	52.6
1930	8.9	183.5	130.4	27.4	24.3	3.6	25.8	−2.6	52.3
1931	16.3	169.5	126.1	16.8	25.4	2.6	24.1	−10.1	54.5
1932	24.1	144.2	114.8	4.7	24.2	2.7	21.1	−9.3	52.5
1933	25.2	141.5	112.8	5.3	23.3	1.7	19.9	−2.2	50.7
1934	22.0	154.3	118.1	9.4	26.6	1.0	21.9	7.4	51.8
1935	20.3	169.5	125.5	18.0	27.0	0.8	25.9	0.9	60.8
1936	17.0	193.2	138.4	24.0	31.8	0.8	29.6	0.2	62.9
1937	14.3	203.2	143.1	29.9	30.8	0.9	30.9	4.2	69.5
1938	19.1	192.9	140.2	17.0	33.9	0.8	30.5	−1.3	69.5
1939	17.2	209.4	148.2	24.7	35.2	0.6	34.2	−1.6	79.1
1940	14.6	227.2	155.7	33.0	36.4	0.6	39.7	1.6	90.3

자료: *Historical Statistics of the United Stated, Colonial Times to* 1970, Part Ⅰ and Ⅱ. U. S.

진 자본주의 국가들도 심각한 불황을 경험하였는데, 1930년부터 1938년까지 영국의 평균 실업률은 15.4%, 프랑스의 평균 실업률은 10.2%, 독일의 평균 실업률은 21.2%였다.

2. 대공황의 원인

프랑스의 저명한 정치학자는 프랑스 대혁명의 원인을 묻는 기자들의 질문에 아직 대답하기 이르다고 대답하였다. 사실 대공황의 원인에 관해서도 우리는 똑 같은 대답을 할 수밖에 없다. 많은 가설들이 제시되고 있지만 학자들 사이에 의견이 일치되고 있지는 않다. 대공황의 원인으로 제시되고 있는 가설들에 대해서 살펴보면 다음과 같다.

관심을 갖게 된다. 이런 우려를 불식시키기 위해 미국은 1931년 9월 통화공급을 감소시키게 된다. 통화공급이 감소하면서 물가가 하락하고 소득이 감소하였다. 미국의 디플레이션은 미국제품의 상대가격을 하락시켰고, 소득감소는 수입수요를 감소시켰다. 그 결과 미국의 경상수지가 개선되면서 다른 나라로부터 미국으로 금이 이동하게 된다. 이에 대응하여 다른 나라들도 금본위제를 유지하기 위해서 통화공급을 감소시켰고, 그로 인해 다른 나라에서도 소득이 감소하고, 물가가 하락했던 것으로 보인다.

지출가설

이 가설은 1930년대 소득이 급격히 감소할 때 이자율도 하락하였다는 사실에 주목하여 대공황의 근본원인은 *IS*곡선의 긴축적 이동(좌측 이동)에 있었다는 주장이다. 대공황 초기에 *IS*곡선을 왼쪽으로 이동시킨 원인으로는 다음과 같은 것들을 들고 있다.

- 1929년의 주식시장 붕괴: 경기침체는 사실 주가 폭락 이전에 시작되었다. 그러나 주가 폭락이 대공황의 중요한 요인이었다고 볼 수 있다. 1929년 10월 28일 다우존스 평균주가가 298에서 260으로 폭락하고, 다음날은 230으로 폭락하였다. 이틀 동안 주가가 23% 하락한 것이다. 이것은 9월의 정점에서 무려 40% 하락한 수치이다. 1932년 6월에 주가는 47로 바닥을 친다. 사실 주가가 폭락할 만한 특별한 뉴스는 없었다. 주가 폭락은 투기적 거품의 붕괴였다고 볼 수 있다. 1929년의 주식시장 붕괴는 자산의 가치를 감소시키고 불확실성을 증대시킴으로써 소비자들이 소비를 줄이고 저축을 증가시키도록 유도하였다. 실제로 자동차 판매가 급감하였다. 산업생산지수는 1929년 8월부터 10월 사이에 1.8%, 10월부터 12월 사이에 9.8%, 1929년 12월부터 다음해 12월 사이에 24% 감소하였다.
- 주택투자의 감소: 1920년대에 부동산투자 붐이 급격히 소멸하고 1930년대에 이민이 감소하자 주택투자 수요가 감소하였고, 이것이 소득을 감소시켰다.

일단 대공황이 발생한 후 지출을 더욱 감소시킨 요인으로는 다음과 같은 것들이 제시되고 있다.

- 은행의 부도: 1930년대 초에 존재했던 은행 중 1/5이 1933년까지 부도가 났다. 은행의 대규모 부도 사태는 투자자금 공급을 급격히 감소시켜서 투자를 감소시켰다.
- 1930년대의 긴축재정정책: 1930년대에 정치가들은 실업이 급증하는 상황에서 경제를 확장시키기보다는 균형재정의 달성에 관심이 많았다. 특히 1932년의 수입법안(Revenue Act)은 중산층 및 서민 부담이 상대적으로 큰 각종 조세를 증가시켰고, 정치가들은 즉각적이고 급격한 정부구입의 축소를 주장했다.

통화가설

[표 26-1]에서 보듯이 대공황기간(1929-1933) 동안 통화공급이 28% 감소하였다는 사실에 주목하여 대공황의 근본적 원인은 미연방 준비기금의 급격한 통화감축에 있었다는 주장이다. 이 가설의 대표적 주창자는 프리드만과 슈와르쯔를 들 수 있다. 이들의 주장을 살펴보기 위해 통화공급을 결정하는 세 가지 주요 변수들(본원통화, 지급준비율, 현금-예금 비율)을 [표 26-2]에 보고하고 있다.

[표 26-2]에서 보듯이 통화공급의 감소는 본원통화의 감소에 기인하지는 않았다. 같은 기간 동안 본원통화는 18% 상승하였다. 오히려 통화공급 감소의 직접적인 원인은 통화승수의 감소에서 찾아볼 수 있다. 같은 기간 동안 통화승수는 38% 감소하였는데, 그 이유는 민간의 현금-예금 비율의 상승과 은행의 지급준비금-요구불예금 비율의 상승 때문이다. 대공황기간 동안 은행의 파산사태가 급증했고, 이것은 민간의 은행에 대한 신뢰도를 떨어뜨려서 현금보유성향을 증가시켰다. 또한 은행들은 파산을 면하기 위해서 가능하면 많은 지급준비금을 보유하려고 하였다. 그 결과 통화공급은 급격히 감소하기 시작한 것이다.

표 26-2 대공황기간 동안 통화공급과 결정요인의 변화(1929-1933)

항 목	1929년 8월	1933년 3월
통화공급	26.5	19.0
요구불예금(DD)	22.6	13.5
본원통화	7.1	8.4
현금(C)	3.9	5.5
지급준비금(R)	3.2	2.9
통화승수	3.7	2.3
C/DD	0.14	0.21
R/DD	0.17	0.41

자료: *A Monetary History of the United States, 1867-1960*, Milton Friedman and Anna Schwartz. Princeton Unitersity Press, 1963.

① 통화가설에 대한 비판

- 실질통화잔고의 행태: 만약 긴축적인 통화정책이 대공황의 원인이었다면 실질통화잔고가 감소했어야 함에도 불구하고 1929-1931기간 동안 실질통화잔고는 미약하나마 증가하였다. 이것은 통화공급이 감소했음에도 불구하고 물가수준이 훨씬 빠르게 하락하였기 때문이다.
- 이자율의 행태: 통화가설의 또 다른 문제점은 긴축 통화정책이 대공황의 원인이었다면 이자율이 상승했어야 함에도 불구하고, 실제로 이자율은 1929-1933기간 동안 지속적으로 하락하였다는 것이다.

이런 사실들은 일견 대공황의 책임을 미국의 중앙은행에 전가시키는 주장에 대한 반증으로 보이지만, 일부 학자들은 미국의 중앙은행이 은행의 부도를 막기 위해서 좀 더 적극적으로 최후의 대부자(lender of last resort) 역할을 수행했어야 했고, 통화승수의 감소에 대응하여 본원통화도 더 많이 공급했어야 한다고 주장한다. 또한 1931-1933기간에는 실질통화잔고가 감소하여 긴축적인 통화정책이 대공황의 단초를 제공한 원인은 아닐지라도 대공황을 심화시킨 원인이었다고 볼 수 있다.

② 통화가설의 재해석

통화가설이 비록 위에서 언급한 문제점들을 가지고 있다 하더라도 물가수준의 하락이 경제에 미치는 효과를 고려하면 통화가설은 새로운 설득력을 얻게 된다. 그 이유는 1929-1933기간 동안 물가수준은 25% 하락하였는데, 물가하락의 주요한 원인으로 통화감소를 생각해 볼 수 있기 때문이다.

물가하락이 경제에 미치는 효과는 안정적 효과와 불안정적 효과를 들 수 있다. 물가수준이 하락하면 실질자산의 가치가 증가하고, 이것은 소비를 촉진시킬 것이다(이것을 피구 효과라고 한다). 소비가 늘어나면 *IS*곡선이 오른쪽으로 이동하고 소득이 증가하여 경제를 회복시킨다. 이러한 효과는 물가수준의 하락이 경제에 미치는 안정적 효과로서 경제의 자체교정능력이라고 할 수 있다. 그러나 이러한 안정적 효과는 대공황의 심화를 설명하기에는 부적절하다고 할 수 있다.

물가하락이 경제에 미치는 불안정적 효과는 물가하락이 예측된 경우와 예측되지 않았던 경우로 나누어 생각할 수 있다. 우선 예측되지 않은 물가하락은

제25장에서 보았듯이 부채-디플레이션 효과에 의해 채무자에게서 채권자에게로 소득을 재분배한다. 상대적으로 혜택을 보게 되는 채권자의 소비는 증가하고, 상대적으로 손실을 보게 되는 채무자의 소비는 감소할 것이다. 따라서 경제전체적으로는 소비가 증가할지, 감소할지 알기 어렵다. 그러나 애초에 채무자가 채무자가 된 이유는 채무자의 소비성향이 채권자의 소비성향보다 상대적으로 크기 때문이었다고 볼 수 있으므로, 채무자들의 소비감소가 채권자들의 소비증가를 충분히 상쇄하고도 남을 것이다. 이 경우 경제전체의 소비는 감소할 것이고, 이것이 대공황을 심화시켰을지도 모른다.

물가하락(상승)이 예상되는 경우는 기대디플레이션(인플레이션)이 명목이자율의 하락(상승)으로 100% 반영되지 못하고 실질이자율을 상승(하락)시켜서 경기침체(과열)를 가속화시킬 수 있다. 이것은 먼델-토빈 효과라고 불리며 경제를 불안정하게 만든다.

먼델-토빈 효과를 분석하기 위해 *IS*-*LM*곡선에서 명목이자율과 실질이자율을 구분하자. *IS*곡선은 실질이자율에 의존하고 *LM*곡선은 명목이자율에 의존하므로 *IS*-*LM*곡선을 다음과 같이 나타낼 수 있다.

$$IS: \quad Y = C(Y-T) + I(r, Y) + G$$
$$LM: \quad M/P = L(Y, R)$$
$$\text{피셔방정식:} \quad R = r + \pi^e$$

위의 피셔방정식을 *IS*곡선에 대입하면 다음과 같다.

$$IS: \quad Y = C(Y-T) + I(R-\pi^e, Y) + G$$
$$LM: \quad M/P = L(Y, R)$$

이제 인플레이션율을 0이라 가정하고 *R*-*Y*평면에 *IS*-*LM*곡선을 [그림 26-1]과 같이 그리자. 인플레이션율이 0이면 명목이자율과 실질이자율은 동일하고, [그림 26-1]에 나타난 *IS*-*LM*곡선은 우리가 이미 도출한 *IS*-*LM*곡선과 동일하다.

만약 디플레이션이 기대된다면 어떤 일이 발생할 것인가? *LM*곡선은 엄밀히 말하면 명목이자율에 의존하지만 *IS*곡선은 실질이자율에 의존하므로 실질이자율이 변화하면 *IS*곡선이 이동한다. *R*-*Y*평면에서 디플레이션이 예상되면 주어진 명목이자율 수준에서 실질이자율이 상승하고 투자가 감소하므로 *IS*곡

그림 26-1 먼델-토빈 효과

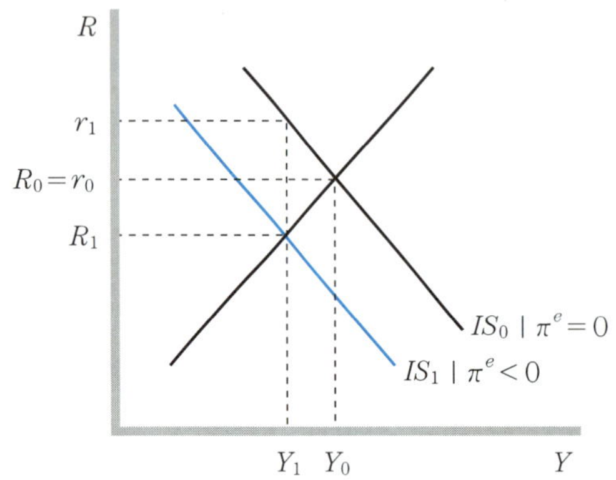

인플레이션율이 0이면 명목이자율과 실질이자율은 동일하고, 그림에 나타난 *IS*−*LM*곡선은 우리가 이미 도출한 *IS*−*LM*곡선과 동일하다. *LM*곡선은 엄밀히 말하면 명목이자율에 의존하지만 *IS*곡선은 실질이자율에 의존하므로 실질이자율이 변화하면 *IS*곡선이 이동한다. *R*−*Y*평면에서 디플레이션이 예상되면 주어진 명목이자율 수준에서 실질이자율이 상승하고 투자가 감소하므로 *IS*곡선이 아래로 이동한다. *IS*곡선이 아래로 이동하면 소득이 감소한다.

선이 아래로 이동한다. *IS*곡선이 아래로 이동하면 소득이 감소한다.

생산이 Y_1으로 감소하면 생산이 자연율보다 더욱 작아지므로 인플레이션율과 기대인플레이션율이 더 하락하게 된다. 기대인플레이션율이 더 하락함에 따라 주어진 명목이자율하에서 실질이자율이 상승하고, 투자가 감소하여 *IS*곡선이 왼쪽으로 이동한다. *IS*곡선이 왼쪽으로 이동하면서 불황은 더욱 더 심화될 수 있다.

3. 유동성함정

통상적인 *IS*−*LM* 분석에서 물가수준이 하락하면 실질통화잔고가 증가하여 *LM*곡선이 오른쪽으로 이동한다. *LM*곡선이 오른쪽으로 이동하면 이자율은 하락하고 총수요가 증가한다. 이것을 케인즈 효과라고 부른다는 것을 우리는 이미 배워서 알고 있다. 그러나 케인즈는 대공황의 상황에서 물가수준이 하락하더라도 생산이 늘어나지는 않을 것이라고 주장하였다. 즉, 대공황처럼 투자가 저축에 크게 못 미치는 경우에는 케인즈 효과는 없다고 생각했다. 그가 케인즈 효과가 없다고 생각한 이유는 유동성함정 때문이다. 단기이자율이 매우 낮아서 0에 가깝더라도 총수요가 지속적으로 생산능력에 못미치면 통화공급의 증가는 지출증가로 연결되지 않고 채권을 대체할 뿐이다. 이러한 경우에 우리는 경제가 유동성함정에 빠져 있다고 한다.

그림 26-2 유동성함정

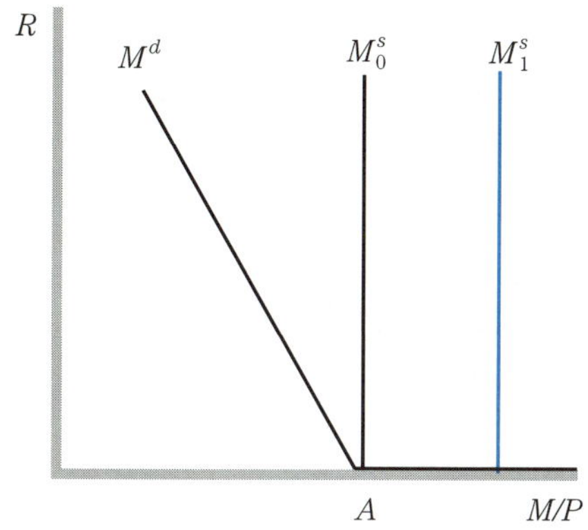

통화공급이 M_0에서 M_1으로 증가하더라도 이자율이 0에 가까우면 통화공급의 증가는 지출증가로 연결되지 않고 채권을 대체할 뿐이다. 대공황기에 이자율은 거의 0에 가깝게 떨어졌다. 이러한 상황에서는 화폐가 채권보다 우월한 자산이므로 사람들이 채권보다는 화폐를 보유하려고 한다(이자율이 0에 가깝다는 것은 채권가격이 최대한 올라간 것을 의미하므로 사람들은 채권을 매각하여 화폐를 보유하려고 할 것이다). 따라서 A점의 오른쪽에서 화폐수요곡선은 수평이 되어 유동성함정에 빠지게 된다.

[그림 26-2]는 유동성함정을 나타내고 있다. 통화공급이 M_0에서 M_1으로 증가하더라도 이자율이 0에 가까우면 통화공급의 증가는 지출증가로 연결되지 않고 채권을 대체할 뿐이다. 대공황기에 이자율은 거의 0에 가깝게 떨어졌다. 이러한 상황에서는 화폐가 채권보다 우월한 자산이므로 사람들이 채권보다는 화폐를 보유하려고 한다(이자율이 0에 가깝다는 것은 채권가격이 최대한 올라간 것을 의미하므로 사람들은 채권을 매각하여 화폐를 보유하려고 할 것이다). 따라서 A점의 오른쪽에서 화폐수요곡선은 수평이 된다.

화폐수요가 수평이면 LM곡선도 수평이 된다. 그 이유는 소득이 증가하여 화폐수요곡선이 오른쪽으로 이동하더라도 화폐수요곡선이 수평이므로 이자율이 상승하지 않기 때문이다. [그림 26-3]에서 보듯이 소득이 Y_2를 하회하는 한 소득이 증가하여 화폐수요곡선이 오른쪽으로 이동하더라도 이자율은 상승하지 않는다. 소득이 Y_2를 상회해야만 화폐수요곡선이 오른쪽으로 이동할 때 이자율이 상승하여 LM곡선이 우상향하게 된다.

대공황의 진행을 이해하기 위해 [그림 26-4]를 보자. 경제가 애초에 A점에 있었다고 하자. 경제는 자연율보다 아래에 있다. 이 경우에 통화공급을 증가시키면 생산이 자연율 수준으로 증가할 것인가? 이제 통화공급이 증가하여 LM곡선이 LM_0에서 LM_1으로 이동한다고 하자. 명목이자율은 0으로 하락하고, 생산은 Y_1으로 증가한다. B점에서 통화당국이 통화공급을 더 증가시키면 생산은 증가할 것인가? 그림에서 보듯이 통화공급이 증가하여 LM곡선이 LM_1에서

그림 26-3 유동성함정

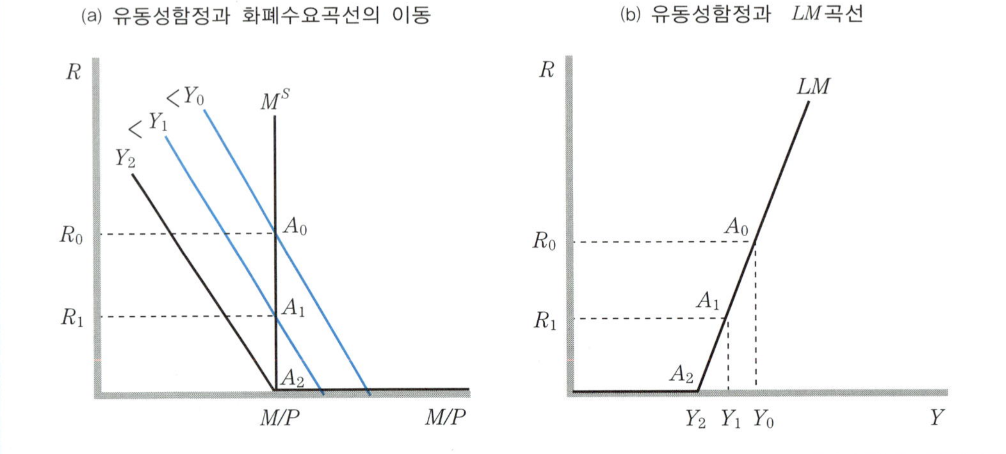

화폐수요가 수평이면 LM 곡선도 수평이 된다. 그 이유는 소득이 증가하여 화폐수요곡선이 오른쪽으로 이동하더라도 화폐수요곡선이 수평이므로 이자율이 상승하지 않기 때문이다. [그림 26-3(a)]에서 보듯이 소득이 Y_2를 하회하는 한 소득이 증가하여 화폐수요곡선이 오른쪽으로 이동하더라도 이자율은 상승하지 않는다. 소득이 Y_2를 상회해야만 화폐수요곡선이 오른쪽으로 이동할 때 이자율이 상승하여 LM곡선이 우상향하게 된다[그림 26-3(b)].

LM_2로 이동하더라도 생산은 더 이상 증가하지 않는다. 그 이유는 경제가 유동성함정에 빠져 있기 때문이다.

그림 26-4 유동성함정과 통화공급의 증가

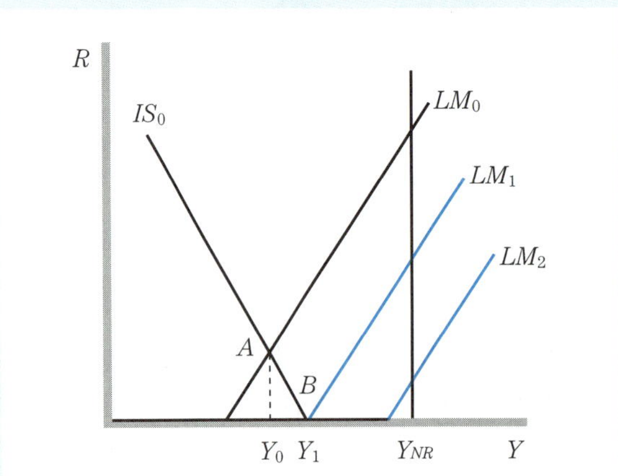

경제가 애초에 A점에 있었다고 하자. 경제는 자연율보다 아래에 있다. 이제 통화공급이 증가하여 LM곡선이 LM_0에서 LM_1으로 이동한다고 하자. 명목이자율은 0으로 하락하고, 생산은 Y_1으로 증가한다. B점에서 통화당국이 통화공급을 더 증가시키면 LM곡선이 LM_1에서 LM_2로 이동하지만 생산은 더 이상 증가하지 않는다. 그 이유는 경제가 유동성함정에 빠져 있기 때문이다.

그림 26-5 기대디플레이션과 IS곡선의 이동

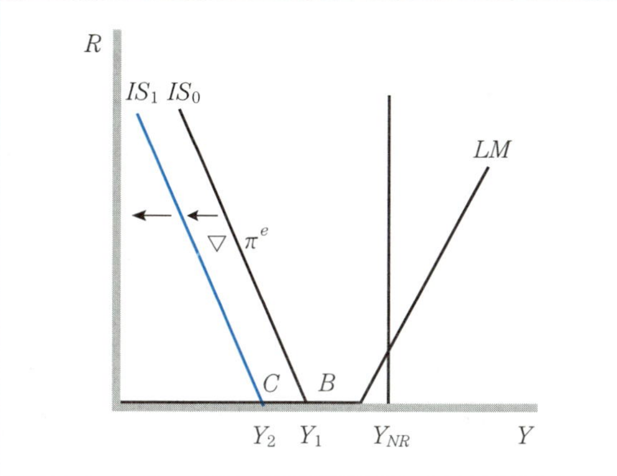

경제가 자연율을 하회하는 B점과 같은 곳에서 오래 동안 침체상태에 있었던 까닭에 인플레이션율이 하락하거나 심지어 디플레이션이 발생한다고 하자. 이 상태에서는 통화공급이 증가해도 경제가 유동성함정에 빠져 있으므로 생산이 증가하지 않는다. 명목이자율이 0이므로 인플레이션율이 하락하거나 디플레이션이 발생하면 실질이자율은 상승하게 된다. 주어진 명목이자율하에서 실질이자율이 상승하면 지출이 감소하므로 IS곡선이 왼쪽으로 이동한다. IS곡선이 왼쪽으로 이동하면 생산은 더욱 더 감소하여 C점으로 이동한다.

경제가 자연율을 하회하는 B점과 같은 곳에서 오래 동안 침체상태에 있었던 까닭에 인플레이션율이 하락하거나 심지어 디플레이션이 발생한다고 하자. 이 상태에서는 통화공급이 증가해도 경제가 유동성함정에 빠져 있으므로 생산이 증가하지 않는다. 명목이자율이 0이므로 인플레이션율이 하락하거나 디플레이션이 발생하면 실질이자율은 상승하게 된다. 주어진 명목이자율하에서 실질이자율이 상승하면 지출이 감소하므로 IS곡선이 왼쪽으로 이동한다. IS곡선이 왼쪽으로 이동하면 생산은 더욱 더 감소하여 C점으로 이동한다([그림 26-5] 참조). 생산이 감소하면 디플레이션은 더욱 더 심해지고, 기대디플레이션율이 상승한다고 하자. 기대디플레이션율이 상승함에 따라 주어진 명목이자율하에서 실질이자율이 상승하므로 IS곡선은 또 다시 왼쪽으로 이동하여, 생산이 더욱 더 감소하는 악순환에 빠지게 된다.

4. 대공황으로부터의 회복

대공황으로부터의 회복은 1933년부터 시작되었다. 대공황으로부터의 회복에 가장 크게 기여한 것은 금본위제의 포기와 통화공급의 증가였다. 1932년에 루즈벨트가 대통령에 당선되면서 통화정책이 급격히 변화하게 된다. 1933년부터 1941년까지 명목통화공급이 140% 증가하고, 실질통화공급이 100% 증가한다. 통화공급의 증가는 통화승수보다는 본원통화의 증가에 기인한다. 로

머는 이런 정책변화가 없었다면 1942년의 생산은 실제보다 약 50%는 적었을 것이라고 주장하였다.[2)]

대공황으로부터 회복하는 데 있어서 재정정책의 역할은 상대적으로 작았다. 1932년에 제정된 수입법안에 의해 균형재정을 위해 세율이 인상됐고, 재정적자도 경제규모에 비해 작았다. 뉴딜의 역할도 불분명한 것으로 보인다. 뉴딜 정책 중 하나는 요구불예금을 보장하고, 은행의 부도를 막기 위해 FDIC(예금보험공사)를 설립한 것이다. 실제로 1933년 이후 은행의 부도가 감소하였다. 뉴딜의 또 다른 정책으로는 실업자 구제 및 공공근로사업, 경쟁제한법 등을 들 수 있다. 최근의 연구결과에 의하면 이들 정책의 실제 효과는 불분명하다. 그렇지만 이들 정책은 경기부양에 대한 정부의 의지를 나타내어 민간의 기대를 바꾸는데 일조했을 수는 있다.

1933년에 디플레이션은 멈추었다. 1933년 CPI는 75.6, 1940년 CPI는 81.8로 1933년 이후 물가는 미약하게나마 상승하였다는 것을 알 수 있다. 그러면 1932년에 물가가 크게 하락하고, 실업률이 정점에 이르렀음에도 불구하고, 1933년에 물가하락이 멈춘 이유는 무엇인가?

1933년 6월에 제정된 국가산업부흥법(NIRA)은 최저임금제와 경쟁제한제를 요구하는 내용이다. 이 법은 임금하락을 억제하고, 경쟁을 제한하여 기업의 이윤을 증대시켰다고 볼 수 있다. 실업률은 높았으나 생산이 증가하면서 원자재 가격이 상승하고 비용이 상승하여 기업이 가격을 인상시킬 요인을 제공하였다. 이것은 아마도 이력현상과 관련이 있을지 모른다. 각국에서 높은 실업률이 장기화되면서 실업률이 임금이나 인플레이션율에 미치는 효과가 제한적이었을 수 있다.

주목할 점은 미국처럼 생산이 빠르게 증가하거나, 뉴딜 정책을 사용하지 않았던 다른 선진국들도 1930년대 중반에 디플레이션에서 탈출하였다는 사실이다.

---

2) Romer, Christina, "What Ended the Great Depression?" *Journal of Economic History* 52, December 1992, pp. 757−784.

대공황의 예측: 하바드 대 예일

노벨상 수상자 토빈에 의하면 하바드 대학원 경제학과 클럽에서 하바드 교수 크럼이 다음과 같은 말을 하였다고 한다.

1920년대에 하바드 경제 서비스(HES: Harvard Economic Service)는 매월 경제전망을 발표하고 있었다. 1929년 여름 HES의 여자 연구원이 경기가 곧 급격히 위축될 것으로 예측된다고 크럼 교수에게 말하였다. 그러나 크럼 교수는 당시 경제상황에서 특별한 이상징후를 발견할 수 없었다고 한다. 더욱이 그는 하바드처럼 권위 있는 기관이 경기가 급격히 위축될 것이라고 발표하면 그것이 금융시장 및 경제에 미치는 효과가 클 것으로 예상하여 연구원의 의견을 묵살하고 월별 경기전망에서 경기침체에 관한 예측을 배제하였다.

도밍게즈, 페어, 샤피로는 과연 토빈이 들었다고 한 이 말이 근거가 있는가 즉, 하바드 경제 서비스의 자료가 대공황을 예측했는가를 분석하였다. 동시에 1920년대와 1930년대 초 하바드 경제 서비스에서 발표한 월별 경제전망 자료와 예일대학의 피셔가 발표한 상품 및 주가지수를 사용하여 하바드와 예일 두 기관 중 어디가 상대적으로 대공황을 잘 예측했는가를 분석하였다. 그들의 연구에 의하면 HES가 발표한 세 개의 경기예측 지수들은 모두 대공황을 선행 예측하기보다는 후행하였다. 더욱이 HES는 1929년 10월 주식시장이 붕괴한 이후에도 1931년까지 계속해서 낙관적인 견해를 유지했다고 한다. 한편 그들은 피셔가 발표한 자료와 피셔의 분석을 검토한 후 피셔는 1931년까지 하바드보다 오히려 더 낙관적인 견해를 유지했다는 사실을 발견하였다.

Dominguez, Kathryn M., Fair, Ray C. and Matthew D. Shapiro, "Forecasting the Depression: Harvard Versus Yale," *American Economic Review,* September 1988, pp. 595–612.

제 2 절 일본의 장기불황

복합불황이란 경기침체 속에 부도기업 증가, 부동산가격 폭락, 금융기관의 부실채권 증가로 인한 파산, 주가 폭락 등 경제전체가 장기적 불황국면을 맞는 것을 의미하며 1991년 이후 일본의 장기불황을 일컫는 말이다. 경기침체가 지속되면 기업이 도산하고, 기업이 도산하면 부실채권의 증가로 인해 금융기관이 부실화된다. 금융기관이 부실화되면 금융기관은 일부 우량기업을 제외한 기업대출을 축소하게 되고, 기업대출이 축소되면 자금압박을 받는 기업들이 보유 부동산을 매각하려고 하게 된다. 부동산 매물이 증가하면 부동산가격이 폭락하며, 이것은 다시 기업의 부도를 촉진시키는 악순환이 발생하게 된다. 이와 같은 악순환 속에 주가도 폭락하게 된다. 1990년대 일본의 주요 경제지표는 [표 26-3]과 같다.

불황이 지속되자 일본은행은 불황 탈출을 위해 확장적 통화정책을 시행하였다. 1996년에 명목이자율을 1%보다 낮게 설정할 때까지 일본은행은 이자율을 서서히 낮추었다. 그러나 이런 정책은 너무 늦게 너무 서서히 시행되었다. 그 결과 실업률이 증가하고, 경제침체가 지속되면서 디플레이션이 발생하게 되고, 실질이자율이 상승하면서 총수요가 감소하고, 이는 다시 실업률을 증가시키고 경기침체를 지속시키는 악순환에 빠지게 된다. 결국 1990년대 중반에

표 26-3 일본의 주요 경제지표

(단위: $, %, 10억 엔)

연도	1인당GNI($)	CPI	실업률	총저축률	총투자율	CD(90일)	정부채(5년)	총통화(10억엔)	엔/$환율
1991	28,234	79.72	2.1	34.4	32.4	5.65	5.57	507,526.0	125.20
1992	30,770	84.74	2.2	33.5	30.5	3.75	3.96	506,911.0	124.75
1993	35,230	88.78	2.5	32.2	29.2	2.09	2.12	518,189.0	111.85
1994	38,392	94.30	2.9	30.7	28.0	2.34	3.84	534,102.0	99.74
1995	42,088	98.54	3.1	30.1	28.0	0.50	1.79	548,586.0	102.83
1996	37,109	103.36	3.4	30.0	28.6	0.56	1.63	561,142.0	116.00
1997	34,000	100.4	3.4	30.1	27.8	1.33	1.21	578,396.0	129.95
1998	30,796	101.0	4.1	28.9	25.9	0.75	1.44	602,264.0	115.60
1999	34,761	100.7	4.7	27.1	24.5	0.12	0.94	622,804.0	102.20
2000	37,102	100	4.7	27.5	24.9	0.55	0.96	629,622.0	114.90
2001	32,651	99.3	5.0	26.6	24.4	0.12	0.55	643,328.2	131.80
2002	31,154	98.4	5.4	25.5	22.6	0.11	0.30	665,201.5	119.90
2003	33,732	98.1	5.3	25.8	22.6	0.08	0.61	676,848.6	107.10
2004	36,603	98.1	4.7	25.9	22.3	0.08	0.61	687,667.4	104.12

주: 1인당 GNI, 총저축률, 총투자율 항목 1993년 이전은 2000년 개편이전 자료.
자료: 한국은행 조사통계월보.

일본은 유동성함정에 빠지게 된다.

일본정부는 장기불황에서 탈출하기 위해 확장적 재정정책을 사용하였다. 경기침체에 따라 1990년대 초반부터 조세수입이 감소하면서 1991년부터 경기부양을 위해 지출을 증가시키게 된다. 지출은 주로 공공사업(public works project) 등에 집중되었으나 그 효과는 의문이라고 볼 수 있다. 확장적 재정정책이 없었다면 생산은 더욱 더 감소했을지 모르나 확장적 재정정책이 경제를 회복시키지 못한 것만은 분명하다. 경기침체에 따른 조세수입 감소와 정부지출 증가로 재정적자는 누적되어 GDP 대비 정부부채가 1991년 61%에서 2001년 130%로 증가하게 된다. 이자율이 낮은 까닭에 정부부채가 급증해도 이자비용이 급증하지는 않았지만 언젠가 이자율이 상승하기 시작하면 높은 정부부채비율은 경제에 큰 부담이 될 것이다. 일본정부도 이를 인식하여 1999년부터 조세를 증가시키기 시작한다.

1. 장기불황의 원인[3)]

크루그만은 일본이 유동성함정에 빠져 있다고 보았다. 일본의 경우 1998년 현재 초단기 1일 대출이자율은 0.25%에 불과하다. 또한 1991년 이후 지속된 불황의 결과 총수요도 상당한 정도 생산능력에 못 미치고 있다. 크루그만은 전통적 $IS-LM$ 분석과는 달리 경제주체의 최적화에 바탕을 둔 동태적 모형을 설정하고 물가가 하방경직적이거나 장기적 성장전망이 부정적인 경우 유동성함정이 발생할 수 있음을 보이고 있다.

일본이 유동성함정에 빠져 있는 근본이유로 크루그만은 일본의 인구(구성)의 변화를 제시하고 있다. 일본의 출생률은 지속적으로 하락하고 있고 이민도 감소하고 있다. 이것은 앞으로 수십년 간 일본의 경제활동인구가 감소할 것임을 시사한다. 더욱이 급속히 노령화되고 있는 연령별 인구구성의 변화를 고려하면 이 문제는 더욱 더 심각해진다. 이러한 상태에서 생산성의 증가가 미미하다면 미래의 어느 시점에서의 생산능력은 현재보다 작을 수도 있다. 미래의 경제성장 전망이 밝지 못하면 투자가 저축에 비해 부족하여 저축과 투자를 일치

3) 본문에서 소개하는 크루그만의 견해와 별개로 하야시와 프레스콧은 일본이 장기불황을 겪은 가장 큰 이유는 총요소생산성 증가율의 하락이라고 진단한다.
Hayashi, Fumio and Edward C. Prescott, "The 1990s in Japan: A Lost Decade," mimeo.

그림 26-6 저축과 투자

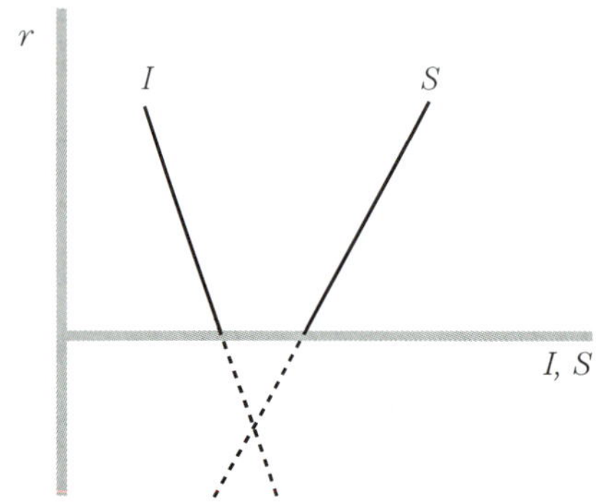

미래의 경제성장 전망이 밝지 못하면 투자가 저축에 비해 부족하여 저축과 투자를 일치시키는 단기 실질이자율은 음의 값을 가질 수도 있다.

시키는 단기실질이자율은 [그림 26-6]에서 보듯이 음의 값을 가질 수도 있다.

민간 경제주체들의 이질성도 균형실질이자율을 낮추는 방향으로 작용한다. 예를 들어서, 일부 사람들은 그들의 미래소득이 현재소득보다 높을 것으로 예상하고, 일부 사람들은 낮을 것으로 예상한다고 하자. 금융시장이 완전하다면 미래에 소득이 증가할 것으로 예상하는 사람들은 음의 저축을 하려고 할 것이고, 미래에 소득이 감소할 것으로 예상하는 사람들은 저축을 하려고 할 것이다(미래를 고려하는 소비이론에서 소비자들이 가능하면 소비를 일정하게 유지하려 한다는 사실을 기억하면 쉽게 이해할 수 있다). 그러나 금융시장에 유동성제약 문제가 있으면, 미래에 소득이 증가할 것으로 예상하는 사람들이 금융기관으로부터 미래의 소득을 담보로 충분히 대출받을 수 없게 된다. 그 결과 미래에 소득이 증가할 것으로 예상하는 사람들의 대부자금 수요가 소득이 감소할 것으로 예상하는 사람들의 저축(대부자금의 공급)을 충분히 흡수하지 못하므로 실질이자율은 금융시장이 완전할 때보다 낮게 된다. 이것은 또한 균형실질이자율이 음의 값을 가지기 위해서는 미래의 생산능력이 반드시 감소할 필요는 없음을 시사한다.

명목이자율은 음의 값을 가질 수 없으므로 실질이자율이 음의 값을 가지려면 인플레이션 기대가 형성되어야 한다. 그러나 만약 물가가 하방경직적이고 민간 경제주체들이 장기적으로 물가가 안정될 것으로 믿는다면 이 경제는 필요한 기대인플레이션을 형성시킬 수 없다. 이러한 경우 단기적으로 아무리 통화공급을 늘리더라도 민간 경제주체들이 결국은 물가가 안정될 것으로 기대하므로 충분히 높은 기대인플레이션이 형성되지 않는다. 기대인플레이션이 충분히 높지 않으면 실질이자율은 지나치게 높게 되어 경제가 침체에 빠지게 되고 유동성함정이 초래된다.

저축이 투자를 훨씬 초과하는 상황을 과거에는 경상수지 흑자(자본의 해외투자)나 재정적자로 해결할 수 있었다. 그러나 앞에서도 언급하였듯이 재정적자는 효과가 없었던 것으로 보인다. 해외투자도 문제해결에 도움이 되지 않을 수 있다. 자본이 유출되면 일반적으로 (비교역재가 존재하는 경우) 실질환율이 절하되고, 유출된 자본이 다시 돌아오면 실질환율은 절상된다. 자본이 유출될 때 일본 사람들이 추후 실질환율이 절상될 것으로 예상하면 이자율 평가설에서 보았듯이 외국자산으로부터의 투자수익률이 음이 될 수도 있다. 이러한 경우 해외투자가 충분히 이루어지려면 일본의 실질이자율(국내자산으로부터의 투자수익률)이 음이 되어야 한다. 그러나 1990년대 일본의 실질이자율은 평균적으로 약 2% 수준이었다.

크루그만은 일본의 유동성함정을 해결하기 위한 정책처방으로 구조개혁, 재정정책, 비상식적 통화정책을 제시하였다.

2. 정책처방

구조개혁

일본이 금융시장의 개혁, 서비스 부문의 규제완화, 기업의 회계개혁 등 많은 개혁을 필요로 하는 것은 주지의 사실이다. 그러나 구조개혁이 경제의 효율성을 증대시켜서 생산능력을 확대시키는 것은 분명하지만 수요를 증대시키는가는 의문이다. 물론 금융산업의 개혁 이후 유동성제약에 직면하고 있는 가계 및 기업에 대한 대출이 증가하고, 규제완화로 인해 새로운 투자가 유발되면 투자수요가 증가할 수도 있다. 또한 개혁이 미래소득에 대한 기대값을 증가시키면 소비지출도 증가할 수 있다. 그럼에도 불구하고 구조개혁이 수요를 증대시키는 경로는 생산능력을 확대시키는 것만큼 분명하지는 않다. 만약 구조개혁이 수요는 증대시키지 못하면서 생산효율성만 증대시켜서 실업만 증가시킨다면 경제전체의 후생은 오히려 감소하고 예비적 저축이 증가할 수도 있다. 중단기적으로는 구조개혁은 자본을 효율적으로 사용하게 함으로써 계획된 투자의 상당부분을 취소시키는 동시에 불확실성을 증가시킴으로써 예비적 저축을 증가시킬 것이다. 적어도 중단기적으로 1990년대 일본이 필요로 하는 것은 수요의 증가이지 생산능력의 증가가 아니라고 보면 구조개혁은 일본이 유동성함정을 빠져 나오는 데 큰 도움이 되지 못할 수도 있다.

재정정책

경제가 유동성함정에 빠져 있으면 통화정책은 효과가 없으므로 유동성함정에 대한 케인즈학파의 고전적인 처방은 확장적인 재정정책을 사용하는 것이라고 할 수 있다. 그러나 일본은 사회간접자본에 상당한 규모의 공공지출을 하였고, 불행하게도 그것은 경제회복에 별 도움이 되지 못했다. 정부구입 증가는 비효율적으로 낭비되었고, 조세의 감면은 지출증가보다는 저축증가로 연결되었다. 결국 확장적 재정정책에도 불구하고 경기는 회복되지 않으면서 재정적자만 증가하자 일본 정부는 지나친 재정적자의 확대를 원하지 않게 된다.

비상식적 통화정책

이러한 점에서 크루그만은 비상식적인 통화정책을 대안으로 제시하였다. 만약 일본은행이 통화공급을 영원히 증가시키면 미래의 물가수준이 상승할 것이다. 이러한 경우 사람들은 인플레이션을 기대하게 되고 그로 인해 실질이자율은 음의 값을 가지게 될 것이다. 이것이 바로 일본이 필요로 하는 정책이라는 것이다. 크루그만에 의하면 일본이 2000년대 초반까지 확장적인 통화정책을 사용해서 이자율을 하락시켰음에도 불구하고 총수요가 증가하지 않았던 이유는 사람들이 머지않아 물가가 상승하기 시작하면 중앙은행이 물가를 안정시킬 것으로 예상했기 때문이라는 것이다. 즉 통화공급이 증가하더라도 사람들은 미래에 디플레이션이 발생할 것으로 예상하기 때문에 명목이자율이 0에 가깝더라도 실질이자율은 수요를 증대시키기에는 지나치게 높은 수준이었다는 것이다. 따라서 일본이 필요로 하는 음의 실질이자율을 달성하려면 사람들로 하여금 인플레이션을 기대하도록 유도해야 하고, 그것을 위해서 일본은행은 통화공급을 영원히 증가시킴으로써 인플레이션을 유발시킬 필요가 있다는 것이다.

일본은 장기불황을 타개하기 위해 지속적으로 구조개혁을 하고 확장적 재정정책 및 통화정책을 실시하였다. 그 결과 약 15년 정도의 장기불황을 겪은 2000년대 중반이 되면서 일본경제가 불황에서 탈출하게 된다.

제 3 절 맺 음 말

이 장에서 우리는 대공황과 일본의 장기불황에 대해 살펴보았다. 두 경우는 비록 정도의 차이는 있었지만 상당히 유사한 면을 보이고 있다. 명목이자율이 0에 가깝게 인하되었지만 경기침체가 지속되면서 경제가 유동성함정에 빠지게 된다. 경제가 자연율을 하회하는 상태에서 오래 동안 침체상태에 있게 되자 실업률이 증가하고 물가수준이 하락하였으며, 물가수준의 하락 혹은 디플레이션은 실질이자율을 지나치게 높게 만들어 불황을 더욱 더 심화시키게 된다.

미국은 1933년 이후 확장적 통화정책과 뉴딜정책을 사용하면서 대공황에서 탈출하게 된다. 최근의 연구에 의하면 확장적 통화정책이 대공황의 탈출에 크게 기여한 것은 분명해 보이지만 뉴딜정책이 대공황의 탈출에 기여했는지의 여부는 불분명해 보인다. 일본도 지속적으로 구조개혁을 하고 확장적 재정정책 및 통화정책을 실시하여 2000년대 중반에 불황에서 탈출하게 된다.

연습문제 제26장

Questions and Practice

1. 경제주체들이 디플레이션율이 3%일 것으로 예상하고 있다가 더 이상 물가수준이 하락하지 않고 안정될 것으로 예상한다고 하자.

(가) 더 이상 디플레이션이 발생하지 않을 것이라는 예상이 실질화폐수요에 미치는 효과는?

(나) 더 이상 디플레이션이 발생하지 않을 것이라는 예상이 $IS-LM$곡선에 미치는 영향은?

(다) 실질이자율과 소득은 어떻게 변화하는가?

2. 디플레이션이 예상된다고 하자. $r-Y$평면에서 $IS-LM$ 곡선을 사용하여 먼델-토빈 효과를 그림으로 보여라.

3. 대공황기 미국의 재정적자에 관한 다음의 자료를 보고 1929-1933기간 동안 실제의 재정적자에만 집착하면, 일부 기간에는 재정정책이 충분히 확장적인 것으로 착각할 수 있었음을 논하라.

	실제 재정흑자/GNP (%)	자연율 수준의 재정흑자/자연율 수준의 GNP (%)
1929	1.0	-0.8
1930	-0.3	-1.4
1931	-3.8	-3.1
1932	-3.1	-0.9
1933	-2.5	1.6

4. 금융위기를 신용경로의 입장에서 설명하라.

5. 불확실성이 증가하면 안전자산으로서의 현금에 대한 수요가 증가한다고 하자. 이것이 물가수준에 미치는 영향을 설명하라.

27 기술진보와 실업

경제학자, 철학자, 생물학자, 건축가가 하나님의 직업에 관하여 논쟁을 벌이고 있었다.

철 학 자: 하나님은 인간이 살면서 따라야 할 원리를 제시하셨으므로 하나님은 철학자야.

생물학자: 무슨 말씀을. 하나님은 그 이전에 남자와 여자 그리고 여러 생물을 창조하셨으므로 생물학자야.

건 축 가: 아니야. 하나님은 그 이전에 하늘과 땅을 창조하셨으므로 건축가야.

경제학자: 글쎄. 하늘과 땅을 창조하시기 전에는 혼돈과 혼란만이 있었는데, 혼돈은 어디서 왔다고 생각하시오?

E·C·O·N·O·M·I·C

주요개념

기술적 실업

자연실업률

소득분배

쿠즈네츠 가설

CHAPTER

27 기술진보와 실업

기술진보가 발생하여 생산성이 향상되면 적은 근로자를 사용해도 보다 많은 생산이 가능해지므로 기술진보는 실업을 증가시킬 것이라고 우려하는 사람들이 많다.[1] 본 장에서는 기술진보가 실업에 미치는 영향을 장단기로 구분하여 분석한 후 기술진보와 소득분배 간의 관계를 간단하게 분석하고자 한다.

본 장의 분석에서 고려하는 기술진보는 두 가지 형태를 가진다. 하나는 동일한 노동을 투입하여 더 많은 생산을 하는 경우이고, 다른 하나는 기존의 상품 중 일부가 사라지고 새로운 상품이 출현하는 경우이다.

기술진보와 실업의 관계는 첫 번째 형태의 기술진보를 고려하여 분석하고, 기술진보와 소득분배의 관계는 두 번째 형태의 기술진보를 고려하여 분석한다.

1) 이러한 이유로 발생하는 실업을 기술적 실업(technological unemployment)이라고 부르기도 한다.

제 1 절 기술진보와 실업: 단기분석

기술진보와 실업의 관계를 분석하기 위해 생산함수가 다음의 형태를 가진다고 가정해 보자.

$$Y=AN \qquad \cdots\cdots (27-1)$$

생산은 노동만 사용하며 근로자 1인당 생산은 $A=Y/N$로 나타낼 수 있다. 따라서 A는 노동의 평균생산성을 나타낸다. 본 장의 분석에서는 기술진보와 노동의 생산성 증가를 동일한 의미로 사용한다. 식 (27-1)을 다음과 같이 다시 쓰자.

$$N=\frac{Y}{A} \qquad \cdots\cdots (27-2)$$

위의 식에 의하면 고용은 생산을 생산성으로 나눈 비율이다. 이 식을 증가율로 표시하면 고용 증가율은 생산 증가율－생산성 증가율이 된다.

그림 27-1 주어진 생산성하에서의 총수요-총공급모형

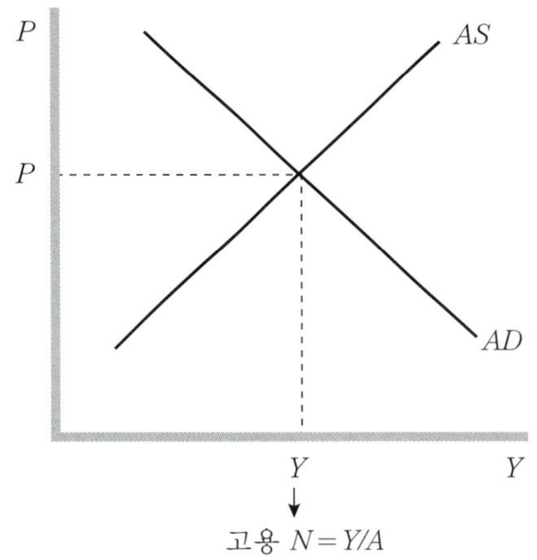

단기적으로 기술진보가 실업에 미치는 영향을 분석하기 위해 총수요-총공급모형을 사용하여 분석할 수 있다. 총수요곡선과 총공급곡선이 만나는 점에서 균형생산이 결정되면, 균형고용은 $N=Y/A$로 결정된다.

$$고용\ 증가율 = 생산\ 증가율 - 생산성\ 증가율 \qquad \cdots\cdots (27-3)$$

따라서 단기적으로 생산성이 증가할 때 실업이 증가할 것인가 혹은 감소할 것인가 하는 점은 생산증가율이 생산성증가율을 초과하는가 혹은 하회하는가에 달려있음을 알 수 있다.

단기적으로 기술진보가 실업에 미치는 영향을 분석하기 위해 총수요-총공급모형을 생각해 보자. [그림 27-1]은 총수요-총공급곡선을 보여주고 있다. 총수요곡선과 총공급곡선이 만나는 점에서 균형생산이 결정되면, 균형고용은 $N=Y/A$로 결정된다.

이제 생산성이 A에서 A'로 증가한다고 하자. 생산성의 증가가 실업을 증가시킬 것인가 혹은 감소시킬 것인가를 분석하려면 생산성이 증가할 때 총수요와 총공급의 변화를 고려해야 한다. 우선 공급측면을 생각해 보자. 생산성이 증가하면 한 단위의 생산에 필요한 노동이 감소한다. 이것은 기업의 비용을 감소시키고, 기업은 주어진 생산량을 보다 저렴한 가격에 공급할 수 있게 되므로 가격을 인하시킬 것이다. 이것은 총공급곡선이 아래로 이동함을 의미한다.

생산성이 증가할 때 총수요가 증가할지 감소할지는 공급측면처럼 명확하지 않다. 수요측면에서는 기술진보의 성격에 따라 총수요가 증가할 수도 있고 감소할 수도 있다. 예를 들어서 기술진보가 획기적으로 새로운 기술(technological breakthrough)을 채용함으로써 발생한다고 하자. 이 경우에는 가계가 미래의 소득을 낙관적으로 전망하게 될 것이다. 미래를 고려하는 소비이론에서 배운 것처럼 가계가 미래소득에 대하여 낙관적이면 현재의 소득이 주어진 상태에서 소비를 증가시킬 것이다. 기업도 투자를 증가시킬 것이다. 그 이유는 우선 새로운 기술을 채용하기 위해 투자를 증가시킬 것이고, 추가적으로 미래의 이윤을 낙관적으로 전망하게 되므로 투자를 증가시킬 것이다. 이 경우에는 주어진 물가수준에서 총수요가 증가하므로 총수요곡선이 오른쪽으로 이동한다.

기술진보가 새로운 기술의 도입보다는 기존의 기술을 보다 효율적으로 사용함으로써 발생하는 경우를 생각해 보자. 예를 들어서 국제교역이 활발해지면 경쟁에서 살아남기 위해 기업은 군살을 제거하고 다운사이징을 하여 비용을 절감하려고 노력할 것이다. 이와 같은 구조조정은 기업의 투자를 증가시키지 않는다. 가계도 구조조정으로 인해 미래의 고용전망이 불투명해지므로 불

그림 27-2 생산성 증가와 단기효과

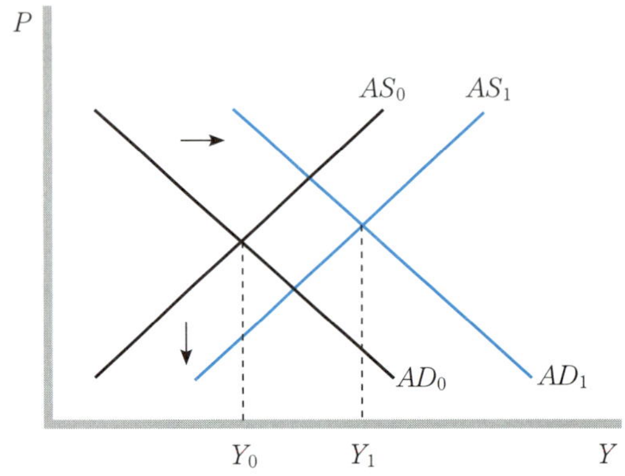

생산성이 A에서 A′로 증가한다고 하자. 생산성이 증가하면 한 단위의 생산에 필요한 노동이 감소한다. 이 경우에 기업은 주어진 생산량을 보다 저렴한 가격에 공급할 의사가 있으므로 가격을 인하시킬 것이다. 이것은 총공급곡선이 아래로 이동함을 의미한다. 수요측면에서는 기술진보의 성격에 따라 총수요가 증가할 수도 있고 감소할 수도 있다. 그림에서처럼 기술진보가 신기술의 채용에 의해서 발생하는 경우에는 총수요곡선이 오른쪽으로 이동할 것이다. 총수요 및 총공급곡선이 모두 오른쪽으로 이동하면 생산이 증가한다. 그러나 고용은 생산 증가율과 생산성 증가율의 상대적 크기에 의존하므로 두 곡선의 기울기나 이동크기에 관한 추가적인 정보가 없으면 고용이 증가할지 감소할지 대답하기 곤란하다.

확실한 미래에 대비하여 예비적 저축을 증가시키려고 할 것이다. 이 경우에는 총수요곡선이 오른쪽으로 움직이기보다는 왼쪽으로 움직일 가능성이 크다.

이상의 분석은 생산성이 증가할 때 고용이 증가할 것인가의 여부는 단정적으로 대답할 수 없음을 의미한다. 기술진보가 신기술의 채용에 의해서 발생하는 경우를 생각해 보자. 이 경우에는 총수요곡선과 총공급곡선이 모두 오른쪽으로 이동한다([그림 27-2] 참조). 총수요 및 총공급곡선이 모두 오른쪽으로 이동하면 생산이 증가한다. 그러나 고용은 식 (27-3)에서 본 것처럼 생산 증가율과 생산성 증가율의 상대적 크기에 의존하므로 두 곡선의 기울기나 이동크기에 관한 추가적인 정보가 없으면 고용이 증가할지 감소할지 대답하기 곤란하다.

기술진보가 단기적으로 실업을 증가시킬지 감소시킬지는 이론적으로 확실하게 대답할 수 없다. 따라서 우리는 실증적인 증거를 찾아보아야 한다. 우선 생각해 볼 수 있는 것은 생산 증가율과 생산성 증가율을 비교하는 것이다. 일반적으로 연간자료를 사용하여 이 둘의 크기를 비교해보면 생산 증가율과 생산성 증가율은 같은 방향으로 움직이고 전자가 후자보다 크다. 그러나 이러한 사실로부터 기술진보가 단기적으로 실업을 감소시킬 것이라고 섣부르게 결론지을 수는 없다. 그 이유는 생산 증가율과 생산성 증가율이 단기적으로 같이 움직이지만 기술진보가 생산증가를 유발시켰다기보다는 생산증가가 생산성 증가를 유발시킨 것으로 보이기 때문이다. 앞에서 여러 번 언급하였듯이 노동저장이 행해지면 불황기에는 생산성이 하락하고 호황기에는 생산성이 증가한다. 그렇다면 생산성이 외생적으로 증가할 때 생산이나 실업은 어떻게 변화했는가? 그 대답은 딱 부러지게 말할 수 없다는 것이다. 어떤 때는 생산성이 증가하면 생산이 충분히 증가해서 고용이 단기적으로 증가하고, 어떤 때는 생산이 충분히 증가하지 않아서 고용이 단기적으로 감소한다.

이상을 종합하면 기술진보가 단기적으로 실업에 구조적인 영향을 미친다는 주장은 이론적 배경도 없고 실증적 증거도 거의 없는 것으로 보인다.

제 2 절 기술진보와 자연실업률

앞 절에서는 기술진보가 단기적으로 실업에 미치는 영향을 분석하였다. 이제 기술진보가 장기적으로 자연실업률에 미치는 영향을 분석해 보자. 자연실업률은 제24장에서 분석한 것처럼 임금설정방정식과 가격설정방정식이 일치하는 점에서 결정된다.

제24장에서 우리는 기업과 근로자가 실질임금을 염두에 두고 임금계약을 하며, 실업률이 증가하면 실질임금이 하락하고, 노동조합, 실업보험, 최저임금 등은 실질임금을 증가시키는 요인(z)들이라고 하였다.

생산성이 임금설정방정식에 미치는 영향을 분석하기 위해 근로자와 기업은 예상되는 생산성의 증가를 임금계약에 반영한다고 하자. 예를 들어서, 다음 1년 동안 생산성이 5% 향상될 것으로 예상되면 근로자와 기업 모두 명목임금을 5%정도 인상시키려고 한다고 가정하자. 이러한 가정 하에 임금설정방정식은 다음과 같이 쓸 수 있다.

$$W = A^e P^e F(u, z) \qquad \cdots\cdots \ (27-4)$$

가격설정방정식은 제24장에서의 분석과 마찬가지이다. 기업은 이윤을 극대화하기 위해 제품 한 단위를 생산하는 데 필요한 한계비용에 적정 이윤율을 곱하여 가격을 결정한다고 하자. 제품 한 단위를 생산하려면 $1/A$의 근로자가 필요하므로 제품 한 단위를 생산하는 데 필요한 한계비용은 W/A가 될 것이다. 따라서 적정 이윤율을 μ라고 하면 가격은 다음과 같이 설정된다.

$$P = (1+\mu)\frac{W}{A} \qquad \cdots\cdots \ (27-5)$$

합리적 기대하에서 기대물가수준 및 기대생산성은 실제물가수준 및 실제생산성과 평균적으로 일치하므로 분석의 편의상 기대물가수준 및 기대생산성은 실제물가수준 및 실제생산성과 같다고 가정하자. 이러한 가정하에 식 (27-4)와 식 (27-5)를 다시 쓰면 다음과 같다.

$$\frac{W}{P} = AF(u, z) \qquad \cdots\cdots \ (27-4')$$

$$\frac{W}{P} = \frac{A}{(1+\mu)} \qquad \cdots\cdots \ (27-5')$$

새로운 임금설정방정식과 가격설정방정식은 [그림 27-3]에 잘 나타나 있다. 주목할 점은 가격설정방정식이 우상향하지 않고 수평이라는 것이다. 이것은 식 (27-1)에서 보듯이 노동의 한계생산성이 A로 일정하기 때문이다. 그림에서 균형은 E로 나타나 있다.

이제 생산성이 A에서 A'로 5% 증가한다고 하자. 기술진보로 생산성이 5% 증가하면, 임금설정방정식에서 보듯이 주어진 자연실업률 수준에서 실질임금은 5% 상승한다. 이것은 임금설정방정식이 주어진 자연실업률 수준에서 5% 위로 이동함을 의미한다. 가격설정방정식의 경우에도 생산성이 5% 향상되면 실질임금이 5% 상승한다. 이것은 가격설정방정식도 주어진 자연실업률 수준에서 5% 위로 이동함을 의미한다. 두 개의 방정식이 동일한 크기로 위로 이동하므로 새로운 균형점은 동일한 자연실업률 수준에서 실질임금만 5% 높은 점 E'에서 결정된다.

지금까지의 분석은 생산성 향상이 한 번에 그치지 않고 지속적으로 발생

그림 27-3 생산성 증가의 장기효과

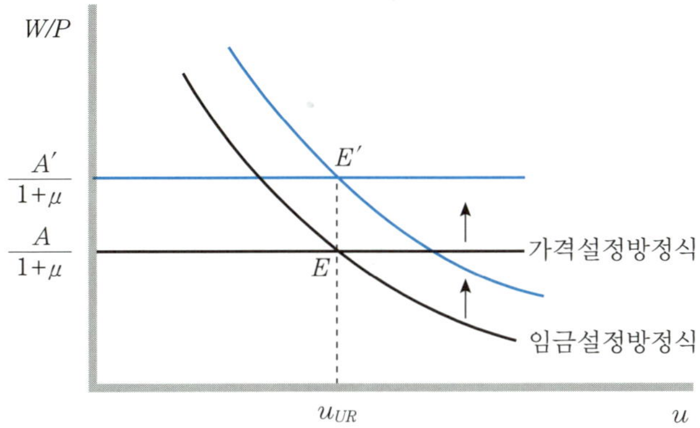

생산성이 A에서 A'로 5% 증가한다고 하자. 기술진보로 생산성이 5% 증가하면 임금설정방정식에서 보듯이 주어진 자연실업률 수준에서 실질임금은 5% 상승한다. 이것은 임금설정방정식이 주어진 자연실업률 수준에서 5% 위로 이동함을 의미한다. 가격설정방정식의 경우에도 생산성이 5% 향상되면 실질임금이 5% 상승한다. 이것은 가격설정방정식도 주어진 자연실업률 수준에서 5% 위로 이동함을 의미한다. 두 개의 방정식이 동일한 크기로 위로 이동하므로 새로운 균형점은 동일한 자연실업률 수준에서 실질임금만 5% 높은 점 E'에서 결정된다.

하는 경우에도 적용된다. 생산성이 지속적으로 향상되면 임금설정방정식과 가격설정방정식은 모두 계속해서 생산성 향상 비율만큼 위로 이동하고, 자연실업률은 영향을 받지 않게 된다.

이상의 분석은 생산성에 대한 기대가 실제생산성과 같다는 가정 하에 이루어졌다. 그러나 현실적으로 근로자들의 생산성에 대한 기대가 즉각적으로 조정되지는 않는다. 생산성 증가율이 하락할 때, 이것을 인식하는 데는 시간이 필요하다. 특히 근로자들은 이것을 쉽게 받아들이려고 하지 않고 생산성 증가에 비해 과도한 임금인상을 요구하는 경우가 많다. 이러한 현상을 반영하여 임금설정방정식에서는 기대생산성을 그대로 사용하고, 가격설정방정식에서는 실제생산성을 사용하여, 생산성 증가가 자연실업률에 미치는 영향을 분석해 보자.

이제 생산성 증가율이 하락하면 기대생산성(A^e)이 실제생산성(A)보다 많이 증가할 것이다. 이것은 현재의 자연실업률 수준에서 임금설정방정식이 가격설정방정식보다 위로 더 많이 이동하는 것을 의미한다. 이 경우 균형은 [그림 27-4]에서 보듯이 E_0에서 E_1으로 이동하고, 자연실업률은 u_{NR0}에서 u_{NR1}으

그림 27-4 생산성 증가율 하락의 장기효과: 기대생산성>실제생산성

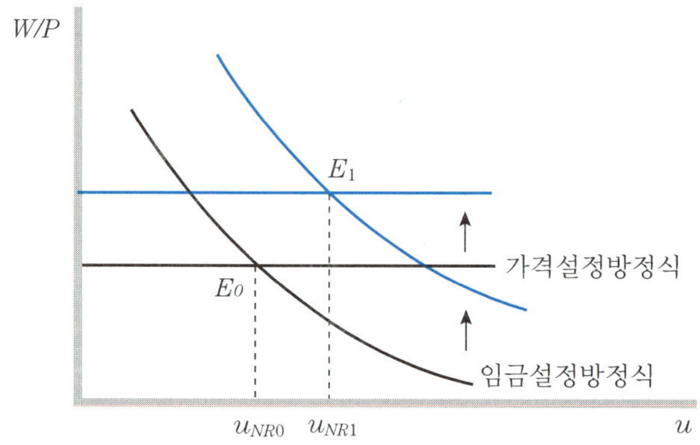

생산성 증가율이 실제로 하락하고 있는데 근로자가 이것을 인식하는 데 시간이 필요하다고 가정하면 기대생산성(A^e)이 실제생산성(A)보다 많이 증가할 것이다. 이것은 현재의 자연실업률 수준에서 임금설정방정식이 가격설정방정식보다 위로 더 많이 이동하는 것을 의미한다. 이 경우 균형은 E_0에서 E_1로 이동하고 자연실업률은 u_{NR0}에서 u_{NR1}으로 증가한다.

로 증가한다. 따라서 근로자의 기대생산성이 실제생산성보다 높으면 생산성이 증가할 때 자연실업률은 증가할 수도 있다. 그러나 시간이 경과하고 근로자가 현실을 정확히 인식하게 되면 즉, 기대생산성이 실제생산성과 일치하면, 생산성의 증가는 자연실업률에 영향을 미치지 않을 것이다.

역으로 생산성 증가율이 상승하고 근로자가 이것을 인식하는 데 시간이 필요하다고 가정하면 기대생산성(A^e)이 실제생산성(A)보다 적게 증가할 것이다. 이것은 현재의 자연실업률 수준에서 임금설정방정식이 가격설정방정식보다 위로 덜 이동하는 것을 의미한다. 이 경우 균형은 [그림 27-5]에서 보듯이 E_0에서 E_1으로 이동하고 자연실업률은 u_{NR0}에서 u_{NR1}으로 감소한다. 따라서 근로자의 기대생산성이 실제생산성보다 낮으면 생산성이 증가할 때 자연실업률은 감소할 수도 있다.

이상을 종합하면 장기적으로 기술진보는 자연실업률을 증가시킬 수도 있고, 감소시킬 수도 있으며, 영향을 미치지 않을 수도 있다. 근로자의 기대생산성이 실제생산성의 변화를 인식하는 데 시간이 필요하면, 실제생산성 증가율이 하락할 때는 기대생산성이 실제생산성보다 많이 증가하여 자연실업률은 증가하고, 실제생산성 증가율이 상승할 때는 기대생산성이 실제생산성보다 덜

그림 27-5 생산성 증가율 상승의 장기효과: 기대생산성<실제생산성

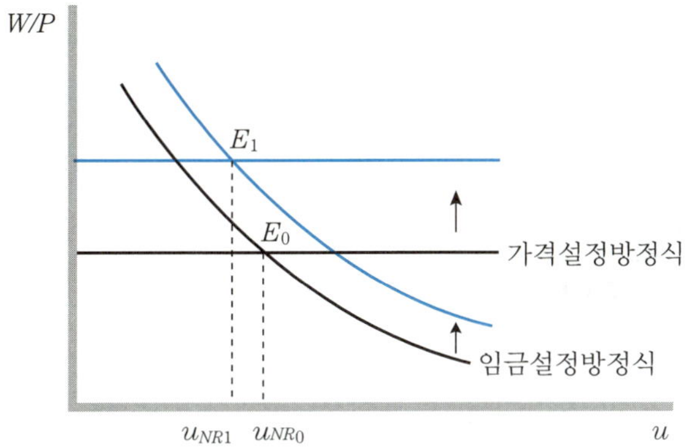

생산성 증가율이 실제로 상승하고 있는데 근로자가 이것을 인식하는 데 시간이 필요하다고 가정하면 기대생산성(A^e)이 실제생산성(A)보다 적게 증가할 것이다. 이것은 현재의 자연실업률 수준에서 임금설정방정식이 가격설정방정식보다 위로 덜 이동하는 것을 의미한다. 이 경우 균형은 E_0에서 E_1로 이동하고 자연실업률은 u_{NR0}에서 u_{NR1}으로 감소한다.

증가하여 자연실업률이 감소할 수 있다. 그러나 기대생산성과 실제생산성이 평균적으로 일치하면 기술진보 혹은 생산성의 증가는 자연실업률에 장기적으로 영향을 미치지 않는다.

생산성 증가가 장기적 자연실업률에 미치는 영향을 실증적으로 분석하기 위해 장기간에 걸쳐 10년 단위로 생산성 증가율의 평균과 실업률의 평균을 그려볼 수 있다. 노동저장은 단기적으로 매년의 생산성 변화에 영향을 미치지만 10년간 평균 생산성 증가율에는 별 영향을 미치지 않는다고 볼 수 있다. 또한 실업률은 단기적으로 자연실업률 주위에서 움직이지만 10년간 평균실업률은 대체로 자연실업률을 나타낸다고 볼 수 있다. 대공황기(1930년대)를 제외하고 1890년 이후 10년 단위로 미국의 생산성 증가율의 평균과 실업률의 평균을 그려보면 두 개의 변수 사이에 약하게 음의 관계가 존재하는 것으로 보인다. 즉, 1940년대와 1960년대처럼 생산성 증가율이 높았던 시기에는 실업률이 낮았고, 1970년대와 1980년대처럼 생산성 증가율이 낮았던 시기에는 실업률이 높았다.

장기적으로 생산성 증가율과 실업률 간에 역관계가 존재한다는 실증적 사실을 설명할 수 있는가? 우리는 이미 위에서 이런 현상을 설명할 수 있는 모형

을 제시하였다. 즉, 생산성 증가율이 변화할 때 근로자들이 이것을 정확히 알게 되기까지 시간이 필요하면 생산성 증가율과 실업률 간에는 역관계가 존재할 수 있다.

제 3 절 기술진보와 소득분배

앞의 분석은 기술진보가 실업을 증가시켜야 할 특별한 이론적 근거는 적다는 것을 시사한다. 그렇다면 일부 사람들은 왜 기술진보가 실업(기술적 실업)을 증가시킬 것이라고 두려워하는가? 그것은 아마도 기술진보가 소득분배에 미치는 효과 때문일 것이다.

기술진보는 구조적 변화의 과정이다. 구조적 변화의 과정에서는 새로운 상품이 개발되거나 새로운 직업이 생겨나고 오래된 상품이나 직업이 사라진다. 컴퓨터 산업과 인터넷 산업이 발달하면서 타이프라이터가 사라지고, 웹 마스터나 전자상거래 등 전에는 없던 새로운 직업과 산업이 생겨나고 있다. 농축수산업 종사인구는 지속적으로 감소하고 있고, 서비스 산업 종사인구는 지속적으로 증가하고 있다. 이 모든 변화는 기술진보와 관련이 있다. 이 과정에서 사양산업에 종사하는 근로자나 신흥 성장산업에서 필요로 하는 기술을 가지지 못한 근로자는 실업자가 되거나 임금이 하락할 가능성이 커지고, 신흥 성장산업에 종사하는 근로자는 새로운 기회를 가지고 높은 임금을 받을 가능성이 커진다. 따라서 기술진보는 컴퓨터 관련 기술 등 필요한 기술을 가진 근로자나 높은 기술수준을 가진 근로자들의 실질임금이나 소득을 증가시키지만, 새로운 시대에 필요한 기술을 가지지 못한 근로자나 저급한 기술수준을 가진 근로자들의 실질임금이나 소득을 감소시킬 수 있다.

미국의 자료를 보면 1980－90년대에 학력수준간 임금격차가 확대된 것을 확인할 수 있다. 1980년대부터 교육수준이 낮은 근로자들의 임금은 상대적으로 뿐만 아니라 절대적으로도 감소하였고, 교육수준이 높은 근로자들의 임금은 상대적으로 뿐만 아니라 절대적으로도 크게 증가하였다.

교육수준이 높은 근로자들의 임금이 교육수준이 낮은 근로자들의 임금보다 상대적으로 증가한 이유는 저급기술을 가진 근로자보다 고급기술을 가진 근로자에 대한 수요가 지속적으로 증가했기 때문이다. 그렇다면 고급기술을 가진 근로자에 대한 수요가 지속적으로 증가한 이유는 무엇인가? 첫째로 생각해 볼 수 있는 것은 국제교역이다. 국가간의 교역으로 인해 저급기술을 사용하는 저임금 산업의 기업들은 저임금 국가로부터의 수입으로 인해 시장에서 도태되거나, 아예 저임금 국가로 생산기반을 이전한다. 그 결과 저급기술을 가진 근로자에 대한 수요가 지속적으로 감소하게 된다. 그러나 이것이 전부는 아니다. 왜냐하면 국제교역에 노출되거나 외국기업으로부터의 경쟁에 노출되지 않은 부문에서도 저급기술보다는 고급기술 보유 근로자에 대한 수요가 증가해 왔기 때문이다. 결국 대다수 경제학자들은 저급기술을 가진 근로자보다 고급기술을 가진 근로자에 대한 수요가 지속적으로 증가한 이유는 고급기술을 요구하는 방향으로 기술진보가 이루어져 왔기 때문이라고 생각한다.

그렇다면 기술진보가 발생하고 구조적 변화가 발생하면 높은 기술수준과 낮은 기술수준을 가진 근로자들 사이의 소득분배가 지속적으로 악화될 것인가? 그것은 그렇지 않을 수 있다. 기술진보는 외생적이지 않다. 기업은 실질임금이 저렴한 근로자들을 사용할 수 있는 방향으로 기술개발을 하려고 노력할 수 있다. 예를 들면 컴퓨터가 점점 다루기 쉬워져서 컴맹도 사용할 수 있는 수준으로 기술개발이 이루어질 수도 있다. 근로자들의 노동공급도 외생적이지 않다. 높은 기술수준을 가진 근로자의 실질임금이 높으면 많은 사람들이 필요한 기술을 습득하려고 노력할 것이고, 그 결과 높은 기술수준을 가진 근로자의 공급이 증가하여 상대적 임금격차를 줄이는 방향으로 작용할 것이다. 또한 기술진보로 인해 컴퓨터가 고급기술을 가진 근로자들을 대체할 수도 있다. 계산능력이나 암기력이 뛰어나기 때문에 높은 임금을 받는 직종 예를 들면, 회계사, 변호사 등은 미래에 컴퓨터에 의해 대체될 수도 있다. 마지막으로 정부의 역할도 매우 중요하다. 정부는 교육을 통해 부모의 임금이나 소득이 작다는 이유만으로 그들의 자식이 새로운 시대가 요구하는 기술이나 교육을 받을 기회가 박탈되는 것을 방지하거나 완화시킬 수 있다. 또한 금융시장에서 유동성제약 문제가 완화되면 미래의 소득을 담보로 필요한 교육을 받을 수도 있다. 1990년대에 정부가 국민PC를 보급한 것은 이러한 점에서 시사하는 바가 많다.

쿠즈네츠 가설

경제성장과 소득분배에 관한 대표적 가설로 1971년 노벨 경제학상 수상자인 쿠즈네츠가 제시한 가설을 들 수 있다. 쿠즈네츠에 의하면 경제성장 초기단계에서는 소득불평등도가 증가하지만 1인당 소득수준이 증가함에 따라 소득불평도가 개선된다. 세로축이 소득불평등도, 가로축이 1인당 소득수준을 나타낸다면 낙타봉처럼 생긴 그림을 그릴 수 있다. 경제가 성장함에 따라 소득불평도가 처음에는 증가하다가 나중에는 감소한다는 것이다. 그 이유로 생각해 볼 수 있는 것은 처음에 농업 인구가 많을 때는 대부분의 사람들의 소득이 낮은 수준에서 균등하다가, 경제가 발전함에 따라 농업 인구가 감소하고 제조업 종사자들이 증가함에 따라 소득수준이 올라가고 소득분배가 불평등해지지만, 경제가 더욱 더 발전하면 농업 인구가 매우 적어지고 높은 임금의 산업종사자들이 늘어나서 소득분배가 개선된다고 볼 수 있다. 쿠즈네츠 가설에 대해서는 많은 실증연구가 있지만 대표적으로 배로는 쿠즈네츠 가설에 대해 약하게 호의적인 증거를 제시하고 있다.

Barro, Robert J, "Inequality and Growth in a panel of countries," *Journal of Economic Growth* 5, 2000, pp. 5-32.

제 4 절 맺음말

본 장에서는 기술진보가 실업에 미치는 영향과 소득분배에 미치는 영향을 분석하였다. 기술진보와 실업의 관계는 기술진보를 생산성 향상으로 파악하고 분석하였다. 동일한 노동을 투입하여 더 많은 생산을 하는 경우에 기술진보는 단기적으로 실업을 증가시킬 수도 있고 감소시킬 수도 있다. 기술진보가 발생하면 총공급곡선은 오른쪽으로 이동하지만 총수요곡선은 기술진보의 성격에 따라 오른쪽으로 이동할 수도 있고 왼쪽으로 이동할 수도 있다. 총수요곡선이 오른쪽으로 이동하는 경우에도, 고용의 증가 여부는 생산 증가율과 생산성 증가율의 차이에 의해 결정된다.

장기적으로 기업과 근로자 모두 생산성을 정확히 아는 경우에는 기술진보가 자연실업률에 영향을 미치지 않는다. 그러나 근로자가 생산성의 변화를 인식하는 데 시간이 필요하면, 기술진보는 실업을 증가시킬 수도 있고 감소시킬 수도 있다. 따라서 기술진보가 실업을 증가시킬 것이라는 우려는 이론적으로 근거가 약한 것으로 보인다.

기술진보와 소득분배의 관계는 기존의 상품 중 일부가 사라지고 새로운 상품이 출현하는 형태의 기술진보를 고려하여 분석하였다. 이런 종류의 기술진보는 낡은 기술이나 저급한 기술을 가진 근로자의 소득을 신기술을 가진 근로자나 고급기술을 가진 근로자의 소득에 비해 상대적으로 악화시킬 수 있다. 그러나 기술진보가 진행됨에 따라 소득분배는 개선될 수도 있으며, 이 과정에서 정부정책은 중요한 역할을 할 수 있다.

연습문제 제 27 장

Questions and Practice

1. $F(u, z)=1-u$, $P=1$, $\mu=0.2$, $A=0.6$로 주어질 때, 본문에서 논의한 임금설정방정식과 가격설정방정식을 사용하여 다음 질문에 답하라.

(가) 실질임금과 자연실업률을 구하라.

(나) A값이 5% 상승하면 실질임금과 자연실업률은 어떻게 변화하는가?

2. 기업은 근로자의 생산성을 정확히 알지만, 근로자의 생산성에 대한 기대가 서서히 조정된다고 하자. 생산성은 지난 10년간 5%씩 증가해 왔다. t기에 생산성 증가율이 3%로 하락하는 경우, 이것이 임금설정방정식, 가격설정방정식, 실질임금, 자연실업률에 미치는 영향을 논하라.

3. 만약 생산자물가지수가 소비자물가지수보다 상승률이 낮다면, 그 이유로 생각해 볼 수 있는 것은?

찾아보기

이 우 헌

서울대학교 경제학과 졸업
Yale 대학교 경제학 박사
Oberlin 대학 초빙 조교수
Vanderbilt 대학교 조교수
한국경제연구원 연구위원
경희대학교 조교수
경희대학교 부교수
경희대학교 교수

국내외 학술지에 다수의 논문 발표.

각종 시험(입법고등고시, 지방고등고시, 행정고등고시, 감정평가사, 금융자산관리사, 통계청 등) 1차(경제학) 시험위원 역임.

거시경제학

2007年 3月 10日 初版發行
2007年 11月 30日 重版發行

著 者 이 우 헌
發行人 安 鍾 萬
發行處 (株) 博 英 社
서울特別市 鍾路區 平洞 13-31番地
電話 (733)6771 FAX (736)4818
登錄 1959. 3. 11. 제300-1959-1호(倫)

저자와의 협의에 의해 인지첩부를 생략함

www.pakyoungsa.co.kr e-mail: pys@pakyoungsa.co.kr

定 價 32,000원 ISBN 978-89-7189-537-5